浦江名人文丛

丁景唐纪念文集

丁言模 编

上海文艺出版社

1955年5月15日，在南市紫霞路68号谢旦如老宅原址合影，左起：修孟千、谢旦如、丁景唐（沈家儒摄影）

1982年5月，上海文艺出版社成立30周年，历届领导和新老同仁合影于绍兴路74号出版社大门前。第一排左起：钱君匋、姜彬、梅林、丁景唐、李俊民、王元化、蒯斯曛；第二排左起：冯秉序、宋心屏、刘金、李信、路丁、包文棣、李槐之、孙家晋；第三排左起：崔衍、修晓林、马立群、郑煌、范政浩、陆季明、罗建华、刘培康、王须兴、曹予庭、陈巧孙、刘俊光、曹铁民、徐如麒、聂文辉、邵俊平

1986年8月28日在巴金家里，左起：周忠麟、李小林、巴金、丁言昭、丁景唐、钱厚祥（阿英之子）、俞子林、林国华、刘华庭（赵家圭摄影）

左起：吴承惠、沈毓刚、董乐山、董鼎山、丁景唐、杨幼生、沈寂、徐开垒、何占春

1986年8月,丁景唐与巴金

1987年10月7日，赵庚林随丁景唐（右）去瞿秋白曾住过的紫霞路68号谢旦如家旧址

1994年8月，丁景唐与"日中艺术研究会访华团"成员，左起：泷本弘之、奈良和夫、伊藤恒夫、丁景唐、三山陵

左起：周海婴夫妇、徐开垒、丁景唐

在上海鲁迅纪念馆"朝华文库"——"丁景唐专库"前，
左起：程海麟、丁景唐、王锡荣

陈思和、丁景唐（右）

丁老题签

丁景唐主持《新文学大系》口述史工作会议。左起：郝铭鉴、高国平、周天、林丽成、赵修义、丁景唐、宫玺、聂文辉（2005年9月23日）

目 录

老丁垂范,后人受惠(代序) ………………………………… 孙　颙 / 1

辑一

文艺社来了内行里手的领导 …………………………… 江曾培 / 3
难以磨灭的记忆 ………………………………………… 郝铭鉴 / 7
老社长的"零距离" ……………………………………… 江俊绪 / 13
老丁——我的前辈和领导 ……………………………… 俞子林 / 16
怀念丁景唐先生 ………………………………………… 赵南荣 / 25
我的老师和领导 ………………………………………… 陈福康 / 28
随老丁拜访艾青、叶圣陶 ……………………………… 宫　玺 / 36
老丁家的饭桌 …………………………………………… 林丽成 / 39
怀念老丁伯伯 …………………………………………… 鲍　放 / 42
永远怀念丁景唐先生 …………………………………… 修晓林 / 46
那年我们下乡送宝书 …………………………………… 孔海珠 / 52
音容宛在 ………………………………………………… 岳洪治 / 54
一书结缘二十年 ………………………………………… 郭　娟 / 62
真正的人,真正的学者 ………………………………… 秦建鸿 / 65
海上苍穹下,悠悠寄浮生 …………………………… 秦玉兰(竹子) / 70
常恨言语浅,不如人意深 ……………………………… 刘　琼 / 95
把心交给读者 …………………………………………… 陈贵红 / 102

辑二

关于丁景唐先生的琐忆 …………………………… 陈漱渝 / 107
纪念丁景唐先生 …………………………………… 陈思和 / 116
被笑容所吸引 …………………………… 三山陵(日中艺术研究会) / 122
怀念丁景唐先生 …………………………………… 王锡荣 / 126
永不疲倦的人 ……………………………………… 乐　融 / 131
忆老丁 ……………………………………… 张冰隅(炳隅) / 134
花落春色在，人去纸墨香 …………………………… 卢润祥 / 138
怀念丁景唐先生 …………………………………… 刘　平 / 140
重温丁景唐先生给我的信 …………………………… 潘颂德 / 144
难忘丁景唐老人 …………………………………… 陈学勇 / 147
丁景唐先生两题 …………………………………… 宫　立 / 150
丁景唐先生与毛边书与《参差》 …………………… 沈文冲 / 155

辑三

怀念丁景唐先生 …………………………………… 施晨露 / 163
丁景唐先生逝世周年纪念 …………………… 新闻出版博物馆(筹) / 169
悠悠练水情 ………………………………………… 陶继明 / 173
诗人、学者、出版家丁景唐 ………………………… 葛昆元 / 178
向瞿秋白研究的传承人致敬 ………………………… 赵庚林 / 184
何时一樽酒，重与细学文 …………………………… 周忠麟 / 189
"侬要写得严谨些啊" ………………………………… 沈飞德 / 191
原来都是爱印人 …………………………………… 王性昌 / 194

辑四

同龄·同学·同道·同志 …………………………… 陈　庆 / 199
　　——追忆父亲的挚友丁景唐伯伯
和文化界名人长者丁景唐晚年往来 ………………… 马懿如 / 207
忆丁伯伯 …………………………………… 幼　英　世　锦 / 212

景唐伯伯的遗愿	徐海安 /	214
丁景唐和徐开垒的一组合影照片	马国平 /	217
(外一篇)由现代文学史料而起的收藏、研究佳话		
君子之交,垂范后人	王小平 /	222
丁先生的信	张 韧 /	226
丁景唐先生与我	章洁思 /	230
怀念"90后"的桃源人——丁景唐先生	王圣思 /	234
怀念老丁	郑晓方 /	237
我所认识的丁老	葛 原 /	240
拜见前辈——丁景唐先生印象	俞仪方 /	242
深切怀念丁老伯	叶 奇 /	244
深切缅怀丁景唐同志	陈小琴 /	246
爱照相的爹爹	何 瑛 /	249
老丁与小友	李 桃 /	251

辑五

丁景唐与刘锡诚通信(八则)	刘锡诚 /	259
文坛宿将丁景唐	陈 钲 /	273
我为丁老拍照	赵家圭 /	276
"一步楼"中书香浓	朱亚夫 /	279
多少往事暖心窝	韦 泱 /	281
追忆老丁	宓重行 /	284
箪父焚琴忆景公	丁惠增 /	287
老宁波丁景唐	陈克希 /	290
冬忆丁景唐老人	彭 伟 /	292
他伴着快乐远行	张林凤 /	294
文化老人丁爷爷	孙 言 /	297
三次专访	马信芳 /	300
最后一次见面	翁长松 /	306

辑六

父亲的歌	丁言仪 /	311
父亲·导师·偶像	丁言昭 /	318
笔端遣春温,天地一书魂	丁言模 /	326

辑七　丁景唐研究资料

我的自省	丁景唐遗文 /	379
从《巴尔底山》谈到鲁迅的笔名和"佚文"	丁景唐遗文 /	383
《江南第一燕——瞿秋白画传》序言	丁景唐遗文 /	385
影印《申报》与编制《申报索引》的回忆	丁景唐遗文 /	388
丁景唐著文及评论、纪念丁景唐文章目录(部分)	丁言昭 /	390
丁景唐与民歌社	戴建国 /	408
丁景唐、文操合编《瞿秋白著译系年目录》	丁言模 /	417
丁景唐《学习鲁迅和瞿秋白作品的札记》	丁言模 /	427
丁景唐、王保林合著《鲁迅和瞿秋白合作的杂文及其他》	丁言模 /	437
书海结缘惜文字,往事倍亲茶未凉——丁景唐与巴金	丁言模 /	446

辑八　附录

瞿秋白父亲瞿世玮及其《山水入门秘诀问答》	丁言模 /	459
新发现的首张瞿秋白名片	丁言模 /	473
瞿秋白的侄子瞿兴华(瞿勃)	丁言模 /	483
后记	丁言模 /	499

老丁垂范,后人受惠(代序)

孙　颙

1985年,丁景唐先生65岁,卸下担任多年的上海文艺出版社社长的重担,交棒于我。我比老丁小30岁,正式进上海文艺社工作,不过才三年。同事们把我推荐出来,我很惶恐,是毋庸讳言的。刚进出版社做了半年多校对,实际做编辑的时间,不过两年多一点。虽然有总编辑副总编辑们挑着主要业务,但是,三社(另有上海文化出版社、上海音乐出版社)合体的架构,二三百名员工,其中有相当多的知名大编辑,让我担纲,当然战战兢兢,夜不能寐。

按流行的说法,"扶上马,送一程"。老丁虽然没有职务了,给我出主意,帮我解难题,似乎天经地义,我绝对不会反感,反是求之不得。我希望老丁继续工作一段时间。老丁没有理会我的愿望。他很快地整理完自己的书橱书桌,一副彻底撤退的样子。他托人转过一句话,说是到这年纪,走进出版社,头皮就发麻。意思是不要勉强他。

说老丁拂袖而去,当然不对。他和我单独谈过一次,谈了近两小时,是在社长室旁边的会议室里。下班以后,楼道里静悄悄的,没人打搅,他敞开心来说。他把自己碰到的棘手的事情,做完的和没有做完的,清楚地告诉我;眼面前可能还有多少麻烦,哪些部门会有尖锐的问题隐藏着,尽他所知,一股脑儿掏给了我。谈完的时候,天色已经黑了,老丁打算走了。我说,我对出版社的管理一窍不通,希望他经常来点拨。老丁呵呵笑着,站起身来,并不直接回答我的恳求,用他特有的宁波官话说:"这里的麻烦事情,统统交给你了!"说罢,推开门,径直朝楼下走去。他没有回头,也没有挥手,似乎对他付出了无数心血的出版社丝毫也不留恋。我一直记得,那瘦瘦的身影从旋转楼梯飘飘而下的情景。这天以后,他很少再出现在绍兴路七十四号。即使过来办啥事,很少到社长室,也从无个人要求向我提。后来,在出版社遭遇严重危机的当口,夜深时分,我孤独地坐在硕大的会议室里,尤其容易回忆起老丁的话:麻烦统统交给你了。

　　我曾经埋怨过老丁,觉得他撒手让我折腾吃苦,是不近人情。很久以后,我工作经历得多了,才慢慢体会出他用心良苦。凭他的老资格,他的威望,假如他经常出现在单位,即使他不说话,不表示具体的意见,只要他皱皱眉头,我决定什么的勇气或许就动摇了;或者,我做出了决策,也会被许多同仁所怀疑而难以贯彻。老丁以他的消失,逼迫我硬着头皮承担起社长的责任,独立地面对种种困难。应该承认,这种逼迫,是我这个青年编辑成长起来的强大推力。

　　后来,我工作岗位多次变动,不管是离开上海文艺社、离开新闻出版局、离开政协文史委,我坚持一个原则,离开了,尽量少出现,不是对原单位没有情感,而是像老丁一样,不要干扰后面班子的工作。消失,是最好的支持。我现在还有作协副主席和文学基金理事会的头衔,还得去巨鹿路走走,但是,尽量不对党政工作指手画脚,也是我的基本原则。

　　回忆老丁,他在各方面的垂范,还可以说许多,他学养深厚、见识宽广、为人正派等等。上面的一条,也许是从他手里接棒者所特别感受到的。

辑一

文艺社来了内行里手的领导

江曾培

上世纪五六十年代,我在《新民晚报》工作,晚报总编辑束纫秋同志与丁景唐同志解放前同是地下党战友,都活动在文委系统,解放后老丁先后在上海市委宣传部文艺处、报刊处,与市出版局担任领导,与老束有着工作上的交往,有时他来《晚报》,与束或议事,或叙旧,交谈甚欢。我也由此结识了他。老丁为人谦和,温文尔雅,常常谈及现代文学作家与作品,一身文气。在我的印象中,他有别于一般的党政官员,更像一个学者文人。听老束说,他解放前办过杂志,出过诗集,对现代文学尤其是"左联"、鲁迅、瞿秋白等有着深入研究,这引起我的敬仰。当时我在做记者的同时,也在学写杂文与文艺评论。1959年,我在上海文艺出版社出了一本小书,专评周立波的长篇小说《山乡巨变》,为该社"读书运动辅导丛书"的一种,有次与老丁相遇,他叫着我的笔名说:"晓江,文学评论急需新生力量,祝你不断取得新成果。"他的话,我视之为文学前辈对后生的鼓励,平添了我前行的力量。

"十年浩劫"时期,老丁被戴上"30年代文艺黑线人物"等帽子受到冲击,我也因那本小书被戴上"修正主义文艺黑线吹鼓手"的帽子,再加上是所谓"修正主义新闻路线黑干将"被靠边审查。我俩都曾下放到上海新闻出版"五七干校",有时会在田头海边相见,但限于当时严酷的政治环境,往往"默默不相语"。

《新民晚报》在"十年浩劫"中被"砸烂"停办,我在获得"解放"后,无原单位可回,成了无枝可栖之人,最后是把我从干校调到了上海出版系统。

80年代初,老丁被任命为上海文艺出版社社长、总编辑,此时我是该社文学编辑室主任,大家都欢迎老丁这一"内行里手"来掌舵,认为出版社复兴有望。上海文艺出版社出书的一个重点,就是中国现代文学。早在1958年到1962年,该社就曾请老丁主持影印了四十余种20年代末30年代初的革命文学期刊,其中包括已成海内孤本的《前哨》《文学导报》《文艺新闻》等。老丁还和孔罗荪、方行一起主编了《中国现代文艺资料丛刊》(1—3期)。这些珍贵的现代文学史料的整理和出版,引起了国内外研究者的注意,郭沫若曾以中日友协的名义将上海文艺出版社影印的多种刊物作为礼品赠送给日本朋友。可是这些在"文革"中却被批为"为30年代文艺黑线树碑立传",老丁因此也被列为"30年代文艺黑线人物"。老丁重出江湖,到上海文艺出版社主持工作后,大力拨乱反正,迅速恢复出版了《中国现代文艺资料丛刊》,同时对现代文学制定了系统的影印出版计划,先后影印了瞿秋白编选并序的《鲁迅杂感选集》、赵家璧主编的《中国新文学大系(1917—1927)》,以及鲁迅主编的《语丝》全套,等等。影印本的及时出版,迅速滋润了遭到浩劫的荒芜的中国现代文学园地,同时具有抢救现代文学史、现代出版史、现代文化史等有关资料的重要意义。

影印出版的《中国新文学大系(1917—1927)》共十卷,平均印数两万册,其中"诗卷"高达五万册。这一"轰动效应"增强了老丁对《中国新文学大系》意义与作用的理解,他在与赵家璧先生以及社里一些同志商讨后,决定续编《中国新文学大系》。这是一个巨大的文化工程,老丁凭借他的学养与勇气,殚精竭虑成功地完成了"大系"第二辑(1927—1937)的编选,并为此后的第三辑(1937—1949)、第四辑(1949—1976)、第五辑(1976—2000)的编选开了路,奠了基。《中国新文学大系》悠悠百年,皇皇百卷,是中国文学出版史上的一大辉煌篇章,它是延续了近百年的"世纪工程",也是几代作家、出版家进行的"接力工程",其中最多贡献、最富光彩的,是赵家璧与丁景唐,赵老是开创者,老丁是中兴者。

《大系》第一辑早在1935年就出版了,赵家璧本是有续编计划的,由于抗战爆发等原因,续编的梦一次次破灭。解放后本可着手这一工作,可由于"左"的思想干扰,对30年代文学史上一些作家作品难以作出正确的评判与评价,因而也迟迟未能动手。"十年浩劫"过后,党的十一届三中全会恢复了党的实事求是的思想路线,拨乱反正,改革开放,为续编《大系》提供了时代条件。老丁对《大系》第二辑的顶层设计,就是要发扬新文学革命传统,反映新文学运动的历史面貌,展示"第二个十年"的辉煌实绩,促进新时期文学的繁荣兴旺。这其中,对作品的遴选,以反帝反封建的作品为主,同时兼收各种流派、风格的代表性作品。小说卷在收入《子夜》《家》《倪焕之》这些主流作品的同时,也选进了《边城》《我这一辈子》等具有艺术特色的优秀之作。根据"第二个十年"的创作实际,"大系"第二辑较第一辑新增了杂文卷、报告文学卷与电影卷,总的篇幅扩大一倍,由十卷发展为二十卷。

"大系"所收的作品,在发表出版后的几十年间,重印重版时多有所改动,像巴金的《家》,出版后曾作过八次修改。叶圣陶的《倪焕之》,解放后的1955年版本,将后面的七章全部删除,主人公的结局也大为不同。为保持作品的历史面貌,老丁提出,所选作品均要按初版本排印。为了找初版本,有关编辑跑遍了京沪等地的大图书馆,增加了不少工作量,终以"踏破铁鞋"的精神,保证了《大系》特有的史料价值。值得一提的,理论集中收入的毛泽东《在延安文艺座谈会上的讲话》,也没有选用后来《毛泽东选集》收入的文本,而是坚持选用了当时延安《解放日报》最初发表的文本。为此,按照老丁的意见,出版社给中央办公厅写了公函,表明了大系资料性的原则,获得了同意。

赵家璧主编的《大系》第一辑,各卷的编选者都是文坛名家,当时他们正值盛年,年富力强,几十年过去,这些名家已届高龄,再请他们亲自上阵,就有点强人所难。老丁思索再三,决定在社内成立编辑组,承担具体的编辑任务,同时约请文坛前辈撰写序言。他这样做,自然基于他了解社内已积累了充足的现代文学资料,特别是有一支精当的现代文学编辑队伍。实际上,更是由于有着他这位现代文学研究大家与出版专家坐镇组织指挥。记得编选工作开始后,社里将有关资料集中到一个房间,供编辑参阅。老丁不时就编选中一些问题进行讲解。他还鼓励编辑多到图书馆去翻阅当年的报刊,从中感受历史的文化气息。编选的过程,也是对编辑培训的过程,由此促进了编辑学养的成长和能力的提高。大家称编选组就是进修班,老丁就是指导老师。

约请名家写序的事,多为老丁亲自出马。1982年冬我随老丁赴京组稿,赵老恰好也在北京开会。我们同住在海运仓总参招待所。周扬、夏衍已应允分别为理论集、电影集作序,接着想请叶圣陶为散文集担纲。由于赵老曾约请叶圣老编选"大系""抗战八年"的散文集,老丁邀请赵老一道前去。叶圣老家住东四的一座四合院内,当年已89岁,须眉皆白,好像是一位老寿星。他与赵老亲切回忆过去编辑与作者的交往,赵老由此讲起,上海文艺出版社打算续编曾经得到叶圣老支持的《大系》,希望叶圣老继续支持。叶圣老对续编《大系》十分赞成。他说:"《中国新文学大系》按时期继续编下去,是非常有意义的事:一方面能让读者看到各个时期的人民生活,这是文学创作的'源';另一方面记录了新文学运动的发展和演变,这是文学创作的'流',可以供今后的作者作借鉴。"但是,对要他为散文集作序,他用浓厚的苏州口音说:"实在勿来事,实在勿来事。"他说,他的身体已非30年代在上海可比,也非40年代在重庆可比,他现在已不能承受过重的负担。"不接受你们的任务,我还能安安静静地睡觉,如果答应了你们我就睡不好觉了。"赵老与老丁商量了一下,觉得为了叶圣老的健康,不该勉强叶圣老,遂改请他推荐一位人选,叶圣老不假思索地说:"吴组缃很适合。"我们一想,这一人选的确"很适合"。老丁随后嘱我与吴联系,第二天,我们就去北大校园拜访组缃先生，他慨然应诺。

　　老丁善于"以文会友"，在北京组稿，得到文化界不少朋友的帮助，工作进展十分顺利。此后我去北京，总有他的朋友托我代转他们对老丁的问候。其中作家、诗人袁鹰，是50年代初由《解放日报》调到《人民日报》的，曾任中国作协主席团委员，我也认识，几次怀着感情对我讲，老丁是他地下工作时的领导，对他有引路作用。袁鹰来上海，只要时间许可，总要来看望老丁，可谓战友情深。

2018 年 5 月 27 日

难以磨灭的记忆

郝铭鉴

2017年12月12日,丁言昭在电话里告诉我说,她父亲丁景唐先生于昨天去世。我脑子里嗡地一声,顿时一片空白;我知道老丁已是98岁高龄,但还是不能相信这是真的。我感到震惊和悲痛。往事如潮水一般涌上心头。

一

早在中学读书年代,我便知道丁景唐这个名字。当时家里订了一份《新民晚报》,报上常刊有署名"丁景唐"的文章。我知道他是现代文学研究专家,主攻鲁迅、瞿秋白。他的文章史料丰富,考订认真,文字朴实而老到。能写出这样文章的人,我想,一定是阅历丰富、知识渊博,而且是上了年纪的。

1968年5月,留校搞了两年"文革"之后,我被分配到了出版社。在周围同事聊天中,多次听到了丁景唐的名字。原来,中学时代便仰慕的丁景唐先生,就在上海出版系统。他曾任出版局的副局长,主管全市的图书出版工作。这样一位大官,凭我的生活经验,是难免会有一点官腔的。这种官腔,哪怕"落难"之中,也会不经意间表现出来。

然而,事实彻底颠覆了我的想象。大概是在1972年,在位于奉贤海滨的新闻出版干校,我第一次见到了丁景唐先生。那天,我所在的校部政宣组正在开会,有人掀开门帘,问:"这里是政宣组吗?"一口石骨挺硬的宁波话,听上去颇有戏曲的台词感。来人正是丁景唐先生。他是遵照校部安排到政宣组来报到的。由此,我们有了直接接触的机会。

真没想到,老丁是如此年轻,看上去不过40多岁;而且长得一表人才,即使在干校里面,他也穿得干净利落。更没想到,在他身上,竟看不到一点架子。他那随时发出的"呵呵"的笑声,具有极强的感染力。他的随和,他的友善,是从骨子里流露出来的,没有任何做作的成分。就从那一天起,我凭自己的直觉,认定这是一个可以走近的人。

二

和老丁在干校相处的时间并不长,不久,我被调到了市文教办。这是一个相当于市宣传部加上市教卫办的机构,为"四人帮"所严密控制。我们整天东奔西跑,到处开会,加班加点,到头来发现是跟着错误路线跑的,在政治上栽了一个大跟头。"四人帮"粉碎以后,中央派工作组进驻上海,文教办的老人马大都重新分配工作。当时给我的去向是:高校、报社、电影厂,还有出版社。说老实话,这些单位对我都有吸引力,但又都有让我为难之处,一时难以取舍。这时,我想到了请老丁给我一点指点。

老丁家在永嘉路上,他对周围的历史作过很多考证。我想,像他这样级别的干部,即使不住豪宅,至少也是宽邸,谁知竟是普通的旧式里弄房!那楼梯之狭窄,之陈旧,之昏暗,让我想到了《七十二家房客》。我跌跌撞撞地摸到三楼,不敢相信这就是老丁的家!房间里一张大床,老丁夫人王汉玉老师拥被坐在床上。床边是一张桌子,桌上堆着报纸、刊物、信件,一片狼藉。坐具有藤椅,有木椅,还有方凳,堪称杂牌军。看不到一件高档家具,看不到一件现代电器。除了书,还是书,破旧的书架成了书的天地。老丁显然一点也不觉得居室的寒酸,他一边用茶壶喝着茶,一边招呼我坐下,一副怡然自得的样子,"人不堪其忧,回也不改其乐"。

我赶忙说明来意,报出几个让我选择的单位,请老丁帮忙参谋。我能感觉得到,老丁根本没有比较,便断然告诉我说:"出版!出版!当然是出版!"他说:"出版多有意思,纵的连接历史,横的连接社会,中外古今,天高地阔,多有意思!"他说:"天天和书打交道,和人打交道,沉浸在书山书海中,有学不完的知识,自己还可以搞研究,多有意思!"他随手拿起一本书,我印象中是"良友"出的,他说这本书很有价值,要是没有出版,今天能看到它吗?老丁的坚定,老丁的热情,老丁的陶醉,显然感染到了我。我听从了他的指点。这辈子和出版结缘,老丁无疑是一位引路人。

三

缘分有时候是命中注定的。我到出版社不久,老丁也奉命重出江湖,出任上海文艺出版社新一任社长、总编。我们又成了上下级关系。我对老丁的领导能力、领导方法,有了更多直接的了解。

老丁特别重视年轻编辑的培养,而且确实有一套办法。我所在的文艺理论编辑室,有一批刚分配来的大学生,他指示我们到上海藏书楼去"泡"两个月。那一阶段,我们每天直接到藏书楼上班,从《申报》《时事新报》查到《社会日报》《立报》,从《太白》《论语》查到《芒种》《涛声》,从早到晚,"泡"在旧报旧刊之中,积累了大量资料。两个月的时间不长,却让我们对现代文学、现代报刊,有了感性的了解,以后在处理书稿时,明显增强了底气。

老丁不仅让我们熟悉资料,还指导我们开展研究。有一次在北京出差,老丁给我讲左联五烈士。当他知道我喜欢诗歌时,便给我出了个"殷夫与诗歌"的题目,这篇文章后来收到了一本书里。"左联"50周年时,老丁又布置我研究"左联"纲领,写成了一篇五六千字的论文,老丁推荐给一家鲁迅学刊发表。在老丁身边的日子,我有大学读研究生的感觉。

老丁有时候会直接布置图书选题,瞿秋白编并作序的《鲁迅杂感选集》重印,便是他安排我做责任编辑的。他明确指示要出毛边本,并给我讲了出版史上的"毛边党"的掌故。王瑶先生来上海时,他带我一起到宾馆拜访,又提出修订出版《中国新文学史稿》。我后来因这本书和王瑶先生保持着长期联系。为了让我了解现代文学界的研究现状,老丁甚至让我帮他回复一些作者的信件。老丁对待年轻编辑,有着严师的冷峻,慈父的怜爱,同时又不乏朋友的真诚。一天,老丁把我叫到社长室,他问我读不读鲁迅。我说我喜欢杂文,常到福州路旧书店淘鲁迅著作的单行本。老丁告诉我,鲁迅是新文学的旗手、主帅。不了解鲁迅,就不可能了解新文学,甚至不可能了解现代史。他要求我一定要系统地读鲁迅。说完以后拎出一捆书来,说是送给我的。这是一套最新出版的《鲁迅全集》。这套书十六卷本,人民文学出版社出版,至今仍放在我的书架上。每当看到它时,我都会心潮澎湃,想起老丁对自己的谆谆教导和殷殷期望。

四

老丁主管出版社,看似无为而治,其实却是主旨突出。无为而治是为了发挥每一个人的积极性,主旨突出则是为了集中精力抓重点工程,以形成出版社的出书个性。在老丁任上启动的《中国新文学大系》续编,便是主旨突出的代表作,是可圈可点的大手笔。这个选题,最初是由"大系"第一个十年的主编赵家璧先生提出重印,老丁表示同意后,又提出组织力量续编,从而形成了一个皇皇一百卷的宏大选题。老丁虽然只主持了第二个十年的编纂工作,但他奠定了整套书的基础,确定了"大系"的独特的编辑原则和编选方法,在全书出版中是功不可没的。

为了编好"大系",老丁认真开展调查研究工作。他和赵家璧先生反复讨论,还几次带队赴京,听取文坛前辈的意见。叶圣陶、夏衍、冰心、丁玲……一家家留下了我们的足迹。1983年6月1日,受到了胡乔木同志的接见,谈了两个半小时。老丁原来设想,是请胡乔木像当年蔡元培一样,为"大系"写一个总序。胡乔木明确表示,第二个十年比第一个十年要复杂得多,要对这一段历史作一个鸟瞰,作一个判断,不是那么容易的。总序与其写得没有棱角,不如不写。有些事要当仁不让,有些事不能不让。不写是息事宁人的做法。胡乔木两个半小时的谈话,高屋建瓴,纵横捭阖,对文坛作了全面点评,其实就是一篇名副其实的总序。

老丁敢于放手使用年轻编辑。为了做好"大系"的市场推广工作,他提出要像第一个十年一样,编一个宣传册,其中除了内容介绍外,还要有各分卷主编的题辞。北京主编题辞的组稿任务,老丁交给了我。说老实话,我心里有点发怵。我知道自己只是一个初出茅庐的小编辑,从没和那些大人物打过交道。但面对着老丁的激励和期待,我决心放手一搏。我提着一篮青菜上飞机,踏进了周扬同志的家;拎着两盒月饼进了北京大学,拜访了吴组缃先生;我请朱光潜出具"介绍信",叶圣老念老友之情欣然命笔;借助刘再复敲边鼓,让一身铁骨的聂绀弩先生动了恻隐之心;我在夏衍题辞之后,做一名虔诚的聆听者,在淅淅沥沥的细雨声中,听夏公谈他当年做编辑的故事;趁艾青先生放谈当代作家书法时帮他磨墨,诗人题完辞后意犹未尽,又送了我一幅墨宝:"时间顺流而下,生活逆水行舟。"……十八般武艺轮番上阵,终于,苍天不负有心人,完成了全部题辞的组稿任务。宣传册印出来后,老丁特意签名送我一册,以示鼓励。

"大系"各卷的主编,是老丁听取各方意见后定下的。文艺理论卷的主编是周扬同志,但序言写作迟迟没有动笔。周扬提出要我们提供一个初稿。老丁又把这个任务交给了我。为了撰稿的需要,周扬约我谈了整整一个下午。我至今仍觉得这是一个不可思议的画面:一个曾经叱咤风云、主宰文坛的大人物,和一个素昧平生的小编辑促膝谈心。在整个谈话过程中,周扬并不看我,他只是斜坐在沙发上,眼睛盯着前方,用一种不疾不徐的语调叙述。这是一种试图穿透历史风云的自言自语。他说到了年轻时的幼稚,斗争的残酷,说到了某些论争的背景,和人事的复杂,最后意味深长地说了一句:"回顾历史,不能没有感情,但也不能感情用事。"在平静叙述的背后,我能感觉到他内心的寂寞和无奈。这篇序言完成以后,经老丁审阅让我送到北京,这时周扬已卧病在床,只能改由张光年同志审稿。光年同志当时在北京郊区某地,是中国作协书记鲍昌陪我一起去看他的。光年同志简单地问了一下撰稿情况,在原稿上作了一些字词上的斟酌,便把稿子交给了我。至此,"大系"的序言写作告一段落,老丁终于可以松一口气。

五

1985年6月,我进了社领导班子,由于分工的变化,和现代文学渐行渐远。后来,主要精力放到了语言文字。这时,老丁已经离休,却依然一如既往地关注着我。

一天,我收到了老丁厚厚的一封信,原来是一篇读后感。老丁读的是一本音乐家传记。老丁肯定了书的价值,又指出了书中的编校问题,既有史实差错,又有别字病句,还有标点讹误。老丁用蝇头小字,密密麻麻地写了七八页纸。我后来把这封信转给了有关编辑。如果这封信还在的话,当是一份珍贵的出版史料,从中可以看出老一辈出版人认真的工作态度和严谨的编辑作风。

1995年1月,我创办了《咬文嚼字》,老丁是一位忠实的读者。这年第5期刊物上,刊有一篇《真假"田汉"》,其中提到陶行知创办的晓庄学校"梨宫"门前的一副对联:"和马牛羊鸡犬豕交朋友,对稻粱菽麦黍稷下功夫。"老丁读到以后,立即给我打来电话,说"梨"字是个别字。我因为缺乏这方面的知识,便请他写篇文章,他很快寄来了《是"犁宫",不是"梨宫"》一文。文中不仅辨析了犁、梨的字义区别,而且还谈到了《回忆陶行知先生》《陶行知年谱》等书证材料,引用了陶行知本人创作的《锄头舞歌》,证明只有用"犁"字才能体现陶行知的办学思想。短短几百字的文章,在考订上下足了工夫。

2002年1月,我接手主编《编辑学刊》,这是一本编辑理论类的刊物,没想到也得到了老丁的青睐。有篇稿子用了一幅插图,是关于鲁迅等人接待萧伯纳的,画面上出现的是五个人,除了鲁迅和萧伯纳,还有宋庆龄、蔡元培和史沫特莱。老丁告诉我说,这是一张在特定政治背景下,经过技术处理的照片。它歪曲了历史真实,画面上还应该有两个人:林语堂和伊罗生。老丁对待出版工作就是这样一丝不苟。

六

老丁的最后九年,是在华东医院度过的。即使在医院这样的环境中,他依旧整天乐呵呵的,从来没有情绪低落的时候。他的人生态度,表现出一个"淡"字:对人事的淡然,对疾病的淡定,对生活的淡泊。他让我想到了苏东坡的诗句"此心安处是吾乡"。

我一般逢年过节去看望老丁。有时他也会主动打电话来,约我抽空去聊天。去时只要带一盒猕猴桃,他便心满意足。每次看到我时他总像孩子一般开心,甚至会鼓掌说"欢迎,欢迎"。他照样看书,照样读报,一见面就滔滔不绝地谈他的最新发现。一次谈瞿秋白的一篇用上海方言写的文章,谈得眉飞色舞。他还喜欢练书法,有年春节前夕,写了很多对联、条幅,贴在医院的走廊上,我一去就拉我参观他的书法展览,得意之情溢于言表。

大概是2017年的年初吧,我突然接到老丁的电话,他让我去一次医院。他告诉我说,昨天做了一个"英明的"决定,立即写下遗嘱。他给我看了遗嘱的原稿。在这份遗嘱中,我看到的只是藏书如何分配,资料如何处理,唯有一处涉及金钱,就是告诉家人,给医院里照顾他的护工两万元奖励。这份遗嘱看得我怦然心动。我看到的是一位真正的共产党人的崇高的人生境界和高尚的道德风范。

老丁从一个忠诚的地下党员,到一名优秀的文化干部,到一位杰出的出版家,他的一生是战斗的一生,坦荡的一生,辉煌的一生。他虽然离开了我们,但他留下的精神遗产是无价的。我们永远怀念他。

老社长的"零距离"

江俊绪

我们的老社长、上海出版大家丁景唐先生走了。2017年12月11日应是上海出版界集体哀恸的日子。

大家都习惯称呼他老丁,没见一个人叫他丁社长、丁总编的。这是一种无形的零距离,亲切。平时见人,他总是笑嘻嘻的,一口醇正宁波话,听起来柔柔的,风度永远和蔼儒雅。工作中谈意见建议,剀切背后会感受到实事求是和火辣辣的热情,态度真挚。在他面前,工作的严肃感亲和感融成一个磁场,不由你不被吸引,无形中亦师亦友忘尊忘年,于是心往一处想劲往一处使。

这种高层次的水乳交融令人神往,特别对照今天许多单位的干群关系,又岂是"平易近人"一语所能涵括的。

老丁是个老编辑、老出版。上世纪三四十年代从中学大学读书时起,他就主编和参编过诸多刊物,如有影响的《文坛月报》《文艺学习》。而且他编刊物,编、校、印、发事无巨细,整个环节全部亲力亲为。这除了有当时的环境原因,也体现了他认真踏实一丝不苟的办事作风。他在社内指导工作总是设身处地不尚空谈,意见中肯实际,显然与他长期这方面的锻炼有关。

去老丁家,你得准备在老丁逼仄臃肿的"书房"里听他谈论新文学,"最近我又发现了一个资料……",或者"上次谁谁谁来过告诉我……",无论跟他闲聊什么,三转两转总会引入这方面话题。刹那间他就成了陶醉的孩子,兴奋而显出一丝不易觉察的得意,语速却依然是不紧不慢的"老丁节奏"。对这份心爱的事业,他显然有激情和理想在里面。早年他接受地下党领导,编刊物,从事进步活动,膺服鲁迅,思想感情与瞿秋白和"左联"作家休戚与共,就此栽下深入学习研究30年代左翼作家作品的心愿。这是与左翼文艺自然形成的命运联系,深入骨髓,让我们不由感佩什么才叫真正执著于事业。

1979年,将届花甲的老丁被调到上海文艺出版社任党政一把手,自此他以"吸取文革教训,眼光向前看,继承发展我国文艺事业"为己任,雄心勃勃提出重印一大批解放前出版的新文学史料和赵家璧主编的《中国新文学大系》第一辑(1917—1927),在这基础上续编《中国新文学大系》第二辑(1927—1937)。这个庞大出版工程由此以令人瞩目的雄伟姿态矗立起来。大功告成后老丁又或任主编或任顾问,连续完成第三、第四、第五辑共一百卷的"大系"编纂出版,全面展示了我国 20 世纪新文学的优秀成果,为现当代文学的积累传承做出了卓越贡献。老丁的"出版大家"地位由此推向了名副其实的巅峰。

老丁是学界公认的近现代文学研究家,特别对 30 年代文学资料的搜集研究,很少有人能与其比肩。期间他亲率编辑奔走京沪,遍访大师级文坛名家。没有他的人格魅力、人脉和学术威望,这部皇皇巨著不可能大师云集分任各分卷主编并为之撰序,蔚为新文学宝典。他用学者、编辑的"双面"关系证明,各门类知识是相通的,博而又专是一种学术境界思维境界,是促使心智提升业务上达的重器。可惜当代社会人心浮躁,较少学者型编辑做出版骨干,编辑出版质量就往往不如人意。

二三年前有次从文艺会堂出来,我曾与他女儿丁言昭一起去华东医院看望老丁,当时他皮肤白嫩脸色红润,兴致勃勃地与我交谈,还把他的近作复印件"代作贺卡"赠我,一点看不出九十四五的样子。言昭说他的白发也慢慢变黑了,我说依他现在情况,活过百岁看来没有问题。想不到天不假人,竟也说走就走了。老一辈最后一位学者型出版大家逝去,可说是标志了一个出版时代的结束。斯人远去,精神长存,老出版人沉潜事业的人格风范,永远值得我们品鉴学习。

但愿我们的文脉能代代相传。作为一个退休出版人,我默默向老丁致深深的敬意!

2017 年 12 月 20 日

附录:江俊绪写给丁言模的信

言模:

纪念老丁的文章加了一二句。请用这份。

遵言昭嘱,附上我刚拍的照片两幅,供选用。

另有两份材料,找来找去找不到。一是老丁送我的出版局新文学史料编选过程汇集出版序言("代作贺卡"),前几天为写文章还找出来看过,后来随手一放竟然会找不到。二是编"大系"第二辑时老丁叫我代夏衍写一篇序言,写成后趁夏衍在苏州休养,叫郝铭鉴陪我去苏州见他,请他定稿。当时夏公目力不济,由郝铭鉴读给他听,夏公对个别词句即时发表修改意见,由郝在我拟的原稿打印件上记录下来。回沪后老丁要我把这份原始材料复印后给他保存,我照办了。这份原件我一直保存着,但这次找了好久也找不出来。如果能找出来,倒是很能说明老丁工作的认真、具体及收集资料的仔细的。

现在就只能提供我的文章和我的照片。其余两份,特别夏公意见记录,我尽量再找。若找到我会补发给你(这份材料的复印件老丁也有,是我遵嘱发给他的)。我家住房小,没有专门的藏书室,一大批书籍资料全分散堆在各个挤出来的地方,非常难找。请谅解。

祝编辑顺利、健康安乐!

江俊绪　2018年1月15日

老丁——我的前辈和领导

俞子林

2014年4月28日,一个春风和煦的早晨,我和克希相约到华东医院去看望老丁。

老丁就是丁景唐同志,我和他在上世纪50年代就相识了。那时我在书店①工作,他是上海市委宣传部新闻出版处处长,后又任市出版局副局长。我们有工作上的联系。他比我年长10岁,今年94岁了,是我的前辈领导,但他一直让我称他老丁。

今天是老丁约我们来的。他知道书店有个虎闱(陈克希的笔名),常在报刊写些文章,老丁要我约他认识一下,说说话。克希原籍湖南,出版《新青年》的上海群益书社创办人陈子沛、陈子寿是他的族祖,亲祖父陈慈铭(子铭)办了戏学书局。自己曾去东北吉林插队,回沪后在上海书店工作。老丁说他五儿言模曾去安徽插队,与克希同龄。谈到戏曲,老丁说以前认为那是旧文化,不予重视。这几年在医院,爱看音配像的梅兰芳、程砚秋等的老戏,还有豫剧的《七品芝麻官》等,觉得有意思。又谈到过去在书店买书的往事,话就更多了。谈兴正浓,不觉已到了医院开饭的时间。护工来催两遍了,我们才告辞出来。

在回来的路上,我思绪绵绵,想起老丁与我和我们书店的种种交往,有许多故事,是难以忘怀的。下面就记述几件。

支持我们出版《古旧书讯》

我们书店从1959年开始创办内刊《业务通讯》,第二年改名《古旧书

---

① 本文中所说书店,即是1954年成立的上海图书发行公司,1958年改称上海古旧书店,1967年改称上海书店,1984年改称上海图书公司,1988年又建立上海书店出版社。文内不一一予以区分。

讯》。为什么会出版这本刊物？因为这一年全市书店体制改革，各门市部都下放给所在区管理，但古旧书业务复杂，有许多政策上、工作上、知识上的问题需要进行交流和指导。当时我和杨渭元同志在业务科，就想到要办这份刊物。具体负责的是老杨。

刊物的作者基本上是店内有经验的老同志，内容大都是古旧书业务知识、版本知识、工作经验交流，以及店内工作动态等，也有一些书店领导写的方针政策指导和工作规范规定等。

老丁从开始就关心着这本小刊物，因为他爱书、读书，更因为他正关心着上海革命历史纪念馆（后称"一大"会址纪念馆）和鲁迅纪念馆的筹备，他希望古旧书店能为他们提供更多文献资料。同时，老丁又是一位新文学史研究者、"左联"研究者、瞿秋白和鲁迅研究者，他自然要关心古旧书店的动向。刊物第八期转载了老丁的一篇《关于〈十字街头〉》（原载1959年4月6日《文汇报》），《十字街头》是鲁迅主编的"左联"刊物。不久，老丁又把新写的《左联五烈士著译书目》交我们发表（刊于第12期）。

但是，刊物只出到第二年6月便停刊了，原因是当时国家发生经济困难，纸张奇缺。约五十年后，老丁在为我所编《百年书业》等书所写序言中说：

> 《古旧书讯》（初名《业务通讯》）创刊于一九五九年一月，可惜只出至十八期就停刊了。那是根据市委关于整顿内部刊物的决定。停刊的消息是我去传达的，我正担任市委宣传部新闻出版处的处长。其实我心里很看重这份刊物，觉得它内容丰富，有行业掌故、版本鉴别、稀见珍本古籍、碑帖和革命图书文物介绍等；作者水平较高，大都是版本专家和书店的业务骨干。我也曾为这本刊物写过稿。我不无惋惜地对书店的同志说："刊物只能停办了。"

直到"文革"结束后的1979年，随着改革开放和恢复出版工作，我们把《古旧书讯》也恢复了。从这年8月起，至1989年12月止，共出版63期，为双月刊。实际负责编务的，先后为陈影、胥智芬。后又出版过一段时间的《书窗》，也算是《古旧书讯》的续刊吧。

这一段时间内出版的《古旧书讯》，内容质量有较大提高，主要缘于作者队伍的变化：一是请一批复出的老出版家写回忆文章，如邵公文、许觉民、范用、曹健飞、楼炜春、沈松泉、丁裕、尚丁等，大多是由毕青同志约来的；二是书店在从事影印古旧书刊时请当事人（原编著者或出版者）或专家学者写的序跋文或研究文章；三是书店本身除原有的老同志外，又吸收了一批青年，他们在学习和实践中取得的一些收获。

老丁在"文革"后(1979年)就任上海文艺出版社社长兼总编辑,但仍关心着我们的刊物,曾为我们写了多篇文章,如《关露同志与〈女声〉》《殷夫(白莽)和他的著译》《纪念矢志保存革命文物的谢旦如先生》《俞平伯、施蛰存和画家洪野》《明日书店书目综述——并贺许杰先生九十寿辰》等。

老丁的文章有三个特点:一是写作内容都与他的研究方向有关,即与研究现代文学、研究"左联"和研究瞿秋白与鲁迅有关;二是具有浓厚的感情色彩,即所写的人物与他有亲密往来或是他所深深敬佩的。如关露是1932年入党的中共党员,"左联"著名女诗人,《春天里来百花香》的词作者。1939年后,她奉党的决定受潘汉年领导打入日特机关,却蒙受污名,解放后又因潘汉年案牵连和"文革"两次坐牢达十一年。老丁是沦陷时期向关露编辑的《女声》投稿而与其认识的,对关露的不公平遭遇深感同情,并让他女儿把她看作和妈妈一样的长辈、亲人。谢旦如为一党外人士,却甘冒巨大风险,保护瞿秋白杨之华夫妇住在他南市家中,并保存了瞿秋白的大部分遗稿和方志敏烈士遗稿,是他敬仰的一位长者。老丁的文章还有一个特色,就是写作十分严谨,所述都经过仔细考证,注释详备,一丝不苟,对历史负责,可作信史看待。正因为此,老丁对我们这本刊物也有这样的要求,凡是他看到有什么差错或不妥之处,便及时指正。例如在一篇介绍1930年出版的《出版月刊》文章中,谈到其中"瞿然"的文字即瞿秋白所作,他立即指出这是错误的,"瞿然"是高明,应予纠正。

还要特别说明,老丁写的文章不先在其他报刊上发表,而是交给我们这本小小的内刊,这里有着对我们书店的亲密感情。例如在《俞平伯、施蛰存和画家洪野》一文的题注中,他说:"多年来,我与上海书店同志时有交往,相互切磋,增加不少旧籍版本目录学的知识。《古旧书讯》约我为该刊复刊50期写稿,时我正为姜德明同志《画家洪野》一文(收入《书味集》,1986年7月三联书店版)引起一些思考,乃以我过去在上海书店得到的《上海大学一览》和施蛰存主编的《现代》文学期刊等为津梁,草拟此稿,以答雅意。"

由于老丁的文章都是有重要学术内容和纪念意义,并非一般应酬之作,所以在他编辑自己的《犹恋风流纸墨香——六十年文集》(上海文艺出版社2004年1月版)时也大多收了进去,以作永久的保存。

2008年,我把《古旧书讯》中的文章选了一部分(其中也选了老丁的几篇),编为一个书系(包括《百年书业》《那时文坛》《书的记忆》)出版,请老丁写序。尽管老丁那时已年近九旬,还是热情地答应了。他在序中说:"《古旧书讯》为抢救历史文化,为我国的出版史、文化史研究提供了珍贵的资料,做出了最大的贡献。""这套书系通过丰富、翔实的史料,反映了上海不同时期,尤其是上世纪二三十年代文化出版业的兴旺与繁荣。不只是一条街的成长，而是通过这条街的历史流程，竖起了中国新文化运动挺拔数十年的里程碑。"这是老丁对我们这本刊物和这套书系的实事求是的评价，也是他长期关心、支持我们办好这本刊物的根本原因吧！

"七一五事件"

所谓"七一五事件"，是"文化大革命"中发生在上海书店的一个案件。

1968年，正是"文化大革命"在全国如火如荼地展开的年代。这年的7月15日，一个夏日炎炎的下午，上海书店会场里正开着群众大会。主持者突然大声宣布，书店"走资派"副经理丁之翔站到前面来，勒令他交代反毛主席的罪行。丁之翔一脸茫然的样子，不知从何说起。主持人为了快些取得"战果"，点明说：你曾经把仓库里的老期刊借到哪里去了？这时他才恍然想起，约两三年前，出版局办公室主任（女）到书店仓库劳动，整理老期刊（这时上海市委规定干部每周四下基层劳动），第二天打电话给丁之翔，说她在仓库里看到一套电影画报①，其中某期上有一张江青的照片，她想借用一下。还说她在延安时认识江青，想翻拍后送给江青。丁之翔撂下电话就把这件事忘了。几天后她又要办公室的小马打电话催问。丁之翔这才想起，却又忘了哪一期。于是便写了借条，让仓库的同志把整套送来。他正想把它送出去的时候，忽然多生了一个心眼：这事要不要问问局领导？是不是要借给她？丁之翔把电话打给一位副局长，他回答说："不要借给她。"还说："就对她说，仓库里有规定，不能借。"于是丁之翔交代说："是有这件事。出版局的办公室主任要借我们仓库里的电影画报，但没有借给她。"主持人追问："那你把这套画报弄到哪里去了？你写的借条还留在仓库里呢！"这时，会场上爆发出一阵吼叫声："丁之翔收集无产阶级司令部的黑材料，罪该万死！必须彻底交代！"

原来自从"文化大革命"开展以来，各地经常有揭发出因知道或接触过江青的历史材料，被认定是犯了攻击无产阶级司令部的反革命罪行。江青在上世纪二三十年代曾在上海话剧、电影界工作过，发生的一些事情，在当时电影画报上有所反映。当仓库的工作同志看到丁之翔写的借条还在，那实物却不知去向时，就把这事揭发出来了。

---

① 据丁之翔回忆，那办公室主任要借的是《电通》杂志（见丁之翔著《书店生涯六十年》，三联书店贵阳联谊会1999年出版）；老丁回忆她要借的是江青的剧照（与演出"王老五"的电影有关），是一种电影画报；作者听闻要借的是某电影杂志，内有一张江青戴帽子的照片。可众说并存。

大会过后,案情报到市里,被定性为收集、扩散无产阶级司令部黑材料的反革命事件。因为是7月15日揭发的,又称"七一五事件"。立案后,市公安局立即将那办公室主任拘押,甚至将小马也拘押了,要他们交代思想动机、事情经过、材料弄到哪里去了。丁之翔也就在当天被办了"抗大式学习班",扣留在书店里,不准回家。那时他夫人也在工作单位市邮政局被办"学习班",不能回家。家中只留下三个未成年孩子(最大的是个初中生)自己生活,达一个月之久。

大约过了二三十天,那一包电影画报在期刊部主任萧某办公室的书架上发现了。东西找到了,事情却并未结束,还说"不止这一套",要他们继续交代。结果是那办公室主任被关了两年半才释放,小马也被关了十一个半月。那主任被释放后,不久便去世了。

我曾同老丁谈起这件事,老丁说,我当时正在出版局,主管书店内部书刊审批工作,丁之翔是打电话问我的。我的想法是:我们应维护毛泽东主席的威望,不宜将江青的往事随意散布。那时那办公室主任也曾直接问我,要我批准向书店借来,让大家看看。我回答她说:没有啥好看的,不能借。我考虑到局里有些人犯自由主义毛病,喜欢传播小道消息,应当制止。

应当说,由于老丁的政治原则性,阻止了这包画报被流散出去,否则案件的后果会更严重。在当时因此类事件受迫害的事是不少的。丁之翔在事件经过中也很有头脑,两位老丁都是有政治经验的人。

主编《文艺日记》

在我的书柜里,珍藏着一本1986年上海书店出版的《文艺日记》,那上面有巴金先生的亲笔签名,在扉页上印有巴老的一段题词。题词是这样说的:

> 人为什么需要文学?需要它来扫除我们心灵中的垃圾,需要它给我们带来希望,带来勇气,带来力量,让我们看见更多的光明。我五十几年的文学生活可以说明:我不曾玩弄人生,不曾装饰人生,也不曾美化人生,我是在作品中生活,在作品中奋斗。

巴老的题词,写于1985年10月17日。我们知道,在那一段时间里,巴老正在写他的《随想录》。这是巴老最后一部巨著,是他对文学、对人生的深沉反思和总结,是一位文学老人经过几十年艰难耕耘和坎坷人生留给我们的珍贵遗言。他的题词,就是他这一时期所作反思的浓缩和概括,是他对文学作用的精辟见解,是他对自己一生文学创作的总结。他的话说得那么鲜明,那么扼要,可以作为我们的人生箴言和座右铭。

说起巴老的题词,我就想起老丁。

那是在"文革"后,改革开放初期,我们书店几位老领导(毕青、丁之翔等)都是生活书店出身,他们非常留恋过去一些进步书店有出版日记的传统。以往的日记本大多装帧精美,内涵丰富,知识青年大都有记日记的习惯,现在应当恢复这种传统。于是提出了编印《生活日记》和《文艺日记》的计划。我们请受青年欢迎的《青年一代》主编夏画编《生活日记》,请与文艺界有广泛联系、对当代文艺有深入了解的老丁编《文艺日记》。当我把这一要求向老丁提出时,老丁一口答应。他请他的助手郝铭鉴当文字编辑,请陶雪华当美术编辑。不久,一本崭新的《文艺日记》就出来了。

《文艺日记》为24开方形开本。盒套上画有一群飞翔的春燕,象征着文艺的春天已经到来。翻开日记本,扉页上印有巴金老人的近影和他的题词。全年12个月每月一页中外名画,及一位当代作家小影和题词,依次是:朱光潜、柯灵、曹禺、刘宾雁、艾青、高晓声、茹志鹃、王蒙、谌容、李国文、蒋子龙、叶辛等。

日记的每一页都有一角题花,或是中外文艺家肖像,或是中外文艺家名言名句。

日记的附录有中外文学家、艺术家简介,历届诺贝尔文学奖获得者,历届奥斯卡金像奖获奖影片及演员,中外文艺之最,常用文史工具书举隅,文艺知识百题等。

日记出版后,1986年8月28日,老丁约了编辑出版人员到巴老家送样书。巴老坐在沙发上,满面笑容,感慨地说:"很久没看到这样精美的日记本了。"书店的同志说:"您一年写一本,可再写十本。"巴老笑着说:"写不了那么多。"老丁问巴老:"最近有新开的书店,您想去看看吗?"巴老答:"到书店看书是高兴的事,但现在身体不好,身体好的话,我一定去。"老丁说:"那就叫您女儿去代买了?"巴老说:"不行。书一定要自己去买,自己买书有味道。"

然后,我们同去的每个人都请巴老在日记本上签名留念。最后和巴老一起合影,才告辞出来。

我认为这本日记的珍贵处,就在于印有巴老的题词和另外十二位文学家的题词。他们在题词中,有的谈生活与创作的关系,认为:"没有生活,便没有文学。但是有生活,未必就有文学。"(柯灵)"作家掌握的生活、知识越多,选择的自由便越大。"(茹志鹃)有的谈创作自由,说:"对于我来说创作从来都是自由的。我所服从的是自己的意志;我的最大的意志是绝大多数人的自由。"(艾青)"在创作过程中,自信心是绝顶重要的。我以为,一个作者,应该径直走自己的路。决不被那些众说纷纭所干扰,更不被那些闲言碎语所左右。"(李国文)有的是对青年人的鼓励,认为:"青年人第一件大事是要有见识和勇气! 走抵抗力最大的路。"(朱光潜)而王蒙的题词是一首题为《鸟儿》的诗:"不,不能够没有鸟儿的翅膀,不能够没有勇敢的飞翔,不能够没有天空的召唤,不然,生活是多么荒凉。"(八五年录六二年小诗于京华)……

限于篇幅,恕我不一一抄录了。

题词是作家在一定时代背景下思想的结晶,感情的流露。我们怎样来理解这些妙言隽语,全在于读者自己的领悟了。

须要说明的是,这十几位文学家的题词,大多写于1985年2月(或前后于约一个月),只有巴老写于稍后的10月。那年月,正是中国作家协会第四次代表大会在京召开和闭幕的时刻。这是一次十分重要的大会。就在紧接到来的1985年,文学焕发了最大的活力,进入了一个黄金时代。我们这本《文艺日记》产生于那个活跃的时代,反映了那个时代的思想和态势,也是一种纪念。

最后我要说的是:因为老丁与许多文学家有长期的交往,文学家们才会答应题词。如果没有老丁,哪来这些题词?而如果没有题词,日记就不会这样精彩。我在这里再次谢谢老丁! [1]

为《中国近代文学大系》出计谋荐人才

在范泉先生离世10周年的2010年10月,我和出版博物馆的林丽成一起去看望老丁,谈到想把范泉生前在编辑出版《中国近代文学大系》时所编74期《编辑工作信息》正式出版,并请老丁写序。老丁深情地回忆起他和范泉的交往和当时情景来。

那时范泉刚从青海回到上海,向上海书店提出了编纂《中国近代文学大系》的设想。为了吸取先行者的工作经验,范泉曾到编纂《中国新文学大系》(第一个十年)的赵家璧先生那里请教,也曾向编纂《中国新文学大系》(第二个十年)的老丁请教。老丁不但详细地向他讲了"大系"所涉及的政策界限、外交关系、民族关系等一系列问题,还讲了如何收集资料以及必须按照历史

---

[1] 老丁在阅读我的这段文字时随手添上:有些题词如朱光潜先生所书,是我的朋友郝铭鉴约来的。老丁还说日记中不少资料如每页的题花、名句等,书店的同志也做了不少收集工作,有他们的功绩。

原貌选文等问题。后来,老丁又特地到上海书店编辑室看望范泉。那时上海书店编辑室尚设在食堂楼上,设备简陋,只有三张桌子、几个书橱,人员也就三位返聘的老编辑周劭、王知伊、杨友仁和两个青年龚建星和郑晓方。老丁看了很受感动,他们就是在这种条件下为我国的文化事业默默地辛勤劳作着,发扬了可贵的敬业精神!

1987年冬,老丁因身体不适,到安徽滁县琅琊山麓他五儿言模处疗养。就在那时,他收到了女儿言昭转寄给他的范泉寄来的《编辑工作信息》。他看了以后,知道"大系"已开过编辑工作会议,立即写信表示祝贺,并再次提出一些建议。他又知道"大系"正在组织工作班子,需要扩充人才,便向范泉推荐了著有《中国近代文学史》的中山大学中文系的陈则光教授,专攻晚清文学理论的厦门大学中文系的蔡老师,以及参与编写北大《中国文学史》并专攻龚自珍研究的安徽师范大学图书馆馆长孙文光教授。后来陈则光教授担任了"大系"编委,并承担了起草"大系"《总序》的重任,孙、蔡二位也一直保持着与范泉联系,为"大系"的编辑贡献了不少宝贵资料和意见。

1991年3月,当《中国近代文学大系》已进入出版阶段时,范泉派他的助手郑晓方访问老丁,征求老丁意见。老丁除了简要地谈了编纂出版《中国近代文学大系》的意义、难度,并向范泉和他的助手们表示祝贺与敬意外,还谈了"大系"开始出书后需要依靠各方面力量做好宣传、发行、研究等三项工作。后来晓方将这次访谈整理成文,由范泉编发在《编辑工作信息》第67期上。

1996年上半年,饱含着范泉和几十位编委、编者以及他的助手们十年心血的《中国近代文学大系》三十卷全套出齐,于6月间召开研讨会。开会那天,因酷暑难耐,老丁未曾参加,但事先送来了书面发言,题目是《我要补课:读一点近代文学——〈中国近代文学大系〉三十集出齐有感》,表达了他由衷的喜悦与祝贺,以及要读一点近代文学的心情。

为了学习和继承范泉先生编纂《中国近代文学大系》的工作经验,我和出版博物馆的同志商量,将《编辑工作信息》纳入"出版博物馆文库"的史料系列,全文出版(出版时书名改为《中国近代文学大系争鸣录》)。老丁对此表示支持,并欣然接受了写序的要求。老丁在序中指出:"它的出版,不仅可以为编辑出版大型图书提供一份成功的范例,也可以为近代文学以至现代文学研究,提供一份可供进一步深入讨论的素材。曾经争鸣、探索过的许多问题并没有就此终结,而且,我还认为,探索和争鸣,既有融和与认同,也有突破与创新,对中国近代文学史诸多方面,对作家作品的新理解,新的研究方法,供后人阅读、研究,必然有很大帮助。"

老丁在这篇序中,还向我们透露了一个信息,那就是:开创了编纂《中国新文学大系》(第一个十年)的赵家璧,1932年毕业于光华大学英国文学系;续编《中国新文学大系》(第二个十年)的老丁,1944年毕业于光华大学中文系;现在编纂了《中国近代文学大系》的范泉,也曾于1935年考入光华大学历史系(两年后改入复旦大学新闻系)。三位先后编纂了我国从1840年起至1937年中国文学大系的主编者,竟都曾就读于光华大学,堪称是一段文坛佳话!千秋功业,光我中华——他们的业绩将永留在我国现代出版史册。

2014年6月17日写毕,7月5日改定

怀念丁景唐先生

赵南荣

2017年4月的一天,我在陕西南路上遇到丁言昭,问起丁景唐先生的近况。她告诉我,98岁的父亲精神很好,现在每天做三件事:吃饭、睡觉、散步、是个快乐的老头。

不料,才过了半年多时间,就得到丁景唐先生驾鹤西去的消息。

认识丁景唐先生,差不多有四十年了。他是1938年入党的老革命,年轻时写过诗,出版过一本《星的梦》诗集,后来成了党史和现代史资料专家。那时他还未到出版社任职,大家都亲切地叫他老丁。1979年,他到出版社当社长、总编辑、党组书记后,全社上下仍然老丁老丁的叫着,他也笑呵呵地应着。

老丁是出版社一把手,照理工作头绪繁多,但他似乎并不忙。原来,那时候出版社是全拨款的事业单位,没有经营压力。而且老丁把出版业务、编辑业务,甚至人事工作都分派给副社长、副总编辑们去全权负责,腾出了精力来做自己喜欢做的事。当年老丁喜欢做的主要是两件事,一件是在理论编辑室恢复出版《中国现代文艺资料丛刊》,一件是主编《中国新文学大系1927—1937》。为此,老丁经常到理论编辑室来聊天。他大概觉得我们几个年轻编辑学养不够,便要求我们放下手头工作,到徐家汇藏书楼去看半年的旧报纸和旧杂志。

我们一头扎进藏书楼,大报《申报》小报《扫荡报》,什么都看。既看文学研究会、创造社办的刊物,也看《礼拜六》那些鸳鸯蝴蝶派刊物,甚至连《东方杂志》《北新月刊》,以及电影杂志等非文学刊物也一一浏览。现在回想起来,老丁倡导的不带任务"随便翻翻"的进修方式,使我们后来的编辑工作受益良多。

《中国现代文艺资料丛刊》"文革"前出版过三期,那时老丁是出版局副局长,对丛刊关爱有加。现在复刊,老丁成了实际上的主编。我负责过两期丛刊的编辑,领教了老丁独特的工作方法。老丁虽不善言辞却擅长写信。

他组稿是写信,指导编辑刊物也写信,一天收到他三五封信是常事。有时他在家里办公,写了信就叫女儿丁言昭或儿子丁言模送来,仿若今天的快递。最有趣的是,他在二楼社长室写好信,亲自到三楼编辑室交给我。我劝他打个电话就行何必写信,老丁说,年纪大了忘性大,还是写信牢靠。老丁喜欢用炭黑墨水,写得一手好字,竖排信笺,行云流水。我原收集了不少老丁的信件,装在一个大信封里,可惜三十多年间办公室多次搬家,这批信件也不知塞在什么地方找不见了。

丁景唐先生主编《中国新文学大系1927—1937》,在当年是一项重大出版工程。分卷主编周扬、巴金、吴组缃、聂绀弩、芦焚、艾青、于伶、夏衍等名家,都是老丁一一登门拜访邀请的。在编选工作中,老丁决策的两件事很有魄力。一件是编选工作全部由出版社编辑承担;一件是全部选文坚持用最初发表的文本。我参与了这次编选,负责编选散文集两卷共120万字。徐家汇藏书楼的"进修"发挥了作用,我在非文学类刊物和报纸副刊上挖掘出了不少优秀篇章。选目送给吴组缃先生审阅时,吴先生表示赞同,并说许多学者的散文也别具一格。

大系坚持用最初发表文本的原则,贯彻到了后续的几辑编选。在第三辑理论集中收入的毛泽东《在延安文艺座谈会上的讲话》,没有选用《毛泽东选集》的文本,而是坚持选用了延安《解放日报》发表的文本。两个文本有些出入。初版文本比较口语化,选集文本文字做了润色。为此,我给中央办公厅写公函,表明了大系资料性的原则。很快,中央办公厅就回复同意了。

1981年鲁迅诞辰100周年时,出版社影印了瞿秋白编选的《鲁迅杂感选集》。这也是丁景唐先生提议的。老丁特意盼咐我将杂感选集与《鲁迅全集》核对一下。核对完成后,我还写了一份《校勘记》,发表在《中国现代文艺资料丛刊》第六期上。老丁说,这是三重纪念,一是纪念瞿秋白;二是纪念鲁迅;三是纪念"毛边党"。鲁迅喜欢毛边书,自称"毛边党",我们这次就做成毛边本。毛边本二三十年代很流行,50年代以后公开出版似乎绝迹,有个别作者同编辑商量,也会盼咐印刷厂留个几十本自己赏玩。有意思的是,《鲁迅杂感选集》公开出版后,新华书店发行所给出版社打电话问,怎么是未切边的毛坯书?经过我们解释,他们才向全国发行。

丁景唐先生于我是忘年交,是领导亦是老师。1985年,老丁离休了,很少再到出版社来。但他仍然关注新书的出版,经常打电话邀请我到他家里聊天。每次去,老丁总要找几本书或资料出来,写上几句话,签上名送给我。兴致高时,老丁还会搬出一个大樟木箱,说这是他的"百宝箱"。他拿起里面的东西介绍,这是赵丹送他的画,这是钱君匋为他刻的印章,这是谁谁谁送的字,一边笑着一边说着,快乐得像个孩子。这时候,老丁的夫人王老师,往往安静地坐在边上,笑眯眯地望着老丁。有一次,瞿秋白的女儿瞿独伊来看望他,老丁在附近的乔家栅请客,打电话邀我作陪,同座的还有华东师范大学副校长王铁仙先生。

  最使我感动的是,1981年我结婚时,老丁送了我两只有盖的茶杯。老丁说:"这两只茶杯有故事的。那年,景德镇为毛主席专门烧制了一批瓷器,这是同一窑里多下来的。"我问:"这么珍贵的茶杯怎么到你手上了?"老丁笑笑说:"朋友送的。"我不知道这是真的还是他开玩笑的。但以老丁的资格和人脉看,也许是真的。这两只茶杯的确精美异常,至今仍放在我家客厅的装饰柜里。

2017年12月18日

我的老师和领导

陈福康

老丁,从四十多年前认识丁景唐先生以来,我就一直是这样叫他的,他走了。在他临终前和逝世后,我都没去看他和送他。但我很伤心。他老人家是我一生中对我影响较大的一位长者,是我尊敬的老师和领导。

我是在"文革"时就认识老丁的。记得最早建议我去请教老丁的,是已故汪贤度先生。老汪在"文革"后做了上海古籍出版社副总编和上海市政府参事,但当时妻儿都在外地,他一个人在上海工作连住房也没有,晚上就在出版社楼梯底下搭出的小房间栖身。当时,我是从农场回城的青年工人,觉得老汪是一位学问家,常常去他那里请教问题。我迷上了鲁迅的书,但有很多地方看不大懂,老汪便告诉我有位研究鲁迅的专家叫丁景唐,就在出版局工作,可惜被"打倒"了,是个"走资派"。他还告诉我,他们出版系统有两个有名的鲁研专家,另一个姓倪。不久,我在市里办的"工人理论队伍学习班"上认识了方诗铭先生,方老师发现我喜欢读鲁迅,也向我提到了老丁。汪、方两位,一位是古籍编辑,一位搞历史研究(方老师后来担任上海社科院历史研究所副所长);一位与老丁并不熟,一位更是不认识。但他们却不约而同地提到老丁。我那时求学心切,初生牛犊,也不管什么走资派不走资派,就闯到绍兴路出版局去找老丁了。

记得我是在走道楼梯口碰到老丁的,那时他看上去也不老,穿一身蓝卡其中山装,别一支钢笔,斯斯文文的,手里拿着一叠什么文书,正在向一位戴着红袖章的"工宣队"老师傅请示着什么。看来他当时大概刚获"半解放",在做一些杂务性工作。他带我去了他与好几个人一起办公的乱哄哄的办公室,静静地听了我想学习鲁迅著作的一番话,满脸严肃,似乎没有多少热情。正当我颇感失望时,他拿起笔给我写了他家的地址。大概就是当天晚上吧,我便去了他那堆着很多书的房间,去聆听他的一口宁波腔了。我记得很清楚的是,他一开始就特地关照我,上海有几个人"侬勿要去搭讪了",并说他们那里有的鲁迅研究资料,我这里都有的。从此,我就频繁地拜访老丁家,有一段时间几乎每周两三次。老丁对我非常好,他家的书刊,几乎全向我开放。凡有复本的,还常常签名送我。我真有一种久旱逢甘霖的感受。我与他夫人和他的子女,特别是言昭、言模姐弟,都非常之熟了。言模与我同龄,当时还在安徽插队务农,是回家探亲时认识的。老丁的小女儿在江西插队,回沪时带来一些景德镇小瓷器,老丁也转赠了一件给我。好多年以后,言模告诉我,他们一家子当时都对我印象很好,因为在他老爸"倒霉"的时候,我能不避嫌地经常去看他,使他也很开心。而其实,我当年确确实实是去学习,去受教的,我才最应该感谢老丁及其一家子。

老丁无疑是指引我学习、研究鲁迅的第一位老师。鲁迅的老朋友、自称是郑振铎学生的复旦大学老教授赵景深先生则是第二位(因为我认识他比认识老丁晚,去他家也比去老丁家少)。赵老当时赋闲在家,也正是老丁、老汪介绍我去拜识的。老丁说他是个"老好人",后来我与赵老交往中深深体会到老丁说的真对。老丁还介绍我去上海鲁迅纪念馆,结识了好几位专业人士。还有一次,他告诉我有位山东的中学教师找过他了,研究鲁迅很下工夫的,而赵先生也向我说了同样的话。后来我也认识了这位山东老师,就是包子衍先生。他后来调回上海社科院文学研究所工作,可惜英年早逝,老丁非常伤心,还在追悼会上第一个亲致悼辞。

"文革"结束后,我首批考上了复旦大学,后来还成为研究生,从而正式走上了专业研究之路,有了更多的老师。但后来的事实告诉我,即使是在大学里,也并不是每个教师都称得上是真正的老师的。当时,学术界刚开始"拨乱反正",中文系里却有人仍强调着空头玄虚连他自己也不信的所谓理论研究。我因受了老丁和景深教授等人著作的潜移默化的影响,平时也喜实证而不悦空论,又不免流露出这种看法,竟因此而得罪了中文系某些人;又因不懂韬养,不会奉迎,作为学生居然还发文章,竟又遭大妒。有人莫名其妙地到处传谣,说我如何如何狂妄至极,还说我扬言天底下只有老丁和另一个老陈(上海一位专写考证类饾饤文而为那些"理论家"所不齿者)才是我所佩服者。以此挑动中文系以至鲁研界很多人对我这还只是一个学生子的不满。害得那个老陈多次来找我,责怪我何以这样乱说,害得他在鲁研界也很难受。我实在没法了,只好索性对他讲:说我很佩服老丁,那是确实的,但我并没说过那样的话;而且,我既然那样狂妄了,又怎么会说最佩服你老陈呢?你的资历学问可以与老丁比吗?老陈歪着头想了一下,觉得在理,总算不再对我愤愤然了。

我在复旦跳级又读了三年研究生,临毕业时系里与我商量请哪些人来做我的论文答辩专家,我毫不迟疑地提了老丁,他们也同意了,并且还请老丁担任我的答辩委员会主任。这就可以说是相当于旧科举时代的"座师"了吧。老丁认真审读了我的论文,写了评语,并主持答辩,顺利通过。因此我想,我更可自豪地称老丁是我的老师了。但非常令我惊讶的是,就在临近毕业时方才得知,当时的复旦大学居然还没有这个专业的硕士学位授予权!因此,老丁辛辛苦苦主持的答辩会,结果竟然不能作数。后来无奈之下,我只好到华东师范大学,请许杰、徐中玉、钱谷融三位教授重新审读论文并再次进行答辩,才获得了华东师大授予我的硕士学位。我当然一直非常感激许杰等老师,同时也觉得很对不起老丁的。

毕业后,本来说好我是要留校的,后因各种原因(当然主要是有人作祟)没留成,上海社会科学院文学研究所倒是要我。据说文研所的刘老师(当时我还不认识他)一看到我的材料就拿去了。可是不知道当时我哪根筋搭牢了,偏偏不想去社科院,而想去上海文艺出版社,还逼着学校到社科院把材料要回来。当时,老丁正担任文艺出版社社长和总编。我想,我和老丁那样熟,不久前还正是他来主持我的论文答辩的,当时毕业的研究生还很少很吃香,我去找老丁一说,肯定没什么问题的。那天晚上我去老丁家,老丁多年的一个老粉丝王观泉也正好在,我把此事一说,完全没料到老丁竟非常严肃地厉声说:"这怎么可以!"一口就拒绝了。弄得一旁的王观泉也半晌不敢作声。我非常沮丧地回到学校,向系里说明了情况。当时鄂、王两位老师说,别急,我们再帮你去说说。第二天,他们二位拿着学校的介绍信去出版社找老丁,老丁就同意了。后来我才懂得,老丁做事是非常讲原则的。我去找他,是私人请托;鄂老师他们去,是代表组织。结果就全然不同了。

我到上海文艺出版社工作后,老丁当然就是我的领导了。不过他是社里的最高领导,我平时从不找他,而且连他家里也很少去了。这样,我和老丁的私人关系反而比以前疏远了好多。社里一班同事都一直不知道我早就同老丁很熟。由于我命运不好,加上那倒霉的脾气和性格,进出版社时间不长,不知怎么又得罪了一个权霸人物。他老是看我不顺眼,妒忌欺侮我,并到处乱讲我的不是。我不知道他的那种话有没有传到老丁的耳朵,反正我一次也没去向他解释和诉说,心中却被迫萌生了想离开出版社的念头。一次,在与北京唐弢先生通信中得知他要写《鲁迅传》,非常希望借调一个对鲁迅史料比较熟的青年人做助手。我一知此事,就非常想去。唐先生也非常欢迎,说只是不知道老丁会不会同意。我这才去找了老丁,把唐弢的几封信也给他看了。我知道老丁与唐先生极熟,对唐先生写《鲁迅传》当然也会非常支持的。不料老丁半晌无语,然后对我说:"你给我出难题了。"原来,他也听说了社里有人同我关系紧张,如果批准我去,那是一件光荣的事情,那人会更加妒忌,并认为老丁是偏袒我;如果不同意我去,又担心唐先生不高兴。我看老丁为难的样子,就说:"那就算了,我不去了。唐先生那里我会去信,但不说我向您征求过意见了。您就只当不知道此事好了。"我见老丁长长地松了一口气。

我在出版社工作时,只有一次,是老丁专门找我去谈话,而且态度非常之严肃。当时,我正业余调查民国时期新文学史料,找到一位抗日战争时期郑振铎、王任叔的学生贾进者,摘抄整理了他的一些日记,内容非常珍贵和生动。此事被同是郑、王的学生,同时又是老丁多年好朋友的老方知道了,竟然专门找老丁"告状",要老丁严令阻止我的这一工作。他的理由是,这部日记在"文革"中曾被造反派抄家拿去,造反派从中寻找不少线索用来迫害老干部(老方就是其中一个),是一个害人的东西。这种理由实在令我哭笑不得。我就把事情经过向老丁详详细细讲了,并介绍了日记中的部分内容。老丁的眉头渐渐地舒展开来。我对老丁说,过几天我把已经整理好的日记拿来给您看看。老丁摆摆手,说不必了。他后来跟他那位老朋友怎么说的,我不知道。老丁是明辨是非的。我整理好的贾进者日记,后来作者自费印行过,我送给过老丁。我又交给《新文学史料》发表过,当时的主编陈早春对我表示特别赞赏。

差不多相似甚至更厉害的事情,多年后还发生在上海鲁迅纪念馆王锡荣身上。锡荣兄在该馆刊物《上海鲁迅研究》上发表了他整理的"文革"时胡风在狱中回答有关30年代文坛提问的材料,这位老方又横加禁止,甚至动用自己是文化局、文管会领导的权力,将那本已经出版发行的刊物都停了。锡荣并被调整岗位,离开研究室。那时,我们上海鲁研界同仁都表示不服,特别是北京《新文学史料》及《新华文摘》全文转载了锡荣整理的这份资料,《人民日报》内参还发表了王子野同志的批评文章,才使此事彻底扭转。锡荣兄后来还升了"官"。据我所知,有关方面当时也征询过老丁的意见。老丁是明辨是非的。

老丁明辨是非的事例我知道的很多。不过他未必当场当众说出来。这里我又想起了一件事情。

最初老汪建议我去请教老丁时,同时提到的上海出版界另一位鲁迅研究者,其实是老汪非常反感的人物。因为那人在"文革"中很出风头,积极参与批斗,还发表过很多"左"的文章。而上面提到过的那位在我读大学时一度听信谣言而来责怪我的老陈,更对那人恨之入骨,因为曾经被他害惨了。由于我最初去看老丁时,老丁就明确要我不去与某些人搭讪,所以我一直没去找过那人。但后来我去出版社工作了,与那人也成了同事,又有共同的爱好,当然也就成了朋友,而且还是很要好的朋友。我一直以为,"文革"中犯点一般错误,只要认识了就好。事实上,那人当时与北京陈漱渝、上海王锡荣及言昭、言模等人,都成了很好的朋友。可是那人心胸太窄,一次因与陈漱渝在鲁迅研究中某个具体问题上的看法不同,竟会结下不解的怨仇。而锡荣更冤,只不过在文章中客观介绍了双方的不同看法,甚至并无什么倾向,居然也会令那人暗中怀恨,后来竟然利用在出版局负责检查图书的权力,试图"枪毙"锡荣的一部书稿,不料未达目的,就又在报上发表文章诬陷锡荣此书抄袭。我在一旁实在看不下去,又见锡荣非常悲愤,便发表文章讲了几句公道话,因此居然也成了那人最恨的人。这件事情并不复杂,是非彰然,鲁研界几乎人人皆知,老丁心里当然很清楚的。

但事情后来又有了更加戏剧性的插曲和发展。此前,言模兄写了一本研究瞿秋白夫人的《杨之华评传》书稿,正为如何出版而发愁。本来,老丁长年在出版界工作,而且担任过领导,虽然已离休了,为儿子找找关系出本书并不是什么太难的事,而且那还是一部非常好的由他亲自指导而写成的书。但老丁就是老丁,他不做这样的事。言模就来找我,这时我已在上海外国语大学文学研究所工作,算是专业研究员,他希望我以合作者名义去申报市里正在进行的出版基金评审。我觉得不妥,马上谢绝了,并建议他另去找华东师大王铁仙先生。因为王先生不仅学术水平、职务地位等都比我高得多,而且他正是瞿秋白研究专家,还是秋白的亲戚,也是老丁的好友。不料言模说,他此前已问过王先生了,正是王先生推荐我与他合作;言模更说,这次来找我帮忙,也正是他老爸的意思。这样一来,我就推辞不了了。言模当时已从安徽回上海,在某区办的一份小报纸编辑部工作。我觉得言模的研究、写作能力都很好,就是缺一张高学历文凭,而我当时可以招研究生,很想动员他来报考,尽管我们年龄相仿。我曾和老丁讲过这个想法,老丁说言模外语水平不行,算了,但非常谢谢你的好意。这次,是老丁让言模来找我帮忙,我怎么能谢绝?

时间很紧,我赶忙填写了出版基金申报表,当然更认真地看了书稿,尽最大努力做了一点修改(记得还纠正过一处比较要紧的史实差误),但原稿已经很成熟,我不需要也做不出什么大的修改。不过,要我所在大学的科研处出面申报,我必须作为第一作者(言模也要我这样做),所以我也就唯一一次有点违心地把自己的名字这样写在前面。这个选题不久就被审查通过批准了,而且落实到我校出版社出版,出版前我又润色了一遍。没想到,出版社认为此书涉及党的领袖人物,为慎重起见就又将书稿送到出版局图书审读部门审查(他们事先没问过我,其实这是不必的,因为这部书稿本来就是通过更高的专业部门的审查而获得出版基金的),这样一来,书稿不幸就又落到了那人的手里。于是,他又故伎重演,写了很多令人摸不着头脑的恶狠狠的批语,其中包括暗示我不是合作者而是盗名者,这样一来我校出版社就为难了。而且我还获知那人还特地去过老丁家旁敲侧击打探事情经过,想挑拨离间。当然老丁不会让他得逞。与上次一样,这次他企图阻止出版又失败了。这本书稿我换了一家更专业的出版社,很快就出了,而且立即就获得了上海市的一项大奖。书出版后,我让出版社把稿费都寄给了言模,但言模却坚持一定要我收下一部分。得到奖金后,我给言模送去,他家里没人,给他打电话,他也谢绝收下,我就拉开他家床头柜抽屉放了进去。我们之间就是这样很随便的好朋友。

这件事肯定令那人心里非常不爽,于是他又使出了更惊人的一招。一天,我突然收到了法院的传票,竟是那人起诉了我。因为我在为锡荣辩诬的文章中说了一句"你既在出版局担任图书检查官,对有关法规肯定了解得比别人多,怎么可以随便说人家剽窃呢",那人就以为抓到了把柄,说"图书检查官"只可称国民党有关官员,而他则是某某党党员,我这样说他,也就是攻击某某党。

我收到传票和起诉状后,便找锡荣和言模商量,言模还带我们去找一位法律界专业人士请教。人家一看那人的起诉状就哈哈大笑,说哪有这样无理取闹的。所以,这场闹剧的结果我就不用多说了。这件事从头到尾我和锡荣都没去找过老丁(曾一起去找过出版局老局长宋原放,宋老非常鲜明地谴责了那人),但老丁心里非常明白。他的意思,我们通过言模也非常明白。

回过头来再说当时我在上海文艺出版社工作,终于有个机会来了,我考上了北京师范大学李何林先生的博士生,得以体面地离开出版社。老丁对此也感到欣慰,而且老丁对老革命家、鲁迅研究老前辈李先生是非常尊重的。我在文艺出版社那几年,主要就是在老丁领导下,参与了《中国新文学大系(1927—1937)》的编辑工作,承担的是相对难度较高的理论卷和杂文卷。特别是杂文卷的编选,基本上是前无依傍,而且杂文作品极短小,作者极众多,发表极分散,保存极不易,要大量阅读,优中选优,极不是一件易事。我及另一个编辑整天钻在发黄发臭的旧报刊中奋斗,其苦自知。老丁对此还是很满意的。我到北京读书后,老丁因为收到胡绳等老同志对杂文卷的表扬信后,还特地写信来表扬过我。但读者在此部大系的版权页上,是看不到责编的名字的。文艺出版社出的唯一一本署我责编名字的书,是包子衍的《雪峰年谱》。而这本书还是我主动争取来编辑的,工作中很用了一番心思,详情见我写的追念老包的文章中。对此,老丁也是肯定的。

我在北师大攻读三年,毕业回沪后,去了上海外国语大学工作。这时,老丁也光荣离休了。辛苦忙碌了一辈子,又很长时间担任领导工作,刚退下来时他好像也不太适应。记得有一天,他忽然打电话给我(但我家当时没电话,那么就应该是写信,我记不清了),说离休在家很感到孤寂,想来找我那也已退休的老父亲聊天。老丁并不认识我父亲。我连忙说,我老爸没啥文化的,您找他,他聊不出啥的;再说,您过来路也太远了(那时的公共交通比现在差得多)。老丁却说无妨,自己有时一早一个人走着走着就走到文庙了,到你家大概也不远了吧?他知道当时我家住在老城隍庙旁边。我一听,觉得有点异样,他老人家怎么一个人一走就走这样远的路呢,可见真的是有点烦躁或抑郁了。过了几天,我就去他家探望,他直率地告诉我,前一段日子他真的有点难受,后来有人介绍他去看了一位高人(我记不得是个医生呢,还是法师、老道),那高人向他大喝道:你必须放松,不能想太多了!你还想不想多活几年啊!他很受震动,回来后慢慢地就感觉舒畅多了。这件事我估计知道的人很少,但绝不是我编造的。老丁后来很长寿,除了子女孝顺和医疗条件好以外,他能很好地调整心理肯定是非常重要的一个因素。

我回沪几年后,学校分给了我一套小小的新居室,老丁居然光临过两次。记得第一次是他来上海鲁迅纪念馆开会,纪念馆离我家虽不算远,但也得走一大段路,他主动提出要去我家看看。他在房间坐下后,环顾四周,说很不错。我说,我还得"感谢"当年有人欺负我,迫使我离开,不然一直在出版社工作,可能还没分到这样的房子。老丁笑笑同意了。第二次也是鲁迅纪念馆开会,老丁父女都来参加,中午休息时言昭说要到我家看看,没想到老丁马上说一起去。要知道,一直到现在为止,出版社的老同事还几乎没有一个人来过寒舍呢。可见老丁对我亲切关怀。

大概八年前,老丁住进了医院,从此以院为家。我去医院看望老丁的次数不多。我曾向老丁说,不能常来看您,不仅因为工作忙,医院离我住处较远,现在精力也差了,再不能像以前那样一辆单车就骑遍半个上海了。特别是,不久前我母亲病逝,我曾在几个医院的病房奔走陪伴过多日,因此我现在一到医院住院处这种地方就难免触景生情。老丁对此表示非常理解。在我去医院看望老丁时,他仍是与我畅谈文学,谈史料。有一次他还给了我一张事先写好的纸条,上面记着当年他与郑振铎唯一的一次见面,和郑先生因他之请为他主编的学生刊物写的文章的题目等等。他是知道我还在认真研究郑振铎,他也知道我一定会去看他的。我非常感动。那张小纸片我夹在哪一本书里了,现在一时未能找出来。还有一次,他提到了我在江西进贤县一个毛笔庄办的民间刊物《文笔》上发表的一篇小文章,说写得好。也令我十分感动。

以上写的,多为琐碎,没有宏大叙事。有些事则或许与出版史、鲁研史有关。因此,这不是对老丁的一生作什么评价。我没有这个本事,更没有这个资格。如果一定要我简单说说我心目中的老丁,那么,我认为他首先是一位好老师。他一贯热情提携后进,言教身传。在我认识的师长中,他也许是送我书最多的一位。因为很长一段时间,我跑他家特别勤。他送我书,大多签名并盖章。他有很多名章和闲章,其中闲章"桃花潭水深千尺"他很喜欢,但因为有相同文字两方,就将其中一方送给了我。我也很喜欢,也常用于赠书时,该章印文曾得到来新夏先生的击赏。其次,老丁当然也是一位好领导。他平易近人,为人正派,生活朴素,不搞歪门邪道,不走后门。言昭言模姐弟成为知名作家,除了老丁指导外,全靠自己努力。我还想指出,老丁不是一般的领导干部,还是一位优秀的学者。这一点就不用我多说了。

老丁作为我的领导,其实没有多少年(因为我离开了出版社);老丁作为我的老师,我认为是我一辈子的老师。我一直记得,有一次在老丁家里谈到鲁迅的《藤野先生》,老丁指着文中鲁迅的一段话:"但不知怎地,我总还时时记起他,在我所认为我师的之中,他是最使我感激,给我鼓励的一个。"他特别提示我要注意"我所认为"四字。他说,有的人即使给鲁迅上过课,鲁迅却未必就认为是自己的老师。是的,我也这样认为。而老丁,丁景唐先生,就是"我所认为"的我师,我必会时时记起他来的!

随老丁拜访艾青、叶圣陶

宫　玺

　　1983年,上海文艺出版社决定续编第二个十年《中国新文学大系(1927—1937)》。5月底,由社长老丁(丁景唐)率领理论编辑郝铭鉴、戏剧编辑孟涛和作为诗歌编辑的我,赴京拜访前辈作家,听取意见,并分门别类约请专家撰写各卷序言。诗歌卷约请的是老诗人艾青。
　　到京傍晚,老丁就让我去找孔罗荪,请他与艾青联系拜访之事。6月1日早饭后,我给艾青家打电话,接电话的是高瑛,说"艾青在家",声音清亮欢快。老丁带我们去北京站东侧的丰收胡同21号,那是坐落在短短小巷中的一座刷新过的四合院。银灰色的墙,紫红色的门,十分雅静。门右边有电钮,按了,开门的是一位推自行车的青年,看见我们,便回头喊:"妈,有客人来了!"我们走进大门,高瑛从正屋走到院子来迎。高瑛胖了,身穿深青色小白点连衣裙,仪态大方,热情招呼我们到南屋去。南屋是会客室,中间一长两短咖啡色沙发,一个人正侧卧在长沙发上,听见动静便立即起身——是艾青,他在这里等候我们。我们一边介绍一边上前一一握手,他显得很高兴。他还认得我,紧握我的手,目光亲切。他招呼我们入座。老丁向他说明来意,问收到寄赠的《中国新文学大系》影印本没有。说已经收到。对写序的事,先是推辞,最后还是应允了。
　　艾青行动已不像我1978年冬天所见那么自如,但神志依然清明,视听谈话一如从前。我已四年不见他了。他穿着浅蓝色衬衣,灰布裤,黑布鞋。头发仍倔强地翘着,有些花白。他指着右眉峰说:摔了一次,这里缝了几针。我见那里微有瘢痕。那眉峰突起小包,正是艾青面容的一个突出特征。
　　我打量这客厅。正面墙悬一画框,是卢光照画的公鸡,旁边是张正宇题写的王维诗句:"江流天地外,山色有无中"。另有小幅唐云作品。门侧有艾青半身铜像,神情毕肖生动。一边有古玩橱。里面小间置几架书,一小床,是小儿子艾丹的房间。
　　艾青蹒跚地进北屋拿来了香烟,请我们抽,我们都不会。一位姑娘为我们一一奉茶。

艾青兴致勃勃,说起他当年同萧军在延安的事,萧军说没读过艾青一首诗,艾青说没读过萧军一篇小说,连《八月的乡村》也没有读过。讲到最近和萧军、萧乾出访新加坡,萧军年龄比他大,但身体比他好,萧军练武。又讲到当年刘海粟在法国,艾青去看他的画。刘海粟说最服三个人:滕固、梁宗岱、艾青。刘问艾青多大,艾说20岁。刘海粟面露意外之色。又讲到"反右"后去北大荒一年,转到新疆石河子,是王震的关怀,军垦部门的关心,报上批判归批判,实际生活上仍受到优待,每月照顾两条好烟。在招待所里住宿,并不苦。到了"文革"十年,才吃了苦头,一个人要打扫十几个厕所,吃的住的都很差。讲到1973年,艾青夫妇悄悄到上海,受到上海画院一青年画家热情接待。那青年拿一些国画让艾青看,艾青称赞了一些。青年说是从唐云废纸篓里捡出来的。青年将艾青赞语转告了唐云。此后,唐云曾托去新疆的人捎黄油、香肠等食物给艾青。艾青甚为感动。——50年代,艾青到上海给一些画家讲话,曾批评他们的画反而毫无个性,其中亦有唐云之作。想不到唐云不记恨,对艾青反而一往情深。这使艾青和高瑛均极口称赞唐云。唐云后来京时,艾青请他吃饭,唐云以八幅彩墨相赠。又讲到"丁艾"集团,艾青说,应该是"艾丁",人家把我们连在一起……

艾青始终很兴奋。老丁提出想看他收藏的画,艾青欣然让高瑛去取。于是我们随艾青走进北屋——那是艾青的卧室、书房兼工作室。北墙一排书架,尽陈海外出版物及套书;南窗下一张写字台,铺有稿纸,旁边垒着些书。高瑛说,艾青近来在写东西。我向艾青索稿,高瑛说,有本新作,黄永玉配画,花城出版社要出。

高瑛打开地板上的一口灰色皮箱,画轴盈箱,一一展开,尽为齐白石、黄宾虹、林风眠等人所作。齐白石的最多,而且罕见,有挺拔的群松远山,疏朗斑斓的柿子树,高大的落叶乔木,皆具气魄,非常见那些大白菜、小生物。有些是齐白石赠送,有些是艾青购买。高瑛一卷卷展示,看过即掷于地,为的是透透气,以防发霉。这些画让我们大开眼界。

院子里花卉不少。艾青说都是高瑛向人家要来的。高瑛则说都是人家送的。艾青说:"满园春色都是人家送的。"他们夫妇喜欢斗嘴,出语幽默是艾青的风格。

告别时,艾青又执我手说我的名字有意思,问是否真姓?我说真的,他说此姓少,我说也不少呢,他说宫达非,我说是啊。一直送我们到门外。我们八点半来,此刻已是十点半了。

1983年6月6日上午,风沙停息,暑热稍减。我们一行怀着崇敬之情去东四八条拜访叶圣陶老人。因为事先联系过,我们到达时,身躯高大的叶至善已在门口相迎。进了大红门,眼前是宽绰的院子,一片绿荫花木。穿过花荫,正面一排平房,雕花门窗,廊下摆些盆花。进屋,顿觉阴凉。几张沙发,几架书。东间桌上堆放些书刊纸张。西间有穿堂里外两室。一矮个儿老人自里间缓步走出,正是我们要拜访的主人。他,光头,戴眼镜,长长的白眉,面色微黄而光润;穿一身深灰色卡其布衣裤、布鞋。老人质朴沉静,右耳装助听器,但听觉似仍不甚灵敏。

老丁向叶圣陶老人说明来意,请为《大系》写总序。老人一口回绝:"不能写。我不能欠账,一元两元的欠账,我也会睡不着觉。不欠账,我可以睡八个小时。"

老丁便同其长子叶至善商讨,说试试看,如果起草后满意再说,老人这时听觉倒灵,立即明确表示:"我可没有答应写!"

老丁向叶圣陶老人汇报各卷写序人选,他们是:周扬、巴金、吴组缃、聂绀弩、师陀、艾青、于伶、夏衍等,老人表示满意;认为不必写总序,可以打破过去旧例。

访问时叶至诚在场,他像个老农民,光头,衣着神情朴实得很,个子比其兄矮,但比父亲略高。他说是因事来京已两年了。

叶圣陶老人同我们一起在院子里照了相,然后作别。

老丁家的饭桌

林丽成

2004年2月5日,出版博物馆筹建之初,我随出版局领导李新立第一次走进永嘉路慎成里,拜访老出版人丁景唐。记得上世纪80年代初,曾在太原路的上海文艺出版社创作楼见过老丁,静静微笑着的儒雅书生,着一件过时的人字呢翻领大衣,在满城尽是羽绒衫的年代。此番再见老丁,已然身形瘦削、毛发疏白的八旬老者了。

老丁的访客很多,都从后门灶披间(厨房)进,因为前门进入的正间是丁家长子的房间。说是灶披间,也是饭厅,两面沿墙90度安置着煤气灶洗涤池等,南墙靠着一张实木的褐色八仙桌,旧旧的,被绍兴阿姨擦得铮亮。在这张饭桌上,老丁会家宴重要访客,屡屡受邀作陪的我,不仅分享着绍兴阿姨的鲫鱼汤、红烧肉,更是结识了老丁引荐的文化前辈,这对白手起家的出版博物馆筹建工作是何等重要的人脉资源啊!

"林丽琴,吃中饭哦。"电话那头短短的、轻轻的男声。老宁波么,"成"读"琴"。接到老丁电话,我立马调整手头的事儿,从绍兴路拐到永嘉路,顺着逼仄的楼梯转至三楼老丁的房间,第一眼见到的总是老丁的招牌动作:仰头张嘴大笑状,双手大幅摆动鼓掌,听不到笑声和掌声。因为老丁的事前铺垫,我与初次见面的前辈很自然融洽地交谈起来,老丁会在一边静静地听着。等绍兴阿姨上楼"开饭啦",我们会鱼贯摸索着下楼,老丁的长媳亚男或三女言昭会招呼大家围坐一桌。饭毕,老丁往往要我代他送客出弄堂,这是给我留机会与前辈单独深入接触。

为老丁的自选文集《犹恋风流纸墨香》作序的许觉民、袁鹰先生,都是在老丁家的饭桌上认识的。许觉民先生是邹韬奋执掌生活书店时期的老三联人,后来我去北京皂君庙许家做他的口述史。2006年,许觉民先生走了。如今他天天在万宜坊韬奋纪念馆的展示屏幕上,向观众讲述着他亲历的生活书店、韬奋先生的往事。之后,许觉民先生的亲家、范用先生的文化遗产又整体捐赠出版博物馆。

那次饭后，我挽着袁鹰先生走在襄阳路上，听到我对世事的抱怨时，田叔叔停下脚步，转身注视着我，温厚地拍拍我的手背，"不要急，会好起来的，再过三十年吧，我是看不到了。"田叔叔的忠言如甘霖沁入心脾，助我克服焦躁之情，每个人都有历史局限性，只能在有限的时间空间内尽责而已。后来知道袁鹰先生遇到来自领导层的麻烦，我便电话邀请他来上海做口述史，住几日散散心。他淡定地表示没什么大不了的，可以应付；且家中女儿需要照顾，走不开，谢谢关心。

复旦新闻系的姚福申先生，也是经老丁认识的。姚先生经历坎坷、与胡道静先生是提篮桥监狱的同室狱友。他与文化生活出版社创办人吴朗西先生的长子吴念鲁是上海中学的同窗，了解新中国成立后吴家的境遇。吴朗西晚年最放心不下的是在文化生活出版社时与巴金的一段误会，生前曾留下文字（原件存鲁迅纪念馆），想澄清当时有文章暗示他曾想借助丽尼（郭安仁）排挤总编辑巴金的误传。鉴于当时一些出版物以讹传讹的现状，吴家子女希望从事新闻出版史研究的姚先生能出面厘清史实。由此，姚就吴朗西先生的遗愿撰文《文化生活出版社的一段往事》交付馆刊《出版博物馆》。涉及巴金的旧事，作为馆刊主编，我犹豫着是否要先给李家人过目，以免后患。我求助于老丁。"如果家人反对或者不回答，你就不发了？"他反问我道。是啊，坚守历史真相是馆刊的办刊宗旨，怀揣忐忑的我就坚持了。稿件刊发后，风平浪静。事后我去拜访巴老的弟弟李济生先生，他谈了一些文生社同仁共甘苦的往事，以及吴、李两家重续旧好的情况，唯对姚文没有任何异议。关键时刻，老丁的点拨让我做出了正确选择。

自从知道出版局决定筹建出版博物馆后，老丁真是从不把自己当外人。他虽始终任职于出版业，与文博界关系也很深，带我去鲁迅馆、左联馆等，他是那儿的上宾。最有意思的是去龙华烈士陵园纪念馆了。上世纪90年代，筹建龙华烈士陵园期间，馆方与老丁商议，将八百余种藏书存于该馆资料室。出版博物馆筹建后，老丁就要求馆方将其中与出版相关的书籍转赠出版博物馆。那日他带我过去，指着书柜让我翻。我手脚麻利地快速搜寻，不管不顾那位馆领导尴尬又无奈地站立一旁。这次出击的最大战利品是商务印书馆1902版的《华英音韵字典集成》，是1948年春，老丁夫妇根据上级党组织指示，在广州躲避追捕期间购买的旧书。该书是中国最早的英汉双解字典，由盛宣怀题签，序言有四篇，中文序言是严复写的，三篇英文序言的作者分别是李提摩太（Timothy Richard）、辜鸿铭、薛思培（J·A·Silsby，美国北长老会传教士，多年担任上海清心书院院长）。不久，龙华烈士陵园纪念馆即为老丁举办捐赠仪式，我又陪他出席。

老丁米寿的家宴，安排在弄堂对面的点石斋，我荣幸地受邀出席。那年冬季,老丁就没什么精气神了,气息奄奄、懒言少语,然后就进了华东医院。医院的科学调理让他重返生机,走进19楼病房,又能见到他大张双臂的招牌欢迎动作。他会高兴地报告体重增了30斤,还指着新生出的黑发黑眉,不无得意地"滑稽伐,滑稽伐"。他为出版博物馆文库的《〈中国近代文学大系〉编辑工作信息》作序,对范泉先生劫后余生所作贡献给予恳切评价。听到中华书局旧址被野蛮改建,他给宣传部的领导写信、在《新闻透视》栏目出镜,呼吁保护出版文化遗产。

2016年4月,由媒体知屠岸先生将来沪出席《莎士比亚十四行诗》线装精藏本的首发式,我萌生了让他与老丁见上一面的想法。两位前辈虽无个人间的亲密交往,但都是上世纪40年代在上海学界从事文化工作的地下党人,"文革"后,又分别在北京人文社和上海文艺社任领导,神往已久。联系王为松社长后,27日下午,屠岸先生在儿子蒋宇平和韦泱的陪同下到了病房。那天的老丁,让护工邢阿姨扶着,清爽精神。屠岸先生上前握手第一句:"你是我的老领导啊。"老丁则念出了屠岸的旧诗。两位九旬老者,双目对视着忆起共同的青春岁月,那场景,于我,永永远远地挥之不去。谁料想,仅年余,他们相继在一周内离我们而去。

2017年春末去看老丁,他已怔怔的、木然的,难以交流了。作为每天的功课,邢阿姨让他唱歌,他会断续地发出沙哑的微声"大刀向……"我掏出手机,留下他蹒跚移步的身影,还合了影。我悲叹,那个给过我许多温暖时光的老丁不再了。

我所熟悉的晚年老丁,心思深邃,表面恬淡。

怀念老丁伯伯

鲍　放

认识老丁伯伯,缘于我的父亲。

1974年1月,我从地处安徽省太平县的黄山茶林场上调进入上海出版系统,1975年11月,到文艺读物编辑室即后来的上海文艺出版社报到,从此开始了长达近四十年的编辑生涯。

应该是在1982年之前,那时我母亲还健在。记得那天可能是因为送什么材料,总之是工作上的事情,需要到同在一条绍兴路上的出版系统办公大楼跑一趟。我踏进楼门,轻轻推开要找的那个办公室的门,只见里面有位中年同志正背对着我站在室中央,在对其他几位说些什么,见此情景,生性腼腆的我顿时紧张得愣在门口,不知怎么开口。这时候,坐在靠近门边的一位同志见我这个样子,便起身迎了上来,我赶紧把要说的话、要办的事给他来了个"一二三四五"。

就在我要离开的时候,那位刚才还背对着我说话的中年同志,大概是意识到身后有动静,转过头朝门口瞥了一眼。谁知就这一眼,他突然就转身朝我走了过来,笑嘻嘻地带着浓重的宁波口音问我姓什么,来自哪个单位。

当时我不知道,这位中年同志其实就是文化圈内鼎鼎有名的现代出版和藏书名家丁景唐先生,"文革"前他是上海出版局的副局长,也是中国现代文学史、特别是左翼文学研究的著名学者和重要贡献者。他之所以突然走过来问我,是因为我长得像极了我的父亲,他从我的面相一下看到了我父亲的影子——40年代,我父亲曾为关露主编的《女声》杂志写过稿,由于《女声》关露的关系,有幸结识了丁景唐先生;解放初,丁景唐先生在市委宣传部工作的时候,有一天偶然翻阅旧报刊,发现我父亲老家一张地方儿童周报上,有我父亲小学时写的一篇习作,便将它剪下来寄给了我父亲。之后,他们两个由于各自工作的繁忙没了联系,不料那天就因我的这一"亮相",把他们的昔日情缘又重新续接起来。

这之后,丁景唐先生就成了我口中的"老丁伯伯"。接触久了,才知道老丁伯伯的儿女个个才气十足,各有所长,这么多年来,他们无论谁有了新作,老丁伯伯总是给父亲和我留着,扉页上还不忘题字留印。

老丁伯伯曾经有一段时间担任我所在的上海文艺出版社的党组书记、社长和总编辑,在相对近距离的接触中,我看到的他,不仅是一位杰出的出版大家,一位德高望重的老前辈,更是一位特别和蔼可亲的长者,一位深受大家拥戴的领导。他的睿智博学,他的平易近人,他的廉洁自律,他的领导和组织才干,在圈内一直有口皆碑,他赢得了每一位出版人对他由衷的敬意。

有一件事情,给我的印象特别深。

老丁有个儿子丁言模,致力于30年代文学史料的研究,由瞿秋白引发完成了他的第一部书稿《鲍罗廷与中国大革命》。老丁伯伯当时身为出版社一把手,完全可以开口一句话,把儿子这本书放在自己社里正规出版,而且后来这本书在问世之后,其内容的丰富和引用资料的翔实有据,得到业内人士一致的赞赏和肯定,但老丁伯伯当时并没有这么做,他宁可拿出自己为数不多的积蓄来资助儿子自费出版这本书,鼓励儿子用实力证明自己,踏实严谨做学问。这件事要不是上海有线电视的《寻常人家》栏目的一个短片播出,大家还根本不知道。那段时间,大家只要说起此事,尤其是一些年长的资深老编辑,全都心服口服地对老领导这种严以律己、不徇私情的高风亮节夸赞不已。时至今日,这些场景还清晰地留在我的脑海里。

老丁伯伯这种为人处事的崇高德行,始终潜移默化地影响着他周围的每一个人。就说他和我父亲之间吧,这么多年来,他从来没有因为自己儿女的任何事情找过我父亲,平时也从不向我过问我所在编辑部的具体人和事。而我的父亲,也从来没有因为我曾经在老丁伯伯手下工作而向他提出任何要求。

如果一定要说老丁伯伯对我有什么额外关照的话,那仅有的一次,就是在他离开出版社多年之后。这时我所在的编辑部和其他几个部门已经整合成了文化传媒有限公司,这天他们党员过组织生活,请老丁来给大家上党课,进行革命理想和传统教育,我不是党员,自然没去参加,老丁伯伯清楚我的非党员身份,但他来了之后,却特地让人把我叫去旁听他的讲话。我开始还有点纳闷,这好像和他以往的做派不太一样啊,但过后想想并不难理解,他的用心就是要利用这个机会给我在思想上敲敲钟嘛。

后来,老丁伯伯的老伴王妈妈离去了。

再后来,老丁伯伯因为身体原因开始长住华东医院。

2015年春节刚过,我父亲也离不开医院了,他们两个,一个在19楼,一个在11楼。老丁伯伯和儿女们有什么新作,依然不忘替我们留着,我父亲隔一段时间,也总要上去看看老丁伯伯。甚至他们各自的护工阿姨也因此互相熟悉起来,在楼道里、电梯间碰到了,会主动关心对方的情况,回去告诉老人,告诉我们做儿女的。

老丁伯伯比我父亲年长两岁,身体却要比我父亲好得多,但是万万没想到,他竟就这么突然地离去。那天接到消息,我根本没法相信,后来回想起我父亲,那些日子天天要我们推轮椅送他上去看老丁,可其实当时,父亲的身体状况已经根本不允许他离开病床了。不知道,这是不是他们两位老人之间最后的一种心灵感应……

老丁离世那天,是我父亲第二次病危的第十一天,之后不到一个月,父亲也离开了我们。

在整理父亲遗物的时候,我在他放在床边抽屉柜里的通讯本里,发现夹着一张小纸条,上面写着四句话,每句都提到一个我们熟悉的名字,有他数十年的挚友,也有引他走上革命道路的领路人,其中有一句是"亦师亦友丁景唐"。是的,老丁伯伯为人处事的风范,深深影响着几代出版人,也始终影响着我和我的父亲。

那天在龙华殡仪馆与老丁伯伯告别,当熟悉的"洪湖水浪打浪"歌曲旋律在耳畔响起时,我禁不住热泪盈眶。记得就在老丁伯伯离世前不久的一天,我上楼去看他,他正躺在床上输液,看到我进去,就让阿姨把茶几上搁着的一张纸递给我。我一看,上面记录着"大刀进行曲"和"洪湖水浪打浪"两首歌的歌词,阿姨告诉我,这是丁爷爷平时最喜欢收听和哼唱的歌,但丁爷爷觉得这歌词里各有一句与他记忆中的不一样。老丁伯伯随即把这两句指给我看,说应该这么这么唱。我一听,随口道:"那还不简单,我回去帮你查查就是了。"

话是对老丁伯伯说了,但回来后别的事情一来,我竟把这事儿搁一边了。大概过了一个多星期,有一天突然想起,赶紧找出过去的歌本来查,与老丁伯伯说的没对上;又联系音乐学院毕业的同学,请她在电话里给我哼唱,翻来覆去也不对。我想这事儿不能偷懒,还是花点工夫自己上网查吧,这么几个来回,最后总算查到了老丁伯伯说的那个版本,于是赶紧记录下来,送去给他看。老人家挺高兴,我也终于释然。

所以,在最后送别老丁伯伯的这一刻,我既为失去了这位可敬可亲的老人伤心,同时又感到庆幸,幸亏后来及时把这件事做了,否则将会给自己留下永远的遗憾。

如今,在我父亲的通讯录里,与他同辈的长者,几乎都已经先后离开这个世界。回想他们生前都在各自不同的领域、不同的岗位上辛勤工作,为了自己心中的既定目标,始终不忘初心,追求一生,奋斗一生,贡献一生。目送着这些熟悉的身影一个又一个地远去,心中的感慨无以言说。

  这是不是意味着他们那个时代的结束?有段话说得特别好:告别让我们成长,学会告别让我们成熟;告别多少有些伤感,但是告别也蕴藏着希望。从这个角度出发,我们对父母辈的目送,抑或也是一个新时代的开始。

  唯愿我们的父母辈一路走好!

  带着他们的信念、理想和情怀,我们将继续前行。

2018 年 5 月 6 日

永远怀念丁景唐先生

修晓林

我的父亲修孟千当年"南下"到上海落户后，即在上海市委宣传部文艺处工作，丁景唐先生就是我父亲的顶头上司。还是在幼儿园的时候，我就在家中听到父母亲说起丁先生的名字。一次，父亲牵着我的小手，走进永嘉路慎成里石库门老房子，看望丁先生，那时的我，年纪还小，觉得那座弄堂老房子的楼梯好陡，跨步好难，房间里面暗暗的。见到丁叔叔，父亲用他那浓重的胶东口音称呼他"崂（老）定（丁）"。十余年后，"文革"浩劫中，我在家中听父亲说，他在一个商店门前，见到丁先生，"整个人都没有了精神，面容疲惫"。那时，丁先生被扣上"30年代文艺黑线人物"和"走资派"的帽子，被抄家、批斗，蒙受凌辱。

1979年初，我从云南边疆回到上海，幸运地进入上海文艺出版社工作，丁先生担任着文艺出版社的领导工作。我刚进文艺社不久的一次上海书展上，见到正从工人文化宫宽大台阶兴冲冲走上来的丁先生，那姿态，那神情，真是叫个精神抖擞、意气风发。丁先生的双眼是明亮的，脚步是有力的，说话的声音带着浓厚的宁波乡音，但又是平和的白话。党的十一届三中全会开启了一个解放思想、拨乱反正、以经济建设为中心的改革开放新时代，每一个在十年浩劫中备受打击和磨难的人，在这个生命阳光普照、人生春风浩荡的金色时光中，都会从内心感到无比振奋和激动，这当然也包括当时已是59岁的丁先生。他满怀信心，夜以继日，用自己全部的学识、智慧和极端优质的人脉资源（丁先生与巴金、周扬、夏衍、于伶、袁鹰等都有数十年极其深厚的友情），为上海文艺出版的继续开拓创新、繁荣发展，积极谋划，辛勤工作。

或许是因为我的父亲与丁先生曾经在上海市委宣传部同事，更因为丁先生有着长远深邃的历史眼光，特别地注重年轻人的培养和成长。他知道，人事有更替，往来成古今，他更明白，出版社的影响力和知名度，就是来自于本单位的人才，只有人才优秀，人才辈出，文艺出版的神圣庄严事业，才能得到长足进步和保持广泛社会影响力的传承。后来接替景唐先生担任上海文艺出版社长的孙颙,就是老丁在位时,关注和重点培养的一位年轻干部和作家。而对于我和其他小字辈,丁先生也是经常关心我们的成长,并创造各种机会,给予我们这些后进、后学者,以切实的帮助和提携。

上世纪80年代初,我在总编办公室编辑一份名叫《读者·编者·作者》的工作简报,分发范围,上至宣传部出版局,旁至各兄弟出版社和各区县的文化馆、图书馆等,当然主要是给社内各个编辑部了解出版社总体活动信息,起到活跃思想、交流经验和促进思考的作用。一次,我将丁先生在全社大会上,畅谈与柯灵、王辛笛先生一起,出席香港中文大学举办的"40年代中国现代文学研讨会"的感想体会整理成文,他看后说:"这个修晓林倒是有一手的,我零零碎碎说的话,他倒整理得有条有理,不错。"对我的文字水平给予充分肯定,这给了我以后的写作,以十分必要、及时的鼓励和信心。

那时的丁先生,精神振奋,走路快捷,声音响亮,他以自己的渊博学识和丰富的人生感悟,还有社会活动家的魄力与灵敏,与社会各界保持着密切联系。那时的丁先生,举凡只要登门看望编辑名家同行,都会带上我,坐着社里的上海牌轿车,走这家跑那家——美术装帧家、篆刻大师钱君匋;编辑出版家、作家、翻译家赵家璧;曾任粟裕大将秘书、上海译文出版社总编辑蒯斯曛(曾任上海新文艺出版社社长兼总编辑);曾任新文艺出版社社长、上海古籍出版社社长兼总编辑的李俊民;曾经是上海译文出版社副总编辑的包文棣(笔名辛未艾,曾任上海新文艺出版社副总编辑),他是翻译俄罗斯评论家别林斯基、车尔尼雪夫斯基、杜勃罗留波夫等文艺理论的专家;还有曾经担任上海新文艺出版社副总编辑的孙家晋(吴岩)……老丁用他的那一口宁波上海话,向这些编辑出版的著名人士介绍我这位"小修、修晓林"。屋内,对方都亲切地称呼景唐先生为"老丁",相互间说着零零散散的话题,最感人的是老友间的心灵沟通和默契交流,默默无语的我,感到温暖而激动,觉得空气中洋溢着历史前进的光芒和催人奋进的鼓声。

记得那天从赵家璧家中出来,坐在车中,丁先生向我介绍说,赵家璧是我国现代文学史上第一个十年《中国新文学大系》(上海良友图书印刷公司出版)的主编,他于1946年办起了"晨光出版社"。1959年,赵家璧进入上海文艺出版社(当时的新文艺出版社),"文革"中,赵家璧与胡适、鲁迅、蔡元培、茅盾、郭沫若、周作人、朱自清、郁达夫、阿英、郑振铎、洪深、施蛰存、郑伯奇等人的六百余封书信被造反派抄走并从此不知下落,其中有赵家璧与老舍的两百余封来往信件,赵家璧说这是他"一生的悲哀"。景唐先生说赵家璧是一位有文化担当和文化眼光的编辑家,并很是赞同赵家璧的一句话,即编辑工作不只是"为人作嫁衣",也是在从事一种"从无到有的创造性劳动"。

丁先生对我说道:"好书不但能推动社会进步,传播文化,还能为国家民族的文化积累做出贡献。"我印象最为深刻的是,景唐先生对我说:"选择,是编辑的主要本质特征,当初,没有赵家璧的选择,就没有不朽的第一个十年《中国新文学大系》。"从他的眼神和口气中,我能够充分感受到一种终生从事富有创新开拓精神内涵的编辑出版事业的自豪感。

我在听到并牢记丁先生这句话的五年后,成为上海文艺出版社文学一室的文学编辑,景唐先生啊,您早就时时想着、处处留心,为我提供种种极好的学习和感受机会,让我开阔眼界,接受最好的现场教育和感染,看到巨大的差距,提升奋进的自信,这是我今后做出编辑工作显眼成绩的坚强基石和充分底气。

在我从遥远的云南边疆进入上海文艺出版社工作的三十多年里,景唐先生一直是以各种形式,给我以充分的厚爱和关心、期待:

1980年初,丁先生赠与我1979年11月全国文代会期间,他与丁玲、陈明、刘光夏合影于丁玲家中的珍贵照片。

1986年4月,丁先生在编辑出版家郝铭鉴先生、著名美术装帧家陶雪华的协助下,编成了装帧精美、别具一格的《文艺日记》。这本书专门邀请巴金、朱光潜、曹禺、艾青、王蒙、谌容等十几位著名作家亲笔题写赠言,并有世界著名文学艺术家的隽句和名画。当时,《文艺日记》发行四十万册,读者纷纷将其作为馈赠亲友的上佳礼品。丁景唐先生在本书的扉页为我题词:"金光,金光,金光! 手下生出了伟大——《殷夫集·意识的旋律》 小林书友大吉! 老丁 1991年1月",扉页的右上角是他的"犹恋风流纸墨香"鲜红色印章。

1989年6月19日的书讯报,发表了我撰写的《瞿秋白研究两师友——访丁景唐和王观泉》。我在采访了两位先生并完稿后,景唐先生对此文做了细致的修改,总共十二页的稿纸上,每一页都有丁先生或是红笔或是蓝笔作出的删削增补文字,特别是稿纸首页左上角,他用圆珠笔批示:"1.语言是否可以朴素些? 2.短些。"这种针对性很强的"一对一"点评,直点我的"软肋"和"命穴",对于我今后文学创作的进步和提高,无疑具有很强的指导作用。

1999年1月,是中共早期领导人、伟大的革命家、理论家瞿秋白诞辰一百周年的纪念日,丁景唐先生将其参加"全国瞿秋白生平和思想研讨会"的留影交给我,并题词"宣读论文之后 丁景唐"。

2000年7月31日,丁先生又赠给我他在邹韬奋纪念馆的留影照片,"修晓林学弟存念,韬奋故居,老丁赠"

……

这是面对面的教诲,是心连心的关怀。丁先生严谨认真,一丝不苟的治学态度,兢兢业业又踏踏实实的工作精神,是我有生之年做好一位编辑和作家,受用不尽的精神动力和力量源泉。

丁先生凡有发表、出版或是别人采访他的著作和文章,都会当面或是托人带给我:《四十年前西湖客》《怀阿丹》《青山依旧在 几度夕阳红》《犹恋风流纸墨香——丁景唐六十年文集》《犹恋风流纸墨香——记九旬文化老人丁景唐》《丁景唐和巴金的友情》……

2003年8月,由我责编的天津作家杨显惠的《告别夹边沟》一经出版,立即引起各方关注,广大读者和作家、评论家均是盛赞此书的历史、文化和出版价值。东北一位友人问老丁要这本书,丁先生也就有机会看了这本书。那天晚上,他在给我的电话中说:"晓林,这本书写得好,很有价值,出版这本书是要有勇气的,代我向作者致敬。"此前,2000年2月26日的《文汇读书周报》刊登了我对彭小莲纪实文学《他们的岁月》评论文章《当狂飙已经平定》后,他也是立即给我电话,以喜悦和肯定的语气说道:"晓林,你的这篇文章写得好。"给我以温暖有力的肯定和鼓励。

丁先生的女儿丁言昭、儿子丁言模也都是作家,能写文章,都出版有多本著作。凡有他这两位儿女的著作,都会特地赠送给我,或赠他新近发表的文章和新拍摄的照片,每一件都会端端正正地写上时间、地点和相赠对方的姓名,然后签名或盖章,他还会将一小片薄绵纸轻覆红印,真是仔细又深情。老先生喜欢这句话:纸墨更寿于金石。

如阳光,似雨露,是甘泉,丁先生对我数十年如一日的关心和爱护,让我铭刻在心。在他的关注和鞭策下,我时时提醒自己:要努力,要进步,要做出优秀的编辑成绩,每过几年,"小林"就要有真正的"好货色"向"老丁"汇报。

在以后的数十年里,我越来越多地知道,丁先生不只是谆谆教诲和帮助我这个从受难知青转变到文学编辑的"而立之年"年轻人。因此,先生周围总是有无数的"小友"。说是"小友","那可不是年纪太小的小朋友",他们其实是比丁先生小的朋友。他的"小朋友"囊括了上世纪50年代和当代"70、80、90后"的年轻人和学生。先生总是在期待着他所期盼中的小友尽快成才,他是以自己丰富的社会经验和独到的眼光和胸怀,不苛求和强求所有的"小友们"一定会在他的"要成才"的愿望中"会成才",因为,景唐先生十分明白,在成才的寻觅和探索之路上,各人的情况各有不同。即使是成才,每个人成功的高度和深度,其间也是互有差异的。

1985年底,丁先生从上海文艺出版社正式离休,同时担任文艺社的名誉社长。虽然不能如以往在上班时间经常见到丁先生,但我每年都会走进永嘉路那幢熟悉的石库门房屋,沿着弯曲的小木楼梯,拜访丁先生。

几支用得极久、极熟的毛笔、油性笔,一张被孩子们手工刻印纵深的特大桌面,凌乱地堆着各种书籍和信件,四壁都是图书,墙上挂着字画。那一年,丁先生从书橱中捧出两部厚厚的书放在我的面前。一种是羊皮封面,一种是深蓝色天鹅绒封面,书脊上,真金烫印着鲁迅的手迹"海上述林"。这是鲁迅先生抱病为纪念瞿秋白烈士编印的文集,1936年出版时,两种精装本一共才印制了五百部,以后历经战火、动乱,这两种《海上述林》珍本存世绝少。1980年代,一本这样的《海上述林》,已值一万港币。我还有幸看到了当年郭沫若、茅盾书赠给丁先生的条幅。郭老以"风雨任疯狂,冰雪随骄傲,万紫千红结队来,遍地吹军号"的诗句,赞扬了他豁达乐观的处世态度。茅盾在病中写下的《赠丁景唐》的七绝中:"左翼文台两领导,瞿霜鲁迅各千秋。文章烟海待研证,捷足何人踞上游。"茅公是在看了丁先生对以瞿秋白、鲁迅等为代表的30年代左翼文艺运动的"研证"后,以此诗盛赞他的突出成就。此诗为茅盾生前不曾发表的最后两首赠诗之一(另一首是赠老舍夫人胡絜青的)。夏衍在回忆录《懒寻旧梦录》中,也写下了他对丁先生提供有关珍贵史料的事,说:"帮了我很大的忙,出了不少力。"丁先生愉快地说:"我的老上级和战友,知道我爱好革命文艺的著作,并各方收集详尽资料,并常要向我咨询一些史实。为于伶同志转来马彦祥收藏的一张洪深与萧伯纳等的照片,我费了将近一个月的时间,方才考证清楚,大家为之高兴。"

丁先生曾对我说起他三次性命攸关、脱离险境、"死里逃生"的故事:

1947年4月,他的上级——领导文委等工作的唐守愚紧急通知他,"已被国民党反动派列入黑名单",指示他即刻离沪避居。他避居镇海、宁波,后又潜往香港和广州。1948年7月,应沪江大学中文系主任朱维之先生的约聘,丁先生担任中文系助教。在朱先生的庇护下,他隐蔽在沪江大学,躲避敌人鹰犬的追捕。直到1948年12月底,反动派的红色警车开到上海宁波路470弄联华广告图书公司《小说月报》编辑部宿舍,捉拿"丁英"(老丁的笔名)。员工告知对方"他早在两年前就去了香港",还将他们出版、1948年初的香港通讯《香港的侧面》给前来搜捕的敌人看:"他早去香港工作了呀,这不是他在香港写的报道吗。"敌人扑了个空,撤去。后来,组织上为他的安全考虑,又让他转移到上海西摩路宋庆龄老宅(今陕西北路369号)内的"难童救济站"去了。也是在这里,丁老欣欣鼓舞地迎接了解放战争的胜利和人民的新上海。

第二次是1955年6月肃清所谓"胡风反革命集团"运动中的事。1953年至1954年,彭柏山任市委宣传部长,丁先生任文艺处长。1955年初,丁先生因工作需要,调任宣传处长。办公地点从福州路建设大厦搬到常德路原华东局机关办公地。1955年6月的一天,市委宣传部在原华东局大礼堂召开肃清所谓"胡风反革命集团"的一次全体干部群众大会上,丁先生遭到突然袭击。几位发言者以莫须有的罪名,对丁先生上纲上线,残酷斗争。丁先生举手要求发言声辩。不料,主持会议的领导对他大声训叱:"不准发言!散会!"试想,倘若丁先生在会上辩白,其后果一定会"家破人亡",陷入极其悲惨的结局。

第三次是"文革"中追查上海旧书店的"画报事件"。20世纪60年代,上海市委规定机关干部每周四到基层劳动。时任上海市出版局副局长的丁景唐握有上海书店旧期刊内部发行的审批权。1965年,出版局办公室主任和几位干部到上海旧书店仓库劳动,清理不宜公开出售的旧期刊。出版局办公室一位女主任发现20世纪30年代的彩色画报上,有电影明星蓝蘋(即江青)照片,她就想将画报借出来看阅。丁先生处于对领袖的崇敬和出版管理的职责,坚持原则,遵守制度,没有同意她借阅旧画报的要求。"文革"爆发后,上海旧书店发生"画报事件"。那位女主任被造反派残酷批斗,私刑入狱。株连上海旧书店的领导和办公室看过彩色画报的干部也被批斗。幸好,由于丁先生当初坚持原则,才让那些有蓝蘋明星照片的画页完好地存放在旧书店的期刊仓库内。"文革旗手"江青疯狂迫害文艺界著名人士和老干部,罪恶罄竹难书。

八年前,已过耄耋之年的丁先生从永嘉路慎成里老屋转移到住院治疗。每当念想这位著名学者、出版家、作家、上海文艺出版老领导时,我和魏心宏就会到华东医院19楼看望他。见丁先生面色红润,气色尚好,还能在宽大的走廊里自如散步,尤其是在叙聊中,又看到他突然间略显沉思的神色、从心扉里发出的爽朗笑声,心中宽慰不少。他在华东医院良好的治疗与愉快的阅读环境中,脸色白里透红,思维活跃,精神不错,问起他的身体和起居情况,他自称是"桃源中人",进院体重只有44公斤,现在已有60公斤了。最让我感动的是,他床边的小圆桌上,总是摆满了各种书刊和信件,景唐先生是将读书、思考、写作视为自己生命的重要组成部分,真是活到老,学到老。他还经常在医院接待各方来客,给四面八方的友人回信,以题词、题签的方式参加各种社会活动。当年的"歌青春",始终有着深厚的学识、宽厚的为人、宽广的胸襟,他是真正的永葆青春!

想起2010年春节,丁先生自己设计的新年贺卡,上面是我们那么熟悉的流畅温润的笔迹:老丁不老,快乐是宝,故交新知,共贺友好。

2017年底,已是眼望2018神犬旺旺之年,我们都祈愿丁先生继续精神健康,能够活到一百岁呢。未料12月12日下午,突接文艺社好同事袁荷一微信,"我们敬爱的前辈、现当代文学编辑出版大家丁景唐先生昨晚仙逝,享年97岁。"悲痛至心,泪流满面,仰望苍穹,灰蒙蒙的天空让我呼吸困难,无限感慨。心不遂愿,也是无奈,但老丁已是高龄高寿高福之人,我想,如此多的小辈、后学无尽地怀念他,就是对他高风亮节的最好纪念。

那年我们下乡送宝书

孔海珠

想念丁景唐先生的时候，不免会回到1965年的那一件件往事。

那时，他是上海市出版局的副局长，大约分管发行那些事，为了解《毛泽东选集》发行的情况，以及送宝书下乡的执行状况，老丁决定去基层调研，即到上海的郊县新华书店了解情况。由他亲自带队，除了需要新华书店上海发行所领导参加，还要抽调下属单位的"精兵强将"。所谓"精兵强将"，即需要了解业务的同志之外，还要有文艺特长的年轻女同志参加。于是，上海新华书店总经理孙立功、新华书店老资格的老宋，他们都是从解放区南下过来的干部，还有一位徐汇区店的女店长，以及我们上海图书发行公司派了我和陈巧孙、周文义等人脱产跟随。这样也只是七八条枪。丁局长的打算，送书下乡的同时有文艺节目表演比较吸引人，所以，要求参加的队员能够拿出节目来表演……

也是天晓得，我虽然在学校里算是文艺积极分子，上台演出多次反映比较好，但是，这是在学校的舞台上，这次要下乡，在田头的晒谷场上，显然不知道怎么做才好？一筹莫展时，老丁说排些小节目，三三两两的出场，热闹热闹就好。话虽这么说，他看我们为难，于是提出把自己的女儿丁言昭和她的朋友叫过来充实一下节目。那当然好。他的女儿在上海戏剧学院念书，肯定文艺天资正规，而且正值暑假可以来帮这个忙。

就这样，这个草台班搭起来了。业务上的调研与我们小字辈关系不大，跟着跑区县的新华书店门店了解情况，只是与领导整天吃住在一起，不免有些拘谨。有一次休息日，老丁讲我们改善一下伙食，由队里自己人下厨，弄几个菜，没有盛汤的大碗，问我们女生有洗脸盆吗？男同志基本只带一只脚盆，而我的母亲要我带两个盆，上下身用水时分开。于是我的洗脸盆"贡献"了出来。吃饭时，那孙立功带着嘲笑质问我："这个盆你只洗脸吗？"我听着生气，有这样说话的领导吗？以后，对他们说话也没大没小起来。其实，北方人吃菜只要有大蒜头，一边剥一边放在嘴里，吃起来很香的样子。老丁是南方宁波人,见状也尝试着小口吃,还鼓动我们女生吃。第一次生吃,这种刺鼻的辣,一口下去,冲得我赶忙吐出来,引得在座的哈哈大笑起来。

　　文艺节目,我们编排了一个草帽舞,一个新疆舞,手风琴伴奏请了县里文化馆的同志,还排了三句半的节目,每人身上挂一个鼓,敲敲打打的颇为热闹。记得有一次晚上去生产队演出,在打谷场上围坐了好些农民观众,我们的节目并不怎么讨好,倒是文化馆里有位唱沪剧的中年女同志,拉开嗓子就不一样,那天她唱起:"芦苇疗养院一片好风光……"全场轰动,大受欢迎,我们也开了眼界。

　　书店的业务员个个是骑自行车的高手,他们送书下乡时,后面的货架上的书堆得像山一样高,还要稳当地骑在乡间的小道上,这车技不是一般可言。老丁看我们用佩服的目光送他们出发,于是要求我们也会骑自行车。这可不是容易的事,我们在 28 寸男车上试,现成的只有这种车,不要说骑,就是推也不易,一下子龙头歪了,人也倒在车上了,总算扶正了,跨上车也不容易。我们在院子里练习,有位男同志帮助扶在车后面,折腾来折腾去的,结果弄得身上乌青累累。接连练了好几天,总算有进步了,骑在车上转圈非常高兴,但是车停不下来怎么办? 哇哇大叫,一下子撞到树上,连人带车重重地摔倒在地上了……

　　你猜老丁怎么说,"吃吃苦头就好了,会骑了可以派用场"。这就是我初步学骑自行车的经历。完全和老丁的鼓动有关。

　　也是这次下乡,领教了农村蚊子的"成群结队"。记得在学校时,参加三夏三秋劳动,对于蚊子的印象并不深,唯有这次。晚上演出后,生产队长领我们四位女生进一间久不住人的屋子,开门进去,那一团团的蚊子马上迎面扑了过来,嗡嗡的响声吓得我们连退三步,这怎么住人? 但是,只有这间屋,队里给我们配了每人一顶蚊帐,张掛好蚊帐时我们已经很累很累,赶快倒头就睡。第二天起床发现,靠在蚊帐边上的手臂全部被叮得红肿一大片。真是领教了小小蚊子的厉害。

　　老丁带领我们下乡的这件事,五十多年过去了,现在想起来还是温暖的。除了第一次领略送书下乡和文艺小节目相结合的优长,在以后的日子里,老丁见到我也会说起那次下乡的经历,他有一种骄傲,毕竟送书和文艺相结合的尝试,他是首创。

2018 年 8 月 9 日

音容宛在

岳洪治

著名文史学者、作家和出版家丁景唐先生,是我尊敬的前辈。由于工作上的原因,早在上世纪80年代初,我就到先生家里拜访过。90年代初,丁景唐先生来北京,在人民文学出版社,我们又见了一面。虽然只见过这么两回,他认真热诚、爽朗直率的性格,仍给我留下了很深的印象。

热情谦和的长者

初次见到丁老,还是上世纪80年代初的事情。其时,《新文学史料》杂志刚创刊不久,我随牛汉主编到上海,为刊物组稿。由于大学毕业前夕,我在上海文艺出版社实习的时候,曾在该社招待所住过一段时间,此时还存在着一种怀旧的心情。因而,牛汉老师就满足了我的心愿,随我住进了位于打浦桥450号的文艺社招待所。

在陈旧而亲切的二楼房间里放下行李,我们立即联系了时任文艺社社长的丁景唐先生。丁社长爽快地答应了我们见面的请求,当即约好,次日到家里拜访他。

第二天上午,在丁景唐先生略显逼仄的书房里,我们受到了热情的接待。牛汉主编向丁先生介绍了新近创刊的《新文学史料》杂志,希望他写一些文章,给予支持。丁景唐先生高兴地答应了我们的约稿。大家虽然初次见面,双方的交谈却是诚恳而亲切的。我和牛汉主编回北京不久,就收到了丁景唐先生寄来的关于殷夫史实考证的文章。而后,又陆续寄来了他关于《骆驼祥子》原稿重新发现的文章和回忆胡乔木的文章等重要稿件。丁景唐先生这些研究成果的发表,给新创刊的《新文学史料》以很大的支持。

第二次见到丁景唐先生,是在十几年后的1995年夏天。在一篇小文中,我曾记述过这次见面的情景:

那是7月里的一个上午,我正在人文社后楼办公室里上班,忽然接到陈早春社长的电话,让我过去一趟。当我走进社长办公室的时候,一眼就看见丁景唐先生正含笑坐在东墙下的长沙发里。此时,《新文学史料》编辑部的黄汶同志和现编室的郭娟同志,已先我一步到来了。丁老热情地招呼我坐在他的身边,亲切地和我说了许多话,还问了我家人的一些近况。丁老当时已七十多岁了,却仍然是精神矍铄,谈笑风生,一点儿也不像是一位老人。

就是在这次会面中,丁老用他随身的相机,与我们拍了一张合影。这张合影,我至今仍珍藏在蜗居的相册中。

几十年来,与丁老见面虽然只有这么两次,但是,丁老却一直记得我这个远在北京的"小友"(丁老来信时对我的称呼),给我以关怀和帮助。

2000年秋天,人民文学出版社即将迎来50周年社庆。社领导采纳了我的建议,决定邀请新老作者和本社编辑撰文,出版一本"纪念文集"。以期从不同侧面,记述人文社走过的足迹,并以此纪念作者与编者的友情、艰辛的创作与亲密的合作,为人文社的兴旺和事业的发展加油、鼓劲。

丁景唐先生是出版界的老人,与人文社友情深厚。因此,在拟定约稿名单的时候,我首先就想到了丁老。果然,约稿信发出不久,就收到了丁老的回信。他热情地答应了为"纪念文集"撰稿的请求。在9月22日的回信中,他热情地写道:"能为贵社五十周年纪念撰文,十分高兴。我与'人文'关系密切,认识的人多,得到你们的帮助也多。我要好好回忆一番⋯⋯"丁老说到做到,很快就寄来了题为《良师益友与忠实读者》的文章。

在各地作者和本社资深编辑的热情支持下,人文社"建社五十周年纪念文集":《我与人民文学出版社》,于2001年3月,顺利出版。开卷第一篇,就是丁景唐先生的《良师益友与忠实读者——人民文学出版社之于我》。作为组稿者,我亦与有荣焉。

拳拳爱心　殷切期望

2014年的一天,我从一份报纸上,看到了关于丁景唐先生近况的报道。这才得知,由于年事已高,丁老已经在上海华东医院住了几年了。我打电话给丁言昭老师,请她向丁老转达我的问候、给丁老请安。我一边埋怨自己的疏于问候,一边就回想起当年会晤丁老的往事来。于是,就写了篇短文,在吴道弘前辈主编的《出版史料》季刊第3期上,发表了出来。没过多久,我意外地收到了同事转来的一封丁老亲笔信:

岳洪治小友:
　　看了你在《出版史料》2014年第3期《丁景唐先生与人文社的友

情》，很高兴，也很感动。《新文学史料》初创时，牛汉同志带你来上海约我写稿事，我记不清楚了，难得你写得那么详细、亲切。连我的老友王观泉先生也为之感动，即写信告诉我，"写得有情、有意"。观泉是陈独秀、鲁迅、瞿秋白研究的著名人士，他可不轻易赞赏的。

  我不知你是否仍在人文社，还是退休了。所以我仍写信给郭娟，让她转交此信。并请她将你地址、电话（手机）告诉我，与你联系。我还将送书给你，以留纪念。我的地址仍为200031 上海市永嘉路××弄××号，我三女丁言昭每天来医院带给我。她的电话（021）643……，我医院手机139……，但常不通。

  握手！下次详谈。

丁景唐
2014年10月24日于华东医院

  丁老的信，是写在一页32开的"上海文艺出版（集团）有限公司"便笺上的。我先从同事郭娟电话中得知，有一封丁老给我的信和一本书在她那里。11月6日进城，才从郭娟那里拿到上面这封信和丁老的赠书：《瞿秋白与书籍报刊——丁景唐藏书研究》。书的作者，丁言模先生，是丁老的儿子，我们还没有见过面。其时，距丁老写信给我，已有半个月光景了。

  取回丁老来信的第二天早上，我就写了回信：

丁老：

  您好！

  当我从报纸上看到您在华东医院的照片时，又想起当年两次见到您的情形和向您约稿、与您通信的事情。于是，在对您的思念中，写下了那篇《丁景唐先生与人文社的友情》。2009年退休后，我就住到了北京郊区。我既不会开车，也不用手机，很少回单位。那天与言昭大姐通话后，去住了一个多星期医院。昨日才进城，从郭娟那里取回了您的亲笔信与赠书。谢谢您！

  捧读来信，一如面聆教诲，甚感亲切。当年情景重现于脑海，仿佛又见到了您慈祥亲切的面容。从来信知道，您身体硬朗，头脑清楚，精气神很足。甚是欣喜！这是我们晚辈的福气。有言模、言昭几位大姐悉心照顾，百岁寿星的位子您坐定了。——让我们相期以茶。

  此上，恭祝

  幸福愉快，健康长寿！

晚 岳洪治 顿首
2014年11月7日

发信的时候,我按丁老所嘱附上一帧名片,写明了联系式、电话、邮箱等,以方便丁老与我联系。

果然,我的回信寄出二十多天之后,丁老就又写了一封信来:

岳洪治学棣:

　　联系中断几十年,终于由你的那篇有情有义的《丁景唐先生与人文社的友情》的文章把我们又联系上了。这中间,自然还要加力于郭娟的驿站作用。从来信得悉你2009年已退休住在郊区昌平区,那里一定空气清新,不受林立的高楼大厦遮蔽远眺。

　　你从郭娟取回的赠书,不知是否为《瞿秋白与书籍报刊——丁景唐藏书研究》、《瞿秋白和杨之华》?你没有说明,我很记挂。希来信说明白。

　　我在上海华东医院住了五年半多。依靠党的领导,使我得到二次解放,享受国家的优待参加革命老同志的优厚待遇。

　　我现在病情平稳,身体较好,宇宙广阔,快乐为怀。有时还能握笔成文,只是眼光不好,写字是凭着感觉走,不一定写在格子里。头脑比较清醒,思维能力较强。

　　为了让你更多地了解我,我将几天后让言昭在邮局快递赠你两部主要著作,一本是2000年出版的《丁景唐六十年文集》收入我1945出版诗集《星底梦》、论文集和回忆录(部分),还有著作目录等。另一本是2013年友人为我出版的《景玉常用印选》(只精印100部)希望几月半年后,读得你的读后感。

　　祝健康愉快! 问候你夫人、孩子!

丁景唐
2014年11月20日于华东医院

信中提到的《瞿秋白与书籍报刊——丁景唐藏书研究》《瞿秋白和杨之华》两种赠书,是丁老的公子丁言模老师的研究成果和心血之作。《丁景唐六十年文集》和《景玉常用印选》两本书,一者集中了丁老一生最主要的著作,一者则展示了他常用的一些印章。丁老给我的邮件,大半都是经单位同事郭娟中转的。这几种赠书,也不例外。原因是,在我居住的城乡结合部地区,邮递员只送报纸,其他邮件则一概不管。幸亏我有一个单位,还有热心的同事可相依靠,这才解决了收取邮件的难题。在此,也真诚地谢谢郭娟和单位老干部处的同志!——这是题外话,不多啰嗦。

丁老这封信,不仅表现了他对一生事业的执著与热爱,也表现出前辈学者对年轻一代的拳拳爱心和殷切期望。这一点,不仅表现在丁老写给我的信函中,也体现在丁老赠送给我的每一本书卷里。

赠书赠言　情深谊长

丁景唐先生赠送我的书籍,有好几本。其中最早赠予的一本,是陶晶孙著,曹亚辉、王华伟翻译的《给日本的遗书》。每当翻开这本书的时候,丁老那和蔼微笑的面容,就会浮现到我的眼前来。

这本《给日本的遗书》,是精通日文和德文的陶晶孙用日文写成的。陶晶孙是江苏无锡人,生于1897年。他幼年随父去日本,并在日本读完小学、中学和大学。1919年在九州帝国大学学医学时,与郭沫若相识,参与创办同人杂志《Green》(《格林》)。1921年7月参与发起成立创造社,在《创造季刊》等刊物上发表小说、戏剧和译文。1919年创作的《木樨》和1925年创作的《音乐会小曲》是他最著名的短篇小说,被选入《中国新文学大系·小说三集》。1927年回国后,他先后加入了革命剧团艺术剧社和"左联"。30年代起,他主要从事医疗卫生、医学教学和医学研究工作,成就卓著。1946年他去了台湾,1950年离台去日本,两年后在日本病逝。这部《给日本的遗书》,是作者去世当年,由日本创元社出版的。

《给日本的遗书》出版后,在日本产生了巨大影响,"不少读者把它奉为'案头必读'。一些文科学生则把其中的美文当作辅助教材来读。"(高建国《奇人与奇书》)日文版《鲁迅全集》编辑委员、教授伊藤虎丸认为:"陶晶孙实际上是与鲁迅有同样意义的作家……对日本文学和思想给予影响的中国作家,除鲁迅而外,陶晶孙是唯一的人物。"然而,我们国内的读者,却是直到上海文艺出版社于2008年8月推出此书之后,才得以见到的。这本书只印了6100册,存世量如此之少,而今更难觅其踪迹了吧。

在我获赠的《给日本的遗书》的扉页上,起首有丁老亲笔写下的"岳洪治同志存念"字样。随后,还有如下一段话:

> 一九九五年,我应已故陶晶孙先生的亲属之邀,由郭娟责编,在人民文学出版社出版建国后第一本《陶晶孙选集》。但陶用日文写作,在日本知识界影响较大的《给日本的遗书》未能如愿出版。今由友人高建国多年策划、奔走设法,约人翻译交上海文艺出版社出版。其经过情况,见本书p189—205高的《奇人与奇书》。

老丁景唐
二〇〇八年国庆佳节

丁老署名下边,还钤了一方圆形篆体的"景唐赠书"之印。

丁景唐先生是出版界的前辈,也是我们《新文学史料》的老作者。《新文学史料》创刊初期,我有幸编发过丁老的文稿。新千年开始的时候,为编选人文社建社五十周年"纪念文集",我再次邀约并编发过丁老的文稿。当丁老受陶晶孙家属之邀,编选了《陶晶孙选集》之后,又将该书稿交给了我们《新文学史料》,并由编辑部的郭娟同志担任该书责编,于 1995 年在人文社出版。由此亦可见出,丁景唐先生是个重情重义的人。一如前文引述过的,他信中的话:"我与'人文'关系密切,认识的人多……"还有一句,他没有写出,应是"感情也深"。

自从 80 年代初,随同牛汉先生到丁老家中拜望,认识了丁老之后,多年来,他给了《新文学史料》和人民文学出版社许多支持,也给了我等小字辈许多关怀与温暖。当陶晶孙的《给日本的遗书》在上海文艺社出版之后,丁老也没忘记,给"小友"郭娟和我各寄一本。得到丁老赠书,已然令我非常感谢。而当看到丁老写满扉页的一篇文字的时候,就让我不能不十分的感动了。

感动之余,我不禁想到:为什么,丁老在赠书给晚辈的时候,还要热情地写下一段诚恳的话语呢?

我觉得,一方面是为了说明赠送此书的缘由,而更主要的,应是为了使吾辈年轻人,能够更多了解陶晶孙其人其作吧。因为,此前我们已经读过了丁老编选的《陶晶孙选集》,而今,再读了陶氏这本《给日本的遗书》,对作家作品,就会有一个比较全面的认识和了解。更多史料的掌握和对陶晶孙作品的熟悉,会使我们的专业知识更加充实。这对于我们做好编辑出版工作,无疑是非常重要的。

——我想,这就是丁老赠送《给日本的遗书》给我,并在扉页上用心地写下那段话的本意吧。

高风亮节　豁达心胸

除了《给日本的遗书》之外,丁老赠与的书籍还有一些。而且,每次赠书给我的时候,扉页上都会附赠一段让我深获教益的话语。

譬如,在寄赠《犹恋风流纸墨香——六十年文集》一书的扉页上,丁老以清晰优美的字迹写道:

岳洪治学棣留念:
　　此书印成于二〇〇四年一月,距今倏有十年矣。我于二〇〇九年八月住入华东医院亦已五年三四个(月)了。《丁景唐六十年文集》实为我一生的主要著作,文艺出版社编印此书,责编张有煌同志所尽精力,甚为勤劳,惜已辞世多年。我的自述和著述目录留下一生铭印。这里要慎重说明的,一九九九年二月,文艺社拟为我举行八十岁诞辰,我给孙颙同志写信婉谢举行任何仪式,即使在九十岁和百年之后也辞谢任何纪念仪式。

二〇一四年十一月廿二日九四老人　丁景唐　书于
上海华东医院××楼×床

丁老这一篇赠书题词,竖行行文,写满了扉页。并在文末,钤上了篆文印章"丁景唐印"。

年近百岁的长者,对一个后生晚辈,会给予如此诚恳地关怀与教诲,怎能不令我深深地感动呢?我想,在感恩先生厚爱的同时,我更应该用心体会丁老的谆谆教言,把丁老的话化为自己前进的动力,这才不会辜负了前辈的期望。

拜读丁老写在《犹恋风流纸墨香——六十年文集》扉页的赠言,我有以下三点粗浅的体会:一者是,著者对这部大书的看重:"实为我一生的主要著作……我的自述和著述目录留下一生铭印";再者是,不忘感念为这部书的编辑出版,付出了辛劳的编辑:"责编张有煌同志所尽精力,甚为勤劳,惜已辞世多年。"三者,则是体现了一位对中国革命和文化出版事业,做出了很大贡献的前辈,严于律己的精神和对于生死之事的达观:"文艺社拟为我举行八十岁诞辰,我给孙颙同志写信婉谢举行任何仪式,即使在九十岁和百年之后也辞谢任何纪念仪式。"在这短短一页纸的赠言中,包含了多么丰富的内容和多么深厚的情谊啊!更何况,这是一位功高德劭,高寿94岁的老人,于病房中写下的教言呢。任谁面对这样一位可敬爱的老人,这样一篇有境界的文字,都会深深感动的吧。

丁景唐先生赠与我的这一页题词,可谓情深意永、语重心长。全篇不过二百余字,却包含着丰富的内容,体现了前辈学人的高风亮节和豁达的心胸,值得我们很好地学习和思考。同时,这篇扉页赠言,也是阅读《丁景唐六十年文集》的一把钥匙、一盏明灯。可以帮助我们打开这位著名文史学者思想和学问的宝库,可以让我们循着前辈的心灵之光,在问学的路上走得更远、更长。

在丁景唐先生逝世前完稿的一篇小文中,我曾写道:"丁老1920年生人,如今已经是97岁的寿星了。衷心祝愿他幸福安康,延年历百,寿享期颐!"未曾想到,刚刚过了几个月,这位和蔼可亲的老人,就永远地离开了我们,离开了他热爱的事业和热爱他的读者。我想,作为有幸亲炙教诲的后辈,我们只有很好地向丁老学习,继承他为祖国文化出版事业的发展和进步,"把心交给读者"的精神,努力做好自己应分的工作,才是对丁景唐先生最好的纪念。

丁景唐先生永远活在我们心中!

一书结缘二十年

郭 娟

与丁景唐先生相识,缘于《陶晶孙选集》。他是此书编选者,我是责任编辑。此前我已知道他的鼎鼎大名,他接力赵家璧、主持《新文学大系》编辑出版工作,是资深的编辑大家。

那时丁先生在上海,我在北京,为了文稿增删以及一字一句一个注释,书信交驰不下十余封。陶晶孙何许人？他与郭沫若一样,早年留学日本、学医、爱文学,是创造社发起人,甚至娶了同一家的日本两姐妹。他用日文写小说《木樨》,郭沫若称赞它有不可转译之美。30年代他投身左翼文艺运动,40年代受潘汉年委派秘密为党工作,却被指为汉奸,长期蒙冤。他的作品被冷落,人老死日本,被国人遗忘。这一切注定了编选工作的繁难。那厚厚的文稿,印自解放前泛黄破损的旧报刊,需要辨认年代、确认字句。那编纂、梳理的过程,恰似从历史的尘灰下拯救起湮没许久的面容。丁先生慨然应允陶晶孙家人的请求,不辞烦劳做这件事,不仅基于对自己学识的自信、对编辑图书的热爱,更是出于对冤屈者怀有强烈的历史责任感。丁先生不仅在书稿上倾注了心血和精力,还积极促成了当时身体已极度虚弱的夏衍公为这本书写序、为陶晶孙正名。书出版后,丁先生又分赠友人,请他们写文章宣传。所以,这本书迅速在学术界引起关注,在日本文化界也有较大反响。

现在想来,那时我刚入编辑这一行,就如此近切地与这样一位资深编辑家合作、共同完成一本书的编辑出版工作,实在是难得的学习机会。丁先生对编辑出版一本书所倾注的热情,他的细致谨严的工作作风,处处开示我。印象最深刻的是,为了完整地保存史料,作为编辑家的丁先生并不在意由此而打破了某些编辑惯例,使我认识到:一切编辑规范都是为更好地凸显书稿内容而设定的,自然也可以为之变通。与此同时我也体会到丁先生力图多多保存前辈作家遗作的温厚之心。

书出版之后,丁先生就引我为"小友"了。丁先生没有"名人架子",更无"官气",甚至也没长者意识,见面笑嘻嘻的,平易随和。记得一次到上海开会,我坐他旁边。会开到中午,都饿了,丁先生掏出几粒彩色的 m&m 豆,放在白纸上,无声地推给我,他自己也悄悄地吃了两粒。那几粒彩色小糖豆和继续开会的丁先生,很可爱。我还在他旧式石库门的家中吃过饭,他老伴儿、王汉玉阿姨特别善良慈爱,不停给我夹菜;饭后,丁先生执意带我去看看附近的文化遗迹——与他家同一条弄堂的 66 号,曾是中共江苏省委机关;从他家后弄出去不远,是拉都路 351 号(今襄阳南路),萧红萧军住过的房子,鲁迅先生曾到这里看望过他们。丁先生慢腾腾地走着,好像还扶了手杖,但兴致很高;后来我知道,这是他常带外地朋友参观的"旅游景点",他还陪着萧军重访故地,萧军感兴,写了"拉都路上几春宵"那样销魂伤情的诗句。丁先生偶尔来北京,拜访老友时叫上我一道去,出版家范用、王仿子,诗人成幼殊等前辈都是这样认识的。成幼殊阿姨曾回忆在上海读大学时,丁先生到学校找她们搞学运,那时他就是地下党了。他们老朋友相聚,恍若回到大学时代,谈笑间神采飞扬。

也是偶然,我在图书馆发现他写于 40 年代的一本研究著作《妇女与文学》,但仅有书目,就欣欣然写信去打探。下一次通信,他就复印了目录和其中四篇文章寄来,满足我的好奇心。这是专门研究文学作品中的女性形象进而关注妇女命运的著作,其中有通过他搜集的大量原生态民歌来展示妇女从女儿到媳妇再到年老色衰各阶段的《她的一生——歌谣中的妇女生活》,也有对"五四"以来新文学女性形象的个案研究与纵向梳理(《新女性的典型创造》)……拜读后我的感受是:一,年轻,有才华,大学时代既有很强的研究能力;二,注重资料,他作为史料专家的特质彼时已经显露,他的瞿秋白研究、左联研究等都是以资料丰富扎实著称的;三,研究是为了解决人生问题,他不是书斋学者。后来我发现丁先生还是个诗人,1945 年出版诗集《星的梦》,80 年代湖南文艺出版社重印过,他的诗曾入选王亚平等编的《四十年代诗选》、公木编选并作序的《中国新文艺大系(1937—1949)＊诗集》和臧克家作序的《中国新文学大系(1937—1949)＊诗集》等,90 年代还有北大学者在一篇研究 40 年代诗歌的论文中高度评价这部诗集。这一切意味着他的诗经受住了时间的淘洗,虽然这些成绩多少被他日后的编辑家名声掩盖了。我读这些文章,仿佛结识了年轻时代的丁先生。

丁先生爱写信。他的信在报道近况的同时,也寄文章、寄照片、赠书。他与女作家梅娘通信,他盛赞梅娘有一封信写得好,就寄来复印件——类似的复印件,二十年来寄赠不少,或是"奇文共欣赏",或是分享文化资讯,通常在空白处写有几句话的"丁氏眉批"。而在信尾,总是列上一串要我代问候的朋友们的名字。他在信中也时常写到他的家人,他的老伴儿和儿女们,还寄赠"全家福"照片,以"丁氏眉批"一一介绍,其中继承他史料研究家学、成绩斐然的言昭姐和言模兄,也成了我的朋友和我主编的《新文学史料》的作者;而他的"小友"、上海藏书家韦央先生,经他介绍也成为我刊的老作者……交往之初,我以为他的爱写信,是一种老文化人的"老派",后来认识的老人多了,又以为那是他开朗、爱热闹的性格使然,现在,我以为那是出于他对朋友们的温暖的情义。

丁先生是热情洋溢的人,他向朋友们敞开自己,他是一个中心,向周围朋友源源不断输送温暖的情谊。现在他走了,世界冷了几分。

我想我会怀念他。

真正的人,真正的学者

秦建鸿

"大刀向鬼子们的头上砍去……"

浓浓宁波腔的老生歌喉,回荡在华东医院东二号楼19楼的长廊里,歌声令人开怀,令人激奋。

歌者丁景唐老先生由三女儿言昭老师和护工阿姨搀扶,97岁的丁老尽力抬腿,随自己歌声的节拍迈步。我在边上使劲鼓掌喝彩,服务台前的护士小姐们也都翘起拇指连连点赞。

这一幕印照出一个热血青年,此刻丁老仿佛又回到了烽火连烟的激情岁月……

相识

与丁老先生相识可谓此生必然的一种缘分。

那天走进《读者导报》办公室,一眼看见自己书桌上放着一本厚厚的丁景唐的《犹恋风流纸墨香——六十年文集》,书名别有韵味,不恋其他只恋纸墨,忽而闻到一股纸墨清香沁入心脾,随即拿起翻阅。

因为喜欢鲁迅,喜欢鲁迅文字的简练含蓄,"其实地上本没有路,走的人多了,也便成了路"镌刻于心。但是上世纪八九十年代鲁迅却被淡出了大众阅读视线。

无意间翻到了"老作家赵家璧",丁老在赵家璧家中读到了鲁迅写给赵家璧的几十封信,丁老从未见过鲁迅的亲笔信,喜出望外……

顿觉趣味盎然,于是仔细拜读。丁老写道"……留给我印象最深的是,丁玲被捕之后鲁迅出主意要赵家璧迅速出版丁玲的《母亲》,并将以前已经丁玲签名的一百张签名纸印入书前,在良友门市部发售,以引起社会公众对丁玲被捕事件的关切……"

从丁老描述鲁迅关注丁玲的字里行间,鲁迅的风骨跃然而出,这只是

《六十年文集》冰山一角，丁老的这本著作资料殷实，且又充满海上文趣。

　　生于1920年代的丁老先生1938年就加入了中国共产党，是一名地下党，40年代的"文青"加革命青年，我对丁老传奇人生的历史感油然而生好奇，很想拜见采访老先生。早就与丁老先生三女儿丁言昭老师熟识，言昭老师是沪上知名的女性传记作家，也是我们《读者导报》的专栏作家。于是向言昭老师提出恳求，言昭老师说："可以，问问爹爹。"

　　丁老欣然同意。

　　那是一个秋日的中午时分，阳光灿烂，清新而舒适。我循着地址踏入永嘉路上的"慎成里"，思忖法租界上的弄堂倒也很有中国文化的意味，谨慎为人。慎成里横弄套着竖弄七拐八拐，有多达六个出口，据说当年就是为了便于甩掉特务尾巴，中共地下党特意选了这个住址。

　　找到丁老先生的门牌号，言昭老师早在门口相迎。走进灶披间，丁老先生就站起来伸出手，我激动地连忙双手握住，受宠若惊。我一个晚辈，一介平民书生，而丁老先生是长辈、革命老前辈、老领导、老作家，是要仰视崇敬的，虔诚之心不知如何是好。

　　丁老先生笑眯眯开口说，字正腔圆宁波话："秦建鸿，小秦小朋友。"丁老先生称我小朋友，好一阵激动，暖洋洋的，如此亲切就像邻居家的伯伯，"那我就喊您丁家伯伯，或者直接就叫'爹爹'了。"

　　丁老先生笑眯眯，没有一点架子，好像你喊他什么都可以。此后我就喊"丁家伯伯"，很顺口。

　　接着我们就上三楼去，丁老家的居所属于法租界的石库门里弄房子，有点像现代的连体别墅，独户三楼，但老式楼梯很窄且陡，拐弯处又是三角形的。前面开路的言昭老师不断提醒，"小心！小心！"但是我的高跟鞋突然卡在二楼的拐弯处，"啊哟！"一声，后面护卫的丁家伯伯已经一把拉住了我，幸亏丁家伯伯的扶住，不然险些摔倒。大家咯咯笑起来，笑声中我感激丁家伯伯出手不凡，赞叹他一个80岁的老人身段敏捷如同他的思维一样。

　　丁家伯伯的这一把拉住，也牵出了我们间的一段忘年交……

　　丁家伯伯的房间不大，即是书房又是卧室。

　　哇，这才是真正书的海洋。到处是书，书橱里，书架上，桌子上，及至地板上都堆着书，但井然有序，贴满书签，可随手查阅。一眼便知主人的仔细，认真和严谨。

　　墙上悬挂着丁家伯伯的结婚照，犹如30年代的明星。丁家姆妈那么柔美，丁家伯伯英俊倜傥。一对"文青"一起走上革命之路，一起坚守共同的理想和信念。

谈话间楼下阿姨招呼吃午饭了,于是大家便鱼贯而下。丁家伯伯说"便饭,便饭",我也不再推辞了。

小小的灶披间恰好放下一张八仙桌,但放不下靠背椅子,丁家伯伯也挺背而坐精神矍铄,让人羡慕。那天他们家正好吃干煎带鱼,宁波人的家常菜,也是我的最爱。反复唠叨"我很喜欢吃",吃了一块又一块,好馋嘴。丁家的干煎带鱼特鲜美,色泽金灿灿,鱼肉则松软。便讨教了一下,方知必须先用绍兴黄酒浸一浸,煎出来的带鱼才能色香味俱全。

吃到最后还剩下几块带鱼,丁伯伯说:"小秦小朋友你带在路上吃,用纸包起来,吃吃白相相。"大家抿嘴大笑,碍于席间不然前仰后合了。

瞬间浮现一幅画面,孤岛时期,一个英俊青年手拿纸包的点心,疾步行走在法租界的梧桐树下……

相知

没隔多久,言昭老师来电说他们家又吃干煎带鱼了,爹爹邀我去。我听了好一阵激动,原以为开开玩笑,没想到丁家伯伯记住了"小秦小朋友欢喜吃干煎带鱼"。欣然前往,这以后便成了丁家的常客。其实丁家饭桌还不止我一个,经常是挤满现代"文青"。餐桌上配着干煎带鱼,往往是一大锅汤,宁波人喜欢喝汤,最常吃的是罗宋汤,西式甜甜酸酸的罗宋汤化解了中式干煎带鱼的干,中西合璧极其落胃惬意。丁家的热情好客,朴素淡雅,形成了丁家低调温馨的家风。言昭老师和言模老师都是沪上知名作家传记写作高手,却毫不张扬甘为我们小报纸撰写豆腐干文章,秉承父辈的言传身教。

午饭毕,大家照例会去丁家伯伯三楼房间,书桌上,丁家伯伯早就为大家精心准备了礼物——书籍或剪报,然后当场题字签名。丁老先生的字体底蕴深厚又别具一体,俗话说字如其人,丁老先生坚守理想信念又不失独立人格。

丁家伯伯善解人意知道我们渴求他的墨宝,每次都慷慨赐予,并慎重盖章,随即拿吸纸压住,逐一放在我们手中。望着丁家伯伯如此细腻入微的举止,很难与40年代的热血青年相连,后来一想丁家伯伯是搞地下工作的,也许锻造了他的沉稳和内敛。

交往一段时间渐渐发现,丁家伯伯从来不说及他自己,其实他的人生经历远远胜过一部谍战剧。丁家伯伯是那么谦和,温润,儒雅而笃定。那句坊间流行语"想当年,我怎么怎么……"从没出自丁家伯伯之口,也绝不会出自丁家伯伯之口。丁家伯伯平静的外表下,有一种燃烧的气焰。谈的最多的还是他研究的鲁迅、瞿秋白以及左联文学。

丁家伯伯常说的一句话:"侬看书"。丁家伯伯以书为友,纸墨书香恋友情,独信书中自有黄金屋。丁家伯伯更希望通过书籍感知彼此,感知人生,感知世界。书籍是通往人类心灵的桥梁,唯有书籍能获得比话语更多的教诲和启迪。

丁家伯伯赠我的书都称朋友,从小朋友到老友,足以感慨能与丁家伯伯相识,是此生的福报,大大提升了我。

慢慢地我在阅读中知道丁家伯伯信奉"做一个真正的人,真正的学者"。这是友人对丁老的评价,乃是丁老一生的写照。

一个真正的人,首先表现出人性最本质朴实的一面,随性谦和、亲切可爱,如邻居家的伯伯。丁老给我第一面印象就是如此,一直以来就把丁老当作邻居家的伯伯。记忆犹新每次去见丁家伯伯,他总是问及家父如何如何,后来我父亲去世了,言昭老师说不要告诉爹爹,怕老人家难受有联想。但我好生奇怪,从那以后丁家伯伯也再没问及家父。

一个真正的人,无疑还有更深一层为人的底线,那就是正直光明磊落。《犹恋风流纸墨香续集》中,有一段关于丁老与关露的交往:

> 关露普通话说得特别悦耳,我则用带着浓重宁波口音的上海话跟她交谈。关露是负责特殊任务的"老"共产党员,我是有着五年党龄的年轻地下工作者,当时彼此都不知晓,这都是解放后才知道的。我从未把关露视作"文化汉奸",而是把她当作我姑妈与姨妈一类的知识分子。当时谈话是编辑与作者平等商量稿件。
>
> ……
>
> 关露约我到她住处会见是一九四三年五月间。我的文章在七月十五日刊出。八月,关露经党组织批准,于八月十六日赴日出席在日本召开的第二届大东亚文学者代表大会,当月二十五日回国后,又忙于应对敌人……在这样紧张的生死大搏斗间隙,她还提笔撰写答复我的文章《再论女性的文艺跟妇女》,令我感佩不已。

丁老的感佩,流露出的正是君子坦荡的浩然正气。

一个真正的人,才能做一个真正的学者,丁老当之无愧。从他研究鲁迅、瞿秋白中不难发现他的治学态度——严谨、缜密,这大概是我辈望尘莫及的。一个真正的学者需要扎实的研究功底,在资料堆中耐得住寂寞,终能发现亮点,丁老就是如此。

丁老在鲁迅研究中发现,鲁迅曾论述墨西哥画家里维拉(鲁迅译作理惠拉)的壁画《贫人之夜》的短文,刊登于1931年10月20日出版的《北斗》第二期上。此文可谓中国人民和墨西哥人民文化交流的一段宝贵的记载,也是鲁迅注意介绍各国进步美术作品的一个事例。

因此文印在刊物扉页玻璃纸上,未署名,不为鲁迅研究者所注意,为当时《鲁迅全集》、《鲁迅全集补遗》和《鲁迅全集补遗续篇》未收的佚文。

丁老的治学于细微处显示学术价值,填补了鲁迅研究的空白。

相望

丁伯伯住进华东医院,我也常去看望他,就像去"慎成里",尤其是逢年过节必去拜望他老人家。

丁伯伯依然如故,他的床边摆放一张小书桌,供他学习工作。每次前去丁伯伯照样会给我一份惊喜,一本书籍,或是一张精心剪辑的报纸,照样当场题字盖章,然后一起拍照留念。

我一直纳闷,一个人渐老渐衰是必然的自然规律,然而丁家伯伯给人的感觉始终朝气蓬勃,思路敏捷,谈吐清晰。也许这源自一种生活的态度,对生命的崇敬,由理想支撑的激情。

面对现在庞大的老年群体,丁伯伯恰似一个典范:老年人要耐得住寂寞,丁伯伯早已习惯孤独,"躲进小楼成一统"。老年人通常是与疾病共存,但丁伯伯没有过度的病态,"胜似闲庭信步"。老年人要学会控制情绪,犹如孩子乖乖巧,丁伯伯很能听从护工阿姨的起居照料。所有这一切的坦然,只有精神内涵丰富的人,才能超越自身躯壳如此从容。丁伯伯的这股力量磁铁般吸引着我,令人着迷。

那天2017年中秋前夕,我去看望丁伯伯,约好了言昭老师也在。丁伯伯很平静躺在床上,护工阿姨喋喋不休"丁伯伯今天不肯起来!"

丁伯伯看到我,坐起来了笑眯眯,为此我很得意。阿姨又说,"今天路也没走过",言昭老师顺势说,"爹爹,起来走走"。

于是就有了本文开头的那个场景,丁家伯伯挺胸抬腿意气风发,又回到了令他振奋的年代,或许所有过往都在他胸中涌动,当年热血青年的一腔热忱依然滚烫……

高歌一路回到病房,丁伯伯笑眯眯与我拥抱,相拥间我开心极了,连声说:"沾沾丁伯伯的仙气和才气。"

没想到这一相拥竟成诀别!

本来年前又要去看望丁伯伯,一别却是天上人间两相望,相望间感知了丁伯伯的灵气——

那是一种启示:"做一个真正的人,真正的学者。"

海上苍穹下,悠悠寄浮生

秦玉兰(竹子)

2017年10月29日,我像往常一样,熟门熟路地走进华东医院19楼10号病房,这已经是丁景唐先生住在这里的第八个年头,我也数不清来过多少回。这次怀抱着一株漂亮的蝴蝶兰,叶子油亮,紫色的花朵排列着绽放出优雅的弧线,生机勃勃。这种花很好养,半个月加一点水即可,长寿的花可以开到明年春天。以前我会带一点水果,比如猕猴桃,这是丁老先生喜欢吃的。今年发现有一款四川红心猕猴桃口味很好,9月底还特地买了一箱准备送过去,却因我先生临时公派出国打乱了计划。

那天走进去,发现丁老卧在床上,戴着呼吸机,我连忙示意护工邢阿姨不要惊动他。护工接过那盆蝴蝶兰,表示很喜欢,放在另一张空床边上的窗台上。她说:"前段时间发烧了,不过胃口还可以。"这时,护工发现丁老想说话,便走到他床前,取下呼吸机,丁老喊了我的名字,护工随即给他又戴上呼吸机。我当下心里有种异样,丁老喊的是我的本名,而不是"小竹子"。护工很明白他的意思,马上给我一本丁言模新出的图书。为了不打扰他的休息,我拍了两张照片,就离开了。

并不是没想到这很有可能是最后一面。我拍下那张戴着呼吸机卧在床上的丁老的照片,手其实有点抖。很想过去握一下他的手,却又担心会打扰他。这么多年来,我每次去看望他,都要确保自己身体处于非常健康的状态,哪怕家里人有点小感冒我自己没事的情况,我也不敢去,生怕自己带着病菌。又怀着侥幸的心,希望他能挺过这个冬天,迎接又一个春天的到来。去年有一次探望我也有过这样的感觉,那次他面色灰暗,也很衰弱,但他依然坚强地度过了那个寒冬。我就这样既伤感又侥幸地离开了华东医院。

不料,这竟是最后一面。

12月12日早上九点多,看到上海世纪出版集团副总裁阚宁辉先生发朋友圈,"我们敬爱的前辈、现当代文学编辑出版大家丁景唐先生昨晚仙逝,享年97岁",我心里重重地被痛击了一下。

那日阳光明媚,跟往常的任何一个温暖的冬日并无二致,风也不大,银杏枝头仍有未落的金黄叶子,我站在白花花的太阳底下,哭出了声。

世间已无景玉公。

以书结识,以文会友

得见景玉公第一面,整个过程是一个"传奇"。

为什么这么说呢?别的人可能是某某人引荐,或者在某个研讨会、某个纪念会的场合,自然是许多人见面,互相介绍、点头、握手、交谈。我们却不是。这要从十三四年前的一些小事说起。

2003年我从学校毕业后,由著名语言文字专家郝铭鉴先生引荐,进入了上海文艺出版社理论室工作。那时室主任赵南荣先生常常举着袅袅的一支又一支烟,向我陈述理论室的光荣传统。赵老师经常说:"年轻人要多写写文章,不要急,编辑就是要磨。"他讲述自己年轻时的故事,提到社里的老编辑们当年是如何教他的,这些老编辑们的名字我也是听过算数,并未想过有一天会和这些"神仙般"的人物发生交集。

我天天被耳提面命,工作上未敢一丝懈怠,工余时间也都用来读书写作。那时正值风起云涌的自媒体1.0博客当道,作为混迹在文艺圈的技术工,我不仅自己在歪酷上建了博客,还给当时的小说界主编魏心宏老师建了天涯博客。魏老师写的都是当代文学组稿的那些趣事。我呢,因为研究方向是影视美学,经常写写影评和剧评,有时写一点书评,杂志、报纸也有一些约稿,还在当时颇有热度的"世纪中国"发一些热点文章,偶尔还能打榜,这是一段颇为自乐的读、写、编一体的青年时光。

老编辑张有煌老师言语极少,每次来停留也就是十几分钟,大部分工作都是在家里完成,他一出现,要么是拿校样,要么是拿样书,一切都显得那么利落。

2004年4月底,张有煌老师来办公室,递给我一本厚厚的新书,我接过来一看,《犹恋风流纸墨香——丁景唐六十年文集》。这是他们聊天时经常说起的老丁,我们的老社长的专著。

这本书到我手里,便聚精会神翻阅起来。很快,足足五六厘米厚的书就读完了。既然完成了这么大量的阅读,又速速地写了一篇一千来字的书评。那些年以快枪手闻名,大概是因为年轻,精力旺盛,笔下万端,都是心中块垒,不抒不快。写完也不想着发表,直接博客上一放,算是给自己交待好了。

据说丁老是个风趣开朗的老头,现住在永嘉路上。我很想去拜访他。这种想法,不仅是因为我成了他曾经工作过的上海文艺出版社的新兵,更重要的是世间有这样的巧合,猛地发现原来都很关注同一类事件,自然觉得亲近。张有煌老师递给我这部厚厚的文集时,扉页题签"犹恋风流纸墨香"吸引了我的眼球,觉得这几个字味道无穷。原来这是关露的一句诗,丁老觉得颇能描述文集的用意,于是作为书名。这真是一句读书人都喜欢的诗。

说到诗,丁老就是一个"青春歌者"。文集以1949年10月为界,分为上下编,上编收集解放前的作品,其中有诗集《星地梦》的节选。我读这些诗的时候,感到那个时代的人特有的生命情调,别具魅力。上学的时候读宗白华先生的诗作,也很强烈地感受到这种情调。现在的时代已经不流行诗歌了,连热血的青年也少有用诗歌来表达自己,或许现在的青春已经用周杰伦等人的歌曲完美表达了呢?!反正我不能回答,因为在我心中,这些半个世纪前的诗歌同样地激起了生命的忧惧与欢欣、甜美和苦涩,而且有绵长的味道回荡着,使得我的阅读变得诗意悠长。尤其是那首《五月的雨》,读到这首诗时恰好有相同的氛围,我的周遭正是五月的雨天!感同身受啊。"趁大雨滂沱,路途泥泞,/黑夜的灯光下,/且去书堆中寻找阳光的温暖!"诗的结尾,以雨夜读书作为解决烦闷的方法,且写得如此昂扬,一扫前面的阴霾,使我倍觉振奋。

丁老还勤于研究,从他的研究兴趣点可以看出他的个性。他对中国女性的命运给予深刻的同情,写了《妇女与文学》《诗人秋瑾》等文章,还从民歌的角度看中国妇女的生活,如《她的一生》,写得生动可读。一个知识分子怀有这样的胸怀,深切地同情妇女儿童,心地如何就不用赘语了。难怪后来丁老在宋庆龄领导下工作,这些事件也许都有伏源深广的缘由。

丁老建树最多的恐怕要数鲁迅研究与瞿秋白研究。鲁迅研究是解放后的热门学问,丁老专心于此,颇得资料之助,上海鲁迅纪念馆"朝花文库"里就有"丁景唐专库"呢,我记得参观鲁迅纪念馆时对这些研究者都怀有景仰的心情。而瞿秋白研究估计非常贴合丁老的内心。类似的青少年经历可能会让丁老研究瞿秋白时有更多共鸣,怪不得许觉民在文集的序中提到:"人的成长期的路程呈平坦无阻的抑或坎坷难行的,给人的精神影响殊不相侔,前者因生活优渥而易于趋于平庸,后者则因苦难交加而反致踔厉风发。"以前我在读陈铁健写的瞿秋白传记时,深感一个人青少年时期的际遇对于人生的影响。他们的母亲均为贫困所逼而自绝,这在少年的心中该是怎样深重的痛。但是他们的人生确实因此而更加风发,激发出非同寻常的能量。由这样深的痛转化出来的爱,对生活、对亲人、对大众的爱,都蕴藉着丰富的情感。

仁者怀人,经过这么多年的人生风雨,丁老成了一个老头,一个可爱的老头,身边的同事说起他时都用爽朗的、喜爱的、尊敬的语调。我想有一天能去拜访他老人家,不为别的,就为他的文字感染了我,还有,也许在咀嚼"犹恋风流纸墨香"这句诗时,我们有类似的心境。文字的播种,文化的传承,出版优良的精神养料,真是善莫大焉。

在博客上写书评,我是颇为随意的,有时是自己出版社的书,各编辑室流行互赠样书,甚至当时在同一栋楼工作的上海文化出版社和上海音乐出版社,我们也会互相交流图书,有感想就写一篇书评。有些是在永嘉路的天地图书公司买的新书,那里简直是宝地,真是令人怀念的弄堂图书批发点啊!还有一些在绍兴路陕西南路路口上那家"明复图书馆"借的书或者在瑞金二路新文艺旧书店淘的书。

正因为书评写得这样驳杂,这篇书评出现在博客上大半年后,经过丁家亲友众人侦探般条分缕析找出蛛丝马迹。有一天,我接到丁家来电:"终于找到你了","你到家里来一趟"。我忽然有种奇妙的感觉——他们怎么知道我就是竹子?博客"绿窗"的作者"竹子",终于与现实的青年编辑"我"重叠了。

我被告知去见这位风趣开朗的"老头"——丁老。

相见处,晚晴天。

无论如何,2004年9月18日这一天都是值得仔细回味和描摹的。这一天,不仅证明了网路与现实有缥缈而便捷的接口,而且证明了这个纷扰丰富的人间要相见的人始终会见面,只是有些人见了面却并不认识,而有些人见面之前已经有长久的铺垫,有温情的等待,有欢悦的情绪,这经得起时间的洗刷。

我选择静默的方式来面对书籍,同时也选择静默的方式面对书籍的作者,且把自己的观感当作个人事务——看到丁老六十年文集,看到几十年前他写的诗歌,觉得这些文字滋养了阅读神经,回应了内心的某些部分,当时便很想去拜望丁老。于是把这些想法写下来,记录进日志。就是这篇简单的日志,被丁老家根据文中的细节猜到,终于成全了这次铺垫了半年的相见。这半年,也没有想起要找同事或者熟知慎成里的人得到一张寻人地图,全因已经写过了,我便当成已经在想象中完成了。

想象与现实仍有缝隙。钱穆在《八十忆双亲 师友杂忆》中提到其先父的告诫:"生活各家不同,非年轻人所当过问,更不宜与外人道之。"当天我算好了时间,却走失在慎成里,这里就像一个迷宫,好不容易才找到丁老家,也并不知道状况,从底楼的厨房间走过,做饭的阿姨小张说你直接上楼吧。于是我战战兢兢地在黑暗盘旋的局促楼道中登上到三楼,看见了丁老,精神矍铄,笑容满面。

丁老很高兴,因为他"找到"了虚拟的竹子,看到了一个活人!我把自己从事编辑工作一年仅有的几本书带来送给丁老,并预备了一个惊喜——1979年5月第2期《读书》,里面有一篇丁老的文章。这本和我年纪相当的杂志是从旧书摊淘到的,不经意一翻,竟然看到丁老的名字。丁老确实没有保存这本杂志,于是觉得这也是很有意思的一件事,二十五年前的文字出现在眼前。

为了真实再现这一天,用相机捕捉到很多丁老的表情:畅怀、阅读、沉思……一个人看过八十四年的风云春秋,估计诸多人名、地名、时间、事件常在心中,绕于脑际。丁老不断地拿出老伴的照片让我翻拍,"漂亮吧……这是我们去香港在九龙的照片……这是大学时候的样子……"在寂寥的秋后或冬夜,这春醪般的爱情回忆让一个人的旅程变得温暖还是更加怀念逝去的故人?但是,丁老始终都这样开怀地笑着介绍丁夫人生前的故事。

这一家人的亲情,在八仙桌边浓郁地展开。这一顿午饭,是我很久都没有吃过的午饭,和这么多年龄层次的人一起吃饭,大大小小,活活泼泼地吃着,愿意说话的人高兴地说着,愿意安静的人自得地听着,或者夹好菜跑到里屋去吃。坐在丁老旁边,这是上座,这样的优待让我倍感照顾,小时候爷爷去做客捎上我时才享受过这种待遇。从谈话中得知,丁老招待过很多客人,于是我的想象顿时塞满,不知道我这个座位上坐过多少人,他们在这里吃饭的时候都在想些什么……

丁家的猫是很有特色的,所以照片里面很有神采。照片冲洗出来,同事看到后评点这只猫很有气质。灵性已经熏陶到猫身上了。而丁老,我觉得已经透着些仙风道骨的意思了,这么豁然,且开阔,且明白。不过,这一天他用得最多的词语是奇怪,奇怪他的儿子丁言模为什么没有人教他却把研究搞得有声有色,奇怪他的女儿能够这么坦然地承受生活的风雨,也对我这么一个来自四川的人感到奇怪,奇怪为什么我会想起写那篇日志,奇怪这偌大的人间我们会见面……这些惊奇,大概就是让一个老头越来越觉得人生意味无穷的源泉吧。的确,正是因为有这么多惊奇,才充满可能性,丰富多彩。

看过丁老的书房、天井,还看过慎成里背后的萧红旧居,我在午后的阳光中告别了这家人。走在回家的路上,经过繁华安静的陕西南路,看见橱窗中现代风格的华丽装饰和美丽灯光,一时间,仿佛走出一个时代般错愕,猛然觉得一个书香门第的故事不是热播的电视连续剧,而是真实地铺衍在这些街市、里弄、出版社等空间中的一个个生动场面,时间长度近一个世纪,还在不断后延,这些来来往往的人,这些有趣的事。比如2004年9月18日这一天,相见处,晚晴天。

慎成里的小楼春秋

自此,我成了丁家常客。

成为常客,有许多原因,其中,最为重要的一点就是相识的"传奇色彩",是新技术传播中的一种偶然,最为关键的一环是丁老非常认可那篇书评,认为写到他心里去了。

从少年时代起我就有记事习惯,这一点特别符合丁老资料研究者那种严谨态度,他让我记录,我觉得很妥,即便他不让我写,我自己也是要写出来存档的,从未感到过负担;我偶尔流露出的诗人那种浪漫的情怀,诸如写几句诗,或者写书法,或者拍照片,他觉得都很好。

2005年5月2日,我又去见了丁老,因为他电话来说姚福申先生写来了意见。另外许觉民先生也写来了意见。原来丁老将那篇小文分发给他的朋友们,让他们写来意见。收到一份,丁老便会很高兴地给我打电话,于是我前一日晚上在六点难得准时下班了,沿着永嘉路的终点西行,在暗夜的梧桐树下疾走,因为七点丁老就要休息了。

我及时赶到,到了楼上一看,是一幅红对联铺在床上,原来是王湜华先生写的对联,对我的夸赞我不忍多写。这是从北京寄过来的,据说王湜华先生是季羡林先生的弟子,阿拉伯语研究者。接着,丁老便一份一份不停地递给我许多资料。我看到了姚先生和许先生的字迹。这满满一怀抱。接着,丁老又拿出几张写好的宣纸,原来丁老也准备了。丁老一一展示着,高兴地笑着,然后饶有兴致地摆弄着他的一大盒印章,挑出几个印在上面,一边还说着一些印章的由来。我收着这大包东西,心里很满。

其时,丁老先生有各个年龄层的"小朋友"。比如上海文化出版社的张磊,专门写过他的专访,登载在一本出版名家图书里;我们编辑室的张安庆,也经常登门拜访;还有《编辑学刊》的刘琼、雷娜、蒋逸征(指间沙),以及美术编辑叶珺(介太),都是丁家常客;《故事会》杂志的一个青年编辑,时常也被丁老喊去聚会。

但丁老可能对我有更高的期许。他逐渐地给我看左翼文学的各种资料。送我许多相关书籍,期待我能对左翼文化运动产生更多的兴趣,而不是停留在表面的熟悉上。同时,他又积极地引荐我跟他的老友们认识、写信、交流。其中最为明显的例子便是与成幼殊和梅娘的交往。

(2005年9月16日)"疏影横斜月黄昏"这是咏梅的经典句子。我并没有亲眼见过梅娘,却有她许多照片,还有和她通信——景玉公是媒介,一旦收到梅娘的任何消息,他便会打电话给我,讲述一番,邀请去他家看梅娘的信件或者照片。在我辈眼里，书本上的名字都接近于历史人物。然而经由景玉公的联络，我逐渐认识了一个非凡又平凡的女性。

人民文学出版社的郭娟编了一本关于梅娘的书籍，从这本书了解梅娘，会十分便捷，也十分深入。这是一种《公民凯恩》的描写方式，通过无数人的视角，描写一个人的一生。生活远远比小说精彩，也来得深永，不似小说两三下读到结尾，生活似乎永不停歇。梅娘的经历太复杂曲折了，不忍再述。

最近又拿到一本《梅娘近作及书简》。从这本书可以了解她的交游，也明显感到人生到了蕴藉醇厚的时刻。其中和景玉公及其女儿丁言昭的三十一通信件，读之倍感亲切。为什么呢？因为我看见了好多封原信，梅娘的字迹很特别，写得圆润，有些字也是那个年代的特有的写法，读起来十分有味道。看到铅字，似乎又重新咀嚼一次。其中的许多人物，围绕成为一个圈子。例如成幼殊女士和梅娘的相识，也是源自景玉公的美意。成幼殊女士的诗集《幸存的一粟》获得鲁迅文学奖诗歌奖，景玉公还专门安排了一次聚会，模仿当年的团契活动，在这次活动中还展示了梅娘给幼殊女士的贺信，别具文采。

这次雅集，如今回想起来，也是一次殊为难得的回忆，丁老专门写了一段前言（2005年5月20日，景玉公）：

读六十年老友成幼殊的六十年诗集《幸存的一粟》，看到诗集中上世纪四十年代上海圣约翰大学的文汇团契活动照片，唤起我和夫人王汉玉同一时期上海东吴大学的鸿印团契活动的美好回忆。

2005年3月30日是汉玉骨灰撒向黄浦江母亲河——东海的三周年。4月5日是思亲祭亲的清明节日。不久，长女丁言文和女婿沈祖钧自海外探亲访友归来，又悉复旦大学黄蓉完成文学博士论文。我寻思仿照六十年前，我们大学里团契活动的方式，来一次雅集。祖钧、言文愿操办其事，约于上海西南一隅的天平路寓所相聚。时间为2005年4月30日（星期天），5月1日长假前一天。除我本人、长女丁言文、长婿沈祖钧、二女丁言仪、三女丁言昭、五媳张亚男外，尚约了黄蓉（复旦大学博士生）、秦玉兰（上海文艺出版社）、林丽成（上海出版博物馆）、秦建鸿（《读者导报》）、程乃珊（作家），还有李丹（上师大博士后流动站）和陈琳琳（上海教育出版社），因身体不适和要返乡，未能与会。我事先约秦玉兰写一记事。她原题《丁氏沙龙》，我改为《天平雅集小记》，并将事情起因作说明如上。

4月的最后一天，空气中有微粒的尘埃，气压低，湿度大，街边的梧桐树长茁壮了,变得舒展。路上的行人为了即将来临的七天休假而暗自高兴,表情上也有细微的变化,最后的忍耐,释放前的坚韧。可能在初春之时丁景唐先生就已在策划这次雅集,前几天他打了几次电话来确认时间。这大假前的一天必须完成的任务有七件,环环相扣,可是既然答应,就要守时,时间一到就赶往天平路的小楼,这是雅集的地点。

丁老长女丁言文的夫君沈先生是一个化学家,同时也是一位讲究品位的老上海,熟悉上海掌故。天平路的这栋小楼,不管前门后门,一看就知道是不能凭借人声通达里间的。打了一个电话,于是得以进门转到二楼的客厅。这里的布局不必详述,只要看看老上海的电影电视剧,就知道这应该是一个怎样的客厅。

雅集主题之一是向成幼殊女士祝贺,她的六十年诗集《幸存的一粟》荣获第三届鲁迅文学奖的诗歌奖。成女士大抵想不到还有这么一群人为她的荣誉而聚会,不仅有丁家三个女儿,丁家大女婿,还有丁言模夫人张亚男,另外还有作家程乃珊女士、中文博士黄蓉小姐、出版局负责出版博物馆的官员林丽成女士和《读者导报》的编辑秦建鸿女士。看看照片,听丁家二女儿音乐家丁言仪弹弹钢琴,三女儿丁言昭练音,再享受一番中文博士黄蓉小姐美妙歌喉天籁之音,还有来自世界各地的点心,以及几个相机来回的闪光。丁老对我说:你也要表演节目! 听说你会唱歌,不过黄蓉已经唱得那么好了,你就诗朗诵吧。说得极是,我不敢拿出来给音乐家评点,暂时得到放松。人到齐后雅集成员便开往路口的荣城饭店伦敦厅。

雅集主题之二是纪念丁老夫人王汉玉(1917—2002)女士。于是席间听到很多感人的故事。原来丁老和夫人就是在这样的雅集聚会时认识的。几个女儿说起往事,一脸天使模样,从来没听父母吵过嘴,母亲如何能干地既工作又照料七个子女,这样一个女知识分子为了丈夫牺牲了很多机会,管好一家而让君忧国。我听来也是感动的,就像我逢人喜欢推荐的《李方舟传》一样令人感动,感情需要时间厚度,历久弥醇。这也难怪,"景玉公"的笔号不就是纪念这"金玉良缘",而"既汉而唐"可追古风啊。再得知原来夫人比丁老大三岁,所谓"女大三抱金砖"是也。不论在雅在俗,均是令人感慨的生活。

雅集主题之三是闲话老上海。这全得力于程乃珊女士。她一双粉红的嘴唇讲起故事来更是灵动非凡,把即将写完的新书给漏了底:"保准好看!"程女士是老上海作派,也是老上海思维,讲家学,讲渊源,最不能接受的是从石头里蹦出来的人,没有过去。不知孙悟空该如何思量这番言论。

林女士和我分别朗诵了成幼殊的两首诗作,她朗诵的是2001年11月写的《永嘉路上——陪老丁散步》,我朗诵的是1945年初刊的《金沙》,两首诗时间跨度半个世纪,就朗诵者年龄而言,倒是相得益彰。丁老送给每人一份《读者导报》(4月22日)评价成幼殊诗作特辑,又赠每个人一张照片,这是他于今年4月在莎士比亚研究专家方平先生的太原小区花园寓所前拍摄的,特记之。然后说:"今天这个雅集,类似我们六十年前在大学里搞的团契活动,是想让大家了解当年的情形,这也是那时搞革命的方式之一。"

原来,革命也可以这么风雅。

雅集令人仿佛穿越到上世纪30年代。丁老简短的序言陈述了老一辈们如何交流情感,我身处其中,常常有时光倒流的错觉,时时感到完全匹配不上他们的精神世界。这里藏着极为深刻的爱情,丁老对夫人王汉玉的怀念,刻进了"景玉共赏"的印章里。有一年我问起,当年丁家子女众多,王老师还担任班主任,教学任务多,是怎么做到的呢?现在家里养一个孩子的都忙不过来。丁老就讲起王老师和保姆如何养孩子,王老师如何工作,如何支持他的工作。说着说着,他就陷入回忆之中。他专门写了一份王老师的简介,没有修饰,却令人无比动容。

历史,自然越读越明白,也越读越沉默。守着这样一个活资料库,我却没有太多要问的念头,我笃信一切都在资料里面,只要足够耐心,草蛇灰线,总能找到。作为旁观者,偶然的参与者,在边上聆听,已经弥足珍贵,又何必问呢?

冬日的手温(2006年12月16日)。

去年在沪《读者导报》上曾以《暗香浮动月黄昏》为题,记述景玉公(丁景唐先生)与梅娘、成幼殊之间的交往。人间友情贵在持久而绵绵不绝,又是一年,几位老人之间仍然笔墨来往,抒情感怀。年初春发之时,丁老因病住入华东医院,及至中秋才健康返回慎成里那间堆满书籍与刊物的屋子。即便在春暖或炎暑或凉秋的日子,当我去华东医院探望丁老时,他依旧会兴致勃勃地拿出友人的信件来给我展读。冬天迫近了,已经回到家的丁老跟我提过几次,希望能写出一点好玩的东西,给他的朋友梅娘与幼殊读来一乐。

丁老有这样活泼的想法,缘于《咬文嚼字》与《编辑学刊》主编郝铭鉴先生的一首妙诗。郝铭鉴先生的新作《文字的味道》由上海人民出版社2006年8月出版。郝先生是位有趣的雅士,言语生动,常有奇思妙喻。果然,在送给丁老的这本书的扉页上,他俊挺的笔迹下是一首打油诗《老丁不老》:"人生易老,老丁不老,青年为友,童心是宝;人生易老,老丁不老,笑口常开,快乐是宝;人生易老,老丁不老,家常饭菜,淡泊是宝;人生易老,老丁不老,永不封笔,学习是宝。"我读来很乐,丁老更是大乐,猜想每个去拜访他的人都会见识到他读这首打油诗之后的畅快笑声,"哈哈哈,老丁不老……"他还让我拍下了扉页上的字迹。这大约的意思是能照郝先生的思路,也写出一些有趣的文字,最好是诗,给居住在已降冬雪的北京城里的两位老友,让她们想起来就笑开怀。

郝先生也送了一本《文字的味道》给我。这真是一本有趣的书,鹅黄的封面很清雅养眼,每逢好书我都忍不住手痒写些推介让朋友们知道,这次我却一直攒着劲,一是这书的好三言两语说不尽,二是这书实在耐读,看完一遍还可再读,甚至可以放在案头当工具书,尤其在遇到模棱两可的情况下该如何选词,书中自有一番道理可以解答。丁老既然从郝先生的文采中获得灵感,我可将这书翻出来再读,兴许也能从中获得灵感。

翻着翻着,又读到那几篇关于字谜的文章。掩卷沉思,要不制作几个有趣的灯谜给她们猜猜?或恐她们觉着费脑呢,还是直白简略为好。打油诗……如何作呢?想来主题是为梅娘祝贺生日,梅娘生日正好是圣诞节。啊呀,可以作藏头的打油诗!于是,就有了这首——

嘉瑞先生

梅香总自苦寒来
娘暖在心冷时念
生息何不休养好
日照终将云雾开
快活慢活皆有味
乐在人间友情天
　　　　2006 年 12 月

那么给幼殊先生的怎么写呢?给丁老打电话,丁老便给了一个题目:鲁迅文学诗歌奖。于是有了这一首——

鲁直、幼殊伉俪

鲁家伉俪情深深
迅疾冬夏又是春
文章自是千古名
学养只为不老身
诗中化解百般事
歌里常笑痴人心
奖来众友齐欢欣
　　　　2006 年 12 月

其实，成幼殊的丈夫陈鲁直先生姓陈，心想"鲁家伉俪情深深"是否妥帖，转念到鲁迅也不姓鲁而姓周，这打油诗嘛就松动些。于是就找了两张鹅黄的约150克的A4纸，分别打印出来。从绍兴路送到永嘉路的慎成里，想起"歌里常笑痴人心"里面这个"笑"字，似乎太过了，这一代人到了晚年已是炉火纯青，似乎不会有过激的感情，大多平和安宁，温柔敦厚，总想着能给别人多一些温暖。想着想着已经到了丁家门口。这原本就是为了一乐，真不必思虑太多。

丁老让子女以及文友们在这两张纸上签名。这密密的签名，增添了祝福音符的声部。寄往北京的两家人收到之时，能感受这份独特的手温。

当我再次读到这些文章，时光仿佛倒流回十一年前。那时的我，人生开局良好，一切仿佛都在既定轨道上完美行进，能给老人们的晚年添加一些乐趣，我当然非常乐意。

2005年，我给《编辑学刊》写了一篇文章《为谁盛放花满路》。这篇文章基本上可以概括我对出版、文化、老人的看法。最有意思的是，这篇文章刚刚印出来，丁老恰好去《编辑学刊》，他就第一时间读到了，还专门复印题签给我。

特别有意思的是，当翻出一个厚厚的文件夹，里面全是丁老给我的一些复印资料。每篇文章都要题签是丁老风格，他基本上会在每一张给我的资料上写几个字，说明一下缘由。这样的单页越积越多，我就专门准备了一个厚厚的资料夹，他每次给我，我就拿回家放到这个夹子里。

我很喜欢给他拍照片，丁老也很喜欢我拍的照片，那一段时间他出现在报章杂志上的照片，基本都是我拍的。从绍兴路走到慎成里的路中，在陕西南路绍兴路路口就有一家柯达的照片社，冲印照片非常便利。我经常拿到照片就送去丁家。有时，我也利用手里的照片，编辑一个相册之类的影集送给他，丁老最喜欢这样的礼物了，他深知这里面"饱含了编辑者的心思"。有一次他们全家聚会，他也把影集带去，让孙辈摊开合影。

很多年后，我细细思量，为何与这位老人有这样深的机缘呢？按理说，读书时代，复旦外语系教授东西方文化比较的朱静老师，就让我定期到吴钧陶老师家里去做访谈，抢救"老翻译家资源"，按理，我更应该和吴老先生这样的人更为亲近，我们的专业背景更加接近。然而并没有，我读完了吴钧陶先生的所有作品，包括大部头的翻译作品，发现自己无从下手，最后不了了之，哪怕连一篇短文也没有写成，深以为憾。又例如文中提到的鲲西先生，我有段时间非常迷恋他写的那些笔记，还有辛丰年先生写的那些音乐小札，然而我与他们都没有更加深入的联系，与这些丰富的灵魂停留在纸面的"相认"。而和丁老先生,却从纸面进入了现实的空间里。

这种机缘,并不仅仅是几篇文章、几幅字可以密密衍缝而成。丁老爱护小辈,从无"大家"的架子,对于青年人的喜爱和提携,没有功利心,纯粹就是喜欢,招呼来聊聊,看看,出版社无数青年编辑都受到过这种待遇,而且大家基本没有"压力"。

有一次,社里的编辑去看他,猜猜看,我们带去了什么?

一只大西瓜!

那天,我们几个人说去看看丁老,也不知道该带点什么去,路过水果摊头,就买了一只大西瓜,由汤正宇抱着,一行人浩浩荡荡地去丁家了。丁老自然是十分开心的。大家都觉得很好玩,很有趣。

很多时候,我都忘了,面前的老人曾经是位居高位的官员,不仅在市委工作过,他与新中国的文化界有着极为密切的关联,担任过上海市新闻出版局副局长,还是我们出版社的老社长。

相信这也是很多晚辈的感受。"官员"似乎有种不同的气场,那种不怒自威或者磅礴的压迫感,仿佛那才是"官员"之相。然而,至少我见到丁老时,我看到的是一个学者。当然,我见到丁老的时候,已是他的晚年。

学者丁老是非常开朗的,也格外严谨,给出资料必定添写出处,哪里的文章发表出来,有疑问,他定然批注,有些文章,他会写评语,写得十分切实,你随意一看,基本看不出观点,但有些文字等我多年过后重新阅读时,我看出了他的观点。

在2007年的夏天,一直写文化随笔专栏的《携程自由行》杂志伸来橄榄枝,我即跳脱了文艺圈层。这个决定来得十分突然。别的都很好说,怎么去慎成里向丁老说明这件事,我面临着困扰。不过,当我跟丁老说,读万卷书,行万里路,我要满世界飞了。他欣然接受。后来的一两年里,我每次从异国回来,都会见两个老人,一个是中国诗人景玉公,另一个是美国诗人约翰·派克。是的,我内心最认可的景玉公,其实是一个诗人。

大约在2008年,我曾经在田子坊策划过一次雅集,云也退、河西、指间沙(蒋逸征)、约翰、刘馨遐、周鑫、刘琼相聚"华越楼",我在《群贤毕至华越楼》中记录盛况。此后的十年,事实证明,的确是"群贤毕至",这里面的几个人,分别在文化、时尚等领域出类拔萃,享誉沪上。美国诗人约翰曾说:"众人皆因你而汇聚在一起。"在那样的时光里,只有我明白,这是丁老先生给予我的启迪。

哪怕在最为艰难的"五七"干校里,丁老也不忘给赵丹牵线搭桥,帮他借书,又介绍画家给赵丹认识。俗语有言:"不作中,不作保,不作媒人三代好。"那是精致利己主义者的标签。编辑反其道而行之,哪怕在艰危时世,牵线搭桥,鼓舞人心,令人间留存希望和勇气。有许多人的结缘,来自丁老的牵线搭桥。世上的人本来都是孤零零的,只是因为有了像丁老这样的人,让相似的灵魂找到对接的路径。

院中风景,简朴却丰富

丁老的老年生活颇为丰富有趣。他早年交往过的人,到了晚年,依然热闹地围绕着他。有一次在华东医院,我跟丁老开玩笑说,如果您用微信,那朋友圈里的人肯定不少。可以想见他每天信件往来多么丰富。有一天,我偶然得知,我们复旦中文系系主任陈思和先生,也是丁家常客,我曾经看到过陈老师在丁家一楼客厅来访时拍摄到的照片。大约在 2013 年丁老又筹划了一次雅集,陈思和老师给丁老写"仁者寿",与会者均感贴切。那时我已远离出版界文艺圈,未能亲见盛会,是韦泱先生记录的。

丁老对于子孙,看不出任何焦虑。熟知丁家情况的,更加为这种品质暗自赞赏。按理说,哪个父母能做到不动用自己的权力和资源为孩子争取更多的机会呢?丁老的七个子女,除了五子丁言模在某区报工作外,三女儿丁言昭经常写一些女作家传记,在报章上发表文章,其余的子女几乎跟出版文化圈没有任何交集。最为令人佩服的是,丁言模几乎是跟着丁老先生自学成才,笔耕不辍,出版了一本又一本研究论著。

2009 年,丁老身体不适,去过一次华东医院,康复后回家住了一段时间,再一次身体不适就直接长住在华东医院了。而凑巧的是,我从杂志社经由猎头公司的引荐,也在静安寺恒隆广场的一家外企上班,距离华东医院并不是太远。虽然那时工作异常忙碌,我也会去探望丁老,仿佛已经成了一个习惯。

细细想来,颇为神奇,这十几年来,在地理位置上,我几乎没有离开他三公里远,定期拜访成了生活中的惯例。

丁老已经习惯了华东医院的生活,他住的双人间更换了很多次室友,直到后来旁边那张床一直空着,他一个人住。他生活得极为简朴。小桌子上面或者底下,除了图书就是报纸。简单的钢笔,挚爱的印章,一个放大镜,是一个诗人、学者的全副武装。有一次我送给他一个漂亮的本子和一支漂亮的笔,后来发现他根本就没有用过。不过,仿佛提醒了他一样,有一次,他兴致勃勃地拿出一个全新的却是有年头的《文艺日记》送给我。巴老那段著名的话,就来源于《文艺日记》的题字。我战战兢兢收好,自然不会轻易拿出来写一个字。

丁老依然喜爱年轻人。一个朋友的读初中的女儿想要采访文化老人,我问丁老是否愿意接受采访,丁老高兴地接受。我再三地叮嘱女孩和她的同学们,不能有任何一个人感冒,如果有感冒的,千万不要去探访老人。她们都做好了准备,这些孩子们事后都写到,虽然是一次简短的见面,但老人的达观,令他们感受深刻。

他过着一如既往的简洁朴素的生活,特别开朗,跟护工、护士们关系非常融洽。这跟他从来不摆架子有很大关系吧。有一年快到春节了,他手写了好多春联,贴在走廊里,喊我过去拍照,于是我有幸看到了非常难忘的一幕,这些医护工作者兴高采烈地轮流跟他合影,背景自然是景玉公圆熟的书法,新年的气氛格外强烈。

这就是景玉公,他尊重着周围的人,并感染着周围的人。

在十几年前,他非常亲切地喊我"小竹子",他复印了一张文汇报笔会的文章,是叶延滨写的《藏在地下的生命》,这是一篇歌咏竹子的文章,写得文采斐然,令人击节。我一看就懂了,这是多么用心的礼物,虽然只是一张毫不起眼的复印纸。那段时间,我和社里的青年人去做中国作家协会一次重要会议的接待工作,国内的知名作家基本上都来了,我也正好见到了这篇文章的作者叶延滨。如果不是丁老给我这篇文章,我肯定不会觉得这些写作者跟我们有什么深刻的关系。

后来,我逐渐地意识到文字的意义:你写出来,必定能在某一个人那里获得回应。念念不忘,必有回响。有些事情,如果只有你知道,或者只有你发现,难道不应该写出来吗?有些感情,你感受到它的涌动,你舍得深藏于心,不写出来吗?含默自行,固然是隽永的,但"我手写我口,我口说我心"才是我们文化一脉而下的动力。

回望与铭记

我从一个青涩的青年人,到接近"四十不惑"的中年,这十几年来时时回望的,是去丁家或者华东医院见丁老,我理解这种情感,大约是一种家人般的牵挂,我总是要去看看他才觉得妥当。丁家,早已把我当成"竹子姑娘"。我珍惜着,默默地,我明白,人生中至关重要的,并不是财富和名利,而是感情。

当然,最为愧疚的是,我没有达到丁老的期望,传承他的研究,深入地在左翼文化研究中开辟自己的领地。相反,我越走越远,忙着世俗中各种事务。即便后来我已完全脱离文化圈,成了一个职业白领,依然会回望,做一些力所能及的事情,诸如《编辑学刊》的大家访谈,丁言模新书的书评等。除了在人民文学出版社出版过一本小说翻译著作,我能拿出手的成果极为有限。这样的局面,很大程度上是自我的松懈造成的,是在安逸生活中对文化的隔膜造成的。

经由景玉公的指引,我看到的是一个丰富有趣的图景,我每次去丁老那里,静静倾听,慢慢体会,我拓展了自己的触觉,打通了历史感,看到了一组组群像,看到那些有着千丝万缕联系的人们,体会他们内在的逻辑和情感。很多年后我与刘琼成了好朋友,仔细想来,我与刘琼的相识,完全是因为丁老的缘故,那时刘琼在《编辑学刊》做编辑,我们经常聚在一起。

那一天,我看到丁老不幸去世的消息,忍不住哭出来,然后就给刘琼打了电话。那一刻,我想,只有她会懂得,我何以如此悲伤。

平静下来,12月13日,买来松柏、银柳和绿色、粉色、白色、粉色菊花,还有白色的绣球,动手扎了一束很高的花,用了三张黑色的雾面纸包好,用银色的丝带系住,去慎成里。

丁老曾经在鲁迅公园指着一个小牌子说,在这里合个影,这句话写得太好了。"花是音乐、诗歌及一切美好、美丽的灵感。"想起了这一幕,眼中顿时滔滔。

丁老住在华东医院的八年里,我没有去过慎成里。那一天,抱着半人高的花束,走过昔日熟稔的弄堂,竟然毫不费力就找到熟悉的那栋小楼。

丁言模引我上楼,我又走在那熟悉的高高的旋转楼梯上,到二楼三楼之间的亭子间。那里有一个非常简朴的台子,放着一些鲜花。仔细看了案上摆放的照片,那是丁老年轻时的照片,眉宇间十分英气,有温润书生君子的神态。照片边上是一本《犹恋风流纸墨香——丁景唐六十年文集》,应是丁老自己时常翻阅的那本,早已不是簇新的样子。我举着香,默默地鞠躬三次。

2017年12月14日晚上,我准备扎两束花,一扎用黄菊和松柏,一扎用白色康乃馨和松柏。刘琼本来说,她到时候去买,我说,不,我来动手吧。两束花包好已近半夜了,才拿出笔墨纸砚,先写了老先生一直叮嘱我写的他最爱的那句:但愿人长久,千里共婵娟。

接着,我想着他的遗愿,一切从简,骨灰入海,如同他挚爱的夫人那样,便写下这样一句:海上苍穹下,悠悠寄浮生。

刘琼大约十一点半在微信中发来她想的一句:毕生纸墨存风流,满堂悲歌恋余香。我赶紧润笔,把这份情谊写进宣纸里。

落款为我和刘琼两人。那次在《编辑学刊》的访谈我和她联合署名之后,我非常乐于跟刘琼一起出现。我对刘琼有一种极大的信任,也许在我们的一生中,都会记得这是因景玉公的存在,我和刘琼会成为一辈子的好友。

12月15日早上,我和刘琼约好一起去龙华殡仪馆,并说我们最好早到一点。不料,那日我送完孩子上学,拎着两束花,和卷起来的字幅,却因淅沥小雨和对早高峰时段交通状况的预估不足,抵达时刘琼已经等了好久。仪式9时25分开始,我们匆忙赶去龙柏厅已是9时38分,走进去,好多熟悉的面孔,有人迎上来说:"竹子到了,快去,马上要盖棺了。"我和刘琼连忙走过去,从手里的花束中摘了几朵,放进棺椁。

刘琼红着眼眶,泪水溢满。我看着那个经受了近一个世纪风雨的老人,在这个阴雨的冬日早晨,无声无息地躺在那里,他一定知道我们在跟他告别。

虽然我们已经来不及给他看那些字,他也一定都知道,我甚至想,他一定也都知道我寄情于植物,在天上静静地看见我如何扎那些花束,如何写那些条幅。我既遗憾又庆幸,虽然没有全程送行,但天助我也,知道雨天路堵转而乘坐公共交通,从迢迢的黄浦江彼岸,狂奔疾走,转了两次地铁,终于见到了景玉公最后一面,在冷冽的空气中,目送棺椁运上火化的车子,绝尘而去。

世间已无景玉公。

与他挚爱的夫人王汉玉女士一样,他的遗愿是同样将骨灰撒入东海。景玉公,这个名号是丁景唐和王汉玉两人的合体,他们将在海上苍穹下,找到归宿。

恰巧最近大热的皮克斯动画电影《寻梦环游记》,看得人唏嘘不已。虚构的往生世界与现实世界的交点在于"铭记"。只要现实世界依然有人铭记,往生世界的灵魂就有机会回来看一看。景玉公并没有消散在人间,他被许多人铭记。在我的有生之年,我将永远怀念他,每每念及他的风范,我就觉得自己还有太多修养有待提高;每每想到景玉公的抬爱,我便不能轻易草率地对待自己的生活。

海上苍穹下,悠悠寄浮生。

初稿2018年1月15日
修改稿2018年3月15日

一周年的忌日

景玉公,你们在那边还好吗?

去年的双十二,是阳光格外耀眼的一天。我走在路上,忽然得到消息,景玉公仙去了。那一刻,站在一棵树下,阳光虽然明媚地照耀着我,我却泪流满面。

今年的双十二,一扫前几日的风雪冷雨,竟然难得地出了太阳,已是近期的奇迹天象。我很想去慎成里,但又不知道该去做什么。丁老先生已经仙去一整年了。以往我去小楼,总是直奔三楼,他已经准备一箩筐的话要讲给我听,还有一堆信件文章给我看。我也能够想象,今天去慎成里,会被温暖的人间场景所感染,将愁绪与伤感一扫而空,说不定还会被热情的丁家儿媳亚男留下来吃一顿饭,他家的经典菜香煎带鱼,的确是我吃过的最好吃的带鱼了。就像之前的许多次一样,丁家人总有一种超尘脱俗的气质,用史料研究者独有的冷静,来面对纷繁复杂的现状。

带一束什么鲜花呢？

还是带点实在的礼物呢？

想了很多,才突然意识到,景玉公最想看到的,应该是我的文章。他连骨灰都要求洒向东海了,毫无羁绊。抛却现实的各种繁文缛节,我们可以在文字中相遇。

前几日看到云也退写翻译家协会的老先生,注入了许多感情,题目是"舍命相陪"。我看得很感动。见过众多的油腻中年、无奈老年,就明白这些精气神都在线的老先生们有多么可贵。然而,仅止于可贵,是没有切实意义的,最多可以作为标本。可贵又可亲,才是最令人怀念的。

景玉公就是这样一位可贵又可亲的老先生。丁言模先生约写纪念文章,我大约用了两个多月,写了 3 万字,大概写太多了。是的,上一个冬天,我都在写这篇纪念文章。写完才发现,原来我的青年时代,都受着景玉公的殷切教导。

对民国资料的整理影印,对左联、鲁迅、瞿秋白的研究,对新文学大系的发扬,除这些之外,我在更多的生活细节感受到丁老作为一个青春歌者和白发书生的意义。

以前带米兜在中福会上课,我得空闲就去对面的华东医院跟丁老聊天。每次他都会问："小孩子哪能？"米兜跟丁家第四代重孙子一般年纪,读的是同一个年级,老先生问询起来,总是一种格外温煦的关怀。丁老先生早年跟随宋庆龄,做了很多帮助妇女儿童的工作,他曾经写过一篇文章,上海迎来解放的时候,他正在帮助照管一群流离失所的儿童。有一次他还送给我一本中福会的纪念画册。这一年来,我每每在陪课的间隙,望着延安路对面的华东医院,心里会默默地说：一切还好,也无风雨也无晴。这仅限于家事无忧又一年,然而国事天下事,却尽在不言中。

有意思的是,米兜书法课遇到了一个小朋友,正是我以前老同事的儿子。老同事邀请我到她的办公室坐坐,文联就在华东医院正对面。那天她忽然提到了丁老,说民间文艺家协会也经常去华东医院探望丁老,这个协会的诞生,源自丁老的提议。

《寻梦环游记》是去年年底的热片,主题曲"Remenber Me"唱尽了灵魂的要义。那些不断被重复的名字,被永恒铭记的,应是在智识、德行与修养上能够引领我们的人。景玉公的名号,是丁老和夫人的名字各取一字合成,他们已经在海上重逢,"安得促席,诉彼平生"。

景玉公,你们在那边还好吗?

附录

纸墨更寿于金石
——出版大家丁景唐访谈录

秦玉兰　刘　琼

丁景唐,1920年生,浙江镇海(今宁波)人。1937年参加革命,作家、诗人、出版家。笔名洛黎阳、歌青春、丁英等。1938年加入中国共产党。1944年毕业于光华大学中文系。20世纪30年代,在上海创办《蜜蜂》文艺半月刊。曾任《小说月报》编辑,《文坛月报》编辑。抗战胜利后,主持上海文艺青年联谊会工作,出版《文艺学习》,开展进步文艺活动。1949年后历任中共上海市委宣传部文艺处、宣传处、新闻出版处处长,上海市出版局副局长,上海文艺出版社社长兼总编辑,名誉社长、编审。全国文联第二、三、四届代表,中国作家协会会员,上海作协理事,中国出版工作者协会第一届理事,上海版协副主席、顾问,上海编辑学会名誉主席。主要从事鲁迅、瞿秋白、"左联"五烈士和左翼文艺运动史的研究,为上海文艺出版社策划影印"左联"、"文总"等文学刊物四十余种;主持编辑出版《中国现代文艺资料丛刊》、《中国现代文学研究丛书》、《中国现代作家论创作丛书》以及《中国新文学大系(1927—1937)》20大卷,获第六届中国图书奖一等奖。主要作品有诗集《星底梦》,评论集《学习鲁迅作品的札记》,2004年出版《犹恋风流纸墨香——六十年文集》;合著《瞿秋白研究文选》、《鲁迅和瞿秋白合作的杂文及其他》、《诗人殷夫的生平及其作品》;主编研究资料《南北方民谣选》、《陶晶孙选集》、《瞿秋白印象》,合编《瞿秋白著译系年目录》、《左联五烈士研究资料编目》、《殷夫集》等。1992年获国务院"有突出专业贡献"证书,1995年获中国作家协会颁发的参加抗日战争老作家纪念牌,2005年获中共中央国务院、中央军委颁发的中国人民抗日战争胜利60周年纪念章。享受政府特殊津贴。

2008年11月,我给丁景唐先生打电话说明了采访意愿。一向热情开朗、热心出版的丁先生出乎意料地回答说不拍封面似的照片，采访也最好不做，因为他想"退隐"了，既不想参加任何活动，也不想接受采访。拍封面照这件事情最为抵触。

我一向十分尊重老人的意愿，随即认同，此事便搁浅了。却不想刘琼不这样认为。她认为这事值得去做，便有去说服丁老的必要。她和我都因工作的变动，近一年来去丁家的频率远少于往年。今年夏天之后，我们去看望丁老，他对我们说起这个夏天身体已经不如往年。

果然，他很开心我们的坚持。在2008年上海寒冬尚未来临的12月中旬，我们在丁家吃过熟悉的家常菜，然后陪着丁老在慎成里午后的暖阳中散步，跟随日影的移动变换脚步。他说现在脑中常常空白，谈话便从我的提问开始，一点一点地钩沉往事，后来丁老滔滔不绝，以致过了散步时间，于是又把采访转移到三楼书房，继续谈了一个多小时，依然意犹未尽。

坚持是多么重要。若没有多一点坚持，就没有这次采访。老人心中的往事如同流水一般倾泻而出，我们听到的不只是故事，我们感受到的是一代出版大家的风范，尽管我们和他熟悉多年，却在这次采访中获得不同以往的宝贵信息。出版如同点滴星火，最终却照亮了许多摸索寻路的人。由是观之，出版如同马拉松，依赖一颗坚持的心，多坚持一下，就多一分胜利的希望。

一

在《名人小时候》这本书里，丁景唐记述了自己小时候的故事。丁景唐的父亲是一名裁缝，宁波的裁缝很有名，父母早年家贫，随亲友闯关东来到了吉林，丁景唐1920年就出生在松花江边的吉林市，但在父亲失业后就随父亲回到了镇海乡下。返乡后母亲生下妹妹，不久父亲便病故了。母亲是位文盲的农家女，独自抚养两兄妹，生活更加困难。贫病之中母亲将丁景唐托付给了他的姑姑。后来母亲不堪长期贫病折磨，服毒自尽。丁景唐实际上是由姑姑抚养长大的。

姑姑丁秀珍（又名丁皑）是一名新女性，早年曾在宁波、上海受过中等教育，最早在宁波城里反对缠小脚和包办婚姻。姑姑有一双先缠了小脚后来又放大的脚。姑姑当过多年的小学教师，她还到武汉参加过宋庆龄主办的妇女运动训练班。姑姑引导丁景唐读书、认识世界，还带他不时去电影院。丁景唐说，"母亲带给我的是中国妇女最痛苦的回忆，而姑姑作为旧社会中的新女性，给我的则是面对这个世界的新思想、新观念"。此外，他的叔父丁继昌是一家教会书店的职员，从叔父购置的《小说月报》《语丝》《新月》和创造社等的刊物中，丁景唐得到了文学的启蒙。

今天的我们走在慎成里的弄堂里,观赏邻居们放置在房屋边上的花木,与坐着晒太阳的邻里打招呼聊天,四处看看居委张贴的公告,把公告文字一一念出声来:都是寻常百姓的生活纪要。这样祥和的弄堂生活,某种程度上也合了丁景唐如今的平和心境。

太阳照耀在我们身上,我们像往常一样闲聊,气氛很好,于是我决定把丁老的思绪拉回到70年前。那是1938年。这一年对整个中国来说,是非比寻常的一年,艰辛的抗战刚拉开帷幕,时局迷茫。这一年对丁景唐来说,亦是非比寻常的一年,他是上海基督教青年会中学高中学生,仅凭一腔文艺青年的热血办了一本刊物;这一年,他加入了中国共产党。(以下是采访记录,下同)

问:您编辑的第一本刊物《蜜蜂》是在抗战之后的1938年。您当时还是一个中学生,为什么想起来编辑刊物呢?

丁景唐:搞刊物是自己的爱好。这是我和一个同学王韬一起搞的。当时我们也在搞学生运动,这是同时进行的。

问:为什么要叫《蜜蜂》呢?

丁景唐:蜜蜂很勤劳,体积比较小,跟我们很像,我们当时也比较小,能量也有限,但蜜蜂却是小小精灵,可以慢慢地采蜜,酿出很甜的东西,我们也希望自己能做点什么。当时这本刊物是文摘性质的。因为抗战的关系,当时上海的很多刊物都转移到武汉、香港和延安去了。外地的报刊也很难买到。我们做一些文摘工作。有篇郁达夫的文章我们转载了,这篇文章在郁达夫的全集里都没有的。还有鲁迅、郭沫若等人的文章。

问:办一个刊物不是一件简单的事情,当时《蜜蜂》是一本正规的公开发行的刊物吗?

丁景唐:我们出于自己的文学爱好,热心地做这件事情,却有很多没有想到的事情,首先就是登记证。当时租界里面的工部局管理刊号审批,为了弄到一张出版证,我们找到陈起英老师。陈老师本人不是共产党员,但他是很多共产党员的启蒙老师,也是五卅反帝爱国运动的积极分子,毕业于大同大学。陈老师引荐我们认识了在工部局工作的青年会中学校友,这个校友正好就是管登记的。我们拿到了合法的出版证,我是法人代表,刊物上印着我的别名:丁宁。

除了出版登记证,还要找印刷厂,排印等等。陈老师又介绍我们认识一个在报社工作的张编辑,我们去他家请教出版知识,还向他学习一些编辑经验。陈老师还帮我们介绍了一家在泥城桥(西藏路桥)新闻路口的一家印刷厂去学习印刷,这个地方是一个五岔路口,印刷厂在一个澡堂里弄深处,走在里面到处可见流淌出来的澡堂水。这个印刷厂规模也很小,顶多十个人,老师傅给我们讲用什么字体多大字号,是手把手教出来的。所以说这是一本地地道道是工人阶级教导出来的刊物,党也没有指示我们去办,是我们自发的。办了两期,后来党组织让我们停刊,我们就停刊了。现在我还有这本杂志,上图也有。

问:那出版这本刊物的费用怎么来的呢?当时你们就只是两个中学生啊!

丁景唐:在《名人小时候》我写过,我小时候后来是由姑妈带大的。姑妈三十多岁才结婚,姑父是做经营电器电料商行的,也是德国西门子的代理商。当时我们在杂志的封底上给他们做了一页整版的广告,解决了出版的费用。

问:王韬和您是同学,刊物不办了,王韬后来怎么样?

丁景唐:王韬是我同班同学啊,非常有才华,比我有才华。刊物停刊之后,他去苏北参加新四军,我们就失去了联系。很多年过后,我才知道他后来进入华中鲁迅艺术学院读书,在1943年的日伪大扫荡中和他爱人一起潜回上海时被叛徒出卖,22岁就去世了,我是后来才知道的。

问:创办《蜜蜂》算是一次独特的创业吧,这对您今后的工作有什么影响呢?

丁景唐:这对办刊物影响是很大的,后来几乎所有的学生刊物我都办过。比如杂志的流程,杂志的广告,如何去搞经费,这些经验都是很可贵的。当时除了文摘之外,我们还要写文章。

不过,我更宽广的舞台是搞群众工作,比如搞座谈、联欢活动,团结各界人士。我和王汉玉老师是1939—1940年上海东吴大学同学,她是鸿印团契的主席,我是地下党支部书记。我们是搞学生活动的时候认识的。

说到同学少年,丁景唐特有的宁波口音开始显得有些含混。明显的情绪激动,看得出来这么多年过去了,他还是没能从事隔多年才听到噩耗的震惊中缓解过来。这个在他眼里十分有才华的青年,也因其英年早逝,永远地将年轻的形象深深地留在他的脑海中。

此外,每次谈话,说到大学时学生活动,丁景唐一定会说:"我和王老师就是那个时候认识的。"和夫人的相识成了他一生中难以忘怀的动人一幕。他将自己的名字和王老师的名字各取一字,合称"景玉","景玉公"是他晚年的雅号,也默默地表达着对早他而去的老伴的无限铭记。丁景唐有许多值得玩味的印章,"景玉共赏"便是其中上品之一。

关于丁景唐出版经历和成果,陈思和、丁言昭在《希望之孕——记丁景唐编辑生涯五十年(1938—1988)》一文记述详细。此外,韦泱在2007年第2期《出版史料》上以《纸墨相伴七十年——记丁景唐编辑出版生涯》(第76页至第89页)专文陈述,此文资料准确翔实,将丁景唐的编辑出版生涯分为"1938·《蜜蜂》"、"《申报》影印与《辞海》修订一二事"、"播撒现代文学珍稀种子"、"把鲁迅的还给鲁迅"、"薪火相传的《中国新文学大系》"五大部分,详尽地展现了丁景唐70年出版生涯的大致轮廓和面貌。

二

在《犹恋风流纸墨香——丁景唐六十年文集》中有诗集《星地梦》的节选。读这些诗,那个时代的人特有的生命情调扑面而来。其中有首《五月的雨》,这样写道:"趁大雨滂沱,路途泥泞,/黑夜的灯光下,/且去书堆中寻找阳光的温暖!"

他一直在书堆中寻找阳光的温暖。

自古以来,中国的书生都想在书中寻找颜如玉和黄金屋。他要寻找的是阳光的温暖。

他虽然后来专注于史料,可是他一生都是一个诗人。

因为,在过去的六七十年里,没有比默默几十年收集资料并想方设法出版以备存留给后人研究的行动更值得尊重和敬仰了。史料最有话语权。这些财富的意义或许直到今天还没有充分挖掘。我深信这个老人的选择蕴藏着无限的能量。

问:您是一名诗人,诗人的情怀是激烈的;可是后来成了一名研究者,而且是专注史料研究的研究者,这却是需要一种非常平静的情怀。这两种身份您更看重哪一个呢?

丁景唐:我生平比较高兴的事情就是有人赏识我的诗歌。诗歌呢,是当时不能表达得很明确,写诗正好可以抒发。

从文艺青年到研究者,跟我的工作经历密切相关。后来的工作决定了不大可能继续写诗。但在我写诗期间,得到不少人的鼓励,其中关露曾就我的诗集《星底梦》的出版,评价说是"好像在一片黑寂的大海里看见一只有灯的渔船","渔船虽小,仍旧是一只船,星的光虽然不强,仍然能把宇宙照亮"。1998年广西教育出版社出版的《中国沦陷区文学大系诗歌卷》导言中,意外地得知吴晓东认为我是"华中沦陷区独树一帜的诗人"。这很让我意外,但也的确很高兴。

问:您为什么会选择"左联"作为毕生研究的重点?

丁景唐:我生平最大的特点便是鲁迅、瞿秋白和"左联"研究。这里面还有很多问题没有讲清楚。我写了好些文章,也出版了相关的图书。大多数人来拜访我,也是问一些相关的事情。

问:编辑应该有一个自己的研究领域。在具有编辑思路的同时,也有自己的专注领域。您是非常有代表性的,您研究瞿秋白,研究鲁迅,研究"左联",占据了很多资料,做出了很多成果。我比较感兴趣,您是事先就确定了研究领域和重点呢,还是慢慢地进入到其中的呢?

丁景唐:这是跟我的工作有关的。我先后在上海市委宣传部宣传处,文艺处,出版处,新闻出版局任职,工作分配的经历对我的研究是有影响的,党安排什么工作,就要去做,在做的时候,就会深入去研究一些课题。

年轻的时候办学生刊物,我的角度是以办刊去教育人,现在想来不大应该,教训人家的口吻比较重。后来慢慢就改变了。

问:没有更多地发挥文学才能,却一头扎进史料,我现在才明白,这是与您的工作经历有关的。

丁景唐:史料的重印和搜集,是我做过的比较得意的事情。在上海文艺出版社工作期间,和有关同志策划组织革命文学期刊的影印工作,比如组织《申报》的影印工作,开展《辞海》的修订工作,以及策划《中国新文学大系(1927～1937)》的编辑出版工作。我感到保存和抢救革命文艺资料的迫切性。从1958年到1962年,我们上海文艺出版社先后影印了两批四十余种20世纪20年代末、30年代初的革命文学期刊。在1962年以后,我又选定了第三批影印目录,范围更大,除了第二次国内革命战争期间外,还有抗日战争时期国统区和解放区的文学期刊,另外还有一部分是解放战争时期的解放区刊物。可惜后来由于"左"的错误思想的重大干扰,第三批书目只印了几种就中止了。

问:对《中国新文学大系》,您投注的感情也很深,是不是也出自对资料的一种迫切的保存意识?

丁景唐:《中国新文学大系》主要是为了解决一个继承问题。赵家璧当时的创造性非常了不起,我对此的评价非常高。你可以在我的文集里找到我写的关于《中国新文学大系》的文章。我认为,编辑文学大系是非常有创造性的编辑思想,保存了"五四"以来的新文学重要资料。续编《中国新文学大系》也是意义很大的。当时我是上海文艺出版社社长兼总编辑、党组书记,我利用出版社的集体力量,集中人力投入到这项重大工程的建设中来。我们组织各编辑室的编辑力量,深入到全国各大图书馆去查阅这十年间的重要文学期刊和书籍,从丰富的第一手资料中进行精心挑选;我们来往于京沪之间,先后拜访了许多文坛前辈,邀请周扬、巴金、吴组缃、聂绀弩、芦焚(师陀)、于伶、艾青、夏衍等人为大系各集写序……第二本十年,我感到总体上还是不错的。

问:上次您跟我说要"退隐"了。

丁景唐:年纪大了,生活习惯不同。好不容易安静下来。我以前在统战工作和团结知识分子做了很多努力,朋友比较多,身体吃得消的时候经常往来,近来感到精力衰退,交友少了。但小朋友可以来,小朋友总能带来活力与热情。好多文章要给你们看呢。还有好多书要送给你们。

赵家璧先生是一个非常有想象力的人,而且也很有执行力。以他当时的年龄和资历可以完成这个工作,的确是很了不起的。多年之后,大系得以续编,绵延至今,多少传承者接过书稿资料,埋首于浩瀚文字之中,就是为了给未来的人们保留一个原生态的昨日世界。这种精神和态度,一定是丁景唐这样的出版大家,希望继续传承给我们的。

丁景唐与瞿光熙合编《左联五烈士研究资料编目》多次重版;还有编著的《学习鲁迅和瞿秋白作品的札记》,与方行合编的《瞿秋白著译系年目录》也多次印刷,这三本书都有香港翻印本。

我一直揣测瞿秋白研究契合了丁景唐的内心。类似的青少年经历可能会让他在研究瞿秋白时有更多共鸣。许觉民在六十年文集序中提到:"人的成长期的路程呈平坦无阻的抑或坎坷难行的,给人的精神影响殊不相侔,前者因生活优渥而易于趋于平庸,后者则因苦难交加而反致踔厉风发。"读陈铁健写的瞿秋白传记可以深感一个人青少年时期的际遇对于人生的影响。他们的母亲均为贫困所逼而自绝,这在少年的心中该是怎样深重的痛。但是他们的人生确实因此而更加风发,激发出非同寻常的能量。由这样深的痛转化出来的爱,对生活、对亲人、对大众的爱,都蕴藉着丰富的情感。

三

丁景唐送书之大方,达到了令人惊讶的程度。近来上海文艺出版社翻译出版了陶晶孙《给日本的遗书》,该书是由丁先生的小友高建国策划,做了丁先生想做而未做成的事,令丁景唐感慨。他得知出版之后十分兴奋,一下子购进几十本,分送给好友。我看到一张送书单上,写着袁鹰、范用、孙玉石、陈平原、吴福辉、王富仁等人的名字。最近上海书店出版了《古旧书讯》

丛书，分别为《百年书业》《那时文坛》《书的记忆》，真实地记下了百年来上海福州路文化街的史实。丁景唐花了很大精力，写了五稿才完成该丛书的总序。这套书很多人想要，他把稿费全部换书，送给要书的朋友们。这次他又要把剩下的唯一一套送给我和刘琼。我们感到颇难为情，每次都受到他丰厚的馈赠，他却大笑着说："我还可以换书。我有好的书不送给我高兴送的人，我觉得难过。"

　　这一次访谈跟我们平时和他聊天唯一的不同，可能仅在于多了一个录音笔。四五年来，这是第几十次在丁家三楼的书房聊天，我已经不记得了，或许丁老先生认为我在他长期工作的两个单位都工作过，所以格外有话可说。一个老人要"退隐"的想法十分自然，尽管他晚年的一大乐趣是看到好的文章、好的出版物、友人的来信，就叫我们去看去读，一同分享文字流传过程中的意味。鲁迅先生给郑振铎的信中写道"纸墨更寿于金石"，钱君匋以此为丁景唐刻章一枚。师友风谊，个中情怀。这句道尽读书人编书人无限心事的话，借为本篇访谈题目，于2008年岁末的漫长冬夜中，我反复咀嚼这句话，深觉其中牵引的无穷力量，我们正是相信这句话，才迷恋纸墨风流，与氤氲书香相伴相随。

此文刊于《编辑学刊》2009年1月

常恨言语浅,不如人意深

刘　琼

前几年,每到年底的时候,我就会想着趁一个晴天,抽空去华东医院,看望丁老。一开始是和竹子约,但因为我爽约的时候多了,怕耽误了竹子的时间安排,后来就自己随机找时间去。

记得2016年的秋天,因为到静安寺附近办事,结束后就顺便去了华东医院。2号楼1910床。90多岁高龄的丁老的手机,很久以来都只限于目的明确的往来联系,而且还需要他人帮忙拨打或者接听。提前和他说,反而带来负担;不请自到,或者还是给他一个惊喜。

即使已是不惑之年,在丁老面前,我就觉得自己可以是一个无拘无束的孩子。可以在尊敬他、挂念他的种种心情之上,加上一点随意的玩笑,逗他笑出满脸的皱纹,听他用浓重宁波腔的上海话念叨出我的名字:"刘琼,侬哪能来了?"很多时候他也会接着问:"小竹子呢?侬晓得她在忙什么?"在笑声中,一老一小的相互挂念就得到了满足。

是的,相互牵挂。

我2007年离开《编辑学刊》,去了东方出版中心后,十多分钟就可以走到永嘉路慎成里丁老家"百年小楼"的日子就不再了。听他说着各种最近的趣事和文献心得,留下来一起在底楼小小的厨房兼餐厅里,坐在四方木桌旁吃午饭的时光一去不返。

留下来吃午饭,这个习惯不知道是什么时候开始的。记忆中,我和不同的人都留下来过,有当时《编辑学刊》的同事雷娜,有当时《故事会》的小编辑,还有丁老其他远近的熟识朋友。结伴而来的次数比较多的,应该是《编辑学刊》当时的同事雷娜,后来的同事叶珺,以及因为丁老而熟识、相交的小竹子。

如果没有外人,丁老的午餐通常是由子媳张亚男和一位帮厨的阿姨准点准备好,住得不远的小女儿丁言昭,如果不外出,上午或者午饭前一会儿会过来。有时候还有当时在读大学的孙女。当然,还有丁老家的大猫阿黄。

四五个人和一只猫,在老房子的底楼聊聊家常、吃午饭。

如果有我们这样的小朋友在,就略微麻烦一点,除去丁老的固定位置外,其他人要安置搬凳子和"排座座"(丁言昭口头语)。通常由丁言昭负责分发垫在每个人桌前用来替代餐垫的报纸、碗筷、勺,之后丁老负责正式"开饭"。做饭的阿姨性格直爽,爱说话,嗓门略微大一点,好像也是宁波人,说话快了我这样的旁听者就有点赶不上其中的意思,但烧的菜很好吃,尤其是红烧鱼、肉和各种汤。丁言昭和张阿姨都会比较关注丁老的饮食状态,吃多吃少了都会留心;丁老则担心我们不好意思,总会一边自己吃一边叫我们多吃。还真是,但凡在这底楼吃午饭,我好像多数时候都要添碗、吃撑。天气好的日子,大门通常开着,门外的花草随季节不同变换模样,阿黄多数时间躺在外面晒太阳。弄堂里走过的人看了,也真以为是一大家人在吃饭吧。

这样可口的宁波菜,总让我想起大三辰光,我做家教的凌阿姨家,宁波爷爷做的美食。宁波爷爷以前是大厨,所以各种菜都能做得恰到好处,我去的几天,他会不动声色地悉心做些好吃的。有时候在凌阿姨家过周末,宁波爷爷还会带着我和家教的调皮小姑娘一早去上海老店里吃点心。没有想到,十年之后,我在永嘉路的这幢老房子里,因为丁老的缘故,再次重逢当年的温情。

至于去丁老家的原因,总是各种各样。

第一次是2005年7月的一天,郝铭鉴老师带着我和雷娜作为后辈登门拜访出版界老前辈,算是认了"山头"——上海出版界近些年来变化颇大,但较早的底子,从管理机构来说是新闻出版局(以前是新闻出版处),从业务机构来说,上海文艺出版社当是其中翘楚。我当时所在的《编辑学刊》似乎是曾从属于文艺出版总社,郝铭鉴师长与文艺出版社更是结缘颇深。而丁老,既出任过新闻出版局的副局长,其后又做过文艺出版社的社长、总编辑。带我和雷娜两个出版新兵去拜见下业内长辈,是再自然不过的了。拜访的最后,丁老照例把我们领去离他家不远的襄阳南路351号萧红萧军的"故居"前拍照——不知道多少人是因为他的缘故,才知道这一幢小洋楼里,有缘居住过两个才华横溢的年轻人?

其后的原因就随意得多了。有的时候是丁老又结识了一位小友,他觉得同是文化或者出版界内的人,应该多多认识,于是就邀请去一起聊天吃饭;有的时候是有远道而来的出版界师长想要去拜会丁老,于是随同郝铭鉴等各位师长辈一起去聊天吃饭;有的时候是他特别赏识的几位小友过来看望他,他觉得机会难得,也会电话到编辑部,看看我们是否有时间过去;还有的时候是他看到一篇好文章,或者一则新材料,正印证了他研究领域的某些发现与兴趣,兴奋不已,希望马上告知我们这些已经对往事不甚了了的后辈……

这些往来中，我结识了丁老的不少新朋旧友，但往来密切又年龄相近，交集较多，以为精神知己的，还是竹子。

对上海滩的那些风云往事，包括丰富的文坛旧闻、隐藏在深巷旧居中的人情故事，我远不如竹子般明珠在心，了了在目。所以，竹子与丁老在这些故往资料的交流中，经常心有相印。隔了近五十年的岁月鸿沟，这一老一小却多的是精神与思想上的共鸣。

鲁迅、瞿秋白、左联、关露、丁玲、萧红……这些丁老关注的文艺往事与资料爬梳，尤其是他用力最多的鲁迅研究和瞿秋白研究，我一直都马马虎虎地耳闻着。更多时候，我听着丁老开心不已地用宁波腔上海话说着他最近在资料收集与内容佐证上的发现，或者和哪位旧识新交交换的一些很有意思的看法，看他笑得眯起来的眼睛，看他忙碌不已地将各种新旧书刊写字签名盖印，庄重地送给各位友人，我只觉得这世间充满了亲切而自然的关怀。

翻看丁老赠我的各种书籍，有时候会用上三四个印，但用得最多的是"景玉共赏"和"景玉赠书"。他的落款也经常是"景玉公"。竹子后来告诉我，"玉"字是丁老夫人名字中所有，所以"景玉"二字为他最爱。

大约觉得自己真是无以回报一位老人的大方与关爱，除了给他增添一点生活的乐趣外。于是某一年，丁老生日前后，我和叶珺将他平时给我们的各种合影照片做了个小相册——如丁言昭所言，拍照和冲洗照片是丁老老年生活中，除了买书赠书复印资料外的一大爱好，有时一个月的退休金一半都花在照片冲印上。张阿姨和丁言昭是最负责的摄影师。照片冲印的数量和照片上的人必须相同。如果这些人不会很快再见面，丁老就会嘱咐家人问到地址，把照片一一寄出去。我们手里的合影就是这样累积的。梳理好照片，每一页再添上几句说明，送给他，他果然开心得很——老人又何尝不是小孩呢？忘了是不是在那本小相册上，我作了一首打油小诗："丁老不老"。后来，编辑部突然兴起手工热，我又跟着孙欢老师学习织围巾，在孙老师不时帮忙加工的督促下，织好了平生第一条围巾，送给丁老。记忆里，这两件礼物估计都让他开心不已吧。

不过丁老更高兴的，可能是我、雷娜和小竹子等因他的嘱咐分别和梅娘写文的趣事。记得丁老和梅娘（女作家，已逝）的结识，也是因为他在丁言昭资料研究中的无意所得，二人相互敬重，便成了书信之友。2005年底，梅娘将最新的文集赠与丁老，我们自然也很快收到了梅娘的新书。一是出于对梅娘的欣赏，二是想为梅娘祝寿让她高兴高兴，三是可以让我们看看书动动笔，丁老便让我们写篇读后感或者其他，和着他的回信一起寄与梅娘。我偷懒，就拟了首祝寿的"现代古诗"，和着丁老的回信一起寄了过去。饶是旁人看来错漏百出的"古诗",丁老也觉得是小朋友的一片心意,从不妄加批评。

还有一年,好像是丁老的生日,国外的女儿晚辈等也回国庆祝,在永嘉路附近的一家比较精致的饭店聚餐,犹记得大约是点石斋。丁老嘱我和竹子等人过来一起吃饭、拍照。那是第一次见到一大家子人的团聚,面容都和善友好。出现在一家人的团聚中,难免有些拘束,然而,若能让老人高兴,其他都是不起眼的小事了。又一年生日,他身体仿佛更虚弱了,但还可以出门走动,郝老师带着《编辑学刊》的同事陪同他和丁言昭、竹子一起小聚,之后在瑞金宾馆的花园里散步。阳光下,草坪旁,老老小小的一群人嘻嘻哈哈,拍了好多照片。

这些热热闹闹的时光,自从丁老住进华东医院后,就不多了。他心脏不好,又睡在老房子的三楼,老式的里弄"新居"中,窄而陡的楼梯仅可容一人,每次我们上下都要看仔细,何况近九十的老人。情况一旦紧急,医护人员进出都是障碍。家人下了决心,丁老也不再坚持了。丁老住进了华东医院,我的新工作又刚刚开始,看望老人的次数骤减。相比竹子的殷勤探望,我去得少多了。医院的床位号也是竹子告知我后存于备忘录中。

有时候长时间不去了,丁老会电话过来问:"刘琼,侬好伐?侬在忙啥?"有一次,知道我父母到上海来过年,可能是我去看他的时候说起来的,过年的几天里,丁老还特别打电话问候:"刘琼,侬爸爸妈妈好伐?问侬爸爸妈妈好!"因为手机使用已成习惯,家里的固话已基本是装饰。因为挂念而拨打这个号码的人已经很少了,丁老是其中之一。每次从电话里听到他那浓重宁波口音的上海话,我既高兴又愧疚。高兴的是从声音听起来,他精神还不错,愧疚的是又有很长一段时间没去看望他了……

还有时候,丁老是想找小竹子和我两人,一个没联系上,就打电话找另一个。丁言昭说:"你和小竹子两人就像双胞胎!"不是因为长得像,而是因为出现在她和丁老面前的时候,大多数是二人同行。似乎看到一个,就总要问起另一个。如果正好两个人都去了医院,就会更热闹。记得有一次,我和竹子大约都换了大屏手机,拍照自拍更方便了,就在医院的会客室里教丁老怎么用手机拍照,玩得不亦乐乎,也留下了宝贵的照片。回来后,我把照片发到朋友圈,却没想着冲印出来送给他看——自从住院后,丁老冲印的照片应该少多了。智能手机时代,照片晒朋友圈的时代,丁老跟不上了。但我却开始怀念他笑眯眯地分发冲印照片的那些日子。好多照片里,这个清瘦的老人都开心大笑得像个孩子,让我深悟,岁月的磨难的确可留存下人性中的诚挚、坦然、善良与宽广。

最后一次受命于丁老写文,大约在 2013 年冬。这年底,竹子和我正好约上去看他,又得到了他的赠书。只是这次是丁老五子丁言模的新书:《瞿秋白与杨之华》《瞿秋白与书籍报刊——丁景唐藏书研究》，厚厚两大本。这两本书的出版让他非常高兴。其中不少资料的钩沉，是丁言模精心梳理校对史料、多方访谈确认的心血，也饱含了丁老对某些人和事钻研、核较、求真的坚持。有些人和事，无论是文学史还是革命史，都不应该遗忘，不应该往事随风，不应该"史"沉大海。这样的工作，旁人看来也许是非常枯燥无趣的，须能坐得板凳十年冷。但在丁老心里，应是一段段鲜活的过往？生于1920年的他，有些历史是与他生命相连的筋骨血肉。丁言模无疑很好地继承了父亲对史料钻研的志趣和敏锐。

和往常一样，竹子和我受命各选一书，各作一文。在作文这方面，我一直觉得竹子是最好的人选，笔底才华远非我所能比，而自己未免有些勉强了。更何况，自2011年我正式离开文艺出版圈后，几乎不再提笔作文。但眼见丁老开心和再三叮嘱，不忍拂其意。抽空阅完三十余万字的《瞿秋白与杨之华》，写了一篇评论。费尽心思而得的文字，尽管心意真挚，但确无特别所长。因为应承了丁老，竹子和我一道把文章打印出来，约了一个时间去到医院，交给丁老，算是交了作业。到今天，我还记得我对自己文章的赧颜。写过文字的人，好坏轻重其实心里都明白。竹子的文章仍是极好，我和丁老都很喜欢。丁老又读得眉开眼笑。读完我的"交差"，丁老就只是笑，说："你们都发过去给郝铭鉴看看。"我知道，丁老是不想轻易否定了我的一片"心血"。岁月的年轮走过九十余年后，他的处世理念里，对别人的体谅可能成了最首要的选择。以至于对身后事，他也是早就体谅地想得一清二楚。除了文字，除了回忆，可以不留点滴在人间。

如果可以，我愿意再因他的要求而多写几篇读后感、评论——随着年龄的增长，我看待过往事的心境已然有了变化；而不愿像今天这样，在脑海中回忆着老人离开前的点点滴滴。也许这所有的点滴加起来，都只是他生命中一个极小的、微不足道的片段，远离他的人生主途。他年幼失怙，10岁后就完全依仗姑父姑母的养育，17岁就加入地下党。他看到的中国、上海，乃至人生的变化，与我所见必然天差地远。此后多年，他一直热切又谨慎地从事着革命和文艺的工作，几乎没有怨语。他年轻时候的诗，我这几天第一次仔细读完。这些灵动的文字，也许不会在中国诗歌史上留下痕迹，但他的文学才华，情感的敏锐细腻、天性的热情与正直，以及对美的向往，在诗中敞亮无疑。他行事的慎重、低调与坚持，大约又从革命工作中得到了许多锻炼。他看人生的淡泊与通透，应该既与自己的身世相关，又与中国近百年的时事风雨相关。他的气质，不，应该说是他和他夫人的气质，影响了他的一大家子人。这一家子人，平和、开朗、正直，如有所爱，大都能坚持钻研，默默前行。

丁老相爱相伴六十多年的夫人——他当时的东吴大学同学王汉玉女士，我无缘得见，但从二人年轻时的照片来看，我只觉得优美而宁静。丁老年轻时的俊朗干练，和汉玉女士的秀美温婉，让人感觉是一对璧人。而这一对璧人，在暮年时都做了约定，百年之后，不用高建灵堂追悼，无须费心择地置墓。人之一生，从无中来，到无中去。一把骨灰，都随风投入一湾黄浦江水，再东去入海，归了天地。两个人，终于又到了一起。

丁老走了个干干净净，连落泪的时间都给你不多。在龙华殡仪馆的片刻，我看到躺在鲜花之中的老人，再也无法开口说"刘琼，侬来了"，眼泪忍不住簌簌而下。我没料到，2016年的那次突然拜访，就成了诀别。那天走时，护士来安排他上床打针，他躺到了床上。我和他告别，伸手握住他柔软的手，握了好久。只是没料到，这一次松手，再见就已成陌路。

他走得安安静静，留下了他在鲁迅纪念馆里的书库，留下了他的《犹恋风流纸墨香——六十年文集》，留下了他散落在各处的赠书、礼物和照片。于我，是留下了一位近百岁的老人对人生荣辱得失的淡泊与通透体悟，留下了一份超越年龄的情谊，留下了人的一生可以如何度过的风范。

再次翻看六十年文集，在丁老为周国伟编著的《鲁迅著译版本研究编目》写的序中，他曾引刘禹锡诗歌一首，来表达他的心意。我也想用这首他熟悉的诗，来寄托我对他的怀念："常恨言语浅，不如人意深。今朝两相视，脉脉万重心。"

后记

现在想来，我认识丁老时，他已经85岁了。我一直不太清楚他离休以前的人生经历。他很少说，偶尔说起，也只说很早的时候就参加了革命，是老早的地下党员，年轻的时候写过诗，《星的梦》，在教会学校读过书。我了解更多的是他后来做出版，主持过文艺出版社工作，编撰了第二辑《中国新文学大系》。有时候看照片，感觉他做出版的时候特别精神和忙碌，会到处跑，约见一些重要人物。

他的上海话总带着浓浓的宁波腔，我又是1993年才到上海的新上海人，这零星的内容也是花了很长时间才聚拢。对于别人，这些不一样的人生经历可能有不一样的含义。有些来拜访他的人中，很多人必有种种前缘。对于我，虽然因出版而与老人结缘，但在我心中，初次见面时，便觉得他更像是一位诚挚有趣又特别认真的"老小孩"，"隐"居在永嘉路慎成里的老石库门里，在他热爱的资料搜索、佐证与研究里自得其乐。再后来，我离开了出版圈，干起了丁老一点儿也没法理解的企业管理咨询。但这并不妨碍我们互相挂念,也不妨碍他在见面时像往常一样给我和竹子讲最近的读报、读文心得和一些生活中的趣人趣事。

　　我一度想带先生来看望他,也跟先生说过,但由于种种不凑巧,终未果。我也和我的不少年轻朋友说起过他。我说:我特别喜欢这位老人,他让我看到一个人可以怎样愉快而淡泊地走自己的路;他的内心特别宁静、清朗、纯粹,他的眼神慈祥又顽皮,他的追求高洁、严谨、热情。他在八十多岁高龄后的岁月里展现的人生风骨,仿佛他从一个一帆风顺的富足家庭与美好社会中汲取了很多养分,滋养了自己丰富而坚实的心灵。其实谁知道他曾经历的社会灰暗远多于常人?更非我们这一代人可想。他的父母给予了他承载人间悲欢离合的生命,姑姑深深地影响了他人生的走向,但更多的,我以为是他自己塑造了自己。他努力,向上,热爱美,追求美,捏出了一个不同于任何人的自己。这个自己,不拘泥于过往,不妄想于将来,只将心底的追求化作当下的行动,在行动中接近美,拥抱美。这样的丁老,如今当真离去了。

　　2017年12月15日,丁老出殡日。我在殡仪馆等待和竹子会面的间隙,觉得要写点什么,于是在微信上言:

　　　　因郝铭鉴师长故,2005年识得丁老。2005—2009年间,时居的里弄老宅,戏称丁宅,与不同师长友人等,常去叨扰。

　　　　楼上书房兼卧房,楼下堂屋,外间小厨房,门前往来休憩之地,无一不熟。

　　　　之后近十年,联系虽疏,挂念未曾断。尤赖好友竹子,不时邀至华东医院,温暖以见,安心相慰。

　　　　然斯人终以九十七寿龄长歌归去,只留音容笑貌与笔墨余香于人心。

　　　　竹子心细,相约于今日送别丁老,并拟自写条幅。问及我,忆丁老六十年文章结集《犹恋风流纸墨香》一书,书名丁老最爱,我也甚爱,便借书名,请竹子书:毕生纸墨存风流,满堂悲歌恋余香。

　　　　呜呼,

　　　　人生百世,终将归去。

　　　　逝者已矣,生者慨慨。

　　　　在兹念兹,去兹尤念兹。

　　　　在我心中,丁老,始终不老。

2018年3月11日,万景园

把心交给读者

陈贵红

2005年10月21日,丁景唐先生在追思巴老时深情地说:"巴金先生一生都在用自己的作品和言行为广大出版人树立榜样和楷模,他在中国现代出版史上所取得的突出成就,特别是'把心交给读者'的文学创作和出版编辑思想,影响了几代出版人,留下了宝贵的精神财富,值得我们认真加以总结,并在今后的出版实践中发扬光大。"作为文史学者、出版大家丁先生这么说的,也是这么做的。

丁景唐先生1938年参加中国共产党,长期从事宣传、文艺、出版工作,在编辑生涯最为倾心的两件事:以他自己的藏书为底本,主持影印具有历史价值而存世极少的中国现代文学图书,包括影印抗战前赵家璧主编的十卷《中国新文学大系(1917—1927)》;并接棒主编二十卷《中国新文学大系(1927—1937)》,此辑分别由周扬、巴金、吴组缃、聂绀弩、芦焚、艾青、于伶、夏衍,为文学理论、小说、散文、杂文、报告文学、诗、戏剧、电影各集写序。此后,仍继续为编纂此大系奉献自己的力量。

他一生笔耕不辍。著有《瞿秋白著译系年目录》《学习鲁迅作品的札记》《鲁迅和瞿秋白合作的杂文及其他》等图书。

自2012年至2017年,由丁景唐先生悉心指导或撰写序言在我社出版的图书就有七册,其中有五册是写瞿秋白的(研究瞿秋白的一套丛书,共七册),即《瞿秋白与名人往事》《瞿秋白与书籍报刊——丁景唐藏书研究》《瞿秋白与杨之华》《瞿秋白与共产国际代表》《瞿秋白、鲁迅等人往事探觅》,另外两册是一套丛书的前两本《穿越岁月的文学刊物和作家》(一)(二)。令人遗憾的是第二本,他没有看到,仅相差五天。

2017年12月12日,在此书邮寄给作者过程中,我突然接收丁景唐先生儿子丁言模先生(七册图书的著者)发来的讣告:2017年12月11日,上海文艺出版社原社长兼总编辑、党组书记丁景唐在华东医院病逝。此后,我在几个大的网站看到许多文化学术界人士纷纷表示哀悼,还有读者给我发来悼念的信息。

2017年6月，丁景唐先生还在华东医院给《穿越岁月的文学刊物和作家》（二）书稿写序言，怎么这么快就走了呢？在震惊和哀痛之余，我又重新翻阅序言，看到照片中97岁的丁景唐先生借助放大镜看新书，还看到他给中国社会出版社新生代同仁们的祝福。我如何回应这种祝福，只能默默说一句：丁景唐先生一路走好。

"把心交给读者"的文学创作和出版编辑思想，一定会今后的出版实践中发扬光大。

2017年12月26日晚上

故纸寻踪

丁景唐先生指导丁言模撰写瞿秋白研究丛书，以及《穿越岁月的文学刊物和作家》前三本（第三本也已出版了），都是我担任责任编辑，现在再来看看丁景唐先生写的序言和丁言模写的后记，不由得慨感万分，找出原来发给丁言模的一首诗歌《故纸寻踪》（2018年2月11日），以追思丁景唐先生去世周年，现抄录如下：

> 那些似曾相识的文友，
> 当年他们风华正茂，
> 不畏寒冷的漫漫长夜，
> 将迸发的激情倾诉于笔端。
> 如今早已湮没在浩瀚的故纸里，
> 留下了无数难解之谜。
>
> 竭尽微薄之力，
> 轻轻地吹拂厚厚的历史尘埃，
> 透过缕缕飘腾的阵阵迷雾，
> 试图一睹那模糊的青春风采。
> 翻阅鲜为人知的刊物，
> 厘清他们留下的依稀足迹。
>
> 《文学杂志》《春光》《东方文艺》……
> 反映了刊物者忧国忧民的爱国情愫，

与进步作家携手,
担负起抗日救亡的历史使命。
鲁迅、茅盾、冯雪峰、关露、赵家璧……
形象越来越清晰。

探寻文字背后的故事。
如同酷暑中蒸发的水汽,
瞬间难觅踪迹,
发现一条线索便继续抽丝剥茧。
当逐渐接近历史真相时,
会完全颠覆固有的思维。

2018 年 12 月修订

辑二

关于丁景唐先生的琐忆

陈漱渝

"犹恋风流纸墨香",这是 2004 年丁景唐先生出版的六十年文集的书名,说明丁先生的一生是跟文字结下不解之缘的一生。

早在上世纪 60 年代,我就拜读过丁先生研究中国左翼文学的大作,久怀仰慕之心。直到调到鲁迅博物馆鲁迅研究室工作之后,我才有了跟先生通信并亲聆教诲的机缘。

初见丁先生似乎是在上海永嘉路慎成里的一幢老房子里,时间是上世纪 70 年代末的一个晚上。先生的"多功能室"(卧室兼书房、客厅、餐厅)在这座号称"一步楼"的三层,楼梯相当陡峭。我那时虽然年轻,但由于肥胖、近视,加上夜间灯光昏暗,先生的三女言昭就成了我的拐杖。我不解一位老革命、一位老领导的住处为何这样简陋。后来才知道先生出生清贫,生活历来简朴,跟夫人有七个子女,再加一个保姆,生存空间自然就变得狭窄了。但先生并不以为意,在书橱玻璃门上贴着一幅自书的陆游诗句:"老来多新知,英彦终可喜。"不觉间,他在这座旧楼整整住了七十年。

2000 年 3 月,左联成立七十周年学术研究会举行,丁先生抱病参加。因为他是上海代表,会议主办方没有为他单独准备休息的宾馆房间,我就劝他到我的房间午休。不料他突发心脏病,脸色煞白,赶紧送到医院抢救,把我吓得魂飞魄散。2009 年 8 月 6 日,他终于长期住进了华东医院。那间病房住两人,合用一护工。经常有亲友探视,病友间也相互串门,所以先生并不以为寂寞。这一住又是九年,直到 2017 年 12 月 11 日,在 97 岁高龄去世。

丁先生在文坛初露锋芒是在 1938 年春。作为一位作家,他的杂文开始在上海四川路青年会少年部的墙报上发表,墙报上引用了鲁迅的名言:"在可诅咒的地方击退可诅咒的时代"。接着又跟同学王韬办了一份文艺刊物《蜜蜂》,发表文章时署名"丁宁"。此后采用的笔名有三十多个,如唐突、姚里、蒲柳、黎容光、洛黎扬、黎琼、芳丁、煤婴、江水天、洛丽扬、微萍、歌青春、戈庆春、秦月、辛夕照、乐未央、乐未怎、包小平、丁大心、宗叔、丁英、芜青、黎扬、于封、卫理、郭汶依、丁宗叔、于奋、雨峰、丁行、鲁北文、佘逸文、于一得、景玉等。作品体裁大多为散文、诗歌。其中影响较大的应该是在关露主编的《女声》杂志上发表的诗歌《星底梦》，1945年3月由上海诗歌丛刊社初版。可以说，作为文人的丁先生原本是诗人。

新中国成立后，丁先生长期在上海宣传出版社系统工作，担任过上海文艺出版社社长、总编、党组书记。作为一位杰出的出版家，丁先生业绩主要表现在两方面：一是影印了很多已经成为珍本秘籍的左翼文学期刊，二是主持编纂了二十卷《中国新文学大系（1927—1937）》。

"文革"之前，丁先生跟周天合作，影印了两批、四十余种20年代末至30年代初的革命文学期刊，接着又影印了几种抗日战争和解放战争时期的期刊。"文革"之后，丁先生直接主持上海文艺出版社的工作，又影印了《语丝》《光明》等进步刊物，提倡弘扬传统文化。在我看来，传统文化中既有古代优秀文化，同时也包括了"五四"新文化运动以来中国的进步文化，特别是以"左联"为旗帜的左翼文化。在承传"红色文化"的过程中，丁先生所作的贡献是不可磨灭的。他家保存了不少闲章，其中就有用不同字体镌刻的"纸墨寿于金石"六字。这说明他对出版左翼（进步）期刊深刻而长远的意义有着十分明晰的认识。丁先生说得好："那时的左翼（进步）文学期刊反映了左翼文学家和进步文化人士的政治信仰、思想情绪、价值取向、审美观念、写作动态，他们的喜怒哀乐之情，都倾注在这些左翼文学期刊发表的文章里。"所以，传承这类红色期刊，也就是在传承者一种理想和信仰，相当于旗帜的交接，火炬的传递。

1990年12月，上海文艺出版社历时六年，又系统推出了《中国新文学大系》(1937—1949)。这是继《中国新文学大系》(1917—1927)之后的又一浩大文学工程。这套丛书共分十一卷，二十集，囊括了文学理论、短篇小说、中篇小说、长篇小说、散文、杂文、报告文学、诗歌、戏剧、电影、史料等方面的代表作品，并有一卷索引。各分卷的序言由王瑶、康濯、沙汀、荒煤、洁泯、柯灵、廖沫沙、臧克家、陈白尘、刘白羽、张骏祥等名家撰写，更增加了这套丛书的权威性。丛书主持人即为丁先生。1992年，这套丛书荣获第六届中国图书奖一等奖。此后《大系》三、四、五辑的编纂工作，丁先生也有付出。

利用从事宣传出版工作的业余时间，丁先生长期进行左翼文艺运动史的研究。除开瞿秋白研究之外，殷夫研究也是丁先生研究的一大亮点。"文革"之前，丁先生曾在北京图书馆查阅《孩儿塔》全稿，并拍成了照片，但在"文革"中被毁。1979年，他又从北京图书馆获取了《孩儿塔》全稿的缩微胶卷，并提供给有关殷夫研究者。1983年1月，丁先生和康锋整理了《〈孩儿塔〉未刊稿三十种》，发表于《中国现代文艺资料丛刊》第7辑。1984年2月，丁景唐、陈长歌合编的《殷夫集》作为"浙江烈士文丛"之一由浙江文艺出版社出版,发表了《孩儿塔》全稿,成为了殷夫遗诗集大成的诗集,为此后的殷夫研究奠定了文本基石。

丁先生对研究中国左翼文艺运动情有独钟,绝非偶然,因为他本身就是一位1937年底参加抗日救亡运动,1938年加入中国共产党的革命者。著名老作家袁鹰(田钟洛)曾亲自告诉我,丁先生是他的入党介绍人,当年每隔十天半个月就会到他那间仅有三四平米的斗室里去传达上级指示。丁先生本人也以他是"老同志"而深感自豪。1982年5月,丁先生去南京参加华东五省一市党史会议。他在当月11日致我的信中写道:"这次去的都是老同志,我能参加这一会议,引为荣幸。上海这次去了十几人的代表队,由陈沂同志带队,有几位是20年代末的留苏老同志。会议在南京中山陵十一号招待所举行,约七至十天返沪。"字里行间,蕴含了对昔日峥嵘岁月的缅怀追忆。

由于我是一个以鲁迅研究为职业的人,所以想在此文中多谈谈丁先生对鲁迅研究的贡献。

上世纪30年代中期,身为初中二年级学生的丁先生就对鲁迅作品产生了浓厚的兴趣,并搜集了一些鲁迅著作。他爱读鲁迅翻译的蕗谷虹儿的诗作,模仿其风格创作了一些抒情小诗。鲁迅是左翼文坛公认的盟主,丁先生研究左翼文艺运动自然会侧重研究鲁迅。

丁先生鲁迅研究的开篇之作是1945年10月撰写的《祥林嫂——鲁迅作品中之女性研究之一》,使用的笔名是"丁英"。那年丁先生刚25岁,发表此文之后也就忘了,事隔三十六年才知道这篇文章产生了始料未及的影响。原因是1946年上海雪声剧团的编剧南微看了这篇文章,就向越剧艺术大师袁雪芬作了推荐。袁雪芬再找来鲁迅的原著一读,同意把这篇经典小说改编成越剧,演出后产生了强烈反响,成为了越剧表演史上辉煌的一章,也是普及鲁迅经典的一次成功探索。在雪声剧团的纪念特刊上,还摘登了丁先生这篇文章的片断。在鲁迅研究史上,一篇研究文章能产生如此广泛的社会影响实属罕见。此后,丁先生坚持撰写有关鲁迅研究的文章,仅收入《学习鲁迅作品的札记》一书的就有约五十篇,篇篇都有新史料或新见解,没有一篇是泛泛之论。

有人说,钩稽作家的佚文是对遗失生命的寻找和激活。这个比喻十分生动形象。丁先生很重视鲁迅佚文佚信的钩沉,比如:1925年4月8日鲁迅致刘策奇信,1927年4月26日致孙伏园信,1928年12月12日鲁迅致郁达夫信,1931年8月12日撰写的《〈肥料〉后记》,1931年11月30日发表的《〈日本研究〉之外》,就都是丁先生首先发现并补遗的。再如《几个重要问题》是鲁迅临终前对于抗日救亡运动的一次重要表态。对于此事严家炎先生在《新文学史料》1980年第一期发表过长文。但早在1963年1月10日，丁先生就在《文汇报》介绍过这篇鲁迅佚文，题为《记鲁迅关于学生运动的谈话——〈鲁迅全集〉补遗》，笔名"于奋"。1980年3月，他又会见了这篇谈话的采访者"芬君"——即上海名记者陆诒，并请陆诒写了一篇回忆录《为〈救亡情报〉写〈鲁迅先生访问记〉的经过》，托上海文艺出版社的同志亲自带交严家炎和《新文学史料》的负责人牛汀。

1961年8月，丁先生还曾综合各地征集、辑录鲁迅佚文的成果，撰写了《记新版〈鲁迅全集〉（十卷本）以外的四十四篇佚文》这篇综合性的文章，初刊于同年9月出版的《上海文学》，后编入《新华月报》10月号。1962年，他又在他主持的《中国现代文艺资料丛刊》上发表了《〈鲁迅全集〉未印著作》五十一篇，引起了鲁迅研究界的极大关注。这些佚文包括鲁迅撰写的自传、书目、杂文、题记、序跋、译后附记、书刊广告等，具有不可低估的研究价值。丁先生长期为钩稽鲁迅佚文所做的工作，恐怕鲁迅研究界的一些人士并不一定全都知晓。

丁先生既注重辑佚，更注重考订。比如，丁先生友人杨瑾琤发现了署名"野火"的杂文《反〈闲话〉》，觉得内容和文风都跟鲁迅杂文相似，便作为鲁迅佚文收进了《〈鲁迅全集〉未印著作》。后来我也发现了一篇署名"野火"的杂文，抄寄丁先生鉴定。丁先生一看凭直觉就否定了，觉得文章风格与鲁迅作品不像。丁先生1978年6月27日致我的信中说："对二篇'野火'署名文章，我竟有这样不同的直觉，前者持肯定（但现在又虑证据不足），后者持否定。我自己也觉得矛盾。我建议你写一文章，把后者作为一种可供研究的问题提出来，不要现在就肯定，请更多的同志来共同研究一下。"后来修订《〈鲁迅全集〉未印著作》一文时，丁先生断然抽调了《反"闲话"》，以示慎重。

订正鲁迅本人著作中的一些错讹，这是丁先生做的另一件极有意义的事情，也不是一般人所能做的事情。因为跨越前人，必须有相当的学术功底，否则就成了妄改和颠覆。在《鲁迅〈柔石小传〉校读散记》一文中，丁先生根据柔石本人的著作和柔石亲友的回忆订正了鲁迅《柔石小传》的若干错误。这对研究鲁迅著作和柔石著作都是很有裨益的。对于鲁迅撰写的《〈凯绥·珂勒惠支选集〉序目》，丁先生也指出了文中的好几处笔误和差错。比如，珂勒惠支的父亲不是木匠而是泥水匠；第一次世界大战期间战死在比利时的是她的次子，不是长子；《战争》六幅系1923年作，并非1902—1903年；先后刊登木刻《牺牲》的是《北斗》创刊号和《现代》2卷6期，并非《译文》杂志；左联五烈士殉难是1931年2月7日，不是1931年1月间；木刻《穷苦》中抱着一个孩子的是她的祖母，不是父亲。此外，《序目》中所选二十一幅版画的制作年代也有多处错误。鲁迅说过，人无完人，文章也不会十全十美。鲁迅当年环境险恶,条件艰苦,很多资料接触不到,这是可以理解的。不为贤者讳,才是对贤者的最大尊重。

对于编注《鲁迅全集》这一浩大的文化工程,丁先生长期予以关注,提出了许多建议性的意见。1956年至1958年人民文学出版社出版的《鲁迅全集》(十卷本)是建国后第一个内容相对完善的鲁迅全集,也是鲁迅著作出版史上第一个注释本。丁先生首先肯定了这一版本"有着很大的成就",但也提出了若干修订意见。如指出"十卷本"文字有讹误,将《公民科歌》中的"大人"误排为"人人";体例不够完善,如外国人物的姓名有的注英文,有的注俄文。注释文字也偶有失误,如文学研究会成立于1921年1月9日,注文却根据茅盾一篇误记的文字,注为1920年11月。鲁迅1935年5月23日致曹靖华信中提到的"它事极确",是指1935年2月瞿秋白被捕一事,并非指他1936年6月18日就义。

丁先生藏书甚丰。这些藏书在注释《鲁迅全集》过程中也发挥了作用。比如鲁迅1936年8月2日致曹白信中,曾经提到有一本叫《苏联的版画》的书籍,内容和印刷都相当糟糕,未经鲁迅同意就把《记苏联版画展览会》一文作为该书的序文,不仅糟蹋了苏联的艺术,而且败坏了鲁迅的声誉。"文革"前注释十卷本的《鲁迅全集》,注释者遍找《苏联的版画》一书而不得,然而丁先生恰好庋藏了此书,系1936年5月由多样社刊行,韦太白辑。书中所收104幅版画并非根据原作复制,而是从苏联版画展览会和《苏联人民文学》一书翻拍的,印刷、校对又极粗劣,故鲁迅认为该书偷工减料,做法恶劣。后来利用丁先生的藏书增补了这条注释。对于《十字街头》这份左联机关刊物,《鲁迅全集》注释曾误注为半月刊或旬刊,其实该刊仅出三期,第一、二两期是半月刊,第三期是十日刊。后来也利用丁先生的藏刊进行了修订。

1981年版《鲁迅全集》出版,是粉碎"四人帮"之后的一次文化盛举。它集中了鲁迅研究界乃至中国现代文学研究界的集体智慧,为构建鲁迅学的科学体系奠定了重要的文本基础。丁先生多次撰文给予高度评价,但又指出了其中的若干错讹和疵点,比如漏收了鲁迅1930年5月16日撰写的自传,同一嘉业堂主人刘承干的生卒年互有出入,瞿秋白赠鲁迅诗中的"冷摊负手对残书"误为"冷摊员手对残书"……这就为2005年版《鲁迅全集》的修订工作提出了建设性的意见。一部《鲁迅全集》,两万多条注释,近二百万字,其中出现个别错讹并非不可理解,对于丁先生这样友善的学者兼读者,出版方和注释者无不由衷的感激。这种态度,跟那种撰文公开劝人不买《鲁迅全集》的酷评家形成了鲜明对比。

作为一位史料大家,丁先生历来重视版本的收集与手稿的研究。他节衣缩食,从搜求各种版本的鲁迅著作中获得乐趣,比如鲁迅的杂文《二心集》

（包括《拾零集》），丁先生就搜集到十种不同版本，通过对比勘校，为建立鲁迅著作版本目录学奠基。他经常提醒鲁迅研究者从鲁迅手稿中学习写作本领。他以鲁迅杂文《死》为例，有一句原是这样写的："大约我们看待生死都有些随随便便，不像欧洲人的认真了。"后改为"大约我们的生死久已被人们随意处置，认为无足重视，所以自己也看得随随便便，不像欧洲人那样的认真了。"这就把中国人轻生死的原因归咎于随意处置人的苛政，杂文锋芒的指向也就明确了。

在这篇纪念丁先生的文字中，我还想再谈谈他跟我的私交。丁先生对我学术事业的最大支持，是慨然允诺为我1987年在湖南文艺出版社出版的《鲁迅史实求真录》一书作序。在序言中写道："陈漱渝同志的《鲁迅史实求真录》是一本史料研究、考订、辨伪方面的著作，虽然书中没有振聋发聩的观点和灿若云霞的文采，但是作者把'求真'作为研究工作追求的目标，这种态度是可取的。即使在一些'补白'式的文章中，也可窥见作者朝这方面努力的痕迹。当然正在追求的目标并不等于业已达到的目标，所以在一本称为'求真录'的书中，也还可能存在'失真'之处，这就有待于'求真'的读者们来指正了。"

丁先生同意为拙作《鲁迅史实求真录》作序，既有他提携后进的拳拳之心，也有他女儿的促成，但更重要的是重视史料真实性的共同理念。他在1984年10月25日致我的信中写道："我对史料的真实性有兴趣，现在有些回忆或别的文章，常有意想不到的'新发现'，而揆诸史实，纯属乌虚之谈，此中学风实令人担心。鲁迅、瞿秋白的研究中均有这种倾向。"拙作中收有我批驳沈鹏年的五篇文章，其人善于作伪，常在一些人所共知的史实中塞进一些他编造的"私货"，以真伪杂糅的手段耸人听闻。丁先生对于我的做法是予以肯定的。沈鹏年谈所谓毛泽东到八道湾拜访鲁迅的文章发表于1982年2月出版的《书林》杂志第二期，丁先生特意从上海寄给我以供批驳。

丁先生跟我之间的情谊，在他《学习鲁迅作品札记》（增订版）中也留下了若干痕迹。书中有一篇《鲁迅和华慈的著名油画〈希望〉》，介绍鲁迅留日时期曾准备跟友人合办一份名为《新生》的文学杂志，并从购置的一本《瓦支选集》中选出了一幅油画《希望》作为插图。长期以来，对于画面人物是诗人还是少女有两种说法，人物怀抱的乐器是竖琴还是独弦琴也众说纷纭。1982年，丁先生在《艺术世界》第四期看到了用彩色精印的油画《希望》，便撰写了《鲁迅和华慈的著名油画〈希望〉》一文，澄清了画面人物是象征未来的少女，而不是周作人所说的诗人。至于她左手抚动的乐器，丁先生查阅了《日汉词典》《日语外来语词典》《广辞苑》《乐器大图鉴》《西洋绘画史话》，又请教了一些专家教授，确定那乐器叫竖琴或抱琴都可以，是译法上的问题。

此时,鲁迅博物馆宣教部主任彭小苓根据相关日文资料,也写了一篇介绍瓦支(通译为华慈)的文章,我提供给丁先生之后,他又增写了一篇"附记",进一步指出《希望》画的人物是瓦支友人的一位漂亮朋友,而不是周作人所说的诗人;又援引了瓦支的一段话说明《希望》主题:"希望不是期望,它有点类似从那仅有的琴弦上奏出的美妙的音乐。"当年11月27日他在给我的信中写道:"谢谢你寄来彭小苓同志的文章,我已摘引日本人的二个小史料作为《附记》编入我的《鲁迅札记》(增订本)中,《附记》说明是彭小苓同志提供的资料,特此感谢。那本《札记》和你那本《史实》一样扩充了一倍,还不知明年今日是否能否出来?"情况跟丁先生估计的差不多,他的《札记》增订本1983年12月由上海文艺出版社出版。

1982年夏,丁先生为《鲁迅题诗签名的〈呐喊〉〈彷徨〉珍本》一文增写了一篇"附记",收入《学习鲁迅作品的札记》增订本。"附记"写道:"去年,为纪念鲁迅先生诞辰一百周年,人民美术出版社出版了一本大型《鲁迅画传》。当时,我正在北京参加中国鲁迅学会举办的纪念鲁迅诞辰一百周年的学术讨论会。在会场上购得《鲁迅画传》(1881—1936年)一册,作为纪念。这是建国以来收集材料最为丰富的一本画册。"让我引以为荣的是,我参与了这本画册的文字撰写和定稿工作。同年12月17日,丁先生来信:"现在有一个问题请教,你们合编的《鲁迅画传》中有鲁迅为山县先生题诗送赠的《呐喊》、《彷徨》照片,不知是从日本内山嘉吉处得来,还是许广平访日时携归的?烦查一下。在此之前,似未见有原件刊出,也许在《鲁迅诗稿》上曾用过。"丁先生在文章完成修订之后还继续查根问底,表明了他治学的精益求精。但我对此事确无研究,经打听,这帧照片大约是日中文化交流协会白土吾夫寄赠的。

丁先生对我的帮助,除了为我写序,还表现在另一件事上。上世纪80、90年代,我常到上海出差,有时是为单位的事情,有时只是为了自己写作(如为撰写《宋庆龄传》到上海档案馆查阅资料)。为了方便以及省钱,丁先生多次安排我去位于建国西路384弄10号甲的上海文艺出版社招待所住宿。这是一座三层洋楼,房间是西式的,还有美味价廉的餐厅。更为难得的是,在这里还能碰到一些著名作家和编辑。

有一次经过一楼,碰到两位老太太,其中一位是"文革"前北京铁路二中的校长魏莲一。她曾经给毛泽东主席上书,反映学生负担过重,为此,毛泽东作出了"健康第一"的批示,建议中学课程总量应砍掉三分之一。当时我也在北京西城第八女子中学教书,跟她熟识。经她介绍,认识了另一位老太太,她就是人民文学出版社的原社长韦君宜。韦君宜原姓魏,是魏莲一的亲姐姐。

还有一次路过传达室，碰到一位颊红髯长的男士在大声打电话，声音如洪钟大吕。一打听，他是来自安徽的诗人公刘。记得1957年我上高三时，曾把他的诗作抄到笔记本上，跟同学交流欣赏。这次我不仅见了鸡蛋（钱钟书先生喻为作品），而且见了母鸡（作者），实人生一大幸事。又有一次，招待所的房间紧张，我跟湖南文艺出版社的副社长朱树成合居一室，听他谈编辑唐浩民成名作《曾国藩》的过程，颇受教益。跟朱树成同时到上海出差的还有一位叫周实的编辑，现在是一位风格独具的小说家，以主编《书屋》杂志蜚声文坛。

离招待所不远还有一家著名餐馆"乔家栅"，在这里吃饭时碰到了跟我同年的文化学者余秋雨。所以，上海文艺出版社的这家招待所跟北京朝内大街166号的人民文学出版社大楼一样，都成为了唤起我温馨回忆的标志性建筑。

丁先生对中国现代文学研究的贡献，除了他本人的学术成果之外，还表现在培养了两个优秀的接班人：一个是他的三女丁言昭，另一个是他的五儿丁言模。我跟言昭相识于1978年，那时她在当年出版的《破与立》学报上发表了一篇《鲁迅与〈波艇〉》。我对鲁迅研究史料情有独钟，一读这篇文章就觉耳目一新，怀疑这位新人背后一定有学术巨擘支撑。打听后果不其然，言昭说，这是她在父亲指导下写的。她跟父亲合作撰文还使用过一个笔名，叫"胡元亮"。如果说，《鲁迅与〈波艇〉》的文笔还有些稚嫩，但不过多时言昭就令人刮目相看了。她是上海戏剧学院出身，分配到上海木偶剧团工作，除撰写了一部《中国木偶史》外，我的案头还摆着她撰写的中国现代女性传记，传主有萧红、丁玲、林徽音、陆小曼、王映霞、许广平、关露、张幼仪等，每本都有珍稀史料和她四处奔波、辛苦搜集的口述资料。言昭生性活泼，擅写儿童剧，所以她的学术著作除开史料新颖翔实之外，还以文笔清新活泼见长。这在现代女性传记作家中可谓独具一格。近些年来，我跟言昭疏于联系，但在《绿土》等文史报刊上常读到她整版的新作，每篇肯定都有新资料。言昭的成长，当然是丁先生培养教育结出的硕果。

丁先生私下对我说，他的三女虽然颇有名气了，但还有一个五儿丁言模，理论水平高，极有学术潜力。现在丁先生的预言也得到了证实。近些年来，言模在出版艰难的现实境遇中，陆续推出了《鲍罗廷与中国大革命》《杨之华评传》以及瞿秋白研究丛书七本，张太雷研究丛书四本。最近，言模又出版了《穿越岁月的文学刊物和作家》，共两卷，八十三万字，对左联刊物和左联解散后的左翼进步刊物进行了系统介绍，分量相当厚重。这些成果，不仅利用了丁景唐先生的藏书，而且丁先生当年阅读时留下的"批语"也给作者以宝贵的启示。所以，这两本书的问世，是丁氏父子合作的成果。现在丁先生驾鹤西去,但他的学问有子女薪火相传,这应该是一件令人欣慰的事情。

行将结束这篇拉拉杂杂文章的时候,正值农历丁酉年大寒。对于我个人而言,丁酉年的确多灾多难:除开老伴缠绵病榻之外,还有许多亲友故去,其中有丁先生这样的前辈,也有同龄人,还有一些黑发的晚辈。年近八十的我也受到许多慢性病困扰。我切实感到了老苦、病苦、无奈、无助。97岁的丁先生仙逝,应属喜丧,学界固然折损了一员老将,但对他本人却也是一种解脱。但悲哀仍然时时袭上我的心头。

丁先生不希望生者为他做什么纪念活动,但后人一定会长远地忆念起他。有些学术明星辞世时会喧闹非凡,但若干年后也许会随风而逝。而丁先生的学术事业已经融入了中国现代文学史和出版史的崇楼广厦之中,即使他细如沙石,小如钉子、螺丝,但却会跟这座宏伟的学术大厦一样永恒。是的,"他是楼下的一块石材,园中的一撮泥土,在中国第一要他多。"(鲁迅:《忆韦素园君》)

纪念丁景唐先生

陈思和

丁景唐先生是去年12月11日去世的。去年一年中,我的师长亲友中离世者甚多,我在辞岁诗里用了一联"忍看师友登仙列,惟剩诗文作挽联",表达我内心的沉痛。丁先生去世后,我也拟就过一副挽联,想在追悼会上献给先生,但后来听先生哲嗣言模兄说,丧事不举办追悼会了,仅做家庭成员告别,于是我没有去参加。这副挽联就一直留在我电脑里。它这么写的:

　　追家璧继小峰,出版新文学传承真火种
　　仰秋白尊鲁翁,革命旧制度难得纯书生

别人看了会怎么想,我不知道。自以为这联颇能够传达出我对先生的理解。三十多年前,我与言昭合作写过一篇文章,论述丁先生的编辑生涯。通过寻查文献资料,在我心目中的丁先生变得丰富起来。他不仅是一位文化领域的资深干部,更是一位终生钟情于新文学的学术前辈、出版大家,尤其在出版研究瞿秋白、鲁迅以及左翼文艺期刊资料方面,堪称独步。上世纪80年代,他是上海文艺出版社社长,以前还当过上海市出版局副局长,市委宣传部文艺处处长,作为一位忙于会山文海的行政干部,他参加学术活动的机会并不多。但是一旦进入了他的研究领域,立刻就展露出学术锋芒,犹如干将莫邪,削铁如泥。我有过两次间接的经验,现在大约也无人道及,我举出来随便说说:一次是80年代,有个档次很高的文学大辞典的编撰组举办征求意见的座谈会,丁先生参加了,他仅仅就殷夫和其他左翼文艺运动的条目,提出了十多处资料有误的地方,都是道人所未道,语惊四座。这是当时主持现代文学辞目的樊骏先生告诉我的。

还有一次,是在90年代,有一家出版社推出一套现代作家印象丛书,邀了丁先生主编一本瞿秋白印象集,后来与策划丛书的朋友聊天时,他感叹说,到底是老一代学者,编撰资料一丝不苟,没有见过这么严谨的学者。他指的就是丁景唐先生。丁先生著述不算很多,但是他的态度认真和质量把关,是出了名的,从他手里出来的书籍,都大方古雅,正正派派,错字、或者不规范的,都微乎其微。这方面他有过教训。我记得一次闲聊时,聊到了书籍出版普遍存在的错字现象,他感慨地告诉我:"真是无错不成书啊,60年代初印《毛选》第四卷,层层把关,反复校对检查,总以为万无一失了。偏偏在机器开印时,一粒灰尘落进去,又偏偏落在'百万大军'的'大'字上面,变成了'犬军',结果就是严重政治事件了。"丁先生为人拘谨,从来不会开这类政治玩笑,他所说的事情,应该是属实可信的。这也是他在工作中战战兢兢、一丝不差的习惯之来由。

丁先生在出版领域最重大的贡献是在上世纪60年代搜集出版了左翼文艺期刊资料,把一些零零星星的左翼文艺期刊小报都集中影印出来,为后人研究左翼文艺提供了最全面的第一手资料。这些期刊资料在30年代白色恐怖下都属于地下非法出版物,受到国民党政府的严厉查禁,有的只出了一二期就被查禁,有的就如街头小报,一两张纸而已。但零碎的纸张里刊印着重要的文化信息,鲁迅许多文章都是初刊于这样的小报里。随着时间推移,这类破碎纸张极容易损坏遗失。丁先生搜集左翼文艺的珍贵文献资料,主要依靠了藏书家瞿光熙和谢旦如两位先生。谢旦如在左翼文艺史上颇有名望,曾经掩护过瞿秋白,这些暂且不说;瞿光熙先生曾被称为仅次于唐弢的现代文学藏书大家,他收藏的某些孤本可能还超过唐弢。瞿光熙死于1968年,在"文革"中受到迫害。"文革"结束后,丁先生出版了瞿光熙的遗著《中国现代文学史札记》,还特意写了一篇序,纪念瞿光熙先生。三十多年前,丁先生把这本书送给我,特意说:"这篇序我是很用感情写的,瞿光熙是个真有学问的人。你要好好读这本书。"果然,我从这本书里吸收了很多精辟见解,并且融化到我自己的学术研究中去。

丁先生曾经对我说过,他在以前的工作中,最尊敬的人有三个,他很想逐一写文章表达他内心的敬意。第一个就是瞿光熙先生,另外两个,是赵家璧和李小峰,这两位都是新文学史上名声显赫的出版家,晚年也都在丁先生主持的出版系统工作。李小峰先生曾被错划"右派",赵家璧先生在"文革"中作为资本家的身份也受过迫害。但是丁先生对两位前辈的敬重,显然不仅是对个人命运的同情,而是他们在年轻时代都曾经叱咤风云,为传承新文学精神作出过重要的贡献。李小峰身为北大的学生,亲炙于周氏兄弟,后来创办北新书局,也是围绕了二周、以及新文学名家的著作出版,可以说是鲁迅前期最信任的出版家;而赵家璧又是鲁迅晚年很信任的青年出版家之一。赵家璧以编辑新人的身份主持出版《中国新文学大系》第一辑,新文学的十大元老都加盟其事,既是现代文学史上难得的盛举,也是现代出版史上一段佳话。丁先生对此心向往之。当他主持上海文艺出版社工作后,就策划了编辑出版《中国新文学大系》续编的计划。这项计划,是将中国新文学作品分作五辑书系,第一辑是重印赵家璧先生主编、良友图书公司1935年出版的1917—1927年第一个十年作品集,第二辑接着编辑1928—1937年的作品集,第三辑编辑1938—1949年的作品集,第四辑编辑1949—1976年的作品集,其中也包含了"文革"十年;第五辑1978—2000年的作品集。这套工程浩大的丛书,几乎耗费了近二十年的时间,由文艺出版社几代领导编辑、以及几代作家学人共同努力完成的。

丁先生是首倡者,他亲自主持了第二辑大系的编辑,并且自己还负责编辑资料卷。丛书体例、编辑原则(如必须收录作品的初刊本)、编辑形式(如请名家作序并主持分卷主编等)都严格继承了第一辑的原则。为此,他奔波于京沪两地,走访了叶圣陶、巴金、夏衍、聂绀弩等新文学大家,这个出版工程得到了广泛支持。正因为丁先生开了一个很好的头,为编辑出版这套丛书打下厚实的基础,才可能有二十年以后的最后辉煌。我不知道这套大型丛书后来有没有获得过国家的出版奖项,可能在厚古薄今的氛围里,出版古籍的书很容易获得国家资助或奖励,而现代文学因为它至今不衰的现实战斗精神的存在,往往被有意无意地边缘化。但是无论如何,我都是以为这套丛书所含有的信息量是巨大的,它的意义一定会被越来越多的研究者和读者所获识。对于新文学精神的传承,功莫大焉。

从学习、研究鲁迅、瞿秋白两位新文学伟大旗手出发,从编撰作家年谱、搜集出版左翼文艺期刊文献出发,丁先生在自己的工作范围里,勤勉地劳动着、耕耘着,一点一滴地打下了新文学研究的庞大基石,推动了当代文学的创作和研究。

丁先生早年从事学运,一步步走上革命的实践道路。他写过新诗,编过文艺刊物,搜集过民间歌谣,培养过青年作家,后来从事党的文化管理工作。在新民主主义的中国,革命的首要对象,就是千年封建制度及其残余文化,但反之,革命对象也会反过来对革命进行异化的作用。作为一个既忠诚于党的文化事业,又要保持知识分子清醒良知的党员干部在工作实践中常常会经受异常复杂和艰难的考验。

丁先生作为一个出版单位的主要领导干部,在上世纪80年代拨乱反正、思想解放运动中也是面对了各种考验。丁先生青年时代就参与地下党的活动,对革命险境不是初打交道,他在生活实践中积累了丰富经验,由他来主持思想解放运动中的出版工作,既要推动思想解放,拨乱反正,又要掌握好政策的分寸,保证不翻船,这对于别的知识分子领导干部可能会觉得很难,但对丁先生来说,虽是如履薄冰,依然从容不迫。我随便举两桩事来说明这种情况,这些事都是发生在上世纪80年代初。

一件事是南京大学许志英教授编的《周作人早期散文选》的出版,这大约是"文革"后第一次出版周作人的散文集,由上海文艺出版社推出。那是非常吸引眼球,也会引起极大争议的一本书。作为李小峰的私淑者,丁先生不会不知道周作人在文学史上的地位和价值,但是出版时遭遇到的阻力也是可以想见的。关于这本书的出版,听说是几经反复,最后是许志英教授的序文(正面评价周作人的)被删掉,但周作人早期非常有战斗力的文章还是正式与读者见面了。我那时大学毕业不久,从这本书中获得了极大的营养,打开了研究视野。但是作为编者许教授当然是有意见的,当时文艺出版社的编辑中也有对丁先生的非议,觉得他胆小怕事,但恰恰是丁先生,采取了退一步进两步的策略,保证了周作人著作的出版。

还有一件事,我记忆犹新。也是在80年代初,胡风冤案的平反工作也在陆陆续续地进行中。文艺出版社率先重版曹白的散文集《呼吸》,那是胡风提议的,贾植芳先生有一个以前的学生在上海文艺出版社当编辑,好像是通过这样的关系把《呼吸》正式印了出来,里面还载有胡风当年为这本书写的序言。这在外人看来,是很平常的一件事。可是在圈内人知道,这是胡风冤案平反后,能否出版他们的著作的一个信号。青年木刻家曹白早年与鲁迅有过亲密接触,后来又参加了新四军,彭柏山是他的入党介绍人,曹白在抗战时期写了许多介绍江南新四军抗战的散文,主要是通过胡风主编的《七月》与读者见面的,后来这些文章结集为《呼吸》,收入《七月文丛》出版。因此这本书与胡风有密切的关系。1949年以后,曹白既不发表文艺作品,也不创作木刻,成为一个普普通通的干部。1955年的胡风冤案没有牵连到他,历次政治运动也没有牵连到他。这次胡风他们集体推荐《呼吸》的出版,并且载有胡风的序文,都是含有试探性的。这本书在上海文艺出版社顺利出版,似乎给了胡风及其朋友们一点希望。

紧接着贾先生和他的学生又计划出版胡风在东北解放区写的人物特写《与新人物在一起》,但是这本书的选题就遇到了困难,最后搁浅,可能是丁先生在这个选题上采取了比较谨慎的态度。这件事曾引起过贾先生的抱怨,后来发表的贾先生与胡风来往信件上,提到过这件事。

我当时也只是以为丁先生比较谨慎而已。但是最近读到丁言昭写的她父亲的传记故事,其中写到,因为1955年彭柏山受到胡风冤案的牵连,丁景唐也受到停职检查和大会批判,然后,作者写道:"这一年的遭遇,使他的思想和生活发生了深刻变化。首先,他本来是十分自信的人,自认为掌握党的政策,理解党的理论既快又准,吃得透,用得稳,不料一个'比较稳重'的意见却招来一场大波,被无限上纲上线,虽然有幸未及'没顶',那一份理论自信还是平实下去了。……此后,丁景唐在处理日常事务工作时,日趋具体和慎重,一改过去那种勇于兼顾各方面的能力展现,集中于本职、本分工作。"读到这里,我才明白了前面那件事的真实原因,1955年丁先生也是一个受牵连者,付出过惨痛代价,这才使得他处理《与新人物在一起》的选题时心有余悸,他这种谨慎态度是完全可以理解的。

丁先生多次与我讲过,"文革"中,他因为搜集出版左翼文艺期刊资料,被批为30年代文艺黑线人物,那些辛苦搜集来出版的期刊都被堆放在出版局的办公楼里烧毁,火焰把办公楼的地板都烧坏了。现在,我坐在电脑前写这篇文章时,耳边还会响起丁先生讲述这些经历时,用宁波话爆出一句:活灵嚇出(魂灵吓出)!

正因为有这样的经历,我觉得,在80年代初思想解放运动刚刚展开之时,丁先生是具有较高的掌握政策、理解政策的能力和水平的,他主持的上海文艺出版社能够有理有节地推出《呼吸》《周作人早期散文选》等作品,还有如最初结集出版青年右派作家的代表作《重放的鲜花》,都是具有开风气之先的意义,有力地推动了思想解放运动。我当时还是一个大学生,正是在这样一种学术氛围下一步步受到启发,决定了自己以后的成长道路。这是我尊称他为"革命旧制度难得纯书生"的理由,也是表达我对丁先生以及上海文艺出版社的由衷的感恩之言。

丁先生晚年,因为病,长期住在华东医院。可能有些寂寞,每次去看望他,他总是表现出非常快乐的神态。我,还有王观泉夫妇、丁言昭、张安庆,总是相约去看望他,有时还在一起吃饭聚餐。有一次,丁先生过九四大庆,他在梅园邨酒家设宴,招待许多朋友,并且做了一个即兴的发言,略述他与几位同辈老人的交往过程。那天画家富华当场挥毫作画,其他人题词助兴。尽兴而返。后来韦泱兄作《癸巳雅集》记录盛宴经过,我写了一首《题韦泱〈癸巳雅集〉并序》如下:

癸巳五月十三,丁公景唐先生设宴梅园邨,邀请老友相聚。席中公为尊长九秩有四,富华老米寿,蔡耕老、观泉先生和夫人鲁秀珍女士都年过八轶,可谓寿星聚会。丁公与观泉先生订交甲子,与蔡、富两老订交四十年,可谓香泽流芳。余等均为后辈,举杯齐颂仁者长寿,情谊长存。近日读韦泱兄《癸巳雅集》记录盛宴,深感不可无诗,特作续貂之举,以娱大方。有诗为赞:

丁公蔼蔼盛华筵,南极群仙鹤鹿缘。夫子观泉弥益壮,鲁姨酣酒晚霞连。

蔡翁矍铄龢犹健,富老龙蛇腕若翩。一路风霜追理想,且留头颅念前贤。

我今献赋歌仁者,未及擎杯已忘年。

转眼四年过去,2017 年,王观泉夫妇和丁先生都已经作古,半年以后,我再重新抄录这首诗,内心不胜唏嘘。

2018 年 7 月 12 日于鱼焦了斋

被笑容所吸引

三山陵（日中艺术研究会）

收到丁景唐的儿子丁言模先生的通知："将出版丁景唐先生的纪念文集。"我马上回信说"写"。因为我们日中艺术研究会受到丁景唐老师的照顾甚大，而我自己也像亲戚一样受到了欢迎。

回顾丁景唐先生和我们日中艺术研究会的交流，我想起了各种各样的事情，丁老先生给我们留下的最大的"礼物"就是当年回顾上海租界的宝贵证言。他带领我们参观了只有在那里生活才能了解的史迹，使我们感受到了当时的情景。这种体验，作为我们以后研究的"证据"起了作用。感谢丁景唐老师的恩惠，请允许我写下无所顾忌的回忆。

日中艺术研究会

日中艺术研究会成立于1985年3月，以关注中国版画和民间美术的会员为中心。自那以后，作为民间研究团体开展了有关中国文化、美术的活动。

1988年在东京都町田市立国际版画美术馆举办了"中国版画2000年展"。该美术馆前年刚刚开馆，作为开馆第二年的大规模展览会，将举办日本版画源流的中国版画展览。但担任该展的河野实馆员不仅不会中文，而且完全不了解中国版画。当然，也没有从中国借过展品的经验。因此，向日中艺术研究会委托协助举办展览。我们日中艺术研究会汇集了研究中国版画的人才，持续与中国进行版画交流。作为事务局长的我自不必说，泷本弘之、奈良和夫等会员也给予了全面的协助。

"中国版画2000年展"由三个展览会构成："中国古代版画展"、"中国现代版画展"、"日中儿童版画展"，全会期历时三个月。从决定展览会的企划内容到与中国方面进行作品借用交涉，进一步调查展品、作品解说、制作图录等，在各个方面，日中艺术研究会的会员们齐心协力，成功举办了三部分构成的大展览会。《中国版画 2000 年展》具有划时代意义且内容深刻，获得了很高的评价。由于这个展览会的成功，河野实被某美术评论家的基金会授予了奖。

展览会结束后，我们日中艺术研究会开会谈谈关于中国新兴版画运动要进行深入的研究。我们想，除了日本国内外，还要到中国各地的图书馆和博物馆等机构收集文献、资料。我们将把握从中国新兴木刻运动的初期开始到抗日战争时期、新中国建立和现在的历程。当然，也想去鲁迅做木刻活动的地方见识一下。会员都有各自的工作，主要利用暑假继续对中国各地的调查，同时也继续与各地的版画家进行交流。

认识丁老的契机

我们的新兴木刻运动调查首先从发源地上海开始。1990 年夏天，我们邀请了多次访问和交流的上海鲁迅纪念馆合作，参观了"上海的鲁迅和木刻活动的遗址"。这时我们第一次见到丁景唐先生。

我们在上海鲁迅纪念馆的周国伟先生的带领下，乘坐一辆小型巴士在炎热的上海街头转了一圈。周国伟先生著有《寻访鲁迅在上海的足迹》（彭晓合著，上海教育出版社，1987 年版）一书，是最适合引导我们的人。周国伟先生介绍了"对 1920、1930 年代的上海文化界和法国租界了解最详细的人"——丁景唐老师。那年夏天特别热，丁老师穿着白色开领短袖衬衫，黑色短裤，很有夏天的感觉。

顺便一提，《寻访鲁迅在上海的足迹》问世后，经过修改，增加了很多照片，2003 年出版了增订版（周国伟、柳尚彭合作，上海书店出版社），是丁景唐先生写的序文。此书刚出版不久，我拜访了丁景唐先生，他在该书上签名，赠送留念，还给我们其他各种各样的书。如今，这些都是珍贵的书。

第一次木刻流动展

鲁迅 1927 年秋住在上海后，开始具体指导木刻的制作。鲁迅的倡导在各地推广，发展到举办全国规模的展览会。它叫"全国木刻联合展览会"（第一次木刻流动展），是由北京、天津的木刻青年为中心组织的。1935 年元旦在北京开幕，从北京到天津、济南、汉口、太原、上海五个城市巡回。该展在上海巡回展览是在 1935 年的 10 月。新闻报道中还记载，会场位于法国租界中的中华学艺社大楼。同年 10 月 12 日的《晨报》中有一篇名为《独立美展、全国木展的观后感——软硬性的表现》（作者王树良）的报道。据此，"全国木刻联合展览会"(全国木展)在中华学艺社的 3 楼和 4 楼作为会场进行了展示。木刻作品展示了四百多幅,报道文章配的插图是张慧的《农忙》为题的木刻画。张慧是广东的木刻青年,曾多次给鲁迅送去作品指导。报道的笔者写道,在全国木展的作品"具有生命力"。另一个展览会的独立美展是以油画作品为主的展览,好像当时有先锋的作品。

在全国木刻联合展览会展出之前,国民党检查了展品,发现了曹白刻的《鲁迅像》等,禁止展出。曹白,在国立杭州艺术专科学校成立了"木铃木刻研究会",进行木刻创作活动。曹白把禁止展览的《鲁迅像》作品送给鲁迅,控诉了这个事件。鲁迅在这个展览会上提供了许多自己的收藏品,不惜为青年们提供帮助。全国流动展是木刻青年们成长的证明,对他们的监护人鲁迅来说应该是一个令人高兴的展览会,但他并未到场参观。这也包含了对自身的危险和对国民党的处分的默然抗议的意义吧。如上所述,中华学艺社的大楼是新兴木刻运动历史上重要的展览会的旧址。我们无论如何都想确认一下。

小型巴士抵达旧法国租界中的绍兴路的"中华学艺社"旧址前,丁景唐老师以轻快的步伐登上了台阶。回头看看后面的我们,说:"在这里工作的都是我的部下。"我当时不知道丁景唐先生是上海文艺出版社社长,不知道他在说什么。1930 年代初,建造了中华学艺社大楼,后被上海文艺出版社使用,继承了上海的学术·文艺界的传统,令人感慨颇深。

新兴版画运动 60 周年

第二年的 1991 年,正好是鲁迅举办的暑期木刻讲习班(1931 年)60 周年,新兴版画运动 60 周年的纪念展览会在上海美术馆举行。我们日中艺术研究会也组织了访华团,参加了这次展览会的开幕式和座谈会。此时访问目的除了上述的展览会以外,还有访问丁景唐先生,并且到上海图书馆查找资料。我们拜访了丁景唐先生,并与他的三女儿丁言昭一起,参观了丁景唐先生住处的永嘉路附近的版画家郑野夫、温涛住过的地方,以及萧军、萧红住过的公寓。

丁景唐先生的家,在永嘉路和襄阳路交汇的附近里弄里,那个里弄是具有老上海建筑特征的石库门住宅。丁景唐先生告诉我们,这里的石库门住宅北侧有厨房,无论哪家厨房都是平时的出入口。一进屋子,登上木制的楼梯,我们抓住木扶手,爬上了二楼的亭子间。丁言昭女士说:"过去许多上海文学家住在亭子间里,我也是在亭子间出生的。"

我们拜访丁景唐先生的时候,丁言昭女士总是与我们同席——或者说,丁老必定把她叫来。她作为翻译,又像丁老的秘书。言昭女士学过日语,也和日本文学研究者进行过交流。她在上海木偶剧团工作,很会说话,我们都喜欢她。我们看了有名的亭子间,又到上面的阳台,眺望远方,拍了照片,丁景唐老师一直笑得很开心。我们作为外国人,不能随便进入上海市民家门。但是,去拜访丁老的时候,我们可以堂堂正正地进入弄堂大门,走进里面的小巷。我拜访了丁老几次,好像顺便去亲戚家里一样。永嘉路、襄阳路的名字,让我觉得像家乡的地名一样亲切。

我们说:"明天要去上海图书馆的善本部阅览。"丁景唐先生马上打电话进行介绍,安排我们前去查找资料。有时,他还借给我上世纪30年代的版画集一本,这是他珍藏的。

我们日中艺术研究会连续进行了十几年的采访和调查,泷本弘之主编的《中国抗日战争时期新兴版画史的研究》(东京:研文出版)于2007年出版。当出版这本书时,非常感谢丁景唐先生对我们的照顾。

文人丁老

如果去上海,我总是去拜访丁景唐先生,感受丁老的文人风格。当时开会时,都是在茶杯中放入茶叶,注入开水,被"供奉"了。丁老则是用紫砂壶,为每人的小杯倒茶。同时特意准备了上海名产的点心,教给我们上海的市民文化。这种待客礼仪还不一般,能够感受到以前的文人的风格。

丁老的文人风格不仅仅是对于茶的乐趣,对印章也有很高的鉴别力。有一次,他看了日中艺术研究会的赠印,说:"我想看你手中的印章,交换看吧。"不用说,丁老所持有的印章尽是优秀的东西,作者也是超一流的人。我的东西虽然与他的"无法比拟",但丁老还是很开心地观看了。

我一个人前去访问的时候,曾在丁老夫人王汉玉老师的房间里吃过午饭,也曾和丁言昭女士等家人一起在厨房的大桌子上愉快地吃过晚饭。丁景唐老师非常重视王汉玉老师,而且深深地敬重,这难以用言辞来表达的,他俩是一对相濡以沫的夫妇。丁老周围总是有欢笑声。

对于我来说,对于日中艺术研究会来说,与丁景唐先生及其家人的交流是难得的机会,感受颇深。回想拜访时的情景,不由得浮现出丁老的亲切的笑容和说话和表情,同时衷心地祈祷丁老夫妇冥福,合掌。

怀念丁景唐先生

王锡荣

12月12日,突然从微信群里看到丁景唐先生去世的消息,让我懊恼极了!因为,10号那天,我还在想,应该抽空去看看丁先生了,前一段就听说状况不太好。但是11号就要出差了,准备出差回来就去看他,没想到出差第二天就得此恶信!

对于我来说,丁景唐先生是我在鲁迅研究上的启蒙老师。记得第一次见丁老差不多是四十年前。70年代末的一个春天,我和复旦大学中文系的李兵老师一起去上海文艺出版社拜访丁老,为注释《鲁迅日记》,讨教关于鲁迅、左联和五烈士,以及瞿秋白的往事。第一眼看到的丁先生,五十来岁,高挑的身材,身穿一套深蓝色的中山装,是个眉清目秀的美男子。他一看到素不相识的我们,隔老远就像老朋友一样大声、热情地说:"你们找我呀?"我们说:"是来向您请教一些左联和鲁迅的关系……""那你们找我就找对了!我专门研究这个呀!"他笑呵呵地说,带着明显的宁波口音,既是自信,又是热情。那时候他是这家出版社的社长,而且早在五六十年代就出版了《学习鲁迅和瞿秋白作品的札记》和《左联五烈士研究资料编目》,可是作为前辈和学术权威,他对我们这两个二十多岁的年轻后生,他却毫无架子。一到探讨史实,他之前的自信神情,一变而为认真、严谨、谦和的切磋。实际上还有一些问题是一时无法回答的,他答应回去研究以后再给我们回复。

这就成为我此后四十年与丁先生时相往还的契机。他先后提供了很多对于注释《鲁迅日记》很有用的资料,尤其是一些鲁迅相关人物的联络信息,使我们能够找到当事人了解历史真相。1981年底,我参加完《鲁迅全集》的编辑出版工作,从人民文学出版社回到上海,进入鲁迅纪念馆,那时候包子衍先生也进入了上海社科院,我们跟丁先生的来往就迅速密切起来。

那时候最活跃的是包子衍,他家跟丁先生家离得近,各地来了什么学术界朋友,他经常陪着去看望丁先生,也常叫上我。当时丁先生还没有离休,公务繁忙,没有时间参加鲁迅纪念馆的活动。记得1986年鲁迅逝世50周年的时候,萧军先生来到上海,到处寻访当年足迹。到了鲁迅墓、鲁迅故居,拜访了多位老友,还寻访了襄阳南路(原拉都路)351号自己和萧红的旧居,顺便也到丁景唐先生家里小憩。我作为接待单位鲁迅纪念馆的陪同人员,始终陪伴在侧,而丁先生跟萧军先生虽然相差十几岁,但他作为老朋友也是几乎全程陪同。

90年代以后,丁老因为已经离休,更是经常出席鲁迅纪念馆的活动。1995年,我担任馆内主要负责人,我通过各方努力,力争筹建上海鲁迅研究学会。全国有很多省都已经建立了鲁迅研究学会,而作为鲁迅研究重镇的上海,却一直没能建立。我向各级组织呼吁,多方奔走,已经通过了各个环节,最后把材料报上去,只等审批,却泥牛入海无消息了。我到处打听,得到的回答都是模模糊糊。后来才知道,有人对会长人选有不同意见。我们提交的会长人选就是丁景唐先生。后来有一个机构另起炉灶,在其内部搞了一个鲁迅研究会,但是,也只发了一个消息,就再也不见动静了。上海没有学会,对于学术研究甚为不便,于是,我们馆就经常把一些学术界骨干请到馆里来座谈茶叙,漫谈鲁迅研究的新进展、新信息,新观点。通过这些漫谈,我们有效地凝聚了上海鲁迅研究界,扎实地推进了上海的鲁迅研究。由于这是一种不定期、不定范围的松散形式,大家把这种漫谈叫做"鲁迅研究沙龙"。由于丁先生和一批重量级学者经常到场,作为沙龙的主持者,我心存感激,学者们也对沙龙越来越感兴趣,沙龙实际上成为替代学会的一种更加轻松、实在的学术交流方式。上海在新时期的鲁迅研究界虽然没有学会,却仍然很活跃,在全国的地位并没下降,就与上海鲁迅研究沙龙有关。而上海鲁迅研究沙龙的活跃,就与丁先生等前辈的鼎力支持有关。

1996年起,我馆进入了筹建新馆的时期。到1999年建成新馆,这期间丁先生也给了我们很大支持。我们在新馆内建立"朝华文库",我把设想告诉丁先生,他大力支持,并出招介绍适合入藏的人选。

我们的"朝华文库"分为一库和二库,一库在公开展示区域,主要收藏和展示与鲁迅先生有直接接触人士的文化遗存;二库则是在非公开展示区域,主要收藏鲁迅研究专家、收藏家的藏书等。我们的二库,得到丁先生的支持,也收藏了丁先生的藏书和实物。

那时候,上海的宣传文化口老领导,对鲁迅纪念馆都是关爱有加。像夏征农、陈沂、方行和丁先生,都是对鲁迅纪念馆的事特别上心的,几乎可说有求必应。而丁先生是其中唯一在我馆建立了专库的人,他将自己一生的心血,以上海鲁迅纪念馆为归宿。

其实,丁先生对上海鲁迅纪念馆的感情之深,超出我们的了解。上海鲁迅纪念馆筹建的时候,由于当时的定位,只是一座纪念性质的展览馆,而不是纪念性博物馆，因此把鲁迅在上海的大部分藏品都运到了北京，上海方面除了日常用品和现代版画，所留的藏品只有几千件。现在为什么会有多达八九万珍贵藏品呢？就是因为几十年来馆内上下发奋征集。而丁景唐先生是我馆文物征集方面的大功臣。由于当时他是出版局领导成员，当过副局长，上海旧书店归出版系统管，而丁先生又酷爱逛旧书店，他会经常跑到旧书店的库房里去淘书。虽然他本人也藏书，但是，只要一碰到跟鲁迅有关的好东西，就会首先让鲁迅纪念馆来收购。当时丁先生给旧书店下了一条死规定：凡是跟鲁迅有关的，首先问鲁迅纪念馆要不要！于是，很多鲁迅著作老版本，甚至鲁迅手稿，都被发现并转移到鲁迅纪念馆入藏。因此，今天鲁迅纪念馆的收藏才会如此丰富。就我所知，包括《共产党宣言》的初版本，《中国矿产志》《中国矿产全图》，都是从上海旧书店转来的。再如鲁迅著作版本，我馆是全国最全的。《呐喊》到1937年为止共有24版，而我馆就藏有其中22个版本，也是借由我馆收藏的第24版，才确认它达到了24版。这些都离不开上海旧书店对我馆的支持，更离不开丁先生的高屋建瓴把握引导。

我馆还有一批至今未公诸世人的鲁迅手迹，这就是鲁迅给北新书局老板李小峰的297（？）张版税收款收条。那也是丁先生在出版社的档案里发现后，通过行政途径转交给纪念馆的。虽然不是记载什么重要的思想内容，但是对于研究鲁迅的经济状况、他与北新书局以及李小峰的关系，研究鲁迅的行为方式，以及研究鲁迅手稿，都是十分有价值的。这么多的数量，可说令人震惊，迄今这批文献还没有被充分展开研究。还有一次，丁先生到收藏家瞿光熙先生家里聊天，看到他家里挂着一幅鲁迅条幅，丁先生非常惊奇，就询问来历，瞿光熙告诉他，这是鲁迅写给作家徐訏的，徐訏本人已经赴香港，现为留沪的家属所收藏，他借来暂挂的。后来丁先生就把这情况告诉了鲁迅纪念馆，纪念馆就向徐訏家属征集了这件条幅，为纪念馆增加了一幅宝贵的鲁迅手迹。

进入新世纪，随着年事渐高，丁先生来我馆的次数逐渐减少。但我们的联系并没有减少。我们定出了一个规矩：在上海的鲁迅相关人士，文物捐赠人年长者，我们每年至少春节、中秋两次必去上门看望。而去看丁先生的次数更多些。一些慕名而来的学者，往往通过鲁迅纪念馆前往拜访丁先生，上门求教。直到去年，日本的中国版画研究者三山陵女士，还到上海专程拜访丁先生，就是由我陪同前往华东医院的。

丁先生与夫人王汉玉感情弥笃，数十年相濡以沫。他有一枚印章，其文为"景唐汉玉"，我第一次看到时，心想：也可以看成"景玉汉唐"啊！早些年，丁夫人去世，丁先生痛不欲生，每天在房间里触景生情，悲痛难耐。我跟他儿女说，老人不宜再住在自己的房间里了。但是他们告诉我，老人不愿意离开,他就是愿意住在夫妻两人生活了几十年的房间里,而且是三楼,上下很不方便,而他就基本不下楼了。但后来终于不支,住进了医院。之后,就变成医院的"常客",越来越经常在医院过冬、避暑了。

大约五六年前,他终于开始在医院长住了。有一次我和同事去看他,发现他脸色很好,情绪饱满。他很高兴地说:现在好了!适应医院的饮食了!以前不愿住院,就是不适应医院的饮食,突然好像有一天找到了适应医院环境和饮食的钥匙,一下子习惯了,感觉住得很舒适。胃口也好起来了,睡眠也好了。听他这么说,我们都感到有点不可思议,但是觉得是件好事。看到他精神饱满,还能每天到楼下散步,真为他高兴。

人虽然住在医院里,但是他仍笔耕不辍。早在2004年,丁先生出过一本厚厚的书:《犹恋风流纸墨香》,还亲手题款赠我。到2015年,丁先生虽然住在医院里,却以96岁高龄,又出了《犹恋风流纸墨香(续集)》。令人敬佩。

但这还不是丁先生最后的文字。2016年,我第一次请丁先生为我的书作序。

我跟丁先生结识整整四十年,丁先生对青年热情有加,对我更是耳提面命,身教言传,我虽然以前也出了一些书,但总是阴差阳错,却迟至这时候才第一次请丁先生作序。这就是我的《"左联"与左翼文学运动》,这书是我为我馆和上海市党史研究室合作的项目"上海左翼文化运动研究"课题写的,是我多年对左联研究的一个成果,而这正是丁先生多年研究最下工夫也是成就最大的领域,请他写这序,是最佳人选。所以我才趁去年春节去给他拜早年的时候,郑重其事地请他为我写序,因为我心里清楚:这是丁先生第一次为我写序,也可能是最后一次。那天丁先生精神很好,头脑清晰,反应灵敏,甚至能够起床,在房间里走动。而几个月前我去看他时,他是坐在轮椅车里,由阿姨推着在电梯口等我的。这次他竟能坐在椅子上看稿,让我多少有点惊讶,当然也为他高兴。

我向他汇报了课题研究的情况,以及我对左联研究的新发现和新成果。他很高兴,说,左联的很多问题他也一直很关心,感到被弄乱了,需要梳理、搞清楚,但是自己是力不从心了,大家继续开展研究很好。现在有了一些新进展、新突破,他感到很欣慰。他的序,末尾署"丁景唐2016年旧历初一",写于丙申大年初一。

今天,我重新翻开了丁先生的序,重读之际,就好像当面聆教,觉他娓娓道来,有如友人间品茗聊天,如坐春风,如沐春阳,感觉温煦和暖,没有半点说教。我忽然悟道,他对于别人的总体努力,总是不吝啬揄扬之语,而对于史实的考订却极端较真、严苛。但他又出言谨慎,绝不轻易否定,也不轻易断定,表达的分寸感极强。

由此我又想到,丁先生一生为人就是这样,诚恳平和、谦虚低调、严谨自律、宠辱不惊。他的自律到了令人讶异的地步。他资历那么老。当领导那么久,他的子女却没有一个沾过他的光。他的职位上上下下,他从无二话。"文革"受冲击,他曾经鼓励奖掖的后辈对他有不公道的对待,他也不辩解不反驳,让事实来证明一切。今天,事实早已证明了丁先生的高风亮节,证明了他的胸怀宽广,他的目光高远,他的学问道德。

　　丁景唐先生,是左联和鲁迅研究的一面旗帜,是学术界的高标,是我们这个时代的宝贵财富,他的离去,是学术界的一大损失,我们永远怀念他。

2017 年 12 月 22 日

永不疲倦的人

乐　融

　　去年的12月12日,就像往常一样,我翻看着微信群,突然跳出一条丁景唐昨天去世的消息,心头不禁一惊,我知道他住在华东医院已经很长一段时间了,但总体一直保持良好的状况,跟护士医生打成一片,寄书写字,不亦乐乎。尽管前段时间他女儿丁言昭跟我说起过她父亲身体不如以前,但这一突如其来的消息还是令我难以接受,以为又只是一场病,会慢慢恢复过来。

　　我一直尊称丁景唐先生为丁老,因为一方面他年龄比我长好几辈,另一方面,他是鲁迅研究、瞿秋白研究以及左翼文化研究等领域的权威、前辈,为上海鲁迅纪念馆创建和发展作出重要贡献,不仅是对鲁迅纪念馆,对后来建立起来的左联纪念馆的发展也不遗余力、鼎力相助。其实,我最早认识丁老还是在左联纪念馆工作期间,确切地说是从1991年2月左联纪念馆举行纪念左联五烈士牺牲60周年活动中开始的,他是左联五烈士研究权威专家,编著有教科书式的《左联五烈士研究资料编目》,丁老知识渊博,平易近人,尤其是一口"石刮挺硬"的宁波话,令我从小在宁波话环境中长大的孩子有一种亲近感,当别人为不能听懂丁老的话在私下揣摩而不得其解时,我往往颇为自豪地当起了"翻译"。

　　由于我在左联纪念馆经常见到前来参加各种纪念会、研讨会的丁老及其他的儿女,也逐渐与他们都熟悉起来,每次会议上总能听到丁老的真知灼见,受到他潜移默化的影响,我从对学术业务工作不熟悉到感兴趣,再到深入地去学习,都与丁老言传身教密切相关,曾记得每次丁老来参加会议,在会议前和会议间隙,丁老总是拿出写得密密麻麻的一叠稿子,交给我去复印,这是他最新研究的成果和新发现的资料,叫我赶快去复印,说是送给纪念馆,让我们年轻人去学习,去参考。一个个中国现代文学史上的著名文学家,就是在对这些源源不断的丁老稿子的复印中、学习中,使我逐渐熟悉起来,引起我想一探究竟的兴趣。望着耄耋之年而又精神抖擞的丁老,我既感动又非常惭愧,感动的是丁老对后辈不辞辛劳的提携帮助,惭愧的是我与丁老期望存在的差距。

丁老长期在文化出版领域担任领导,但他不仅是领导,更是研究专家,抓住一切机会,领衔开展了一系列重大文化工程,譬如主编《中国新文学大系(1927—1937)》(20卷本)等,做了大量的文化抢救工作,譬如影印了一批上世纪三四十年代书刊。丁老在"文革"中曾遭劫难,我开始认识丁老正是他在"文革"结束,改革开放恢复职务及离休之后,也许丁老觉得要把损失的时间夺回来,所以,我看到的丁老总是在各种学术会议上发言,在各种报刊上发表文章,不断有研究新成果。

丁老敬重鲁迅,一辈子不断地研究鲁迅,不遗余力地支持鲁迅研究事业。这方面在我进入上海鲁迅纪念馆工作后更有体会,尤其是每年开展慰问文物捐赠者工作,跟随领导到丁老家中去拜访时,看到在楼梯走廊边,丁老居住的卧室四壁堆满了各种书籍,写字台上铺满了书、正在写的稿子,在谈话中离不开鲁迅研究和资料,不仅与老朋友热聊,也不忘询问刚来的新人,他不因为你是刚来的小字辈而忽视你,而是不断地转过头来笑眯眯地问你一些问题,了解新来的同志的性格、业务情况,了解关注鲁迅研究的新生力量,勉励我们要好好把鲁迅研究工作进一步推进,说这是"交关有意义的事情",体现丁老对鲁迅研究事业发展的战略性眼光。我算与丁老已经有些认识,所以,每次去他还不断鼓励我要钻研业务,研究鲁迅,关心我近来研究工作情况,说他好羡慕我们的工作条件——可以能天天与鲁迅研究资料打交道,每次去还送各种自己或其他人撰著的鲁迅研究的书给我,拿出刚写完或还在写的文章给我看,津津乐道其中问题,口中还一直念叨:"迭戈问题交关奇怪",对鲁迅及相关问题总有研究不完的事情,永远保持好奇,永不满足取得的成果,保持永远探索的精神。

除了学术研究方面,更让我深受感染的是丁老家浓浓的亲情。我还记得第一次登门拜访,丁老的夫人王老师刚刚中风,只见丁老陪同她在门外大弄堂晒着太阳,坐着与邻居们一起做健身操,神态怡和,丁老说这样可以补钙,身体恢复得可以快一些,这是丁老对太太相濡以沫的情谊。丁老育有七个子女,当初都住在一栋石库门房子,后来有的子女工作分配到外地,有的结婚嫁出去,但只要在上海,总是回家一起吃饭,我们每次踏入丁老家后门穿过厨房,映入眼帘的总是一桌色彩丰富的佳肴,飘着一阵阵诱人的香味,其乐融融的景象令我们艳羡不已。

丁老对鲁迅纪念馆业务工作非常支持,听老同志介绍,在解放之初,丁老任上海市委宣传部文艺处长、宣传处长及以后担任出版局领导期间,他规定,凡是上海旧书店出现有关鲁迅的各种版本书籍,首先必须送到鲁迅纪念馆,让纪念馆优先选购;他还利用他在学术界收藏界的人脉关系,为上海鲁迅纪念馆征集到许多珍贵文物,如鲁迅赠徐訏的手迹、《共产党宣言》初版本(还是错版本,非常珍贵)、鲁迅给北新书局老板李小峰的二百余张版税收款收条、《中国矿产志》《中国矿产全图》等,为上海鲁迅纪念馆的藏品征集工作创造有利条件,为上海鲁迅纪念馆目前有如此的规模和地位,作出重要贡献,至今被我馆传为美谈。直到2002年我到上海鲁迅纪念馆工作后不久,丁老还捐赠一个民国时期的篮子,还把他的藏书、著作源源不断地捐给上海鲁迅纪念馆建立的《朝华文库·丁景唐专库》,说明了他对上海鲁迅纪念馆文物征集工作、鲁迅研究工作的支持持之以恒、初心不改。

丁老后来由于身体原因不能出席各种会议,但对我馆工作还是非常关心,常常委托女儿丁言昭带资料给我们,或委托来查阅资料,研究热情不减,尤其是丁老晚年最后一段生活是在华东医院度过,尽管一开始丁老很不适应医院的一切,身体一度快速消瘦,令我们大家都很担忧,但丁老很快自我作出调整,奇迹般地渡过这段难关,后来每次去看他,总是称赞医院的饭菜如何如何可口,称现在吃得好、睡得香,我们见他人也胖了,气色也好了,证明这不是客套之辞。很快丁老又进入到研究状态,床边的书和资料也越堆越高,丁老又有文章不断发表,日积月累,终于在2015年,丁老以96岁高龄又出一部力作——《犹恋风流纸墨香》(续集),据我所知,这创造了鲁迅研究方面还在继续研究的专家高寿纪录。

丁老还有个特点和爱好,非常喜欢照相,每次到他家以及后来到医院去看望他,特别喜欢与大家合影,和老朋友合影、拉着新来的小同志合影,和护士护工一起合影……洗印出来,然后分发给大家,非常开心。在我抽屉的照相簿里和在电脑硬盘里(后来用数码相机拍摄都转存到硬盘里),还存有不少当时与丁老的合影照片。我望着照片中丁老灿烂的笑容,我忽然感觉到丁老还"活"着,还不断地在研究,尽管他生命停息了,但他的精神永存,他是一位永不疲倦的人,永远值得我们学习和怀念。

忆老丁

张冰隅（炳隅）

2017年12月11日,丁景唐先生在沪仙逝!他有很多"头衔":老干部、老作家、出版家、文史学家……他生于1920年,于1939年开始发表作品。而我生于1939年,我和他的交往属于"忘年之交"。我和许多搞现代文学的同行,都亲切地称他为"老丁"!

1978年夏,原来在"文革"中由上海五所高校并成的"上海师大"解体,我回到刚复校的上海教育学院中文系,给恢复高考后入学的大学生教现代文学。没有现成的教材,只能边讲边编。我和孙光萱、王自立等同事在上海市教育局的直接领导下编写了一套可供大专院校中文专业和各类成人高校通用的《中国现代作家作品选》(上、中、下三册),约150万字。精选五十多位现代作家的代表作,并附有详细的"作家介绍"、"作品分析"、"文字注释"、"参考资料"。于1979年至1981年间由福建教育出版社正式出版。我们在编写过程中非常强调贯彻党的"十一届三中全会"精神,对"文革"的极左思潮进行"拨乱反正"。把当时中央尚未正式"平反"的瞿秋白的作品编入了"上册"与"鲁、郭、茅"并提;把不少曾被评为"右派"的作家和长期被极左路线排斥在边缘地带的著名作家的作品都以"不同风格流派"为名,编入教材中。我们还十分强调吸收海内外研究中国现代作家作品的"新成果"。我们撰写的"作家介绍",都尽量联系到尚健在的作家本人,请他们亲自审阅。而像瞿秋白和左联"五烈士"等人的"作家介绍"就请当时研究这些作家的"专家"来审阅把关,这就成了我和老丁结缘多年的来由!

老丁,在永嘉路的一幢旧式里弄的三层楼接待了我。这幢房子的上下四层都是他家的。而三楼是老丁的书房兼卧室。东墙有几个书橱,一张双人床靠西北角,床前一张圆桌是写字台兼饭桌。桌上摊着未完的文稿,其余的椅子和地板上都是一堆堆的书籍、杂志……这就是一位著名的文史学者的生活和工作的现场。未满六旬却显得相当瘦弱的"老宁波",满面笑容地赞赏我的文稿;他操着浓重的家乡方言,使我开始时只能明白一半的意思,慢慢地习惯后,才觉得听这宁波方言就像咀嚼牛筋一样,很值得回味!

虽然他是毫无前辈和名人的架子,且有"一见如故"的开头,但我还是不敢贸然打扰。直到有一天老丁到我淮海中路的办公室来看我,我受宠若惊地忙说:"老丁,还是我常去看您吧!"老丁有事到我校来找领导的,顺便到我办公室聊一会。当时,老丁说,关于瞿秋白的平反工作,中央很重视,不久要派人到上海开座谈会,已推荐我参加……

我从事现当代文学的教学研究三十六年,对"以阶级斗争为纲"和"突出政治""政治标准第一",大不以为然而一直希望能努力有所摆脱。我与上海大学的施建伟经老丁介绍,一见如故,志同道合。所以二人合作,曾编写了一部新思路的《现代文学体裁发展史》,约八十万字。未能正式出版,心中不爽!建伟兄离开上海大学,到福建泉州华侨大学任教,并一直动员我也去泉州和他一起另辟蹊径研究海外华人文学。我没去。几年后,他又回到上海,在同济大学任教,并在研究海外华人文学上独树一帜,尤其是研究林语堂成绩卓著,已经蜚声海内外!我则早已与现当代文学存离异之心!我先是写专著《文学鉴赏学》,后又倾全力研究《周易》和《黄帝内经》,乃至"九流三教、医卜星相"。一直挨到1999年底从华东师大退休后,走上社会从事《养生文化》《民俗文化》《易学文化》的宣讲,并写了不少有关的著作。我和施建伟虽然已经在专业上分道扬镳,但我们一直保持着友谊和联络。而我与施建伟的认识正是由老丁介绍的。

老丁除了介绍我与施建伟交往,还介绍我与王克平成为朋友。王克平在全国联络了许多研究现代文学的学者、作家,多次到宁波、奉化,开展纪念巴人的研讨活动。其中老丁是最热情支持的长者。

在这些活动中,我不仅结识了一大批来自全国各地的老作家、老教授,并且也和好多中青年学者建立了友谊。我和东北诗人雷雯成了"异性兄弟",而与上海的王锡荣、陈福康、陈青生等都住在曲阳而过往甚密。还与陈青生一起拜访同住曲阳的周海婴、陈永志。后来又把我的老同学甘桁拉进了这个圈子。

老丁经常送书给我,其中有他的珍贵的旧作再版。读他的《星底梦》,惊讶地发现:原来这"老宁波"在1945年时是个富有青春活力的浪漫诗人!当年已经崭露头角的女诗人关露即曾用"梦茵"笔名在《女声》(第4卷第2期)写了《读了〈星底梦〉》予以高度评价:"在近来惨淡荒凉的这片诗领土中突然看见这本小小的册子《星底梦》,好像在一片黑寂的大海里看见一只有灯的渔船一样。《星底梦》虽然装订很小,页数很薄,但是仍然发生了'诗'的力量……好像渔船虽小,仍旧是一只船,星星的光虽然不强,仍然能够把宇宙照亮。"这也就不难理解老丁与关露早有很深的友谊交往。关露在解放后两次入狱,受尽冤屈。直到1982年3月才正式平反。当年12月5日,关露即病逝了! 而老丁在1980年国庆前带了夫人和女儿丁言昭去北京探望关露时,就决定要小丁采访关露后写传记。1989年7月,丁言昭的十八万余字的《谍海才女》正式出版。这书名既准确地反映了关露一生的传奇性,也能吸引读者的眼球。但老丁把此书送给我时却特意在扉页写上一句:"这是一本严肃的女诗人关露同志传记,请先看前言后记。"

老丁多次和我说,关露的诗写得非常好。我说,现在家喻户晓的是她写的《春天里来百花香》,而我觉得她在秦城监狱里写的几首旧体诗很感人。并且强调现代作家写旧体诗写得好的,除了郁达夫、聂绀弩外,关露也算一个。当时老丁就说,他很喜欢关露的那句诗:"犹恋风流纸墨香"。他想请个篆刻家刻个闲章。我说,正好有个老同学甘桁是著名篆刻家,朱孔阳的弟子。曾给马寅初、刘海粟、赵朴初等名人刻过章。而且就住在我附近。老丁想起,有一次我去福州出差,他曾写条子介绍我与当时福州市的文化局长联系。回上海时那局长送了两方寿山石给老丁。就用来请甘桁刻吧! 我说,不用! 因为那时正巧老丁七十大寿,这事就不用老丁操心了! 于是,我联系了平时经常向老丁请教的几位朋友:施建伟、王克平、王锡荣、陈福康、陈子善,大家凑份子买了块玉石,请甘桁刻了关露的诗句:"犹恋风流纸墨香",于"庚午小满"刻成,"恭祝丁景唐先生七十华诞"。老丁非常高兴,亲自打电话给甘桁道谢! 以后每次送书给我时,都有甘桁一份。

2010年,听说老丁住院,我约了甘桁、陈青生一起到华东医院去看望老丁。这是我们与老丁的最后一次晤面了!

老丁曾送过我好多书,在书上盖了好多印章。最吸引我的闲章有三个:一是取唐诗"桃花潭水深千尺",二是取鲁迅诗"又遣春温上笔端",三是取关露诗"犹恋风流纸墨香"。这足以反映老丁的辛勤笔耕和重视友情!

还有一件事不能不说。老丁有一位宁波老同乡(什么名字已忘),曾是"抗美援朝"的"志愿军"战士。参军前有个女朋友,参军后一直保持通讯。后来他在战场受了伤,并有严重肺病。他以为自己命不长了,不能影响女朋友前途。所以就突然中断联系,并造成他已牺牲的"假象"! 后来那姑娘真以为他已牺牲,所以不久就另外找对象结了婚。等到他病愈并复员回乡时,已不可能再续前缘了! 于是他当了一名小学教员。整风反右时不幸被错划为"右派"! 去了劳改农场。他在劳改时"表现好",还学了点医术。劳教期满就留在农场了。"文革"后,他的案子得到平反。兴冲冲到上海来看望老丁,并住在老丁家。他对老丁说,想把自己的经历写成小说,或写点其他文章,不知道现在的文章应怎样写,希望老丁指导一下。当时老丁就对他说,有个在高校教书的张炳隅,很会写文章,并经常到永嘉路来。我可以请他和你讲讲。当时,老丁就找出我给他的书和在杂志上发的文章。给那同乡晚上学习一下。并即打电话给我,请我近几天抽空去丁府,他老同乡要向我请教……我第三天上好课就去老丁家!岂料老丁连连摇头,长叹一声说:"人已走了!真没想到啊!"原来那同乡看过我的文章后就很兴奋地说:"有启发!很有启发!我知道文章该怎么写了!"也许他过于兴奋了,整晚都沉浸在往事的回忆和写作的构思中……到次日清晨大家才发现他已猝死!……老丁说罢,一时相对默然,而后唏嘘不已!

我有一位老祖宗张果老,他的最有名的故事是"倒骑毛驴"!我今年已经八十岁了!还健在,还在向前慢慢行进,但知道自己的坐骑不再是奔马,而是"毛驴"。而且,人到老时,最爱回头看自己走过的路……问题是不能激动,要怀着平常的心!

人生苦短。上个世纪30年代走上文坛的老作家都一一与我们告别。难怪陈青生在电话中很感慨地说:"一个时代结束了!"

还是要谢谢青生,他在2003年12月4日,约我去看望老丁。那天有两张合影。尤其是在室内那张,青生抓拍了一个十分难得的镜头!

那天,老丁知道我退休后已转向研究"养生之道",颇为赞赏!但他还是要送我现代文学的书。他拿来一本新出的《田仲济纪念文集》,里面有他写的文章。送我时在扉页上写的是:"炳隅兄存念　老丁送!"我说:"经过几十年的忘年之交,终于称兄道弟了?"说罢,大家都笑起来,而老丁的笑容特别特别灿烂——给我们留下了永恒的纪念!

2018年(丁酉)元月24日(腊八)
写于沪上日月轩

花落春色在，人去纸墨香

卢润祥

　　春晨，湿润的空气里漂浮着花草的淡雅的香味！在华东医院病房里，丁景唐先生优雅从容，面含微笑，和气而亲切！完全不见了病容。我招呼一声"丁局长好！"他马上说："哟！叫我老丁好了。"然后，他带我来到病房隔壁的一个会客室，这时，我才取出包里的一本书《抗战时期的上海文学》，请他看一下。

　　这书第275页提到他在1937年时就是一位诗人了，笔名是"歌青春"，虽然"初露头角"但其作品是有新特色的。说："歌青春本名丁景唐，只是当时的作品大多发表在学校内的油印刊物上。"丁先生看后说："这个说法不对呀！我的很多诗作如《江上》《囚狮》《弃婴》《秋瑾墓前》都是公开发表的，特别是我的《星底梦》问世后，关露就写文章说：'在近来惨淡荒凉的这片诗领土中突然看见这本小小的册子《星底梦》，好像在一片黑寂的大海里看见一只有灯的渔船一样。'给予我的创作很大的鼓励呀！"

　　听着丁先生舒缓的宁波话，看着眼前的他，那么风清云淡、神清气爽、儒雅温润，又深沉内秀，他通达平和而有古风，分明是诗意的青春气息！我深感丁先生的诗人气质如花之芬芳，不会因为岁月烟云而淹没，也不因年龄的增长而消失！初次见面，丁先生题赠我"静观"二字。确实，人事、现实的不尽完美、人生所走的路不可能没有波折！姑且"静观"，方可遇难呈祥、自求多福。

　　不久，我在报纸上发表了一篇拜访他的小文章，由于我的粗疏，竟把他的一些生平经历有一二处写错了。我心里很是不安和内疚，丁先生怕我难过，很宽容，便原谅了，而且安慰我说："我的生平很普通，本来不值得写，不过，以后如果有机会出集子的话，一定别忘了更正一下。"他又在我带去的笔记本上把自己简历写上一遍，丁先生的厚道、宽容、自谦以及为人设想的开阔胸怀深深感染了我。

　　丁先生不仅是诗人、革命者、出版人，也是一位爱书如命的长者。他对毛边书也是情有独钟！曾对我说起它的来源等，民间读书刊《参差》约我写一篇《丁景唐先生谈毛边书》的文章，我写好后，曾送丁先生一读。那天，他午睡起床不久，就提笔为我作了修改，增补一大段重要内容，使文章达到发表水准。以后我又把一本自己收藏的《鲁迅杂感选集》（毛边本）带去请他题签留念，他翻开扉页写道："此书为有历史意义的纪念本。为纪念左联卅周年而特地影印的。照鲁迅原版本影印。"由于有了丁先生的题字，增添此书收藏价值与意义，我真的十分高兴。

每次去探望丁先生，他总问最近去书店了吗，有什么好书呀？出版社怎么啦，关注度甚高，且有殷切之神韵。有时我也带去些杂志书本，使他的床头或桌子上书堆又长高些。一次，他托我如果看到女儿言昭的《关露传》，请代买若干，这书竟脱销了呢！后我在文化街某书店架上见到竟然有七本之多，我马上全数买下，冒着酷暑送去。丁先生非常高兴，又马上签赠一册送我。

丁先生的儿子言模兄出了好几种研究他父亲藏书和瞿秋白生平著作的研究资料书，丁先生都一一签赠给我了。他的《犹恋风流纸墨香》续集出版后，曾打了好几个电话叫我去取，竟一次赠我七册之多，并要我分赠友人。

他的病房好像是个袖珍"书房"，那些书仿佛是他的最好"药物"，如此，丁先生病情也是一直稳定的。有一次晚上发烧，也是护理员阿姨及时"报警"，转危为安。这对于已是九六高龄的他来说，真是幸运呀！但人的生命总是脆弱的，天界无情妒英魂，风云变幻平安中！最终，丁先生安详地离开了我们了。

这对我来说是一个多么不幸的消息，但他的身影未亡、永埋心底！正是"独为神州惜大儒"，想起古人"雨过琴书润，风去纸墨香"的句子，甚切此情此意，因书日记中留念！他的思想和宝贵遗产和文化事业垂范后人而永远不朽而必将传承万世。

怀念丁景唐先生

刘 平

丁景唐先生是我尊敬的一位长者,他是我国著名的鲁迅研究专家和中国现代文学史研究专家。如今,丁先生仙逝已经一年多了,但与先生交往的点点滴滴,至今仍记忆犹新。

一

认识丁景唐先生,是在1995年,缘起与陶晶孙研究有关。

1995年6月,丁景唐先生来北京参加"瞿秋白同志就义60周年纪念暨学术讨论会",会后留京访友,其间邀请桑逢康和我,还有《中国日报》记者张天心等人去陶瀛孙(陶晶孙妹妹)先生家里聚会。之前我跟丁先生不认识,可是见面后,丁先生对我特别热情,询问我的研究情况,感到很亲切。这都源于我写的有关陶晶孙研究的一篇文章(即《陶晶孙的文学创作与文学活动》)。丁先生说:"我看到了你写的研究陶晶孙的文章,写得很好,此前还没有人写过,希望你继续这个课题的研究。"

谈到我写这篇文章,还应该谈到老友桑逢康。大约是1988年,桑逢康(当时我们同在文学研究所现代文学研究室工作)知道我在学习日文,便把一篇日文研究资料——即日本作家泽地久枝写的《昭和时代的女性》一书中的一章《日中的桥梁——郭安娜与陶弥丽》,交给我翻译。当初,我选择学习日文就是想多了解日本方面关于中国现代作家的研究资料,所以很愿意做这件事。文章内容写郭沫若的妻子郭安娜和陶晶孙的妻子陶弥丽的。郭安娜和陶弥丽是姐妹俩,作者写她们自然也写到了她们的丈夫在日本的生活和文学创作活动。

翻译这篇文章,我发现了很多当时国内还没有的新资料,尤其是关于陶晶孙的。我对陶晶孙了解不多,只是在进行戏剧研究时读过他的剧本《黑衣人》和《尼庵》。陶晶孙是中国现代文学史著名的作家和文学活动家,是早期创造社成员,同夏衍、郑伯奇、许辛之等人创办上海艺术剧社,演出进步戏剧,也是"左联"的发起人之一。他用日文创作的小说《木樨》,得到郭沫若的好评,郭沫若亲自翻译成中文,他的小说《音乐会小曲》影响也很大。陶晶孙还是中国木偶戏的热情提倡者与创作实践者,创作木偶戏《羊的素描》《堪太和熊治》,翻译的木偶戏有《傻子的治疗》《运货便车》《毕竟是奴隶罢了》等,产生了很大影响。他同鲁迅、郁达夫的关系很好。1929年春,他带着妻子陶弥丽和孩子们回到上海,经郁达夫介绍去拜见鲁迅,后又接替郁达夫主编左联的刊物《大众文艺》,影响很大,受到同仁的好评。可是,直到上世纪80年代,学术界仍有这样一种看法,说陶晶孙是"汉奸"。《鲁迅全集》中有一条"注释"就是这样写的。泽地久枝的这篇文章以大量的资料说明,陶晶孙不是"汉奸",他跟周作人等人不一样。于是,我翻译完这篇文章,便摘录其中的资料,又读了一些有关陶晶孙的资料,写了一篇有关陶晶孙的文章。

1991年在北京召开了"创造社成立70周年国际学术讨论会",我在研讨会上作了关于陶晶孙的文学活动及其创作的发言,其中一个论点是:陶晶孙虽然参加过日本人组织的一些活动,但他不是汉奸。对我的发言有人强烈反对,说历史上有定论的问题不能轻易更改,更不能依据一篇文章的资料就下结论。这个问题在会上引起一个小的讨论,曾经担任郭沫若秘书的王庭芳先生和上海社会科学院文学研究所陈青生先生支持我的意见,并就他们掌握的资料对这个问题作了补充。会后,北京师范大学的王富仁先生(《中国现代文学研究丛刊》主编之一)找到我,让我把发言稿再整理、充实一下,就谈"陶晶孙的文学活动和文学创作"这个题目,资料越丰富越好,然后在《中国现代文学研究丛刊》发表。我很感意外,也很高兴。于是又阅读了很多资料,把文章重新结构、改写,交给了王富仁先生。他看后说有些长,希望压缩至12000字左右。于是我对文章又作了修改。

丁景唐先生没有参加北京的这次研讨会,但他对这件事却有记载:"1991年夏在北京召开'创造社成立70周年国际学术讨论会'对深入研究创作社是一大推动,也促进了对创造社早期成员陶晶孙的研究。中国社会科学院文学研究所刘平在会上就陶晶孙的文学活动作了发言,王庭芳、陈青生两位代表发言作了补充。会上有人反对,无视事实,仍说陶是'落水文人'。但也有代表鼓励刘平将发言整理发表,北师大王富仁知道后,将其论文推荐给《中国现代文学研究丛刊》发表,这就是《中国现代文学研究丛刊》1992年第4期上刊登的《陶晶孙的文学创作与文学活动》。"(见丁景唐《纪念陶晶孙先生百年诞辰》)

这次研讨会不久,《新文学史料》约写陶晶孙的文章,我就围绕陶晶孙当年在上海参加日本人组织的一些活动的情况,写了《陶晶孙与"大东亚文学者大会"》。为了进一步弄清楚陶晶孙在30年代的活动及思想,我冒昧地给夏衍先生写了一封信,想不到夏衍先生很快就给我回信。夏衍先生在信中说,陶晶孙与潘汉年的关系"很密切"。信中说:"陶晶孙是早期创造社的成员,他与潘汉年很早就相识。抗战开始后,上海沦陷,我和潘汉年一同到香港去,潘汉年曾告诉我,他们的人都安排好了,只有陶晶孙留下来,因为他的夫人是日本人。当时他的行动是受潘汉年领导的。"(见夏衍先生1992年5月8日给笔者的回信)我把夏衍先生的回信引用在我的文章中。

丁景唐先生在他的文章中也写到了这件事:"1992年《新文学史料》第2期为陶晶孙编了一个专辑,刊出陶瀛孙、陶乃煌《陶晶孙小传》、陶坊资《回忆父亲》、陶易王《父亲在台湾》(以上三文均以收入《陶晶孙选集》,作为附录),刘平《陶晶孙与"大东亚文学者大会"》、丁言昭《陶晶孙与中国现代木偶戏》。"(见丁景唐《纪念陶晶孙先生百年诞辰》)

与丁先生见面时我对丁先生说,为了搞清楚陶晶孙在左翼时期的文学活动,我曾写信请教夏衍先生。丁先生说:"我知道这件事。当时夏公(夏衍)把你的信叫我看了,征求我的意见。夏公给你的回信的初稿是我起草的。"这让我感到很意外,也使我对丁先生产生了一种亲切之感。

由此,我与丁景唐先生开始了交往。在那天的谈话中,我还谈到了自己的研究课题,中国现代戏剧研究和田汉研究。我在《人民日报》海外版发表的文章《"绍伯"不是田汉的笔名》,谈田汉和鲁迅的关系。丁先生很感兴趣,鼓励我多写这样的文章,对现代文学研究的深入有促进作用。丁先生说:"你的研究很有意义,你有了研究成果或是出了书,就送给我。我们就作为'忘年交'经常联系吧,你去上海时一定到我家里来,我们好好聊聊。"我满口答应,心里很是愉快,并希望得到丁先生的进一步指导,尤其是有关田汉方面的研究。从此,我与丁景唐先生的交往逐渐多了起来。

二

在我的心目中,丁景唐先生是一位仁厚的长者,又是严谨的研究者。他知识渊博,又有历史实践方面的经历,在鲁迅研究方面成就尤为突出,同时也是瞿秋白等现代作家研究的专家。他待人热情,乐于助人,诚心帮助。

一次去上海见丁先生,正赶上上海鲁迅纪念馆举办"纪念左联五烈士"的活动,丁先生热情地邀请我参加,参观上海鲁迅纪念馆,瞻仰左联五烈士的雕像,参加研讨会,还介绍我同很多上海方面的研究名家认识。我与纪念馆的张小红女士相识,就是在这次纪念活动上经丁先生介绍的。

1998年,我去上海参加话剧观摩演出,去看望丁先生,谈了很多,获益很多。我向丁先生提出想去看田汉当年在上海的住所——日晖里41号。丁先生说,这座房子还在,现在住的是另外的人家,地点在建国路上。我想去看,又担心找不到,就恳请丁先生带我去。丁先生很忙,但他还是放下自己手头的工作带我去看了。

一次我去上海,于一天下午去拜访丁先生,他热情接待我,谈了很多学术方面的问题,他又找出很多资料给我看。丁先生的书房是"名副其实"的,到处都堆满了书,看着不太整齐,但丁先生却对自己所藏图书"了如指掌",一说什么资料,随手就找出来了。谈话晚了,丁先生又留我吃饭。我没有推辞,主要想多听丁先生讲有关现代文学和现代历史上的人和事。譬如他跟我讲关露和潘汉年等人的事迹,是书本上看不到的,令我很感动,同时也引发我对关露和潘汉年的关注。丁先生还写信给居住在北京的他的好友梅娘(即小说《蟹》的作者),让我回北京后带着信去拜访。饭后,丁先生不顾劳累,陪我去参观当年萧军、萧红住的房子,给我讲了很多不为人知的故事,令我大开眼界。

在与丁先生的交往中,先生还介绍我跟他的女儿丁言昭、儿子丁言模认识,并把他们的研究著作送给我。丁言昭、丁言模受父亲的影响,搞文学研究很有成就,写了很多书。如丁言昭撰写的"中国现代文学女性作家研究"系列著作,如《萧红传》《关露传》《林徽因传》《安娥传》等;丁言模撰写的"瞿秋白研究"系列丛书,如《瞿秋白与书籍报刊——丁景唐藏书研究》《瞿秋白与杨之华》《瞿秋白与名人往事》《瞿秋白与共产国际代表》等。他们都不是专门从事研究工作的,常常是利用休息时间进行研究、写作,取得如此成就,令人感佩!当然,这些都与丁先生的悉心指导分不开。

丁景唐先生走了,但他待人交友的人格风范与严谨的治学态度却是值得我们后辈永远铭记和学习的。

重温丁景唐先生给我的信

潘颂德

去年12月11日,我国著名现代文学研究家、诗人、编辑家、出版家丁景唐先生不幸因病逝世。流光飞逝,转瞬之间,快要半年了。与丁景唐先生相识、相交三十多年,我受惠于他极多。回忆我与他的交往,正因为时间长,值得回忆的事情多,反倒不知从何入手,再加上年来琐事多,因而至今没有写下一点回忆、怀念文字,深感歉疚。最近,《海派文化》编辑嘱我写点有关作家书信的短文,为此,我先找出丁老1994年5月29日给我的信,介绍给广大读者,也藉此略略表达一点我缅怀丁老的感情。丁老那天给我的来信是这样写的:

颂德同志:

因病与丁五来沪发书,打乱了我的日常生活。

找东西,又找不到。这次采取"一事一办"的方法,先把我写的一份有关《王礼锡诗文集》的简报改后寄去。请你把臧克家给你信中的话添入,复印一份交我保存。又,第3页,朱先生任"×师政治部主任",曾专为此事写信告诉我,说是"××师"。我可又找不到此信了,凭记忆写了"八十九师",可能记错,希望打电话××××××,向朱先生核对一下。此修订稿,也可复印一份给王效祖。(好久前,我已寄过他一份简报。要他复印一份寄你。)

《书海知音》1993年10月第2期有一文,是经我改定的,小康原是我们社长室秘书,现在办公室工作。你如需此刊,可向他索取,只讲是我介绍的便好。

我与王保林合作的材料,原已写好,现在也找不到了。待找出后即寄。

如与龚明德写信,可先告他,丁五的书已出,要送他的。我因病不能多写信。乞谅。

  握手！

景玉公
1994 年 5 月 29 日

  摩挲着丁老满怀深情的书信，胸中益发涌动起怀念他的感情。可是，由于时间已过去了二十多年，丁老信中提到的有些事情，已经淡忘。如信中提到的新中国成立后曾任复旦大学经济系主任的朱伯康教授，尽管我曾到复旦大学教师宿舍去拜访过他，他也曾惠赠他的回忆性散文集给我，但我只确知上世纪30年代初，他曾任抗日的国民革命军第十九路军的参谋，但说到他曾任著名爱国将领蔡廷锴的十九路军哪一师政治部主任，我就回忆不起来了。又如，上世纪90年代初，著名学者、作家贾植芳与丁老以及南昌王士权、爱国诗人王礼锡的孙子王效祖、华东师范大学中文系教授陈子善及我组成《王礼锡诗文集》编委会，贾植芳先生与丁老任主编。《王礼锡诗文集》后于1993年7月由上海文艺出版社出版，出版后我当即给诗坛泰斗臧克家寄去一本，臧老很快回信给我，充分肯定了王礼锡先生伟大的爱国主义精神，也充分肯定了此书的编辑工作。至于臧老回信原话是怎样说的，此刻不及找出臧老原信，无法具体写入文章了。

  丁老信开头说的"丁五"是指他的大儿子丁言模先生，经丁老的悉心指导和他本人的刻苦钻研，早已成为我国著名的瞿秋白研究专家和中国现代史研究专家，著作颇丰。这封信开头提到的丁言模"来沪发书"，所发的书是指他的《鲍罗廷和中国大革命》。这本书以史料丰富、立论客观公允见长，是一本开创性的学术著作。丁言模先生后来在瞿秋白研究领域发奋用功，先后出版了十多本瞿秋白研究、丁老藏书研究以及现代文化史方面的著作。后来我到华东医院探望丁老，他曾多次怀着喜悦的心情将丁言模的著作惠赠给我。丁老的女儿丁言昭，是一位卓有成就的传记作家，出版了十多本女作家传记。有时我向丁老谈起丁言昭、丁言模姐弟俩传记创作、学术研究领域取得骄人业绩时，丁老流露出喜悦、欣慰的神情。

  信中所说"我与王保林合作的材料"，当是指他与内蒙古民族师范学院王保林教授自上世纪50年代末起，就合作研究鲁迅、瞿秋白合作撰写的《王道诗话》《伸冤》等十四篇杂文，上世纪80年代初，丁老与王保林先生最终撰成书稿《鲁迅和瞿秋白合作的杂文及其它》，直至1993年才由陕西人民出版社出版，成为我国鲁迅和瞿秋白研究史出版史的一则佳话、一段奇闻。

  信末提到的龚明德，是我国著名现代文学史料研究专家、书话作家，原在四川文艺出版社工作，后调四川师范大学任教授、硕士研究生导师。

丁老 75 岁高龄,且又在病中,仍不厌其烦地修改自己的文章,嘱我添补臧老信函话语和去电朱老问明当年职务,这一切,充分体现了前辈专家求真务实的学风;嘱托他人惠寄材料给我,惠寄自己撰写的材料与儿子言模的专著给后辈学人,全面表现了革命前辈关怀体贴后辈的精神。

一封短简,跳动着拳拳心,闪耀着殷殷情!

难忘丁景唐老人

陈学勇

上世纪90年代初，南京大学主办纪念茅盾的国际学术研讨会上，我第一次见到丁景唐先生。午间休息，我去一位朋友下榻的房间请益，谈兴正浓，推门进来一位绅士。他西装革履，头发整整齐齐，瘦长身材如他瘦长的脸型，年逾古稀而身板硬朗。不待落座，他接上我们话题，和房间主人兴致勃勃聊起来，一边缓缓踱步，一边操宁波腔很重的普通话。我便想，大概鲁迅就是说这样的越地官话，或腔味更浓——外省人听来，宁波和绍兴差不多是一个地方。眼前这位名家，我读过他关于鲁迅、瞿秋白的著作，以及他辑录的左联烈士史料，读这些著述时我还是个中学生。所以安心一旁洗耳恭听，自始至终未敢插嘴半句。连姓名也未敢通报，这一面之缘差不多擦肩而过。然而我是留下了永久的鲜明的片刻记忆，倍感亲切。

过去了几年，某个周三教学例会，我和本校学报主编徐景熙坐在一起。徐主编拆阅一叠来信，随手递我其中一封。原来丁景唐先生给他的信里，提及学报上我一篇文章，多有美言，并有介绍其女丁言昭结识的意思。丁老哪会想到，他所美言的这个后辈，已经与他有过一面之缘，只是等同失之交臂。

我偏嗜现代文学史料，丁老乃全国闻名的史料专家，早有拜识老先生愿望。错过南京那回已经后悔不已，现在受此信鼓舞，决心趋府聆教。到了永嘉路慎成里丁寓，典型的上海石库门房子。我曾经负笈沪上，那时住处距永嘉路不远。敲开灶披间后门，扎一对小扫把辫子的姑娘站楼梯口，向上嗲声嗲气地喊："阿爸，有客人来哉！"原来她就是丁言昭，已经很能写文章了，只是生得娇小，性情活泼，仿佛还是个学生。丁老正在接待来访客人，《上海滩》月刊的编辑葛昆元。在家的老人与公众场合时衣冠楚楚不同，穿着很是随便，谈吐极随和，连接待处所也是随随便便的亭子间。身为1938年的老地下共产党员，老干部了，现在又身兼要职，可是仍然不退文人气质，谈天说地，无所顾忌。看丁言昭记录交谈的那张照片，我们促膝而坐，他手托紫砂小壶，满面春风。谢谢丁言昭，抢拍下一帧难得的留影。

辞别时，老人送我《新文学大系》(1927—1937)史料、索引两卷，(1937—1949)那一卷家里没有复本，特意介绍我到就近的绍兴路上海文艺出版社领取。提着厚厚的几卷《新文学大系》，我满怀欣喜。一起辞别的葛昆元，因丁老引荐，约我为《上海滩》杂志撰写杂文专栏"上海闲话"，一写便持续多年，出了本杂文集《海上闲话》，是此行的意外收获。

此后二十多年里，我多次出差上海，竟未再谋面老人。每次都来去匆匆，我是怕在外久留的，尤怕无事烦扰老人。这些年来与老人间有书信往复，更多由其女儿代为联系，老人常在言昭女士的信上附候。此录丁言昭一短信：

陈老师：

11月1日的《文汇读书周报》见到了，谢谢！还有"陈衡哲"一文也读到。爸爸说，你很用功，很有见地，让我好好向你学习。那文章说得有理，有节，弄明白很多道理。以后多写这样的文章，好吗？爸爸向你问好！

祝

快乐！

丁言昭

2002年11月6日

言昭女士热情爽朗，加之她所关注的作家与我的多有共同，于是切磋往来频频。每有新著，往往赐读，我特爱读她的作家传记作品。父女两代于我如此厚意，实我幸事。后来我用上便捷的电脑邮箱，而言昭女士谨守古法，则书信往来渐渐稀疏。

创造社作家陶晶孙诞生百年之际，丁老着手编集《陶晶孙纪念文集》，特意寄来中国邮政发行的纪念明信片，片上亲笔晓喻："陶百年纪念集已编印，以后寄你存念。老丁一九九九年三月三日。"

前辈这般慷慨鼓励、热忱提携，今均历历在目。后来老人年纪越来越大，再后来，听说他住进华东医院，我不得不有所顾虑，愈加不敢烦扰，多请沪上友人代为致意。老人大凡出了新书，仍寄我一册。扉页的题签，抬头由"同志"而"书友"，落款由"丁景唐"而"老丁"，并钤印章。最后一册是2015年的《犹恋风流纸墨香(续)》，版权页印的1月出版，3月初书已寄到。题签注明"于华东医院"，笔迹显然不能如往日似的流利有劲，高寿年轮清晰地落在柔弱的笔画上。不仅寄赠他本人著述，又代赠他公子丁言模的作品，一本接一本,本本是丁老亲笔题签。《瞿秋白与杨之华》这本是:"丁言模著　丁景唐赠",父子双双钤印,满纸舔犊之情。然而,于2013年底出版的书,题签日期却是"二〇〇一年一月"。丁老是很老了,时年九十有四矣。我与丁老、丁言昭的温暖过从续至言昭其弟丁言模。

丁景唐,一位亲切、可爱的名家、老人。他交游甚广,想来也许我属友情最浅的一个。然而景老委实是我难以忘怀的前贤,老人走了,我才深切感受到,自己太过拘谨,错过那许多求教机会。于我损失之大,只有我自己明白它的分量。

丁言模先生征稿编集景老纪念集,我遵命记下与丁老有限往来的流水账,琐细却清晰,聊作一炷心香。

丁景唐先生两题

宫 立

从茅盾给丁景唐的一封信说起

华夏天禧·墨笺楼 2017 年 7 月 4 日至 11 日举办的"茅盾、黄药眠、徐光耀、郑逸梅、秦瘦鸥、吴伯箫、柯灵等名家手迹"专场,有茅盾给丁景唐的书信一通,《茅盾全集》《茅盾书信集》《茅盾年谱》均失收,当为佚简,照录如下:

景唐同志:

　　大札及大作《学习鲁迅和瞿秋白作品的札记》,均已收到,谢谢。此书搜集了许多可宝贵的材料,对青年们十分有益。因为这也可以教育青年们:前辈治学治事如何踏实与至诚也。匆此奉复,顺颂健康!

　　　　　　　　　　　　　　　　　　雁冰　五月廿九日

的确如茅盾所言,丁景唐的《学习鲁迅和瞿秋白作品的札记》,"搜集了许多宝贵的材料",是新中国成立后第一部研究鲁迅、瞿秋白及二人交往的专著,"打破了当时侧重于政治层面和回忆表述的模式,以研究对象的日记、著作等第一手资料为重点的学术思维方式,首次挖掘了大量新资料,变换视角,融会贯通,不断扩展鲁迅、瞿秋白之间关系的课题外延,积极开拓和丰富了其内涵,得出令人耳目一新的重要结论,至今仍有权威性的指导意义。"这本札记当时很受欢迎,1958 年 6 月初版印了 12000 册,7 月份再版 6500 册,1961 年 9 月又印了第三版,又是 12000 册。

由这封信,想到了丁景唐与茅盾的交往。丁景唐早在 1946 年就拜访过茅盾。他在《青年一代》1981 年第 4 期与杨志诚合写有《茅盾关心文学青年——记三十五年前的一次会见》。1946 年 2 月 10 日,上海文艺青年联谊会在全国文协上海分会的赞助下成立。作为联谊会的干部,丁景唐、郭明、袁鹰等在叶以群的介绍下,于1946年6月的一天,到大陆新村6号2楼拜访了茅盾。茅盾鼓励文艺青年联谊会要多做连排长的工作,"在中国,爱好文艺的年青人是那么的多,他们是文艺阵地中的小士兵,而作家呢,在中国也不少,他们好像是部队里的军长和师长。但是,缺少的是连排长啊!没有连排长,师长和小兵之间就脱了节。这军队还怎样去作战?"当看到文艺青年联谊会的会刊《文艺学习》时,茅盾还提到,"为了培植文艺新军,光是刊载几篇青年作者的作品还是不够的,应该对这些作品进行评介。要收集读者的意见,最好在第二期上刊登出来。还可以选刊优秀的作品,并且好好地解释一下:它们的内容怎样?修辞怎样?"

看到文艺青年联谊会的另一种会刊《心的交流》专栏时,茅盾赞赏道,"通讯这件事是有很大的社会意义的,你们要多做这方面的工作,把文学青年团结起来。"茅盾当时刚从重庆经香港回到上海。文艺青年联谊会为了欢迎茅盾,还在育才中学举办了"文艺演讲会"。

笔者查阅1946年7月20日的《文艺学习》第3期,刊有《六月的文谊》,文中提到,方言诗人朗里朗诵了自己的作品《歌颂茅盾先生》。茅盾表示不敢接受这样的歌颂,并随后作了演讲,并为文艺青年联谊会写题了一段话,"今天的文艺工作者不能藉口于'我是用笔来服务于民主'而深居简出,关门做'民主运动',他还应当走到群众中间,参加人民的每一项民主争自由的斗争,亦只有如此,他的生活方能充实,他的生活方是斗争的,而所谓'与人民紧紧拥抱'云者,亦不会变成一句毫无意义的咒语了。"这期的《文艺学习》还刊发了陆以真的报道《和茅盾先生在一起》,讲的就是丁景唐提到的这次拜访。

丁景唐写有《记茅盾悼念瞿秋白同志的一首遗诗——兼论茅盾对瞿秋白的崇高评价》。1980年5月,丁景唐去北京参加国家出版局召开的全国出版工作座谈会后,在一个星期天的下午,和包子衍、孔海珠一起到交道口南三条十三号拜访了茅盾。当时,丁景唐向茅盾请教了两个问题,"一、瞿秋白当年住在茅公家里的情况;二、瞿秋白牺牲后,鲁迅主持编印秋白同志《海上述林》,是否约他一起到郑振铎家中开会相商?"茅盾略作思考以后即予回答,关于第一个问题,"有些情况,孔另境(茅盾夫人孔德沚的弟弟)在回忆瞿秋白一文(指《记秋白》,署名'东方曦',刊于1940年11月1日《宇宙风》另乙刊)中曾写到过,可以参考。现在,他正在写回忆录,将在回忆'左联'和写作《子夜》的篇章中写到他和秋白同志的交往。"对于第二个问题,茅盾回复,"事隔多年,一时记不清楚,还要再回忆回忆。"丁景唐还想请茅盾为他写一首关于纪念瞿秋白的诗作为永久的纪念,茅盾"欣然允诺",随手就在一张纸上记下了丁景唐的名字。

茅盾去世后,他的儿子韦韬在整理父亲的遗物时,在一本笔记本上,发现了茅盾为丁景唐写的纪念瞿秋白、鲁迅的七言绝句手稿一页,"左翼文台两领导,瞿霜鲁迅各千秋。文章烟海待研证,捷足何人踞上游　赠丁景唐",就将这手稿寄赠给了丁景唐。韦韬在1981年10月5日给丁景唐的信中提到,"这首诗大概写在去年十一月中,是我父亲写的最后两首旧体诗之一(另一首是赠老舍夫人胡洁青同志的)。本来他打算写成条幅送您,但入冬后气喘愈烈,条幅终于能写成。现在留下的手迹因为是草稿,所以没有署名。"

这份手稿,据丁景唐描述,是"人们日常使用的最普通的那种六十四开笔记本的一页,印有灰色行格,共十三行。蓝黑墨水直行书写,六行字,每行六字或四字不等,虽用钢笔,但仍见起笔落笔的交待,颇具中国传统书法的情趣。字迹俊逸中显出苍劲。通篇用了不少简化字,有标点符号"。茅盾在这首七言绝句中对鲁迅、瞿秋白在左翼文化运动和左翼文艺运动中的历史功绩作了高度评价,也表达了一种期许,希望丁景唐等研究者能对左翼文化运动和左翼文艺运动的历史经验和瞿秋白、鲁迅进行深入研究。

丁景唐书简三通释读

2015年4月27日笔者收到了时年95岁高龄的文化老人丁景唐先生的签名本《犹恋风流纸墨香:续集》(上海文艺出版社2015年3月重版,2015年1月初版)。丁先生题:"××小友存念丁景唐赠二〇一五年四月于华东医院"。收到书后,笔者在六一儿童节跟随韦泱老师去华东医院拜访了丁先生,他精神头很好,谈关露、瞿光熙……2017年12月11日,丁先生离我们远去,笔者在孔夫子旧书网找到丁先生的三封信,结合相关资料,对其略作钩沉,以表达对先生的思念。

牛汀同志:
　　你的诗集在进行中,他们已与你联系。
　　铁仙同志来京,特要他代我向你们各同志问好。
　　《新文学史料》这期(十一月)有我的《骆驼祥子原稿》一文,如刊出,请代购三本直接寄我家里(永嘉路291弄71号)。书款可在稿费中扣除。
　　向各位同志问好!
　　向林辰、郑延顺、兴华、舒济问好,握手! 有些名字忘了,请原谅。
　　那本文献目录出版社出的《鲁迅书刊考证?》内有我的一文,何时出来。我可购三本。书款可扣除之。
　　　　　　　　　　　　　　　　　　　　丁景唐　十月七日

文中提到的《骆驼祥子原稿》一文，当指《新文学史料》1983年第4期刊发的《从老舍〈骆驼祥子〉原稿的重新发现谈起》。由此可以推知，这封信写于1983年10月7日。丁景唐得知《骆驼祥子》原稿有可能在上海图书馆，在上海市文化局方行与上海图书馆的协助下，果真查到了《骆驼祥子》原稿，"保存得很好，除因年久纸张发黄发脆之外，并无霉损，也未缺页"，一是将手稿的鉴定意见告诉了老舍的家属，二是对老舍写作与修改《骆驼祥子》的情况作了简要分析。

程代熙同志：

　　昌勇同志的文章是我建议他写的。写后给我看过，我稍为提了些意见。我曾长期整理、研究"左联"五烈士的生平与作品，并且注意到这方面的研究情况。建国以来，总的说，研究柔石、殷夫较多，胡也频次之，冯铿也有一些，独对李伟森（李求实）同志研究很少。中央文献研究室的李海文同志是李伟森烈士的亲戚（似为堂侄女），她多年收集伟森烈士作品（有不少是由我供给或借予的），去年出版了《李求实文集》，这是新中国成立后出版的第一本李伟森烈士文学作品集（也是烈士牺牲后的第一本文集）。为此，我向昌勇同志推荐此书，并鼓励他写一比较全面的评介文章。

　　我很高兴此文能得到你们的支持。

　　我已年届古稀，写得很少。见到年青的同志迅速成长，甚为快慰。

顺祝

笔健！

丁景唐
1992年11月24日

中国文史出版社1991年7月出版了李海文编的《李求实文集》，由政论部分与文学部分组成，文后附有李海文写的《李求实传》。李海文自己也提到，为了搜集李求实的遗作与撰写小传，采访了夏衍、丁玲、丁景唐等。丁景唐长期从事"左联"五烈士作品的整理与研究，对于研究的历史与现状了如指掌，意识到关于李伟森的研究很薄弱，除了帮助李海文搜集李伟森的遗作，还向程代熙推荐了黄昌勇为《李求实文集》写的书评。经查，黄昌勇的《李伟森与中国新文学——为〈李求实文集〉出版而作》刊于《文艺理论与批评》1993年第3期。

严庆龙同志并新诗组同志：

　　年纪大了，第二篇文章拖了很久，向同志们致歉。我年轻时也爱写诗,对殷夫的诗有特殊感情。为此,曾编过一本研究资料、一本殷夫全集,还有一本论殷夫和他作品的小册子。有些史实当初弄错,后来由于发现新材料,有校正。惜现在《大百科全书·文学卷》和别的书中仍有我们早已改正了的错误,希注意。

倘贵社需要我校阅一下这方面的辞(词)目,我愿为效劳。

握手!

请向巢峰、王芝芬、杨关林等同志问好!

丁景唐　一九八八年九月廿八日

如信中所言,丁先生年轻时的确爱写诗,根据《我的自述》可知,1945年4月,他以"上海诗歌丛刊社"名义自费出版了诗集《星底梦》,萧岱、王楚良作跋,女诗人关露评为"在近来惨淡荒凉的这片诗领土中突然看见这本小小的册子《星底梦》,好像在一片黑寂的大海里看见一只有灯的渔船一样……渔船虽小,仍旧是一只船,星星的光虽然不强,仍然能够把宇宙照亮"。

信中提到的"曾编过一本研究资料、一本殷夫全集,还有一本论殷夫和他作品的小册子",分别指的是丁景唐与瞿光熙合编的《左联五烈士研究资料编目》(上海文艺出版社1961年7月初版,1981年1月增订本)、与陈长歌合编的《殷夫集》(浙江文艺出版社1984年2月版)、与陈长歌合著的《诗人殷夫的生平及其作品——纪念殷夫烈士牺牲五十周年》(浙江人民出版社1981年8月版)。

丁景唐在《中国现代文学研究丛刊》1991年第3辑写有《为〈中国大百科全书·中国文学〉中的三个词条正误》,对"中国左翼作家联盟""殷夫""钱杏邨"词条中的史实失误作了校正与说明,其中关于"殷夫"词条,他提到,"有些材料来源于我的旧作,而我后来根据新发现的材料已作更正","仍引用我早前讹记的史料,以致造成出错"。

笔者只是借助于这三封信对丁先生在"左联"五烈士研究方面的贡献略作梳理,并非是对他学术成就的全面评价与深入阐述,正如陈子善老师在微博中所言,"丁先生1940年代以'歌青春'笔名从事新文学创作。50年代以后,在鲁迅研究、瞿秋白研究、创造社和左翼作家研究等领域辛勤耕耘,成就卓著。他还主持了30年代左翼文艺刊物的影印和《中国新文学大系》第二个十年的编选,是中国现代文学研究界德高望重的前辈"。

丁景唐先生与毛边书与《参差》

沈文冲

年前接到作家韦泱君挂号转寄来的丁言模先生钤印题赠予我的厚厚一本书《穿越岁月的文学刊物和作家》（二），并附《文史学者、出版家丁景唐去世》的剪报复印件一纸。原来，我所格外崇敬的著名出版家、学者丁景唐前辈，已于2017年12月11日，以97岁高龄在上海故世。韦泱先生还受丁景唐先生的哲嗣丁言模君之托，约我为暂名《丁景唐先生纪念文集》撰稿。这让我蓦然想起了丁老先生于上世纪80年代之初，主持仿制刊行《鲁迅杂感选集》毛边本的往事，以及我与丁老先生的"交往"来。

丁景唐先生是我国出版界难得的"三八"式"老革命"。他是浙江镇海人，早在1938年他就在上海加入了中共地下党，是党的老一辈杰出的文化工作者。他既是诗人、出版家，又是研究鲁迅、瞿秋白及左翼作家的著名学者。同时，丁老也是一辈子都要"坚持毛边到底"的鲁迅"毛边党"的忠实追随者与积极倡导者。他具体而微地成功主导过名家名著《鲁迅杂感选集》毛边本的出版事宜，尽管他自己是并"不喜欢毛边书"的"毛边党"党外人士。

1979年，丁景唐先生出任上海文艺出版社社长兼总编辑。很快地他就主持出版了一批他一直想出的好书，其中之一就是仿制出版1933年由瞿秋白化名何凝选编并撰写长篇序言、当年由鲁迅以上海青光书局名义亲自设计、校订、刊行的《鲁迅杂感选集》毛边本。1980年2月和1981年4月，《鲁迅杂感选集》先后以"左联50周年纪念"与"纪念鲁迅诞辰100周年"的名义出版印行，并且悉数印制成了毛边书。当年，该书在全国发行后，还闹出了一些笑话，说是不得了，出版社出次品了，书的边子都不切就发货，太不负责任了！纷纷要求退货；也有地方的一些书店出于好意，干脆二话不说，把书送去印刷厂，直接把边子切了再上架出售。如今，这些当年有幸被"识者"刀下留"情"而留了下来的毛边书，早已成了毛边书爱好者们的"抢手货"！

诚然，在平装毛边本书籍中，《鲁迅杂感选集》公认是一部做得格外考究独特的书。当年，本书初版印成的时候，丁景唐先生就计划着给国内文学艺术界的部分老同志、著名人士赠送样书,并且以出版社的名义,撰写了一封赠书的简短信函,以铅字打字后油印的方式,打印在由茅盾先生题写出版社社名的"上海文艺出版社"十六开有红色社名的出版社公用信笺纸上,附在赠送的毛边书中。信是这样写的:

"某某同志:今年三月二日,是中国左翼作家联盟成立五十周年。'左联'是在党的领导下,以鲁迅为旗手的战斗的文艺团体,在中国革命史和中国现代文学史上,留下了光辉的一页。为了纪念'左联'成立五十周年,我社重印了瞿秋白同志编选并作序的《鲁迅杂感选集》。该书的编选工作曾得到鲁迅先生的热情赞助和积极支持。初版本为二十五开毛边本,是鲁迅先生亲自装帧、设计的,一九三三年七月由上海青光书局印行。这次重印,除了校订个别明显错字外,在装帧、版式方面,基本上保持了当年初版本的风貌。现送上一册,以作纪念。顺致敬礼!上海文艺出版社(钤有出版社的红色圆形公章)。"

仿制出版的《鲁迅杂感选集》毛边本,还特意做了新增的红字白底护封,在护封封底上的"出版说明"中,同样说到了上述信函的内容,并且还特别写道:"《鲁迅杂感选集》,收一九一八年至一九三二年间的杂感七十六篇,由瞿秋白同志以何凝笔名于一九三三年春编成,并撰写了著名的《序言》。……为了纪念'左联'在中国现代文学史上的战斗功绩,纪念鲁迅先生和他的战友瞿秋白同志,现据初版本重排印出。……重排本共印一万册。上海文艺出版社,一九八〇年二月。"而在翌年四月《鲁迅杂感选集》毛边本重印时,在护封封底的"出版说明"中,又特别说明道:"今年为鲁迅诞辰一百周年,应广大读者要求,特予再次重印。"再版重印的毛边本数量为五千册。

在毛边本《鲁迅杂感选集》仿制的重排初版本上,丁景唐先生还专门安排了人邀请篆刻家,特地为本书篆刻了一方竖式长条形的纪念印章,篆书体的印文是"左联五十周年纪念"。这枚印章均被逐一手工钤于1980年2月重排新一版部分书中的卷首扉页,或者钤于这新一版部分书籍的护封前勒口上。这一举动,无疑足于表明丁景唐先生当年为《鲁迅杂感选集》毛边本的重排新版本的华丽面世,是倾注了许多心血与精力的,从而使得本书成为新中国建立以来,特别是1966至1976年之后,新时期不可多得的一部精心设计印造的精致典范的毛边书,成为鲁迅"毛边党""死灰复燃"、"东山再起"的标志性图书,其出版印行在毛边书文化的发展史上,有着非同寻常的特殊意义。

也正是围绕着这样的一部毛边书,我在进行有关毛边书文化发展进程的探讨过程中,终于开始了与丁景唐先生的"交往"。首先是在淘书时,我有幸觅得了丁老上世纪60年代与80年代的两部著作,一是《学习鲁迅和瞿秋白作品的札记》(1958年新文艺出版社初版,所得为1961年上海文艺出版社的第2版);一是《学习鲁迅作品的札记》(1980年上海文艺出版社初版,所得为1983年的增订版)。不久有一位热心的书友替我拿了这两本书找到丁老,请他在书上题词签名,我当然也是求之不得了。

此后又有书友替我觅得了一册丁老仿制的《鲁迅杂感选集》毛边本,并且还是一部毛边未裁本,令我感到分外欣喜!其时,拙著《中国毛边书史话》即将杀青,正有请几位前辈专家撰序的设想,于是我请沪上好友韦泱先生玉成此事。经过联系,韦泱先生毫不推辞,热心相助,全力支持,还答应把我新买得的毛边本《鲁迅杂感选集》寄给他,由他请丁老题词、签名留念,让我感激莫名。韦泱先生不辞辛劳,多次往访丁老,奔波于丁老晚年所住的华东医院老干部病区。他不但请丁老为我的《鲁迅杂感选集》毛边本上题词留念,还想方设法协助丁老完成了谈毛边书印造的专文《从重印〈鲁迅杂感选集〉毛边本谈起》,作为拙著《中国毛边书史话》(2013年内蒙古教育版)的代序,印在卷首,极大地为小书增了光添了彩。

在这篇作于"二〇一一年初夏"的"代序"中,我们可以深切地感受到,丁老提携、奖掖后进的满腔热忱洋溢于字里行间。在"代序"结尾处,丁老写道:"近来,书友韦泱和沈文冲,先后觅到三十多年前上海文艺出版社重印的《鲁迅杂感选集》毛边本,请我题词,我即欣然为他们签名题词。沈文冲继编著《毛边书情调》和著作《百年毛边书刊鉴藏录》两本厚实的研究毛边书的专集之后,还专致于撰写一部《中国毛边书史话》并索序于我。我赞其为学勤奋,嘉惠学林匪浅,乃撰此文,权作代序可矣。"

2015年5月,在各地多位师友的怂恿支持下,我有些不自量力地创办刊行了一份小型的半年刊毛边杂志,即以专门探讨毛边书文化为主旨的期刊《参差》。就在《参差》创刊号发排前夕,丁老得知小刊即将问世,就托韦泱先生给我寄来了他的新著《犹恋风流纸墨香续集》题款签名钤印本,让我喜出望外。我即刻安排把丁老这本新书的"序言",编入了《参差》的第一期,当作是丁老对我们这份小刊出版的最大支持。

如前所述,丁老尽管自己并不爱好毛边书,但这绝对不影响和妨碍他对毛边书这一独特而别致的版本形式的极大兴趣与浓浓的好奇心,甚至在丁老95岁高龄的时候,他在阅读了拙著《中国毛边书史话》之后,仍然对毛边书的起源问题、毛边书是舶来品还是中国更早就有等问题,希望有人能够认认真真地花一些工夫把它们弄清楚。刊载于《参差》第二期上的《丁景唐先生谈毛边书》一文中,作者卢润祥先生有这样的记述:

> 丁老说,从中国古代到民国,没有听说过有毛边书,有人以为毛边

本是舶来品,我弄不清楚。沈文冲著的那本《中国毛边书史话》,我是写了篇序予以推荐的,有关毛边书源于国外的情况也说了,但是具体哪国?什么年代?沈先生也没有说,只是指出迄今未有一致的定论。十几年前,江苏人民出版社出过一本《胡愈之传》(按:书名为《我的回忆——胡愈之回忆录》,陈原著,一九九〇年七月江苏人民出版社印行),其中有他回忆在法国专门学习过毛边书的制作,内容很精彩,我希望爱好毛边书的文友不妨找来查看。说毛边书是舶来品,是否中国的可能要更早?我没有这方面的学识,希望有文友不妨花费一些功夫探索一下。古人说:知之为知之,不知为不知,是知也。我是有自知之明的。

对于丁景唐先生在与沪上资深辞书编辑、文史随笔作家卢润祥先生交谈中谈及的这一有趣的话题,作为《参差》的主编者,我在刊出卢先生的文章时,已经在该文之后,以"按语"的形式作了较为详尽、具体而概括的回答。然而,丁老作为一位德高望重、年届期颐的前辈学者,他的那种虚怀若谷,"活到老,学到老",一生对知识与学问不断追求的可贵精神,则永远值得我们后学的尊敬与效法!

行文至此,本该打住了。但我正巧想起了自己在另一则短文中说过的话,移录在这里,以表达我对丁老去世的深深痛惜:"尽管我知道,丁老先生晚年一直因病住在上海华东医院的老干部病房,韦泱君得地利之便,有空常会去探望他,据说他的精神不错,身体还算过得去,五年前拙著《中国毛边书史话》梓行,我托韦泱君代为索序,居然承老先生慨然赐序。但是,不曾想老先生最终却还是无奈地匆匆走了,这使我一下子不禁仍然深深地感到愕然。"

除此以外,在今年年初《参差》第 6 期编竣之际,获悉丁景唐老先生逝世的讯息,我在该期的《卷首语》中,特别增写了一节文字,至少也些许表达了当今毛边党们,对丁老积极而热心地倡导毛边书文化发自内心的深深敬意,转录于此,就作为本文的结束吧:

在编辑过程中,编者惊悉本刊首席顾问、杰出的文史学者、著名出版家、作家兼诗人丁景唐先生不幸于 2017 年 12 月 11 日在上海因病去世,享年 97 岁。丁老 1920 年 4 月出生,1938 年加入中国共产党,1944 年毕业于上海光华大学中文系。他长期在上海从事进步刊物的领导、编辑工作以及进步的社会活动。新中国建立后,曾任职于上海市委宣传部、上海出版局,1979 年出任上海文艺出版社社长兼总编辑。他先后主持了具有重大历史价值而存世稀少的中国现代文学期刊的影印、《中国新文学大系(一九一七至一九二七)》影印、《中国新文学大系(一九二七至一九四九)》续编影印等重大出版工程。1980年2月,作为对"左联50周年纪念",他还推出了根据1933年上海青光书局刊行的瞿秋白编选并作序的《鲁迅杂感选集》繁体字版的仿制毛边本,成为新时期毛边书出版的标志性事件。该书毛边印制精美绝伦,至今仍为毛边党们所津津乐道。丁老一生著述甚丰,主要著作有《犹恋风流纸墨香——六十年文集》《星底梦》(诗集)《妇女与文学》《学习鲁迅作品的札记》《瞿秋白著译系年目录》《左联五烈士研究资料编目》《诗人殷夫的生平及其作品》《瞿秋白的研究文选》《鲁迅和瞿秋白合作的杂文及其他》《中国现代著名编辑家编辑生涯》等。由丁老哲嗣丁言模先生主编的《丁景唐先生纪念文集》(暂名),计划2018年夏编辑,次年出版。同时,编者得到著名的书话作家与诗人韦泱先生的鼎力支持,本期封二特别刊出丁景唐先生的遗墨,封三刊出写有丁景唐先生题跋并钤印的毛边本《鲁迅杂感选集》扉页的书影,以此表达毛边党们对这位德高望重的可爱的前辈学者、出版家的悼念之意与崇敬景仰之情。

辑三

怀念丁景唐先生

施晨露

永嘉路慎成里,始建于1928年的这处石库门里弄,是上海迄今保留最完整的石库门弄堂之一。丁言模站在弄堂口等待记者。1940年起,他的父亲,著名出版家、文史学者丁景唐就一直住在这里,直到2009年10月,当时89岁的他转至华东医院治疗休养。2017年12月11日晚,丁景唐在华东医院去世,享年97岁。

2017年12月15日上午,家属亲友在龙华殡仪馆送别丁景唐,"洪湖水浪打浪……"围绕在众人耳边的是丁景唐晚年最喜欢唱的一首歌。"还有一首是'大刀向鬼子们头上砍去……'抗战时期,父亲17岁参加革命,到今年正是整整80年。"丁言模说。

从慎成里出发

"那栋后面的房子,萧军、萧红住过,鲁迅曾经来这里看过他们;还有那栋是原中共江苏省委旧址……"丁言模用手在弄堂里划了个大圈,又复划向弄堂外的马路,"萧军、萧红在这一带住过三个住处……马路对面那个叫敦和里的大弄堂,萧红曾经在弄堂口的大饼摊上发现鲁迅的手稿,因为这里曾是三家与鲁迅关系密切的文学期刊的编辑部。巴金也曾临时住在敦和里,写下了《春》……"文学、革命,是曾经包围慎成里的一种氛围,也在无形中为在这里住了一辈子的丁景唐划下了生命的关键词。

丁景唐、王汉玉夫妇

丁景唐出生于1920年,原籍浙江镇海。1937年,抗日战争爆发,那年冬天,念高中的丁景唐参加了党领导的上海学生界救亡协会,任中学区干事,投身抗日救亡学生运动。他曾想去延安,后来一个同学对他说,到延安是参加革命,在上海也可以呀,上海也有我们的人民群众。丁景唐想想,接受了。1938年11月,他加入中国共产党,在上海地下党"学委"系统领导学生宣传调研工作。丁景唐先后就读于东吴大学、沪江大学,最后毕业于光华大学中文系。频繁转学,且每间大学念的时间都不长,是出于革命工作的需要。而编辑的才华,也自那时起开始崭露,所编的第一份刊物是和同学王韬(后在抗战中牺牲)合办的《蜜蜂》——取名《蜜蜂》,是希望它能像蜜蜂那样,活跃在革命的文艺战线上。后来还编过《联声》《莘莘月刊》《新生代》《时代学生》等刊物。

解放前因躲避国民党追捕,丁景唐夫妇离开上海赴香港等地。

抗战胜利后,丁景唐参加编辑《小说月报》《译作文丛》《文坛月报》,利用编辑的公开身份,发起大中学生征文,以此发掘一些富有才华的进步文学青年,其中便有后来知名的董乐山、董鼎山兄弟。新中国成立后,他历任上海市委宣传部文艺处处长、宣传处处长、新闻出版处处长,上海市出版局副局长。"文革"后,1979年,出任上海文艺出版社社长兼总编辑、党组书记。

为中国新文学存迹留痕

接棒编纂《中国新文学大系》是丁景唐主事上海文艺出版社期间最为人瞩目的一项工程。在丁景唐眼中,出版家赵家璧是个"非常有创造性的编辑思想"的人,早在上世纪30年代,他在良友图书公司,为保存"五四"以来的新文学重要资料,编辑出版了中国最早的大型现代文学选集——《中国新文学大系》。当时的幕后策划是创造社老将郑伯奇,通过他又联络了鲁迅、茅盾、阿英、郑振铎等名作家,最后连在北京的胡适、周作人、朱自清等都被调动起来,又邀约到蔡元培先生作总序。这是明星荟萃、巨人携手的一个文化工程。这十一位元老级人物里,有左翼与右翼之分,也有宗派对立、兄弟阋墙,却都心甘情愿地聚集在一个文学青年麾下编辑同一部丛书,这不能不说是中国出版史上的奇观。赵家璧设计的是个金点子,这些文坛巨星都是"五四"的产儿,对于"新文学"有着难以割舍的依恋之情,"五四"的产儿们放弃旧隙一致来弘扬"五四"精神成果,从理论研究和创作实践两方面来确立新文学的权威地位,这是大系的真正的生命所在。《中国新文学大系》第一辑的编撰,是赵家璧等前辈们为后生解读这一中华民族的集体记忆,提供了一份不可多得的文学路径和历史坐标。为此,丁景唐有了开始影印《中国新文学大系》第一辑十卷本的想法。在此基础上,续编《中国新文学大系》第二辑提上日程。

1982年,丁景唐趁赴京参加全国出版会议的机会,拜访了夏衍、聂绀弩许多文坛前辈,得到他们一致的支持。他和赵家璧一起看望了叶圣陶,叶圣陶推荐吴组缃为散文集作序。"当时我们是社里的年轻人,跟着老丁("老丁"是丁景唐引以为荣的称呼)拜访了很多文坛前辈,老丁为《中国新文学大系》的编纂确定了一个原则,那就是所有作品必须收录当初发表时的原始版本,我们跑了很多图书馆,北京的、上海的,去找各种版本资料。"上海文艺出版社原副总编辑魏心宏向记者回忆。

《中国新文学大系》第二辑的续编工作启动于1983年。二十卷共1200余万字,原计划三年完成,由于当时人力和资料上的困难等问题没能如期完成,待最后两卷《史料·索引》出齐,已是1989年10月,整个出版过程达五六年之久。此后,丁景唐又担任了第三辑(1937年—1949年)和第四辑(1949年—1976年)的顾问,还亲任第四辑《史料·索引》卷主编。他提倡的"坚持收录初版本"的编选原则,以后在其他各辑中继续得到贯彻发扬。2009年,在新中国成立60周年之际,《中国新文学大系》第五辑由上海文艺出版社出版,至此,这套共一百卷本的选集终于告成,王蒙题语"百卷沧桑,百卷心事,百卷才具,百卷风流"。丁景唐则感慨:"我为中国新文学存迹留痕,希望相关专家有用,也希望优秀文学得到后人的传承,此,我心足矣!"

通过影印抢救现代文学史

在五子丁言模眼中,接力编纂《新文学大系》是父亲的一项重要工作,但非唯一,这项工作的基础亦是建立在父亲对于上世纪二三十年代新文学尤其是左翼进步文学的贯穿一生的热情之上的。作为从那个时代走来的资深革命者,丁景唐敬重鲁迅,对于瞿秋白则怀抱着某种"打抱不平"的情怀,他坚持研究鲁迅、瞿秋白和中国现代文学史等,其中包括影印左翼文学期刊的工作,为保存、收集和研究中国现代革命文学资料作出了重要贡献。

丁景唐曾说,影印旧书刊和主持编纂《中国新文学大系》的艰辛工作成果,是他一生编辑生涯中最为倾心的两件事。早在1958年到1962年,丁景唐在上海市委宣传部、上海市出版局工作期间,就曾主持影印了先后两批、四十余种上世纪20年代末30年代初的革命文学期刊,其中包括已成海内孤本的《前哨》《文学导报》《文艺新闻》等。"文革"后,丁景唐复出工作的首要,也是主持影印《语丝》《光明》等刊物。1980年,为纪念左联成立50周年,又以他自己的藏书为底本,影印了当年瞿秋白编选并作长序的《鲁迅杂感选集》。在丁景唐看来,这些影印本具有抢救现代文学史、现代出版史、现代文化史等有关资料的重要意义。比如《文学新地》发表的艾芜短篇小说《太原船上》,因艾芜被捕入狱,由沙汀转交发表,作家本人一直未亲见。直到新中国成立后，艾芜听说上海曾重印一批 30 年代的文艺刊物，并在全国文联大楼展览，其中就有登载《太原船上》的《文学新地》，作者署名乔诚，正是沙汀所取的笔名，他立刻请夫人王蕾嘉抄录了这一版的《太原船上》。

繁忙的本职工作之余，丁景唐在鲁迅、瞿秋白和左联研究上都有诸多成果，茅盾曾在病中题诗赠他云："左翼文台两领导，瞿霜鲁迅各千秋。文章烟海待研证，捷足何人踞上游。"丁景唐则笑说，这是茅公对我的鼓励。

上世纪 50 年代初起，丁景唐先后出版了《南北民歌选》（上下册）、《学习鲁迅和瞿秋白作品的札记》、《瞿秋白著译系年目录》（与方行合作）、《左联五烈士研究资料编目》（与瞿光熙合作）、《学习鲁迅作品的札记》、《诗人殷夫的生平及其作品》、《殷夫集》（与陈长歌合编）等学术专著，还在报刊上发表了《鲁迅和瞿秋白的革命友谊》《略论瞿秋白在中国现代文学史上的贡献》《左联成立前后的郑伯奇》等文章。2004 年，上海文艺出版社出版了《丁景唐六十年文集——犹恋风流纸墨香》，2015 年，《犹恋风流纸墨香（续集）》由上海文艺出版社推出，丁景唐时年 95 岁。

留下一张巨大的"地图"

查书、借书、买（淘）书、看书、品书、写书、审书、出书、送书，丁景唐曾道，这是自己大半辈子的主要生活乐趣。在慎成里简朴的旧式居室里，访客进屋就像进了一家阅览室。"小时候家里藏书不断增加，从书橱里逐渐扩散到衣柜顶上、箱子里、床下、桌椅周围，最后钻进阁楼里，甚至楼梯上都堆着各种书刊，塞满了家里的各个角落。每有客人上楼来，家人都要提醒一句，'当心脚下！'我们七个孩子从小都睡在书堆里，睡觉前随手抽一本翻看，伴随进入梦乡。"丁言模曾这样回忆童年场景。因为藏书之丰，丁景唐曾得沪上十大藏书家之号，"文革"中，大量书刊被烧毁，"劫难"之后，书又慢慢累积起来，重新塞满了家中四处。直到丁景唐搬入华东医院，他的病床周围也常被全国各地寄来的书刊包围，常常引得护士长产生意见。

丁景唐与子女

无论是藏书之丰，还是治学精神，都对丁景唐的下一代产生了很大影响。三女丁言昭毕业于上海戏剧学院戏文系，曾是上海木偶剧团的资深编剧，业余则专情于为"多才多艺多情的奇女子"作传，写过萧红、丁玲、许广平、林徽因、王映霞、关露等，仅从人物题目就足见父亲和慎成里在她身上留下的印记。比如曾经长期在上海从事地下工作的关露，丁景唐曾率进步青年向她编辑的《女声》投稿,十分敬佩这位传奇女性,遂嘱女儿为其立传。

五子丁言模"师承"痕迹更浓,他最早写《鲍罗廷与中国大革命》,瞿秋白曾是鲍罗廷的秘书,又扩展到张太雷等共产党早期领导人,"转了一大圈",又重新回到左联作家、中国现代文学史的研究之上。"翻开父亲当年主持影印的一批20世纪20年代末30年代初的左翼文学期刊,上面还清晰地留着父亲的笔迹,'注意保存','这个有价值,可以去找……'还有用毛笔蘸着红墨水画的大小圈圈,示以重点;或者蓝色钢笔字迹,竖写的,横写的,拐弯的……顺着父亲的眉批和其他线索,甚至留下的各种疑问,四处寻找,就如破解密码一样——原来父亲早已发现,只是没有成文,他的每一个新发现都可以成为一本本专著的先导和研究方向。在父亲珍藏的影印本和其他发黄、变脆的纸张资料上,不断跳出我熟悉的一个个作家的名字,他们都曾是父亲长期研究左翼文学的重要对象。"

丁景唐在华东医院过97岁生日

丁景唐是上海左联会址纪念馆顾问,自1989年建馆始,从纪念馆陈列方案的设计到无偿捐赠书刊、资料、文物,纪念馆都得到他的切实帮助和指导。他曾说:"是左联这块丰碑给了我精神,给了我力量。左联在我国现代文学史上有着光荣的地位,它是中国革命文学的先驱者和播种者。包括鲁迅在内的左联成员,还有柔石、殷夫、胡也频、冯铿、李伟森,这'左联五烈士',当年他们是以文化的'拓荒者'的姿态出现在神州文化舞台的,他们用犀利的杂文,或是沉绵的小说,或是隽永的诗篇来唤醒中华民族。所以,他们留下的作品,留下的精神,是不朽的。我之所以花时间和功夫研究这段历史,是因为有意义。我至今认为,他们当时那种直面民生、直挞时弊的文风,那种为国为民、励精图治的献身精神,在自强不息、建设现代化中国的今天依然值得发扬。"

为丁言模著《穿越岁月的文学刊物和作家》所作的序言里,丁景唐说,由于诸多原因,迄今还没有出现系统、深入研究20世纪20至30年代的现代左翼(进步)文学期刊的专著,他勉励儿子"以长期甘愿寂寞、枯坐冷板凳的勇气和毅力,逐渐接近还原当时左翼期刊真实面貌的目标,以填写中国现代文学史的种种空白",更希望"有更多有志向、有魄力、有意志的年轻人投入这项工作"。

丁言模说,父亲的藏书、父亲的工作犹如一张地图,网起了现代文学史的一个个支点,从任何一个点钻下去,都有数不尽的文章可作。而我们愿以巴金先生在1982年写下的这段话作为对丁景唐和他同代老编辑、老学人的怀念,那是《随感录》中的一篇,当时79岁的巴金写下:"没有过去的文化积累,没有新的文化积累,没有出色的学术著作,没有优秀的文艺作品,所谓精神文明只是一句空话。要提供和'社会主义精神文明'相适应的充实的内容,出版工作者也有一部分的责任。我相信他们今后会满足人民群众更大的希望和更高的要求。……对编辑同志,对那些默默无闻、辛勤工作的人,除了表示极大的敬意外,我没有别的话可以说了。"

丁景唐先生逝世周年纪念

新闻出版博物馆（筹）

去年的今日，97岁的著名文史学者、出版大家丁景唐前辈驾鹤西去，走完他为文化事业呕心沥血的一生，离开了他居住近八十年的慎成里，离开了他的书房，离开了他的亲朋好友和读者们。倏忽已一年，眼前仿佛又浮现丁老在家门口笑着招呼我们的情景……

丁老一直关心支持新闻出版博物馆筹建工作，不仅献计献策，还将自己珍藏的国人编纂的第一部大型英汉双解字典——商务印书馆1902版《商务书馆华英音韵字典集成》等书籍及一些老照片等无偿捐赠予我馆。自馆刊创刊起丁老便担任顾问，并多次撰写文章，还参与拍摄口述史，为我馆留下珍贵的影像资料。为此，我们编辑整理了丁老在馆刊发表的文章及口述历史记录，结合丁老捐赠的照片，回顾他同读书、编辑、出版和学术研究始终紧密联系的一生，纪念他，感谢他，怀念他！丁老曾自述：

> 我的族名、学名叫丁训尧，"训"字辈。我的子女是"言"字辈，如丁言昭、丁言模（专门研究瞿秋白、张太雷、鲍罗廷、杨之华等人）。我读初中二年级是从小学五年级越跳至上海青年会中学初中二年级插班生。因此，1936年秋初中毕业，考入高中一年级时，学校因我按当时教育局规定，初中未读满三年，不能算初中毕业生。校方就让我的家长（我幼年父母早亡，叔父丁继昌是我家长），替我改名丁景唐。景唐与训尧都是一个意思，就是追慕唐尧虞舜（古代贤帝）之意。中国历来命名子孙，多有追慕前贤之意，慕名帝王将相的，如诸葛亮、周瑜等。
>
> 1938年11月，我加入中国共产党，创办文艺半月刊《蜜蜂》，开始我的编辑生涯。蜜蜂的意思是它采百花之蜜，把刊物编成营养很好的精神食粮。从刊物内容可以看出两个十七八岁的小青年不但爱好文艺，而且爱好代表先进思想的文艺，都是抗战的和纪念鲁迅的、战斗性很强的文章。这是我编辑的开始，当时当编辑一无经费，二无地方，样样都

没有，就是两个中学生在家里编。经费问题怎么解决呢，靠我姑妈，我请我的姑丈，姑丈是一个开电料厂的，提供一个广告，这样全部解决了，那么怎么学编辑呢，我们从来没学过，在学校里我们出过壁报，出过油印刊物，但是排成铅字公开出版这种刊物没有过，而且这个刊物非常珍贵。

1940年冬天，我与沪江大学学生王楚良一起编辑上海基督教学生团体联合会的刊物《联声》，之后便从事地下党"学委"系统的宣传调研工作。1942年底（或1943年初）向关露编辑《女声》投稿，先要我领导的光华大学学生钟恕，是我们学生党员中最能写的一位，用微萍的笔名投稿，探测《女声》是否刊用外来投稿。她的作品《紫色的恋》即期发表后，我也借用"微萍"的笔名向《女声》投寄《寒窗琐语忆之江》（之江大学）和短篇小说《三男跟一女》（大学生恋爱故事），果然也立即刊出。1945年春天，我注意公开工作与秘密工作相结合，利用合法的社会关系团结积极分子，参与中共地下党员自办的两份刊物。一份是由我联系的学生刊物《莘莘月刊》，由交通大学的地下党员沈惠龙等负责，其活动后来被列为抗日战争时期中国共产党上海党史大事记之一。另一份是我与"文委"系统党员王楚良、萧岱合办的《谷音》。新刊物叫什么名称，既能代表编者的心境和意向，又能吸引读者，颇费脑子。王楚良、萧岱干脆用一个简单的办法——翻看《辞源》，恰巧查到黄庭坚诗句："别后寄诗能慰我，似逃空谷听人声"。瞬间灵光闪现，"刊名就叫'谷音'！"我特地将此诗句编排在《谷音》扉页上，坦然"告示"，其弦外之音，让读者自行细细品味。

我的思想是明确的，因为我们是编历史，文学的历史，要看当时的真实情况以及他们（注：有争议的作家）所处的作品所代表的水平。人物后来有变化，大家也接受，这点我自己是比较明确的。为什么明确这点思想，因为我经历了"文革"的十年锻炼，如果没"文革"的十年，以及后来十一届三中全会拨乱反正，我也不可能有这样思想，这也属于当时思想解放，这里边周作人、胡风、沈从文、王任叔、丁玲都能算进，还有包括到台湾去的一些作家。以新文学大系来讲，第二个十年能够完成，也是依靠五四以来的老作家，依靠我们出版社编辑的基本队伍，还有依靠其他兄弟单位的帮助。我们编辑的榜样有两个，一个是鲁迅，一个是邹韬奋，他们的一生都是这样的，他们并不是一个孤立的，而是代表一个时代，一群人。

1947年12月20日，我写了一篇关于香港的通讯，叫《香港的侧面》。当时寄到上海我（曾）工作的地方，叫上海联华广告图书公司，当时有一个刊物,是一种适合市民阅读的小型刊物,叫作《茶话》,就是登在这上面。这篇文章我用了一个笔名,我当时到香港去用了化名叫丁伟理,这篇文章笔名是卫理,取保卫真理之义,登在《茶话》1948年1月份出版的20期上。这篇通讯发挥了特殊的作用,我走的时候大家都知道我到香港去了,这篇文章更加证明我是在香港写的。

我是搞群众工作出身的,搞过青年工作,实际体会到一定要走群众路线,要面向广大作者,面向编辑与广大读者。这工作比较复杂,因为像我们还是理想主义者,理想主义者有时主观主义,主观愿望要做,但在现实生活中是做不到的;你想得很美,但是实际上各种力量、各方面的思想要统一到一个大的目标。我们有四句话,是指导原则:"发扬五四新文学的革命传统,反映新文学运动的历史面貌,坚持第二个十年的辉煌实迹,促进新时期文学的繁荣兴旺。"

《新文学大系》第一个十年影印本公开发行以后,接下来就搞上海文艺出版社成立30周年,1982年6月1日。之前因为《新文学大系》影印本给我教育蛮大的,我晓得搞这个工作要动点脑筋,不能用一般的思维,要有些创造性,所以搞30周年时,我一个人先到南京找匡亚明,匡亚明是新文艺出版社成立时华东局的宣传部副部长,常务副部长,部长是史栋,史栋不大管事情的,还有冯定,还有夏衍,1952年是匡亚明同夏衍代表中共中央华东局宣传部出席、宣布新文艺出版社成立。……上海我只找巴金。起初我对巴金要求并不高,叫他略微写几句,他说,我考虑考虑。巴金写了与文艺出版社的往来经过,对编辑出版工作提了很好意见。这篇稿子巴金指明原稿退还给他,我叫丁言昭(注:丁景唐三女儿)抄,丁言昭也发现一个错字,巴金笔误错字。最早发表在《解放日报》上,是用丁言昭的抄稿发表的。

文艺出版社30周年(社庆)时,我觉得(新文学大系)应该要正式弄。我有一聪明办法,不再一步一步请示。大概6月份,30周年(社庆)以后,我又到北京去了一次,再去找叶圣陶、周扬、夏衍、吴组缃,吴组缃是叶圣陶推荐的,到聂绀弩家里是同聂文辉一起去的。我在那面全部安排好,写了一个情况汇报,找国家出版局局长边春光,他原是中国青年出版社社长,蛮有魄力的。边春光讲,老丁,这个事情我教你一个非常好的办法,你把情况汇报交给我,我让国家出版局发一个内部情况,把你的原文全部登上去。这个内部情况上面中央领导全看到的,保险大家会重视这个问题,边春光对第二个《新文学大系》也起了蛮大的作用。

2010年阳春四月,我在医院里平静地度过了90岁生日。回首往事,一辈子从事文化出版事业,许多往事值得回味。赵家璧1935年在上海良友图书印刷公司,主编出版一套《中国新文学大系》,为五四以来新文学的第一个十年作了总结,意义重大。近五十年后,80年代我主持上海文艺出版社期间,编辑出版第二个十年的《中国新文学大系1927—1937》。随后,我的同仁们编辑出版第三辑和第四辑的《大系》。二十年后的2000年,由王蒙、王元化为总编辑组成编委会完成三十卷第五辑的《大系》。这样,一代人接一代人,费时七十五年圆满地完成了自"五四"运动至2000年的中国现代文学五辑一百卷的宏伟的历史长卷。

　　晚年,我常用"景玉"通信、题署、作文,都是把我和我的东吴大学同学、终身伴侣王汉玉中的"景"与"玉"字组合,请钱君匋专门刻了几方印章:景玉、景玉共赏、景玉赠书。我在上海鲁迅纪念馆辟有"丁景唐专库"(藏书室),别人都请人题库名,我即自书"景玉公书"字样。

　　林丽成回忆说:自从知道出版局决定筹建出版博物馆后,老丁真是从不把自己当外人。他虽始终任职于出版业,文博界关系也很深,带我去鲁迅馆、左联馆等,他是那儿的上宾。最有意思的,是去龙华烈士陵园纪念馆。20世纪90年代,筹建龙华烈士陵园期间,馆方与老丁商议,将八百余种藏书存于该馆资料室。出版博物馆筹建后,老丁就要求馆方将其中与出版相关的书籍转赠出版博物馆。那日他带我过去,指着书柜让我翻。我手脚麻利地快速搜寻,不管不顾那位尴尬又无奈地站立一旁的馆领导。这次出击的最大战利品是商务印书馆1902版的《华英音韵字典集成》,是1948年春,老丁夫妇根据上级党组织指示,在广州躲避追捕期间购买的旧书。该书是中国最早的英汉双解字典,由盛宣怀题签,序言有四篇,中文序言是严复写的,三篇英文序言的作者分别是李提摩太(Timothy Richard)、辜鸿铭、薛思培(J·A·Silsby,美国北长老会传教士,多年担任上海清心书院院长)。

　　节选自《澎湃新闻·上海书评》2018年1月22日,林丽成《老丁家的饭桌》

悠悠练水情

陶继明

年已八秩的出版界老前辈丁景唐先生常念叨着嘉定,他的心中有着一片难以割舍的嘉定情。

1947年,27岁的丁景唐已有九年党龄,并出版过诗集《星底梦》、文学批评著作《妇女文学》及《怎样收集民歌》,编辑过颇有影响的文艺刊物《文坛月报》,已是活跃在海上文坛的青年文艺工作者。1946年至1947年,他主持中共领导的上海文艺青年联谊会,出版会刊——《文艺学习》。上海文艺青年联谊会中有郭明、廖临、朱烈、袁鹰、杨志诚、吴宗锡、陆谷戈、梁达、屠岸等十几名青年地下党员,他们分别由丁景唐单线联系或间接领导。其中廖临是袁鹰的入党介绍人,他是嘉定人,与丁景唐是莫逆之交。上海文艺青年联谊会请郭沫若、茅盾、叶圣陶、田汉等作演讲,组织各科文学小组、木刻漫画小组、举办文艺晚会和文学讲座等,开展反对美蒋的民主运动。1947年4月间,丁景唐的领导唐守愚通知他,他已被国民党反动派列入黑名单,嘱他立即离沪隐蔽。情急之中,他想到战友廖临正在嘉定养病。第二天清晨他到苏州河北偷鸡桥乘四人一车的个体小包车,赶到嘉定廖临家中。

廖临的家是嘉定城内著名的廖家大院。清代光绪年间,廖临的曾祖父廖寿丰、廖寿恒兄弟,曾官至浙江巡抚、礼部尚书、总理各国事务大臣、军机大臣,在朝野上下显赫一时。

但历史进入20世纪时,这个世代钟鼎之家也受到"五四"新文化运动的洗礼和共产主义思潮的影响,出现了几个"逆子叛孙"。廖临的堂叔父"廖家大少爷"廖家礽,曾参与发起成立中共嘉定县特别支部(即嘉定县委的前身)。大革命失败后,廖家礽又参与组织和领导了震惊上海地区的嘉定"五抗暴动"。"五抗暴动"失败后,年仅19岁的共产党人廖家礽慷慨悲歌地走向刑场,被国民党反动派杀害于练祁河西的高义桥头。

廖临又是一位从廖家大院内走出来的年轻的共产党员。廖临在丁景唐的直接领导下,以《时事新报》特约影剧记者的身份,于1946年认识"雪声"

越剧团编导南薇,又认识了著名越剧演员袁雪芬。南薇由丁景唐一篇论述鲁迅著名小说《祝福》中祥林嫂人物形象的论文的启发,征得袁雪芬同意,策划编导上演了根据《祝福》改编的越剧现代戏《祥林嫂》,引起了上海剧坛的一场巨大冲击波。廖临为《祥林嫂》的演出作了宣传,戏彩排后,廖临又陪同袁雪芬、南薇去访问戏剧大师田汉,交谈越剧艺术的有关问题。廖临的女友童礼娟也陪同袁雪芬去征求许广平的意见。以后廖临和袁鹰在报上写了赞扬《祥林嫂》为"越剧革新的里程碑"。上海解放前夕,廖临、童礼娟夫妇由上海地下党外县工委安排,又回到家乡,住进廖家大院,接受任务,迎接解放。

廖家大院在练祁河北的宫保桥旁,"宫保"是清廷对廖寿恒的荣誉称呼,桥也因宫保而得名。廖家大院是一所具有典型晚清建筑特色的深宅大院,有大小124间房子,是一个庞大的建筑群,为嘉定名宅显第之冠。抗日战争胜利后,廖家大院被国民党占作县政府,留下一座小院十间楼房给房主使用,廖家称这座小院为"洋书房"。小院和大宅院中间隔一条从前院一直通到后门的过道。出后门小街时对面是花园,因园内遍植梅花,故名"梅园"。当年"嘉定四先生"中的唐时升在此筑园读书。小院前面是花厅,后面是一排平房还有厨房、柴间等。小院的门开在过道中间。进门有一天井,楼上楼下六间房,过月洞门又一天井,楼上、楼下四间房,楼上的房间有回廊相连,把小院门一关就和大院隔绝,但上街必须经过大宅院的大门,经常可以看到出出进进的国民党县政府官员。

丁景唐被廖临安排在后院的楼上。他与廖临在敌人的眼皮下朝夕相处,纵谈国际国内的形势变化,阅读廖临家藏的书刊,偶尔也到老街走走。暮春的嘉定桃红柳绿、莺飞草长,老街长长、小巷深深、练水潺潺。迎着江南的和风,他呼吸着水乡那潮润温馨的空气,他的感情融入了这个江南古镇。

街上那来来往往的人群淳厚善良,又显得悠闲,多像他那个略带盐腥气息的故乡镇海。他在廖家大院里避居了十天,生怕待久了会影响廖家。又出嘉定西门路经娄塘镇,到太仓县去找一位向《小说月报》投稿,有过多次通信的中学生。因这位青年学生正巧去了上海,不在家。丁景唐在这位青年学生家住了一夜,又赶回嘉定,转赴宁波、镇海,后又转往香港、广州。算起来,他在嘉定仅仅待了短短的十一天,但却对嘉定留下了难以忘怀的印象和情感。

上海解放后,丁景唐担任中共上海市委宣传部的文艺处处长、新闻出版处处长、后又任上海市出版局副局长。生活安定了,他仍忘不了嘉定。1954年,他带着妻子王汉玉和小儿子,兴冲冲地从北站乘火车到南翔黄家花园,观看美国移植来的珍贵树种"世界爷"。1958年,他又随上海市委宣传部、教育卫生部机关干部参观全国卫生红旗镇——南翔镇。

1963年，丁景唐陪同法国总统戴高乐将军的历史顾问访问马陆公社，又一次来到嘉定。十六年过去了，嘉定的面貌发生了巨大的变化，城中出现了一条漂亮新型的南北街道。他与外宾就在这条街的迎园饭店里休息用餐。又一次品尝了水晶虾仁、白切羊肉及家常豆腐等嘉定特色的美味菜肴。他对嘉定的家常豆腐赞不绝口。作为一位研究瞿秋白的专家，他自然谙熟瞿秋白《多余的话》一文。想起文中有"中国的豆腐最好吃，世界第一"，丁景唐笑着说："应该补充一句，嘉定的豆腐最好吃，中国第一。"饭后，他忘不了到廖家大院走走，廖家大院成为县财政局的办公用房。他又想起了那个顾长潇洒，风度翩翩的战友廖临和他漂亮端庄的夫人童礼娟，多年没见他们来信了，不知他们在何处……

1965年春天，丁景唐为了解农村图书发行情况，决定到嘉定调研。轿车驶出市区，刚进嘉定，那股合着青草和泥土的气息迎面扑来，让他顿觉神清气爽。他来嘉定县新华书店召开一次职工座谈会，听听他们对图书出版发行的意见，顺便看看两位在全国红旗单位嘉丰棉纺厂"蹲点"的女编辑。

座谈会上，书店职工对图书品种越出越少，内容越来越"左"意见颇多。有位职工大胆地提出："为什么现在连《三国演义》《水浒传》《红楼梦》《东周列国志》《三言二拍》都不出了？而读者却十分需要这些书，这些书到底有啥问题？"职工们的反映深深触动了他，本来就很困惑的他竟情不自禁地说："对书要有历史唯物主义的态度，要相信好书终究会经受住历史检验的。这些书现在不能出，将来说不定还会出版的……"会议开得很长，也很热烈。他的笔记本上密密麻麻记录了许多内容。会议结束后，他还是忘不了廖家大院。故地重游，睹物思人，在嘉定县新华书店，他打听到廖临、童礼娟夫妇都在福建工作，不知他们的境况如何？他牵挂着他们……由于时间不够，这一次，他只是在廖家大院的外面走走，他没有进去。

不久，十年动乱开始了，丁景唐的工作以及他的研究，都成了重大的"罪行。"十年动乱结束，尘埃落定，丁景唐出任上海文艺出版社社长兼总编辑。当时正值书荒，每出一本书，读者都会踊跃争购，排起长长的队伍，新书一上柜，马上一抢而空，许多书稿被积在印刷厂里，原有的印刷出版能力明显跟不上。丁景唐想到了嘉定，他和同事们想在嘉定建一个印刷厂，这也是回报嘉定的极好机会。

此时，翔镇的乡镇企业正在兴起，丁景唐看中了南翔这块风水宝地。上海文艺出版社与南翔镇政府，经洽谈一拍即合，双方签订了合作意向。由上海文艺出版社出资180万元在南翔镇建一个联营印刷厂。从今天的眼光看，这根本算不上一回事儿。别说工农联营，就是与外商联营的企业也多得数不清。

然而在当时,这确乎是件大事,这不仅在嘉定县第一家,整个市农委系统也绝无仅有。正因为如此,这个"婴儿"的双方主管——上海市出版局和嘉定县人民政府都无权审批。丁景唐和同事们着实费了一番脑筋。最后,经多方协调,市政府、市计委终于认可了这一新生事物。于是,一个新的具有示范和榜样意义的工农联营"婴儿"便呱呱落地。有了孩子,还得取一个吉利的名字。

丁景唐决定从"父母"中各取一个字,从南翔镇和上海文艺出版社中分别摘取"翔""文"二字,翔文印刷厂终于出世了。如今,翔文印刷厂已成为嘉定,乃至市郊规模最大,印刷能力最强的工厂之一。

1978年夏天,丁景唐赴厦门出席由北京大学、南京大学、厦门大学等八所高校联合召开的"中国现代文学史教材讨论会"。他在会上的精彩发言激起了与会代表的热烈掌声。会议结束后,他乘长途汽车到福州,与散文家郭风、何为等老朋友会面,朋友们在福州西湖宾馆为丁景唐接风洗尘。一到福州,丁景唐就打听廖临的消息,大家都茫然不知。同桌中有一位将军的夫人缪柳西,是北京教育学院的中文教师。缪柳西因丈夫的关系,与福州部队的领导十分熟悉。缪柳西是个有心人,回京后立即写信给福州部队。福州部队很快就有了回音:廖临在1957年的那场政治风暴中被错划,此时已离开干部队伍,转到地方工作。丁景唐终于与廖临取得了联系。不久,廖临的错划得到了纠正。

上世纪90年代初,丁景唐已离休多年。他主编的那部"精神万里长城"(徐迟语)——《中国新文学大系(1927—1937)》(二十卷本),已经正式出版;他的《学习鲁迅作品札记》《左联五烈士研究资料编目》《鲁迅和瞿秋白合作的杂文及其他》等几部著作也已出版或重印。"文章满纸书生累",他又想到了嘉定。1992年10月,丹桂飘香,菊花初绽,江南秋意正浓。

嘉定县文化局邀请丁景唐夫妇到嘉定做客。凑巧廖临、童礼娟夫妇恰好从福州到上海,受袁雪芬邀请,参加上海越剧改革50周年学术研讨会。丁景唐、王汉玉及廖临、童礼娟一行四人,受到县文化局的热情接待。丁景唐的文友、战友陆象贤(列车)、潘世和(史伍)等也在嘉定。故人相逢、故地重游,犹如一幕大团圆的喜剧,然而人世已几经沧桑。他们饶有兴趣地参观孔庙,观看汇龙潭菊展,寻访廖家大院。此时,廖家大院的建筑已一分为二,一部分迁至汇龙潭公园;一部分迁至浏岛风景区,遗址上已造起了新型的办公大楼,当年的风景不再。

练水潺潺,白云苍狗,四十五年过去了,他们在这里沉思和徘徊,回忆当年难忘的日日夜夜,还在廖家大院遗址按动快门,留下了值得纪念的瞬间。

如今,耄耋之年的丁景唐依然思路清晰,笔耕不辍,经常参加各类文化活动。他的那双饱经沧桑的眼睛依然关注着嘉定,在前不久嘉定区文化局召开的一次会议上,丁景唐动情地说:"十年动乱时期,我作为一个'走资派'和'反动学术权威',在上海市郊的其他九个县轮番批斗,但唯独与我关系最多的嘉定没有批斗我。奇怪!嘉定人真是不一般、不一般……"

诗人、学者、出版家丁景唐

葛昆元

1985年登门约稿,请丁景唐为《书讯报》"我的第一本书"专栏写文章时,才知道他年轻时是一个热衷于写新诗的诗人,他最早出版的书就是一本诗集《星底梦》。

当时他拿出《星底梦》给我看。我一口气读完了书中所收的二十多首诗,很为诗中迸射出的青春活力和斗争精神所感动。比如他在那首《星底梦》里写道:

> 晶莹的是满天的星星,
> 纯真的是无邪的童心。
> 黑夜中的孩子伸手向天:
> ——"星星,给我!"
> 惹得母亲笑:
> "宝宝睡觉,妈摘给你!"

丁景唐是很渴望得到母爱的,因为他从小就是一个孤儿。

20世纪初,丁景唐的故乡——宁波镇海虽然山清水秀,物产丰饶,但对于生活在社会底层的穷人来说,还是难觅活路。于是,纷纷离乡背井,外出谋生。当时,丁景唐的祖父到上海南市开了爿小茶馆谋生。不久,丁景唐年轻的父亲也放下了缝纫手艺,带着妻子跟随妻舅闯关东,在吉林一家银行当庶务。1920年4月,丁景唐出生了,给辛劳的父母带来不少快慰。然而好景不长,他3岁那年,银行倒闭,父亲失业,只得卷起铺盖回老家。不久,母亲又生下一个女儿。仅隔两三年,父亲便积劳成疾,含恨去世。母亲异常痛苦,并误以为丈夫英年早逝全是她的"罪过"。她为了"赎罪",竟然甘愿披枷戴铐,步行十多里,到裴将军庙烧香磕头,祈求菩萨饶恕她的"罪过"。后来,她抑郁成病,认为自己不应再活在世上。1932年的一天深夜,母亲竟然服毒自尽,扔下了一双幼小的儿女。

所幸他和妹妹得到了姑姑的细心照顾,并把他带到上海念书。故而,我每次读这首诗时,都会深深感受到他对母亲绵绵的思念和对姑姑深深的感激之情。

短短的六年里,丁景唐失怙丧母,成了孤儿。然而孤儿不孤,善良的姑姑丁秀珍(丁皑)担起了抚育兄妹俩的责任。与母亲相反,姑姑是新式女子。她念书时,正逢"五四"运动风云激荡之际,读了《新青年》等进步书刊,接受了不少反封建、争民主的新思想。她一如当时的进步青年那样,放大脚,反抗封建婚姻,离家园,参加爱国运动。1926年,她与女伴奔赴武汉参加北伐革命,在宋庆龄主办的"妇女训练班"学习。"四·一二"反革命政变发生后宁汉合流,她远走福建漳州,在一所小学教书。以后又辗转来到上海一所小学任教,并以伟大的母性的爱,精心培育两个孤儿。

姑姑把侄儿侄女先后带到上海继续上学,不仅生活上精心照顾,而且特别注意在心灵上抚慰他们。给他们以良好的教育,启发他们阅读课外文艺书刊,带他们观赏《都会的早晨》《渔光曲》等进步电影,学唱《渔光曲》《大路歌》。一天,丁景唐放学归家途中,看到别人家的孩子在玩滑旱冰、学自行车,真眼"热"。姑姑知道后,也让他学滑旱冰和学骑自行车……姑姑还让侄儿尽情阅读叔叔和他朋友收藏的许多新文艺书刊,鼓励侄儿跑书店、旧书摊和图书馆。多少年来,每当谈起姑姑,丁景唐总流露出深深的敬意,并说他对新文艺书刊版本目录学知识的了解是得益于姑姑的鼓励与支持。

丁景唐早年投身革命,胆识过人。1937年冬,高中二年级的丁景唐投身于抗日救亡的洪流,参加了党领导的"上海学生界救亡协会"。1938年春任"学协"中学区干事,联系从外滩到静安寺的华东联合中学、立达学园、难童中学等六所中学的"学协"小组,开展抗日爱国活动。是年11月,他加入了中国共产党,任青年会中学党支部书记。次年秋,考入东吴大学(该校因战争从苏州迁来上海),担任中共地下党支部书记。他严格遵照党的白区工作方针,开展地下斗争。此时,他还与东吴大学"鸿印团契"主席王汉玉相爱,结为革命伴侣。丁景唐自1938年与同学王韬(后为烈士)创办文艺刊物《蜜蜂》始,1940年底,党调他担任全市公开发行的学生刊物《联声》的编辑,以后长期从事刊物编辑和领导工作。

丁景唐在《向日葵》中吟唱道:

……那野生的葵花,
生就有一副倔强的性格,——
——钢铁铸成的脊梁骨。

在荒郊中，它撑住了黑暗；
在风雨中，它喜爱逞斗！

丁景唐写这首诗的时候，正处于太平洋战争爆发之后，上海已全部沦陷。大多数知名文化人，以及一部分已暴露的中共党员撤离上海，宣传抗日的、进步的、革命的报刊都被迫停办。上级党组织指示尚未暴露的党员留在上海应继续开展斗争，因不能创办新的报刊，所以必须设法楔入敌伪的宣传阵地，写一些为当时政治环境所允许的有意义的文章。

一开始，丁景唐与战友们几乎翻阅了当时上海所有的刊物，发现有一本名叫《女声》的杂志刊登的文章与其他刊物有所不同。主编是女作家关露。丁景唐就先安排文笔较佳的女党员钟恕，向《女声》投稿以作试探。不久，就刊发了。于是，他就组织原先办刊物的同志，分散地用各种笔名向《女声》投稿，他自己也以"歌青春""乐未央"等笔名带头向《女声》投稿，两年半时间内共写了五十六篇（首）诗歌、散文、小说以及民歌与古典文学研究等作品。他和同志们的绝大多数作品都先后在《女声》上发表，为沦陷区的人们带来光和热。

1945年3月，丁景唐收集了发表在《女声》上的二十多首诗，自费出版了诗集《星底梦》。关露知道后欣喜地撰文评价《星底梦》的出版"好像在一片黑寂的大海里看见了一只有灯的渔船一样"。还说："渔船虽小，仍旧是船，星星的光虽然不强，仍然能够把宇宙照亮。"她称赞丁景唐"是一位年轻而有希望的诗人，他的诗和人都是年轻而有无限的朝气"。

是的，此刻年轻的丁景唐犹如一棵倔强的"向日葵"，在党的领导下，勇敢地"撑住了黑暗"，终于迎来了黎明的曙光。新中国建立后，他才知道，关露原来是一位潜入敌营的共产党员。他非常感激关露当年对他们的支持，并在繁忙的工作之余，坚持研究鲁迅、研究左联五烈士，为的是继续保持和发扬"向日葵"的"逞斗"精神。因此，他成了一位著名的学者。

解放后，关露蒙冤两次入狱，在十年动乱中更是受尽摧残，长期卧病在床。1979年第四次文代会上，丁景唐欣喜地与关露重逢，谈起当年向《女声》投稿事，宛如昨日，历历在目，感慨不已。

丁景唐的八十年风雨生涯中，虽不能与那些叱咤风云、浩歌燕市的先烈英雄们相比，但他却能在历史风云的变幻中，始终不懈地追求真理、呼唤光明、探究新知、著书立说，锻铸了战士和学者的高贵品格。

母亲的惨死，促使丁景唐十分注重对妇女问题的研究，写下了不少抨击封建压迫摧残妇女的文章。1946年2月，他将在《女声》和别的报刊上发表的有关论述妇女问题的文章，编印了一本《妇女与文学》论文集。他的那篇署名丁英的《祥林嫂——鲁迅作品中之女性研究之一》收入论文集后,还出人意料地促成了一出被誉为越剧改革的里程碑—越剧《祥林嫂》的诞生。

当时,丁景唐的战友吴康(解放后曾任上海市委统战部副部长)推荐此书给上海雪声剧团编剧南薇,南薇看了这篇论文后,立即向著名越剧演员袁雪芬推荐,并找来鲁迅原著《祝福》读给她听。在征得袁雪芬同意后,南薇将《祝福》改编为越剧《祥林嫂》排演。袁雪芬亲自扮演祥林嫂,一时轰动上海滩。剧团在纪念刊上也摘登了丁英论文的有关内容,作为越剧《祥林嫂》的人物分析。

数十年来,《祥林嫂》一直是袁雪芬的保留剧目,但她并不知道论文的作者就是丁景唐。丁景唐也从不向人提及此事。直到1981年1月《文汇报》发表的《袁雪芬的艺术道路(九)·与许广平谈〈祝福〉的改编》里提到了丁英的文章,丁景唐才在《艺术世界》杂志上披露了这段内情。

抗日战争时期,虎狼横行、夜气如磐的上海,丁景唐毅然受命,组织指挥秘密印发《评〈中国之命运〉》。

1943年3月,为了发动第三次反共高潮,蒋介石抛出了反共奇文《中国之命运》,诬蔑中国共产党建立的抗日根据地是"封建割据",八路军、新四军是"新式军阀",扬言要"加以消灭"。蒋介石还通令在国统区的所有机关、团体、军队、学校等都必读此书。该书在沦陷区也流毒甚广。同时,蒋介石调集了胡宗南四五十万人马,包围我陕甘宁边区,并在同年七八月间向我边区发动了多次进攻。

为了揭露国民党当局的反共阴谋,毛泽东在7月12日的延安《解放日报》上发表了《质问国民党》一文后,该报又连续刊出《评〈中国之命运〉》《谁革命?革谁的命?》等批驳《中国之命运》的文章。然而,当时上海人民无法看到这些批驳文章。于是,华中局城工部决定派人返沪,设法秘密印发《评〈中国之命运〉》一文,让上海人民了解国民党当局反共反人民的真面目。

这年8月,丁景唐正在家中浏览敌伪报刊,与他阔别两年多的地下党员田辛(时任华中局城工部科长)突然来访,郑重地告诉他:"这次有个突击任务,怕耽误时间,组织上让我直接来找你,先把任务交待给你。一方面你向上级汇报,一方面我通过领导再逐级下达。"这个突击任务,就是在上海印发党的文件《评〈中国之命运〉》。田辛在和丁景唐确定了参加人员等原则后,就把手中的团扇和装在一本旧小说中的《评〈中国之命运〉》交给他,并叮嘱他:"团扇的夹层里有份文件,取出后,可用碘酒显印,你们看后,交给上级。"当晚,丁景唐找到地下党员俞正平,向他作了汇报,并一起拆开团扇,取出夹层里的纸条,用碘酒显印出一份文件,原来是关于学习《评〈中国之命运〉》的通知。接着,他俩便确定了徐祖德(支部书记)和张燮文、梁仁阶、陈䍩是等几位精干的地下党员参加这次行动。两天后,丁景唐找到维厚里26号徐祖德家(今复兴中路黄陂南路口),用暗语与徐接上关系。徐祖德一家单独租住二层石库门房子,他独住亭子间,少有干扰。丁景唐觉得由徐祖德负责这项任务比较合适,就将油印点设在他的亭子间。

鉴于参加这次突击任务的都是十八九岁的年轻党员,热情高,但没有秘密印发宣传品的经验,丁景唐就分别找他们谈话,分析敌情,周密筹划。

大同中学党员裘民山设法借来油印机、钢板和铁笔,连夜送到徐祖德家。徐祖德和叶学章担任刻钢板。时值盛夏,关着门的亭子间闷热异常,蜡纸发软,只能刻刻停停,但他们热情颇高,冒着酷暑,夜以继日,连续奋战。为了赶时间,丁景唐又将部分刻蜡纸的任务交给陈,还分配另一位在家养病的党员江泇抄录寄发对象的名单。

油印,也由徐祖德和叶学章在亭子间完成。盛夏紧闭房门,又有油墨气味,曾引起家人的好奇。一天,徐父推门进来探看,奇怪地问:"你们是不是在干坏事呀?"徐祖德机警地答道:"学校缺少课本,买不到,我们在油印老师的讲义嘛!"巧妙地遮掩过去。一周内,他们共印刷装订了几百册。接下来是投寄散发,风险自然更大。

丁景唐周密擘划,他先骑上自行车,考察了邮筒和日伪岗哨的分布情况,然后针对日伪当局任意拆查信件的特点,他和梁仁阶、张燮文等想出仿制某日本同盟国驻上海领事馆新闻处信封寄文件的妙法;接着,他们又掌握了邮局每天傍晚末班拣信处无人检查的重要信息,决定了投寄的时间;最后,他们还商定,通过苏州河桥到河北投寄,宜在天色昏暗的傍晚,因为这时人们纷纷回家,桥上行人匆匆,便于混过桥去。

那天傍晚,徐祖德、叶学章、常瑛按计划行事。一人在前面探路,侦察有无异常情况;一人居中,背着装满印刷品的书包;另一人殿后望风,万一出事,可马上向上级汇报。为了应付日本宪兵的盘问,他们还学会几句日语,并约定万一查出小册子,就说是有人出钱要他们送的,不知道里面的内容。

这天还算顺利,他们过了恒丰路桥,未被日本宪兵发现。按预定时间到达后,在黄昏末班开邮筒前,大家分头将套有某国领事馆新闻处信封的小册子投入邮筒。然后在确定没有人盯梢后,即分头回家,并各自在家里作好安全暗号,以便丁景唐去检查。

同时,家住七浦路河南路口的梁仁阶与张燮文也在执行投寄小册子的任务。当晚,丁景唐在张燮文家的弄堂口看到写有"天皇皇,地皇皇,我家有个夜啼郎……"的条子,便知道他俩也顺利地完成了任务。

丁景唐是个很重感情的人,他十分敬慕鲁迅、瞿秋白和"左联"烈士。他认为,革命胜利了,不应该忘记那些为革命牺牲的先烈和先贤们。所以,他不论工作多么忙,始终坚持潜心研究鲁迅、瞿秋白、"左联"五烈士以及中国现代文学史,特别是左翼文艺运动史,并兼及民歌和儿童文学。

近年来,他虽年过九十,但精神尚好。有一天,我去拜访他,令我惊讶的是,整整一个多小时,几乎都是他在谈。他谈鲁迅,谈关露,谈左联五烈士,谈《星底梦》……依然是激情澎湃,诗人本色!

前些日子,我想再次去拜访他时,却忽然传来他驾鹤西去的噩耗。悲痛之余,我重读《星底梦》,耳边又响起丁老那充满激情的话语和爽朗的笑声……

向瞿秋白研究的传承人致敬

赵庚林

寒潮来袭,长街上飞扬着树上的落叶……画面定格在 2017 年 12 月 11 日,享年 97 岁的资深瞿秋白研究专家丁景唐先生在上海华东医院与世长辞"大休息了"(瞿秋白语)。今年 6 月,刚送走王观泉先生千古,半年后又痛失一位前辈大家,半年内,两位瞿秋白研究顶梁柱式的专家接连西去,损失惨重,令人唏嘘不已,郁闷而又无奈得叫人透不过气来。时馆长知我与丁老情深,嘱我随馆里的代表前行,参加告别仪式。

12 月 15 日凌晨四时许,我站在马路的十字路口,借着路灯微弱的光亮,静候着稀少的去高铁站方向的出租车,赶乘头班车,随瞿秋白纪念馆的特派代表唐茹玉主任赴沪。抵达上海,出了地铁站,细雨洗尘,九点半在龙华殡仪馆龙柏厅,瞻仰丁老最后的遗容,鞠躬告别,送上最后一程。瞬间,累积多年的记忆被激活、闪现……

2009 年 6 月,王观泉先生应邀来常州参加纪念秋白的活动,我去长兴楼宾馆拜访时,问起丁老身体可好?他说:"挺好。我每一次来常州前,都要去看他,他都表扬你这个馆长当得好!"我说:"谢谢丁老鼓励,其实,纪念馆的成长和发展都离不开他的鼎力相助!"1987 年 10 月,我奉命调任,到职后不久便写信与丁老取得联系,恳切地希望丁老为《瞿秋白研究》(年刊)创刊号赐稿。丁老极为支持,并要求女儿言昭、儿子言模也要写。先后寄来了丁老的《〈瞿秋白——民族心海的灯塔〉序言》(即王观泉著《一个人和一个时代:瞿秋白传》),丁言昭、陈挥《瞿秋白的编辑生涯》,丁言模从安徽滁州寄来了《论瞿秋白"第三次文学革命——文艺大众化运动"》的论文,这三篇文章都编入了《瞿秋白研究》创刊号,于 1989 年 1 月 29 日瞿秋白 90 诞辰纪念日内部刊行。

纪念馆于 1985 年 6 月 18 日,瞿秋白就义 50 周年纪念日成立,属起步阶段,且是只有三人编制的小馆,想办研究刊物,真是说说容易做做难,事非经过不知难。在万事开头难之际,丁老及时地伸出援手,雪中送炭,感激之情难以言表。

接着,观泉先生又兴致勃勃地笑谈往事:"你刚来馆时,丁老是怎么说的知道吗?"我说:"不知道。"王说:"一天,我去丁先生家,丁先生就说,王观泉,今朝要讲桩滑稽事体拨侬听听。""什么滑稽事情?""瞿秋白纪念馆的馆长,是一个滑稽剧团的党支部书记来当的,侬讲滑稽勿滑稽?……真滑稽!?"我说:"没听说过。我初次登门拜访,曾恳切地希望他多关心、支持纪念馆的工作。"丁老说:"老实讲,随便啥人当馆长,阿拉全要支持格,因为瞿秋白面子大。关键是看伊,如果是刘阿斗,扶不起,我伲也吭没办法。"这句话到底有多少分量,你去掂量吧,足以让你晚上在床上翻来覆去睡不着觉。后我又说:"怎样研究,还望您多指教。"丁老举重若轻地说:"研究嘛,就是搞搞清爽!"我理解,人们已知的,自己不知的要搞搞清爽;人们和自己都是未知的,你能搞搞清爽就有价值了。这些言简意赅的教诲,至今未忘,终身受益。

我从一名基层党支部工作者,换岗到纪念馆,在瞿秋白研究领域,"人"不认识,"门"不认识,"路"不认识,重任在肩,如履薄冰,自知力不胜任,唯有边学边干了。

1989年2月16日,我带了新出版的《瞿秋白研究》创刊号,初次登门求教。那时,丁老已离休,是上海文艺出版社的名誉社长。他个子不高,说着浓重宁波口音的上海话,不时地问:"我讲格话懂勿懂?"我说:"听得懂。""伊拉徐州请我去做报告,听勿懂我讲的话,最后是言昭做翻译,真滑稽!"他给我的初次印象则是慈眉善目笑嘻嘻,长者风范书卷气,轻声细语悠笃笃,书香屋里亲如己。即使讲些分量很重的话,也语气平和,给你留下足够思考的空间。当晚,他就慷慨地说:"今朝要拨侬看一样宝贝。"他把珍藏多年的宝贝,从柜中取了出来,打开了一层又一层的包装纸。这宝贝原来是鲁迅抱病编的瞿秋白译文集《海上述林》,是出版一百套的版本,亚麻封面(底)、皮脊、烫金本。书顶金光灿灿,当时我看了心里很震撼,至今未忘,事隔半个多世纪,仍能感受到鲁迅先生对瞿秋白的真感情。还有瞿秋白《新俄国游记》(原名《饿乡纪程》)1922年9月商务印书馆初版本和《赤都心史》1924年6月商务印书馆初版本。丁老把瞿秋白著作视同珍宝一样珍惜,着实给我形象地上了一课,他说:"资料要好好征集,是研究的基础。"

2月17日,丁老带我去华东师范大学,拜访了冯契、钱谷融、许杰、苏渊雷等教授和王铁仙、季甄馥,向他们赠送了《瞿秋白研究》创刊号,并听取他们的意见。

2月19日下午,丁老在他的卧室兼书房的怀白楼上,组织了瞿秋白研究新春茶话会。周永祥、王关兴、陈思和、陈福康、曹予庭、康锋、陈挥、钱世锦、吴幼英、丁言昭等十余人参加。他们边翻看着《瞿秋白研究》创刊号,边发表了改进意见和热情洋溢期望,丁老希望大家关心纪念馆,支持《瞿秋白研究》。

我本想,第一次登门主要是礼节性的拜访,这哪里像是第一次见面啊,像个老熟人一样,叫你难以想象。为了瞿秋白研究,丁老把他在研究方面的人脉一一向我介绍,动员上海方面的研究力量积极参与,为日后的工作,提供了极大的方便。

初次拜访,收获满满。我见丁老坦诚热情,临行,我把困惑已久、本不想讲,犹豫再三的难题还是提出来向丁老求教。"××同志,'文革'中,在《讨瞿战报》上写文章,参与污蔑瞿秋白。现在要研究瞿秋白,面对这样的同志怎么办?"丁老不假思索地说:"伊啊,王铁仙《瞿秋白论稿》中,谈到'文革'中常州的追随者就是伊啊。当然啰,还是要团结格位同志,保护伊格积极性。但是,侬千万不要向外人介绍,伊是常州瞿秋白研究的代表人物,否则,人家要笑话侬格,格眼也搞勿清爽,哪能好做瞿秋白纪念馆的馆长?"顿了片刻,他接着说:"我伲研究瞿秋白,首先要学习瞿秋白。我伲也希望伊学习瞿秋白自我无情解剖的精神。无情解剖做不到,自我反思还是需要的。"这句话,多年来一直在我耳边回响,真是语重心长,指导着我的工作。

为全国纪念瞿秋白90诞辰学术讨论会在常州召开之际举办纪念瞿秋白90诞辰书画展作准备,以书画的形式纪念瞿秋白。3月8日,向全国著名书画家寄发了"募征纪念瞿秋白书画"的专函。

3月15日,我去丁老家,说是求助,半是试探。其实,我还是谨言慎行的,担心过多的打扰,给丁老添麻烦。想不到丁老满口答应:"凡我熟悉的,都请他们写。"随后,他向北京、上海的臧克家、许杰、许觉民、顾廷龙、周艾若等前辈和挚友写了恳切的信或登门专访,言昭、言模也一起帮助征集。他代为征集和个人珍藏的郭绍虞、赖少其、陶白、戎戈送他的书画等二十余幅一起送给了纪念馆。事后得知,丁老在翻箱倒柜中,把腰也扭伤了。

"以对秋白同志殷殷怀念,无比崇敬的情意为丝,织成一束束素花,献给丹心耿耿的英灵。"(详见拙作《气韵回荡 神彩照人——记纪念瞿秋白诞辰90周年书画展》,载《瞿秋白研究》第2辑,学林出版社1990年1月版)书画展于1989年6月18日隆重展出;1989年10月,全国纪念瞿秋白诞辰90周年学术讨论会期间再次展出,收到了预期的效果,这批书画也成了纪念馆难得的财富。

同年7月18日,我第三次去丁老家。他一见面就问:"格趟来又有啥事体?"我说:"许多专家学者提议,希望《瞿秋白研究》能公开出版。"他见我态度坚决,便推荐了学林出版社。19日,叫言模陪我去学林出版社总编辑柳肇瑞家拜访,后又去学林出版社,与雷群明社长、柳总编商定了合作事宜。到我退休前,在我主持编辑的12辑《瞿秋白研究》中,除了创刊号是内刊,从第2—12辑,均由学林出版社出版。借此机会,感谢学林出版社柳肇瑞、雷群明、曹维劲等历届领导,对《瞿秋白研究》的厚爱,也要感谢钱丽明等责任编辑的辛勤劳动,使《瞿秋白研究》成为海内外瞿秋白研究重要刊物之一。正是有了丁老的举荐,人认准了,门找对了,出版事宜得以迎刃而解,如释重负。

1989年为了瞿秋白90诞辰,我频繁地去丁老家打扰,他没有冷落我这个从头学起的纪念馆新人;也没有一件又一件事的求助感到厌烦。以后,我每年去上海送书稿,或是去鲁迅纪念馆参观学习,丁老总是主动问我,有什么事需帮忙?只要你想到,他一定是有求必应。叫言昭陪我去七浦路看望在沪治疗眼疾的王观泉;我想去看看秋白在上海住过的地方,他便主动提出,亲自带我去在1931年6月,由冯雪峰安排的,秋白曾住过近两年的南市区紫霞路68号谢旦如家旧址和1932年11月,秋白在北四川路底避难的鲁迅故居;又带我去看鲁迅为秋白代租的东照里12号旧址。我想拜访见过瞿秋白的人,他就带我去看望杨之英和谢旦如的遗孀钱云锦。就像长辈带领晚辈一样去认人、认门、认路,亲如家人,热忱中寄寓着厚望!

自1988年2月21日起,在我主持编辑的159期《瞿秋白研究信息》中,每月一期,十余年来,可经常看到丁老提供的信息。1996年6月,青年女工陈红,将参加全国玻纤大赛一等奖所获的2000元奖金捐给纪念馆,做了有意义的事,成为瞿秋白铜像基金捐款第一人,经新闻媒体报道后,民众广泛参与。丁老得知后,率子女捐款1000元。瞿秋白铜像在秋白百年诞辰(1999.1.29)矗立在新建的纪念馆的陈列大厅,书生领袖,光彩照人,瞿秋白活在人民心中,丁老说不出的交关高兴。

丁老对瞿秋白的一往情深,可以追溯到20世纪50年代,他著的《学习鲁迅和瞿秋白作品札记》1958年6月,由上海新文艺出版社初版;他和文操合编《瞿秋白著译系年目录》1959年1月,由上海人民出版社初版,并将《瞿秋白笔名、别名集录》收录其中。丁老有着研究瞿秋白的先觉,正如茅盾送他的赠诗:"文章烟海待研证"。只有弄清瞿秋白在著译中曾用的各种笔名和别名,以及用这些笔名、别名撰写的文章,才能全面地研究瞿秋白的著作。那时在意识形态领域内,政治斗争频繁,一个又一个的批判声不绝于耳,在这样的环境下,要想潜心研究,绝非易事。不仅是静心、耐心、费时费力,更需要学术研究的勇气。需要学识和眼光,需要反复去求证,为了确认是与否,把研究融于考辨之后,去伪存真,虽是铺路石,但它是属开拓性研究,为全面、系统、深入地研究瞿秋白探明了路径,成为瞿秋白研究和搜捡有关资料的工具书之一,直到20世纪80年代,编辑十四卷《瞿秋白文集》还提供了许多便利,在瞿秋白研究先行者之一中,有着重要的贡献。

1994年6月18日,秋白就义59周年纪念日,瞿秋白纪念馆、瞿秋白研究会在常州联合举办了"丁氏父子瞿秋白研究学术报告会"。对丁老长期以来对瞿秋白研究的坚守和传承表示赞赏和肯定,对丁老和言模,父子两代人对瞿秋白研究的诚意和执著、且硕果累累表示敬意!如今丁言模、刘小中编著《瞿秋白年谱详编》成为又一本瞿秋白研究的工具书。言模子承父业,《瞿秋白佚文考辨》等瞿秋白研究系列丛书,已出版七本,成为新世纪以来,瞿秋白研究的代表人物之一,这与丁老的亲自指导是分不开的。

2002年,我退休后,丁老继续扶持和牵挂着瞿秋白纪念馆第二三位馆长的成长。能扶则扶,能帮则帮。三十多年来,始终与瞿秋白纪念馆保持着密切的联系,纪念馆人由衷地感谢!真诚地向瞿秋白研究的传承人丁景唐先生致敬!你以毕生的精力学习瞿秋白、宣传瞿秋白、研究瞿秋白,你严谨治学、坦诚为人的品格永远激励着晚辈后学努力、努力、再努力!

2017年12月30日

何时一樽酒,重与细学文

周忠麟

1981年9月25日,是鲁迅先生诞辰100周年纪念日,当时,我刚从大学毕业,被分配到上海教育出版社《语文学习》杂志当编辑。由于杂志的出版周期比较长,我在6月的时候就开始组稿,请鲁迅的爱子周海婴、鲁迅的侄女周晔,还有鲁迅研究专家丁景唐等六七位专家撰稿。为此,我特地浏览了丁景唐先生所著之《学习鲁迅作品的札记》《诗人殷夫的生平及其作品》《瞿秋白的研究文选》以及其他有关人士的作品。

上海教育出版社资深编辑郑万泽先生介绍说,丁景唐1979年任上海文艺出版社社长兼总编辑,每天上午在文艺出版社坐班,下午经常在永嘉路家里看稿或会友。

电话预约之后,我来到了丁先生家老式石库门房子的前楼。记得初到他家时,感觉他家里到处是书报,床上、窗台上、桌子上除了书刊,还有很多剪报。这些书报不能乱动,即使在室内走动,也要注意别把剪报吹落了。

丁先生为人和善,与我一见如故,因为大家都称呼他为老丁,我们也就以老丁小周称呼。期间不时有宾客驾到,我在完成约稿任务后,匆匆离去。

有一句名言,说是敬仰一个人,始于颜值,敬于才华,合于性格,久于人品。我与老丁的忘年交,就是始于他的颜值,感到他没有丝毫的架子,待人特别和善。日子久了,更钦佩他的人品和一丝不苟的治学风格。我与老丁的忘年交,还有一个原因是,当时我是骑自行车出行,每天都可以路过老丁的家。出版社找资料方便,老丁一个电话,我就把需要的资料送上门。

每次上门,老丁家里总是宾朋满座,俨然是一个"现代文学沙龙",充满了"得好友来如对月,有奇书读胜看花"的氛围,其中参与较多的还是我们这些年轻人,如复旦大学的陈思和、老丁的女儿丁言昭、上海第二医科大学的陈挥、《上海滩》杂志的葛昆元、《书讯报》的周兵、上海文艺出版社的张安庆等等。而且,这个"现代文学沙龙"的内容、地点、人员都是不固定的,大都在老丁家里,也可在鲁迅公园,也可在殷夫纪念碑前,最后一次是在老丁住院的华东医院会议室里,前后历时约三十六载。

"现代文学沙龙"的参与,给予我的编辑工作以极大的帮助,我的现代文学采访和组稿,有了源源不断的源头活水,使我有机会采访了巴金、冰心、夏衍、曹禺(图四)、王蒙、陆定一、胡乔木、孙犁、宗璞、柯岩、柯灵、魏巍、王愿坚、王映霞、秦牧、梅志、胡绳、臧克家、马识途、王瑶、姚雪垠、李瑛、杨益言等全国百余位长者。同时,我还在各大报刊上发表了众多文章。

由于经常去老丁家拜访,老丁给我赠书也都以"老友"相称。为了便于寻找,老丁一度还把他发表的文章让我保管。老丁对我的生活也很关心,1982年,他听说我正在筹备婚礼,还特地赠送了画有"蝶占春光"国画的景德镇有盖白瓷盖杯一对,我至今还珍藏着。

往事如烟怀逝者,思念之情涌心头,现在有一种理论,叫做量子理论,说是人仙逝以后,其实还是存在的,只是存在的形式发生了变化。我倒很期待这种理论是能站住脚的。还有人说,天上出现一道彩虹是半圆,如果出现两道彩虹,那就是一个整圆,是团圆,我期待那少有的双彩虹的出现,到那时,我们也许又可以与老丁"何时一樽酒,重与细学文",此诗句出自杜甫《春日忆李白》,原句为"何时一樽酒,重与细论文",我辈不能与老丁"细论文",而只能"细学文",我期待双彩虹的出现,那样就可以再一次地向老丁请教现代文学的有关知识。

有一种刻骨铭心的记忆,叫怀念;有一种心灵深处的悸动,叫感恩;有一种跨越时空的交流,叫继承。我们要学习老丁的治学精神,学习他的才华和人品,这才是最好的继承和纪念。

"侬要写得严谨些啊"

沈飞德

我敬重的前辈丁景唐先生远行已半年多了,我非常想念他。虽然近几年没与他见面,但他给我留下的深刻印象,在他生前身后完全是一样的。他那一口带着上海腔听来忍俊不禁的宁波话,说起话来不时发出高分贝的畅怀爽朗的笑声,还有他不摆架子乐于帮助和提携晚辈的高尚品格,永远铭记在我的心中。

我是曾经受惠于丁老的后生晚辈。我因编辑《世纪》杂志,由认识他女儿丁言昭老师进而拜识他,有了向他请益求教的机会,再后又认识他的儿子丁言模先生。《世纪》作者不少,但一门里两代有三位为《世纪》写稿的,唯有丁家了。丁家门风可颂,一家老少皆为人热情、真诚、爽直,做事又认真、严谨、踏实。火车跑得快,全靠头来带。丁家有好门风,首功在丁老率先垂范的榜样作用。于我而言,认识丁老的这二十多年里,是我入门做期刊编辑不断积累经验的过程,也是业余从事文史研究有所进步的成长时期。我写过宋庆龄母亲倪太夫人的旧居宋家老宅和王映霞追索郁达夫书信两篇比较满意的文章,有幸都获得了丁老的帮助和指点。在我们一起缅怀丁老的时候,我想说说自己写宋氏老宅一文的事与大家分享,或许从中可以让大家加深对他的了解和认识。

1990年代初,我开始关注孙中山家族,自然就关注起孙氏家族重要成员的宋庆龄一家在上海的活动和遗迹,所以当我后来又对上海的名人故居产生兴趣时,也就特别留意到陕西北路(旧名西摩路)369号的宋家老宅,花了些工夫写了《宋美龄出嫁前的上海寓所》一文(刊于《世纪》1996年第5期),反响挺好。文章中的"解放军挺进上海时,宋宅成为难童救济站"一节,资料来自丁老的回忆文章和我对他的访谈。

我眼中的丁老是位现代文学史的研究学者和编辑出版家,对他作为老革命的身份了解不多。我着手写宋家老宅,起先根本不知道这栋房子与丁老的革命生涯有什么关联。我考虑到宋家老宅在上海解放后由宋庆龄委托中国福利基金会管理和使用，故而就设法前往中国福利会史志办查阅档案资料，在该会编辑出版的一份内刊中惊喜地读到丁景唐先生回忆上海前放前夕曾入住西摩路宋宅的一段革命经历。

原来，上海那时兵荒马乱，陷入流离失所困境的难童增多，由宋庆龄创办的中国福利基金会（1950年8月改名中国福利会）和上海各界社会福利宗教团体组成了上海临时联合救济委员会。这个委员会下设难童救济小组，由中国福利会第三儿童福利站站长、中共地下党员丁景唐与顾锦心、陈维博、王诏贤四人组成。1949年3月底至5月间，丁景唐作为难童救济站的负责人，与战友一起带着一百多名难童悄然住进了宋家老宅。

我当初兴奋的是，世人只知道这栋房子在1927年轰动海内外的宋美龄与蒋介石的联姻有紧密关系，没想到它在解放前夕竟与宋庆龄开创的儿童教育和福利事业有关。我在中国福利会查阅档案资料后，又先后采访了胡修德、张珏和李云三位知情者，最后电话采访就是丁老了。丁老那年已77岁了，我没有贸然打电话去，而是先给丁言昭老师通电话，了解其父的身体情况，意在向丁老进一步了解和核实历史细节。她听了我的想法后，就爽快地说："侬就自己打电话去问问我爹爹好了。"

翌日下午。我就打电话给丁老。记得那天我告诉他我准备写介绍宋宅的文章，在中福会的杂志上拜读了他写的文章。他听了非常高兴，说你看到这篇文章是我第一次谈这段历史，大家都是不了解的。他还说，本来地下党要安排难童们住在玉佛寺，但最后考虑下来，觉得那时白色恐怖，很危险，住在369号更安全。他还告诉我他在陪伴难童时所做的工作，其中一件事是教孩子们学唱《解放区的天》《朱大嫂送鸡蛋》等歌曲，还学跳扭秧歌。回首在宋宅度过黎明前那段最黑暗的时光，丁老不无感慨地说："对于我本人，和曾经一度聚集在369号的孩子们、朋友们来说，我们永远不会忘记宋氏老宅是我们迎接上海解放，迎接新生活开始的历史见证！"他最后叮嘱我说："侬要写得严谨些啊！"

说来真巧，其时我单位文史馆退休的老领导叶广成恰好是当年中国福利基金会第三福利站的孩子，他与福利站的几个孩子告知要他们"去给宋太太看房子去"，就高高兴兴跟随叔叔、阿姨住进了宋宅。他跟我回忆在宋宅生活的情景，对那段短暂的时光记忆犹新，漂亮的大房子、铮亮的打蜡地板、绿树掩映的大草坪、悠扬动听的钢琴声以及小伙伴们欢快的歌声，成为他终身的美好的回忆。临近上海解放，有人来通知叶广成，他的父亲得了重病，369号的老师就叫了一辆黄包车把他送回家。上海解放后不久，他很想念小伙伴，有一天跑到西摩路，但这时369号大门紧闭，很失望没再见到昔日朝夕相处的小伙伴和叔叔阿姨。虽然他那时根本不知道哪个叔叔是丁景唐，但在他眼里日夜照顾他们小朋友的每一个叔叔和阿姨都是像父母一样值得他们信赖的保护神。

  当我得悉叶广成的情况后就跟丁老说了,他在北戴河休养期间还挂念着当年自己福利站的孩子,特地写信给我,希望我把叶广成的情况写封信告诉他。丁老给我印象最深的是个童心不泯的老小孩形象,追根溯源,先天的性格固然重要,但大概跟他青少年的生活环境,特别是他早年在中国福利基金会工作的那段经历不无关系吧!

  "不忘初心,缔造未来",这是习近平总书记为中国福利会成立八十周年贺信中的殷殷嘱托和美好期待。我想,中国福利会事业的继往开来,需要我们不忘像丁景唐先生那样曾经为中国福利会儿童事业做过奉献的人们。

2018 年 6 月 30 日

原来都是爱印人

王性昌

我与丁景唐先生结识，缘于上海书友韦泱兄的介绍。那时，我在《藏书报》工作，很想得到书界、学界前辈的指教，进一步提升内容质量。韦泱兄热心肠，他是丁老的"关门弟子"，专注于新文学书刊的收藏和研究，经他介绍后，我们经常向丁老请益，丁老有问必答，不厌其烦。他虽然是新文学史料专家，但非常重视民间藏书活动，他说自己的藏书也都是年轻时从地摊上一本一本捡来的。他对我的帮助不是那种老师向学生布置作业或上级对下级的指示，是启发式的。我称他老师，他叫我书友。他曾赠我一幅墨宝，两个大字"书缘"，我看了这两个字，在他面前就无拘无束了。丁老还赠我不少书，这些书对我做好编辑工作，推动群众性藏书活动开展，都是有启发作用。

有一件小事让我很感动。大约是 2009 年，我打算开一个"读印小札"栏目，既可补白，又可活跃版面。我将自己的想法告诉了丁老，没想到丁老听了很高兴，立即复信鼓励我办好这个小栏目，还拓印了四枚自己常用的印章，供我使用，均是出自名家之手，如钱君匋、叶潞渊、吴静初等，原来丁老也是一位爱印人。在丁老的鼓励下，"读印小札"栏目与读者见面了，受到了许多印谱收藏爱好者的欢迎，也为报纸增加了一个小品种。

2013 年，丁老将自己的常用章选出六十七方集印为《景玉常用印选》，由上海秋石印社印制，书甫出，丁老就寄我一册，并在书的扉页上钤两印："丁景唐印""桃源中人"。书中的六十七方印章均出自名家之手，如唐云、钱君匋、叶潞渊、方去疾、郭若愚等。丁老又亲自写了一篇"说明"，打字复印夹在书内，对诸位篆刻家表示感谢，说"每一方印章都有友情相伴"。

我抚摩着这册印谱，爱不释手，随即写了一篇小文《我爱读印谱》，发在《藏书报》上。我把报纸寄给丁老后，听韦泱兄说，丁老看后很高兴，将我这篇小文复印了若干份夹在印谱中送给亲友。我听了十分惶恐，要知道那是一册集合诸多名家的印谱啊。

其实，我并不懂印学，只是爱看印，觉得它很美。丁老才是真懂印。人们常说文如其人,字如其人,印亦如其人。丁老的常用印中最喜欢的是"景玉共赏"等,取他自己的名字和夫人的名字"汉玉"各一字,合刻一印。这本印谱的书名也用了"景玉"二字,透露出一代老革命,老学者的伉俪情深。丁老在赠我的书中,除钤印名号章外,还总要加盖一方闲章,常用的闲章有"春风又绿江南岸""又遣春风上笔端""桃花潭水深千尺"等,这大约是丁老最喜爱的诗句。

丁老是一个和蔼可亲的长者,重友情、重亲情,和他交往,让人如坐春风。在赠我的《犹恋风流纸墨香》一书中,有一篇祝上海书店成立三十周年的文章,篇名是《乐为天下播芳馨》,文中讲编辑出版工作者一生都是为传播正能量默默无闻地工作着。我想丁老的一生也正是为天下播芳馨的一生,无论是年轻时的诗作,还是后来默默耕耘在编辑出版岗位上,总是用世间最美好的东西滋润人们的灵魂。如今,斯人已逝,风范长存,愿丁老在天国依然沐浴在和煦的春风中。

辑四

同龄·同学·同道·同志

——追忆父亲的挚友丁景唐伯伯

陈 庆

2017年12月11日夜,突接丁家二姐言仪发来噩耗,她父亲我敬重的丁景唐伯伯不幸辞世。震惊悲伤袭来,万没想到丁伯伯竟这么快离我们远去,仅数小时前我刚与二姐约定,明天下午华东医院见面,探望刚退烧的丁伯伯。是夜,丁伯伯的音容笑貌时时浮现眼前。

挚友情深

我的忘年交丁景唐伯伯是我父亲陈一鸣的挚友。

2009年8月,这对入住华东医院治疗的老友重又聚首。他们有幸居于一个病房,读书、交流、笔耕、会友、传唱他们年轻时代耳熟能详的歌曲。

"我们同为1920年出生,同为上海青年会中学初中和沪江大学的先后同学,同在1938年加入中国共产党,也即在同一时期投身于抗日救亡的学生运动和青年工作。陈一鸣曾任中共上海地下学生运动委员会委员,丁景唐曾任中共上海地下学委的宣传调研工作负责人,有着七十余年友谊的老战友,现在又同在上海华东医院安度晚年。"丁伯伯津津乐道他俩同龄、同学、同道、同志的"四同"亲密关系。

每次我去医院探望他们都有新发现,可亲的丁伯伯见到我总拍手欢迎,他的睿智、他爽朗的欢声笑语尤为感染人。我听他们说史道今,被他们召唤着分享发现和快乐,还因此被他们抢着"差遣",在两个病床间跑来跑去领受派发的"任务"。

2010年入夏,之前出院数月因活动频繁、精力透支的父亲再度入住华东医院同一病区。老友相见自然欣喜,却为争取不到同一病房而遗憾,可爱的性情中人丁伯伯一度竟如孩童与病区负责医生闹起情绪。

在此后同病区的住院期间,步入九十高龄的两位同学校友,先后迎来了曾经就读过的两所母校的校庆筹备和建校纪念。

丁伯伯深知我的父亲和他一样对母校感情深厚,当前身为青年会中学的浦光中学师生来访,为筹备2011年母校建校110周年纪念征求他题词时,丁伯伯欣然以他和我父亲的名义共同题词,写下"今天——桃李芬芳,明天是社会的栋梁",并写信给张惠娟校长,告知老校友陈一鸣也在医院的消息。之后,丁伯伯不仅为学校的校庆纪念文集《浦光记忆》作序、供稿,还在我父亲病重情况下,向前来探望的张校长介绍我,也鼓励我代父亲撰文,圆父亲长久的心愿。我如约完稿,记述了父亲追忆敬重的韦悫老校长和父亲与教育家陈鹤琴不同寻常的关系,记述了他们曾为青年会中学发展携手的一段佳话,也记述了父亲和韦悫校长成为同志的轶事。我很荣幸受丁伯伯推荐代父亲撰文,并与丁伯伯的文章《难忘的1938年——入党前后》一起被编入校庆纪念文集。我敬佩丁伯伯早在中学时代就投身抗日救亡运动,秘密加入共产党后,被任命为青年会中学第一个中共支部的支部书记。他曾和同学王韬合办《蜜蜂》文艺半月刊,这也成为丁伯伯以后长期从事像蜜蜂酿蜜般的文艺编辑生涯的开端。在为母校110周年庆生之时,能与浦光中学的老校友及师生们共同追忆校史,传递对母校的深情,丁伯伯和父亲都非常欣慰。

2010年11月,前身为沪江大学的上海理工大学,组织师生前来采访两位老校友。我陪同父亲,也和丁家三姐言昭一起陪同丁伯伯。两位老校友先后在病区会议室接受采访,他们各自回顾的理想追求、人生经历及对莘莘学子的期望令人动容,我从中也更了解丁伯伯不凡的学养积淀,他不仅在转学沪江就读中文系时,就开启了他的治学之路,而且在离校数年后,又应沪江中文系主任朱维之老师之邀,回校担任中文系助教。

丁伯伯和我父亲接受采访的次年,喜逢母校上理工105华诞,两位老友又喜闻双双被评为上理工杰出校友。接收委托,我与丁家二姐言仪前往学校,代表两位老友参加隆重的校庆活动,而经丁伯伯和我父亲授意,我记下两老携手同抒心曲,共贺母校建校华诞的文章也在校友通讯上刊登。

志同道合

言及丁伯伯和父亲的"同道""同志",起始于"八一三"上海淞沪抗战爆发后的1937年秋冬。民族危难之际,正值高中的他们毅然投身抗日救亡的学生运动。此前父亲已从青年会中学转学麦伦中学,两个同为教会学校的学生,先后参加了上海市学生界救亡协会(简称学协),父亲代表麦伦中学担任学协执委,并任宣传干事,丁伯伯担任学协中学区干事,次年他们相继成为地下学委系统的党内同志。淞沪战事失利后,政府军队西撤,日军入侵上海及周边地区,被包围的上海租界沦为"孤岛"。

为避战祸,上海周边教会办的大中学校相继迁入上海租界中心区域,"孤岛"上教会学校的学生数量徒增,成为上海学生界救亡运动发展不可忽视的力量。

在中共地下党的领导下、在基督教青年会进步人士的支持下,团结起全市基督教大中学校青少年学生,开展爱国进步的教育活动,有效开辟各校工作,上海基督教学生团体联合会(简称"上海联")发挥了重要的作用。丁伯伯和父亲的再次交集因此与"上海联"相关,与"上海联"的机关会刊《联声》月刊相连。

《联声》是以基督教教会学校学生为主要对象的刊物,1938年11月创刊,至1941年9月,共出版4卷36期,每期公开发行达两千余份,是"孤岛"时期进步学生刊物中存在时间最长、影响较大的一份刊物。在当时的特殊环境中,这份杂志在紧密联系社会现实、积极反映教会学校学生的生活、思想和要求,及时启发教育学生方面作用独特。

1938年秋,父亲以沪江大学学生团体代表的身份参加"上海联"的群众工作,曾领导和参与《联声》刊物的创刊和主编工作,同时也在《联声》发表了近四十篇(幅)各种体裁的文章、画作、诗歌、填词的歌曲等。

丁伯伯自接触"上海联"起便成为《联声》的作者。1939年盛夏,他参加了"上海联"在中西女中举办的中学夏令营,应编辑部编辑之约,9月出版的《联声》二卷1期上,登载了丁伯伯采写的《中学夏令营杂零》,总标题下,他用不同的笔名、灵动的笔触发表了三篇特写:《迎着太阳》《夕阳会》《夜会》。之后在《联声》二卷7、8期合刊上,这位爱诗的文学青年发表了自己的第一首诗作。

此时,丁伯伯已考入苏州迁沪的东吴大学,负责地下党学生支部工作。在公共租界南京路的慈淑大楼,东吴、沪江、圣约翰、之江四所教会大学成立了"孤岛上的联大",丁伯伯先与我父亲毗邻就读,后又成为沪江大学校友。四校的青年会学生团契组织都是"上海联"的中坚力量。值得一提的是,参加1939年"上海联"中学夏令营还有清心女中的蔡怡曾、陈一鸣的两个妹妹:工部局女中的陈秀霞、陈秀煐,她们考入圣约翰大学后,继续从"上海联"的活动中得到启蒙和锻炼,从此走上革命的道路。蔡怡曾后成为我的母亲,她的清心女中同学王汉玉1939年考入东吴大学后,与丁伯伯在学生工作中相知相恋,成为丁伯伯的妻子。言昭姐写她母亲进东吴大学后便担任了校内学生进步团体鸿印团契的主席,就读中文系的丁伯伯被推荐为团契秘书,编辑学生刊物《东吴团契》。丁伯伯曾对孩子们说:"那时,你妈妈一切都听我的。我们组织大家歌咏、参观、读书小组、公益活动,还参加上海基督教学生团体联合会的夏令营、参加教会大学校际间进步团体联欢等,搞得挺热闹的。"

1940年夏,我父亲转任学委系统大学区委工作,父亲和丁伯伯共同的朋友、沪江大学学生、原左联成员王楚良接任《联声》工作。是年冬,丁伯伯离开大学基层工作岗位,调任学委系统的宣传工作,参加《联声》的编辑工作,不久接替了王楚良,担任《联声》的主编。丁伯伯自言他们在《联声》工作期间,边学习鲁迅、韬奋、高尔基等革命文学前辈的精神,边在编辑出版实践中随时总结,受到文学宣传工作很好的训练。而笔耕不辍的丁伯伯,在为刊物组稿同时,也承担了大量写作任务,他发表的评论、杂谈、诗歌、散文及科学小品等文章多达六十余篇。父亲对丁伯伯的编辑能力、写作能力和表现的思想性一直是很钦佩的。

丁伯伯从事《联声》编辑出版工作时,上海"孤岛"由于日伪加紧渗透,形势更趋恶化。在不少进步刊物被迫停刊的情况下,《联声》仍能以独特的方式坚持出版实属不易。为加强报道的时效性,月刊自第3卷起改为半月刊,每期围绕一个主题,结合形势和上海的实际、学生的思想,以专辑形式出版。为适合教会大中学的读者群,内容上更趋知识化、生活化和趣味化,但在涉及青少年的思想修养和反映重大事件上,坚持《联声》的立场给予学生正确的启示和导向。丁伯伯坦言,鉴于"孤岛"环境险恶,为蒙蔽敌人,他们善用春秋笔法写抗日爱国的各类文章,其中就有针对1941年1月爆发的皖南事变。1941年9月《联声》出版至4卷4期,终因局势恶化宣告休刊。在这期篇首,主编丁伯伯(笔名洛黎扬)借《圣经》中"出埃及记"的故事,以百余行的叙事长诗《远方》向读者作别。王楚良伯伯曾评价:"作者真正要写的并不是以色列人的斗争,而是借用这个故事,来传递一种信念、一种希望,总有一天,我们中华民族经过顽强不息的斗争之后,一定会有光明璀璨的明天的。"

丁伯伯和父亲回忆起这段志同道合的接力经历,很是感慨,在抗日救亡的学生运动中,《联声》作为"上海联"之声,其宗旨和任务是要更密切的联络和影响、教育、团结沪上基督教学校的大批学生们,肩负起时代的重任,"做世上的光,照亮这黑暗中的孤岛"。

联想到丁伯伯和我父亲爱唱的歌曲中那首《团结就是力量》的来历,言仪姐、言昭姐都写有专文披露过,我父亲曾自述1939年在"上海联"从事团结青年学生工作时,为激发学生投身救亡运动的斗志,选择了美国黑奴解放斗争的战歌《约翰·布朗的身躯》的主旋律,填上"团结就是力量"的中文歌词,在部分青年学生中教唱传播的轶事,此时正是父亲与丁伯伯的又一次交集。这首以后成为他们这一代历经爱国民主学生运动广泛传唱的战歌,最初唱起即诠释了父亲与丁伯伯等在为"上海联"之声肩负时代使命时的激昂之情。

太平洋战争爆发后,上海全部沦陷。1942年秋父亲撤往淮南抗日根据地,在华中局城市工作部工作,丁伯伯依然坚守在上海敌占区,积蓄力量,作长期艰苦的隐蔽斗争。1944年,为贯彻党中央加强城市工作的指示,父亲和吴学谦重返上海。至抗战胜利前后,父亲和丁伯伯又共同亲历了上海学生运动两次重大转折:同舟共济,踊跃于全市性救济失学义卖活动;奋身公祭昆明死难烈士,发起全市性爱国民主抗争运动。

责无旁贷

数十年过去了,80年代初,两位风华正茂时的同学同道战友,历经风雨坎坷重又相逢。

1983年春,为了编写党史正本,为上海抗日战争、解放战争时期的学生运动史正本清源,上海学生运动史料征集的集结号响起。市委党史资料征集委员会主任,上海地下党老领导张承宗发出"义不容辞,责无旁贷"的号召,父亲和丁伯伯等原上海地下学委老同志群起响应,组成学生运动史料征集组。

那时,丁伯伯和父亲等老同志虽已过花甲之年,仍忘我地工作在各自的岗位上。丁伯伯在完成影印出版赵家璧主编的《中国新文学大系》第一个十年十卷本之后,正启动主持一项出版界重大工程:组织力量编辑《中国新文学大系》(1927—1937),同时仍积极开展及推动对鲁迅和瞿秋白的研究、对左翼新文化的研究。我父亲则还在继续上海宗教界的拨乱反正,落实宗教政策、恢复宗教场所、开展宗教研究等工作。

但是,从事党史学运史的征集、整理、研究确实同样责无旁贷。为此老朋友联系多了、走动多了。丁伯伯家父亲光顾多了。我也曾陪父亲,有次是陪父亲母亲一起前往拜访丁伯伯和丁家姆妈王老师。为征集编写上海学生运动史、总结编写青年会中学支部工作的历史,丁伯伯和青年会中学老同学吴康、我的父亲等不时一起叙谈。

1984年丁伯伯发表了《革命摇篮育新人——记江苏省委办的一次学生支部书记训练班》,记录了1939年的这段亲历的史实,地下党领导刘晓、陈修良重视开辟基督教学校学生工作,亲自为几所有教会背景的青年会中学、麦伦中学、清心男中,和建有团契的上海医学院的党员上党课,培养各校的党支部书记,以利于开展青少年工作。(文章先登载在《上海文史资料选辑》44期上,后收入《抗日战争时期上海学生运动史》)丁伯伯修改征询意见时,我父亲补充提供了史料。

同年,丁伯伯为上海党史办提供抗战八年中《关于我所了解的党领导下的一些青年群众团体和刊物》,其中就包含了丁伯伯和父亲回顾谈及的共同经历。

1985年在《上海文史资料选辑》第5辑上,丁伯伯和他领导过的上海交大地下党员沈惠龙回忆共同创办刊物的经历,分别发表了《回忆莘莘月刊》和《莘莘杂志社始末记》。我后来得知,抗战胜利前夕地下学委领导上海学生界开展"助学义卖市场",由这本刊物配合开展的宣传工作卓有成效。

这年10月,抗日战争时期和解放战争时期的两部史稿编撰工作正式启动,在京座谈期间,学委领导吴学谦表示:从抗日战争到解放战争时期,上海学生运动培养了一代人的力量,要写出水平较高、材料较全的史稿。父亲和丁伯伯等原地下学委老同志积极开展上海学运史纲要和专题的征询、回顾、评价、讨论,一批很有分量的文章应运而生。

1990年3月9日,丁伯伯给我父亲写信中谈到:"《联声》小结如何写好,待下次见面研究。对'学运史'(送审稿),我还想再写些意见。"1991年七一前夕,中共上海市委党史资料征集委员会主编的《抗日战争时期上海学生运动史》和《解放战争时期上海学生运动史》终于出版。

2001年,丁伯伯在新作《上海文艺青年联谊会的成立和活动》一文中披露:这是抗战胜利后,上海第一个公开成立的文艺青年团体,简称"文谊",关于成立以前的起因,两部书稿各章已吸收他提供的书面材料。文章附记提及:这篇文章的初稿写于1994年秋,1999年改成第二稿,并征求有关同志意见,2001年最后修改定稿。可见"文谊"的创建和领导者丁伯伯的认真、严谨。从言昭姐送还给我的丁伯伯保存的我父亲的信件中发现,父亲是丁伯伯这份初稿的阅读者。

老丁:
　　读您写的"文谊"成立的起因回忆稿,甚为重要。
　　发动所有参与者回忆、补充、核实,是完稿的途径。此外,还必须查原来的档案,找原来的刊物,更为可靠。——你有家人、儿女可以协助,也建议集中一段时间清理家中的资料("文物"),必会发现许多"珍品"。另外,去档案馆及上图(徐家汇藏书楼)也是少不了的,找第一手资料,现在不去,更待何时,盼能约人一同干。我们都是"拼搏的晚年"者,老潘(潘文铮)、吴康都很快走了,这不仅警告我们要注意身体健康,更有一种工作使命感,您说是吗?不能留待后人了。
　　附带说一句,承宗同志重视解放前的文化工作大问题,应反映一下：从抗战开始,到解放战争,学委系统的文化工作也应纳入上海的党史中的文化工作史。我们出的两本书已有基本的反映,但不足。建议写史的同志重新研究一下,加以汇编集中。顺致暑安!

一鸣

1995年8月4日

父亲与丁伯伯书信交流不少,检索到言昭送还的丁伯伯保存的我父亲的信件,还有一封转达友人甚赞丁伯伯的信,想来也引发父亲共鸣:

老丁:

照片收到,谢谢!我已选了两张,寄给广州的梁柯平同志了。她来信中问您好,说您"是一个真正的人,真正的学者!"附上她参加北大校庆后来信中所写的回忆文,供您了解。建议您给她去信,回忆战友情谊,谈谈现状工作。

祝好!

一鸣

1998年6月18日

2013年10月28日,父亲和我获丁伯伯赠予的言模哥的新作,我和病榻上的父亲大为赞赏。父亲让我记录下他的感想回赠丁伯伯:

老丁:

真正的学者和文化战士!对鲁迅和瞿秋白的研究,对左翼新文化的研究及推动作出了重大的开创性贡献。可敬可佩!丁言模在老丁的指导支持下,成为出色的专家,可喜可贺!

"真正的学者和文化战士!"这是父亲对挚友的深切了解和推崇!

2011年父亲病情加重,丁伯伯常来探视,但凡聊起他们的经历和感受,仍常引发出他们深层的思考。

是年年底,父亲从死亡线上被抢救过来,丁伯伯挥墨为挚友庆生。之后,当父亲指挥女儿帮助他编写出版文集《我的心在高原》,丁伯伯大加赞赏,并为我指点从上海图书馆书库寻找他捐献的《联声》刊物,为父亲找到在《联声》上刊发的文章、画作、填词的歌曲。

2014年父亲先行离去了。

2017年12月11日,丁伯伯也远行了。

悲痛中我仿佛又听到他们传唱耳熟能详的时代歌曲。

我不会忘记,就在丁伯伯远行之前的10月6日,我到医院探望发病后尚未恢复的他,我感动他主动要唱他最喜欢的两首歌给我听,一首是《大刀向鬼子头上砍去》,那首旋律中荡漾着的是革命的英雄主义豪迈之情。一首是柔美抒情的《洪湖水浪打浪》,他传递的是革命者对家乡深情的赞美与依恋。丁伯伯的情感融化在歌里了,他不变的信仰,他深深的眷恋,我泪目了。告别前,慈爱的丁伯伯竟让我亲亲他,真没料这是他远行前向挚友的女儿作别了。

我想丁伯伯和我的父亲一定会再次相聚的。

和文化界名人长者丁景唐晚年往来

马懋如

如今,丁景唐同志已离我们而去了,不可能再往来了!他留给我很多很多的回忆,我很怀念他。回顾和丁老2011年初恢复往来,当时他已经是一位92岁的高寿老人了。

丁老上世纪30年代参加革命,是一位老党员、老地下工作者;是上海新闻、出版、文化界的老领导。他自己留下了不少的文字,为他人留下了不少的书。他虽高龄,却眼不花,耳不聋,头脑清醒,思维敏捷,语言清晰,读书、看报、笔耕、口述不停。他交友很广,收藏丰富,谈笑风生。他虽长期住医院养病、治疗,和新闻出版文化界老中青依然来往不断;他不忘过去,关心现实,希望未来!和丁老往来,是一件有益的事、快乐的事,填补了我的浅薄,丰富了我的人生!

我和丁老相识较早。早在半个多世纪前,上海解放之初,共和国成立之前。那时我还年轻,丁老风华正茂,我们虽同是中共上海地下党员,却素不相识。上海解放了,我们从"地下"到了"地上",差不多在同一时间服从党组织的安排,分配到刚刚南下到上海的中共中央华东局宣传部工作,那时华东局宣传部和上海市委宣传部合署办公,他在宣传科,我在秘书科。因为我们曾经都是地下党,因此,多一份亲切。不久,两单位分开,丁老分到市委宣传部,我留在华东局宣传部。此后,一别五十多年,未曾见面,失去了联系,也失去了很多。

进入新世纪后,一个偶然的机会我们恢复了往来,从此热线联系,书信、手机不断。在这里要感谢韦泱先生,他担任了我们的信使。丁老是一位大家,早年虽曾相识,却不相知,真是有眼不识泰山!近年来和丁老往来很有意思,很得益。记实如下:

老照片成了我们恢复联系的谋介

一天,曾在华东局宣传部工作时的一位同事王潜芬同志(曾任《新民晚报》办公室主任)来电话说,她去华东医院看望丁老,谈及老华东局的一些人和事,她说丁老还记得你这个小辫子——小马。太难得了,我太高兴了!想起了那个上世纪的50年代初相识之时,有过几张合影,我立即翻腾出来。那些老照片,反映了那个远去的时代,看到了那时我们这批青年人的活力,很多老事浮现眼前……那时丁老不到30岁,我们一群十八九,二十岁;他参加工作早,比我们资格老,他没有架子,也不说教育我们的话,和我们打成一片,星期天、下班后总和我们混在一起。那时有照相机的人很少,束韧秋同志有(他那时也在宣传科工作,离休前是上海《新民晚报》负责人),他常给我们拍照,却没有他自己。

上海刚刚解放,新中国成立不久,美蒋亡我之心不死,海上封锁、空中轰炸、特务破坏,无所不为,企图把我新中国扼杀在摇篮里……1950年2月6日,美国飞机轰炸上海,炸了发电厂,我们紧急疏散,从办公楼高层建筑(离外滩不远的建设大厦)疏散到淮海中路逸村宿舍。敌机突然袭击,领导们忙于应对,顾不上我们,我们这群"小鬼"无事可做,又安不下心来看书学习,有人提议请束韧秋同志给大家拍照,人们一窝蜂聚集在宿舍门厅口,留下了华东局宣传部部分同志的第一次合影。丁景唐同志默默地站在喧嚷的我们之中。照片中的人,早已各奔东西,散在理论、文艺、教育、外交、党务等不同战线,其中有的人已是专家、学者、名人了,都曾为祖国建设效力!丁景唐同志还和我们七个地下党员在舒同部长的宿舍(高安路)走廊合影,照片中玻璃窗上糊着米字形纸条,留下了防国民党空袭的证据。以上老照片,我复制托王潜芬转送丁老,他很高兴,亲笔回信给我。

《三毛流浪记》带我回到了青少年

我和丁老恢复往来后,他赠我的第一本书,是他作序,他的女公子丁言昭和资深报人余之先生作文的《上海 Memory 张乐平画笔下的三十年代》。这本书再现了旧上海,也勾起了我的回忆。我爱看张乐平先生的漫画,尤其爱看先生笔下的"三毛"。回忆起少年看《三毛流浪记》的往事。那时《三毛流浪记》在上海《大公报》连载,我们每幅画必看,看后在同龄人中传播、议论,引起很多思考。张乐平先生被称为"三毛"之父,他所塑造的"三毛"在上世纪三四十年代对儿童、对青少年,甚至家长、教师、社会影响很大!那时我上学、外出、路过街头、路旁,尤其是墙角、垃圾箱旁、外白渡桥上、豪宅、餐馆的门外……都能看到"三毛",看到众多的"三毛"。先生笔下的"三毛"太逼真、太现实、太透彻了。尤其是那三根毛发,从中看到了小小"三毛"的喜怒哀乐,他的苦涩人生和无耐的抗争!对我们一代青少年启示很深。从画中使我们认识了旧社会,看到了贫富不均、不民主、不平等,尤其是广大流浪儿,生活在最低层。我们爱"三毛",总想为"三毛"做点什么,哪怕给他们送去几块饼干……渐渐地从单纯的同情,认识到要为彻底改变"三毛"的人生去努力!解放后《三毛流浪记》出版,我购得一本,经常翻阅,"文革"中丢失,后来再版又购得一本,和孩子们一起看,我女儿曾模仿画"三毛",可见我们的下一代也很喜欢"三毛",再下一代也就看不懂了。我把女儿学画的"三毛"复印寄给了丁老,他很高兴。

2011年7月29日,《光明日报》刊登了姜维朴先生写的《记得三毛吗?》一文,读后感触很深。我曾问了几个小学四五年级的学生和他们的辅导老师,都不知有"三毛",为此,我写了《让现在的孩子知道三毛》,投稿《光明日报》未刊登。只有和丁老有共识,因此我写信告诉了他并寄给他我写的稿件,再次呼吁让现代的孩子知道"三毛"!

谈我对《多余的话》的认识

丁老和他的公子丁言模是研究鲁迅和瞿秋白的学者,丁老收藏了大量的珍贵史料,言模写了瞿秋白研究系列丛书等大作,多是丁老作序,其中一本瞿秋白与书籍报刊,是对丁老藏书的研究。丁老写信告我,言模赠书给我。读后引起我回忆第一次读《多余的话》时的不理解,存疑多年,不敢对人言。

"文革"中我的顶头领导吕处长揭发我包庇"叛徒"瞿秋白,这个罪名实在太大,引起我对《多余的话》再读、再思考。只有丁老能理解,我写信告诉他,我较早读《多余的话》很惊讶,后来听说瞿秋白同志是"叛徒",我不敢相信,我不认为他是叛徒,应该怎样认识?我看不懂《多余的话》,我说不清楚。记得在上海做地下工作时,随时有被捕的可能,党组织经常对我们进行气节教育,一再交代,如果被捕,绝对不能当可耻的叛徒,不能泄露党的机密、不能出卖组织和同志、不能为敌人做事。我认为这是衡量叛徒的依据,我一直牢记在心。瞿秋白同志的行为没有越过这条底线,为什么是叛徒呢?只有存疑在心!

"文革"结束,瞿秋白等同志的冤案,提到党的议事日程。中纪委副书记刘顺元在一次研究平反问题的书记办公会上说:瞿秋白慷慨就义,是无可否认的。当时的上海党组织并没有因他被捕受到破坏。1935年以后,国民党改斩尽杀绝的政策为长期监禁的政策,秋白同志在这个时候遭杀害,可见他的坚贞和影响之大。他说,《多余的话》虽然调子比较低沉,他没有说国民党一句好话,也没有动摇对马克思主义的信仰。文章主要是剖析自己,批评自己,是知识分子天真的检讨。他称赞说,一个人肯对自己作这样的解剖,是很不容易的,是高风格的。刘顺元的这段话无疑对当时为瞿秋白的平反是起到了作用的。这段话对我这个晚辈读《多余的话》,了解一位伟人是极有益的。我把以上刘顺元的话抄寄给了丁老。言模看到,给我来信说"您给父亲的信我看到了,很有价值,对我研究瞿秋白很有帮助"。2012年为纪念秋白同志牺牲77周年,常州瞿秋白母校约请丁老题词,丁老亲笔来信告诉我并寄来他的题词和照片。

一颗不锈的"钉"联结起了很多的"板块"

丁老喜欢篆刻,曾有不少名人为他捉刀,留下了不少金印,他曾复印寄给我看。他喜欢的"白相干",我也喜欢,他的三个"钉子"的名章,我认为代表了他!他办事、做人,钉是钉、铆是铆,亲自去办,一丝不苟。他那颗"钉子"联结起了很多"板块",形成了一体——书,他团结了很多文人墨客,他为他人做嫁衣,编辑、出版了很多他人之作,散在的文字成了集,留给后人;他精心研究名人、伟人、前人,收藏丰盛,借鉴历史;他对晚辈、对青年人关怀备至,不吝赐教……丁老关心我,关心我的写作,我写的《唱着红歌一路走来》就是在丁老亲自关怀下发表的。

认识了丁老一家——一个文化大家庭里的大家

我和丁老晚年往来,经他介绍,认识了他的一家——一个文化大家庭里的大家们。丁老有七个子女,四女三男,都很有作为,他很幸福也很自豪。他告诉我:言昭有"诸多高尚待人接物的礼仪,执著追求真理正义,秉笔书写中国现代女性的人物传记(如丁玲、萧红、关露以及陆小曼、林徽因等),她很用功,很细致,她能独立思考许多问题"。我从言昭的大作《芭蕾〈白毛女〉的姻缘》中得知,言昭的先生是一位芭蕾舞名演员,为中日友好作过很多贡献,可惜已早逝,人们怀念他,我写信慰问言昭。

丁老还告诉我,他有一个写大文章的五儿丁言模,他醉心于瞿秋白、杨之华、张太雷等杰出人物的研究,他寄给我丁氏父子与瞿秋白的研究纪事,还寄给我言昭、言模的多部大作。言模和我曾有书信往来,很亲切,他告诉我他是丁老五,我告诉他我是马老二。

丁老还告诉我他的长女是一位歌唱家……我拜读了这个大家庭中大家

们的不少大作,很得益。2014年春节丁老寄给我他们一家四代同堂的合影并亲笔题字。我太高兴了,我能认识丁老一家是我最大的快乐!我和丁老的家人虽未见面,在书中、信里、照片上已相识,亲如家人。言昭说她喜欢看我写的东西,我更喜欢看他们这个大家庭中的大家们的大作!

丁老这位快乐的老人,把快乐带给他人,更加带给了我!和丁老及丁老一家人的往来,太快乐了,太受益了,一下子写不完,也写不好,待续、待改!

最后的往来

2015年12月30日,我把写好的《和文化界名人长者丁景唐晚年往来》寄给丁老审阅。2016年1月27日言昭来信说:"爸爸收到寄来的快递,好感动噢。你把爸爸寄给你的信、照片保存得那么好,又仔细地复印,整理成册,真不容易啊!"

2017年5月是毛主席发表有关第二条战线评论的70周年,丁老在第二条战线上有很多贡献,我很敬佩他。我是第二条战线上学生运动中的一员,我写了《我们奋战在第二条战线上》的回忆,送给丁老和有关同志审阅。7月24日言昭来信告诉我已收到,她说:"爸爸说资料很珍贵,也让我长了知识。"言昭还说:"爸爸还可以,只是胃口不佳,吃得很少。"

接信后我很不放心,立即打手机给丁老。以往都是他亲自接听,他的宁波乡音我已经听惯了,这次是护工阿姨接的,说他耳朵不大好,我说:我是北京的小马向他问好,我询问了丁老的身体情况,护工阿姨传达我的话后对我说:"丁老身体还好,丁老说你还在写东西呢!"丁老一向关心我,关心我的写作,此时此刻还在关心我。以往给老丁打手机,总有说不完的话,那天和老丁只是互说了几句问候的话,丁老的声音依然洪亮,就是底气不如以前了,我不敢多说,怕影响他休息。

万万没有想到这次的通话竟是最后的一次往来!此后,几次打手机,回答:关机了。和丁老就此断了往来,我四处打听丁老的消息,打长途电话向刘立功老同志询问,得知丁老已经走了!丁老的声音仍在耳边回荡;丁老的文字、照片仍在眼前闪烁……我翻阅丁老给我的书、信、照片等,我修改、补充我写的和他的《往来》,增写了"最后的往来"……

这篇《往来》篇,是我和老丁最后的往来,就作为我这个晚辈给前辈的一篇祭文吧!

敬爱的丁景唐同志永远活在我们心中!

忆丁伯伯

幼英　世锦

　　2017年12月13日早晨,幼英接到她表姐独伊的女儿李小筠从美国打来的电话,说丁景唐伯伯是否昨天走了。

　　属实？我们听了大吃一惊,前不久,我们曾经去医院看望过丁伯伯,尽管他年事已高,但还是精神矍铄,谈笑风生啊！于是赶紧致电丁言昭,可一上午她的电话就是无人接听,只好致电华东医院才知消息确凿。再联系言昭依然无果只得电话留言。一直到晚上言昭才来电话,原来她是一早一晚才接听手机,其余时间要做自己写作的事。言昭告诉我们,根据丁伯伯遗嘱,不开追悼会,不举行仪式,骨灰与丁伯母一样撒入大海！

　　丁伯伯与幼英家是世交。幼英儿时被她姨妈杨之华带到北京读书,从小学至大学,在家中常听姨妈念叨丁景唐的名字。长大后得以知道丁伯伯原来是研究鲁迅、瞿秋白的专家。之华姨妈曾在她的回忆文章里赞誉丁伯伯,说:"丁景唐是中国研究瞿秋白的学者中少有的严肃的专家！"那时,姨妈每次出差来上海总要约见两个人,其中一个必是丁伯伯。她并经常为丁伯伯的研究工作提供各种方便。

　　"文革"中,丁伯伯作为上海市出版局的所谓"走资派",躲避不了,受了不少苦。记得幼英爸爸当时在上海文艺出版社任编辑也受到批判。有次回来对世锦讲:老丁的"罪状"中有一条就是"包庇"我这个"漏网右派"！原来1957年"大鸣大放"时,幼英爸爸吴元坎因为提出"人才应该需要市场","外行不能领导内行"等意见,"理所当然"地必须划为"右派",就是丁伯伯爱惜人才,据理力争,才让他免了戴"右派"帽子而遭罪。此时"文革"造反派旧事重提,却让丁伯伯"遭了罪"。

　　"文革"中批判丁伯伯的还有一大"罪状"就是"吹捧瞿秋白"。幼英的姨父秋白是中共早期领导人,但在"文革"中被诬陷为"大叛徒"。长期研究秋白成就的丁伯伯当然逃不过铺天盖地的批判声讨,但他却从未后悔过自己的选择。"文革"后期形势稍有好转,他立即在家里恢复对过去资料的收集整理工作,待"文革"一结束,更加意气风发地再度从事鲁迅、瞿秋白的研究!当时,中央为瞿秋白的平反专门成立了专案组也到上海调查取证,丁伯伯全力配合北京来的同志,推荐"证人",并亲自写材料,为专案组提供了有力的证据,替秋白昭雪!

丁伯伯还曾把世锦找去帮他整理一些文稿,他开玩笑地说:"稿费是没有的,送你几本书吧!"因此,世锦得到了丁伯伯奖励的四卷本托尔斯泰的《战争与和平》。

丁伯伯的三女婿董锡麟是芭蕾舞剧《白毛女》中杨白劳的首演者,与世锦同在上海市舞蹈学校《白毛女》剧组(后为上海芭蕾舞团)工作。1979年秋,为纪念鲁迅诞辰100周年,世锦等几位芭蕾舞团的同事决意将鲁迅的三部小说《祝福》《伤逝》和《阿Q正传》改编成芭蕾舞剧上演。这在当时是非常大胆的想法,有不少人持反对态度。丁伯伯知道后,不仅大力支持年轻人的创新,还多次鼓励告诫大家:鲁迅先生在《故乡》里曾经说过"世上本无路,走的人多了,也便成了路!"使世锦等人倍受鼓舞!1981年8月,丁伯伯得知芭蕾舞剧《魂》(根据《祝福》构思)、《伤逝》和《阿Q》即将献演极为高兴,特地从哈尔滨给上芭创作组写信:"运用芭蕾舞的艺术规律在中国的大地上培植芭蕾舞新的花朵,需要勇于探索的艺术界战士进行辛勤耕耘。在创造性的艺术劳动中可能会遭到挫折甚至失败。但是,我们相信,土地不会辜负于耕耘的人们……我作为学习鲁迅、研究鲁迅、宣传鲁迅的普通一兵,祝愿上海芭蕾舞团的同志们在鲁迅精神的激励下,以坚韧的精神,继续不懈地努力,为社会主义祖国的百花园增添春色!"丁伯伯所做的这一切极大地激励了包括世锦在内的上海芭蕾舞团创作组成员,最终完成了将鲁迅的著作搬上芭蕾舞台的崇高使命,为成长发展中的中国芭蕾事业添上了一笔浓彩!

景唐伯伯的遗愿

徐海安

2011年1月17日,我收到了丁景唐伯伯给我的一封意味深长的来信。他在信中说:"我最记挂的,是父辈的弥久友谊是否会因时间的推移,而使第二代的友谊持久绵延。"

我父亲范泉和景唐伯伯是光华大学的校友。而我和景唐伯伯的两个女儿:丁言仪、丁言昭也都是校友。

我在五十一中学读初中时,丁言仪在其中的(一)班,我在(二)班,我后来考入上海音乐学院声乐班。有一次,我从琴房练完声出来,竟看见丁言仪在隔壁空房随一位老师学打扬琴。原来她就读于上音附中民乐专业,这样我们又成了上音的校友。

过了两年,我改考上海戏剧学院,成为表演系的学生,而丁言仪的妹妹丁言昭则是院内戏剧文学系的学生。于是她又成了我上戏的校友。可谓无巧不成书,我和这一对姐妹都成了校友。

世界之大,往往因为情缘让它距离缩小了!我父亲上世纪80年代复出,我在美国收到了他的一本著作,里页登载了一张照片,我父亲身旁站着丁言昭,另一边正是景唐伯伯。是1996年7月2日在文艺会堂拍的。他们一起出席了上海作协纪念茅盾百岁诞辰的座谈会。

这张照片让我知道:原来丁言昭的父亲是丁景唐伯伯。

2005年我退休从美国回沪定居,为我父亲文集的出版尽绵薄之力。其时丁言昭给了我很多帮助,她总是有求必应地给我介绍落实出版事宜的各种关系,还陪我拜访我父亲的老朋友。如到老作家欧阳翠阿姨家采访。尽管我过去和丁言昭在上戏是两个不同的系科,但我们到了晚年,却因为有了父辈这一层心灵相通的关系,我们也就成了知交。

多年来,我早上会领着一批朋友打拳,丁言昭常会出现在打拳的队伍中。有时她看到有关我父亲的文章,就即刻复印好送给我保存。

丁言昭有很强的专业水平,而且有景唐伯伯为她介绍的许多文坛中的人脉。所以她一直笔耕不止,兢兢业业地著写和出版了众多名人传记。

她又是一位孝顺女儿,我知道她几乎天天前往华东医院,看望和照顾在医院休养的父亲,也正因为她的牵线,我见到了仰慕已久的景唐伯伯。他是在上世纪40年代就是中国共产党上海左翼文化战线的领导人之一。几十年如一日在中国文坛作出杰出贡献的领军人物。那天见到景唐伯伯时,他谈笑风生的气质,高雅、平易近人,他那吸引我的音容笑貌给我留下了难忘的印象……

景唐伯伯在给我的信中,深情地表示他的愿望,即是让父辈的弥久友谊能在我们第二代身上"持久绵延"。这种"持久绵延"的友谊不仅仅体现在我和丁言仪、丁言昭姐妹的校友关系上,也体现在别的人际关系上。

在这里我要提及一件往事:还在我读小学时,有一天我母亲带我到那时还住在淮海坊的巴金先生的寓所,我们是奉父亲之命前往送稿费的。那天巴老的夫人萧珊阿姨接待了我们母子,在谈话中她还讲起女儿李小林一个玩具邮筒的趣事,使我印象深刻。然而在上戏读书的多年中,我和在上戏文学系读书的李小林没有什么来往。我们从来没有讲过一句话,还有我父亲与之交往甚多的华东师范大学教授许杰先生,他的女儿许玄,也就读于戏剧文学系,我虽然知道她就是许杰先生的女儿,但也未去结识。这主要是因为那时我的父亲被打成"右派",身陷青海劳动改造。我在上戏从不敢在别人面前提及"右派"父亲的点滴,也不敢和其他名人之后的同学来往,怕给别人造成不良的影响……

如今,春风化雨,太平盛世,我们第二代的友谊正是在这种前提下,可以如景唐伯伯所希望的那样"持久绵延"。

我父亲在青年时代曾受到著名木刻艺术家陈烟桥先生的影响。陈先生深得鲁迅先生的信任,就是陈先生带我父亲到敬仰已久的鲁迅先生的家中,结识了鲁迅先生及其夫人许广平先生,也正因为此我父亲得到了许广平先生的支持,翻译了我国第一本"鲁迅传"。随之陈烟桥夫妇也成了我父亲主编的《文艺春秋》杂志的经常作者。

陈烟桥先生的大儿子陈超南就读于五十一中学时,我在(二)班任文娱委员,他和丁言仪同在(一)班,是(一)班的班主席。我俩尽管不同班,但投缘,成为好朋友。一天他邀我去他家玩,我有幸见到了超南的妈妈。当她知道我是范泉的儿子时,高兴地对我说:"解放前几年,我在《文艺春秋》杂志上发表过短篇小说,当时笔名叫'林红'。"

然而人生的变迁往往让人身不由己,"反右"运动,特别是"文革"时代,我们的家庭和命运都发生了巨大的变化,亲密关系也由此中断。

前些年的一天,丁言昭打电话给我:"陈超南是你中学的同学吧……"就是这个电话把我和超南中断了五十年的纽带接上了。我和超南阔别重逢，兴奋不已。当他筹备出版父亲陈烟桥先生纪念文集时，即邀我写纪念文章。我欣然书写了名为"世交"的短文。

往事并不如烟，换今思昔，感慨万千。令我十分悲痛的是可敬的景唐伯伯于 2017 年 12 月 11 日逝世，享年 97 岁。我又想起景唐伯伯与我父亲的一些往事。

景唐伯伯在我父亲文坛复出，重拾写作而拼搏的二十多年中，曾给予了大量的支持和帮助。尤其是在由我父亲主编的两千多万字的《中国近代文学大系》的出版过程中，景唐伯伯出谋划策、促膝商谈，文坛有目共睹，传为佳话。景唐伯伯是我父亲的领导，又是密友和校友，他们的关系和友谊非同一般。

我是景唐伯伯的小辈，竟荣幸地收到他亲笔来信，他亲切地称我为"徐海安小侄"，称我是"范泉同志好样的儿子"，使我感到文坛一位德高望重、成就斐然的长辈给我慈爱和鼓励，是如此弥足珍贵，如此刻骨铭心！

动笔写下这些纪念景唐伯伯的文字时，我身边又响起他语重心长的话："我最记挂的是父辈的弥久友谊是否会因时间的推移，而使第二代的友谊的持久绵延。"将永留在我们第二代的心间，他的这个遗愿，我们的友谊会持久绵延的。

景唐伯伯灿烂的文学生涯，将永留中国文学史册，景唐伯伯将永远活在我们第二代的心中。

写于 2018 年 2 月

丁景唐和徐开垒的一组合影照片

马国平

丁景唐与徐开垒是1940年代就相识的作家朋友,数十年间,他们同在上海,常有机会一起参加文化活动。他们在各自的文章中有时会提到对方,提到过去发生的事情。现在,两人都已过世,在一些照片上留下他们的身影,在一些信件中留下可资纪念的讯息。

翻阅丁景唐与徐开垒两人晚年出版的作品集,可以发现间或收录了他们的合影照片,为的是纪念两人久远的情谊。

丁景唐著《犹恋风流纸墨香》的彩页中收录了一幅五人合影,照片说明为"老上海石库门天井踪影,左起:王殊、沈寂、丁言昭、徐开垒、丁景唐(一九九八年五月)"。"老上海石库门天井",那是丁景唐的家中景色。王殊来自北京,抗日战争期间开始文学创作,上海解放后,他参军入伍后逐步脱离文学界,担任新华社驻外记者直至成为驻西德大使,回国后又担任要职。由于工作关系,王殊很长的一段没有和老朋友来往,也不便公开发表文学作品。上世纪80年代前后起,王殊开始在《文汇报》《新民晚报》大量发表驻外见闻,出版作品集,成为重新出土的"新作家"。

在有关丁景唐、徐开垒的诸多文章中,常会提到数十年前的文友,"四月的一天,我到瑞金宾馆去看望来自太平洋彼岸老友董鼎山,约定翌日找何为、徐开垒、沈寂等半个世纪前的老友叙谈。"(丁景唐)"一九四四年四、五月,丁景唐参与编辑《小说月报》工作的时候,……他很快就与徐开垒、郭朋、石琪、沈寂、徐慧棠(余爱禄)、林莽(王殊)等人成了好朋友。"(陈思和、丁言昭)"1945年春天,我更患肺病咯血,辍业失学在家,……只有极少数朋友来看过我,这就是丁景唐、王殊、杨幼生和冯尔泰。后来我才知道,他们都是中共党员。"(徐开垒)

青年时期结成的友情,在时间的荡涤下仍然不见褪色,无疑是弥足珍贵的。尽管大家星散各地,一有机会即呼朋唤友谈笑风生,并记录在相关的照片和文章里。

上述四位老友的合影在徐开垒的《在〈文汇报〉写稿70年》书中,则换成了室内场景,也是在丁景唐家中,但是各人的服饰完全不同,可以断定这四人之间至少有两次相聚叙旧。有意思的是丁景唐把合影照片寄给三位老朋友时,还附上了两页他家所在永嘉路慎成里的历史掌故,希望作为写作散文的背景材料。慎成里及其周边地带,曾经驻留过不少红色机关和文化名人,丁景唐解放前就居住在这里,这也是他引以为荣的地方。

《在〈文汇报〉写稿70年》一书刊载的照片中,还有不少徐开垒与丁景唐等人的合影,如2008年7月上海抗日爱国文学活动纪念会上的照片,在第一排就座的依次为蓝瑛、徐开垒、丁景唐、何为、徐中玉、束纫秋、沈寂、任溶溶等人。在该书纪念巴人先生的《泪洒大堰村》一文中,徐开垒插入了1986年10月7日巴人诞辰85周年之际社会各界在巴人墓前祭奠的合影,其中就有丁景唐等人。《徐开垒新时期文选》则刊有1996年11月徐开垒参加"第四次巴人学术研讨会"期间,与丁景唐及周海婴夫妇在巴人墓前的合影。巴人是浙江奉化人,与丁、徐为同乡人,他们都撰写过纪念巴人的文章,多次参加巴人学术研讨会议,发自内心地难忘前辈乡贤的悲惨遭遇和不朽业绩。

1992年12月28日,徐开垒与丁景唐在巴金家中巧遇,并且与巴金先生一起合影留念,当时,丁景唐等人代表韬奋基金会去拜访巴金先生。事后他特地撰文发表《九二岁暮访巴金》(收录《犹恋风流纸墨香》),而且丁景唐事先将初稿寄给徐开垒,谦虚地请他润色:"你我相识近半个世纪,难得在没有约定的情况下,在巴老家中相遇,并与巴老合影,也是巧事。故我在文中对'巧'事也写了一番。你是我的老朋友,又是行家,希能把它加工好。也给韬奋纪念馆留一则记事。(我是韬奋基金会理事。)"文章发表时,丁景唐在文末特地写上"征求开垒、加力、理达意见后,于三月五日修改定稿"。徐开垒似乎没有把这次"巧遇"演绎成文,但将这张珍贵的合影留存在《在〈文汇报〉写稿70年》中,现在成为互联网上极易寻见的照片。

徐开垒还存有一张拍摄于1982年7月在上海文艺出版社的合影照片,未见公开发表。当时董鼎山、董乐山兄弟联袂抵沪访友,身为上海文艺出版社社长兼总编辑的丁景唐在出版社接待了他们,并邀请了几位老友一起相聚,他们是徐开垒、沈寂、杨幼生、沈毓刚、吴承惠、何占春等人。

这些1940年代就已相识的老朋友,在照片里随意地站着坐着,轻松地笑着看着,仿佛回到了心无挂碍的青葱日子。这里用得着杜甫的诗句,"同学少年多不贱,五陵裘马自轻肥",在座的人当时在各自领域都担当着重任,在社会上有较大影响,详细罗列下来又是一段长文字。在整理上述照片的过程中,最让我感动的是这一幅照片,他们年岁已近花甲,面容上留下了岁月的印痕,但是,笑容是如此年轻,简直可以说是灿烂的。

丁景唐在《九二岁暮访巴金》中的一段话,颇能说明他们两人的"交情":
"……开垒是上海文艺出版社的老作者,我们是结交五十年的老朋友了。"这时,开垒开玩笑说:"老丁很早就是中共地下党员,四十年代我们相识时,他对我一直保密,现在想起来,你真不够朋友啊!"说得大家都笑了。

(外一篇)由现代文学史料而起的收藏、研究佳话

今年是瞿光熙先生逝世50周年,回眸他的过往似乎已经渐渐消失在岁月的尘埃中。瞿光熙是中国现代文学史料的爱好者、收藏者和研究者,他从上世纪40年代起热衷于收集现代文学资料,在1950年代已经达到相当大的规模,他藏书宏富,版本珍贵,尤其是重要的革命书刊和文献,在当时现代文学藏书家中颇有特色。建国后有关人士曾有钱杏邨、郑振铎、唐弢及瞿光熙四大藏书家的说法,当年造反派也把他冠以全国数一数二大藏书家的罪名。更为可贵的是瞿光熙纯粹是个人爱好集几十年之功以一己之力卓然成家。上世纪50年代末、60年代初上海文艺出版社影印出版过左联时期的革命文学期刊如《北斗》《前哨》《萌芽月刊》《拓荒者》《十字街头》等,就是根据瞿光熙提供的收藏珍本影印出版的。

说来是一桩趣事,去年以97岁高龄辞世的老作家丁景唐上世纪50年代中期进行鲁迅、瞿秋白及左联等课题的研究,又因工作关系成为上海新华书店和旧书店的常客,他询问上海有谁与他兴趣相同搜集中国现代文学史资料,瞿光熙的名字得到书业人员一致推荐。于是,丁景唐专程拜访瞿光熙,有缘相逢,结为同好,一起交流分享自己的收获。瞿光熙不仅公开自己的收藏,还主动推荐资料,提供线索,丁景唐与文操合作编辑《瞿秋白著译系年目录》时,瞿光熙热情提供了有关资料充实内容。同样,上述影印左联期刊的事情就是丁景唐与瞿光熙认识以后造福于社会的出版成果。

瞿光熙自己术业有专攻,在史料的挖掘和整理的基础上,发表了许多有关现代文学的史料考证文章,达到相当高的学术水平。他对左联作家蒋光慈的研究即是一例,曾经计划编撰出版《蒋光慈研究资料编目》一书,由《蒋光慈著译书目》《蒋光慈著译系年编目》《有关蒋光慈研究资料编目》《蒋光慈研究资料选辑》《蒋光慈事迹考证》等组成。不过这本书最终没有完成,《蒋光慈著译书目》《蒋光慈著译系年编目》发表于1962年,《蒋光慈事迹考证》成为他的遗作发表在1984年9月的《中国现代文艺资料丛刊》(第八辑)。《蒋光慈著译书目》则分上、下部先后发表于《图书馆》杂志(即现在的《中国图书馆学报》)1962年第一、二期,在第二期刊登的"书目"结尾处有如下文字说明:

补正：本书目关于《新梦》第三版，因未见原书，系据唐弢同志着（著）录，自本书目上部发表后，承热心读者赠以《新梦》第三版原书，核对之下，发见三版本较初版本和再版本少了三题，即《小诗》二题和《假若你是聪明的》一首，尚余三十九首，特此更正。——作者

近日，查阅到蒋光慈《新梦》第二版内页书影（载《上海师范大学图书馆民国文献珍本图录》，国家图书馆出版社，2016年11月出版），"热心读者"得以现身，那是丁景唐先生用毛笔书写的一段题签文字，工整严谨，一段历史交代地非常清楚。全文如下：

一九六二年四月二十二日

景唐小识

余藏《新梦》三册，两本为初版本，一本为三版。初版已于一九五八年分赠瞿光熙和沈某。一九六二年四月十九日光熙同志决定调江苏工作，又以三版本相赠。因其专订光慈书目，而独缺此三版本，他尝于一九六二年《图书馆》第一期撰蒋光慈著译书目谓原书未见，删去六首。实际仅删去三首，即《小诗》《倘若你是聪明的》《小诗（十二首）》。而他根据的，是一九四九年八月的《文艺复兴》"中国文学研究号（下）"唐弢《新文艺的脚印》和《蒋光赤哀中国》二文记叙。自则唐弢同志记述有误了。

上述这段文字中有四个姓名可惜被墨汁涂去，不过透过强光还能依稀辨认，先后顺序为景唐、瞿光熙、沈某、光熙。笔者又请丁言模先生看过，证实为丁景唐的手迹，实属珍贵。书中尚有三处写有"三版本未收"以及"三版本低一个字"、"三版本有'附注：俄人称皇帝为查理'"等字样，可见丁景唐仔细比较了两个版本的异同。这段文字与瞿光熙所写的"补正"相互印证，也是两位现代文学史专家的友好交往的一段往事。

瞿光熙1962年4月后正式调往苏州的江苏师院，担任中文系现代文学教研室主任和中文系资料室主任，可谓用其所长，其中很大的一个因素就是随他船运车载而去的大批现代文学珍贵资料。不过，留给瞿光熙发挥所长的时间很短，他的学术生涯停留在某个时点上戛然而止。不然他还会积累更多的成果，被更多的人了解。

沈某曾是上海一位专治现代文学史的藏书名家，1958年12月出版了《鲁迅研究资料编目》，新时期后，几度发表历史资料重大发现而引起论争，

其话题一直延续至今。2009年3月,出版《行云流水记往》(上、下册)。从丁景唐题签看来,他们当时互为熟识,且能把自己的收藏物慷慨相赠。

丁景唐与瞿光熙曾经有过多次友好合作的经历,如两人于1961年7月合作出版了《左联五烈士研究资料编目》。丁景唐回忆道:"而合作的最为愉快的是,我们两人费了五年工夫,共同搜集、整理、编辑了《左联五烈士研究资料编目》……1981年1月,我将此书补充增订后,出版社又出版了第三版第四次印刷本。光熙同志虽离开了我们,但每当翻检这些我们合作编著的书时,便使我记忆起我们坐在他书斋里随意翻书、任意而谈的情景。"1979年12月,丁景唐等人赴苏州参加了瞿光熙的平反追悼会,其后人在1984年为他出版了《中国现代文学史札记》一书,丁景唐又慨然为亡友撰写长篇序文。序文中透露,丁景唐参与主持设计上海鲁迅纪念馆陈列方案时,曾经动员瞿光熙捐赠一幅鲁迅手迹给上海鲁迅纪念馆,那是鲁迅手书的李长吉诗句:"金家香弄千轮鸣,杨雄秋室无俗声"。

按上海师大图书馆收藏的这本《新梦》第二版丁景唐题签文字的意思,丁景唐本人藏有三册《新梦》已经分送给瞿光熙和沈某。丁景唐紧接着于1962年4月22日在再版本上写下这段文字,这再版本从何而来,归谁所有?谁又涂抹了那四个名字?又是如何散出的?这都是一个有趣的话题。

君子之交，垂范后人

王小平

丁景唐伯伯比我父亲王仰晨年长一岁寿长十三年，他去年底辞世时，父亲已经去世十二年。翻检丁伯伯写给父亲的信，发现多有编辑交流的内容，他们是志同道合的朋友，他们在工作方面的相互支持和协作，称得是对君子之交的诠释。

上世纪70年代后期，人民文学出版社编辑《鲁迅全集》过程中，曾经刊印过二十七种鲁迅作品征求意见本，发送各方专家。丁伯伯也是专家中的一位，曾多次写信给父亲提出他的看法。例如，对《集外集·阻郁达夫移家杭州》的注释条，他写道："'我因不听他的劝告……'建议去了。原来1959年版《集外集》234页，只用了前面一句，没有后一句。我们认为是否仍只用前边一句。这诗的意思，他曾同我说过，指的是杭州党政诸人的无理高压，不必牵强到后一句。请酌定。"信中的"我们"是指丁本人和王映霞[①]，这条意见是他与王商议过的。建议删除的后一句是："我因不听他的劝告，终于搬到杭州去住了，结果不出他之所料，被一位党部的先生弄得家破人亡。"又如，对《三闲集·〈小彼得〉译本序》的注释条，他说："至尔·妙伦，写德国女作家便好。据我最近又问过译文出版社毛良鸿同志，他又查了一些外国词典，是德国女作家，不应该写德籍匈亚利女作家……"再如同篇中对格罗斯[②]的注释条，他说："建议把末一句'堕落成为反动艺人'去了。因为据王观泉同志告诉我，格罗斯虽曾一度表现不好，但以前表现是好的，鲁也多次选用他的漫画，并加赞赏。后来也没有反动到底，从历史观点来看，把后一句去了为好。"稍晚他又续写一信，向父亲介绍王观泉是专治美术史的学者，对鲁迅与美术问题有专门研究，相关问题可向他咨询。并提前写信到王观泉处知会此事。

[①] 王映霞(1908—2000)，杭州人，作家郁达夫前妻。
[②] 乔治·格罗斯(1893—1959)，德国达达主义运动画家。

1981年版《鲁迅全集》出版前后,社会政治的变化非常之大,伴随思想解放,人们对书中注释的不同意见渐有所闻。想必是父亲先在通信中有过引疚自责,丁伯伯曾有长信宽慰父亲,录在下面。

仰晨吾兄:

大札早早收悉。我也疏懒,拖了许多人情债。

吾兄为文学出版事业勤勤恳恳,埋头苦干、实干,为弟所钦佩。若《鲁迅全集》(注释本)这样特大工程,已有重大成绩,兄亦有主要的一份。此非弟之偏爱,实为众人所共同认可者。兄之获得中国出版工作之最高荣誉——韬奋奖,并非偶然,实乃吾兄确有实绩也。一项重大工程要想做得至善至美,也有一个历史的过程。了解历史发展过程的朋友们决不因已有重大成就而自傲,当然也不必因为后来逐渐显露出一些缺点而自绥、自责。《全集》此事,我是有些了解的,至今我还清楚地记得你和包子衍、李文兵齐来上海住在上海出版局条件较差的房间内,日夜奋战的情景。我们还为《全集》配制一种丝线,几个人特地相约由上海去苏州丝染厂落实任务。这次印刷任务,"人文"委托我社办理,是文艺社与我本人分享大家工作成就的荣幸。文艺社与我感到歉意的,是当年印制封套的技术和设备欠缺,嘉定厂手工劳动粗率,工人不熟练,做得不好,有大有小、有紧有宽。这套初版本放在书架上,对我是一种鞭策。当年结束"文革"后不久,上海做封套的工人多是生手,限时赶出来,他们也很紧张。我不能苛求于这些工人,更不可责备他们。对于《全集》注释中存在的问题,也应从历史发展过程去认识它的缺点与错误。当时,谁也没有现在的认识水平(如给作家以政治帽子和评价),也没有《全集》问世后引起社会上普遍重视,发掘出很多当年编辑组未曾掌握的史料、材料(我甚至可以说,有些史料在当年不可能发掘)。人有从幼稚到成长、成熟的过程,《全集》的注释也有一个不断发掘、补充、酌商、校正甚至纠正的过程。一是认识水平不断有提高,二是史料不断有新的发现、发掘、纠正。离开历史条件,正如鲁迅先生说过的,不免苛求于人,强人所难。望吾兄宽心对待这种问题。说穿了,吾兄如何能负起如此重大不可能负起的责任呢!千祈切勿自责太甚,有伤心身。

今年七月为茅公百岁诞辰纪念,不知《茅公全集》何时完成。

我这二年来,比较健康。有些事想通了,就会自我调节,自得其乐,做些自己高兴的力所能及的事,而这些事也稍稍有益于世也。

巴金为译文集写的跋,大概都是以兄为称呼对象吧!

祝

保重身体，自我解脱！

丁景唐
1996 年 4 月 9 日

父亲编辑《茅盾全集》期间，也曾得到丁伯伯的帮助。当时提起过三个问题，一是"上海大道市政府①的性质和情况"，二是"日寇进入租界的游行时间及规模"，三是疑似人名的"黄警顽"。丁伯伯转请社内老编辑马云先生代查，马先生再转请人民出版社现代组代查，使前两个问题得到了解决。不知道是丁伯伯转托还是其他原因，丁女言昭也曾帮助父亲查找过资料。从现存她的来信可以看出，她去藏书楼代查过《译文》《文丛》《生活的故事》等旧刊旧文。信后时间记为 1990 年 7 月 28 日，这个时期父亲是在忙于《巴金全集》和《茅盾全集》的编辑。

2001 年人民文学出版社创建五十周年之际，丁伯伯有一文刊在《文汇读书周报》，题目是《良师益友与踏实读者——人民文学出版社之与我》。其中谈到 1981 年版《鲁迅全集》在上海印制期间，他与父亲的工作接触。这些我原是知道一些，意外的是看他还提到，1980—1981 年曾在中央党校学习，这正与我在那里工作的时间重合。我却没听父亲说过这事，后来在上海陪父亲去过丁伯伯家，才在永嘉路石库门旧宅初会丁家父女，时间已经迟了近二十年。

2005 年父亲去世后，丁伯伯仍与我偶有联系。某次得他信拆看，抬头呼我为"小平贤弟"，稍稍一怔；再看到信尾落款后面加写了"九十四叟"，顿感暖意。有这样的前辈朋友，多难得啊。那是 2014 年初，他是住在华东医院，他说"我的健康平顺，可勿念"；"我也很想了解一下你的工作、学习、写作的情况"。此前在 2010 年，我曾收到上海韦泱先生赠书，由于素昧平生颇有些意外，展信才明白是丁伯伯做了中介。他让我读到了藏书家韦泱所写书人书事，同时也有要我回报、让对方多收一个签名本的意思在里面。虽然是若不经意的一事，却看得出他做事的用心，应该是包含了对后辈的期望和扶持吧。

近期我有书稿将进入出版流程，编辑先生曾希望能加入若干新文。刚刚想到怀念丁伯伯文可以列为一篇，当天就见到沪上好友倪既新发来与言昭的合影，继而了解到《丁景唐先生纪念文集》也在编辑中。这真是无以复

---

① "上海大道市政府"，1937 年 12 月到 1938 年 4 月间设在上海的傀儡政权。

加的无巧不成书,有可能成全我在不同的书里,对不同的读者讲述我所了解的前辈事迹。倪先生认识先父,我谢他牵线的时机恰好,他回答说其中也有先父的指引。此文于次日急就而成,然而竟是以此种方式回报前辈的期待,况味实难状写。

丁先生的信

张 韧

对于一个献身于文学事业的人，更好的纪念是留下他的文字，对于需要留下的文字，更好的归宿是图书馆。所以我将丁景唐先生生前给我的一些文字送到了上海图书馆。

这些文字包括丁先生赠予的部分书籍、文章和寄给我的信件，包括对丁先生和他家族人员的报道，以及与丁先生相关的文化名人互动资料，此外，还有不少照片。那天，丁言仪夫妇和丁言昭与我同去，我特别高兴和感激。

我认识丁景唐先生起于我1954年和他的三个女儿言文、言仪、言昭同学于徐汇区第一中心小学，且与言仪是同班挚友。丁先生把对子女的关爱普及到许多青少年，我也在其中。我曾写《家长代表丁景唐》一文记叙此事，在此不赘。不过，景唐老看了此文很高兴，说：这是给我发了一个大大的勋章。

丁先生的信中每每赠文章、剪报和照片。

我从这里读到了丁先生和巴金、丁玲、戈宝权、钟洛（袁鹰）、吴朗西、赵超构——的深切友谊，他们都是冒着敌人的炮火拿起笔作刀枪，且宝刀不老。

从这里读到了老先生几乎无时不在研究上世纪30年代左翼作家联盟的作品和作家，密切关注继他之后研究鲁迅、瞿秋白的一批学者，并给予大力支持。为了"便于你了解他"，丁先生一次次给我寄来王观泉老师的自述及相关许多资料；

从这里看到了老先生带着子女和孙辈一次次去鲁迅故居、内山书店、沙飞摄展、萧红旧居——丁先生是左联文化的参与者、维护者和传播者，他极其希望后人能熟悉历史并继承发扬。

我从这里又了解到丁先生对曾经共同出生入死的地下工作者感情至深，他们在特殊的敌后环境下也许互不相识，解放后一旦相认便如亲人。丁先生与我父亲刘燕如谈得来，一个为文学，一个为党史，执著到生命结束。

丁先生在1999年的一封信中写道:"11月21日难得有愉快的半日游,我们一家基本人员与你父母、观泉和你一起共同度过,好日子,难得,难得。希望以后再同游。"其实那天我们主要是陪丁先生到鲁迅纪念馆捐赠文史资料,鲁馆为他辟有一间"丁景唐专库",他几乎每年必去。丁先生毕生崇敬和研究鲁迅,鲁馆是他的精神家园。

1995年我到《新民晚报》工作时,杨志诚老师已离休,丁先生寄来言昭写杨老师解放前从事革命文艺的文章,又亲笔写了对杨志诚的介绍和评价,仍然是为了"便于你了解她"。曾任晚报总编辑的束纫秋,和丁先生一样,编辑过地下党掌控的杂志刊物。丁老向我取了束老的电话,在2000年1月15日信中写道"我去看过老束,让他散心,约他到缪剑秋家吃了一次馄饨(午餐)"。三个老革命之间,就是这样淳朴和真情。

从信件中可以领略丁先生拥有一个其乐融融的大家庭。

一张为夫人王汉玉老师庆生的照片,记录下老两口几十年来彼此的信赖、感激和深情。子女们则个个自立成才。我的同窗言仪当年是上海民乐团的扬琴台柱子,作为闵惠芬的二胡伴奏,被誉为"黄金搭档"。在闵身患重病时,她又成了不离左右的"铁友"。有其父必有其女,言仪除了出版扬琴专著外,将大量的时间和心血献给了青少年学生。丁先生在信中称赞我们"这么长时间的小学同学仍能友谊长存,也不容易"。言昭和言模秉承父亲文脉,广泛涉猎上世纪30年代及其他领域,著作颇丰。丁先生在1997年9月12日信中情不自禁:"告诉你一件高兴的事,丁言模的《鲍罗廷和中国大革命》在不久前召开的上海党史学年会上获得党史优秀著作奖。"之前,这部书就得到了胡绳先生的很高评价。丁先生鼓励五儿言模研究历史和文学,但不勉强,及至他晚年得知言模立意研究"丁景唐藏书"后,迸出两个字:大喜!

在上海图书馆,言仪说,我父亲把张韧看为自家人和好朋友,是因为他从张韧当年立志下乡看到了自己年轻时一腔热血投身革命的影子,在理想方面,有共同语言。言仪这番话大大奖励和教育了我。这天言昭还告诉我:你1962年去当农民了,爸爸叫我常给你写信,还说农村邮电不方便,又花钱,要我每次在信封里附几张明信片给你用于回信,我到现在还留有你回复的明信片。我听了感动得一时语塞。没想到丁先生如此关爱,更没想到事过半个多世纪,在景唐老先生去世后才知道原由,我已来不及说声"谢谢"。

上海图书馆的何毅、周德明两位馆领导郑重地接过了丁先生的资料,他们都说,收集好、保存好、运用好历史资料是他们的职责所在。周馆还说:有的资料需要抢救,我们将不遗余力!他当场即和历史文献中心主任黄显功一起,与丁言仪商量收集闵惠芬遗留的资料。此后,为了进一步整理丁老先生的资料,上海图书馆的年轻馆员刘明辉和同事不断提供跟踪服务,而丁言昭、丁言模则在埋头苦干,编写纪念丁景唐先生的集子。不止于父亲,二位还有创作其他历史文化作品的计划。

年迈的和年轻的,为保存和发扬中华文化的宝贵财富,动起手来!

写于 2018 年 4 月 28 日

附录

家长代表丁景唐

丁老先生景唐现已九十多岁,1954 年,我和他的女儿言仪在徐汇区第一中心小学四年级同班。言仪有音乐舞蹈才能,只要她上台,我的领唱位置就要恭让,当然是服气的。学校开家长会,我俩留下来帮老师接待,我的父母工作忙,请假了,而言仪一眼看到父亲就扑了上去,我第一次看到丁先生,中等个子的中年人,长相中等,不过总是笑眯眯的。他进校门后很忙,找好几位老师交谈,原来言仪的姐姐言文、妹妹言昭都在这念书。他还跟我们这帮小朋友一一招呼,又驻足与校长韩慧如谈起来。50 年代,丁先生在市委宣传部任过文艺、宣传、新闻出版处处长,作为 30 年代的作家,他自己开始研究鲁迅和瞿秋白,并着手培养工人作家,时间绝对不够用,但是家长会没少参加。

1964 年,我志愿去安徽务农已有两年,应上海团市委邀请回沪参加一个座谈会,徐汇区趁此让我在周日去跟青年讲讲,地点在徐汇中学大礼堂。大会结束时,主持人告诉我有人在等,到后台一看,竟然是多年未见的言昭,她的身后,是笑眯眯的丁先生!丁先生仍然叫我小朋友,仍然用宁波话嘱咐我:你这样交关好!信(身)体要当心,还要多读书。这位文艺出版社的社长送我几本书,我惶恐又喜欢,没想到和丁氏姐妹分别多年了,她们的父亲还在关心我。

1967 年初,混乱岁月。我虽是农民一个,但社会知名度高,山雨欲来,自己却没什么知觉。一天得到通知,有人找我,让我去合肥江淮旅社。我见到了一位敦厚中年知识分子,他说,他是黑龙江省文联的王观泉,他的老师丁景唐很关切我现在如何,托他从哈尔滨去上海的途中到合肥来看看我。我的第一反应是:天哪,王老师为这趟看望要先到蚌埠换车到合肥,再回到蚌埠转上海(当时合肥到哈尔滨和上海都没有直达车),一个收入微薄的文人要多花多少钱哪!再说,丁先生没啥特别的事,为何这样重托呢?不久,我被批判,白天下地挣工分,晚上挨斗,以至挂铁牌游乡,罪名就是"刘少奇的黑典型"。批斗越升级,我越能明白丁先生的不放心,他是怕我们这些年轻人经不住狂风暴雨啊!后来,我知道了丁先生1966年就戴上"三十年代文艺黑线人物"和"走资派"帽子,被抄家、批斗,蒙受凌辱。再后来,我知道了王观泉老师备尝艰辛,战胜了恶劣的环境和疾病进行研究和写作,以至失明,终成著名学者。再再后来,我又知道了丁先生在自己落难时关心的青年远不止我一个。四十多年来,我对丁先生和王老师的这次探望,愈加理解,愈加感动!

1993年我50岁,离皖回沪定居。丁先生依旧住在慎成里的石库门老屋,楼梯陡窄,转弯角只能放下我的半只脚,上楼时,总能听到他招呼:姜(张)韧来啦。我曾劝他搬到楼下住,他笑眯眯摇摇头,他就这样执著地爬着三楼,80岁,90岁,还在爬。每次去我都有斩获,丁先生或赠他自己及儿女言模、言昭写的书;或赠照片;或赠发表的文章,每一件上都端端正正地标着时间、地点、姓名。送书必题对方名,自己签名,盖章,再轻覆一小片薄绵纸护着红印,一丝不苟。老先生喜欢这句话:纸墨更寿于金石。

2008年,丁先生说只能以休息为主了,不过还欢迎小朋友来。一次我去医院看望,他拿出一本图册,那是一个八岁孩子送给丁爷爷的。嗬,原来他的"小朋友"囊括了上世纪50年代和当代的小学生。丁先生性情年轻起来,面色也红润饱满了。听说他想要一种老式相册,可以随意贴上大小不同的照片,寻觅不着。我在一家小铺子找到送了过去,老先生脱口就是时髦语:你井(成)功了!他又送我一张穿着住院服挥笔的照片,那是为浦江县马良小学献字,丁先生说:这是我写得最得意的字!老者笑得像小孩一样,随手抄录给我:上天入地　奇思妙想　神笔马良　非凡力量。

几十年来,丁先生宝贝自己的孩子,善交子女的老师、同学以至他们的朋友。他的大作《犹恋风流纸墨香——六十年文集》出版,韩慧如校长和我父亲刘燕如也出了书,三位九旬老人互相赠书由我跑腿,不亦乐乎。2001年,韩校长90岁,我们尽可能地找到当年的小学同学和老师们欢聚一堂,我提议:再请一位家长代表出席吧:丁景唐!大家叫好,丁先生很高兴,我们还没到,他就到了。丁先生的头衔很多:诗人、作家、出版家、文史学家……我就这样没大没小地给他封了个"家长代表"新头衔。

2012年5月15日
发表于2012年5月22日《文汇报》
修改于2018年4月28日

丁景唐先生与我

章洁思

第一次见到丁景唐先生是在上世纪 70 年代末。那时我进入译文出版社工作不久，有一回感冒，同事热心地告诉我，"大社"（指上海人民出版社）有很好的医务室，让我随她们一同去那里看看。于是我们从延安路（译文社）走到绍兴路，果不其然，这个当时许多出版社共同拥有的医务室不仅大，而且设备齐全，甚至还有理疗器械。

热心的同事把我介绍给医生，很快就看完了病，拿完了药，正欲离开，忽听有人在招呼我。回头望去，一位陌生长者躺在理疗床上，问我是否"靳以"的女儿，并告知父亲的著作《靳以小说散文集》就要重版。其后还问了我的近况，以及母亲及家人安好。我当时有点尴尬，也有点不好意思。因为身旁的人正在告知说，那位陌生长者是出版社的领导。这位领导正是丁景唐先生，时任上海文艺出版社社长兼总编。我没有多逗留，回答完他的话后，就匆匆离去。

第二次见到丁景唐先生已过了几年，那是在纪念巴金先生文学创作的一个展览会上。记得那次到会参观的人很多，我与母亲同去，到处遇见熟人，都是父亲的同辈好友。那时此类活动不多，正是老一辈见面的好机会。门口进来一批日本学者，有人把母亲和我向他们介绍，他们立即热情地围拢过来，表现出对父亲及其作品的极大热情。有几位十分年轻的学者，甚至向我们列数父亲作品的篇名，表示他们的喜爱。父亲去世多年，能在国外引起如此关注，母亲和我非常感动，一起照相分别之后感动之情仍然涌动心头。正在此刻，丁景唐先生拉着他的女儿言昭走到我们面前，我唤了一声"丁叔叔"，他满面笑容把言昭正式介绍给我，说是以后要多交流多帮助，就这样我也认识了言昭。

此后，由于与言昭年岁相仿，又各自喜欢写些小文章，我们很快就熟悉起来。那时候，电脑还未普及，言昭有一回带给我一个小纸包，里面是橡皮图章，可以根据需要上下拨弄印上年月日。她说文章写完盖上章，就可留下写作年份，非常有用。我觉得非常新奇，使用起来果然清楚方便。当时就纳闷，不知她怎么会想到这样的图章。

后来，她又拿着一只牛皮纸大信封跑到我这里，里面居然收集着有关我父亲的剪报，她问我是否需要。那些陈旧的纸片已经泛黄。我找到了纪念父亲逝世30周年的剪报，甚至还看到我为父亲写的第一篇纪念文章。

再就是书。有关的书籍里夹着有关的剪报，比比皆是。尤其是最近，言昭一直在为其父整理书籍，她不止一次对我说过，书是丁叔叔的宝贝，绝对不能等闲视之。有时见到重复的书，她会拿给我看，或送我几本。这些书里我会看见丁叔叔读书的痕迹，甚至看见他读书的姿势：仿佛见他手中拿着笔，正襟危坐在书桌前，一边圈点，一边认真阅读思考。

于是，我忽然意识到，那些图章，那些剪报，那些书籍，都是丁叔叔传承给言昭的，那是他多年从事出版工作的印记。他是出版界的老前辈，收集资料，求证严谨，一丝不苟，以及工作条理，已经深深融入他的生命，成为他生活中顺理成章的习惯。

前些年，在彼此走动还方便时，他会过来看望母亲。母亲喜欢听他的宁波口音，因为她自小也是在宁波长大的。母亲也喜欢看书，总是书不离手，所以他们之间话题是很多的，有些老话，还会聊得津津有味。虽则如此，我却没有上他家去拜访过。

去年不知是为什么事，我约好言昭找到丁叔叔的家。我早知道他住的是石库门老房子，也经常路过那条马路那条弄堂。但进屋一看，仍旧大出我的意料：逼仄的空间，陈旧的家具，尤其是屋内横空一条绳子上还晾晒着未干的衣服，……仿佛走进几十年前的老上海。一时间，我简直被眼前的景象搞懵了，我很难相信，这是前出版局领导的住房（丁叔叔"文革"前曾多年担任出版局副局长的职务），而且是在上海这个地方。想起走进来时穿过的厨房，厨房里简陋的方桌、方凳、碗橱，饭菜就摆在这张桌上，食物也极其简单……我想，在当今的出版界领导中，或许再也找不出丁叔叔这样的干部。回想身边一些人为房屋为私利所做的种种污浊之事，心中感慨万分。

手边有一帧照片，照片上有三人：丁叔叔、我、他的二女言仪，摄于上海图书馆。时间过得飞快，当时情景恍在眼前，然距今已近十年。2002年，辛笛叔年届九十，上海图书馆为他举办"诗人王辛笛创作生涯展览"。在图书馆的一楼展厅，我在人流中小心穿行，最后避到大厅的柱子旁，却在那儿与丁叔叔不期而遇。丁叔叔满面笑容，就像当年介绍言昭那样向我介绍了言仪，随即掏出相机说道："留个影吧！"

照相，留影，也是丁叔叔长期做出版集资料的习惯。而那天的我，心里正充满无比的喜悦：为父亲的老友辛笛叔欢喜，为展览的展品欢喜，为墙上悬挂的老照片欢喜,为照片勾起的许多在父辈身边的童年往事欢喜,也为遇见多年未遇的小伙伴欢喜。……欢喜之情溢满我的胸怀,就这样,我站在丁叔叔身边留下了欢喜的定格。

去年,丁叔叔住进了华东医院。其实他没什么大病,恢复很快,医院的照顾似乎比家里还好。今年春节前,他让言昭给我带来新发表的长文,在文章上面的空白处,他写着,权以文章代替贺年。电话里,他的声音是那么高兴,他说道:原以为自己再也不能写了,现在竟能写出这么长的文章,这对他自己也是个鼓舞,所以,他还要继续写下去。我想象他每天走到医院的大休息室专注写作的情景……他果然在一篇篇地写,其实,那些写作对于他是幸福的回忆,对于读者对于社会,更是珍贵的史料。

曾有上海理工大学(原沪江大学)档案馆的领导找到我,因为看到我发表在《文汇读书周报》上一篇回忆沪江的文章,想让我对他们讲讲沪江更多的史料。没想到丁叔叔在沪江读过书,还当过助教。我的回忆只限于解放初期我孩提的眼睛所望见的一切,而丁叔叔,则要早上许多年。他告诉我,他睡的宿舍靠近江边,有一扇天窗;他那时已经是地下党员,只是不张扬,隐蔽着。他还怀念教过他的朱维之教授,他让言昭带信给我,想了解后来朱先生在我工作的上海译文出版社出书的情况。因为有共同的话题,我们在电话里又聊了许多。

前些日子,丁叔叔托言昭传话,问怎么最近不见我的文章发表,并鼓励说,我的文章写得蛮好,要继续写。我一边把前不久发表在《人民日报》副刊上的小文拿给言昭,让她带给丁叔叔;一边心里不由阵阵发热。回想起来,一直鼓励关注我写作的是辛笛叔。他在世时,一见我有文章发表,立即亲自来电。他手头报刊杂志无数,所以,任我的文章发表在何处,他都能立即知晓。甚至,有时连我自己都未知时,辛笛叔的电话已经响在耳畔。今天,忽听又有丁叔叔关心我的写作,回忆感触交集内心,难以诉之言语。

我早就说过,很羡慕我的一些朋友。他(她)们从少年青年中年,甚至步入老年,还能够在父亲身旁聆听指教,或是写文、抄稿、收集资料,或是侍奉茶饭,陪送出行;间或还能向父亲谈谈心、撒撒娇……而这样的奢侈早在我15岁那年就永远失去了。父亲在世时,世界还未在我年少的生命中展开,我没有傍在父亲身边长大的幸运,但,我的幸运仍旧自天上的父亲馈赠下来。回顾以往,在我人生的多个阶段,都不乏父亲友人的关怀鼓励,直到今天。今天,当听到丁叔叔对我写作的关注,实实在在温暖了我的心。

又是一年过去了,又到了年尾岁末,我已经开始在邮箱中收到朋友的龙年祝福。昨天与言昭通话,知道丁叔叔健康如常,这真是最好的迎新消息!我的眼前,倏忽映现出丁叔叔健康的笑脸,仿佛见他握着笔,还坐在那间大休息室里写呀写,……

丁叔叔,您龙年的贺年方式又会是怎样的？又会给大家怎样的惊喜？我等待着,等待着……

2011 年 12 月 14 日

以上,是六年前的文字。六年前的丁叔叔还是很健康的模样,我只是感觉他在华东医院休养,并我还一直在等待,等待他某时某刻忽然予我出人意料的惊喜。然自然规律不可抵挡,纵然我还在等待,还不想道别,还不想悲伤;却仍然听到噩耗……

许多许多关心我的长辈就这样走了,无法挽留,但他们在我的心里。他们的文字,他们的音容笑貌,是永远栩栩如生的。

就像眼前的丁叔叔,他的宁波口音仍在耳际缭绕……

2018 年 1 月 3 日再记

怀念"90后"的桃源人——丁景唐先生

王圣思

早在2012年去探望住在华东医院的丁景唐先生之后,写过一篇小文《"90后"的桃源人——访丁景唐先生》,发表在《新民晚报》。以后若去华东总院检查身体或看病,就会顺便去住院部看看老人。

今年出版了一本小书《难得是相逢》,收入了写景唐叔的文章,并附有他和父亲的合影,一直想送书给他看看。但手头事多,又人来客往,加上感冒频发,也就不敢去看老人,一拖再拖。直到11月底收到韦泱诗人代景唐叔寄赠丁老之子丁言模的大著《穿越岁月的文学刊物和作家(一)》,扉页有老人的题词:"王圣思小友存念 老友丁景唐赠于华东医院 二〇一七年十一月廿一日。"真不敢当,这也让我急迫地想去看望老人。

12月初,我赶快抽空去看望老人。下午三点到了熟悉的病房,只见老人躺在床上,手臂上还在输液,叫了一声"丁叔叔!"他看了看我,嘴角动了一动,没有发声。护工在一旁介绍说,老人这几天发烧了,晚上睡不好,胃口也差些;今年每发烧一次,体质、精神就差些。我拿出小书,翻到五年前写他的那篇文章,给他看看,他凝神注视着,微微露一丝笑意——我知道他看到了!

病房里还是暖和的,他大概有点热,掀动了被子,护工立刻制止了他,帮他披好了被子,并关照着:"不好掀被子的,前一阵就是这样着凉感冒的!"他听了之后手就不动了。看上去他精神不佳,好像话也说不动。我不敢多打扰,请他好好休息,多多保重,就告辞了。回来后给韦泱发了短信,感谢他寄书给我,这就提醒我去看望老人,并愿老人早日康复。韦泱回复:"丁老今年身体状况差很多,毕竟九十七岁了。但愿他能挺过这一关。"十天后惊悉丁景唐先生仙逝的消息,老人还是没挺过这一关,不胜哀悼;但又自我安慰,到底还赶上看望了他。

前几日,又收到中国社会出版社寄来言模嘱赠的《穿越岁月的文学刊物和作家(二)》,为景唐叔未能看到这第二册书的出版而感到有点遗憾,但读了老人今年6月在医院写的序文,又有所释怀,觉得老人早已知道该书必能问世,他对子女的关爱、对"子承父业"的欣慰和学术上的指点也渗透在字里行间了。

　　景唐叔的子女要为父亲编纪念文集,拟收入我之前写的文章,我补充一些文字在前,作为对丁景唐先生的怀念。

2017 年 12 月 31 日

附录

"90 后"的桃源人——访丁景唐先生

　　前不久,言昭姐给我电话,说她父亲——我称丁叔叔——很想念我,让我这个后辈既感动又惭愧,很久没有去看望他老人家了。

　　20 世纪 80 年代初,他和我父亲(王辛笛)相识,他比父亲小 8 岁,他俩和柯灵先生一起出席了香港中文大学举办的"中国现代文学研讨会"。父亲的论文《试谈 40 年代上海新诗风貌》安排在研讨会的第一天宣读,其中提到 40 年代有一位笔名"歌青春"者,从 1943 年至 1945 年间在《女声月刊》上不时发表诗歌,不下二三十首之多,并出版了诗集《星底梦》。这位作者是谁呢? 父亲在发言中"揭秘":这位"歌青春"不是别人,正是"我们此次同来的丁景唐先生。诸位如要进一步了解,不妨就在此地问他本人,我无须多讲了。"全场对此报以热烈的掌声。

　　其实早在 20 世纪 30 年代末景唐叔就开始编辑文艺刊物和写诗文,只是 1949 年以后他以研究鲁迅和现代文学为主,也就疏远了诗歌。他对我的写作也有帮助,他曾向我指出,我在《智慧是用水写成的——辛笛传》中提到过香港的研讨会,但我把大陆去的作家误写成了"中国作家代表团";他告诉我,应该是"中国作家团",因为这次邀请是香港中文大学直接向与会本人发出的,没有通过中国作家协会,但被邀请者都是作协会员,所以委托中国作家协会组成"中国作家团"前往。他以研究鲁迅的严谨态度对我的指正,让我受益非浅。父亲逝世后,他撰文回忆了和父亲的交往《香岛相处更相知——回忆与辛笛先生香港之行》。

　　我趁着从华东医院闵行分院转到总院做一项检查的机会,抽空去病房探望了老人。丁叔叔坐在病房对面的会议室里,一张大桌子上放着书、稿子和信纸,他正写着什么。叫了他一声,他抬起头看见我,脸上漾开了笑容。我感到他比几年前好像老了一些,白发也添了不少,但脸色却是白里透红,精神很好,还是那一口宁波上海话,让人听着感觉亲切。问起他的身体和起居情况,他自称是"桃源人",住院一年多,进院时体重只有44公斤,现在已有60公斤了。

我也知道他家的居住条件始终没有改善,楼梯又暗又陡,上下楼很不方便,在那样的环境中,老人的健康每况愈下。如今在医院里的生活很有规律,他对医生、护士和护工都很满意。因为晚上要起夜多次,睡不好,白天上午他就躺躺、补觉,即使睡不着也闭目养神,中饭后午休至三时起来,接待访客,或写作、回信。他和同室病友相处和睦,跟着去散步,跟着看电视。护士、病友路过我们坐的地方都和他打招呼,就此可见——他在医院的人缘真不错。

他拿起一封信,并指着桌上的信纸说,这是80岁的学生写给他的,他正在回信,一起讨论一些问题,交流一些想法。我发现,这位92岁的"90后"老人思想很开放,"桃源人"的内心一点也不是世外桃源。他读《炎黄春秋》,赞赏刊物办得好,提出了不少值得反思的问题,很了不起。他自己也反思曾经在新闻出版局长等任上所受到的种种限制与局限,还说起以前做过上海宣传部文艺处处长,但那时从不看京戏,认为是封建糟粕;老来住院后病友喜欢看京戏,他就跟着看,结果发现《彭公案》等京戏中其实有不少精彩的亮点。老人的思维那么活跃,真是活到老,学到老,令人肃然起敬。

他不仅关心国事,也关心像我这样的"小朋友",他和儿女的同学、同事,和老朋友们的子女一直都有交往,他们也常会去探望他。看时间不早了,他送我到电梯口。在走廊的墙上,他高兴地指给我看护士们布置的一角,有他墨写的题词,是对她们的感谢和鼓励。他在医院里的生活很充实呢。在电梯门即将关上之前,他再三叮咛:"要当心身体!"老人的关爱让我感到很温暖。

祝"90后"的桃源人——景唐叔健康长寿,祝"歌青春"者永葆青春!

2012年8月

怀念老丁

郑晓方

家里有好几本影集是老丁送的,一直也不明白他为什么总是要送我这么多的影集,以后也不会有答案了,因为一贯笑眯眯的老丁永远离开了我们。这么多年来,每次去看他,都不会空手回来,不是带回丁家孩子新出版的书籍,就是老丁自己的礼物,哪怕是最后几年他在华东医院。

记得第一次去永嘉路丁家是1990年秋天,那是范泉老师派我去的,具体事情记不得了。印象最深的是那天下午丁老夫妇午睡刚醒,两位老人并坐在床头和我谈话。老丁和我谈出版社的事不多,我们聊得更多的是"你爷爷"和"瞿秋白"的话题。在他那里知道有一位在东北研究瞿秋白的王观泉先生。

爷爷晚年之交

爷爷郑超麟的晚年有许多来自不同行业不同年代的朋友,老丁就是其中一类代表。他的出现跟爷爷其他的朋友都不一样。在我认识他以后不久,老丁便带上他的儿女还有许多礼物到我们家,和爷爷谈了好多话,大家一起拍了好多照片。从此我们两家开始来往。那时丁言模在编《新普陀报》,老丁会时不时地叫丁言模送吃的给爷爷,下班回来发现在厨房的窗下有意外礼品,得知又是老丁叫丁言模送来的。大概在1997年的秋天,丁言模打电话来,说电视节目有老丁。当晚我们围坐在电视机旁准时收看,看后爷爷说:"电视主角是丁言模嘛。"这是一个拍摄丁言模下乡的专题纪录片,第一个镜头是丁言模乘火车回到当年安徽滁州的地方。

1998年4月,爷爷98岁诞辰,老丁带来几位年轻人一起来家里为老人做寿。他们带来好多菜,大家尽情吃喝,又拍了好多照片,各种摆拍,当天的情景历历在目。7月份,爷爷病危,来医院探望的人络绎不绝,令我忘怀的是丁言模在看望爷爷后把我叫到边上,关切地询问我经济上是否需要帮助。8

月 5 日在爷爷的告别会上,老丁又带来一批人到龙华大厅参与告别。

爷爷早年做党的宣传出版工作,是中央出版局的第一任局长,晚年与老丁的交往也算是同行的一种交流,老丁长期从事出版业,是出版界的老领导老长辈,他对爷爷的关心令我们感动。

同行的老前辈

非常有幸的是老丁是我的同行老前辈,在多年的工作中使我受益良多。1999 年我在上海书店出版社编辑出版《江南一燕——瞿秋白画传》,由瞿秋白纪念馆编。老丁知道后非常高兴,我们请他撰写序言,在最后印制前请他把关。他很认真很负责地读完整本校样,把敏感的几处做了删节,还语重心长地告诉我为什么要这样删改。有段时间我们经常在鲁迅纪念馆参加各种活动,他周围总有一批年轻的朋友,每次活动也是大家团聚的日子。2003 年我来到中国福利会出版社,老丁说他是中国福利会第一任党支部书记,一定要带我到中福会老领导杜淑贞家拜访。每当出版社在申报项目需要专家推荐时,我们总是麻烦到他,他是来者不拒。编辑出版《名人小时候》时,收入了现代作家小时候各种有趣的小故事,老丁是其中一位。他写了他的姑姑,在这篇文章中我才知道他童年的苦难历程,好在有姑姑照顾。出版后,他买了好多书送给朋友们。有一次我去北京组稿,他叫我出发前去他家一次。我刚到襄阳南路永嘉路口,看他站在那里,原来他亲自来乔家栅买好了给我女儿吃的点心;他还专门为我写了几封推荐信,让我带到北京去,那些都是他几十年的老朋友,他们后来都成了我的作者。

老丁不仅是一位令我敬仰的老前辈,也是我的良师益友,在他面前,我不拘小节地和他交谈,向他请教,他会善意地提醒:"不好这么说。"最近几年,他长住在华东医院,只要路过华东医院我就会上楼去见他,就像去看望亲人一般。他依然笑嘻嘻地热心地为我推荐新作者新作品。

其乐融融的大家庭

老丁性格开朗,有一个其乐融融的大家庭,真是人丁兴旺。家里人多才多艺,有一年夏天在他家,二楼传来钢琴声,原来是第三代正在准备钢琴考级;丁言昭是我的作者,20 世纪 90 年代末我一心想编一本关于林徽因的传记,找了一大圈没有合适作者,最后还是请到丁言昭,这就是后来在上海书城连续上榜的《骄傲的女神——林徽因》;近年丁言昭又写了我的命题作品《国际友人——白求恩》以及其他作品。丁言模更是大作不断,一部一部大部头的作品相继推出。在华东医院的走廊上我们就可以看见老丁写的新年对联。老丁就是以他的热心和关爱影响着在他身边的每一个人,他就是一个没有官架子与民同乐的老好人。

老丁走了,带着我们对他的思念离开了。

老丁走了,他的精神风貌在我心中永存。

我所认识的丁老

葛 原

日前在微信上见到丁言昭姐姐悼念父亲丁景唐先生的文章《父亲·导师·偶像——怀念父亲丁景唐》。随着文章的阅读,丁老平易近人的音容笑貌也越来越清晰地浮现在我的眼前。

我工作在企业,孤陋寡闻,最初听说丁景唐这个大名是起始于一场误会。1991年,鲁迅纪念馆建馆40周年,编印了《四十纪程》一书。书中丁老的文章"把鲁迅的还给鲁迅",满含深情地叙述了为鲁迅纪念馆征集文物的经历。从这些故事中看到了他在繁忙的事务之余,通过留心观察、细心了解、耐心动员,执著地为鲁迅纪念馆搜集文物、增添藏品的拳拳之心。然而其中由于某人的杜撰,产生了一些误会。为此该馆经办此事的负责人员特地来我家进行录音,以求证落实当年我母亲捐赠鲁迅手迹的过程(那两幅手迹是30年代鲁迅先生书赠我父亲徐訏的)。由此我知道了丁景唐这位不同凡响的作家、诗人和出版家。

后来,在一些活动中,我认识了丁老的女儿,为人随和、面容姣好的作家丁言昭。再后来,在鲁迅先生的纪念会上我终于见到了丁老本人,记得当会议主持人宣布丁老发言时,因为他在文化界的地位,我以为将会听到一篇充满官腔的演说,岂料他的讲话不仅没有连篇累牍的大道理,反倒是幽默风趣,不时引发大家会心的微笑。

为了解答2006年倪墨炎先生的文章《应尊重和珍惜鲁迅手稿的原貌》中的疑问,2007年初我写了《鲁迅送我父亲墨宝的往事》一文。可能这件事引起了丁老对十多年前往事的回忆。那天他让女儿来电邀我上他家去。这是2007年4月14日上午,事前我有些紧张,因为我已经知道了他不仅是文化出版领域的权威,还是位是位德高望重的老革命。当我找到永嘉路上那条上海滩再普通不过的弄堂,那幢上海人再熟悉不过的石库门房子,顿感一阵亲切。踏入他家门堂,映入眼帘的是一张八仙桌和几把凳椅,那也是老上海灶间的典型陈设。走上扶梯,便是丁老的房间。我有些束手无措,他和他女儿热情地让我进去。使我的紧张减轻了些许。抬眼望去,房里的家具也是我们自小见惯的,老式的、见证了岁月沧桑的橱柜、桌椅和床。和寻常百姓家不同的是,房间里几乎所有空间都摆满了一摞摞、一堆堆、一叠叠的书。这就是一位出版界的权威,平凡而又不平凡的家!我心中暗暗感叹。接着丁老父女同我随意地聊起家常,记得说到兴头时,丁言昭还展开双臂,做了个小鸟飞翔的动作,那姿态就像舞蹈一样优美。我和丁老都笑了,我的紧张也不知何时冰释了。在我眼前丁老成了一个性格开朗、语言风趣,操一口宁波方言的邻家老伯!离开前,丁老拿出了早已准备好的签名钤印的著作《犹恋风流纸墨香——六十年文集》赠送给我。

两年后,丁老住进了华东医院,我曾前往看望。在那里,他也没有闲着。见到他时,他正在病房的一间小会议室里,伏案笔耕。他的勤奋,着实让人钦佩!

如今丁老离开了我们,但他的精神仍鼓舞着我们,他的爽朗的笑声、他的那口宁波话仿佛还在我耳畔响起……

拜见前辈——丁景唐先生印象

俞仪方

"哦哟，女儿欤，侬叫我来讲啥啦？哈哈哈……"一口宁波腔上海话快乐地传进丁言昭姐姐的家，随即，一位老先生笑眯眯地站到了我们面前。1996年1月4日，一个温暖的下午，在丁言昭姐姐的家里，我第一次见到丁景唐先生。

因为我父母是丁言昭姐姐的大学老师，所以我从小就认识她，她的父亲丁景唐先生自然也是我听闻、知道的"大人物"：中共优秀的地下工作者、出版大家、文学史料家、上海文艺出版社社长、主持二十卷本《中国新文学大系(1927—1937)》等等，还有很多的头衔。不过，眼前的丁老先生，瘦瘦的中等个儿，面露调皮微笑，腰背蛮挺，着米色夹克、深蓝羽绒裤，脚蹬黑灯芯绒棉鞋，脖子上围一条半新旧的深灰色格子围巾，看上去风趣、随和，像个顽皮的少年，这让我头脑里存着的"大人物"想象出现了不小的偏差。

这次拜访是向这位业界大名鼎鼎的老前辈来讨教的。当时，我刚从《消费报》社调入同济大学德国问题研究所，在那里的《德国研究》杂志当编辑。由新闻报刊转入学术期刊，做的虽仍是编辑工作，但它涉及的知识面更广、更专业，还需有深度，这要求我尽快了解与掌握，以胜任工作。我为此很着急，向点子奇多的丁言昭姐姐求助。她想到父亲丁老先生，他做编辑几十年，谙熟中国现当代各时期的图书出版情况，对民国时期国内对德国各种思潮与理论的推介、讨论及图书的翻译与出版情况也相当熟悉。请他来谈谈，了解一些中国展开对德国研究的研究情况，不也是德国研究的一个视角吗？极好的点子！我准备就此写一篇访谈文章。

我们的对话从丁老先生落座后开始。丁言昭姐姐替我向老先生讲明了来意。在我掏笔准备边聊边做记录时，想不到丁老先生先提问了："方方，侬现在已经晓得的，大概有点啥？"我有点尴尬。当时关于这方面研究的资料极少，加上自己刚进德国研究这个领域，还不熟悉研究路径，所以对这方面的了解零零碎碎，就想到老先生这里来寻线索。我只能实话实说："……今天是想来补这方面'课'的,希望从先生的讲述中获得线索,梳理出民国时期中国对德国研究之研究的一个大致轮廓。"

丁老先生大概也看出我的心思,他稍停了停,然后说:"解放前,尤其是二三十年代,关于德国的书、研究文章的确相当热门,很新潮的,特别是文学、哲学,还有经济方面的,当时的出版社,包括一些书店,出版这方面的书啊、集子很多,范围很广。我家里还藏着一些。记得上图出过两本《民国时期中文期刊图书目录》,侬回去先查查,理一理大概要问哪些方面。我呢,也回去翻翻,看看有哪些书可以拿出来重点讲一讲。下趟我们再来谈这个题目,侬看好伐?迭能,阿拉可以有的放矢,讲得透一点。"

丁老先生的话透出几层意思:一、民国时期中国对德国展开研究的情况有研究价值;二、做好这个题目,事先的"功课"要做足,泛泛而谈,意义不大;三、上图"目录"是线索,可以按图索骥,从中找出更多的资料,让民国时期中国对德国研究之研究的轮廓清晰、丰满起来。我来时懵懵懂懂的一头雾水瞬间被他点开。我们为此约定,等我做好"功课"后,再来拜访。

后来因杂志改版,只刊发学术论文,不再刊发访谈、评论类文章,我这篇文章也就此搁浅,成为遗憾。回想当时与丁老先生的交谈,作为业界尊敬、仰望的前辈、大家,他却是以一种极轻松、平和的方式指点我这个晚辈,在不经意间慷慨提供自己的经验与见识,为我启智,这堂"课"令我终身难忘。我想说:很谢谢丁言昭姐姐的点子,让我有机会聆听前辈指教!很荣幸,拜见了老前辈!

深切怀念丁老伯

叶 奇

丁景唐老伯去世的消息传来,我们一家心情十分难过,三十年前的往事仿佛就在眼前。上世纪 80 年代的一天晚上,家里电话铃声突然响起,母亲梁雅雯拿起电话,电话的另一头传来:"我是上海文艺出版社丁景唐,从史料上早就知道关紫兰女士,是民国时期上海著名女油画家,经联系上海文史馆得知家址,今能联系上十分高兴,约定时间,想来采访一下。"母亲说:"好的。"定好时间。

一个冬日阳光灿烂的下午,丁景唐先生来我家,初次见面给人留下十分深刻的印象,一张慈祥和蔼的面孔,整齐的风衣,说起话来带有一口浓重的宁波口音,一个皮质公文包,风度翩翩。他与我父母谈得甚欢,丁老伯说:"当时华师大教授施蛰存要他为松江县的地方志写一部洪野传,于是他千方百计寻找资料,采访一些文化人,梁雅雯觉得很奇怪,丁老伯怎么对这些画家,这些事是那样熟悉,特别是洪野先生。

因此他知道洪野先生原来是关紫兰的老师,而且后来关紫兰还帮助其儿子上大学等。

他们三人越谈越来劲,从民国油画艺术家陈抱一、关良、刘海粟、丁衍庸及中华艺术大学洪野先生谈起,一直谈到新中国油画艺术的发展至今,每个过程他都十分熟悉,不知不觉已谈到了傍晚,丁老伯起身告辞。临走时他无意中看见客厅墙上一幅画,眼睛一亮,那是 1965 年 7 月关紫兰创作的一副大型油画《番瓜弄》,他非常兴奋,说这幅作品反映了党关心劳动人民,使劳动人民告别了滚地龙,住上新工房,他十分喜欢这幅油画。当时丁老伯说了一句"党的恩情永不忘"。接下来又说:"关紫兰女士是民国时期著名女油画家,两次留学日本,建国后有多幅油画被中国美术馆收藏,可惜这些年知道她的人甚少,通过这次采访,知道她又是一个十分低调的人,令人尊敬和怀念。"那天他十分认真地详细做了笔记,对关紫兰每个艺术成长过程问的很认真,给我们一家留下难忘的印象。丁老伯回家后梳理了采访内容,写成一篇长文章;《中国现代美术教育的先驱——画家洪野》,刊于1985年安徽《艺谭》四期上。

以后,在许多年的日子里,每当逢年过节他总要来电话问候一下我们身体好不好,工作又怎样,并且寄上一张新年贺卡。他的女儿丁言昭也是作家,非常关心关紫兰女士的艺术生涯,多次写文章在各报刊上发表,是一个办事十分认真的人。

前些年我们得知丁景唐老作家住进了上海华东医院,去看望,尽管他年事已高,在病榻上每天看报纸,记笔记,遇到来访的祖国各地的读者,待人真诚,认真解答各种问题,让护工泡开水,递毛巾给客人,为人慈祥善良。遇到报纸上的一些新闻事十分关心,并且写得一手好毛笔字,十分热爱中国的文化,喜好收集印章,回忆往事时,他头脑思路敏捷,常说:"我对虹口很有感情,在那里也居住过很长时间,只可惜现在年纪大了,不能前去看望,也深感遗憾。"接着说有《虹口报》要经常给他。看得出他对虹口感情很深。

我和母亲梁雅雯隔些时候,就去华东医院探望丁老伯,每次丁言昭总在场。我擅长摄影、摄像,每次去,总带上器材,为丁老伯摄影或摄像。

记得那天在摄像时,只见丁老伯穿戴整齐,在会议室的桌子上放了好多他写的出版书籍,布置得就像在家里的书房一样,不像在医院里,现在这些摄像、照片都完整地在我们家里珍藏着。还有一幅字"关不住的紫兰香",使我们心里感到十分温暖,也时常想起他,一个正直的老作家,相信广大读者也不会忘记他。

深切缅怀丁景唐同志

陈小琴

女儿告诉我,丁伯伯走了,家人根据他的遗嘱一切丧事从简。简到我们去向他告别的仪式都没有。我们拿什么来纪念?好在丁言昭来向我约稿,可以有一个机会,表达我的哀思。

记得那是1978年一个风和日丽的下午,我和好友钱春兰一起去看丁伯伯,那时我刚从崇明农场调回上海,在上海鲁迅纪念馆担任文物保管工作。钱春兰是日语翻译,她邀请我说:"丁伯伯经常鼓励年轻人搞研究,我时常被他叮嘱。"我们敲开了丁家老屋,来到丁伯伯的书房兼卧室。初次见面,有点紧张,丁伯伯却是笑容可掬地说:"鲁迅纪念馆的工作不错呀!应该搞研究。"

在他的鼓励下,我们搞起了馆刊《纪念与研究》。

1981年的5月29日,国家名誉主席宋庆龄逝世。管理宋庆龄故居的是上海市机关事务管理局。负责宋庆龄生活和保卫工作的李家炽局长带着孙处长来到鲁迅故居,了解故居的文物管理工作。

我向他俩介绍了鲁迅遗物登记保管的体会。李局长告诉我宋庆龄故居准备对外开放,问我是否愿意去那里工作?没多久,我就被调到宋庆龄故居工作了。

有一次,我去上海市档案馆,调阅宋庆龄接待外宾的档案,为的是考证遗物中礼品的来源。看到一封宋庆龄给斯诺的信,内容非常感人。

写信的背景是1961年,中国正遇到饥荒和困难。毛泽东邀请老朋友、美国记者斯诺访华。

宋庆龄在信中指出,困难只是暂时的,要看到中国共产党的希望和光明。中国人民一定会克服自然灾害以及国内外一切封锁。

我怀着崇敬的心情把信抄写下来,回家以后撰写了一篇文章《宋庆龄与斯诺》。拿去给丁伯伯看,他认真仔细地看完后说:"这篇文章很好,我帮你推荐发表。"

一个月后,文章发表在《中国妇女》上,我很受鼓舞,写文章的劲头一发不可收,从这以后接着发表了《宋庆龄诞生地考略》《宋庆龄与基督教》等论文。

1988年我到上海市宗教局工作,后又在上海佛学书局担任编辑。我对佛学很感兴趣,但是对编辑工作心里没底。

我又来到丁家老宅,向丁伯伯请教如何做好编辑。丁伯伯语重心长地说:"要胜任编辑工作,一定要在文字上下工夫。"

他拿出几本《咬文嚼字》来,要我回家好好研读。我从研究标点符号到书刊中经常用错的字,一一看来,然后开始阅读《大藏经》。从阅藏到句读,校对勘误,注音释义,十八个年头下来,编辑出版了一本又一本佛经典籍。深入经藏,智慧如海,我现在又开始了对重要佛经的释义工作。

回顾认识丁伯伯以来所作的文字工作。每一步都寄寓着老一辈无产阶级革命家对后辈的无限希望。经过四十春秋的风吹雨打,感恩每一个生命的转折关头,都有丁伯伯的关爱呵护。如今长者走了,默默地离开我们而去,不想惊动任何一个人。他给我们留下的精神却是永恒。

为他出版一本纪念集,这是一种最好的怀念。

在纪念集中,可以追思丁老为党和人民的文化事业鞠躬尽瘁,死而后已。在那国民党统治的白色恐怖下,为了使人民觉醒,他创办了《小说月报》,培养革命青年写作。

我的母亲袁援1944年考入圣约翰大学,年轻时喜欢看进步书籍。看过《铁流》《钢铁是怎样炼成的》,以及鲁迅、巴金的书以后,感到旧社会太黑暗,年轻人没有出路,妇女不得解放。她经常写小说、散文去投稿。有一次母亲写了篇小说,说到辩证唯物主义等马克思理论,寄给《小说月报》。不久,收到丁景唐的信,约她到《小说月报》编辑部去谈谈。在谈话中,指出她写作的毛病。"你应该让事实说话,从故事中让人感到社会是怎么样的。你这样写太露骨了。"他介绍她参加基督教青年会举办的文学讲座,在那里认识了杜淑贞,她是我母亲的入党介绍人。母亲在圣约翰大学读书时,又去做家庭教师贴补弟妹读书。发现主人是汉奸,就不去了,后来她根据自己的亲身经历写了小说《陷阱》,署名小玲(因为当时我母亲非常崇拜丁玲),寄给由柯灵、唐弢主编的《万象》,他们正在以职业妇女为对象征稿。后刊登出来,还得了二等奖。

1945年春天,日伪即将垮台前,为了迎接"天亮运动",在学委丁景唐的领导下,母亲出面组织创办了刊物《时代学生》,成立党小组,培养了一批文学青年。他们组织学生运动,我母亲被特务盯梢。在地下党的安排下转移到解放区,先后在华东局宣传部,新华日报社从事记者,编辑工作。

母亲说:"丁景唐是我走上革命道路的领路人。我是从丁老那里接受到革命的火种而发初心。"

回想我们母女二人一生所走过的革命道路,都得到丁景唐同志的指引。

爱照相的爹爹

何　瑛

爹爹（读"嗲"音）是宁波人对爸爸的称呼，也是我们对丁景唐老先生的昵称。

我对爹爹早有耳闻，第一次和同事一起去见爹爹时，心里有些紧张，不料爹爹热情地接待了我们，并邀我们到他的书房座谈。书房朝南，仅十来平方米，兼作卧房，阳光透过窗户洒满屋子，堆积如山的书将桌、椅、床都埋在了下面，让人仿佛置身于书的海洋里。我看着他满头银丝，弯着身躯，忙不迭地搬书给我们腾位子，心想，眼前这位可亲可近的老人，竟是治学严谨的著名作家、出版家、现代文学研究专家、史料家……我有些感动，忐忑不安的心也渐渐平静了下来。

爹爹具有很强的亲和力，在聊天时，爹爹虚怀若谷，笑声朗朗，让人如沐春风。常常将"奇怪伐？"挂在嘴边，童趣盎然，似乎对任何事情都充满了好奇心。爹爹爱笑，还爱拍照，记得那天，他拿出一摞的相册如数家珍般给我们介绍，"看，那就是王老师（爹爹的夫人），漂亮伐，呵呵……"这是一张老照片，微微有些泛黄，年轻靓丽的王老师依偎在年轻帅气的爹爹身边，幸福洋溢在他们的脸上。我们在爹爹的解说下，一张一张地欣赏着。忽然，有张照片吸引了我的视线，照片的背景是冬日的花园，两鬓已见斑白的爹爹，围着一条红围巾，鲜艳醒目，我说："爹爹，你好潇洒呀！"爹爹说："那天到花园去拍照，戴着围巾就那样随意一站，感觉还不错，哈哈……"笑声中，爹爹转身从书桌抽屉里拿出一张照片："来来，看看这张。这是前几天拍的，那个风景是很有味道的，拍出来的效果很好，就像在花园里一样，呵呵……"真的，如果爹爹不说明，还真以为他是在一个花园里拍的。这时我想，爹爹很喜欢拍照嘛，下次再来一定给爹爹拍几张。可第二次见到爹爹时，他正身体不适住院疗养，没有拍成。

那年立春后第二天，阳光明媚，春风拂面，我和红玉兴致勃勃地去拜访爹爹。走进了永嘉路上的一条弄堂里，刚在弄堂口拐弯，就听到阿姨的声音:"来了,来了,伊拉来了……"原来,爹爹已在寓所门口候着我们了,我们赶紧进门问候爹爹。87岁的爹爹看上去仍是那么的健朗,鹤发童颜,慈眉善目。刚入座,爹爹的女儿丁言昭也来了。言昭大姐是作家,也是一位研究现代文学的专家,我们每次探望爹爹,言昭大姐必定陪伴在侧,和我们一起谈工作,谈生活。大家坐定后,爹爹关心地询问"左联"纪念馆的近况,还鼓励我说:"我看了你写的文章了,很好,继续努力,今天,我和丁言昭还要送本书给你……"我的心不由得一阵暖洋洋的,赶紧从包里拿出特意带着的相机,爹爹一见便会心地大笑起来。

镜头里的爹爹精神矍铄、面颊清瘦,他随意的坐着,眯着眼,微笑着听红玉和言昭大姐谈"左联",谈设想,和蔼可亲。爹爹作为现代文学研究专家,对"左联"有很深的研究,在"左联"会址纪念馆的建立和发展的过程中对我们有过很大的帮助。言昭大姐问:"爹爹,你对他们工作有啥建议吗?"爹爹慈祥地说:"没啥意见,让他们放手去做好了……"爹爹转头问我:"萧红的家去看过吗?"我说:"没有。"爹爹说:"走,我带你去看看,拍个照留念。"

我们出得门,蓦然见到弄堂口的盆景上有几片红叶,在午后的阳光下显得生意盎然,我赶紧请爹爹照一张,爹爹一看眼前摇曳的枫叶便欣然答应。他侧身随意地站在那盆景前,白发、红叶、阳光、老房子……爹爹是个唯美主义者,他喜欢美,更欣赏美。

我们陪伴着爹爹在弄堂里慢慢地穿行,拐过了几个弯,看到了一幢清水红砖墙的房子,襄阳南路351号,萧红曾在这里居住。爹爹对这位上世纪30年代的青年进步女作家、"左联"盟员有着很深的钦佩之情。受父亲的影响,言昭大姐写了《爱路跋涉:萧红传》《萧红传》《萧萧落红情依依——萧红的情与爱》等书。爹爹站在门前,目光凝望着门牌号,似乎在想象着当年的萧红进出此门的瞬间……突然,他回身对我们说道:"来,小朋友,拍一张。"我赶紧拿起相机嚓嚓拍起来。爹爹笑着说:"注意,门牌号要拍出来!""来来,你们一起来拍。"我们以红色砖墙为背景,与爹爹一起拍照留念。

望着简单而雅静的老房子,望着眼前乐观豁达、充满睿智的爹爹,我感觉他老人家就像一本书,每每阅读都有新的收获;又像一道风景,令人难以忘怀。

老丁与小友

李 桃

己卯年的正月初二，上海没有预想中的冷，反而热得有点出奇。拎着那袋与身上羽绒服一般厚重的"见面礼"，我吃力地穿过人群钻出火车站南出口。按照丁五（丁景唐先生的第五个儿子）草制地图的指引，我挤上104路公汽，越过上海的闹市区和两旁站满无叶法国梧桐的大街，在永嘉路站下了车。很轻易地找到那条弄堂，再左拐，右拐，曲折幽深的上海里弄，仿佛随时都会逸出一个张爱玲或王安忆笔下的小人物。就在拐弯处的第一间，那个多少年前就烂熟于心的"密码"瞬间凸现眼前！是这里了，我放下行李，深吸一口气，敲开了那间简朴得近乎有点破败的红砖小屋的木门。

迎出来的是丁五的夫人——笑容可掬的张阿姨。"哟，是广州来的小姑娘吧！快请进！"我随她进屋，穿过一桌两凳吊着几根青菜萝卜的厨房和黑漆漆的过道，我们来到一个狭窄而温暖的房间，这里大概就是丁五一家三口的窝了。我诧异地环顾四周，尽管此前已对"丁公馆"的环境略有所知，但依然为这位据说是享受政府特殊津贴的老革命、老学者寓所之寒伧，感到悲凉。"丁公公呢？"我有些怯怯地问。"哦，在楼上午睡……"话音未落，紧随着一阵轻快便捷的脚步声响，已经从楼上走下来一位若丁聪笔下干脆利落的人物——几绺黑白发随意地疏散在头顶，清朗的前额透射出智慧之光，炯炯发亮的双眼直视人心，向外翻着白领的褐色毛衣，配着宽大的蓝布裤子，脚踏厚实的黑棉鞋。他一手扬着两张照片，另一手敞开着准备与我相握，嘴里笑喊着："小朋友，你好呵！"我激动而长久地握着那双苍劲有力的大手，无疑，他就是让我在梦里梦外嚷了多少次要见的丁景唐先生了！

老丁一边和我搭着话，一边忙着在那两张年初摄于瞿秋白纪念馆的照片背后题字送我，其中一张照片上没有他，他于是很幽默地添了一句：老丁不在场。这时，祥和可亲的老丁夫人王汉玉老师也缓缓下楼来了，我赶紧迎上扶她落座，并拣出那箱父亲特地从四会弄来的砂糖橘请两老品尝。老丁仔细尝了一口，就竖起大拇指说："顶呱呱，顶呱呱！"不一会，老丁说要带我上楼参观,上楼前他不忘俏皮地指了指那箱橘子,我会意地帮他提起纸箱跟了上楼。

这是一栋1928年造的老房子,三层,两个亭子间。沿着阴暗的木楼梯盘旋而上,我们来到二楼亭子间老丁的藏书室。一摞摞、一丛丛、一叠叠、一捆捆的藏书东倒西歪、杂乱无章地生长在这里的每一个角落,"以前这楼梯旁堆的都是书,现在不少已捐赠给上海鲁迅纪念馆和龙华烈士陵园了。"面对这书多之累,老人显然有些无奈。但我知道,在这如许的书世界里头,一定隐匿了种种的珍本、善本、孤本和无数睿智深邃的精魂,那是老人最为珍贵的精神财富之一。

三楼全屋光线最好、也最宽敞的那间房,是老丁的工作室、会客室兼卧室。木柜、木桌、木床、藤椅等几件旧家具散发着古旧的书香气息,各种资料和书籍依然肆意地散落着,墙上还挂着王老师年轻时照的黑白相片。"这栋房子即将大修了,此时真是无书胜有书啊!"老丁说着便在窗旁那张靠背椅上坐下,王老师则静静地坐在一旁的藤椅上听我们闲聊,老丁浓浓的宁波口音,让我不得不时常借助张阿姨的翻译才能听懂。

冬日午后的阳光,暖暖地映在老丁光洁的脸庞一侧,给他涂上一层特殊的光晕,岁月似乎没有在这里留下太多苦难的痕迹。在这种氤氲的氛围当中,眼前的一切开始浮动起来,我的记忆摇晃着回到了十多年前,我与丁先生的交往初始。

让我牢牢记住丁景唐这个名字的,还是在念中学的时候。那年中秋节前夕,家里经济环境稍为好转,母亲亲手缝制了一个四方布袋,然后乘车到大老远的下九路买上一盒当时最驰名的莲香月饼,装入布袋精心封好,父亲李伟江再用毛笔工工整整地在封面写上地址,"丁景唐先生收"。此后好几年如是。那盒诱人的月饼以及父母的虔诚,让我彻底记住了这个曾经是上海文艺出版社社长、总编辑兼党组书记的特殊人物。

后来经过一番追问,父亲给我讲述了一段唏嘘往事:1961年,当父亲还是一个大学四年级学生时,他在学校图书馆借阅了由丁景唐、瞿光熙编的《左联五烈士研究资料编目》初版本。爱钻牛角尖的父亲发现了其中某些不足,并直接写信给当时任上海市委宣传部文艺处、宣传处处长的丁景唐先生,补充了自己新发现的一批冯铿早年作品目录。不久,丁先生竟然在百忙中给还是无名小卒的父亲回了信,信中充分肯定了父亲的锐气和钻劲,鼓励他在发掘史料方面多下工夫,事后还赠送了父亲这本书的再版本。对于父亲提出的个别问题,丁先生谦逊如斯:"对你提出的一些问题,我没有研究,待与别的同志商量后,再复。"父亲让我看过那封信,用的是高雅的朵云轩信笺,竖行的毛笔字挥洒自如。那样简简单单的一封信,却成了照亮父亲一生治学的明灯，从此他们持续了三十多年的交往，父亲也走上了史料研究的道路。丁先生对于文学青年无私的扶掖，总让我联想起鲁迅先生为青年补靴子的故事。

在父亲的鼓励之下，我在上大学二年级时也开始了与丁先生的通信。对于名人，胆怯的我向来是抱着敬而远之的态度，唯有与丁先生的交往，却自然得宛如夏日山间流淌的汩汩清泉，沁人心脾，如沐春风。

我可以在信中无拘无束地与丁先生谈我的学习生活理想，谈我的苦闷彷徨憧憬，每有新作，我总是首先想到给丁先生寄一份向他讨教。丁先生有一颗年轻豁达的心灵，他从来不会板起脸孔教育晚辈该如何如何去做，可总能用最基本的常识使我们心悦诚服。来信中，我知道他住的还是那幢相伴五十七年的破房子却多次将新房让予他人，知道他在安徽插队的儿子的户口仍未解决却大器晚成地当了业余作家，还知道他时刻在与岁月顽强抗争却依然踌躇满志著述不断。其时我给自己起了一个笔名"言蹊"，恰好与丁先生七个儿女的"言"字辈相合，于是在不经意间冒充了丁家的"小八子"，老丁对我的称谓多用小言、小蹊、蹊侄，他则多以老丁、景玉公自称。老丁的来信写得非常认真，写完后爱用不同颜色的笔在一旁作修改、补充，激昂处还习惯圈圈点点。他曾经给我寄过一叠印有宋庆龄头像的两角邮票，嘱我多写信，如果久不闻我们的音讯，他就会写信给南方的朋友焦急地打探我们的消息。

除通信外，他还常常慷慨馈赠一些新书和他自鸣得意的相片，让我写写观后感。前些年，我们常收到老丁即兴寄赠的墨宝，方寸大的宣纸上浸染着老丁苍健古朴的字迹："老来多新知，英彦终可喜"、"老见异书犹眼明"、"英雄树上花如火，女子能擎半壁天"等字句，都时刻挂在我们的心头。

有一次，老丁忽来一信，说几次看到我寄去的电脑打印稿，很羡慕我能用电脑写作，让我给他打印一份"自述"。我在欣然答应之余，才深悟这位八十老人的用心良苦。从他的自述中，我首次细致地了解到老丁"父为成衣匠，母为农家女，六岁丧父，十二岁母亲贫病交瘁服毒自尽"的凄苦童年，了解到他早在1937年冬就积极投身抗日救亡运动的漫长革命生涯。我为他在"文革"十年备受凌辱而扼腕叹息，更为他解放后为上海文艺出版社策划影印一系列的文学刊物和主编整套《中国新文学大系》(1927—1937)而深深折服。我的灵魂深处如春蚕抽丝般牵扯出丝丝缕缕的战栗：在经历了种种的人生劫难和浮世悲哀之后，依然葆有坦荡的襟怀和宠辱偕忘的平常心，不卑不亢，不屈不挠，这难道不是最值得我们珍视和尊重的品格吗？在丁先生们面前，常以"迷惘的一代"自称的当代青年如我，还有什么理由怨天尤人自我放逐呢？

于是，登门讨教，亲聆教诲——便成了我此次上海之行的主要目的。在上海短短几天内，老丁曾带我去过拐弯处襄阳南路351号萧红、萧军的寓所参观，途中经过一处由捡破烂的人在路边临时搭建的帐篷，看到那人在污秽不堪的环境下仍若无其事地呼呼大睡，老丁感慨地对我说："这也是一种人生。"我有一种莫名的触动，真不知道老人洞若观火的内心有着怎样丰富的世界？

终于，我要走了。老丁知道我还要到南边去游玩，便急忙找出一叠稿纸，一气写了好几张便条给当地一些熟悉的朋友，大意都是现有小友某某到你处游玩，如有困难，敬请帮助解困云云。尽管我知道自己也许永远都不会用到这些便条，但依然如获至宝般把它们藏在最贴身的口袋里。

不觉间，离沪返穗又有好一段日子了。在滚滚红尘的世俗生活当中，有关老丁家的一切开始变得渺远起来。最近，听说他们家的里弄大修，老丁只好带上简单的行装（不少是不能离手的书刊）避往长女家住；还听说老人日前因身体不适住了一个多月的医院，也不知现今康复状况如何？但是，每每失意，每每倦怠，只要我抬眼望望浩渺的星空，想想丁先生早年诗集《星底梦》中的诗句："星光下的梦，会在未来的日子中开花！"，便会如鲁迅先生瞥见墙上藤野先生的画像一般，勇气倍增，同时听见远远传来老丁浑厚深长的话音："小朋友，加把劲呵！"……

1999年7月流火于广州康乐园
2007年3月略加修订

附记：2017年12月到上海，惊悉丁景唐先生仙逝的消息，遂找出近二十年前写的这篇旧文，沧海桑田，初心未改，略微修订，聊作纪念。

附录：丁景唐先生写给李桃一信（1998年9月18日）

小言：

几次看到你的打印稿，很羡慕你用电脑写作。

1994年10月我与王妈妈第一次到景德镇看望自1969年到江西插队的言穗。（老四，1948年初王妈妈在广州沙面怀孕后回沪于同年冬在上海出生，取名言穗。她是言昭的妹妹。）在此之前，都是言穗到上海探亲的。1994年10月去景市时，是言昭陪我们去的。

在景市，我集中精力，写了一份"自述"，一份"我抗战胜利前后的文艺活动"（未给外人看，约达 8000—10000 字，至今未改动过）。

　　言穗的夫君为我的自述拿到单位里请一位小姑娘打印。现在，我把它订正一下，托你为我打印一下，打印在一张纸内，"自述"请给你父亲与你先看看，如有认不清的字句，或不通之处，可先写信来，我们商定。然后正式打印十份。我拿到你的"再创作"后，可再在上海复印×份，分送友好。

　　我父为裁缝（或成衣匠），母为农家女，姑姑为小学教师（后嫁资本家），叔叔为教会书局职员。我之所以能进中学，读大学，全靠姑姑的资助。约 1988 年，我在滁县丁五家养病时，曾写《我的母亲和我的姑妈》（写得很有感情），不知曾寄给你们否？

　　你们信与照片看到，文由丁五拿去。

　　很希望你们读一读韦君宜的《思痛录》，太好了！

　　广州出的《随笔》这期极耐读，牧惠的关于《思痛录》出版经过可一并读之。

　　我的时间精力都一丝丝一丝丝飞走了，连自己也弄不清，为何效力如此之低，连一本六十年文集，别人二年前就催了，二年中我一无心思，还在梦然中！（写不出一个字）

　　希望在于你们！

祝努力！

景玉公
1998 年 9 月 18 日

辑五

丁景唐与刘锡诚通信(八则)

刘锡诚

一、丁景唐致刘锡诚

(1982年1月31日,上海)

锡诚同志:

承赐大作,收到,谢谢! 我也要送书给你们。理由同志不知回来否,请告我,他和他爱人(姓?)的通讯处。

我改稿已寄老范,也给她一信。三份打印稿第9页末2行的日本投降日期应为"八月十四日",我错作"十五日"。(上次倒是对的。)如你看稿时,请注意改正为"十四日"。

此事我对老范虽已提起,可能匆忙中未注意。特请你看时留意一下。如她已改,也不必提了。

我血压病卧床。几天后当寄书给你们。恕匆匆。王辛迪已返沪,尚未见。

握手!

丁景唐

(1982年)1—31

刘锡诚笺注:

　　丁景唐(1920—),笔名丁英、歌青春。浙江宁波人。中共党员。毕业于上海光华大学中文系。1937年参加工作。历任上海学生界救亡协会区干事,《蜜蜂》文艺半月刊、《译作文丛》等编辑,上海文艺青年联谊会负责人,上海沪江大学中文系助教,中国福利基金会儿童福利站站长,中共上海市委宣传部文艺处、宣传处、新闻出版处处长,上海市出版局副局长,上海文艺出版社社长兼总编辑、党组书记,编审。中国民间文艺协会理事,上海作协第三、四届理事,中国版协理事,上海版协副主席,上海编辑学会副会长等。获中国作家协会参加抗日战争老作家纪念奖。1939年开始发表作品。1962年加入中国作家协会。著有诗集《星底梦》、《妇女与文学》、《怎样收集民歌》,评论《学习鲁迅和瞿秋白作品的札记》、《诗人殷夫及其作品》、《瞿秋白研究文选》(合作)等。《中国新文学大系(1927—1937)》(主编)获中国第六届图书奖一等奖。

  1981年12月18日,以黄药眠为团长、唐弢为副团长,柯灵、王辛笛、丁景唐、刘锡诚、楼栖、田仲济、林焕平、叶子铭、吴宏聪、理由为团员的中国作家团赴香港参加由香港中文大学主办的"40年代中国现代文学研讨会"。丁景唐于12月22日上午在大会上发表论文,题目是《四十年代初期上海鲁迅研究概观》。《明报》于1981年12月22日发表杨怀之写的文章《自上海来香港讨论现代文学 丁景唐整理左联史料有成》说:"丁景唐与香港发生过关系。在40年代末期,他曾住在香港,常在《华商报》、《周末报》刊载文章。1945年出版诗集《星梦集》。……他的最大兴趣,是搜集文艺史料,最初他整理民歌资料,出版过《怎样收集民歌》(1947)、《南北方民歌集》(1950)。1957年后,他的兴趣在左联的史料,整理了两本史料集;他的评论集有《学习鲁迅和瞿秋白作品的札记》。"笔者把刚出版的拙作《小说创作漫评》赠送给丁景唐向他请教,他写了这封回信。

二、丁景唐致刘锡诚

(2004年12月2日,上海)

锡诚兄:
  前托(徐)华龙代寄《六十年文集》,未见回信,不知收到否?念念。
  华龙约下周来谈我与民间文学事。顺告。
握手!
  又,闻理由已回京,见到否?

老丁(景玉公)
2004年12月2日

宅电(021)……
请告尊宅电话

刘锡诚笺注：

丁景唐著《犹恋风流纸墨香——六十年文集》，2004年由上海文艺出版社出版，赠送我一本。随信寄来了人民文学出版社郭娟推荐给《文学故事报》发表的丁氏的旧作《歌谣中的官》的复印件。他在复印件上写道："2004年6月7日，人民文学出版社郭娟收到我的赠书《犹恋风流纸墨香——六十年文集》后，写信告诉我，她将文集中的《歌谣中的官》推荐给人民文学出版社主办的《文学故事报》。上文就是2004年7月12—7月18日《文学故事报》（总第986期）第27期第4版的《歌谣中的官》。原文刊于1947年4月第三期（上海《新诗歌》，该刊由薛汕、李凌、沙鸥编辑。）时间相隔57年，良有感矣！"

附件《歌谣中的官》（复印件）全文如下：

在中国，官是一种特殊的寄生虫。

"谈官色变"，人们对于官所赐予的灾难和祸害，具有难忘的恶感是由来已久的，这些只需瞧瞧"沐猴而冠"、"鱼肉乡民"、"只许县官放火，不许百姓点灯"、"小小衙门朝南开，有理无钱莫进来"等一连串对官们憎恨诅咒的谣谚就可了然。民国以来，官的尊衔有了"自动"的嬗改，不是自谦为"人民的公仆"，便是自称为"人民的代表"，但事实正如像广东有首民歌所叙：

月亮出来漫天白，
人邦贪官像麻雀。

中国官吏的贪污，连美国反动派的报纸也公开指摘过，成为被人民公讦的诟病。

民国三十一二年间，当时还是国府所驻的重庆出了桩有名的粮贷案，涉及了许多要人大爷。在大后方各地，盛行着一首刮钱谣的民歌，讽刺政界的贪污风气，有力地暴露出中国的新官场现形记：

为"正"不如从"良"，
从"良"不如当"娼"，
当"娼"不如下"堂"，

下"堂"不如高秉坊。

"正"是财政部;"良"是粮食部;"娼"是营仓库者;"堂"是财政部的粮业专卖局,高秉坊当时任财政部直接税署的署长。这首歌谣假谐音、隐喻、双关语、连锁体表现的手法,一句逼紧一句,一层深入一层,最能表露出民间歌谣迅速反映现实变动的显著成就。娼妓出卖肉体,而灵魂都发霉了的官们则更出卖了人性。与这首具有同一主题,同一母歌蜕生出来的是描写抗战期间特权家族发国难财的歌谣:

投"军"不如当"政",
当"政"不如吃"粮",
吃"粮"不如当"仓",
当"仓"不如经商。

如果我们并不健忘,总还记得滇缅公路上的武装走私,要人们利用职权从事于市场的垄断、外汇黄金的操纵、官僚资本的摧毁民营企业等等的悲愤的故事。另外,河南有首歌谣也写干仓库的:

要得富,干仓库,
县长是个笑面虎。

足见干仓库是件肥缺的好差事,怪不得上面三首歌谣中都提到了它。

不久之前,在报纸的通讯版中有首《五死运动》的歌谣:

大太太气死,
二太太醋死,
三太太美死,
大老爷住死,
勤务兵骂死。

写的是鲁山县长汪海涛,克扣冬季制服费七百万余、鲁南乡黄河工价一千五百万,合计两千多万元,均经参会审出不讹;饱暖之余,又多了个三姨太,终日不理县事,因而当地产生了这首歌谣。刚在胜利的时候,辗转在日本侵略者铁蹄下的人民,好容易透出一口气,却又遭遇着

更残酷的"劫收",因此便产生了许多嘲笑咒骂来自天上地下的接收大员的歌谣。如天津的童谣有:

  胜利万岁,棒子面太贵。
  沦陷八年,怨声载道。
  接受四月,有口皆悲。

  沈阳的民谣有:

  二人同心十四年,
  去了口上口,
  来了天上天。

  这首歌谣不比前一首明白易懂,没有加上注脚,是很费解的,有些近乎诗谜,需要花些功夫猜测,但说穿了,却也有一种值得深思的味儿。第一句射一个"德"字,因为傀儡溥仪被日本人一手提线登台以来,就改年号"康德",总计做了十四年的儿皇帝,"二人同心十四年"拼起来刚巧是个"德"字;"口上口"为"日"字;"天上天"成"美"字。这首平凡的歌谣意思是极浅显的,那里却包含着中华民族的一个大悲剧;遣送掉远东的狼狗,迎来了花旗爷叔。想到我们古老的话——"前门拒盗,后门揖贼",再读读这首民谣,就恍惚是一面讽刺的镜子,照出了那批老爷们的嘴脸。
  一边是坐享其利的吸血者,一边是以自己的血汗灌溉了禾苗成长的农民饥寒交迫,这就是今日中国农村真实的写照:

  今年收谷谷满仓,
  做官吃米我吃糠,
  耕牛忙煞无宿草,
  官仓边老鼠有余粮。(江西)

  八月底,稻头黄,
  樵子新稻过重阳,
  新稻樵了三分三,
  剩下的完租,还账,缴钱粮。(宜兴)

甚至连中国最富饶的江南地带也充满了荒凉和凄惨的画面,如素以"小上海"闻名的无锡乡间流传着两首我们熟悉的歌谣:

捐税重,捐税重,
十只黄狗九只雄,
十人差人九个凶,
十个农民九个穷,
十只箱子九只空。
捐税重,捐税重,
好男卖掉分家饭,
好女当掉嫁时衣,
老鼠剩下一张皮。

我们的口语中有个常用的形容词,叫"刮皮"的,借以比喻一般贪官污吏的善于搜刮。看了捐税重得"老鼠剩下一张皮",也可以推想"收复区"内的"天下太贫"、"有口皆悲"等谚语的流行实非偶然的了。

人民的容忍是有限度的,我们在人民歌谣中已隐隐然听见了这样的召唤。

丁英(丁景唐)著文,原载《新诗歌》1947年4月第3期;又见丁景唐《犹恋风流纸墨香》,上海文艺出版社2004年;人民文学出版社主办《文学故事报》2004年第27期(7月12—18日)

三、刘锡诚致丁景唐

(2004年12月12日,北京)

景唐先生!

您好!12月2日手书前天收到。十分高兴。晚辈还没有给您写信,您的信倒先来了。乞谅。

早在您的文集中和网上读到您的诗文和自述,我们20年前一起访港的旧事恍如昨天。时间过得真快。您比我大15岁,连我这个小弟弟如今也已是70岁的老人了。看到您的字,还是那样遒劲有力,挥洒自如,从心眼里为您高兴和赞叹。在这里,遥祝您身体健康!

《犹恋风流纸墨香》早已收到了。我曾打电话给徐华龙同志,托他先转达我的谢意和崇敬之情,打算在我写完了抗战胜利后您在上海组织的民歌社的那段历史后,再写信,一并呈您请教的。谁料夏天以来,身体一直欠佳,文章未能写完,原本打算赴上海一趟的计划也无形中泡汤了。

从去年起,一时兴起,想把自己的零星写作先搁下来,拣起我曾经从事过多年的民间文学这一行当来,写一部《20世纪中国民间文学学术史》,希望能对这个风雨飘摇中的学科添一块砖加一块瓦。谁知,一上手,就觉得力有不逮,不仅路子没有人趟过,连最起码的史料都要从头找起。以你们那批进步诗人在抗战胜利后组织的民歌社为例,就是那些"标准的"或"民俗学派"的民俗学家们所不顾的,自然也就不在他们的研究视野之内。抗战胜利后,流亡大西南的许多学者,陆续由重庆、成都、桂林、贵阳、昆明、等地回到原来教书或写作的城市。30年代民俗学和民间文学社团比较活跃的广州、上海、杭州、北平、厦门等地,由于团体溃散,人员流失,如今除上海、香港、北平三地,仍然有俗文学派的作家和学者创办并坚持的报纸副刊,如赵景深在上海《神州日报》编的《俗文学》周刊、在《大晚报》编的《通俗文学》周刊和在《中央日报》编的《俗文学》周刊,戴望舒在香港《星岛日报》编的《俗文学》周刊,傅芸子在北平《华北日报》编的《俗文学》周刊,分别被俗称为"沪字号"、"平字号"、"港字号"的俗文学周刊外,已没有什么有学术活动能力的民间文学或民俗学的社团了。除了这些俗文学家们的活动(主要是编刊)外,一批进步青年文艺家(诗人)在上海成立的"民歌社",几乎可称得上是国民党统治区里唯一一个民间文学团体,尽管它存在的时间只有一年多(多长时间?),但它的宗旨,显然有别于30年代那些民俗学社团。或曰不同流派吧!正如您当年所说的:"在这个苦难的国土上,学术的花朵是常被当作野草般践踏的,近些年民歌的研究工作益发显得沉寂了,即使有些可敬的先导者在默默地耕耘,除为生活的负荷所胁迫外,还得忍受孤独的寂寞。自私自利的市侩气在学林中也不是不存在着的,成批的歌谣材料无人肯承担出版,连报纸期刊上也很少能偶尔发表,于是珍贵的材料散失了,偏爱的人索性秘藏起来,而从事于民歌收集的研究者要想搜集这方面的材料,也颇有'踏破铁鞋无觅处'的苦楚了。"这也许可看作是你们要成立民歌社的初衷吧。

我写史,史料要凿凿有据。可是这些材料,却并未悉数收入您的这部六十年文集中。我理解,那些文稿,在您的文学生涯中,也许并不占主要地位。而您在民间文学和左联研究两方面的活动与写作,过去我都是颇留意的,并几乎都有收藏,特别那本薄薄的小册子《怎样收集民歌》和稀有品种《妇女与文学》,但经过了这么多的政治运动、下放劳动、调动工作、屡次搬家等变故,现在全都不知去向了。如今用起来才懂得叹息。更可怜的是我们这种在社会上做文化研究的人,是没有助手的,一切得自己动手去找去查,我从1990

年1月回家来,没有图书馆可利用,到北京图书馆去,旅途奔波不说,要借一本过去的书,调到柜台上要付5元钱、复印一张还要付5元钱。奈何!

关于"民歌社"的一些史实细节,本来要当面求教于您的。现在看来一时无法到上海去了。记得《怎样收集民歌》中是附录了收集"简章"的,可怜我怎么也没有找到那本小册子,我所在的中国文联不要说了,根本不做学问,没有人读书,中国民间文艺家协会资料室也丢了,只得从别处摘引。我至今没有弄清楚民歌社成立的具体日期,甚至连年份也还大有怀疑。您在书中说成立于1945年抗战胜利后。可是,薛汕是1946年到上海震旦的。而被迫离开上海,您是1947年的4月(?),薛汕也大致是这个时间离开上海去香港的。他把你们征集来的所有资料拿走,带到了香港,于1948年出版了《愤怒的谣》(冯沅君序)。我相信他拿走的,是你们编《南北方歌谣集》之编余稿,是否如此?1947年这段史实,我看过薛汕的一些手稿,也问过袁鹰同志,都说不清;陈思和和丁言昭他们二位的长文《希望之孕》,也嫌考证未细。

你们的搜集方式主要是"征集"。在这一点上,你们并没有超出北大歌谣研究会的思想。其原因,一方面是受时代和政治形势的限制,不可能走出去,另一方面受作家文学的思想和理念的影响。同时代,延安的、苏北新四军的文艺家们,都已经走出文艺小圈子,深入到民间亲身去搜集记录了。应该说,这是历史的局限。您以为如何?

当时你们虽名为"民歌社",搜集范围却不限于民歌,民间故事也包括在内。这一点很重要。薛汕是诗人,他并没有带走故事资料。你们编的《南北方歌谣集》也没有收入故事。我纳闷的是,你们所征集到的那些民间故事发表过吗?余者流落到哪里去了?

您年轻时就曾对民间文学有浓厚兴趣,并做过搜集与研究,写过不止一篇文章。在浙东的搜集更不一般。中国的文艺家中有这种经历的人委实不多,不仅表现出一个文艺家的写作风格的追求,更重要的是他的世界观。可惜您那本编好的浙东地区的民歌集子没有出版。我写这部现代民间文学的学术史,除了"民歌社"本事外,还要写一段您的民间文学理论。您的《六十年文集》中,已经收了您在《妇女与文学》中的两篇文章,特别是那篇论述妇女与歌谣的长篇论文,不用我再找原著了。那本未出版的民歌集子的序言无疑是一个重要材料。有便时复印给我吧。

随信寄给我的几封老出版家和老编辑同行给您的信件的复印件,字里行间流露的那种浓重的情谊令我产生共鸣。竹子我不认识,可能是位年轻的同行,她的文章写得老到娴熟,情感真挚,是好文章,令我油生敬意。我们虽然不工作在一个城市,虽然只在20年前相处了短短的一周,但作为文学家、学者、编辑家、出版家的您,我是很熟习的。您对文学、特别是左翼文学运动史料的出版与研究,贡献殊大。

这封信本来开始于几天前,但因要说的话多,始终未能写完,只得换了电脑来重写。请您原谅。我的电话是:010-64266160(家)

祝

康健!拜个早年!

刘锡诚

2004 年 12 月 12 日

四、丁景唐致刘锡诚

(2013 年 12 月 18 日,上海)

刘锡诚同志:

很高兴看到你在《文汇报》写的《有愧的是我们——忆关露》一文,这是一篇充满革命激情、伸张正义的好文章。我们受到很大感动。

但文中有二点不确,特写一信相商。如你看后认可,是否可以《丁景唐致刘锡诚的一封信》寄给《笔会》发表。我要丁言昭复印二份送上,经你同意,即以一份寄《笔会》发表。另一份留你参考。又,我的五儿丁言模写了一本 36 万字的《瞿秋白与书籍报刊——丁景唐藏书研究》是综述我 60 年收集、学习、研究的成果。书另寄,请指教。

丁景唐

2013 年 12 月 18 日

于华东医院

回信仍寄我家:……

丁言昭每天到医院来看我的。我一切顺利,勿念。

附文

刘锡诚同志:

在关露同志三十一周年忌日,读到你写的《有愧的是我们——忆关露》,心情很激动,我钦佩你写了一篇充满革命激情、伸张正义的好文章。感谢你在文中还引用我女儿丁言昭《关露传》的文字,写到我们与关露的深厚友谊。

但文中也有二点不确之处,特商榷。

一、你文中写到我是"关露的侄子……描绘他年轻时见到的姑妈,因《太平洋上的歌声》一举成名,是那种'很有修养的知识分子形象'。是的,我对为共产主义事业奋斗终生,历经生死考验,几经炼狱,而信仰弥坚的关露同志怀着莫大的敬意,'把她视作我姑妈与姨妈一辈的女性知识分子'"。但关露并不是我的姑妈。我是一个幼失怙恃的孤儿,我有一位思想先进的小学教师的姑妈,把我抚养、教育、成长。我把关露视作我尊敬和眷念的姑妈一辈的有文化素养的长辈。

我和关露同志因为给她编辑的《女声》写稿而认识。1943—1945年8月,我担任上海地下党学生运动工作委员会的宣传调研工作,领导几位共产党员和进步文学青年向《女声》写稿。我们采用散兵作战的方式,楔入敌伪报刊,写一些有意义的作品,举凡小说、散文、诗、杂志、影剧评、古典文学、民间文学都有。我个人在《女声》写了五十六篇作品,并编了一部诗集《星底梦》,受到关露赞赏和鼓励。关露编辑的《女声》是荆棘丛中的一块绿土。

二、关露长期在上海进行地下工作,先是受党指派打入敌伪76号魔窟,搜集情报和策反,后又因编辑《女声》被恶意攻击、蒙上"文化汉奸"的罪名。都没有被敌人追捕投入监狱。1945年8月抗日战争胜利后,国民党妄图以文化汉奸的罪名逮捕关露之前,由周恩来同志关照先期到达上海的夏衍、梅益同志设法帮助关露从上海转移到苏北解放区。管路同志在上世纪五十年代中、六十年代中,却因潘汉年冤案而被投入功德林监狱和秦城监狱,先后达十一年之久!在潘汉年冤案平反和1982年等到自己平反后,终于孤独一身,抱着塑料娃娃,服安眠药自杀。谁能不受到巨大的震动!

今年是关露同志106岁诞辰,在她31周年忌日,读到你的纪念文章,请再次接受我们的敬意。谨祝体健、笔健!

丁景唐
2013年12月18日
于上海华东医院

刘锡诚笺注:

　　拙文《有愧的是我们——忆关露》于2013年12月5日的《文汇报》副刊《笔会》上发表后,很快收到了前辈革命家、著名作家丁景唐同志的来信,指出我文中有两点商榷处,并附来一文(书信体),嘱我寄交《笔会》主持人潘向黎同志发表。丁景唐同志的书信体文稿,经潘向黎的编辑,以《关露与我》为题表在该报2014年1月14日的《笔会》上。

五、刘锡诚致丁景唐

（2014年1月4日，北京）

丁景唐先生：

您好！祝福您新年快乐，安康幸福！

12月18日的信，年底才收到。您指出拙文《有愧的是我们——忆关露》中的两处错误，晚辈非常感谢。我已经遵嘱将您的来信复印件转寄给《文汇报》笔会的首席编辑潘向黎女士，建议她遵照您的意思在该报上发表。2014年元旦又收到了丁言模同志寄来的《瞿秋白与书籍报刊——丁景唐藏书研究》。不胜感谢。

我写关露的文章，完全是个人心灵的驱使。关露的遭遇和她的死，给我很大的震撼。虽然过去这么多年了，我也一直无法忘怀。除了我亲自经手的事情外，她的经历我不太了解，参照了能够看到的一些材料，但又没有加以慎重的甄别，所以出了这两处错，心中很是不安。文章发表的当天，袁鹰同志打电话来，说很感谢我写了这篇文章，现在很多人都不知道关露了。他对我说，丁景唐不是关露的侄子，您写错了。说您现在住在华东医院，身体很好，你们常通电话，声音还是那样洪亮。和您一样，袁鹰同志也是我十分尊敬的前辈，我也知道你们是很好的战友。前年十月，北京文坛的好友们为他举行八十八岁米寿聚会，是我主持的，我在致辞时还讲到他为您的《犹恋风流纸墨香》写的序。袁鹰同志的电话后，我就想在报上发更正。潘向黎告诉我，说您要给我写信。我一直等着。您给我的这封信的发表，就会更正我文中的错误。谢谢您了。

言昭同志的传记系列著作，为文坛做了好事。去年出的《安娥传》，田大畏生前送了我一本。言模的这本著作，刚收到，待我慢慢读来。以您的藏书为题写系列著作，也是极有意义的选题。您老要多多保重。在您面前，我是小辈，但我如今也是八十岁的老翁了。

遥祝健康长寿！

刘锡诚

2014年1月4日

六、丁景唐致刘锡诚

（2014年1月12日）

锡诚学友：

我（我的朋友们）都对邮局办事迟缓，大大落后于现代化信息，很有意见。我2013年12月18日的信，你到年底方到达府上，也是邮局迟缓一例。

你2014年1月4日信，在8日收到，算是顺时的了。分外高兴，接读来函。我们有好几年未叙面，这次却因你为关露同志写了纪念文章，引起我和老袁等朋友的感动，更引起我们全家对关露同志的极大怀念。我说，关露同志的逝世，至今依旧震撼着我们一些共产党人的心灵。

言模感谢你对他写书的鼓励，言昭感谢你对她写作现代女性传记的赞赏。她已写过萧红、丁玲、关露、林徽因、陆小曼等的传记。她和她的弟弟言模一样都是默默地艰苦地又是愉悦地写作的人。她生于1946年，她弟弟生于1950年，都是年过六十的退休人员。言昭早在47岁就退休了，为的自己可以自由支配时间，内中文坛黑幕种种气人的事，我们长一辈的人都有所闻。

袁鹰和我结交已近70年，因为革命工作的关系，让我们紧紧地团结在一起。他为我写的那篇序文也荷你重视，我们的心是想通的。鲁迅称人生得一知己足矣，我们众多朋友，不乏有几个知己之交。我们毕竟与鲁迅所处的时代迥不相同矣！

潘向黎是我的朋友老潘（旭澜）的女儿。她的取稿极有自己的见解。我给你一信倘能刊出，一定会引起更多不知道关露同志的读者的共鸣。

有一事，上次信中，为避枝蔓，没有说明。现在补充一下。我1960——1966年曾任上海市出版局副局长，我没有任正职。文革十年备受凌辱，到1979年方出任上海文艺出版社社长兼总编辑、党组书记。1985年底离休。

言模积多年之努力，2013年底又出版一本《瞿秋白与杨之华》，我已托友人韦泱代寄。我也曾介绍韦泱与老袁相识，他是一个极愿帮我做诸如寄书的事。

春节将临，祝阖家安康、健康快乐！

丁景唐
2014年1月12日
于华东医院

七、丁景唐致刘锡诚

（2014年3月2日，上海）

刘锡诚同志：

每年春节，老田（钟洛）诸友互以照片或诗寄赠。我亦仿之。不过时候较迟,总之,在祝贺新的一年,大家愉快健康,做一些自己高兴的事。我家成员较多,有的如六儿丁言伟一家三口在北京。言伟是《当代矿工》的副主编,2014年10月退休。七儿丁言勇在沪和丁言模一家住在我的旧居,但今年春节前丁言勇一家去新加坡旅游。所以2014年除夕的新年饭改在医院的九楼餐厅。今寄春节我家团圆饭一照,以贺春节。(又,丁言昭的女儿、女婿、外孙女因除夕未放假,亦未相聚)

我沿用老田多年送照的办法,预备从2014年始,亦每年春节拍团圆照以留纪念。

前为关露写纪念文章,刊出后,有几位多年失却联系的老友也特来医院访我。总得感谢你为关露写了一篇伸张正义的好文章,引起不少人的共鸣。

言模写的《瞿秋白与书籍报刊——丁景唐藏书研究》承南京社科院陈辽同志撰文介绍,已在中国社会报《读书》上发表,现奉一份,答谢大家的关注。

我的地址本一时找不到,故这次的信仍请韦泱代为写清地址。韦泱上次曾奉二本著作呈教。也和他赠老田的书一样,让大家高兴也。

年增岁月人增寿,长了一岁,又多了一岁见闻,增长了历史知识也。

顺致

敬礼!

丁景唐
2014年3月2日
于华东医院

八、丁景唐致刘锡诚

(2015年5月17日,上海)

锡诚同志:

你对我的关注,十分感谢,我几十年来在人民养育下,做了一些力所能及的事。你长期从事文学评论,更倾力(倾心)于民间文学的研究,大有成绩,可敬可佩!

你注意到的"左联"缺点之一,是一个可研究的大问题。但后来文学家不重视民间文学也不可归置"左联"的遗风。这方面肯定有诸多复杂的历史、社会、经济、文化诸因素。

我前一时候接受中央电视台采访关露,几天前又接待许幸之(《风云儿女》编导)之子许国庆来摄录像,并也要谈关露……迟复为歉。像提及的问题,容我也反思与思考一番,共同探讨。

握手！
　　祝健康快乐！

$$\text{丁景唐}$$
$$\text{二〇一五年五月十七日}$$
$$\text{于华东医院}$$

　　丁言昭附信

刘老师：
　　爸爸（丁景唐）信寄你。东河沿住处有许多文化人，如刘厚生、（周）艾若等都住在那儿，对吗？爸爸很佩服您，让我复印你信，寄赠左联等单位。祝
　　大安

$$\text{丁言昭}$$

文坛宿将丁景唐

陈　钅工

　　吾生亦晚,虽早闻丁景唐先生大名,但能当面拜访丁老还只是近几年中的事。

　　2010年7月4日下午,在丁言昭(女作家,丁老女儿)引荐下,我与著名女画家关紫兰之女梁雅雯、外孙叶奇和《新民晚报》资深记者夏永烈一起到华东医院探望丁老。因为行前已得知丁老那年正好九十大寿,于是我特意买了一束由粉红色康乃馨和粉红、白色百合花、文竹组成的瑞祥而素洁的鲜花,当我见到仰慕已久的丁老时,恭敬地向他献花并致以诚挚的祝福。只见丁老精神矍铄,面容清癯,目光和蔼,思维敏捷。他时而倾听,时而询问,时而款款而谈,从文化谈到艺术,从民国轶事谈到当下时闻,惊人的记忆力带我们穿梭于不同的时光之间,浓重的乡音(宁波话)中不时报以爽朗的笑声和幽默的神情。两个小时的交谈中,他兴致勃勃毫无倦意,还为每位客人题词留念。惠我的手泽是:"缅怀中国油画界前辈关紫兰大师　有国际影响的女界前驱　幸为关紫兰大师的学生——陈钅工艺术家留念　九十老翁丁景唐　2010年7月4日　于上海华东医院",笔迹流畅有力,令我喜出望外,感慨万千。会见后,丁老与我们合影留念,大家的脸上都洋溢着快乐的笑容。丁老见我等带着单反数码相机,便招呼我再给几位医院负责照看他的医生、护士也留个影,我很高兴地答应说:"行。"于是,他领我一起来到同楼的医生、护士值班室,那几位医生、护士高兴地围拢在丁老身边,留下了美好的合影。当我们依依不舍地告别时,丁老要与我们一起乘电梯送我们到底楼大门口,我们婉言劝阻,他却执意坚持,进了电梯,他对我说"这位开电梯的小某(姓我忘记了)工作和为人态度都很好的,给她也照个像",到了底楼大厅,这位开电梯的年轻女工作人员非常高兴地分别与丁老和丁老女儿留下合影,相互亲热得简直像祖孙和母女。临分手,丁老再次叮嘱我:"照片印出来一定要给医生、护士和工作人员哦!"望着丁老挥手道别的身影,我从心底里真切感受到这位慈祥、宽厚的长者对后辈们无微不至的关怀。几天后,我将印好的合影照片托丁老女儿言昭转交丁老及医院诸人。

那次拜谒丁老时，我在不经意间提起手头正在编写一本专为青少年学生阅读的书法家故事教材，有些资料尚在收集中，言者随意，可是听者有心。不久，我家邮箱收到了寄自"上海市永嘉路……"的信，寄信的是丁言昭。拆开信封一看，里面乃是有关书法的剪报资料，一阵窃喜，随即打电话给丁言昭表示感谢，那头言昭老师告诉我："父亲听说你写书法教材需要资料，特意吩咐我将家中以前他收集的有关剪报资料寻找出来寄给你，希望对你的写作有帮助。"这实在太出乎我的意料和令我感动了，丁老居然身在医院疗养，还牵挂者一位初次结识的晚辈的写作，无私的将自己积累的资料提供给我，既实在又迅速，使我倍感荣幸。2010年7月19日、22日、28日及8月2日，我先后收到四封此类邮件，含有关书法家介绍、书法作品、书法欣赏或书法评论的资料剪报11件，时间跨度从1972年12月《人民中国》至2010年7月27日《上海老年报》，且每页剪报上都留有丁老的亲注的日期和刊载处。

2012年8月14日下午，经丁言昭和叶奇安排，笔者再度拜访丁老，同往的还有《虹口报》记者张林风。来到华东医院，乘电梯直上老干部疗养病房十九楼，跨出电梯门，迎面瞥见红色对联和墨书，好精神！定睛一看，是丁老的手笔。对联上款"壬辰新春"，内容是"龙腾虎跃　锦绣河山"落款"丁景唐"；另一幅为："十九楼伴侣　为民先锋"，落款也是丁景唐，是赞誉医务人员的。可见，93岁的丁老依然精力充沛，而且是这里人气颇高的"文化达人"。这次拜访的主题是请丁老回忆在虹口生活、战斗过的经历，谈话从张林风带来的几张老照片开始，一幕幕往事涌上丁老的心头，一个个喜怒哀乐的片段随着他的追忆，如飞石坠水激起的层层涟漪打破平静的湖面。不愧是文史大家，他谈到具体的事、具体的人、具体的地点和经过俱一清二楚，其记忆力之强，佐证之详尽，令吾辈望尘莫及。谈话结束后，他又分别给我等三人题词留念，功力依旧，悬腕提毛笔饱蘸浓墨在四尺开四的宣纸上挥毫，为我横书的题词是"情深谊长"，上款"陈釭先生雅正"，落款"壬辰夏末　丁景唐于上海华东医院"，题完字，欣然在自己名字后钤一方鲜红"猴"印，形象俏皮生动，他洋洋得意，笑眯眯地呼之"猢狲图章"，因为丁老出生于1920年，生肖属猴，我告曰恰巧小他三轮，也属猴，于是两代"猢狲"心心相印，笑逐颜开。随后，我将近作之丁老、丁言昭两幅水彩肖像画敬赠丁老父女以作回报，其时主宾皆悦，共同或分别合影，再次留下了美好的记忆和镜像。

癸巳盛暑中，笔者又两度拜谒丁老，聆听丁老的教诲及对笔者文稿的匡正指教，从丁老温文尔雅的气度和对后生的厚爱中有所裨益。每当定神看丁老在文稿上留下的细密字迹和符号，展卷读丁老惠赠的珍贵资料及书刊，总能够感受到一泓文化的清泉在喷涌,一股文化的力量在延绵。

年近期颐的丁景唐一生鼓文学之棹,在文化的海洋中扬帆万里,于 2017 年 12 月 11 日去世,享年 97 岁。

2017 年 12 月于半笈斋

我为丁老拍照

赵家圭

丁景唐,这位中国有影响的作家、近现代文学史专家、出版家,于2017年12月11日晚不幸去世,享年97岁。

与这位1938年入党的老共产党员之间的友情是出于一首歌曲,即著名作曲家贺绿汀为左翼电影《十字街头》写的一首插曲:《春天里》,这首歌的歌词写得很有特点,是以一种不规则的散文式的诗句写成,贺老又根据其中幽默风趣的人物性格加了"郎里格郎"作为衬词使音乐形象更为生动。这首歌曲由电影表演艺术家赵丹首唱。电影放映至今的几十年里,这首电影插曲一直流传至今,经常在音乐会上演唱,已成为不少歌唱家的保留曲目。

这首歌曲的歌词作者极为陌生,名叫:"关露"。一次我曾问贺院长:"关露何许人也?""当时编导沈西苓把歌词给我,我只觉得歌词写得很有特点……至于词作者'关露'我已经印象不深了。"贺院长曾沉思片刻后回答我。

1960年考入上音指挥系合唱指挥专业。在上指挥法的第一课时,现仍健在加拿大的杨秀娟教授(当时是青年助教)就语重心长地谆谆告诫:作为合唱指挥拿到一首合唱作品,首先一定要了解一下词曲作者的创作背景!尤其是歌词,因为声乐作品中的歌词是决定作曲家创作时的音乐思想和音乐形象。所以求学时从我国作曲家朱践耳的交响大合唱《英雄的诗篇》中的毛泽东诗词到奥地利近现代作曲家马勒的交响曲《大地之歌》中我国唐代诗人李白、孟浩然等人的诗词;从贝多芬第九交响曲《欢乐颂》采用德国诗人席勒的诗歌;到"黄河大合唱"中的词作家光未然(即张光年)创作的歌词……

好在丁景唐的二女儿扬琴演奏家丁言仪是我上音同学,三女儿作家丁言昭曾和我一起在市文化局群文处共事三年多,在她们帮助下,上世纪80年代,特地去永嘉路寓所拜访丁老,请教在我国文学史上有一席之地的作家"关露"。

想不到的是这位"三八"式的老党员热情好客,毫无文坛大家的架子,一口"石骨挺硬""挂啦松脆"的浙江宁波乡音,讲到激动时,响亮中微微带有男高音特有的一种金属光泽的音色,不因我是无名小辈而毫无保留地侃侃而谈,细细介绍"关露"其人……

丁老条理清晰,思维敏捷,一小时左右的介绍简直是一位资深大教授为我单独上了一堂现代文学史课、"左联"作家课,印象极深,丁老怕我记不住,后又特地来信,重点介绍了"关露",这封亲笔信,我一直珍藏至今,好在信不长,全文实录如下:

赵家圭同志:

为"十字街头"写主题歌的"关露"是1932年党员,并在同年参加"左联",著名作家叶紫,就是她介绍"左联"的,她原名胡媚,湖南的《芙蓉》大型刊物介绍《叶紫传略》中提到胡媚介绍叶紫参加"左联"。她以"关露"笔名写过《太平洋上的歌声》(诗集,1936年生活书屋出版)王任叔(巴人)编的光明文学丛书中收有她的长篇小说《新的时代》(光明书局出版)北京语言学院编的"中国文学家词典"第二集中有关"关露"(原名胡媚)的介绍,可阅。

她是一位尊敬的作家

祝好!

丁景唐(1981年5月26日)

信的上面还有丁言昭女士的"批语":

阿圭:关露同志最近在病患住院,爸爸在京时期曾去友谊医院看过她。

祝

快乐!

小丁5月25日

附带提一下,在一个多小时轻松愉快,无拘无束"上课"的最后,我大胆而小心翼翼地提出了一个在当时属于比较"敏感"而十分想知道的问题:"听说你是('文革'期间上海市委书记、'四人帮'在上海的重要骨干)徐景贤的入党介绍人,不知你现在……"丁老师似乎知道我想要了解什么,稍停顿一下,喝了一口茶,十分坦然而镇定地说:"介绍徐景贤入党我不后悔,我一生中……好像没有做过什么后悔的事","我记得他(徐景贤)当时是一个十分要求上进的青年,工作很努力,写的文章有思想、有观点,文笔也十分流畅,平时生活简朴,作风踏实,群众关系也比较融洽,我们一起在市委宣传部文艺处工作,所以党支部在收到他(徐景贤)的入党申请后要我联系他并作他的入党介绍人,我对他进行了较长时间的考察和广泛听取了各方面的意见,后再讨论他入党的支部大会上一致通过,机关党委也很快批准,至于后来……"丁老一脸无奈地表示:"让党史专家、历史学家去评论他!"

上世纪80年代初,我借调到文化局主办的《舞台与观众》报任记者(本人曾按局党委要求带教指导后成为《解放日报》文艺部记者的屠海鸣等三位复旦大学新闻系、中文系、历史系同学来报社实习),一次丁老与三女儿丁言昭、大剧院艺术总监钱世锦、舞蹈家顾蓓一起来巨鹿路709号文化局到编辑部来"看我"顺便商量稿件,我"受宠若惊",特拿了相机在大院草坪为丁老拍了一张照片,那天春光明媚,微风和煦,背后是一片嫩绿的小树林,前面是盛开的一朵朵淡粉红色的月季花,我抓住逗他一笑的瞬间,摄下了这张"他在丛中笑"的照片,据言昭女士讲:这是爸爸最喜欢的一张照片(不是之一),一直放在家中最显眼处……能为丁老拍摄一张他喜欢的照片,这使我感到十分欣慰。

如今,斯人已逝,但丁老的音容笑貌一直留在我心中。

2018年初春

"一步楼"中书香浓

朱亚夫

2017年11月1日,文史刊物《上海滩》召开作者座谈会,会上遇见丁景唐的女儿、资深编剧丁言昭,问起其父近况,她说,父亲现在华东医院,病情稳定。我托她向丁老问好。想不到时隔一个多月,丁老就去世了!

说起我与丁景唐的相识情缘,还有一段小故事:上世纪90年代,我在沪上多家报刊上开设"名家书屋"专栏,后由上海教育出版社选编成集《名人书斋》。一日,丁先生托人传话,他很喜欢这本书,因书市难买,希望赠其一册。拙著能得到这样一位书林前辈的青睐,自然不胜荣幸。

我钟情书房文化的研究,很想一睹这位书林前辈著书立说的地方,于是我与他约定时间,前往其书房"一步楼"探个究竟。丁先生的住宅坐落于卢湾区永嘉路慎成里,这是上海迄今保留最完整的三层楼的石库门弄堂之一。那天,丁老亲自下楼开门,当时他已年逾古稀,但面容清清瘦,精神矍铄,步履轻快。我们踏上灰暗的楼梯,隐约可见堆放在楼道上、梯顶上一捆捆书报杂志。没走几步,就到了"一步楼"。

原来这是一间亭子间!丁先生说:"当年我就在这间亭子间里开始读书、写作和编辑生涯的;临窗放一张简陋的写字台,便是我的书桌。为什么叫'一步楼'呢?你看,这间房间比楼道低一台阶,从楼梯拐进此处,只有一步之遥,故曰'一步楼'。"原来如此!我的脑间不禁想起原中国文联秘书长、著名作家孟伟哉在全国青年文艺创作会议上所说的:今天一大批名声如雷贯耳的作家,当年就是从"亭子间、小阁楼里一格一格写出来的"。于是不免多看了几眼这间书屋。

丁先生现在的书斋在三楼,这里也是他的卧室兼餐厅和会客室,故其女儿称之为"多功能房间"。室内虽然显得有些零乱,但也透着书卷气,飘着书香味。那两只铁制的大书架,虽无遮无掩,但上面图书盈架,便于随手翻阅,倒也别具一格。也有一只精致的大书橱,里面陈列着被他视为"镇室之宝"的书,那是他一生搜求的瞿秋白、鲁迅著译的初版本,如鲁迅编校设计的瞿秋白遗著《海上述林》,即有皮脊、金顶和丝绒、蓝顶的两种精装本,故他被人誉为拥有瞿秋白著译最多的藏书家。丁先生带着几分自豪的口吻说:"藏书而无镇室之宝,这是算不上真正的藏书家的。"一个真正藏书家的形象呼之欲出。我想起其女儿丁言昭写过一篇《爸爸的多功能房间》,文章中提及的"汤姆叔叔的小屋"在哪里?丁老笑着领我们到三楼的阳台上。原来这是一间半封闭的晒台,除作晒衣晾物之外,也有藏书贮书的功能,它顶部添加一层,上面塞满了各种各样的书报杂志,面上有些尘埃,纸质已显泛黄……

以后我约他为自家报纸写稿,他果然写来了不少好稿,比如许广平诞生百年纪念时,他写来了《我第一次见到许广平》,颇具史料价值,后被收入敝报的《纪念文选》。而且他还动员他的子女为敝报写稿,我与丁言昭就是这样相识的。之后,我去过他家几次。一次,他兴致极高,谈起他居住的里弄有不少红色印记,还亲自带路,领我去看。在他家不远处,他指着一幢住宅说,这里上世纪三四十年代曾是中共江苏省委机关、中国左翼社会科学联盟机关所在地。穿过一条弄堂,又来到了鲁迅当年探访过的萧红、萧军住所,他指着弄堂外的马路说,"马路对面那个大弄堂叫敦和里,萧红曾经在弄堂口的大饼摊上发现鲁迅的手稿,巴金也曾临时住在敦和里,写下了《春》……"还有一次,临分别时,他在我纪念册上,题词:"星光下的梦,会在未来的日子开花!"这句录自他写于1944年的自作《星底梦》,富有诗意,在全国奋起共筑"中国梦"的今天,读来倍觉亲切,更有诗情画意。

多少往事暖心窝

韦 泱

这一次,走进永嘉路慎成里,脚下竟然如此滞涩、凝重,几乎迈不开步了。丁景唐先生走了,我去到他的遗像前三鞠躬。

慎成里有近百年历史,是沪上至今保护完好的石库门旧里。丁景唐老先生从1940年起就住在此地,一住就是七十多年。因为三楼朝南的房间阳光充沛,成了丁老兼具卧室、书房和会客"三合一"功能的居处。

犹忆二十多年前,第一次踏入这条老弄,心情既兴奋又忐忑。从一楼沿着木扶梯,一层层盘旋着登上三楼,有点像儿时登龙华塔一样。我带着诗的疑问,来拜见丁老先生。因为偶然知悉他在上世纪40年代出版过诗集《星底梦》,暗忖丁老原来是诗人哪!那一天,听他谈了很多,关于他的写诗他的经历。他还问及我的爱好,我的爱人姓名及工作等等。告辞时,丁老在赠书的扉页上,不但写上我和妻子的名字,还写上"贤伉俪"三字,捧着这珍贵之书,心头油然涌起一股暖流。

之后,我便成了慎成里的常客。每次去,时间或长或短,都与丁老聊家长里短、聊书事文友,都聊得那么暖心。聊到午饭时刻,便与他的家人围桌而坐,拿起碗筷吃饭,这几乎成了"常态化"一景。饭桌上,丁老笑呵呵地用宁波话说:"韦泱是自瓜人",意即一家人,听后我心头也是暖暖的。丁老养育七个儿女,个个都是优秀才俊,其中两个是他研究现代文学一脉的,那就是老三丁言昭和老五丁言模。丁言昭曾说,受爹爹影响,韦泱也来加盟,我们小字辈成了"三驾马车"。丁言昭擅长人物传记,丁言模专研瞿秋白和"左联",我的重点则是诗歌史料。我视丁言昭、丁言模为师姐、师兄,亦是我做人研学的榜样,多年来也是受益匪浅。

最为惬意的是,丁老那时80岁上下,喜欢在居家周边散散步,我就陪着他,一边走一边听他絮语。走到弄内右边64号的一排红砖房,丁老说,这里有块牌子,是过去地下党时的中共江苏省委办公地方。转到居家后面的襄阳南路上的弄堂口,丁老说这里叫"敦和里",鲁迅的学生萧军、萧红曾居住在这里,在大饼摊上发现了鲁迅手稿。又说作家巴金也一度在弄内 21 号住过,这房子是马宗融、罗淑的,他们夫妇去广西教书,委托巴金看守,巴金就索性在这里继续写作长篇小说《春》。踱到永嘉路对面 371 弄堂,丁老继续说:"这里是田汉办过南国艺术学院的旧址,可惜已拆得差不多了。"一圈转下来,仿佛是现代文学的"红色之旅"。

丁老是 1938 年入党的"三八式"老干部,一直担任着不小的官职,却一辈子买书、淘书、编书、写书,一身布衣,满溢书生气息。他爱书,对爱好书的年轻人更是关爱备至,处处呵护。有好的书,他就给我留着,说这本书侬拿去,用得着。这样的馈赠,已算不清有多少回了。记得,十多年前,北京的梅娘出版《梅娘近作及书简》,给丁老寄了一小箱,计有十多册,内含几册特制的毛边本。那天我刚走上楼梯,踏入他的书房,已见好几个文友在等着取书,只听丁老大声说,慢慢交,韦泱是藏书家,等他来了先拿。说完,他刚巧看到我了,说来了来了,就取一册毛边本,很快给我签名、钤印。我非藏书家,但听了丁老的话,心头也是暖暖的,一定要好好珍藏这本书。

从梅娘就想到了丁老的不少旧雨新知。有时他们从北京等地来上海看望他,他就电召我去,一一介绍给我。有时他乘我去北京公干的机会,介绍我去拜访他们。如 40 年代的老友袁鹰、王殊、成幼殊、许觉民等,以及他的学生辈学人如朱金顺、孙玉石、王湜华等等。由此我的人脉愈来愈广,开阔了我研究现代文学史料的眼界。及至晚年,因健康原因,丁老住进了医院。我就难得去慎成里,调转方向直奔华东医院了,我成了他与外界联系的"桥梁"。最多的是,他自己的新著以及丁言昭、丁言模出的书,都召我去嘱托分送或寄发。外地书友来沪看望他,大都让我陪去,有的北方人听不懂他的宁波话,我就临时当"翻译"。南京《开卷》杂志创刊 20 周年,海上连环画中心成立 3 周年等,请他题字留念,或者书友托办的签名、写字之类。对我的请求他都是有求必应,从没打过"回票"。丁老一贯慈善,乐于助人,我却一次次打扰这位八九十岁的老人。现在想来甚觉无礼和愧疚。

与丁老相处,从没见他发过脾气。唯有一次,让我刻骨铭心。那天,他让我在一本书上盖印,我把印章在印泥盒里咚咚按了几下,就快速朝书上敲去。丁老一见,厉声呵斥道:"侬咋弄弄(你怎么搞的),敲图章要慢一点。"说完,他走过来示范一遍。我从未见丁老发这么大的火,吓得不敢吱声,静静地看他操作过程。之后,我知道钤印是个细心活,动作要缓慢而有力。

说起印章,这也是丁老的一种爱好,他把钱君匋、唐云、曹辛之、符骥良、茅子良等篆刻名家给他制的印章,汇编成《景玉常用印选》,分赠文友和爱好者。每次他在书上签名后,总不忘钤上名章及闲章,一枚二枚甚至三枚四枚,笔墨与印泥烙在纸上,是满满的书香。我接触过的文化老人中,没有第二位有如此浓厚的雅兴。他还喜欢照片,每次与友人相聚,他都嘱我带好相机,结束时说,来吧,大家拍个照。冲印后,让我一一寄给各位。他是留给我照片最多的文化老人。这也是他长期从事史料研究形成的一个习惯。

几年前,《出版史料》老主编吴道弘先生对我说,丁老耳聪目明,记忆力非常好,你常在他身边,多请他谈谈出版方面的事情,多留下点史料。真是不谋而合,《藏书报》主编王雪霞也有这个设想,商量于我,能否请丁老做个口述实录的访谈专题,还把提问一一传我。我觉得应抓紧做,终于协助丁老完成了近万字的《答〈藏书报〉二十一问》这个专题,留下一份丰富的文化史料。其中有一细节,他从未披露过。"文革"骤起,抄家成风,丁老把《海上述林》等几十种珍稀版本,装上三轮车运到出版局(他时任副局长),请办公室秘书将书藏于壁橱内,贴上盖有局党委大红章的封条。他说这是用"瞒天过海"的办法,抢救下了这批珍贵书刊。这体现了丁老的机敏与睿智。

在丁老出版《犹恋风流纸墨香》及《续集》后,我写过一篇长文,较全面地叙述了丁老在创作研究与编辑出版方面的主要事迹,如影印及接编《中国新文学大系》一、二辑、影印"五四"新文学重要期刊、参与《辞海》编编纂组织工作等等。今日,回想我与他相处的岁月,他留在我记忆中的往事,都是点滴细节,却更见他的性格与温情,也是助推我不敢懈怠、不断前行的热力。

追忆老丁

宓重行

我有时会称丁景唐老为"老丁",这并非不分长幼尊卑的脱口而出,完全是因为他来电中一向如此自报家门,给我印象太深,而我也喜欢他像丁聪自称"小丁"那样的随意。很难想象这位乡音浓重、幽默风趣,亲切得使人毫无距离感的"邻家老伯",就是主持编纂了《中国新文学大系》,曾"官拜"上海市出版局副局长的大家……

现在,这位"犹恋风流纸墨香"的老人已飘然驾鹤西去;按一般说的那样是追寻老伴"王老师"去了。但我更以为两老是笑吟吟地在"纸墨香"中和先行一步的文朋诗友会面去了。

当年,我带着中学时的藏书《学习鲁迅和瞿秋白作品的札记》,第一次走进丁府请他签名。丁景唐先生执笔端书,边写边说:"我研究起步较早,但深度不够……"我很吃惊,作为全国鲁迅研究协会的理事,对一个普通的业余"鲁研"读者竟出如此自谦之言。后来他看到报上我以周氏兄弟决然相反的"休闲"轶事写的议论短文《无题》后,高兴地来电连连表扬:"写得好,写得好!"此后我才熟悉了他那待人宽责己严的标准——这也可以说是一种自古以来的文人习惯,只是在他的秉性中特别分明罢了。

和丁老的接触越来越多,不仅有与他的电话和书信往返,造访丁府更成了我最好的"充电"机会。说他是一本让我走进现代文学天地的活词典,恐怕并不为过。

丁老最后一次赠书给我是在 2015 年春。接获厚度不到正编一半、篇末几乎都有"写于华东医院"字样的《犹恋风流纸墨香》续集后,我与太太曾去疗养病房看望过他。这次探访正如我们多年来带着儿子去他家做客那样,只是有种莫名的感觉替代了当时的欣喜和欢快。他谈兴甚浓,不过有点精力不济。我们不敢久扰,早早就告辞了。在那个把小时的探望中,他谈得最多的,还是最近写了什么和还想写点什么。其时,已是耄耋老者的他"犹恋风流",依然洒脱。不知什么缘故,在这次实际成为诀别的会面中,我内心一直感到拘谨,那种在他面前从不曾有过的拘谨——我至今仍不解其故,难以释怀。

除了面见时敬呼他"丁老"外,逢他家人接听电话,我总是以"丁伯伯在吗"作为开头,因为我和同辈的言模还有三姐言昭早已成了好友,那种无拘无束的谈友。我想所有去丁府拜访过的人都会有这种良好的感觉——他们家风中最鲜明的毫无疑问就是这"无拘无束";而这一氛围的营造者当然就是丁老本人。

每次趋访,一般都是由住客堂间的言模开门,如适逢言模不在,就会由后门对窗的三姐先开窗应答,再来开门迎客。接着我们穿过灶间,拐弯抹角穿过满是书堆的楼道拾级而上,在三姐"爹爹,有客人来了"的通报后,一起进入三楼阳光明媚的卧室兼书房,开始聆听他伴着爽朗笑声的谈天。我印象很深的是他曾兴致高昂地用那"石刮挺硬"的宁波口音念方言儿歌:"大大的小囡,高高的矮凳,厚厚的薄刀……"还有什么"一块洋钿叫'温达拉'……"在愉快的聊天中时间过得很快,直到楼下高声呼唤:"爹爹,午饭好了……慢慢下来吧!"大家才余兴未尽地下楼,围着小八仙桌就座,开始了现已鲜见的三代同堂大家庭的温馨美餐。开饭时总有人先说"阿爸阿姆,这鲜鱼你们先来尝尝",等他和王老师动筷后大家再开吃。知道丁老喜欢吃鱼,因此去丁府拜访时,我们多会在附近永嘉菜场挑选鲜活好鱼,然后拎着剖洗后的大鱼敲响他家的后门。

近年,我因行走困难,虽和太太经常提起"去看看丁老吧",但始终没有成行。其间虽也与丁老通过电话,但因他久已重听,难以交流,听到最多的是他带宁波口音说的"蛮好,蛮好",后来又因为手机也很难接通,就连这"蛮好,蛮好"也不再听到了。我们只是在脑子里存着"去看看丁老"的念头,直到在朋友圈得知老人远行的消息。

翻检书橱和文件箧留存的丁老赠书、信件和书刊文章的复印件,其中一纸复印件赫然在目:那是丁老2014年致函文汇报笔会"回音壁"的《关露与我》,是对于《有愧的是我们——忆关露》一文中"二处不确"的"商榷"。由于作者引文疏忽,搞错了丁老与关露的关系,而丁老却顺作者之意写道:"我是一个幼失怙恃的孤儿,我有一位思想先进的小学教师的姑妈,把我抚养、教育。我把关露视作我尊敬和眷念的姑妈一辈的有文化素养的长辈。"他高度赞赏此文"是一篇充满革命激情,伸张正义的好文章",并向作者表示了感谢。在复印件上还有不知哪位的"评论"写道:"作者写错了关露与丁先生的关系,但文中丁先生并不纠正,认同了这个'姑妈',使我想起恩格斯对哈克奈斯与《城市姑娘》的评说……"因此他的结论是"太妙了"。而丁老本人则一语双关地加上了三字,曰"写得好"!

还有一册年代久远、由黄炎培自题封面的《延安归来》，是"民国三十四年"由"重庆国讯书店发行"的 64 开本口袋书。扉页有丁老手书的"此亦为历史名著，可看"。再换行顶格写上"宓兄　敏嫂"，下署便是让我至今心头波澜难抑的"老丁"两字，当然也习惯地钤上了他的朱文私印和蓝色的日戳：1996 年 7 月 14 日。提到此书时他说过"这也可以算是文物"了……

现在，岂止是这书，以上的一切都已成为我珍藏心殿的文物了。

单父焚琴忆景公

丁惠增

拜识丁景唐先生是我一生中的幸运,我一直把他视为我尊敬的父辈,他也把我当成自己的子侄。这不仅仅他与我同姓,更与家父同庚(1920年生)。可惜家父去世早(1983);而且他对我有慈父般关怀,使我铭记心中永不忘。对于他的逝世,我心中悲伤不已,只是自己不会电脑,故久久未能动笔。

初识丁景唐先生是在2003年11月23日,我应邀参加上海鲁迅纪念馆举办的陈烟桥(1911—1970)陈伟南父子画展开幕式上,意想不到在画展上邂逅了久仰的著名作家、上海文艺出版社社长丁景唐;著名版画家杨可扬(1914—2010)和上海作协理事韦泱(王伟强)等,他们虽是文化名人,却平易近人。合影后景唐老大人还留下地址,邀我去他家玩。他略显清瘦,一派仙风道骨,他用一双充满慈祥和智慧的眼睛看着我,并拉着我的双手,用浓重的宁波官话问我的姓名,家住哪里,在什么单位工作,家里有几口人等等,我一一告之。他紧握我的双手,再三说我俩是"本家""同宗"。当时,我正由宁波刚回沪,便说起了宁波之行,想不到引起他浓厚的兴趣。更想不到他已故夫人王汉玉娘家和我妻子娘家是同乡邻村人。他说他的籍贯是宁波镇海丁家山人,但出生在吉林省,3岁时由东北回到镇海丁家山。他在抗日战争时参加革命,1938年入党,1947年为了逃避国民党敌特追捕,一度避居他夫人家乡镇海灵峰山下名叫"山洋王"的小村庄。他到过阿育王寺,路过祭祀薛仁贵的白石庙,这正是我常去旅游和走亲戚的地方,而"山洋王"距我妻子娘家方家不过数百米远。我与妻子常去宁波探亲,有一次路过"山洋王"时,我特地问了村上老人,提起"丁景唐"大名,他们引以为傲,都知道他是中共上海地下党员。当年曾隐居于此,可惜王汉玉老师离开老家年代久远,我没有找到她娘家人。

2004年1月31日年初十,我偕妻子登门向景唐老大人拜年,还见到了慕名已久的著名女作家丁言昭老师。在景唐老大人家中,我们一面喝茶,一面拉家常。他知道我在研习石鼓文书法,特地送给我一套《说文解字》(上下二册）及他的公子丁言模大著《鲍罗廷与中国大革命》，并在扉页上题字留念。他嘱咐我回家后要从头到尾认真阅读《说文解字》，并要我通读、常读。他还把由赵丹、富华于1979年1月27日合作赠送给他和他夫人的国画"绿梅"给我俩欣赏……景唐老大人对故乡怀有深厚的感情，因种种原因他没有回过故乡。后来我送他一本《灵峰志》（2002年12月内部编印），刊有《镇海县志》中"光绪志灵峰山图"等史料，他如获至宝，看得津津有味。说起灵峰寺、茅洋寺等胜迹，他如醉如痴，仿佛回到了他朝思暮想的故土……他见我热爱宁波山水，发表多篇介绍宁波名胜古迹的小文后，就亲笔写信、打电话给上海宁波同乡会，介绍我参加宁波同乡会，鼓励我向会刊《海上宁波人》投稿，后来我果然加入了上海宁波同乡会，积极撰稿并参加该会举办的书画展等各类活动。

2004年6月1日，上海中国画院举办《富华海外15年回国画展》前，丁景唐先生打电话给我说，他要祝贺富华画展成功举办，嘱我执笔书写书法条幅表示祝贺。我遵嘱写了篆书横幅，"笔健神畅"，上款题："富华先生画展志喜"，落款题："甲申初夏吉日丁景唐敬贺，晚丁惠增恭书。"丁景唐先生看了很满意，他钤印后笑着对我说，开幕式这一天约我一起送给富华。开幕式上合影（左起）丁景唐先生、富华（高兴地举起了双手）、作家李冷路、大场山海工学团农友潘永良和我，手持这幅字合影留念。这张合影被富华带到了英国，并于2004年10月出版的17卷第4期《英国中国画画家协会》杂志做了封面照片。

有一次我去看望他，我告诉他，我家有部《御书堂丁氏族谱》，我家源自南昌，明初始祖丁钟秀才迁移江苏淮安。族谱第1024页，第十三世祖中有一位名字和他一样（我为十九世），也叫丁景唐，是清代人，生于1772年，卒于1838年，字硕彦，是太学生（古代最高学府国子监生，亦称太学生），他就鼓励我好好研究族谱。我克服学历低、基础差、不会电脑等困难，广查资料，遍阅档案，凭毅力先后写了十余篇有关研究族谱的论文和史料，被宗亲誉为"御书堂丁氏文化的专家"（见丁祖宏教授主编《御书堂丁氏文史辑》）。2018年4月28日"淮安丁士美状元文化研究会"成立大会上，我被推举为名誉副会长，这一切都包含着丁景唐老先生对我的栽培。遗憾的是他也想重修《宁波丁氏宗谱》，只因宗谱失传，资料缺乏，且年事已高力不从心，只好阙如。

后来我也一直忙忙碌碌，且住郊区大场镇，距永嘉路他家路太远，看望他次数不是太多。他终因年龄和健康原因住进了华东医院。2015年10月3日，我特地到医院看望了他。时年96岁的他看到我送他"金石同寿"篆书大红条幅和2015年9月29日《宝山报》刊登拙文"富华三进大场记"时，十分开心。我去年年初又想去看看他，丁言昭老师说，不要去了，他眼睛已失明了,医嘱静养。我只好放弃。原以为他能活到百岁,谁知仅差两三年他就走了,天不佑人。悲夫。令我震撼的是他遗言:卒后不开追悼会,骨灰撒入大海。

谨以小文追忆景唐老大人……

老宁波丁景唐

陈克希

那时，我在福州路上海图书公司，从事民国老期刊整理工作。最初接触景唐师，应是1979年。这段时间，景唐师常来搜寻老期刊中的左联资料，还有瞿秋白文献。接待他的是我们公司领导，及前辈同事，轮不到我与景唐师对话，至多则是被吩咐去库内，找出他所需之杂志。

景唐师中等身材，虽偏瘦，却精神十足。一口宁波话，为人和气。同事们有人称他"老丁"，也有叫他"丁老师"，但背后一概喊他"老宁波"。其实，景唐师早已知道，并不责怪。渐渐，公司领导不再每次陪同景唐师，有时，他会忽然前来。偶尔，他还带些新文学名家，一同到老期刊书库，淘些相关杂志。值得一提的是，这时期景唐师虽然常来常往，却压根不知道我和其他年轻同事的姓名。

景唐师完整记住我名字，应在多年后。那是在社科院陈玉堂府上。陈玉堂原为我前辈同事，后作为人才，调入上海社科院文学所。他最大成果，便是编著了一部大型工具书《中国近现代人物名号大辞典》。在成书之前已做有数十万张人物笔名、别名卡片。为熟悉业务，多掌握文化名人的笔名、斋号，我常往玉堂师家中抄录卡片。这次，玉堂师在景唐师前详细介绍起我，甚至稍稍夸了头，直让我很不好意思。景唐师则一边听玉堂师言语，一边笑眯眯看着我。还告知，老期刊中有取之不尽的宝藏，并叮嘱我须充分运用。我颇庆幸，与年龄相仿的同事相比，我有缘聆听景唐师近距离教诲。以后工作变动，我离开老期刊书库，接任古旧书刊收购，继尔又编辑《博古》杂志，我便很少有机会见到景唐师了。

但，自从景唐师住入华东医院养病后，倒反而多了拜访他的机会。凡我在医院附近办事，只要有时间，我必进2号楼，登19楼，看望景唐师，哪怕不足半小时。我们话题多为书人书事，如博古斋上月收到了一批珍书异刊，我最近参加了几次读书活动，遇到了哪些书友什么的。事实上，景唐师对读书圈之消息亦相当灵通，有些书界新动向，还是他告诉我的。时而，我们也随意聊天。一次,我突然想起,母校浦光中学校庆,炫耀光荣历史时,曾说到,学校前身为青年会中学。当年,丁景唐在校念书阶段,参与地下工作,编进步刊物。听我谈起旧事,景唐师面露孩子般天真,连说:"我们是校友……"这天,他还说到1937年"八一三"淞沪战争期间,苏州河桥堍的青年会中学,是该区域的学运中心。学生会曾组织食品之类,支援"四行仓库"抗日志士。

去年,原本景唐师与另一前辈合住的病室,已属他单独使用。并告诉我,待遇提高了,以后来朋友,房间也宽畅了,他很满足。有时,我去探望景唐师,还会碰到其他朋友,只是大多均不相识。唯有一次熟识的是潘颂德,他是社科院退休专家。原和南通的钦鸿联手整理范泉的作品。钦鸿病故后,他遇到困难,前来求得景唐师帮助。只见景唐师耐心听罢他叙述,并答应向有关部门反映,给予支持。我去年和近现代新闻出版博物馆上官消波,一同前往看望景唐师时,他依然关心该博物馆的筹备进展。可见他始终关心出版事业,且思路清晰依然。

今年春季,我前去看景唐师,告诉他,去年底有位书友翁长松,欲让我带他来拜访。我原答应安排在开春后,但不久翁长松来电告知,修晓林已带其来过。景唐师听说后,与晓林同来者,他记得。当天,景唐师精神照例很好,但想不到,这是最后一次见到他。景唐师那宁波口音,依旧在我耳边。

冬忆丁景唐老人

彭　伟

2017年小冬将至，沪上友人传来了作家、诗人、出版家丁景唐老人弃世长逝的噩耗。死讯突如其来，我心中咯噔一下，仿佛玻璃碎片砸入冰水中，掀起伤悲的涟漪。我与丁先生仅有一面旧缘，但老人温馨的笑貌在我的书海生涯中，如同一朵浪花，轻轻地荡漾，荡回了十年前的一个暖冬……

早年，我好搜罗民国印书，寻得一册鲁迅名著《准风月谈》。版权页未印发行时间。此书出版于何时？版本价值又如何？翻阅手头资料，浏览网上史料，我一无所获。想起鲁迅研究专家丁景唐年高德劭，乐于助人，在藏书圈的口碑甚好，何不向他请益。《藏书报》时有丁先生的佳构，抑或消息，我就咨询王性昌编辑。我是《藏书报》的老作者，王编辑自然应诺，代为引荐。我去函丁府，不久收到回复。

彭伟先生：
　　你寄给我爸爸（丁景唐）的信是昨天收到的。
　　爸爸于2月28日住院，今天将信给他看了，他说此事好解决的。但目前住院，无法回答你的问题。让我先写封信给你。
　　祝
　　　春安

　　　　　　　　　　　　　　　　　　　　　　丁言昭
　　　　　　　　　　　　　　　　　　　　2006年2月21日

读完此札，我充满信心，认为厘清《准风月谈》的版本价值指日可待。可是时光如飞，沪上又久无讯息，也许丁先生早把我忘了。直到次年，我忽然收到了丁先生的来鸿：

彭伟先生：

　　欢迎来我家谈书。请先电约。时间定在每日十一时半——十二时半，晚五时——六时。

　　握手！

　　祝令尊健康！

丁景唐
2007年1月9日

　　能与名家聊书，岂不快然自足。同年冬至刚过，我便按约去沪。一个晴朗的冬日，我走进永嘉路的一条弄堂里，首先遇到了丁言昭。她正在忙碌，笑呵呵地请我独自上楼。我拾阶而上，推开二楼的小门，见到一位高高瘦瘦的老者正在读书。他就是丁景唐先生。因书结缘，我们很快熟稔起来。他知我爱书，又喜印谱，便快乐得像个老小孩，从箱中轻轻地取出一枚枚藏书章，有"又遭春温上笔端""春风又绿江南岸""景玉赠书"等等，供我欣赏。他还告诉我，"景玉共赏"一方出自钱君匋之手。聊起旧书，丁先生更是如数家珍，好像春风拂面，娓娓道来鲁迅、瞿秋白旧著的版本知识。在这斗室书房，我早已忘却窗外的寒意，仿佛走入冬天里的春天，惬意地聆听老人的学识。

　　我取出《准月风谈》，丁先生只看了封面，就说："这是初版初印的鲁迅著作，很有价值。"我有些意外，恳请他题跋。他覃思片刻，命笔写道：

　　　　此书为鲁迅杂文集中封面与版权页均无出版年月者，但从《鲁迅日记》1934年12月19日有此书出版后送赠友好的记载，可证此书为1934年12月出版。又《准月风谈》《伪自由书》都是向《申报·自由谈》投稿后所编辑。如研究鲁迅版本，可与《伪自由书》一并研究之为好。

丁景唐书于2007年12月冬日
彭伟书友其勉之

　　寥寥数语，字字珠玑，彰显出丁先生在新文学、版本学上的深厚造诣。平日不读书，何来今日语。我对丁先生的敬佩，油然而生。我又取出一本《中国现代文学研究丛刊》创刊号。丁先生是此刊编委之一。我请他签名，他不厌其烦，欣然提笔："彭伟文友来访留念　丁景唐　2007年12月29日。"离别前夕，丁先生又签名赠我一册厚厚的精装本《丁景唐六十年文集》。

　　半日匆访，我满载而归。走下楼梯，走入巷中，丁先生热情的音容犹如冬日阳光，温暖地定格在我的脑海中，挥之不去。

他伴着快乐远行

张林凤

我曾经三次见到丁景唐先生。每次与这位革命老人、文化老人相聚,虽然时间不长,但总能感受到他盈满快乐的心绪情感,聆听到他丰富渊博的文史知识,与这位自诩"九零"后的前辈相聚,会情不自禁地生发敬佩和快乐。

第一次见到丁景唐先生,是2012年8月14日,由丁老的女儿言昭老师陪同,我到华东医院采访他。路上,言昭老师嘱咐我,采访尽量控制在一小时内。

我们被安排在丁老病室隔壁的小会议室采访,但见眼前的丁老精神矍铄、鹤发童颜,面对这位文化界和史学界的名家,我有些忐忑。随着交谈的深入,我不知不觉被丁老的和蔼可亲和风趣幽默感染,采访进行得非常顺利。

我请丁老聊聊在虹口的往事。他说小时候曾在位于鸭绿江路桥附近的三陞里生活过,这条弄堂是没有围墙的,被居民唤作"赤膊弄堂"。尽管生活很艰苦,但童年那些调皮的往事,想起来还是很有趣,比如晚上溜出去捉"蠊绩"(普通话里的蟋蟀),不用担心弄堂铁门锁上了要翻墙回家。当我将他曾住过的溧阳路长乐里的照片递给他看时,他很高兴地说,当年跟着姑妈在这里住了好几年,经常从这里步行到北四川路(今四川北路),一家家的书店逛过去,蹭读了好多书呢。

丁老颇有兴致,当即为我们在场的几位泼墨挥毫,为我题写"宁静致远"的字幅。耄耋的他,运笔流畅自如,字迹俊逸洒脱,令我爱不释手。丁老有一个小木盒,放置着十多枚印章,他挑出一枚猴子的肖形章说,我生肖属猴,我喜欢猴子的机灵可爱,就给你盖上"猴印"吧。此时的丁老,绽开孩子般顽皮的笑容,大家都被他的快乐感染,意犹未尽中已然过去两个多小时。

最令我难忘的是,丁老不以大家自居,对于我这位只见过一次面的"小记",亦是真诚相待。儿子丁言模的专著《瞿秋白与书籍报刊——丁景唐藏书研究》出版,他赠书给虹口文史馆,同时请他们转交赠送我一本。当我翻开首页"张林凤学友存念——丁景唐、丁言模"父子签名赫然入目,心中瞬间升腾起强烈的感动和感激。

第二次见到丁景唐先生,是2014年8月28日。这次,是言昭老师约我、章洁思、宋雪蕾、王慧一起到华东医院见丁老。见面后,我笑问:"丁伯伯,还记得我是谁吗?"他笑眯眯地说:"我知道的,你是张林凤。"他称赞我的那篇书评"她向我们走来——读丁言昭《安娥传》"写得好,给我以莫大的鼓励。

会客室里,我们五女围着丁老而坐,快乐地谈天说地。丁老环视我们,乐呵呵地笑着蹦出一句"你们可是'五朵金花'啦"。我们相互瞅着恍然大悟:原来很是巧合,五人上装颜色各异且色彩鲜艳,围坐一起,堪称五颜六色。丁老戏称"五朵金花",逗得我们开怀大笑。

丁老回忆起与洁思老师的父亲章靳以、她的干爸干妈巴金和萧珊的交往故事,以及他们之间的友谊;为衍生的父辈友情而欣慰。旁听的我们,既被前辈文化名家的真挚情谊感动,又为能亲耳听到丁老讲述的中国现代文学史中的"雪泥鸿爪"而自豪。

这天,我特地带上丁老的文集《犹恋风流纸墨香》,请他签名。丁老很爽快地以他那遒劲洒脱笔力在扉页上题写"张林凤存念——丁景唐题"。我对丁老说,这两本书对我撰写文史文章很有帮助。如文集中的《忆念赵家璧》《应修人、潘漠华烈士和"支那二月"》,而《瞿秋白住在上海紫霞路的时候》更是印象深刻。这篇文章介绍,上世纪50年代中期,丁老曾两度踏访紫霞路68号和毕勋路(今汾阳路)毕勋坊10号。这两处是1931年夏到1933年2月期间,瞿秋白在上海避难养病时的重要住所,房主就是被冯雪峰誉为"红色小开"的谢旦如。我曾经采访谢旦如的小儿子谢庆中,他也向我讲述了当年瞿秋白在他家避难的故事,两处与丁老说的完全吻合,印证地址的准确,细微之处,反映出丁老治学的严肃认真。我采写的《"红色小开"——谢旦如的革命情怀》,还演绎了一段佳话。2016年底,瞿秋白和杨之华的外孙女李晓云夫妇,通过虹口区委宣传部,找寻到谢庆中的儿子谢宗敏和女儿谢英,专程从北京赶来,当面向他们致谢,当年瞿家和谢家的友情,历经八十多年,在后辈身上得到延续。

这天,我有满满的收获。丁老赠送我书籍《永远的微笑》和《景玉常用印选》签名本。丁老还向我们介绍《景玉常用印选》的书名来历,"景"选自他名字中;"玉"选自夫人王汉玉名字中,夫人虽去世有些年头,但每每想到与夫人琴瑟和谐的日子,难以忘怀,遂为书起此名。

第三次见到丁景唐先生,是2015年9月1日,正是全国隆重纪念抗日战争胜利70周年时期。我与言昭老师及天平街道的一位宣传干事到华东医院拜访丁老。我们围绕纪念抗战胜利70周年的话题说开了。丁老回忆,

1937年"八一三"淞沪抗战爆发,热血青年的他,坚决要求上战场抗日。他参加了中共领导的上海学生界救亡协会;之前,他在高中学校的军训中成绩是很好的,打枪射击几乎百发百中。中共地下斗争组织指示他,在沦陷的上海坚持抗日斗争,他在民族危亡的生死关头加入了中国共产党。丁老不无感慨地说,我是抗战中走上革命和文学道路的,在血与火的锤炼中成长的。丁老在病房里,为我们上了一堂爱国主义教育课。面对这位为中国革命和文化事业做出卓越贡献的老人,我肃然起敬。

我提出,很想欣赏丁老荣获的那枚纪念抗日战争胜利70周年的"独立自由勋章"。他就让言昭老师取出珍藏的勋章,我们得以尽情观赏。我又得寸进尺地请丁老将勋章挂在胸前与我们合影。医护人员见此,也要求与丁老合影,他乐呵呵地一一满足我们的要求。"九〇"后的丁老,为何会有众多年轻"粉丝",我想,这也许就是答案之一。

突然,文友发微信给我,是丁老辞世的讣告,我不相信也不愿相信,还与文友争辩:"这是假消息"。我取出珍藏的丁老题字条幅,久久凝视,思绪万千:这么开朗快乐,富有生气的丁老,怎么会"走"呢?

总想着,再去拜访丁老,见见他的笑容,听听他的故事,感受他的快乐;总想着,童心未泯的他,不会离开我们去远行;不带走一片云彩的丁老,洒脱地挥一挥衣袖驾鹤西去。

我相信:闲庭信步天国花园的丁老,快乐是永远与您相随相伴的。

文化老人丁爷爷

孙 言

我和丁爷爷初次见面时,我是上海师范大学中文系三年级的学生,当时系里负责人李丹老师给我们做一个口述历史的课题,是关于现代文学史上一套大型现代文学选集《中国新文学大系》第二辑主编丁景唐先生投身出版事业的历史。当时李老师给了我们一本厚厚的硬面装的书——《犹恋风流纸墨香》,告诉我们这本是丁爷爷的自选文集,让我们先看一下这本书,了解一下采访对象。我认真拜读了里面的文章,看到了一个从青春歌者到白发书生的文化老人。我不禁开始期待起了与这位编辑出版大家的见面。

之后,在导师李丹的引荐下,我和系里的几位同学在华东医院十九楼的病房中见到了丁景唐先生。在第一次去华东医院拜访丁爷爷之前,我们做了许多准备工作,了解了年代背景,历史事件以及丁爷爷的工作事迹等等。我曾经在脑海中想象过这是一位怎样的长者,也许是一位和蔼可亲的老人,也可能是一位威严的老干部?虽然李老师说丁爷爷是一位非常喜欢小朋友的老爷爷,不过我们心中依然忐忑,毕竟这是我们第一次做口述历史的课题,边学习边研究,之前也没有相关的经验,并且也不知道会遇到什么难题。

下午三点,按着约定好的时间,我们在李丹老师的带领下在华东医院会议室见到了丁爷爷,他早已做好准备等候着我们的到来。丁爷爷给人的第一印象非常和蔼可亲,精神矍铄,满面笑容。完全看不出是一个九十高龄的老人。他热情地和我们打了招呼,聊了些学习上的问题。我们则显得有些紧张和拘束,就像准备了一次正式的采访,没有什么闲话,把准备好的问题向丁爷爷一一请教。丁爷爷就像和邻家孩子聊天一样,很快就打开了话匣子,我们的问题如"抛砖引玉"一般,让他回忆起了许多往事向我们娓娓道来。我们聚精会神听丁爷爷讲故事,完全没有感到时间一点一滴流逝,直到丁爷爷的护工邢阿姨进来喊他吃药,好准备吃晚饭啦。这时我们才意识到已经快五点了,丁爷爷需要休息了。不过我们准备好的许多问题才刚刚开了个头,于是又约定好了第二周继续我们的采访。

就这样,一周接着一周,每个周末我们都会去拜访丁爷爷,和丁爷爷也越来越熟悉,他爽朗的仰天大笑,轻声细语带有宁波口音的上海话,都让我倍感亲切。每次听到他挥挥手招呼我坐下,开始讲往事历史,都让我感觉像爷爷给晚辈讲故事那么亲切。丁爷爷给我们详细讲了有关编撰《中国新文学大系》的经过。他早年从事地下党工作,投身编辑出版业,交友广阔,也给我们讲了有关于许觉民、袁鹰、赵丹、王观泉等等的一些大家趣事。我非常佩服丁爷爷的记忆力,他的大脑就像一部历史典籍,给我们讲述往事的时候思路清晰,口齿清楚,每件事情的年份,人物,甚至细节都记得很清楚,我忙不迭的记笔记。回想到有趣的事情,丁爷爷自己也会笑起来。在谈学习之余,经常也会聊聊家常,丁爷爷每次都会叮嘱我多读书,多写文章。每个周末去拜访丁爷爷都不会空手而归。他总是会送我几本书籍或者报纸,并且在书的扉页上写上一些勉励的话语。当时,丁爷爷五儿丁言模先生正在编写一套关于瞿秋白的书籍,每当一本书出版,丁爷爷总是会第一时间赠与我一本,并且会把阅读重点也指出,指导我学习。

2012年4月,丁爷爷生日,我去华东医院看望他,他就像一个小孩子一样高兴,带我看医院走廊上新挂的一幅仙鹤的装饰画,说是今年生日别人送的,挂在这里很好看,还可以装饰环境。然后又拿出一张照片。照片里丁爷爷笑着站在十九楼走廊的这幅仙鹤装饰画前,面色红润,带着一顶白色棒球帽,穿着白色夹克,胸前绣着几个大的英文字母,显得非常年轻有活力。丁爷爷说:"这张照片拍的我非常满意,笑的很好,这个帽子和衣服我也很喜欢。这张照片送给你留作纪念。"说着,他在照片背面写上"二〇一二年四月生日 丁爷爷"然后赠与了我。这张照片至今仍珍藏在我的相册中。每每看到照片上丁爷爷灿烂的,又像孩童一样纯真的笑容,心里倍感温暖。

当时我们上师大有个秋石印社,聚集了一批爱好篆刻的师生,我是印社社员。丁爷爷知道我爱好篆刻,他有许多老友给他刻过印章,每次我去看望他,他都会拿出一些友人给他刻的姓名章、闲章等与我一起欣赏回忆。有唐云、单晓天、符骥良、吴朴堂、叶潞渊、钱君匋、陆康、陈身道等等名家刻的章。包括姓名章、藏书章、也有些闲章;例如丁爷爷喜欢的"纸墨更寿于金石"、"犹恋风流纸墨香"、"十月长庆"等等。对于正在学习篆刻的我,能够亲眼看到这些大家刻的章,并且能近距离欣赏,把玩这些印章,这是何等珍贵和难得的机会。丁爷爷不仅把他能找到的章都拿来让我欣赏,还一一给我讲每个印章的由来。真是一方章一段情、一方章一个故事啊。

后来我们萌生了把丁爷爷的章系统整理拓印成册保存下来的想法,要借用丁爷爷所有的印章回去打印花、拓边款然后制作一本印谱,留给热爱篆刻的同学们学习临摹。于是跟丁爷爷大胆地提出了我们的设想。没想到丁爷爷当即同意了我们的想法,并且很支持我们这么做。2013年夏秋之际,我和上师大的沈爱良老师以及秋石印社的一些社员共同努力,把丁爷爷的印章共计六十七方,整理成了一本印谱《景玉常用印选》。付印成书之后,留给丁爷爷作为纪念,其余分赠给了印社的一些社员们作为学习资料。

丁爷爷对晚辈总是有说不尽道不完的关爱。虽然我跟丁爷爷年岁相隔七十年,但奇怪的是从来没有感到有代沟。他知道我喜欢篆刻艺术,经常提起国画家富华老先生。每次说起富老,丁爷爷总是会笑眯眯的竖起大拇指说他是抗日英雄、国画大家、侠义之士。2012年,在丁爷爷的组织牵线下,在富华的画室"红雨楼"举办了一次雅集,有王观泉、蔡耕老先生,丁爷爷的女儿丁言昭女士、上师大老师沈爱良先生,我也有幸参加见到了几位编辑出版、书画大家,他们的工作之专业,阅历之丰富,爱好之广泛真是令我大开眼界。亲眼见到这些大家们,感受到他们身上对于自己事业的执着和热爱,就像一股无形的动力,促使我不断学习和进步。

在我的记忆中,丁爷爷总是笑眯眯的,温文尔雅,富有特色的宁波口音,说话轻柔而又坚定,内敛而又深邃。但他又总是那么率真,虽然经历了近百年沧桑,阅尽人世,但是仍然像孩子一样纯真。2016年元旦,我去华东医院看望丁爷爷,他很高兴,精神状态也非常好。临别时赠与我丁言模先生所写的《瞿秋白鲁迅等人往事探觅》一书,在扉页题字"孙言小友存念　五儿丁言模著　九五老人　丁老师赠"。然后想了想,告诉我要看哪些重点,又在扉页补充写上"先看序、后记、再看P.12～P23　有何意见,告诉我　二○一六年元旦大吉！我九六岁了！"然后抚掌哈哈大笑。我说等到丁爷爷一百岁的时候,一定还要再送我一本书。丁爷爷说:一定一定。

丁爷爷从来没有架子,高兴的时候仰天大笑,夸赞别人的时候总会竖起大拇指说"辖起好",思索的时候微微皱起眉头,他对待后生就像自己的晚辈,用心教导,常常督促我要学习,多看书,写后感,多动笔。每次都会问我最近看了些什么文章,有些什么感想。在丁爷爷的身上,我学习到了一种精神,潜心为学,坚忍不拔。九十多高龄的他依然笔耕不辍,去医院看望他时,他经常拿着放大镜看报纸,或者在帮别人看文章,或者自己在写文章。他就像一座丰富的知识宝库,是我们的精神财富。虽然没有等到丁爷爷一百岁时再写一句"我一百岁了！"但是,在我心中,丁爷爷永远是那个率真、亦师亦友的长者。

三次专访

马信芳

丁景唐先生一直是我崇敬的前辈。我年轻的时候就读过他关于鲁迅研究的专著。在复旦上大学时，我的老师吴中杰先生提到丁先生的学识时，不由交口称赞。没想到不久我能见到自己的仰慕者。1979年9月20日，上海文艺出版社在延安西路200号文艺会堂召开建国以来第一次全国部分故事工作者座谈会。作为旁听者，第一次见到提议召开这次重要会议的出版社领导丁先生。1982年，我大学毕业供职于上海市文联。不久，在上海市作协大厅举行的全国作家座谈会上，我再一次聆听到丁先生的发言。当然，也不惜时机用DV摄下了这已成历史的镜像。当然我更不会想到，在以后的岁月里，丁先生会成为我多次专访的对象，而他一如既往，毫无架子，对我这个无名小辈给予全力支持。现在回忆起来，其中有三次专访至今记忆犹新，并都留下了所刊发的文章。

2009年6月27日，慎成里寓所

自2004年起，我受邀任深圳特区报特聘记者，任务之一就是把上海文化大家和优秀文化产品，介绍给已经崛起的深圳。因为深圳需要上海的支持，包括文化。

2009年，对于上海文艺出版社来说，是个特别的年份。荟萃我国20世纪新文学精华的《中国新文学大系（1976—2000）》第五辑编纂完成并正式出版。这样，通过几代文化人接力的《中国新文学大系》终以100卷的皇皇巨册呈现在我们面前。正是在这样的背景下，深圳特区报希望我对这项工程的第二棒接力者，以及第三棒、第四棒的"总领队和顾问"——出版家丁景唐作专访。这时的丁先生已离休在家。于是，我专程到永嘉路上"慎成里"，来到他的府上拜见这位前辈。

那天，丁景唐先生已获悉上海文艺出版社将首印的三千套装箱运往各地书店开始发行。他感慨万千,因为他不仅是这套大书的竭力推崇者,更是这项工程的实施者。《中国新文学大系》第一辑是上世纪由出版家赵家璧先生倡议发起,上海文艺出版社自上世纪80年代初继续这一项卷帙浩繁的文学工程,先后于上世纪80、90年代影印了第1辑,编纂了第2、3、4辑。本世纪初,又着手第5辑的出版工作,用三十卷、2200多万字的篇幅来全面展示我国新文学在上世纪最后近二十五年的优秀成果,从而使这部皇皇巨作扩大到了一百卷。看到接力的后来者出色而非凡的成绩,丁先生欣喜不已。

丁景唐接棒赵家璧主持编撰和出版《中国新文学大系》,对于中国文化界具有划时代的意义。1979年,他重新走上工作岗位,出任上海文艺出版社社长兼总编辑。他先主持恢复深受国内外文化学术界关注的中国现代文学期刊的影印工作,其中除影印出版四十余种太阳社、创造社和左联、"文总"等有重大历史价值而存世极少的文学期刊外,开始影印第一个十年的《大系》十卷本。然而,由于"左"的思想干预,影印本虽得以问世,仍只能"内部发行"。对此,赵家璧想不通。丁先生当时的权限也无奈。赵家璧心急如焚,写了一封呼吁允许公开出版的信,投寄无门而找到丁先生。丁先生苦思想到市里每月一次的政协学习汇报会可能是个机会。于是建议赵家璧在学习汇报会上宣读这封信。此举果真产生了舆论效果。在有关方面的关照下,《大系》第一辑终于成为公开出版物。

毋庸置疑,《大系》是20世纪我国书界最富光彩的图书之一,它不仅汇集了我国一个世纪新文学的精华,而且凝聚着几代优秀作家和编辑家的精神和心血。其中,很为重要的是丁景唐先生为编撰《大系》定下了一条原则:"为保持作品的原始面目,坚持从最初的版本和报刊上发表的原作中选择作品。除明显的错字外,不做任何改动。"而丁先生却说,这不是他的发明,是他借鉴鲁迅先生的。称"这一编选原则最早是鲁迅在编《大系》第一辑的《小说二集》时采用的。我觉得有道理。我们强调《大系》反映'新文学运动的历史面貌',并具有历史文献性质。而作家修改作品是常见的现象,我们可以从作家后来修改的作品对比最初发表的作品作为作家研究的一个方面。我们常常苦于找不到作家名著的最初版本,不能进行这种有意义的比较工作。所以坚持客观反映新文学创作真实面貌的编选原则,这对于广大读者和研究者来说,意义不小。"

谁都知道,丁景唐先生为完成《中国新文学大系》这项重大工程所做的贡献。然而,令人感慨的是,他并没有把他的重要贡献记在功劳簿上。他说赵家璧功德无量,称赞编辑《中国新文学大系》保存了"五四"以来的新文学重要资料,"是个非常有创造性的编辑思想"。他强调,《中国新文学大系》第1辑的创建,是赵家璧前辈们为后生解读这一中华民族的集体记忆,《中国新文学大系(1917—1927)》成为中国最早的大型现代文学选集,提供了一份不可多得的文学路径和历史坐标,正是有了赵家璧的"金点子"才有后来的接棒者。

其次,丁先生不忘后来的接棒者。他让我一定要采访后来的主持出版社工作的领导江曾培、孙颙、郏宗培等。他特别指出,正是几代作家、编辑家犹如接力赛跑一样,一棒接一棒的努力,终于完成了这一集中反映新文学历史面貌与丰硕成果的《中国新文学大系》。而今天,这根接力棒还将继续传承。长江后浪推前浪,我们的后辈们一定会比我们做得更好。

专访:《皇皇 100 卷:几代文化人接力的出版工程——著名出版家、学者丁景唐喜述〈中国新文学大系〉》,刊载于 2009 年 7 月 8 日《深圳特区报》

2011 年 3 月 21 日,华东医院

在中国共产党成立 90 周年的前夕,为采写党领导下的左联成为上世纪 20、30 年代中国文化界的大本营,我来到华东医院专访丁景唐。丁先生堪称是这方面的研究专家,谈起左联的历史如数家珍。然而丁先生却嘱咐我,希望我要到左联原址实地看一看。

我懂得丁先生的意思。第二天,我就来到虹口多伦路 201 弄,弄口竖立的石碑上写着:"上海市文物保护单位——中国左翼作家联盟成立大会地点——原中华艺术大学"。在中国现代文学史、中国革命史上留下极光辉一页的"左联",八十一年前在此诞生。

时任副馆长的何瑛女士(现为馆长)一听是丁景唐先生介绍而来,便向我介绍说丁老是这里的顾问,自 1989 年建馆始,从纪念馆陈列方案的设计到无偿捐赠书刊、资料、文物,都得到他的切实帮助和指导。1998 年,纪念馆还根据丁先生提供的线索及帮助,找到了一位过去资料上没有记载的老盟员。在何馆长的陪伴下,我边听介绍边看。因为到了现场,不仅感染了气氛,更看到了不少实物和图片,使我对左联有了全新的认识。一回来,便来到华东医院继续访谈丁先生。

真的,我对眼前的丁景唐先生也有了全新的认识。他几乎大半辈子研究鲁迅、瞿秋白和左翼文艺运动史,著述丰富。丁先生与众不同,说左联的成立是我们党的政治智慧和策略的体现——这种从分裂到统一,给模糊的面貌以鲜明的称谓的政治谋略,让思想杂乱的"革命文学者"和"进步"的文学家集合到的"左联"旗帜下,并走进了中国革命的"历史"中。他有点激动,说:"左联是块丰碑,我认为,左联的精神还需继续发扬。"

在左联存在的六年时间里,由于左翼文学运动的日益扩大,上海等地出版的左翼刊物如雨后春笋般涌现。据史料统计总共有九十余种,在继承五四新文学传统,传播马克思主义文艺理论,倡导无产阶级革命文学,培养进步文艺队伍,在中国文学史上留下了辉煌的一页。我这才知道,正因为丁先生有这样的认识,所以早在上世纪五六十年代,他就提出并参与影印太阳社、创造社和左联、"文总"等有重大历史价值,而存世极少,甚至只有孤本的《萌芽月刊》《前哨》《北斗》等文学期刊。他出任上海文艺出版社社长兼总编辑后,主持恢复影印《中国现代文学资料丛刊》《语丝》和《光明》,重版《前哨·文学导报》,影印瞿秋白编选并作序的《鲁迅杂感选集》等。

　　面对当时浮躁的文风,丁先生特别指出专访应有现实意义,所以要我将这段话写进去:"作为曾经感召和带动过几代人投入中华民族新文化建设的左联,当年是以文化的'拓荒者'的姿态出现在神州文化舞台的,他们用犀利的杂文,或是用他们沉绵的小说,或是用他们隽永的诗篇来唤醒中华民族。左联留下的作品,留下的精神,是不朽的。那种直面民生、直挞时弊的文风,那种为国为民,励精图治的献身精神,在自强不息、建设现代化中国的今天依然值得发扬。"

专访:《以笔为戟:呐喊着,战斗着》,刊载于2011年6月7日《深圳特区报》;《八十一年前,"左联"在上海诞生》刊载于2011年第7期《上海采风》

2014年6月26日,华东医院

　　1946年,由袁雪芬领衔的雪声剧团将鲁迅先生的小说《祝福》改编成越剧《祥林嫂》并被搬上舞台。该剧被誉为20世纪40年代越剧改革的里程碑,为越剧开辟了一条崭新的道路,并且赋与它以新的生命。以后在上海越剧院的编导和演员们不断地修改和加工中,越剧《祥林嫂》成为经典而享誉海内外。从小说《祝福》到越剧《祥林嫂》,这关联到一个名叫"丁英"的人,我这才知道,他就是丁景唐先生。"丁英"是他在1940年代为避免暴露真实身份而使用的众多笔名中的一个。为此,我又一次来到华东医院作专访。

　　当我提到,1981年1月8日的《文汇报》"周末版"上刊登了署名为"李仑"的文章《袁雪芬的艺术道路(九)·与许广平谈〈祝福〉的改编》这篇文章时,丁老笑了:"老袁(袁雪芬)还记得那么清楚。这已是几十年前的事了。"

　　丁景唐先生青年时代就崇敬鲁迅先生,从他的著作中认识社会,汲取前进的力量。当他创办《蜜蜂》刊物后,写诗、散文,写得最多的是短评和杂文一类,于是对鲁迅先生的杂文更感亲切。抗战胜利后,他一面编辑《文坛月报》，一面负责上海文艺青年联谊会，同时开始发表学习和研究鲁迅作品的文章。1945年10月，丁景唐撰写的《祥林嫂——鲁迅作品之女性研究之一》，发表在《前进妇女》第二期上。1946年2月收入沪江书屋出版的《妇女与文学》论文集中，笔名为"丁英"。

不久，这篇文章通过同为地下共产党党员的吴康送到了其妹夫、雪声越剧团的编剧南微的手中。南薇看到文章介绍的鲁迅小说《祝福》，于是找来原著念给剧团主持人、当时已是头牌名角的袁雪芬听。随着南薇的讲述，袁雪芬很快被作品中描述的人物和绍兴的风土人情所吸引。南薇刚读完，袁雪芬就决定："你写出来，我演！"南微很快拿出了剧本。剧团又将丁先生文中的相关论析来作为演出《祥林嫂》的人物分析。就这样，小说《祝福》被改编成越剧《祥林嫂》上演了。

《祥林嫂》的改编，标志着袁雪芬等名艺人在新政权下复杂的政治生涯的开端，使越剧及其改革成为主流媒体讨论的话题。剧作家田汉的《剧艺大众化之路》一文，集中体现了左翼知识精英对越剧改革和《祥林嫂》上演的看法："'祥林嫂'是使我感动的。战前我也偶然在大世界之类的地方看过'的笃班'，即所谓绍兴文戏。那时没有引起我的甚大注意。其后在重庆，我听得从孤岛回来的朋友们盛称绍兴戏的进步，说他们已经发达到可以演出许多有现实意义的戏，而且有了自己的剧场了……但我对绍兴戏没有做太高的估计。及至看了'祥林嫂'才发现他们这八年来的努力其成就已经多少超过我的想象。"

将鲁迅名著搬上舞台，是丁先生的愿望，苦于建国后一直忙于出版和研究工作，无暇顾及。当有人愿意践行时，他当然全力支持。1979年秋天，上海芭蕾舞团的几位青年人准备把鲁迅作品搬上芭蕾舞台，其中有《祝福》《伤逝》《阿Q正传》等，他们特来拜访丁先生。

在人们的心目中，芭蕾舞台上出现的往往是穿着纱裙的女子，在舞台上翩翩起舞，一个头发花白、衣服褴褛、苍老垂死的农妇形象会美吗？谁见过老太太踮着脚尖跳芭蕾舞吗？再说阿Q，头上长癞疮，拖着根黄辫子，他也能跳芭蕾，这会是芭蕾吗？有点异想天开！

可丁先生不是这样想。对这些年青人开发艺术的创新精神使他深为感动。他非常热情地接待了创作人员，并介绍他们与绍兴鲁迅纪念馆联系，到鲁迅故乡去体验生活。果真，绍兴的乡土、人物、风情……丰富了他们的艺术构思，首次尝试把鲁迅的小说改编为芭蕾舞剧。

1980年5月，在"上海之春"汇演中，根据《祝福》创作的独幕芭蕾舞剧《魂》，获得好评。初试告捷，更增添了他们的信心，继续尝试把《伤逝》和《阿Q正传》改编芭蕾舞剧。在纪念鲁迅诞辰一百周年的日子里，作品与大家见面了。

作为一直以学习鲁迅、研究鲁迅、宣传鲁迅的丁先生,兴奋地写了文章,题为《祝芭蕾舞剧〈魂〉〈伤逝〉〈阿Q〉献演》,登在演出的节目单上。在文章的最后他写道:"祝愿上海芭蕾舞团的同志们在鲁迅精神的激励下,以坚韧的努力,不懈地努力,为社会主义祖国的文艺百花园增添新的芭蕾花朵。"

犹恋风流纸墨香,在华东医院养病的丁先生始终不改他学者的习惯。除了看书,研究,喜欢书法的他更是不忘借助医院的会议室倒墨练字。

那天,我借着采访的机会,拿出笔记本,请丁先生题字。丁老想了想,在我的本子上写下:"文学是终生的事业,而出版是文学之心的双桨,向着同一方向前进!前进!"

丁景唐先生离开我们已快两年,但我常翻看他赠与的那本《六十年文选》和那幅题字。先生的教诲犹在我的耳边响起,他激励我为文学事业,"向前进!前进!"

专访《从小说〈祝福〉到越剧〈祥林嫂〉》,刊载于2016年第4期《上海采风》

最后一次见面

翁长松

丁景唐先生的学术研究成果和出版成就受到了中国文化界和出版界的广泛赞赏,也令我景仰不已,使我萌发了走访和探望他的欲望。然而好事多磨,多次和丁老擦肩而过,错失良机。我深信人的见面要讲究缘分,何况走访名家学人更要讲究缘分。

2017年元旦,我收到了好友修晓林先生寄赠的《文学的生命——我和我的作家朋友》签名本,这是一本作者从事三十余年编辑和九十一位作家交往的真情记录,也是当代文坛人士的微缩景观,精彩纷呈,过目难忘。修晓林在书的《丁景唐印象》篇中称赞"景唐先生是将读书、思考、写作视为自己生命的重要组成部分,真是活到老,学到老"的学者。这也更燃起我对丁老的仰望和向往。不久,在2017年1月17日的《新民晚报·夜光杯》上又读到丁景唐发表的《富有生命力的一本新书》短文,言简意赅,画龙点睛的点赞修晓林的《文学的生命》:"字里行间充满了作者对作家朋友的深情厚谊,那么亲切,那么美好。这是一本文字美妙的图书,富有史料和文献价值,可以补充中国现当代文学史、文献史。"在丁老的文中,我不仅读出了他对晓林作品的推崇,还读出了他们间深厚友情。当晚我拨通了晓林宅电,请他向丁老转达我要去拜访他的心愿。晓林满口答应道:"好的,我替您联系丁老!联系后给你答复。"没几天,他就给了我回音:"近来丁老身体欠佳,住华东医院2号楼19层病房,您可上午10至11点之间去医院探望。"

1月24日上午,我按时敲开了丁老病房。丁老正端坐在小书桌前椅子上读《解放日报》,这种活到老、学到老的坚韧性格,令我惊叹不已。我走上前,刚开口向他问好和作自我介绍时,他却先开口说话了:"你叫翁长松,晓林向我介绍过,是个爱书人。爱书好!我也是爱书人,我们可谓是未曾谋过面的书友。"接着他微笑着说:"要我签名的书带来了吗?签好咱们再聊。"我受宠若惊的迅速从包里拿出那两册已有些泛黄的书。据一旁的老保姆说,日前丁老又生了一次大病，炎症发热，虚弱无力。我也发现他在书写时，手不停抖动，有些吃力。但还是坚持在两书扉页上写下："翁长松存念，丁景唐题，二〇一七年一月廿四日"这十九个字，使我多年的心愿得偿。我的心里有些过意不去，丁老身体如此不好，他最需要休息，怎能如此贸然劳烦他呢？忽然想起包里有一枝长白山产的人参，就拿出递上，却被他婉言拒绝。他和颜道："不用客气！近来我年事已高，手脚不便，又患病，一般已不给人签名留念了。但您是真正的爱书人，又上门来探望，自当别论。"听了他的这番话，我内心才算平定下来了，也让我领略到一位老知识分子的品德和风范。

丁老说话具有鲜明的个性，带有浓郁的宁波腔。好在我也是宁波余姚人，与他是老乡，所以语言上毫无障碍。丁老还有浙东人耿直的秉性，说话直来直去，百无禁忌。我们聊得颇为投缘，酣畅坦诚，谈读书、谈版本，也谈我们共同熟悉的朋友圈，像黄裳、修晓林等。但谈的最多的却还是鲁迅，谈文学巨匠的思想、著作和版本。当聊到鲁迅的名著《呐喊》《彷徨》的版本时，他问我："你见过这两种鲁迅亲笔题诗的签名本吗？"见我茫然，他笑着说："我却见过。那是鲁迅1933年送给日本友人山县初男的一本题诗签名的初版本。山县初男，是一位日本的中国文学研究者，经内山完造介绍与鲁迅相识。据1933年3月2日鲁迅日记：'山县氏索小说并题诗，于夜写二册赠之。《呐喊》云：弄文罹文网，抗世违世情。积毁可销骨，空留纸上声。《彷徨》云：寂寞新文苑，平安旧战场。两间余一卒，荷戟尚彷徨。'具体的情况我在1981年发表的《鲁迅题诗签名的〈呐喊〉〈彷徨〉珍本》一文有过介绍和论述……"

他的记忆特好，不仅鲁迅、瞿秋白著作熟记心头，而且连研究他们的学术著作也烂熟于心。他问我的读书、藏书和写作的情况。我说，近来我也读了一些有关研究鲁迅的读物，除读了您的这两本签名本专著外，还读了曹聚仁的《鲁迅评传》和林辰的《鲁迅事迹考》等，也收藏了多种民国版旧平装本。他听说我在读有关研究鲁迅读物，问道："你怎么会想到读这两本书的呢？曹聚仁和林辰都是我国研究鲁迅的顶尖专家学者，难道你也在研究鲁迅吗？"我答道："研究谈不上，我平时比较喜欢阅读和了解鲁迅生平和读物，近期也想试着写一篇有关论文参加上海鲁迅纪念馆于今年9月下旬举办的'纪念鲁迅定居上海90周年学术研讨会'，题目为《曹聚仁与〈鲁迅评传〉》，主办方也认可了。"丁老听了，连声说："好啊！祝您成功。"他又告诉我说，林辰早年写的这本《鲁迅事迹考》，是一本考证鲁迅生平"极细密谨严"的名著，为他后来出版《鲁迅传》奠定了扎实的基础，值得好好参考。丁老的指导和叮嘱让我颇受启发，也促使我更努力的去完成和修订这篇论文。

不知不觉，一个多小时过去了。这时医院送来了午餐，为了不干扰丁老的进餐，我也就向他提议合影，准备告别。他一听合影，想站立起来。我连忙制止，请他坐下，我弯腰靠近，留下了这一张合影。没成想，这样的见面第一次，却也是最后一次。

辑六

父亲的歌

丁言仪

我人生学会的第一首歌是父亲教我的:"两只老虎,两只老虎,跑得快,跑得快,一只没有眼睛,一只没有尾巴,真奇怪,真奇怪!"父亲用那带有浓厚宁波口音的上海官话,学着孩童的腔调,自得其乐地唱着。"真奇怪!"的歌声,立马吸引住了我,我追随着父亲唱着"真奇怪,真奇怪!"做了几次跟屁虫后,我终于把《两只老虎》唱顺溜了,我唱歌的兴趣也随之激发,开启了我开家庭演唱会的强烈愿望,于是每到暑假,我便把弟妹、表妹及弄堂里的玩伴聚集起来当观众,将爸妈的大床当舞台,把自认为漂亮的被面、床单围在身上当演出服,把从无线电里,弄堂里听会的歌,甚或绍兴戏,滑稽戏里的小调,胡编乱唱,扭捏造作,模仿一气。当然父亲教我唱会的《两只老虎》,那是每次必手舞足蹈演唱的主打歌曲。父母回家,看到一片狼藉的大床,便知又是我在癫狂一气,但父母从未指责或阻拦过我,由着我随意疯痴。感谢父母给了我一个解放身心的家庭环境,逐渐形成我独立自主的个性,也为我以后走上音乐表演之路,打下了艺术个性的良好基础。

当我有了女儿后,我也教她唱《两只老虎》,这首歌也成了她为客人表演的保留曲目。当我升级为外婆、奶奶辈时,仍念念不忘儿时父亲教我的这首歌,我把它改编为扬琴曲,选进了我编写的《儿童扬琴启蒙》一书内,让学生们边弹扬琴边唱,还为他们编舞,边唱边跳,从而成为每年一次的小小音乐会的保留节目。

记得刚随父亲学唱《两只老虎》时,我只是依样画葫芦,父亲怎么唱,我就怎么唱。随着年龄的增长,我对歌词的结尾"真奇怪,真奇怪。"引起了我的疑惑,为什么两只老虎,一只没有眼睛,一只没有尾巴?可是父亲工作很忙,没有更多的时间来为我解疑,我想可能是父亲想让我多动动小脑筋,自己去找答案吧!于是我编写的扬琴曲《两只老虎》的文字说明中,我也让小朋友想一想:为什么一只老虎没有眼睛,一只老虎没有尾巴?

后来我发现父亲不唱《两只老虎》了,调头(旋律)听着好熟,但唱的字

(歌词)不一样了,"打倒列强,打倒列强……"于是乎,我又做了几回跟屁虫,随着父亲的歌声学唱:"打倒列强!打倒列强!除军阀!除军阀!努力……努力……"这"努力"两字后边的"国民革命"这四个字,一直学不会,只能满嘴乱唱,自己都不知道在唱些什么。更不懂"列强"是谁,为什么要打倒?除军阀是啥回事?至于后边的"努力国民革命,努力国民革命,齐奋斗,齐奋斗!"就既唱不清,更是搞不懂。我照例没问父亲,只是满足于依声唱来,管他什么意思。

  从《两只老虎》到《打倒列强》,这么多的"为什么",父亲没给过我答案,他对我们几个子女最好的教育方式,就是让我们养成看书、读书的习惯,从书中寻找答案。记得刚识字之时,父亲常会把将出版的儿童读物样本带回家,让我们挑毛病,诸如错字、错句,套色误差等。到了小学高年级,父亲在寒暑假期间会依字数多少,给我和文姐、昭妹布置课外作业:抄录文章。在抄录的过程中看书习字,抄完还得校对,不能抄错。每到晚上,父亲卧室兼书房的灯长亮,父亲在看书写文章,妈妈在灯下批改学生作业或自习俄语,还要备课英语,……父母勤奋工作,学习,是我们最好的榜样,使我们从小就知道,做任何事都要认真对待,尽自己所能,努力再努力!

  记得有一年,家里的玻璃窗用纸条贴成井字形,晚上不能开灯,只能点蜡烛及煤油灯。在微弱的火光中,我看到自己的身影在墙上摇曳,好害怕啊!有时会响起刺耳的警报声,我和文姐两手紧捂耳朵,躲在桌底下,吓得只怕自己的心跳会被坏人听见,只盼着父亲快回来,我们又可以听见父亲的歌声,快乐唱歌过日子了!

  父亲终于回家了,他开心地唱着歌,这是我从没听到过的新歌,跟屁虫又随着父亲的歌声转悠着:"解放区的天是明朗的天,解放区的人民好喜欢……""团结就是力量,团结就是力量,这力量是铁,这力量是钢……""你是灯塔,照耀着黎明前的海洋……"虽然我对歌词还是一知半解,还是一如既往地唱不清,但我能感受到父亲从心底发出的喜悦——嗯,已很久没见到父亲了,也很久没有看到他的笑容了,更是很久没听到他的歌声了!

  一个星期天的下午,父亲宣布带全家去南京路看大游行,对于这难得的全家出动的大好消息,我开心得跳起来:白相去了,白相去了!虽然我根本不知道大游行是怎么回事,但我相信父亲带我们去的地方一定老好白相的!果然不出所料,大游行太好看了:有打腰鼓、跑旱船、踩高跷、舞龙灯、打莲湘,还有蚌壳姑娘,更多的是一队队打扮得漂漂亮亮的阿姨、叔叔,他们唱着各种好听的歌,唱得最多的就是父亲唱的新歌,我也情不自禁地跟着唱了起来,只见父亲也眉开颜笑地和唱着,真开心啊!

  家里有台老式手摇电唱机,那是早年,叔祖父的朋友送的。父亲买回了不少新唱片,有周小燕演唱的《长城谣》《夜莺》及《远方的客人请你留下来》《阿拉木罕》和显然为我们几个孩子而买的《让我们荡起双桨》《我们的田野》《听妈妈讲那过去的事情》等。每当父亲摇起唱机,我们便会停止吵闹,安静地坐下听那美妙的歌声,于是跟着唱片,又学会了不少新歌。家里歌声不断,学校的合唱团更少不了我们姐妹几个的身影,我担任了领唱,还去电台录音了呢!昭妹则参加了市少年宫的小伙伴艺术团的合唱队,每周去排练演出。我们唱歌的爱好,一直延伸至今,退休后,文姐和昭妹参加老年大学的声乐班学习声乐。当父亲的母校校友会得知我们喜爱唱歌,便热忱邀请我们参加校友会的年度联欢会的演出。我们代表父亲表演了重唱《红河谷》等歌曲。父亲为我们退休后继续保持儿时的歌唱兴趣而高兴。我们也因歌会友,结识了不少同好。有次我先生在卡拉 OK 厅,点唱了周璇的《讨厌的早晨》,看着屏幕上年轻漂亮的周璇,唱着轻松活泼的旋律,诉说着生活在如同《七十二家房客》中环境之无奈:"粪车是我们的报晓鸡,多少的声音都跟着它起。前门叫卖糖,后门叫卖米……煤球烟熏得眼昏迷,这是厨房里的开锣戏。旧被面飘扬像国旗,这是晒台上的开幕礼……"这首歌较真实地反映了三四十年代,生活在上海底层的城市贫民的日常生活。一次,我到华东医院看望父亲,与他谈到这首《讨厌的早晨》,父亲的一句话使我茅塞顿开:有首歌,也是周璇唱的,歌名叫《可爱的早晨》。嘿!这两首歌会不会是互相对应的姐妹篇啊?我找来了《可爱的早晨》的歌词,果不其然,还真蛮有意思的:"这里的早晨真自在,这里的早晨真可爱,听不见卖米也听不见卖菜……看不见煤烟,也看不见晒台……把烦恼和悲哀都抛在云霄外。"对于这喜出望外的结果,我不得不佩服父亲的博学,他熟知并理解那个时代,与他同龄的年轻人,对新生活的渴望和追求,这不也是父亲一辈子不惜以青春的代价,乃至冒着以鲜血和生命的代价去奋斗的目标吗?

　　当父母结婚六十周年纪念日暨父亲八十大寿庆礼时,正值我住院治病。在住院期间,我将上音作曲系同学曹美韵写的歌曲《在一起》,重新填词,想以唱歌的形式来赞美、祝福亲爱的父母亲,感谢他们的养育之恩。那天,我请假从医院赶到祝贺现场,把填词的《老爸和老妈在一起》歌谱分发给文姐、昭妹、穗妹和弟媳亚男和小毅、丽敏及侄女冰冰(我的上音校友)。当我们为父母欢快地演唱时,饭店的邻桌顾客无不赞赏,这些感人的场面都被上海电视台记录下了!

　　其实早在我孩童时代,即喜欢篡改歌词,为我而用。由于父亲曾担任过宋庆龄主持的中国福利基金会(中国福利会)第三儿童福利站站长,所以父亲经常会带我们姐妹几个去市少年宫观看中福会儿童艺术剧院的歌舞表演。看着这些身穿白衣红裙或蓝裤的姐姐哥哥们在台上的表演,我也很想与他们一起唱,一起跳,特别是一首结尾歌词是:"……我们每天起得早,起来就做早操!"每到此时,我就会不顾一切地合着唱。回到家,我就把歌词唱成:"……我们每天起得早,起来就睡着了!"对于我这种篡改歌词的小把戏,父亲从来不指正,更不会指责我。在这样一种宽松的家庭教育环境中,逐渐养成了我自己的事情自己作主的性格。小学临毕业前,我看到报上刊登了上海音乐学院附属中等音乐学校(上音附中)的招生广告,我便萌生了去考考白相相的念头,于是自作主张没与父母亲商量,请小学音乐老师吴振华替我报了名。赴考那天,由长我两岁的文姐陪我换乘两部公交车,赶去位于郊区的漕河泾上音参加初试。初试顺利通过,但参加复试的那天,我觉得不舒服,感到冷,唱歌时词也背得颠来倒去,胡唱一气。回到家,文姐替我量体温,竟高达三十九度多。考试结果可想而知,唉!落榜了!

进入位育中学后,我唱歌兴趣不减,每到节假日便会自告奋勇上台表演。有一次,看到一出儿童歌舞剧本,便邀同班同学李佩莺一起自导自演,可是没有演出服怎么办啊!妈妈帮我找出了一条带有玫瑰花的背带裙,再借用爸爸的白色棉毛裤,权当芭蕾舞袜。第二天,我和李佩莺在位育中学的舞台上一展歌喉,为班争光!三年的初中学习瞬间即过,无意间竟又看到了上音附中的招生广告,便又自作主张报考了上音附中,没想到这次可是中榜了。但我却面临两难选择,因为我同时还被上海中学录取,那也是我自填的上海市重点高中。经过一番斟酌,我认为建设祖国更重要,于是又没与父母亲商量,选择了去上海中学报到,参加了干部训练班和合唱训练班的活动。谁知过了几周,收到了上音附中的通知,要我去附中面谈。教导处的老师开导我,现在需要民族音乐人才,希望我能去上音附中学习演奏扬琴。去上中?去附中?这回可是真的让我不知如何选择了,于是回家后,我急切而慎重地把上音附中教导处老师的意见告诉了父亲,父亲立即说,国家需要民族音乐人才,你去上音附中学习吧!父亲的一句话,就此决定了我一辈子的人生方向,走上了学习、传承、宣扬民族音乐的道路!

父亲的歌声在繁忙的工作中,不再响起。然而有一天,突然从爸妈的房间里又传出了爸爸的歌声,是马灯调!原来是父亲要带上海慰问团去海岛慰问解放军,他也要为守岛部队的军人献上一首歌:"洋山岛上红旗飘,慰问亲人解放军……"父亲选用家乡的宁波小调填词,用浓重的宁波普通话演唱,实在是再合适不过的了!

从那次唱过"马灯调"后,再也没听到过父亲唱歌了。然而在他工作之余及他对现代文学研究的空隙中,他对歌唱活动还是很热切关注的,并不逊于他对现代文学的研究。记得80年代,我回家探望父母,父亲得意地拿出一套装帧精美的《聂耳全集》,内含三册精装本,收入了聂耳的所有作品、书信、日记等,还附有图片和年谱。父亲还特地将两盘盒式录音带取出给我观赏,我由衷发出:太珍贵了! 内收有聂耳亲自演唱的《扬子江暴风雨》和陈波儿、袁牧之演唱的《毕业歌》,金焰等演唱的《大路歌》、王人美演唱的《铁蹄下的歌女》等,父亲慎重地告诉我,这是他托了音乐书店的同志,好不容易才买到了这套书。这套书在80年代可说是价格不菲呢! 父亲一生俭朴,对生活要求不高,唯一爱好的是看书、写书、买书、赠书、藏书,但这套书是音乐类别的,不在父亲所研究的现代文学的范畴之内啊! 父亲自释道:"在一阵熟悉的音乐旋律中,响起了我年轻时代为之激动的歌声:《义勇军进行曲》《扬子江暴风雨》《毕业歌》《大路歌》……我仿佛感到时光倒流了,又回到了那个灾难深重的、令人难忘的战斗岁月,这是我将青春年华奉献给它——共产主义事业的主旋律。我阅读聂耳的作品,我重温了聂耳的战斗业绩,我又听到了聂耳的歌声,但《聂耳全集》带给我的不仅是这些,它牵连着我生命的追求,它唤起我蛰伏在心灵深处的青春、激情和向往。"(丁景唐著《我又听到了聂耳的歌声》,原载1987年4月14日《新民晚报》)

父亲对唱歌的爱好,直到他89岁进华东医院治病,才又得以延续。在那儿他遇到了几十年前共同战斗在隐蔽战线的老同志、老朋友,特别是与他同龄、同乡、同学、同道加同志的陈一鸣叔叔,巧的是陈叔与父亲在同一病房,而且陈叔也喜欢唱歌。于是由陈叔发起,每天下午在会议室唱歌。同一楼层的老同志们纷纷走出病房,唱起一首首他们熟知的抗战歌曲,歌声把他们带回到了那遥远而又峥嵘的青春年代。他们穿着病服、挂着拐杖、坐着轮椅、戴着助听器,甚至挂着吊针,但他们在陈叔的指挥下,竟是那么精神焕发,歌声激昂! 满头的银发遮不住父辈的一颗老当益壮的初心,岁月在他们饱经风雨的脸上留下了深深的印记,然而他们的身躯里依然流淌着满腔的热血;佝偻的腰背依然支撑着他们坚定的信念;昏花的双眼依然明了前进的方向;闭塞的双耳依然能听到民众的心声! 战友们悠扬的歌声,把父亲带回到了1937年的冬季。身为高中生的他,愤于日寇侵占了父亲的诞生地——吉林,对于故土的思念如滚滚向前的松花江,父亲要和三千万东北流亡难民打回老家去,把日寇赶出东北。于是父亲参加了由中国共产党领导的上海学生界救亡协会(学协)的工作,投入到了抗日救亡的活动中去,父亲还组建了歌咏队,唱起了《松花江上》《五月的鲜花》《毕业歌》《义勇军进行曲》《大刀进行曲》等,父亲和同学们手拉手,肩并肩,行进在南京路上,活跃在各个学校之间,以此激起社会各阶层的抗日热情,鼓舞了一批批热血青年奔赴抗日第一线,抛头颅、洒热血,为保卫家国而战! 1938年冬,父亲担任了上海青年会中学的中共支部书记,成了党的忠诚战士!

与父亲同在华东医院治病的还有蓝瑛叔叔,他可是当年部队里出名的

"金嗓子",唱歌自是他的拿手。我和昭妹去探视他,我们会请他唱流亡三部曲中的《松花江上》《毕业歌》等。我把蓝叔的歌声录下,回到父亲的病房再放给他听。这两首歌都是父亲非常熟悉,也是他非常喜欢的抗战歌曲,父亲听着听着就会附声唱起来。父亲在身体稍好些时,会去探望蓝叔,在病房里,哥俩一起唱起他们喜欢的抗战歌曲,我和蓝叔的女儿蓝云及昭妹也禁不住加入了男女声大齐唱,这既是回忆,也是激励,更是对我们这辈后人的教育。

每次饭后,在医院的走廊里便会响起细弱而低沉的歌声:"大刀向鬼子们的头上砍去……"父亲沿着墙边的扶手,边走边唱,后来在护工的搀扶下蹒跚而行,边踱边唱,即使坐在轮椅上,他还是努力地抬起瘦弱的双手,边挥边唱,直到他无法发声为止!

父亲早年喜欢写诗,1945年,父亲曾以歌青春的笔名,出版了他的第一本诗集《星底梦》,内收入了父亲写的诗歌28首。关露曾评价《星底梦》的出版:"好像在一片黑寂的大海里看见一只有灯的渔船。"同时,父亲还出版了《妇女与文学》,收入了10篇论文,研究诗经、六朝民歌、歌谣。父亲认为"这些生长于民间,而为民间所深爱、所流传、所歌咏的歌谣,它们音韵的谐和,调子的抑扬……更重要的却还在于它的情感的真挚,形式的自然,内容的现实,正如一朵开放在田野里的鲜花,比诸室里培养着的花卉,它带着泥土的香气,质朴的风味,更富有生命的活力。"(丁景唐著"她的一生——从民歌看中国妇女的生活")1947年4月,由于父亲上了国民党的黑名单,在上级党组织的安排下,父亲秘密离家去宁波乡下隐蔽。在这期间,父亲又重拾对文学,特别是对诗歌的热爱,广泛搜集了浙东农村的各种歌谣和唱本,无怪乎父亲会对马灯调如此熟悉!父亲在1948年返沪后,整理并挑选出三百五十多首民歌,汇编成《浙东民歌》一集。父亲还曾于1945年组织过一个民歌社的团体,公开征集各地民歌;1947年出版了他的论著《怎样收集民歌》,1950年出版了他编选的《南北民谣选》(第一、二集)。

父亲对民歌的爱好,延伸到对民族风歌曲的钟爱。他喜欢听《新疆好》《渔光曲》《夜莺》等,对《洪湖水浪打浪》更是情有独钟。住华东医院时,要我寻找准确的歌谱,要勇弟从网上下载各位名家的演唱版本。每当午餐时,他都会让护工播放彭丽媛的演唱版本,在抒情愉悦的歌声中,父亲艰难地为多吃一口鸡蛋羹而努力着!

父亲始终认为自己是为党的事业工作一辈子的小兵,他不愿身后事麻烦组织。他要求放弃抢救,不开追悼会,不置墓地,不保留骨灰,他只愿随黄浦江水东流去,与我们亲爱的母亲幸福相会!

送别的时刻终于不可避免地来到,没有宏大的场面,没有显赫的贵人,更无溢美而空洞的悼词,只有父亲最喜欢的《洪湖水,浪打浪》在大厅中迴响。优美动听的旋律荡漾在至亲密友的耳旁,温暖着我们的心房!

再见了!亲爱的父亲,我们终将会再次听到你的歌!

父亲的一生与书相伴,他的歌声与我们永不分离!

父亲·导师·偶像

丁言昭

大厅里响起《洪湖水浪打浪》的乐曲声,我们和亲朋好友一起送别亲爱的父亲丁景唐。他1920年出生,于2017年12月11日逝世,到天堂和母亲王汉玉相会……

我的父亲

一对夫妇从浙江镇海乡下,跟着亲戚踏上火车,闯关东去了,他们一个是裁缝,一个是农家女。1920年4月25日,农历三月初七,在吉林出生了一个男婴,那就是我的父亲丁景唐。他常常对朋友说,我是吉林人,与那儿来的朋友问长问短,想念那里滔滔的松花江……

父亲6岁失父,11岁时,乡下发大水,被送到上海,交给姑姑,第二年母亲不幸去世,从此,父亲定居上海,随姑姑生活,受到她开明的熏陶与母性的爱,以及良好的现代化教育,开始了新生活。

父亲是在时代的大浪潮中投身革命的。1937年日本帝国主义的侵略,使中华民族处于生死存亡的关头,还在高中求学的父亲就参加党领导的抗日救亡团体——上海学生界救亡协会的活动。1938年11月加入中国共产党。

1938年父亲入党后担任上海青年会中学的支部书记。1939年秋,他按照党的指示,考入东吴大学,担任该校地下党支部书记。他一面学习,一面从事学生运动,后又转学沪江大学和光华大学,在这三所大学里,读过中文系、社会系和经济系,最后于1944年春在光华大学毕业。

1946年父亲从学委转到文委系统,负责上海文艺青年联谊会工作,团结一批文艺界人士和进步青年。1947年4月,由于被国民党列入黑名单,组织上通知他迅速撤离上海。1948年夏,父亲从港穗回沪,在沪江大学中文系任教,后又调往宋庆龄主持的中国福利基金会从事少年儿童的文化教育和福利工作,直至上海解放。

建国后,父亲在市委宣传部、出版局、上海文艺出版社等处担任领导工作,在他建议和主持下,1958—1963年,上海文艺出版社先后影印了三十多种1920年代末1930年代初的文学期刊,诸如左联的《前哨·文学导报》《萌芽月刊》《拓荒者》;太阳社的《太阳月刊》;创造社的《文化批评》等。这些珍贵的现代文学史料的整理出版,引起国内外研究者的注意,郭沫若曾以中日友协的名义将上海文艺出版社影印的这些刊物,作为礼品送给日本朋友。可是在那"横扫一切"的疯狂年代里,这项功德无量的工作,却被指斥为"为文艺黑线树碑立传",原定计划被迫取消,当这些刊物在出版局的打腊地板上,被焚烧时,父亲的心好似也被焚烧一样……

祖国的春天到了,此时,父亲已年近花甲到上海文艺出版社主持工作,为了追回失去的光阴,父亲带领大家共同努力,上海文艺出版社恢复出版《中国现代文艺资料丛刊》,影印《鲁迅杂感选集》、鲁迅主编的《语丝》全套、赵家璧主编的《中国新文学大系》(1917—1927)十卷本。

1983年,父亲开始主持编纂《中国新文学大系》(1927—1937)这一重大出版工程。他觉得,现在已有不少文坛前辈谢世,大量资料毁坏散失,如果再不及时采取措施,后果不堪设想,而现代文学研究工作的进展也将因资料的缺乏,而失去坚实的基础。那么作为一个编辑,是不能为自己的失职而愧对前人和后辈。他说:"当我看到不少作者为寻觅这些资料而东奔西走,最后失望而归的情景时,心里总觉得不是滋味。因此我决心一定尽力做好这项文化积累工作,为开创现代文学研究的新局面做出自己的贡献。"

为了编好这部《大系》,父亲会同三位副总编,组织有关的编辑力量。我的大学同班同学孟涛,曾经参加这项工作,他说:"你父亲要求很严格,一定要找初版本,以显示《大系》的历史文献性质的特色。"

父亲还带着宫玺、郝铭鉴、孟涛等编辑几次上北京,拜访周扬、夏衍、艾青、吴祖缃、叶圣陶、聂绀弩等老前辈,在沪,他们拜访了巴金、于伶等,这些前辈都热情地为文学理论、小说、散文、杂文、报告文学、诗、戏剧、电影各卷撰写序文。

当这套二十卷本皇皇巨著一出版,立即引起海内外的关注,高度评价了《大系》的编纂工作,认为《大系》"集中地反映了中国新文艺发展的历程和概貌,既便于国内读者统览各个时期的优秀文艺作品,又便于国际间的文化交流"。

父亲很早就开始文学创作和编辑工作,曾经编辑《蜜蜂》《小说月报》《译作文丛》《文坛月报》等。他从1940年4月16日发表在《联声》上的第一篇文章《春天的忧郁》起,到2017年1月17日《新民晚报》上发表的最后一篇《富有生命力的一本新书》,几十年在各报刊杂志上发表过无数篇文章。父亲于1945年4月出版第一本书《星底梦》,接着出版了《妇女与文学》《怎样收集民歌》《南北方民谣选》。1949年10月后,他主要研究鲁迅、瞿秋白、左联五烈士、左翼文化运动史,并出版一系列这方面的书,有《学习鲁迅作品的札记》《诗人殷夫的生平及其作品》《学习鲁迅和瞿秋白作品的札记》,与人合作的有《瞿秋白著译系年目录》《左联五烈士研究资料编目》等。有的书,成了现代文学研究者必备的书,有的被香港和日本翻印过好几版。

1980年11月,文学前辈茅盾写诗赠送父亲,诗是这样写的:"左翼文台两领导,／瞿霜鲁迅各千秋。／文章烟海待研证,／捷足何人蹁上游。"这首诗是对父亲多年从事学术研究的极大支持和鼓励。

父亲在编辑出版事业上有如此杰出的成就,在日常生活中,仍与普通老百姓一样。父亲有一间多功能房间:卧室、餐室、读书、工作室、会客室兼儿童游乐室。父母结婚后,就搬进这所古老的石库门房子,度过青年、中年、壮年,进入老年。这多功能房间里,也留下我们兄弟姐妹嬉耍游乐的欢声,朗朗的读书声。

客人上楼梯,可得注意别损坏两旁的书,进了父亲20平方房间,东、西、北靠墙放着高高低低的书橱,挤不进的书,除了疏散到楼梯和晒台上的"汤姆叔叔的小屋"外,就让它们蹲在地板角落里。占据房间中心的是只大木桌,父亲吃饭、饮茶、读书、写字、作文、接待客人,母亲做活,我们做功课、绘画、手工制作……都离不开它。父亲就在这杂乱无章的环境中,自得其乐地伏案工作,大有不管冬夏与春秋,躲进小楼成一统之气概。

一般说来,年过七旬的老人,肾功能总比小青年差点,特别是坐长途汽车,隔一两个小时要去"方便"一下。而父亲本事可大了。1993年,我陪父亲应邀赴湖南常德桃花源参加丁玲作品国际研讨会。会后去游览张家界,然后坐十几个小时的长途汽车到长沙,期间,他竟稳坐"钓鱼台",一次也没有去"方便",真叫人纳闷。后来我问了父亲,才知道他在前一天下午就进行"交通管制"——不喝水。看样子,父亲的办法挺管用。

父亲在我的稿件上"批示":"这种积尿办法是对身体有害的,不能用,更不能推广。"

父亲外出开会,总会碰到一些意外的事。有一次,他以顾问的身份到苏州西山参加上海民间文艺家协会的理事会,说好第二天坐船过江到苏州,再坐车回沪。那天,父亲打点好书包后,肚子有点不舒服,就去上厕所。等他下得楼来,跑到岸边一看,哪来的船影?大伙早已上船走了。

父亲一点儿也不慌张,反而沿着河堤悠闲散步,欣赏美景,见到一位看湖的老人,就与他聊起天来。当老人得知他没赶上船,立即热情地告诉他一个信息:有几位台湾同胞租了一艘快艇,马上要开了,何不去搭乘呢?父亲一听连连称好。老人带着他,一路小跑而去,与快艇老板打过招呼,父亲就顺当地上了船,坐在老板边上,好不潇洒。

快艇飞驶在太湖上,船后溅起一朵朵浪花,一眨眼就到了对岸。父亲在码头上笑嘻嘻地迎接缓缓开来的渡船。当大伙儿见到父亲,个个都惊呆了:第一,他们不知道有人漏乘;第二,这老丁怎么会比他们先到?等他们弄清怎么一回事后,都笑得前俯后仰。

回家后,父亲得意地对我们说:"我有几十年的地下斗争经验,只要依靠群众,什么难事都能解决。"

父亲的衣着打扮非常有特色,你瞧他,平时在家里,头发不梳理,顺其自然,胡子像杂草丛生。他穿的衣服有长短,裤管有高低,光着脚脖丫子走来走去,还美其名曰:按摩脚底的穴位。

毛衣一天正穿,一天反穿,是父亲的拿手好戏,可裤子一天正一天反,就会闹笑话。有一天,父亲在十年"文革"中落下的腰伤又犯了,母亲让我这位业余推拿大师上门服务,我应召而往。当父亲俯卧让我推拿时,我大叫起来:"姆妈,爹爹裤子前门襟怎么跑到背后来啦?"母亲一看,笑得气都喘不过来,过了好一会儿,才吐出一句话:"侬爹爹又反穿裤子了。"

1990年代,我和父亲一起爬山时,跑了没多会儿,父亲说热了,随手脱了一条裤子,过一会儿,又脱了一条裤子、一件上衣和一双袜子……你猜,他一共脱了多少?说出来吓你一跳,脱了三条裤子,两件上衣。下山时,我的肩上、腰里、手上全是衣服,可谓琳琅满目!过后,他会向人介绍这像剥洋葱似的脱衣服经验,是在"五七干校"劳动时学来的。

当然,父亲也有衣冠楚楚的时候,那往往是外事任务,或是参加重大的社会活动,要不就是出访。记得我小时候,有一天放学回家,看见父亲拿了把梳子,正就着自来水对着镜子梳"清水奶油包头",这时,外面汽车喇叭直响,秘书进来催了几次,父亲却还在找皮鞋带子,最后,还是母亲从另一双鞋上取下来给他系上。凭良心说,父亲穿上西装、皮鞋、头发梳理好,还是相当英俊、潇洒的。

父亲自己不修边幅,你知道他最喜欢打扮谁?对了,是书。他总用最好的牛皮纸把书包得整整齐齐、四四方方的,问他哪里学的这一技之长?回说是跟鲁迅学的!

我的导师

父亲不仅是我的长辈,还是我的导师,是他领我走进现代文学研究之门,我现在所取得的成就,离不开父亲的教诲。

"文革"中,父亲到干校去了,我看见书橱里抄家留存的鲁迅全集,我开始系统地阅读起来,渐渐地我走进鲁迅世界。

当新时代来到时,父亲在工作之余,让我抄写文献资料,或者将他修改的文章,重新整理一遍。这些文献资料都藏在一些单位的资料库里,一般人是看不到的,父亲1950年代在市委宣传部工作了好多年,后来又担任出版局副局长,在出版宣传口,有很广泛的人脉。他常常写张纸条,嘱咐我到上图、作协、上鲁、辞书出版社、古籍出版社、一大会址……甚至还介绍我到一些老前辈等处去查资料,使我接触到许多解放前的刊物杂志和人物,为我研究现代文学,打下了深厚的基础。

父亲常常带我去看望巴金、于伶、施蛰存、许杰、钱谷融、吴朗西、赵景深、赵家璧、陈鲤庭、胡道静、郑超麟、菡子、王西彦、黄宗英等文化前辈。那时来我们家的人很多,特别是父亲从北京来的老朋友,如袁鹰、王殊、陈鲁直、成幼殊、瞿新华等,听他们谈解放前的事,那都是现代文学史的珍贵材料。

1970年代末到1980年代,我写的文章,几乎都是父亲布置,我的第一篇关于现代文学的文章《鲁迅和波艇》,发表在1978年1月25日《破与立》1978年1期上,北京鲁迅博物馆的陈漱渝看到后,写信给父亲,说起先以为是父亲写的,说像这种文章,只有父亲才能写得出。我去信说,这是在父亲的指导下写的。

接着,父亲又出了很多题目,有《鲁迅和朝花社》《〈南冠草〉的演出本》《谈〈鲁迅杂感选集〉毛边本》《关于鲁迅"北平五讲"的新证》《鲁迅和〈奔流〉——纪念〈奔流〉出版50周年》《郁达夫和"风雨茅庐"》《鲁迅与〈前哨〉》……父亲一边出题目,一边拿出手边的材料,一边告诉我应该到哪儿去寻找资料、采访什么人。我记得有一篇《鲁迅和朝花社》,整整改了一年,父亲说,现在给你打75分,可以发出去了。

目前,我出版了十几本书,几乎每一本书,都倾注着父亲无限的关怀和爱。

我的本行是戏剧文学,可是受父亲的影响,逐渐对现代文学抱有浓厚的兴趣,从研究鲁迅渐渐地转到萧红研究,先后写了三十多篇关于萧红研究的文章。

研究萧红,首先要找到萧军伯伯,因为鲁迅致萧军和萧红的信为最多。我知道萧军在北京,可怎么找呢?父亲说:"没关系,转个弯,保准能找到。"于是他写信给老朋友方蒙,方叔叔是位资深新闻工作者,在新闻研究所工作。我将我想知道的事情,另外写了信,夹在一起。果然不久,1979

年 3 月 8 日,方叔叔来信,告知萧军地址,信是由《北京日报》的顾行转的,同时,萧军的信也一起寄来。1986 年 10 月,萧军与夫人到上海来,23 日到我家来,父母热情接待,拍了照片,陪他们到我家后弄堂去看两萧当年住过的地方。

2008 年 3 月,上海人民出版社出版了我的《悲情陆小曼》,这是徐志摩三部曲中的第三部。写陆小曼传,说容易也容易,说困难也困难。容易的是徐志摩与陆小曼的材料非常多,多得你来不及看;困难的是 1931 年徐志摩去世后,陆小曼与翁瑞午的资料相当缺乏,况且与她同辈的人几乎都已谢世,无处寻找。

陆小曼生活中有三个男人:王赓、徐志摩和翁瑞午,其中与翁瑞午生活时间最长,所以要想比较完整、客观地反映陆小曼的一生,必须找到翁瑞午的后代,这是当务之急。

2005 年年底,上海电视台一位编辑来采访父亲,聊天中,得知他这几天在采访翁瑞午的大女儿翁香光,父亲听了非常高兴,立刻说我女儿正在寻找翁家后代,准备写陆小曼传。让我惊奇的是,翁香光的家离我家仅隔一条马路,骑自行车只需五分钟。等我写完陆小曼传,我与翁香光老师成为忘年交,一直保持来往。

2008 年的一天,北京的张惠卿和吕林老师来看望父亲,他们都是解放前地下党的老同志,说起以前的事,一点一滴都记得清清楚楚,我在旁边听得津津有味。忽然张老师问我,"最近在写什么?"我说:"我刚刚完成《关露传》。"

"接下去,准备写谁啊?"

"还没定,也许写陈衡哲或关紫兰、或梁白波、或胡兰畦、或施济美、或英茵、或……"

"那你何不写写安娥呢?"张老师帮我出主意。

"安娥倒是我研究对象,不过材料不全。"

"那没问题。我认识安娥的儿子田大畏,而且很熟悉。"

"为什么?"我张大眼睛问道。

父亲在一旁笑了,说:"你不知道,他的弟弟张辉是田汉的小女婿呀。"

"真的?"我大吃一惊,赶紧请张老师替我联系田大畏。

经过一段紧锣密鼓的案头工作后,我于 2009 年 3 月 19 日开首写《安娥传》,写到第十章时,感到底气不足,我与父亲商量后,他说:"你应该到安娥家乡去走走看看,有一点感性材料,写起来会顺手些。"

2009 年 10 月 10 日,我约了大姐丁言文,请田大畏夫妇和周扬大公子艾若与我同去河北省石家庄,回到家里,再继续写。

多少年来，我有一个习惯，每写完一篇文章，总要请父亲审阅，等到他看完，在稿纸的天地上，写满了批语，然后，我再按照他的意思重新修改，一直到父亲点头满意为止，现在我再也没有这样的机会了……

我的偶像

一早，我到华东医院去看望父亲，他和往常一样，在护工的搀扶下，在走廊里散步。父亲生于1920年，已有97岁，和同年龄的老人比起来，还是不错的。

每天早上，护士长带着几个小护士来查房时，他总是开心地与她们打招呼。我们兄弟姐妹们去看望时，不是你带佳肴，就是我带点心或者水果。平时有老朋友、大朋友、"小朋友"，连绵不断地去看望他，我说的"小朋友"，可不是幼稚园的小朋友，而是比父亲小的朋友。到节假日，那就更忙了，不时有市委领导、市委宣传部、出版局、出版社、鲁迅纪念馆、左联纪念馆……的同志前来慰问。

父亲的记忆力极好，"七一"党的生日到了，就对我讲1938年他加入中国共产党之事，不久，"八一"建军节到了，就对我讲起1983年中秋节后，应肖华将军之邀，与上海文艺出版社的吴早文、吴金海到兰州去的事情……

朋友们常常对我说，你们家有长寿基因，但我觉得最主要的是心态平和，父亲的心态如同大海一样宽阔。

1995年3月四川文艺出版社出版我的一本书：《萧萧落红情依依》，不久我的大学同学戴人坚，在深圳工作，写信给我，说："你不得了，我们这儿地摊上都在卖你的书《萧萧落红情依依》，10元一本。"接着寄了本书来，我一看，封面是原来的，作者名字改了。可是封面右边的两行小字没改，那是父亲老朋友刘以鬯为我另一本《爱路跋涉——萧红传》写序里的两句话："萧红为呼兰河传，写出一部优秀小说；丁言昭为萧红写传，写出一部感人的传记。"再看出版单位，是青海人民出版社，这明显是盗版本。我立刻写信给中国作家协会的有关方面，不久我收到青海人民出版社的来信，说我们出版社没有出版过该书。

我把这个情况告诉父亲，父亲笑笑，说："这可是件大好事啊，人家盗版，说明大家喜欢看你的书，为你广为宣传，应该感到高兴！""是吗？"想想父亲的话挺有道理。以后再碰到类似的事，我也不去理论，听之任之。

现在是网络时代，不时地会听到：你父亲的信在网上拍卖，有一封是写给任大霖的，拍了一千元，任曾是上海少年儿童出版社总编辑；他送给人家的书也在拍卖……每次我们像新闻似的讲给父亲听，他说随便人家去吧。

我打趣地说:"你的拍了一千元,我的只拍卖了五十元。"说得父亲哈哈大笑:"我的比你值钞票哎!"

父亲的脸色是白里透红,皮肤很嫩,像婴儿一样,我们平时的生活,也应该如父亲一样,心胸开阔,世界上没有过不去的坎儿。父亲是我的偶像!

笔端遣春温,天地一书魂

丁言模

一床·一桌·一灯·一橱书

一床、一桌、一灯、一橱书,是我对于家基本元素的一种理解,充满了酸甜苦辣的复杂滋味。

三楼的后窗口放着一张老式木制大书桌,摆放着各种文具,墨绿色的老式台灯灯罩透出朦胧的灯光,映照着房间里后半部分的白色天花板。父亲和母亲轮流使用这张书桌。深夜里,母亲还在批改初中学生的英文作业,困倦了,趴在书桌上睡着了,有时手里还拿着一支钢笔,手指上沾着点滴的红墨水痕迹。父亲悄悄地起床,为她披上一件厚衣,母亲惊醒了,打个哈欠,歉意地笑笑。

小时候,我的小床曾搭设在三楼,有时半夜里起床解手,迷迷糊糊看见天花板反射的灯光,晃动着父亲或母亲的投影,就有一股温暖的安全感觉。

阿婆,我家的亲戚,曾长期住我家,我们小时候的衣服都是她一针一线做的。父亲工作很忙,母亲请阿婆"开小灶",为父亲煮一碗面条,面条是精制粉做的,当时属于奢侈美食。面条上飘着翠绿的葱花、黑色的香菇、白色的笋丝,有时还有几根肉丝。母亲从底楼厨房端上来时,散发着诱人的香味。我和四姐丁言穗的嘴很馋,看着父亲大口地吃着。父亲的嘴里不时发出滋滋的啜吸面条的声音,引起我肚里的食虫不停地往上使劲地攀爬。父亲匆匆吃完了,我总是抢在四姐之前,贪婪地喝完面条碗底的一摊残汤,啧啧嘴唇,味道好极了。

父亲看看我们,站起身,母亲示意我们赶快下楼,因为父亲要工作了。

面条的诱人香味飘荡在父母睡的大床、一书桌、一台灯的上空,淡淡地散去,无声无息地渗进三楼的书橱里。

后来,我睡在二楼亭子间里,小床旁边是一个偌大的玻璃书橱,床的一端靠着一张黑色小桌子,另一头塞满了各种杂物。头顶上搭设的挂橱拉门一直半敞的,父亲有时来翻检书刊,总是自言自语:"奇怪,么事(东西,指书刊)摆到哪里去了,又寻勿着了。"

有时,我好奇地站在椅子上,探头查看挂橱,里面有许多书刊,大多用各种纸张捆扎好,几乎堆到天花板。书刊之间的缝隙处积满了一团团的灰尘,还有一粒粒黑色的老鼠屎。突然,有时会窜出一只褐色大蟑螂,抖动着两根长须,惊慌失措地钻进书堆里,它好像很不满意我的打扰,因为它才是这里的领主之一。

半夜里,大小老鼠开始活跃起来,窸窸窣窣,精神抖擞,到处乱窜。我却睡得像死猪一样,到天亮时醒来,才发现枕头旁有一些可疑的细屑,这是大胆老鼠作案的后果。随后的好几个晚上,我故意弄出声响,企图吓跑老鼠兄弟,但是无济于事,它们依然我行我素,毫无忌惮。

母亲也要开夜车,占用了三楼那张大书桌,父亲便到二楼亭子间,带下来一盏台灯。坐在靠窗的小桌子前,摊开稿纸,一言不发,伏案工作。"爹爹,侬天天夜里来这里写东西,就好了。"爹爹,读"嗲"音,这是宁波人对父亲的一种称呼。

三楼外通向晒台的楼梯拐角处,放着铁制的脸盆架子,抬头处有一个小小的二层隔板,父亲放着一个带有木框的镜子,他经常在那里刮胡子。那是标志着他有重要的外事活动,或者要去会见重要人物,或者要去办一件重要事情,事前要上下打理一下,母亲特地为他准备好一套干净的衣服,放在大床边上。

父亲拿起一个黑色把柄、白色须须的小刷子,沾满肥皂水,往嘴巴四周涂抹,顿时浮起一团白色泡沫。然后小心翼翼地拿起丁字形的剃须具,露出细薄的锋利刀刃,随后发出刮胡子的滋滋声音。不一会儿,父亲对着镜子察看,有时满意地笑笑,有时皱皱眉头,因为嘴巴下面出现一道细细的红印,渗透出鲜血。父亲的手不停地揉着,叫着我母亲:"汉玉,又勿小心刮破了,哪能办呀?""哪能办啦,揿牢伊,等一歇就好了。"母亲笑笑地说道。她的这句话不知重复多少遍了,父亲却总是听不厌,还要继续问,声调依然有点嗲。他俩一问一答,一来一去,似乎是在对唱山歌,永远是那样温馨的声调,充满着诗情画意。父亲晚年自称"景玉公",特意将他和母亲的名字各取一字。其实,原始的诠释早已产生。

我上初中时,大街小巷开始处于非常亢奋状态,不分昼夜地响彻着高音喇叭的噪声,史无前例的"文革"爆发了。我家天井里也燃起了一堆大火,我和姐姐兴奋地围着火堆,不断往里扔着旧书刊(都是家里过时的旧书刊,不敢动父亲那些宝贵的书刊),火苗映红了我们的脸庞,手舞足蹈,浑身细胞急剧膨胀,青涩与天真、愚昧与激情、疯狂与神圣,几千年前焚书坑儒的历史闹剧再次上演。

造反派戴着红袖章,气宇轩昂地闯进我家——抄家,父亲的宝贝书刊开始遭殃了,毕竟我和姐姐的焚书还只是一个小小的前奏。四姐从乡下学农回来,刚进门,发现家里乱七八糟的,所有家具都敞开胸怀,袒露一切秘密。她惊讶地问我,我苦笑一下,摇摇头。"造反"到自己的头上了,我悄悄地脱下红卫兵的袖章,塞进裤兜里。

事前一日,母亲叫我送东西到绍兴路×号去,说是我很熟悉。是啊,小时候经常去那里打乒乓,捉蟋蟀,踏黄鱼车,与小伙伴们玩疯了。尽管那里的黑色铁栅大门依然如此,但是今非昔比,原来熟悉的叔叔、阿姨都被一阵风吹走了。登上二楼左拐,"找谁?"一个粗声粗气的冷漠声音响起,我答道:"找我父亲……"他大概认出我了,往一旁斜视一下,努努嘴,示意在对面那个门里。随后,他板着脸,跨进了我父亲原来的办公室。

对面是男厕所。我过去来这里打乒乓,打得浑身冒汗,便急匆匆推开这个门,扭开水龙头,歪头就喝冷水。现在,我小心地推开门,只见里面的卫生器具还是老样子,不过增设了一桌一椅,还有一张简单的深灰色行军床,父亲暂且在这里"隔离审查",也有人说他是"自觉闹革命"。

父亲见到我先是一愣,"侬来做啥?""姆妈叫我送一事(东西)来。""以后勿要来!"他接过我手里的东西,压低声音说道,我刚走出那扇门,身后就响起"砰"的一声。此后三十多年里,我再也没有进入绍兴路×号的这个大门,留在心目中的只有那一声"砰"——无情地击碎了孩提时的美好印象。

1969年春节前的一个夜晚,大雪纷飞,阿爷(丁继昌)、阿婆、母亲和几个姐姐帮我整理好简单的行李,母亲示意我上三楼,和父亲告别。

"好好地去锻炼!"父亲正在台灯下写着写不完的检查,天花板上依然有着反射的朦胧灯光,却显得阴沉、呆滞。父亲严肃地站起身,匆匆说了几句告别的话,没有送我到三楼门口,便急忙转身,继续低头写检查。

那天晚上,在嘈杂、纷乱的老北站月台上,三姐丁言昭、四姐丁言穗和我挥手告别(不久,四姐和六弟丁言伟去江西插队),长长的列车将我们众多知青送出了申城,这一走便是二十多年。

天气寒冷,阴沉。距离皖东小县城十八里的莫山脚下有几个散落的村庄,其中有我们插队的村庄。大致纵横排列的黑黄色茅草屋,传出几声凶巴巴的犬吠声,一群小鸡在农舍前叽叽叫着,一头黑驴被拴在光秃秃的小树上,冷漠地朝我们瞟了一眼,昂头叫了几声。老队长含着玉嘴烟袋,腰间扎着粗粗的稻草绳,把我们带进村口的第二家。房东姓戴,瘦高个,热情地指指院子一旁的小屋,我们弯着腰,推开秫秸扎的小门,这就是我们插队的家。

事后才知道这里原来是房东拴驴的,刚刚打扫干净。

一日,老同学翻检出一张黑白老照片,这是多年前我们知识青插队小组成员(缺一人,即"四眼")在上海襄阳公园里的留影。

照片上黑白光影的层次仍然清晰,四人的脸上似乎没有留下那段蹉跎岁月的痕迹,身上仍然聚集着青春活力,顽强地透过厚厚的冬衣呈现出来,融入背后高大的常青植物里。纯洁的心理、跃动的青春、朦胧的憧憬构成了这幅照片的基调,但是在照片的阳光之外的阴影处则是苦涩、怨恨、痛楚,每个人心中都有一本难念的经,在那个疯狂的年代里,谁会说出口呢?

我们插队小组都来自上海五十一中学(现在恢复解放前的名称位育中学),其中李兄、老傅高一届,我和小黄是同班同学,还有"四眼"是同年级不同班,以往在学校里大家彼此并不熟悉。李兄个子比较高,穿着一身蓝色厚棉衣,戴着一顶蓝色棉帽子,机灵的眼睛好像总是在搜寻什么。几十年后,他成为知名的小说家,发表的小说使用不同的笔名,并与年轻有为的电影导演合作,创作电影剧本,产生很大的影响,他的作品曾获得全国短篇小说一等奖。但是,他为人处世非常低调,淡泊名利,除了圈内人之外,很少有人知道他的父亲是一位享誉海内外的老作家、翻译家。我曾写过一文,描述他的父亲与我父亲的昔日交往,收入我撰写的瞿秋白研究系列丛书之一《瞿秋白研究——丁景唐藏书研究·附录》(中国社会出版社2013年版)。

20世纪70年代初,我作为一名很卖力的插兄,"上调"到一家国营建筑公司,当了一名泥水匠。记得有几次回沪探亲,父亲带我去奉贤新闻出版(文化)系统"五七干校",他在那里接受"斗、批、改"。

记得小时候,父亲经常带我们到友人家去,体现一种"亲子"游玩的乐趣。那时"五七干校"是一个"无罪流放"的地方,给父亲留下耻辱的记忆。也许父亲为了补偿我迁移户口去插队、当工人的某种愧疚,拉近彼此之间的距离;也许父亲觉得应该让我见识一下新事物"五七干校",在我心目中留下一段历史档案,包括父亲这时期的生活和学习……这些事后的猜想,我从未与父亲交谈过。其实,也无需沟通,父子之间"心有灵犀一点通"嘛,不过无限空间的想象力,也需要插上飞翔的翅膀。

一日,大家陆续在徐家汇集合等候车子,我带着母亲交给的东西,那是父亲的衣服等杂物,用白布打成包袱。父亲见到后,拿起毛笔写上自己的名字,准备统一上交。突然,父亲想起什么,拿起毛笔,在自己名字上打了三个×××,板着脸,嘴里不知嘟噜一句什么话,好像"校对"出一个严重问题,轻轻地松口气,然后交给他人。

父亲在"五七干校"起初住的是一个大屋子,放置着几十个高低双人床,两排床之间留着一道通道,中间放着六张桌子,拼凑成一个长桌子,形成一个"小组"中心,各位床主都在这里吃饭、学习,当然比起绍兴路×号那间厕所的条件不一样,父亲在这里的心情也不同,尽管依然是压抑的。

我第一次去的是冬天,不少床上依然挂着灰蒙蒙的蚊帐,人躲在里面,便是一个"私密"的小天地。父亲让我睡在靠门边的一张床上,说是主人回上海去了。"回上海"三个字,当时我听了非常奇怪,这里就是上海,为啥还要说一个"回"字?多年后,我才明白这是一个象征自由、解放的幸福字眼,只要回去就意味着重新走上工作岗位,一切历史问题初步解决了,暂时摆脱"无罪流放"的沉重枷锁——肉体之苦,虽然无法彻底摆脱笼罩在心理上的阴影。

"小丁!"一位中年妇女灰白的头发散露在头巾外面,吃力地举起十几斤重的泥桶。我站在临时架子上,急忙弯下腰去接。她转身,又吃力地举起另一个泥桶,递给其他"师傅"。我在安徽当泥水匠的"一技之长",在这里也发挥了作用——粉墙。父亲等人作为"牛鬼蛇神",都是四五十岁的人,他们原来都是高级知识分子,哪里干过这种粗活。以上提及的那位中年妇女,父亲悄悄告诉我,她原来是某杂志的主编。唉,一大批国家培养的"精英分子",竟然落到如此地步,给我这个安徽民工当小工。

事前,父亲硬撑着抬几百斤重的玻璃,腰被压坏了。他举不动小泥桶,便在一滩泥前,帮这帮那的。显然他得到了大家的照顾——无声默契,无需什么语言交流,互相匆忙的眼神瞬间一接触,迅速闪过。因为,大家头上都悬挂着一把无形的达摩克利斯之剑,随时都会摄取每个人的灵魂。

父亲的腰间围着杂色围兜,穿着破旧的蓝色外套,有四个口袋,那是原来在绍兴路×号局长办公室里穿的。他从不与我的目光接触,他一直注意四周的动态,生怕耽误他人的干活。我们父子同在一个屋里干粗活,我奉父亲的命令做了大师傅,父亲则是被迫干小工,这是一幅灰色的画面——扭曲、畸形、残酷的不堪回首的一段历史。但是,冤屈、苦楚、耻辱的灰色情绪,却不曾在父亲的脸上显露一丝一毫。他相信自己的是清白的,相信终有一天会走出这"无罪流放"之地。

同时,他觉得此事很有趣,三番五次地向"难友"介绍:"这是我的儿子'小泥水'。"意思是我的泥水匠的技术不错,竟然能够粉墙,加入了无产阶级的行列(这在当时是一种不可侵犯的神圣"护身符"),他的语气中还夹着几分骄傲。是啊,应该感谢皖东的一方水土,滋养了我这样一位年轻的上海籍"小泥水",也感谢那个非常时期的高喇叭"号召",才有了我们父子俩"同场竞技"的历史画面,这是前所未有的唯一一次,可惜那时没有照相机拍摄。

晚上,在昏暗的灯光下,大房子的集体宿舍里有"一小撮"人在窃窃私语。父亲告诫我:"早点困觉去,勿要去听瞎三话四的闲话。"

以后,我还去过"五七干校",天气转暖了,四周的颜色显露出大自然的魅力。父亲已转到一间双人宿舍,那是新盖好的,即我和父亲"同场竞技"建设的那一排新平房。"好好看看!"父亲把一本唐诗集扔给我,并从小卖部买来福州蜜橘,细皮嫩肉的,真甜!我还没看几页,父亲催促我到外面转转,去休息,说是要保护好眼睛。

赵丹走在田埂上,浑然像个壮实的黑大汉——从梁山上刚下来。他哼着革命样板戏的曲调,手里拿着一把绿草之类的东西,用着富有磁性的嗓音,对旁人高声介绍手中那把绿色东西,就像说着电影里的对白。他天生一副乐天派,即使天塌下来,有他顶着,怕什么"无罪流放"的罪名。此后,我父亲与赵丹有秘密接触,至今我家里还保存着赵丹的一幅国画,以及他们的合影,其中的故事很精彩,限于篇幅,只好另撰文述之。

在食堂排队买饭时,白杨排在我面前,她的个子比较矮,大概只到我的胸前。她侧着脸,很漂亮,很稳重,脚上穿着袜子,踩着一双刚流行的一种塑料拖鞋(那时如果被哪个极左分子上纲上线,那么大祸临头),不经意中透露出"时尚"的信息,她显得端庄、贤淑,哪里有受到天大委屈的模样。白杨、赵丹等一批老艺术家在银幕上塑造了众多光彩夺目的形象,却未能参演在"五七干校"经历的剧本,至今也未有人撰写,也许有,或丢失了。

我曾在农村插队时,打篮球"挣工分",要挑七八十斤的担子,来回走上大约四十里路,午休时才是打球的时间。在各种不平的稻场(球场)上又跑又跳,打球一个多小时后,还没有喘口气来,肩膀上又要压上担子,大汗淋淋赶路,有时天黑了,才回到村里。这时又饿又累,浑身散了架,连一双臭脚都不想洗了。第二天,天蒙蒙亮又要出早工。这种"美差",一天只有一角钱的补贴,如今哪个狂热球迷愿意报名参加?

父亲年轻时也是体育爱好者,曾跳高一米三,从他身高一米六多点的个子,弹跳力已经不错了。他在"五七干校"延续打乒乓的爱好,有时也去久违的乒乓桌,挥动球拍,短暂地回味过去美好时光的滋味。我和父亲也打了几个回合,父亲的"威风不减当年"。

父亲还鼓动我在"五七干校"的简易球场上去亮相:"去去,白相白相嘛。"比赛前活动身子时,我"吊不朗当"的上篮动作,却让围观的人们吓了一跳,父亲这一边的临时球队立即作出决定:只准我上场几分钟,说我是"专业"的,而且我只是临时客串的。我仅仅上场几分钟,在一片叫好声中被"赶下场"。

父亲在球场边上观看,与我的眼神瞬间碰撞了,他不敢流露出得意的神情,迅即转向其他地方,装着若无其事,好像从未发生过我打球的场景。父亲是第一次看我打篮球,也是最后一次,此后他也没有谈起。大概他认为打球只是"白相相的",写作、做学问才是正经的事。

一天，一名司机模样的中年人（曾是我父亲在市委宣传部工作的同事）与我父亲在说话，当天我搭乘他的车子返回市区。事后，这位好心的司机转告我父亲的话，要我加把劲，努力学习！这是指我学写那些打油诗的习作，当然父亲的弦外之音，多年后我才明白——何时"子承父业"。

床上的粗劣诗文

父亲在厕所里的行军床、"五七干校"里的双层床，以及后来的单人床，先后记载着父亲那段备受凌辱的岁月。他在这些床旁的桌子上，写了他最不愿意写的东西，心底充满了反感、无奈、焦虑的复杂心情，但是决不能流露在笔下，否则后果不堪设想。

我呢？一床、一桌、一灯、一橱书是一种奢想，这种家的基本概念，一直绵绵不断，顽强地占据了我的思维阵地。无论我走到哪里，眼前浮现的第一个印象——床，便是我的家。

在皖东的驴屋里，夜晚，一盏小油灯跳跃着火苗，将我们的身影歪歪斜斜地投射在厚厚的土墙上。床是用树棍子打造的，床框中间用坚实的绳子穿插成网状，再铺上厚厚的稻草，我们在驴屋里度过了皖东农村里的第一个晚上。

这时，我有了第一张自己的"桌子"，便是在床上的厚厚稻草上，我趴着写下了无数忧愁、渺茫、沉闷的回信。父亲还在继续写检查，大多是母亲、三姐回信，有时透露了一些父亲的信息。

在滁城当了一名光荣的"小泥水"之后，起初干活一直处于亢奋状态，因为自己终于跻身于"无产阶级的队伍"，不再是受人歧视的"黑色"后代。虔诚"修得正果"之情和油然产生的英雄气概，轻易地战胜了简陋贫乏的物质环境。我们泥水匠、木匠和杂匠组成的"匠"字大军，一年四季转战南北。一床被、一个塞满衣服的枕头，还有一纸箱的书，成了我随身携带的全部家当。

刚到一个工地，如果能挤进几间旧房子，那是一种简单省事的享受。一旦到了皖东丘陵地带的荒山野岭去施工，必须搭建临时棚子。一般选择在工地附近的高坡上，竖起四周的毛竹立柱，横向绑扎较细的毛竹，然后围上竹笆，盖上油毛毡或油布作顶棚，把棚子里高低不平的土地大致铲平，于是一个"家"出现了。

接下来，便是解决各自的床。床架是前后垒起的两道砖垛子，然后放上两块竹笆，铺上稻草和席子，揭开被子，就可以美美地睡觉了。

半夜里，除了打鼾声和四周野地里的小虫鸣叫声，偶尔响起"嘎叽"声，那是翻身时竹笆发出的特有韵律。如果哪位师傅有什么心事，"嘎叽"声便会断断续续响到头遍鸡叫。有时哪个冒失鬼半夜起床解手,摸错了床,瞬间爆发"夜惊"尖叫,招来一顿臭骂,谁也别想睡了。那个冒失鬼甘愿受罚,挨个发香烟,一支支点燃,在黑暗中不时闪跃烟头的红亮点点,众人低声叽叽喳喳,随后渐渐无人应答。第二天早晨起来,有人哭丧者脸报告,发现被子或衣服上被烧了一个烟灰洞,或者身上有又痒又疼的小红点,那是尖嘴的黑蚊子钻进蚊帐里"造反"的结果。还有好事者趁机添油加醋,回到县城里渲染一番,一传十,十传百,天知道,最后传成什么离奇荒唐的故事。

中午,酷暑的棚子里太烤人了,大家把竹笆一拎,找个树荫躺下,把破草帽盖在脸上,小睡一觉。晚上,我们年轻人干脆睡在露天的高坡上,四肢摊开,望着满天群星和一钩残月,头枕大地,与"世界革命"同呼吸,浪漫的情调油然而生。然而老师傅不时对我们发出忠告:当心被毒蛇咬脚,小虫子钻进裤裆里。

我想想,身上起了鸡皮疙瘩,用不着舍身去冒险。我找来两个铁制移动型脚手架,搁上几根木料,铺上竹笆,随后撑起蚊帐,构成一个以"私"字为中心的白色世界。管它帐外红与黑,独自构思"样板戏":呛哚戚莱台,俺家的表妹,数也数不清……

谁知道老天有点嫉妒,要"揪斗"我这个不知天高地厚的浑小子,"呼呼"刮起大风,毫不留情地掀起我的"白色世界"大门,温柔的蚊帐瞬间变成了"青面獠牙"的妖女,好似挥动白鞭子,拼命地抽打我的全身。老天爷还不罢休,盛情邀来雷电"红色战斗队",劈头盖脸地砸下黄豆大的雨点。

几分钟后,温馨、舒适的蚊帐变成了该死的累赘,往下跳,床在左右摇晃,担心来个"狗吃屎";往下爬,铁架滑溜溜,叫小生好害怕。这时猛然一声炸雷,竹笆倾翻,我的脚下一滑,"忽喇喇",顺着竹笆摔下。当我跌跌爬爬刚离开,身后的脚手架也"哗"地倒下了。好险!看来老天还不想让我"死有余辜",留着有用,继续美化地球。

我们睡的竹笆床是否牢固,关键之一乃是竹笆的质量高低。竹笆是用旧毛竹劈成一根根狭长条,按照宽和长的习惯长度比例,进行编织,并用钉子和铅丝再加固。其用途原是放在脚手架上,作为身后围栏或脚手板使用。有经验的老师傅编织的竹笆质地较好,软硬适中,富有弹性,比较耐用。如果是干活马虎的年轻师傅来编织,谁使用谁"中头彩",其后果便是一场啼笑皆非的悲喜剧。

那时,我们都是20岁左右的小伙子,整天"抓革命,促生产",还觉得精力过剩。业余时间除了打牌下棋,便是凑在一起吹大牛,哪有什么电视、"卡拉OK"的新玩意。四周山坡的夜景也已看够了,偶尔出去干些"偷鸡摸狗拔蒜苗"的事情,第二天准有附近老百姓上门来大吵大闹,工地头头一怒之下禁止我们外出。

　　枯燥的生活，压制不住我的活跃的大脑细胞，即使天天学习"红色语录"，却总是写点浪漫的诗歌。冥冥之中，我接受了父亲的某些基因。父亲年轻时也是一个诗人，"歌青春"的笔名诠释着深奥的哲理，他曾说："西洋流行有一种说法，说是在青年时代每人全是诗人，而第一首诗写成的总是献给第一个恋人。"（《我的自省》）

　　父亲写的是新诗体，我却"开倒车"，喜欢那些故纸堆里的旧诗体，摇头晃脑，自鸣得意。工地上的一切都是我写诗歌的题材，并且都被我蒙上了玫瑰色彩，一味地沉迷在"形势一片大好"的五彩幻想之中。父亲的得意学生王观泉严厉地批评我："怎么都是欢乐的气氛，难道你的周围是世外桃源？"

　　那时，父亲被戴上各种可怕的政治帽子，一直让母亲担惊受怕，她看到我写的打油诗歌，似乎在高音喇叭的嘈杂声中找到一小节柔和的旋律。经不住母亲的鼓动，父亲开始注意我写的打油诗。母亲回信说：父亲有点"眼红"，也想重拾昔日"歌青春"的情怀。但是，严酷的现实逼迫他不得不继续老老实实地接受高音喇叭的批判。

　　我曾因地制宜，动手做了一个简易书桌，两条斜撑，搁置一块小木板，固定在我下榻的木床一边，小木板的桌面只能并排放两张纸，写字时要侧身，左手撑在床上，右手腕勉强上台面。刚写了一个多幕剧的开头、一首叙事长诗的提纲、一篇小说的结尾（逆向思维，倒推理创作），突然接到一纸命令，我们"匠"字大军立即开拔，"战旗飘扬，锣鼓喧天"，前往外地新工地。一年后，返回大本营，别具一格的简易书桌不翼而飞，仅留下几个螺丝钉眼，好像笑嘻嘻地告诉我：铁哥们，俺奉革命委员会指令，征用你的革命装备。

　　我的下一个新工地距离滁城不远，火车（慢车）开出的第二个小站，下车后，渡过一条小河，拐弯上坡，新工地在丘陵地带之间。这里是新扩建的安徽农学院分院，原来已有教室、宿舍，我们的运气不错，住在一个大教室里。

　　晚上，由于没有通电，每个人点亮一盏煤油灯，从远处看我们的集体宿舍，就像闪亮着点点萤火，在漆黑的夜晚里，也透出一些温馨。煤油灯是自制的，在各种小瓶子的盖上钻个孔，放入一根搓好的较粗棉线，随后经班长批准，去仓库倒煤油。班长享受特殊待遇，有一盏手提马灯，灯火大小随意调节，因为晚上要看施工图纸。我们自制的煤油灯火也可以调节，只需多拔出点粗棉线，灯火就亮了。第二天起来，鼻子里都是黑乎乎的，那是被煤油灯熏黑的结果。

　　我的床铺在双人床的上面，被子上放着小木板，便是临时书桌，这比我两条腿支撑着要文雅点，但是弓着腰，低头，凑近煤油灯（放在床边的三角木板上），滋味也不好受。我的个子高，腰长，只好身子往后挪，形成一个盘腿向前冲的姿势,像个"狗爬式",比起佛教信徒坐禅吃力得多。以后我撰写意大利文艺复兴时期著名大师米开朗基罗传记时,深深体会到他在教堂顶部仰头绘画的异常艰难性,我不由得把情感注入文字间,有人开玩笑说那是在写我自己。

在煤油灯光下,我的临时书桌上出现了黑格尔的哲学、西方政治经济学等著作,这些书是我从家里悄悄地带过来。什么绝对精神、形而上学、对立面的矛盾、差异概念,以及市场规律、国民经济、宏观调控等,都成了我手中瓦刀的指向目标——大风车,如果骑着瘦马,披上盔甲,冲杀过去,一定大获全胜。但是,我连抽象思维的可怜标点符号都搞不懂,总觉得它们都是"良民",不该去"杀戮"——活吞生剥,应该慢慢地去享用,这些可爱的小精灵才会变成身边的实际产物,如砖、瓦、砂、石,它们在生产、商品、市场、消费的每个环节中所占据的位置,以及互相之间的内在关系。最终,在"抓革命,促生产"的大环境里,我被洗脑了,觉得这些非常低俗,甚至可耻的,只有天天喊革命口号,才能拯救它们的灵魂。

有一次,在我们宿舍里隆重召开班组会议。"小丁师傅,你在看什么?"班长起初比较客气地问道,我却还陶醉在深奥、枯燥的哲学术语的意境里。"下来!"班长忍不住发火了,在众目睽睽之下,我灰溜溜地爬下来,左右投来讥笑的眼神。

"下来!"梦中人被推醒了,我学得快,忘得快。多年后,我撰写瞿秋白研究系列丛书时,重新接触哲学、政治经济学,倍感亲切,这才明白原来我等都是"忠良臣民"。在电脑上敲打专著时,瞿秋白好像就在我面前,互相交谈,当然他说得多,我听得多,只是偶尔插一句:"'纯存在'的面包有吗?"

明清以来,中国各路商帮曾一度叱咤风云,在商业、金融界中起了"鲶鱼作用",他们的"超前"意识至今还产生着重要影响,如徽商(盐商,富敌国库)、晋商(银票电汇、国际贸易)、宁波帮(在上海滩上"独领风骚")、山东帮(《大宅门》提及的山东阿胶"分支")等。我撰写这些系列商帮传奇故事集时,不由得想起过去自学的政治经济学术语,尽管比较模糊,但是昔日手中瓦刀的指向目标——大风车,已经并非是可怕的妖魔鬼怪,其狰狞嘴脸变成了窈窕淑女,甚至跳起"我是小苹果"的广场舞。

别扯远了,还是回到那盏油灯下、被子上。我尽管疏远了哲学、政治经济学,不过逻辑思维好像理顺一些,在煤油灯下写的所谓"哲学笔记",努力为我的形象思维服务了。我不甘心束缚在独幕剧的狭小构思空间里,决心冲出"禁锢"的樊笼,把"馒头"做大,搞一部六幕话剧,构思的对象还是摆脱不了"工地"二字。剧情从建国初开始,某特大工地接受苏联援助,突然被断绝关系,苏联专家撤走了。"文革"初期,"走资派"出现,"保皇派"和"造反派"的冲突,升级到部长之间,电话里传来的则是中央的两种声音。这构思的气魄够大的,大开大阖,史诗般的宏伟场面,剧情冲突非常激烈,甚至闹出人命,你死我活嘛。

我把剧本初稿送给我父亲的一个朋友审看,他翻了翻,苦笑说:"部长级别,还没人写过。"我一听得意洋洋,好像整个世界被我征服了。这天晚上,破例没有点起煤油灯,也没有搭起临时书桌,我到工地附近的小山头转了转,好像在巡视什么。第二天,班里的工友神秘地告诉我:"昨晚半夜,好像有狼嚎叫,个子站起来和你差不多高,真吓人!"

多年后,我撰写瞿秋白研究系列丛书时,专门提到瞿秋白翻译的剧本《解放了的董吉诃德》,与鲁迅翻译的同名剧本前两幕之间的异同问题,引起我的浓厚兴趣——熟悉的"剧本"二字曾记录了我的青春和劳动汗水。

每天早晨起来洗鼻子,里面黑乎乎的,煤油灯熏黑的结果,终于攻破了我的心理防线,暂时告别剧本创作,再度闯入浪漫诗歌的领域。临时书桌被"革命"了,"狗爬式"的写作姿势也"改良"了,我躺在床上,胡思乱想:天地作稿纸,万木化作笔,饱蘸长江、黄河之水,誓嫁春风美关山。"喂,喂,有没有搞错,天地已经作为稿纸了,哪里还有地方给你奉献美(媚)?现在最重要的任务是抓革命,阶级斗争一根弦天天要绷紧,你还有没有政治头脑,混蛋!"有一个声音在严厉警告。

滁州城西水库旧址在古代曾被称为滁州西涧,唐朝诗人韦应物吟诗曰:"独怜幽草涧边生,上有黄鹂深树鸣。春潮带雨晚来急,野渡无人舟自横。"我每次看到此诗的最后一句,总是不解:这也是诗的意境?我异想天开,也胡扯几句:山中野径横枝头,古津花开不知愁,无人识君空对月,天地悠悠一浊酒。

唉,煤油灯,临时书桌,"狗趴式"写作,只能造就狂妄自大的幼稚想法。我记得父亲带我到上海博物馆,请老法师鉴别一幅古画,彼时我听诸君一席话,如同醍醐灌顶,这才联想到韦应物七绝传世的真谛:"诗中有画,景中寓志。"真恨不得马上跳下城西水库,去找找那个西涧野渡的古迹。

不过我仍然不死心,继续创作诗歌,记得有一首打油诗(大意):千砖万瓦铸豪情,刨平青天巧凿星,手中铁锤叮当响,敲红了晚霞捷报扬。我还写了其他诗歌,以及填写的各种旧词牌——旧瓶装新酒,由我大表哥辗转交给了乔老爷(乔羽)。乔老爷是中国著名歌词作家,被誉称为"词坛泰斗",先后创作了许多脍炙人口的歌词,如《让我们荡起双桨》《牡丹之歌》《我的祖国》《难忘今宵》《夕阳红》等,还有电影剧本《刘三姐》。这在当时红遍全国,尤其是刘三姐对歌,大街小巷都有人会哼哼几句,我几个姐姐几乎天天在家里模仿,边唱边笑。我小时候曾随父亲第一次到南京路上海电视台,去观看"刘三姐与莫老财等人对歌"，真好看。后来，乔老爷果真回信了，大意是说：有的诗歌尚可，有的脱离生活，如以上这首打油诗。

我当时年轻气盛，看了此审查意见很不服气，认为这首打油诗生动地反映了我们"匠"字大军的豪迈气概，以及各路好汉的鲜明个性，第一句是说瓦匠，第二句以木匠的工具刨子、凿子来表现，第三句体现了杂匠，包括石匠、瓦匠、钢筋工等。那时小县城的建筑工艺很落后，建筑平房时，石头的房基和露出地面的一段基础，都是用大片石砌筑，有难度的大片石由专职石匠负责整修，我们瓦匠一专多能，负责砌筑大片石时，手中的铁锤经常要敲敲打打，修整一下。钢筋工为水泥制品制作"骨架"（钢筋构架），有时也要使用铁锤。这三大工种是土木结构房屋施工的主力军，也是中国几千年来辉煌建筑史的"英雄"（除了钢筋工）。我作为新时代的建筑工人，有责任、有义务来歌颂这些"下里巴人"，坚决打破贵族文学"无病呻吟"的统治地位（多年后，我的瞿秋白研究第八本书最初框架——胡适白话文学、瞿秋白大众文学、毛泽东的工农兵文学），让大众文学登上诗歌殿堂，使劲地举起他们的粗黑双手，大声吼道："我来了！"我是第一个仅用二十八个字完成了"匠"字主力军的特征，没有功劳，也有苦劳，却不被社会审美潮流所接纳，令人沮丧。以后接触了1958年大跃进的大量诗歌和文学作品，我才恍然大悟，原来继承了那个红火时代的"衣钵"，还大肆鼓吹——东施效颦，死不要脸！

我没有继续写信给乔老爷，生怕他为了我的一点小事，浪费他的宝贵时间和精力。以后我评论现代文学史上的各位文学家，凡是遇到诗歌作品，都会很留意地拜读一下，也会说上几句什么诗眼、意向、炼字、平仄之类的点评。我撰写杰出的钢琴家肖邦传记时，他手指下流动的空灵韵律，融入中国古诗词的意境，这种咖啡与大蒜的穿越时空的结合，只有我在独自陶醉，一般读者是不大会有这种"福分"。我编写《瞿秋白佚文考辨》专著时，曾特地列出一个栏目，专门述说诗歌创作，结果被"腰斩"，其问罪理由——你懂的。

坐下，两条腿分开，小于直角，分开，放上一块木板，便是我的又一个临时书桌。背景是环境幽雅的滁州近郊丰乐亭，这里曾有宋代文学家欧阳修写的传世名篇《醉翁亭记》的姐妹篇《丰乐亭记》："问诸滁人，得于州南百步之远。其上则丰山，耸然而特立；下则幽谷，窈然而深藏；中有清泉，滃然而仰出。俯仰左右，顾而乐之。于是疏泉凿石，辟地以为亭，而与滁人往游其间。"别以为我是来这里度假，休闲找乐的，时光却倒流了四十多年。

我，小伙子，穿着工作服，坐在丰乐亭旁的石阶上，石阶缝隙里长出一小丛野草，墨绿色，生机盎然。我的裤腿上沾着斑斑点点的水泥，两道浓眉紧锁，双目紧紧盯着眼前几行字。中午，一旁的搅拌机停止了"轰隆"声，我的铝制空饭盒扔在脚边。

其他工友在丰乐亭里卧睡,半躺、斜靠,天南地北瞎聊一气。几千年来丰乐亭历经沧桑,大致模样依然保存,其十六立柱,挑檐翘角,四方亭,与醉翁亭一样,丰乐亭堪称中国"亭中之秀"。亭中原来存有许多碑文石刻,其中苏东坡所书《丰乐亭记》石刻最为珍贵,不知是否被有关部门妥善保存了。欧阳修曾写过《丰乐亭小饮》:"看花游女不知丑,古妆野态争花红。""主人勿笑花与女,嗟尔自是花前翁。"大文豪欧阳修醉眼蒙眬,自嘲"花前翁"。这在"文革"期间是要戴上高帽子游街的,罪名是蓄意酗酒、调戏妇女。

有几个工友在丰乐亭一旁的泉水里洗饭盒,七嘴八舌,嘻嘻哈哈,搅浑了几千年的清澈泉水,一会儿,喧闹声散了,泉水上飘着白色的米粒、绿色的残菜,好像还有点油花,但是看不清。泉水深幽,没有反光,乍一看,还以为是一潭黑水。"这里的水是进贡给皇上喝的,你们真是糟蹋。""封建思想,要打倒,踩上一只脚,永世不得翻身。""我们无产阶级,天不怕,地不怕,还怕皇帝小儿?"我说不过众人——都是招工上来的知青,他们要批斗我了。

我转过身,继续创作一部独幕剧,眼前的战备油库工地,发生了一场你死我活的阶级斗争,有人要破坏生产,有人挺身出,顿时风雨交加,闪电雷鸣,英雄形象出现了,典型的"高大全",不食人间烟火,不吃不喝不睡觉,彰显英雄本色。其背后精彩的衬托,正是丰乐亭周围的翠绿松柏,苍劲挺拔,完全符合革命样板戏"三突出"的创作原则。

工地头头猛然推上电闸,搅拌机又开始"轰隆、轰隆"滚动了。我把稿纸塞进工具包,拿起抄板,提着瓦刀,走向脚手架。环形的油库外墙,已经砌筑四五米高,我和工友四处散布,这里正在举行"抓革命,促生产"的红旗竞赛。我却在继续构思独幕剧的剧情进展,坏分子如何带戏上场?

"丁大个,你的墙皮有问题。""四眼"施工员过来,用水平尺敲敲我砌的墙。他是上海同济大学70届学生,和我很熟悉,我俩曾经歪倒在椅子上,吟诗唱和,互相吹捧,好不自在,忘却了一切烦恼。后来他当了局长,我们疏远了。他严肃地敲敲我的安全帽,把我敲醒了:嗨,他就是独幕剧中的反面人物,破坏生产的技术员——对号入座,妙哉!

快下班了,工地头头吹哨,说是要开会,动员大家晚上加班,倒混凝土,通宵,不能睡觉。他,黑脸膛,说话声音洪亮,虽然个子矮些,不要紧,在我的笔下可以"拔高",变得威武勇猛,完全可以塑造成典型的正面形象。尽管他曾毫不留情地克扣我当学徒时一个月的十七元生活费,理由是我没有请假擅自回上海,让他颜面扫地。

这时,我的脑子又开窍了,晚上加班是一个最好的时机,独幕剧的场景干脆改在这时,白天的"阶级斗争"不过瘾,晚上黑不隆咚,更加衬托出正面人物不畏巨大压力的高大形象,容易产生一种豪情万丈的感情,有力地把剧情推向高潮,以便大幅度增加双方戏剧性冲突的火药味。

以后几天里,我像着魔似的,中午休息时,准时坐在丰乐亭旁的石阶上,撑起临时书桌,构思如涌泉不断喷出,兴奋,激情,插上联想的翅膀,飞呀飞呀……搅拌机又开始"轰隆"吼叫了,我却没有听到,睡着了。下班开小结会时,我受到了不点名的批评。

呜呼,极左列车强行押送我的思维横冲直闯,天真、幼稚、可笑、二百五。这是左右剧烈摇摆的时代悲哀,你、我、他都分得"一杯羹",用不着老三老四"排排坐"。但是,前后两者有一个共同处,都是在临时书桌上构思完成的。

重新搭起临时书桌,铺开稿纸,我断断续续创作小说,其结果与剧本、诗歌创作的下场几乎相同:陷入左倾大军重重包围,即使"武林至尊"十八般套路千余变化都使将出来,也回天乏术。不过我的临时书桌的种类大为增多,如火车上的小桌子,等车的行李包上,开会的纸上,交谈时的书里,人生旅程的时时处处都可以成为我的临时书桌,只是时间长短而已。

那时,我父亲在"五七干校"的一桌一椅一床的环境中,又写了什么呢?现存的一张照片,父亲与几个难友站在五七干校的一所房子之前,穿着各式各样的破旧工作服,有的还戴着"铜盆帽",父亲胸前是一幅黑色围兜,每个人的脸上洋溢着劳动的笑颜,他们的装束俨然是"无产阶级"的模样,早已远离了他们各自的书桌和文稿。

结婚成家后,我终于有了自制的一张书桌,淡黄色的桌面,左下面是个柜子,右下边空荡荡的,可以放进我的两条长腿,舒服极了,再也不用"狗爬式"进行写作了。在乳白色的台灯柔和光线下,我顺利地完成了第一本专著《鲍罗廷与中国大革命》,以后一发不可收拾,从年初一写到大年三十,平均每年一本书。

我很怀念过去的原始的床架、临时的书桌,没有它们,没有煤油灯,也就没有今天的我——脑子里进水的书呆子。"中国好声音"的原创歌曲,怎么没有一首《临时书桌》:煤油灯,被子上,历史画卷长,纵横八千里,一支笔……

一百八十度大转弯

父亲浓重的宁波口音,声调并不高,却似乎能嵌进墙壁里,留作一个历史见证:"写的啥么事,瘪脚,瘪脚货!"翻译成普通话,意即写的什么玩意,水平太差了。这是父亲给我的一篇命题作文的第一个批语,在某种意义上说,也是我们父子俩第一次"合作"的结果。

"好好地看看。"父亲交给我一本旧杂志的复印本,上面有创造社元老郑伯奇的小说《最后一课》。父亲说完就上三楼了,也不听我解释什么,留下一头雾水的我。那时我从安徽回沪探亲,啥也不懂,也不知道父亲为何要我写这篇书评,也许是看了我写的家信,还有那些所谓的打油诗,才做出这样一个决定。

我一头钻进家里杂乱的书堆里,翻检出一大摞书刊,搜括肚子里的墨水存货,挑拣出一些所谓书评的术语,七荤八素拼凑成一个大杂烩,大概与东北的乱炖差不离。母亲悄悄告诉我,父亲很失望,想不到儿子的水平如此之差。

如今有一日,我突然接到一个陌生的电话,他说是多年前陪同生病的妻子到上海看病治疗,曾在我家里住了一段时间,并说起当初我父亲曾想让他指导我写作。是啊,想起来,他原来是安徽师范学院(后为大学)图书馆馆长孙文光教授,他说的指导我写作,就是那篇"处女作"书评。记得他临走时留下一篇草稿,但只写了几行字,很匆忙,来不及写下去了。但是,父亲坚持要让我从中感悟到什么是写书评的诀窍。

张冰隅(炳隅)老师头发梳理得整洁,穿着模样显示出是一位"老师的老师"——上海市教育学院(后归入华东师范大学)的老师。他的头脑灵活,笔法不拘一格,属于多面手。我回安徽滁州后,我父亲委托张老师修改一番,其实,他是另起炉灶,重新写了一遍,仅仅保留我原习作的开头几句话。

一天,我接到父亲的信,说是张老师修改文章一事,并告知此文发表在芜湖一家文学刊物上,大概是孙文光教授推荐的。不久,我收到此刊物,发现我的名字排在前面,张老师的名字却在后面,并且让我"全额"拿到了第一笔稿费。张老师的无私义举,深刻地影响了我此后当了几十年编辑的思路——甘愿为他人做嫁衣。

父亲昔日当编辑的诸多事情,如今我才逐渐搞清楚,原来他这方面的基因也遗传到我的血液里。父亲作为资深老编辑审看我早期的文章,也不知枪毙了我的多少粗劣文稿,屈指算算,至少有十几万文字。

一年春节,我回沪探亲,发现三楼父亲的床边堆着不少大信封,其中有我寄来的厚厚文稿,关于左联五烈士小传,有五六万字。那是我花费了很大精力,坐在朝北的书桌前,推敲每个词句,一字一字写下来。刺骨寒风肆意钻过窗户的缝隙,一次一次敲打我的敏感神经,我搓搓冻僵的手,哈口热气,继续干着"脑子进水"的写作活儿。

第一次完成了左联五烈士小传——系列小作品,自鸣得意,寄给家里的信上,再三请父亲审看。因为只有闯过父亲这一关,我的文稿才有资格被推荐给刊物去发表。但是,我失望了,眼前的这个厚厚的大信封根本没有拆开。那时"文革"刚结束,父亲的问题暂时还未彻底解决,但是,他已经钻进他所钟爱的左翼文学研究领域里,哪有心思再来过问我的习作。事后,父亲说:"等将来有时间和精力,再整理补充修改,争取出版吧。"

如果粗粗推算,我一般写一篇资料性的文章,虽然只有数千字,但是从十倍二十倍数字的众多书籍中提炼出来的。因此,被"枪毙"的十几万字的文稿,表明我至少看了几百万的资料,经过反复咀嚼、消化、删选、提炼,最终形成文稿,这个过程正是每个初学者必经之路,无法绕过去,也无法回避。

无形中,父亲无情地多次"枪毙"我的各种内容的习作,反而逐渐为我打下了坚实的写作基础。"哐当,哐当"的打夯声,在我十几年的泥水匠的劳累岁月里是"家常便饭","万丈高楼平地起"的真谛一次次被我的汗水所证实。此后,看到曹禺写的《日出》剧本里出现建筑工人打夯声(画外音),象征着光明、自由、幸福的曙光,我则是别有一番滋味。

此后,我开始自找课题,策划写作计划。受到父亲的影响,也想搞一些鲁迅、瞿秋白的研究。我拿激情赌明天,冒险"三级跳":鲁迅——瞿秋白——鲍罗廷,原来书名为《瞿秋白与苏联顾问》。但是在上海图书馆查找书目卡片时,惊讶地发现没有关于鲍罗廷的专著,于是突发奇想:填补这个历史空白,书名后为《鲍罗廷与中国大革命》。

滁城离开南京比较近,现在高铁只需半个多小时,那时也不过是一个小时,当天可以来回。于是南京图书馆成了我的巨大"资料库",那里实行开架阅览,摆放着一些台湾史料专著,却无人问津,我欣喜若狂,像觅得"武林秘籍",查到了大量有关鲍罗廷的史料。不过抄写资料是一件苦差事,回到滁城,一看笔记本,却不认识自己匆忙记录的潦草字,只好请我的妻子辨认,一起猜谜,才逐渐解得谜底。

诸多问题纠缠在一起,其问题的复杂性、尖锐性远远超出了我的想象力。没有现成的答案,只好钻进各种旧报刊和资料堆里,掸去历史灰尘,搞得脸上黑一块、白一块。有时总算理出一点头绪,赶快拿起圆珠笔,在废纸上涂写几句话,再倒头睡下——已是子夜时分。

但是,资料越积越多,脑子也越搞越糊涂,与一些教科书和权威专著某些说法差距越来越大,不断出现新的空白。逼迫我踏上了自费实地考察和苦苦寻觅史料的艰难路程。

半个世纪前,广州国民政府高级顾问鲍罗廷与宋庆龄、孙科、宋子文、徐谦等人离穗赴汉(口)的"迁都"路途上,至今还保留着当年的踪迹。但是,不知为何没有第二个人愿意尝试重走一遍这个"迁都之路",也不想去实地了解这象征着第一次国共合作的重要一页,其中有着大量的鲜为人知的史料,大概如今"大数据"的查找太方便了,无需车马劳顿,花费大量银子了。但是

"大数据"是否就是名副其实的"高大全"呢？

从广州到汉口的几千里路，实地考察"迁都之路"，第一天坐的火车便给我一个"下马威"。在拥挤不堪的车厢连接处，我站着过夜，有时不得不"金鸡独立"，十六个小时后到站了，我才勉强"爬"下车，因两条腿好像不是自己的。幸好得到热心的余君帮助，在他家里睡了十几个小时，我才缓过劲来。

实地考察时，有时意外的收获常常使我惊喜不已，不过有时空手而归，沮丧地躺在充满异味的小客栈里时，也会联想到自己选择业余书呆子的贫困命运。微薄的工资和知识的贬值的时尚观念，逼迫自己不得轻易暴露自费调查的卑贱身份，每天不得不掂量收支平衡或严重倾斜的分量。

我返回皖东时，提着沉重的行李包，里面装载着大量的资料，一是生怕丢失，二是舍不得邮寄的钱款。幸好，靠着以前打球练出来的两条腿，插队挑担子的肩膀，终于扛回家。脚上球鞋却已经发霉，因为一路走来的南方正是梅雨季节，几乎没有晴天。

我拿起圆珠笔开始撰写，脑子好像开窍了，小心翼翼地揭开蒙在故纸堆上的旧蓝布，伸头瞄几眼，噢，原来是这么一回事。我的笔下出现一行字：如果全面评说陈独秀等人与鲍罗廷、瞿秋白的意见分歧，那么应该从不同层面、不同角度去探讨。历史因果长链环环相扣，决不能任意取舍一段而"断章取义"进行研究，否则会出现以偏概全的后果。

我的家在三楼顶层，酷暑期间，家里享受毒辣阳光直射的严重后果，温度高达35度以上，如同在蒸笼里，逼迫身上每个细胞都在竭力挣扎，挤出淋漓大汗。那时哪有什么空调，全靠电风扇降温，但是吹出来的是热风，吹得我头昏脑涨。穷人的点子多，我把水泼洒在水泥地板上，脚踩一摊水——降温，只穿一条短裤，干脆赤条条上阵，没啥难为情，臭老九的本性——古有"竹林七贤"的榜样。眼前的小桌子是用几块木板拼成的，铺上报纸，我强迫自己静下心来，在稿纸上留下了汗珠斑点……

撰写此书稿花费了三年时间，终于完成四十万字的书稿，另请善良的妻子誊写一份，留作案底。我便携带书稿赶到上海，亲手交给父亲。"介许多啊！"父亲看看厚厚的书稿，脸上顿时挂满了笑颜，母亲在一旁也笑了。但是，父亲想起什么事，立即收敛了笑容，轻轻地叹口气说："我看看，再说。"

这一回，父亲没有食言，果真带着这部厚厚的书稿到扬州去，住在"忘年交"刘小中的家里。二十天后，父亲看完书稿，仅作了一些简单的批语，但是没有说一句话。我催促好几回，父亲还是沉默，最后吐露两个字："难呀！"

此书稿牵涉到许多敏感的内容，且是重重设防的"禁地"，除了极少数的大胆学者，其他研究人员都不大愿意去触及。我不想让父亲为难——由他主持的出版社出版，与父亲一拍即合，自费出版，如同父亲当年自费出版的第一本诗集《星底梦》。善解人意的妻子拿出家里所有的积蓄,那是我们全家牙齿缝里省下的,还远远不够。

"书中自有黄金屋。"父亲幽默地说着,示意我拖出书架旁一只暗红的樟木箱,里面都是杂乱的书刊。他弯下腰,得意地从一本书里,取出一只信封,对我晃晃。这是父亲"遗忘"的一笔稿费,但只是杯水车薪,我很失望,嘴上依然挂着一丁点蜜糖水,说:"黄金屋藏在此处,姆妈晓得伐?"

后来听三姐说,父亲卖了家里仅有的一些国债券,还把所有的稿费(包括三姐的)都拿出来,才陆陆续续填补了自费出版的"大黑洞"。

我想想不放心,赶到上海鲁迅纪念馆,请年轻的王锡荣帮我审看一下书稿。他那时已经是老资格的研究者,没有任何推辞,欣然同意。于是他成为我第一本专著《鲍罗廷与中国大革命》的特邀编辑,甘愿尽义务,不拿一分钱,他的点评意见成为我今后努力的方向。

我请父亲题写书名,作为收藏版本的封面,仅制作四十五本。王锡荣介绍颇有才华的小伙子周兵设计该书封面,其以条块相结合的美术元素为主。后来我接触上世纪30年代的文学期刊,发现那时封面设计竟然与周兵的思路有些相似。我又另请人搞一种封面,作为普通版。其设计非常简单,没有任何图案装饰,就像我当时"一贫如洗"的境况。

事后,我发觉自己太傻了,应该把书名改为《扶持蒋介石上台的洋大佬——斯大林的特使鲍罗廷》,或者采用其他吸引读者眼球的书名,而且增添腰封,添加"第一次揭秘"诸类的醒目刺激的词句,积极迎合市场经济的需求,也许会促使该书的销路。

父亲最初点评我的习作为"蹩脚货",十几年后则是积极支持自费出版我的第一部四十万字的专著——丁家"头一遭",父亲的态度来了一个一百八十度大转弯。这十几年是父亲遥控指导、启蒙教育、精心扶持的过程,从各方面催促我"脱颖而出"。同时,我花费了十几年的心血,还有妻子全力硬撑全家生计,我才艰难地走完了这第一步。

不过,我还是两袖清风,父亲再也没有能力给我什么额外的奖励。他依然忙碌着,还是喜欢吃有味道的面条,最好是母亲烧的,并且亲自端到三楼。

"交关好,勿话来!"

1994年春天,我和妻子分别拖着两部双轮手推车(那时流行的),各自装载着高高一大摞我的第一本专著,兴冲冲地搬上火车。我俩合吃一份盒饭,引起坐在对面的一位中年男子的恻隐之心。到了上海站,他扔掉了穿在脚上的拖鞋（宾馆里一次性的），热情地帮助我们拖着一辆手推车，出站时，我们再三表示感谢，他潇洒地挥挥手，消失在茫茫的人群中。

"哈哈！"父亲乐开了怀——我从来没有看到他这么高兴，他第一次看到儿子写的专著《鲍罗廷与中国大革命》，特别是他题词的收藏本，他立即在书的扉页上写了两个字"入藏"，并高兴地盖印章，其中一枚是"犹恋春风纸墨香"，这以后成为他一生写作精华的自选集《六十年文集》的主标题。

另一枚是"丁五"印章，外形是葫芦图案，风趣幽默，意喻绵长，这是多才多艺王观泉的杰作，他年轻时从部队转业后，便把一生最美好的年华都奉献给了东北，他富有东北汉子豪爽的性格，嗜好杯中酒。他是一位造诣深厚的学者（黑龙江省社科院研究员，享受政府特殊津贴的专家），撰写的郁达夫、瞿秋白、陈独秀、李大钊等传记，曾一度热销，影响很大。他又是美术评论家，拿起笔涂鸦一番，也要让美术学院毕业生"礼让三分"。他的夫人鲁秀珍曾担任《北方文艺》主编，被评为全国十大杰出编辑之一，她退休后成为王观泉的机要和生活秘书，包括打字、修改等，真所谓"夫唱妇随"。他们夫妇与我家关系特好，父亲总是邀请他们夫妇参加自己庆贺生日的活动。我父亲与王观泉的通信频繁，如果把幸存的这些信件整理一下，那么便是对于现代文学史的另一种诠释，与教科书的条条框框截然不同。

在这两枚印章下，父亲特地加盖了一个蓝色橡皮的时间印章：1994年8月26日。立此存照，如今成为怀念父亲和王观泉夫妇合作的一件档案珍品。

这几百本书的突然出现，父亲有点措手不及，写给"忘年交"张韧的信中不免有些抱怨，说是打乱了他的生活节奏。但是，他还是很高兴，不时地题签赠书，同时附信给诸多朋友，介绍此书，天天就像过年似的，忙得不亦乐乎。

现存有一张照片，父亲与王观泉、陈思和在我家的底楼，围着桌子，父亲乐呵呵地拿起崭新的收藏本《鲍罗廷与中国大革命》，介绍给他俩。桌子上堆的专著中还有丁景唐、王保林合著《鲁迅和瞿秋白合作的杂文及其它》，以及父亲和我合作的《瞿秋白印象》等。如今过去二十多年了，这张照片洋溢的愉快气氛依然感染着我和其他人，那时他们三人多么"年轻"，75岁的父亲还是那么意气风发，全然看不出被岁月侵蚀的痕迹。

父亲大半辈子与书打交道，如果说父亲也曾为我的处女作去推销，那么我总认为这有损于父亲作为资深出版家的形象。

《鲍罗廷与中国大革命》专著首次亮相，有多少人知道其中的学术价值，更有多少人知道鲍罗廷的名字呢？我第一次到武汉鲍罗廷公馆（全国唯一幸存的建筑物）去，门房间的一位中年妇女警惕地打量着我，怀疑我的动机不纯,是否来抢夺鲍罗廷的遗产。我也和一些党史研究者交谈过,他们知道鲍罗廷的名字,但不知其中诸事。至于大大小小的各级行政领导,"王顾左右而言他",我只好知趣地退下,垂手立侧,冷看热闹。

父亲赠送一位老战友三本《鲍罗廷与中国大革命》,不久对方汇来300元,说是购买三本书的钱款,因为实在难以推销此书。那时300元相当于我好几个月的工资,属于"巨款"了。父亲早有一种预感,把信给我看,命我写回信,感谢这位老伯伯。

有一位印刷厂负责人,看在我父亲的面子,同意推销百余本。我兴奋得一蹦三丈高,马上厚着脸皮,托人请一位著名书法家泼墨写字,赠送给那位好心的负责人。那位印刷厂负责人派人来拉书时,对方说此书价格14元5角,太贵了,最多值几块钱。随后拿起书看看,认为此书印刷的纸张"蹩脚",即使作纸浆也有点……他停住了话头,没有再说下去,嘿嘿干笑了几声。

但是,慧眼识宝的资深学者大有人在,将此专著评为上海市、中国社科院有关部门的优秀成果和二等奖(一等奖空缺),编号001。后者通知我前去广州领奖,并提前发给我发言的提纲。但是,我家的活期储蓄卡上仅存几百元,又不好意思开口问父亲要盘缠,只好推说自己很忙,婉言谢绝。后来听说,有关人士对此书评价比较高,甚至认为可以破格晋升职称。哇!有此等美事,一跃跻身高级人才行列之中,但是我无权享受,因为我不是专业研究人员,只能入另册。

父亲的一位老友从北京飞过来,到上海办事,顺便到我家看望我父亲,知道我撰写的《鲍罗廷与中国大革命》,与他研究的课题有些相接轨。事后,他写信给我父亲,说是愿意帮忙调我去北京工作。这是天大的喜讯,而且有许多人到处托人,梦想有一个北京户口。那时,张韧(详见本书她写的纪念文章和本书《后记》)帮我在上海找了一份打工的工作,父亲问我,我支支吾吾,想想还是梦想有个上海户口。

不久,撰写胡某传记的写作组来上海,为首的是胡某的女儿,特意来我家,采访我父亲——有关与她父亲之间交往的故事。我当时也在场,对方转达调我去北京的意见,并说某要人已经答应,不用我操办一切具体手续。我傻乎乎地说自己学历太差了,到了那里还要重新读书,脑子不够用的。对方再三解释,我还是一个劲地傻笑。父亲出来打圆场:还是不要去了,留在上海吧。从此,我失去了最后一根救命稻草,再也没有机会进入中央级的专业研究机构。事后,有人说我脑子被驴踢了,到了那里解决了户口问题,再调回上海,一举两得。这时我才醒悟,太晚了。

但是,有一失必有一得。到了那里专业研究机构,我不一定能写五个系列研究的丛书,最多做个下手,署名是领导的。所谓的吃不着葡萄,当然要说葡萄是酸的——自作聪明。现在我家里还保存着父亲那位老友临终前写的一本书,其中详细记载了调我去北京的往事,以此对我父亲有个交代。呜呼,我无颜以答,辜负了他的一片好心。同时,第一次感受到我父亲的朋友圈如此的厉害、如此的重感情、如此的互相信任,折射出父亲一贯真诚待人的品格魅力。

20世纪90年代,"寻常人家"是上海一家有线电视台的黄金栏目,深受市民喜爱。我,不修边幅的尊容也有幸在这档节目里晃来晃去,竟然扮演了一回"主角"。我的父亲——一个有六十多年党龄的离休干部和资深的文化老人,却成了我的"配角"。这"主角"和"配角"的转换,起初是我父亲建议的,因为我出版了第一本专著《鲍罗廷与中国大革命》。

"寻常人家"导演劳君功不可没,他从善如流,凭着第六感觉,抓住稍纵即逝的灵感尾巴。一天下午,劳君突然打电话给我,说是改变计划,马上赶到皖东滁城拍外景。这时已经是3时45分,我在打工的编辑部里改稿子,一听马上要去我原来工作的滁城单位,觉得很惊喜。事后我才知道劳君打破"寻常人家"的拍摄惯例,我是第一个享受到外地拍景的对象。

劳君给我的第一印象,一副落拓不羁的模样,厚厚的绒衣敞开着,头发也未梳理,一脸的疲惫,似乎永远睡不醒。照照镜子,我也是这副德性,老二莫说老大。我是拿笔杆子的,吃的是"书面语言"饭。他呢,则是以"视觉语言"进行操练。按理两者都是文艺根藤上结的两种瓜,有着许多共同的"联姻"之处。谁知后来的事实严厉地教训了我一顿,让我这个木榆脑袋大开窍,哎哟,原来如此。

紧张地拍摄,紧张地奔波,紧张地捕捉每一个瞬间产生的灵感细节,"紧张"二字消耗了劳君等人大量的脑力和体力。如果没有亲身体验一下,我大概还一直以为写作才是"炼狱"里的苦役——"管它春夏与秋冬",躲进"格字楼"里成一统。

终于,我们返回上海,并约定:第二天早上9时到我家,拍摄我的父母和一大堆书,下午,到我打工的编辑部拍摄场景,然后去绍兴路,寻找我孩提时的梦想。以后劳君等人为此纪实片取名为《圆梦》,他们确有超前意识,几十年后"圆梦"成为全国热门的流行词。

"落雨喽,打烊喽,小八腊子开会喽,大头娃娃跳舞喽……"劳君等人精心编辑的纪实片子(长约二十分钟)终于开播了,出现了陌生"他"的形象:一个戴眼镜的男子由远而近,拎着一只马夹袋,外衣半敞着,头发依然没有梳理,沿着熟悉的绍兴路,漫不经心地走走、看看。"他"在上海人民出版社的门市部前停下脚步,透过玻璃橱窗,看看里面陈列的新书籍。他那样子很像小时候贪婪的模样,只是这一回没有把鼻子紧紧地贴在玻璃上,变成一个塌鼻头的"馋相"。因为"他"毕竟是大人了,有一个上学的女儿。

当"他"走到绍兴路另一端时,显得有点不安,东张西望,似乎在寻找什么。眼前这幢大楼外貌变得漂亮多了,哪里还能分辨出昔日的"老脸","他"的父亲曾在这里的办公室里有个显要的位置。"他"呢,那时才上小学,有时带上小伙伴常到这幢大楼里玩耍,留下了嘻嘻哈哈的笑声。

"我在圆我儿时的梦……"电视里的"他"说完了最后一句话。这时我才觉得"他"从电视里走出来,想和我握手、拥抱、祝贺。不过我想推开"他",重新审视"他"说过的每一句话,掂掂其中的分量,更想拍拍"他"的肩膀说:"嗨,老兄太紧张了。"

这部纪实片播出的当天晚上,我的父母很兴奋,笑眯眯地看完。随后电话铃声不断地响起,父亲应接不暇,都是老友前来祝贺的,父亲高兴地连连说:"谢谢,谢谢……"母亲乐得合不拢嘴,用宁波话说:"交关好,勿话来!(好得没话说了)"

我和父亲的合作

父亲离休后,与母亲曾几次到滁城来休养,住在我家里。父母住在前面朝南的房间,我们一家三口挤在后面一间。那时我们的女儿还小,父亲与她"躲猫猫",玩游戏,时间长了,父亲连连说:吃不消了。

那时,父亲的最大爱好就是不停地写信,让朋友圈都知道,他还很潇洒,身心健康,并没有受到一下子离开工作岗位的任何影响。不过,昔日战友来看望他,发现他有时死死地盯住一个地方看,好像那里有什么很强的磁场,紧紧吸引了他的眼神。十几秒钟后,他才恢复正常,好像什么事情都没有发生。

我有时"人来疯",看到父母来小歇,很是高兴,便写了打油诗。此后,父亲写信给南京的老友沙寄生(1995年12月1日),并附有毛笔书写的七言四句诗《虎儿献诗贺双亲》:"玉箫和鸣唐伶舞,西窗剪烛话五九,韦陀献杵四海乐,琅琊欧公叩小楼。"此诗并非严格按照七绝格律写的,其中嵌进父母的名字各一,涵义无需赘言。我作打油诗,父亲书写,这也算是我和父亲的一次合作。如今此诗和信件在网上拍卖,促使我回想起往事。

自从第一本专著《鲍罗廷与中国大革命》问世后,父亲对我刮目相看,开始与我进行学术研究的各种合作,最初是瞿秋白研究。

瞿秋白研究的发展道路走过了曲折的"之"字形,大致有五代研究学者:鲁迅、冯雪峰、杨之华等人是第一代的开创者,筚路蓝缕,当之无愧,举世公认。屈指算来,父亲属于第二代研究者,他和方行(文操)合编的《瞿秋白著译系年目录》、父亲撰写的《学习鲁迅和瞿秋白作品的札记》等属于开拓性、基础性的专著，曾经影响很大，如今却"鲜为人知"。第三代陈铁建、王观泉、王关兴、王铁仙（"一陈三王"）等在"文革"后涌现出许多杰出的研究成果。我父亲对他们这一代寄予莫大的期望，在他们的身上看到了研究瞿秋白的远大前景。我呢，勉强跻身于第四代，由此正式走上了"子承父业"的道路。

常州瞿秋白纪念馆长赵庚林很热心，也很尊重我父亲等前辈，于是父亲拉着丁言昭和我一起撰文，同时发表在赵庚林主编的《瞿秋白研究》1989年1月的创刊号上，以后该刊每期上都有我的习作，有时甚至多达四五篇，或以他人名字、自己任意取的笔名出现。其中一些文章比较有分量，具有继续深入研究、提升、扩大的空间，后来经过修改和补充，成为我撰写或与刘小中合作的瞿秋白研究系列丛书（七本，原拟写十本）的某个篇章；或者引开说去，则是我研究鲍罗廷、杨之华、张太雷等人的源头——开启思路。

父亲是《瞿秋白研究》年刊的顾问、忠实的读者，几乎每期必看，并习惯在有关重要文章的段落旁添加评语，用红墨水圈点，写下几行字，以备今后他用。有时他写信给我，告知哪些文章很重要，其中有哪些重要观点，哪些可以继续研究的角度和线索。这种远距离的指导和遥控的教育方式，让我受益匪浅，逐渐学会了看文、写文、改文、品文，也喜欢传文，用同样的方式感染周围的文友。形成以父亲为核心的研究圈子，向周围推开一个美妙的涟漪，一圈一圈地无声荡漾、扩大，不知不觉地影响了新老朋友的思维方式和价值观。

父亲在常州参加纪念瞿秋白同志就义50周年全国学术讨论会期间，遇见了孙克悠、苏渊雷、温济泽与杨之英、瞿独伊、瞿虹等人。这次大会聚集了新老研究专家、学者，济济一堂，堪称前所未有的盛会，大家畅所欲言，并在不同场合提出自己的研究情况和设想。王观泉向老友李福田谈起撰写瞿秋白传记的想法，李福田抚掌同意，我父亲表示大力支持，竭力提供各种研究资料。

果然，这次大会结束后接连出现几部有特色的传记和文学评传：陈铁健《瞿秋白传》（上海人民出版社1986年版）、王铁仙《瞿秋白文学评传》（天津百花出版社1988年版）、王观泉《一个人和一个时代——瞿秋白传》（天津人民出版社1989年版，丁景唐作序）。此后又有《瞿秋白年谱新编》（周永祥编，上海人民出版社1992年版，丁景唐、王铁仙作序）等，以及全国各地报刊发表了大量瞿秋白研究文章，百花齐放，精彩纷呈，掀起了新时期瞿秋白研究的热潮。因此，在常州召开的全国学术讨论大会成为新时期瞿秋白研究新起点的历史性标志，同时正式开馆的瞿秋白研究纪念馆也成为常州改革开放的一张新时代名片，传名于海内外的瞿秋白研究专家、学者心目中。

我父亲欣喜地看到令人振奋的新气象,在兴奋之余,写信给我,命我起草《瞿秋白研究领域的新开拓》一文,点评陈铁健、王铁仙、王观泉三本专著。该文认为陈铁健"如同一个表面上不动声色的雕塑家,将燃烧的感情蕴藏在简洁明快的线条上"。王铁仙以"一个学者素有的坦诚,小心翼翼地献出他心目中的瞿秋白文学剪影"。王观泉"以不同的情感语调作评述时,不厌其烦地介绍史实的每一个细节的同时,忽而唏嘘感叹,忽而慷慨激昂,忽而严峻肃立……"

1989年6月,在纪念瞿秋白英勇就义59周年之际,我应邀赶到常州,把文稿交给已到常州的父亲。父亲看后,在稿纸上作了较大改动,用剪刀、糨糊剪剪贴贴,按照自己的思路,重新安排文章先后次序,然后叫我誊写一遍,其实是重新写一遍。父亲又审看一遍,修改一番,最后才交给瞿秋白纪念馆馆长赵庚林。以后此文刊登于《瞿秋白研究》第2辑(学林出版社1990年版),文后落款为"1989年4—6月初写于滁县,6月21日—23日重新修改于常州市",这是父亲特地添上的。当时看似啰嗦,现在却成了一种历史记忆,填补了我和父亲两代人记忆中差点忘却的"空白"。

我和父亲应邀相聚在常州,则是常州瞿秋白纪念馆、常州瞿秋白研究会精心策划的结果。在纪念馆相邻的觅渡桥小学"破例"举办"丁氏父子瞿秋白研究学术报告会"。这在全国范围内尚属首次,也是最后一次。报告会前,父亲还与觅渡桥小学少先队员聚会,交流学习瞿秋白的心得体会。

在报告会上,父亲介绍了自己在"文革"前后对瞿秋白研究的两个阶段,反映了整个瞿秋白研究的深入和发展。他高度评价《瞿秋白研究》年刊,认为这是海内外唯一的一本瞿秋白研究专刊,对中国学术界、思想界、文化界的一大贡献,也是培养瞿秋白研究新生力量的极好园地。

我受到父亲讲话的启发,开场白作自我介绍时说:"我是瞿秋白纪念馆培养的,我的第一篇瞿秋白研究文章发表在《瞿秋白研究》创刊号上,由此激发撰写第一本书《鲍罗廷与中国大革命》。"我还说:"今天这个特殊的父子学术讨论会能够在常州举办,说明经济开始腾飞的常州同时重视精神文明,这是中央提倡'双文明'的生动体现。"这是我第一次登台发言,认为对瞿秋白研究必须要有整体观,运用开拓性思维方式,不应受条条框框的限制,既要继承前辈研究的优良传统,又要勇于为跨世纪的瞿秋白研究再做努力。

这次报告会由常州宣传部副部长、常州文化局局长、瞿秋白研究会副会长吴伯瑜主持,方行、唐振常、杨克平和常州宣传部副部长缪荣书等人先后讲话。报告后,大家余兴未尽,相互交谈,每个人的音容笑貌时时显示着重视学术研究的生动细节。常州教育学院老师王文强夫妇(同为华东师范大学毕业,王铁仙同班同学)、儿子特地招待我父母、三姐丁言昭和我等人,赵庚林、侯涤在座，大家谈笑风生。三姐还戏称王文强老师为"强哥"，这是曾热播的连续剧《上海滩》中主角许文强（周润发主演）的外号。

对此，聪明能干的女青年侯涤（后为瞿秋白纪念馆长）特地撰写了一则报道，发表在《瞿秋白研究》第7期（上海学林出版社1995年5月出版），留下了宝贵的史料，如今重新翻看此文，才回忆起许多往事。

当时我问侯涤：拍照了吗？她笑笑说：拍了，但是比较模糊。父亲将此照片转寄给张韧，并在照片后面写了说明。幸亏张韧有心保存，我才能审视几十年前我的尊容：头发比较长，还是那个落拓不羁的模样。父亲坐在我身边，他则是文质彬彬的一介书生，富有中国传统的儒者气质，仁礼谦让，荣辱不惊，平静的外表下依然蕴蓄着昔日"歌青春"诗人火山般的激情，与我几十年前在"五七干校"看到他时没有多大的变化。

事前，赵庚林曾委托我撰写一文，题为《"用秋白精神研究和宣传秋白"》，经人民出版社资深编辑张小鼎介绍，发表于1994年6月3日《人民日报》。该文第一次向全国读者公开介绍了《瞿秋白研究》刊物：力求学术性、理论性、史性和纪念性、可读性及世界性有机统一。它吸引了全国和海外的瞿秋白研究人员，而且培养了不少年轻的学者，成为海内外所关注的瞿秋白研究中心和阵地，既展示了中国社会科学的部分重要成果和浓厚的学术气氛，也反映了革命教育的传统——"用秋白精神研究和宣传秋白"。

《瞿秋白研究》的论文视野和价值也不断地发生可喜的变化，由原先零碎的单一研究方式发展为系统性的整体研究方式，有意识地把瞿秋白研究的政治理论、思想变化、哲学贡献、文化心态、文学活动和道德伦理等各方面构成了一个庞大的"系统工程"，有利于历时性"纵"和共时性"横"的研究；由原先扫描式的表层研究发展为运用多种学科的不同新角度来观审，或者说以某一学科为研究基点向周围接壤和各个学科"辐射"，形成了政治、历史、文学、美学、哲学、语言学、地理文化环境等等相结合的多向性研究。

这些评语是对当时瞿秋白研究正处于前所未有的"黄金"新时期的概括描述。当时正逢改革开放的春天，大批研究学者重新找回失落多年的学术尊严和自我价值，曾被"文革"严厉压制的思想情绪猛然冲出禁锢牢笼，多年积累的学术心得和感受尽情地宣泄在笔下，一吐为快，从而形成"井喷式"的学术辉煌壮观。

每次去常州参加瞿秋白研究学术讨论会，父亲总是很兴奋，时常与其他资深学者介绍我。一次，我睡午觉，偷懒不想起来。突然电话铃响了，父亲严令我火速赶到会场，原来中共中央文献研究室常务副主任金冲及亲临现场，要颁发给年轻学者的鼓励奖。我带着十分抱歉的神色，与金主任点头打招呼，父亲在一旁含笑，权作"打圆场"的效应。等我转身上台去领奖，却因为台上人太多了,我知趣地下台,乖乖地坐在下面。

一日,父亲问我写什么文章,交上去。我答曰:请放心,马上给你。1995年初,我为父亲起草了《瞿秋白与米夫》一文,父亲修订后呈交此文(后收入《瞿秋白研究》第 11 期),去北京参加瞿秋白就义 60 周年纪念会及研讨会。

那时,我刚刚回沪打工,经常住在办公室,十个椅子拼成一张床,一个椅子价格百元,这张特殊的床价值千元。相当于我打工的月薪。后窗是沪西工人文化宫,每天晚上九点半,高音喇叭准会传出叫喊声,提醒游客离去。这成为我睡觉的熄灯号,放下圆珠笔,简单洗洗,躺在椅子"床"上。米开朗基罗、肖邦、达·芬奇等世界级艺术大师先后在我的笔下鲜活起来,他们穿着欧洲古装,整天在我的眼前荡来晃去,冷不防冲着我做个鬼脸,耸耸肩膀,摊开双手,对我打个招呼。有时,帮助我打字(我还不会使用电脑)的热心人显得不耐烦,说:"怎么还不死啊?"我只好加快写作速度,凌晨二点多起来,加速笔下人物走向生命的尽头,但又觉得很惋惜,总想让他们在我的笔下再多活几天。

一天,我回家换衣服,突然接到一个电话,对方用纯京腔开口就说:"终于找到你了。"原来我也很荣幸地被邀请去北京参加纪念会,父亲曾提前与我打招呼,我没在意,心思都放在打工的诸事上。我急忙道歉,表明自己确实无法前往,对不起! 现在想想很后悔,否则我与父亲一起出现在北京,那才是互相合作的"巅峰之作"。

因此,不妨细细地读一下本书,走近瞿秋白——这位中国知识分子如何成为党内领袖,又如何遭到残酷打击,大起大落的政治命运在他心灵上留下什么样的思想轨迹。不过,平时生活中的瞿秋白仍是一个江南才子的形象,他的光明磊落、高风亮节,值得人们敬仰。

两年后(1999 年)正值瞿秋白诞辰一百周年,本书谨作一个真挚的纪念。

这是我为第一次为父亲起草的序言,落款时间是 1997 年 7 月 1 日"香港回归纪念日",编辑的书名为《瞿秋白印象》(学林出版社 1997 年 12 月出版)。粉红色的封面上署名父亲和我的名字,见证了我们父子俩合作的第一本书。

事前,78 岁的父亲拿着厚厚一叠有关材料,命我去复印一下,说是要交给出版社。我的直线思维占据上风,实话实说:自己打工的单位最近查得很紧,这么多的材料要分几次打印。父亲听完后,重新拿起那些材料,面无表情地上楼了。

几天后,一大摞复印好的材料出现在我的面前,这是父亲请其他人去办的。顿时,我哑口无言,真想抽自己几个嘴巴子。父亲依然是那个严肃样子,不过语气缓和些,对我说:"这些材料,我已经分成六个部分,你分别起个小标题。"我立即转动脑子,很快交稿了,父亲没有说什么,又命我起草序言。

我拿起圆珠笔起草时，特意突出瞿秋白的双重身份：政治领袖、江南才子（如上），这可能触动了父亲敏感的神经，他自己也是双重身份：老革命、高级知识分子。大凡喜欢研究的历史或现实对象，总是与自己的坎坷经历和不幸遭遇有着某种相似之处，很容易引起强烈的共鸣。父亲心里是怎么想的，我不知道，至少我是如此。

对于我起草的序言，父亲没有发表意见，略作文字上的修改，便通过了。如果要他点赞，他也只是在背后与友人说，绝不会当着我的面说个好字，这大概是他长期以来积累的工作经验之一。

此书稿问世后，出版社负责人坚持要付稿酬，父亲一听顿时变色，坚决推辞不收，因为牵涉到收入各篇文章的每位作者的著作权，绝不能越雷池半步。我却恬不知耻地开玩笑说：自己起草序言有功，请赏银几两。父亲瞟了我一眼，好像我是那么的陌生——出现了一道可怕的鸿沟，他随手扔给我"两张分"（两百元），慢吞吞地上楼了，他的沉重脚步声却像重锤声敲着我的心房。父亲最讨厌小市民的小鸡肚肠，锱铢必较，毫厘不让，犹如《儒林外史》中临终时执意要抽掉一根油灯草的那位吝啬的守财奴严监生。

我和父亲第一次合作成功，父亲很高兴，以后只要遇到有关瞿秋白的专著，需要我这个愣小子出力起草序言的事情，他总会说："言模，拿去看看。"不知哪年哪月哪日，父亲不再叫我小名，而是叫我大名，且舍去姓，表示一种亲昵称呼。以后接触外国文学作品多了，总会看到一种亲昵称呼，便会联想到父亲和颜悦色的举止。

一日，"聪明绝顶"的陈福康来电，要我去参加一个饭局，并且说了一通理由，希望我能撰写著名翻译家曹靖华的传记。前来聚餐的人不少，均为"佼佼者"，上海外语教育出版社负责人作为东道主，介绍了准备出版一套中国著名翻译家传记丛书的总体设想框架，并且规定每个人物传记的文字不能超过十六万字，说这是经过市场调查的结果。

那时，我还是住在办公室里，不分昼夜地赶写，毕竟这是好友陈福康第一次邀请，不能给他丢脸。三个月后，我兴冲冲送稿去，事后，陈福康对我抱怨说：按时交稿的只有我一人，不过出版社负责人有些不快之余，明确表态即使一人交稿也要出版。

为纪念我国著名翻译家、作家、教育家曹靖华先生百岁诞辰，言模应约写了一部《曹靖华》书稿。不久之前，上海外国语大学陈福康托我与著名翻译家草婴联系，请他为此书作序。国庆前夕，我与老友草婴通电话，他的夫人告以草婴因眼疾开刀，卧床静养，不能执笔，而且他从未为人写过序言之类的文字，请予谅解。福康闻讯之后，便力主请我为此书写序,并说请示过有关领导。我再三推辞,无奈他执意请求。为了不因此延误出书,现就写下我所知有关曹靖华二三事应之,也作为一个后学者对鲁迅、瞿秋白的好友、文坛前辈曹靖华先生的百岁诞辰纪念表示一点诚挚的敬意。

这是我起草的《曹靖华》序言,经过父亲的精心修改(1997年10月5日—6日),改题为《话说曹靖华先生二三事(代序)》。此标题改得巧妙,一是父亲谦称作为后辈并无资格来写序言,只能说说知道的几件事情作为"代序",以示对前辈的敬意。二是不忍拂了"忘年交"陈福康的一片美意。三是坚决支持我第一次应邀写的书稿,却要"绕个弯"来表示,以防"好事者"的叽叽喳喳。

我撰稿时多次请教父亲,其中有一些疑难的问题。我当时看到一则材料:在上世纪30年代刊物上,曹靖华与黄源曾合作编译过《普希金年谱》。我便请父亲写信给杭州的黄源老先生,其中是否产生了动人的故事。父亲答曰:没有此事。但是,我执意要请他写信去问问。父亲只好推开眼前的稿纸,写了一封信寄出。

三天后,便收到黄源老先生的回信:"《译文》(丁按:最初三期为鲁迅编就交给黄源付印,以后就由黄源负责编辑了)上有两个普式庚年谱,一个是1937年2月普式庚逝世百年纪念号上的《普式庚年谱》,是曹靖华的,第二个年谱是日本改造社编、雨田译……并无曹靖华和我合作的普式庚年谱。"《普式庚年谱》即《普希金年谱》。因此,我想寻找其中的动人故事也无从谈起。

《曹靖华》的封面设计很漂亮,出自资深美术家范一辛之手(他曾为我父亲设计《学习鲁迅作品的札记》初版本的封面,1980年5月出版),他巧妙地运用紫色底色,凸显传主的老照片,顿显光彩。父亲很重视此书,毕竟这是第一本曹靖华的传记,我还发现不少新资料,填补了一些空白,更重要的是我写完书稿,才发现这是献给传主百年诞辰的最好礼物。

父亲在此书中作了不少批注,还特地用深绿色纸条黏贴一旁,以便查用,放置三楼玻璃书橱内,有资格登堂入室——此书橱里的书刊都是父亲的宝贝。

写作此书时,得到曹靖华的女儿曹苏玲老师的大力支持,她提供了她父亲的诸多照片,我在后记里特别感谢她,以及我的父亲、黄源、陈福康、王锡荣、龚端云(华东师范大学图书馆)等人。

以后,我到北京去探望曹苏玲老师,她是一名出色的翻译家,继承了她父亲的优秀品质,非常热情,考虑问题很周到。她主动提出让我在她父亲的遗像前留影,以此作为纪念。以后,隆重举行曹靖华百年诞辰的纪念活动时,曹苏玲老师特地发来邀请函,希望我能前去参加,但是我因故未能成行。她表示遗憾的同时,热情地寄来一本装帧精美的曹靖华画册,并在信上说了许多感谢的话,这让我真不好意思。此后,曹苏玲老师的弟弟曹彭龄撰写了一本《伏牛山的儿子——曹靖华传记》(人民文学出版社 2008 年 7 月出版),内容翔实,叙述生动。我收到此书后,立即回信,表示感谢,并向父亲汇报了这些情况。

五个系列的链接故事

深受父亲的影响,我最初也是研究鲁迅等左翼文学。当初入门者如今已是知名教授、研究员,顶着五彩光环。我,依然如旧,从年初一忙到除夕——穷忙,早晨吃一大碗泡饭、一块半玫瑰豆腐乳,清贫和劳累将继续忠实地伴随我聊度余生。

围绕着书刊做文章,这是父亲大半辈子的主要生活乐趣。他一生积累的最大财富——大量藏书,滋养了我的学术头脑。

我先后撰写的鲍罗廷、杨之华、曹靖华和米开朗基罗、肖邦、达·芬奇等中外名人传记,无形中成为我的第一个研究系列丛书。

我原想"以文养文",挣点稿费,补贴学术研究之用。但是,继而撰写的中国商帮传奇系列(四本),并未产生黄金效益,犹如飘散的纸屑扔进万丈深壑,无声无息。不过这些成为我的第二个系列丛书,权作自我安慰——阿 Q 精神还是需要的嘛。

第三个系列丛书,即我原拟写或与刘小中合作一套的瞿秋白研究系列丛书,结果完成了七本即《瞿秋白年谱详编》《瞿秋白佚文考辨》《瞿秋白与名人往事》《瞿秋白与书籍——丁景唐藏书研究》《瞿秋白与杨之华》《瞿秋白与共产国际代表》《瞿秋白、鲁迅等人往事探觅》,原拟写十本,抽个整数,无奈没有心思继续,况且后面三本是纯理论的,更加无人问津。其中最后一本《瞿秋白、鲁迅等人往事探觅》的第一部分是有关瞿秋白研究,其他部分内容因故大变样,因此只能勉强算"半本"。

关于最后的"半本"故事,最初由我父亲的"忘年交"刘小中主动提出掏出一年退休金的一半,加上某书的稿费,凑成一笔经费出版,因我手头有一部现成的书稿。但是,我婉言谢绝,不忍心再让刘小中破费了,他为了这套丛书付出了大量的心血和时间,以及遭受了说不完的窝囊气。他的善良、真诚、宽厚、淡泊总是被人耍弄、利用,甚至被无情地践踏,但是他依然忍辱负重,坚持整理、编写。我始终为他打抱不平,但手中无职权,只能在徒有虚名的道德法庭上为他申辩,呐喊。

想来想去,最后"半本"的前身书稿还是"藏之名山",忍痛"大换血",究其原因:寒心。

事前,我和刘小中精心策划、编写的《瞿秋白佚文考辨》经历了"八年抗战",期间发生了很多"不齿之事",但是仍然难逃被"腰斩"的命运。加之如今人生观、价值观、伦理观大走样,以及多元化的视野,芜杂的各种读物,还有占据统治地位的孔方兄,肆意横行,吾辈无可奈何,即使说上几大筐"铮铮"之言,也不抵几张三位数额银票的魅力。

记得我开始搞瞿秋白研究时,受到父亲的深刻影响,一心想填补空白。在上海《民国日报》影印本上找到了一篇瞿秋白佚文《关税特别会议问题——帝国主义的进攻》,欣喜若狂,立即抄写在本子上。回家整理后,撰写了一文,寄回家。父亲很高兴,请老友陈给(陈星的父亲)处理。陈给叔叔亲自送到《学术月刊》编辑部,不久刊登了。父亲写信告诉我,并且寄了好几本刊物。那时学风不错,编辑部比较尊重搞学术研究的,特别是瞿秋白先辈的有关资料。

瞿兴华(瞿秋白的唯一侄子)参加编辑新版的《瞿秋白文集》时,来信问我要瞿秋白佚文时,我立即寄去。瞿兴华把这篇瞿秋白佚文编入《瞿秋白文集》(政治理论编)第八卷(1998年12月出版),该卷《编后记》最后写道:"如有必要时,或可再编一本《瞿秋白佚文编》。"2012年2月29日凌晨,瞿兴华因病不幸去世,我撰文以作追思,收入《瞿秋白、鲁迅等人往事探觅》。这本书得到瞿兴华的大女儿瞿虹的资助,书的后面勒口还刊登了瞿兴华一家的各种彩色照片。

时过境迁,凶猛的市场经济大潮也撼动了学术界,扭曲某些人的心灵,各种"敲门砖"应运而生。当年瞿兴华等学者老师所期盼的瞿秋白佚文集,我尽了绵薄之力初步完成了,但是命运又是什么呢?现在我手头还有瞿秋白的佚文、杨之华十几万字的遗文,无处发表,谁会感兴趣,出资成书呢?

这"六本半"都是在家父丁景唐悉心指导下完成的,披露了许多鲜为人知的史料,填补了一些史学上的空白,并从不同的研究视角、不同的观审层面、不同的表述方式,较好地表现了瞿秋白的政治道路、著作活动、坎坷人生、感情世界、社会交际等等,也许在瞿秋白研究史、中共党史人物研究史上都是独一无二的,当然也有可能成为"出土文物"。

虽然有"王婆卖瓜"之嫌,但是我还是要说说最后"半本"的有关内容,颇有学术价值,至少那些喜欢"炒冷饭"的遗老新少"看不懂",他们只会采取"鸵鸟政策",别无良策。

其中《瞿秋白在监狱中唯一一次接受记者采访》《杨之华撰写〈瞿秋白同志年谱〉》两文原拟放在《瞿秋白佚文考辨》里,但被迫"撤稿",即使是该书的

"附录",也被告知不准"打地铺"。当时被告知的理由很简单,要"净化"该书内容,忠诚于"佚文"二字。有关人员大概不想知道也无需知道这些瞿秋白佚文的出处和有关解释,同时不准读者去了解——以作研究参考之用,但愿这是一派胡言乱语。

现在编入最后"半本"时,只是把原来的"考辨"内容提升为文章的主要内容,瞿秋白的佚文则降低身份,屈身于"附录",与该书的体例统一起来。

另外两文《瞿秋白夫妇合作的删改佚文〈苏联社会主义改造的新时代〉》《瞿秋白的姑表兄周君亮〈坠尘集〉》,原拟一起增补《瞿秋白佚文考辨》一书里,不幸发生被"腰斩"一事,只好作罢,现在总算重见蓝天、白云、阳光。

至于《新发现的首张瞿秋白名片》《〈邪气好记性〉译者是瞿秋白吗?》《瞿秋白父亲瞿世玮及其〈山水入门秘诀问答〉》三文的来历,很有意思。

一日,某单位的负责人前去华东医院看望我父亲,说是在尘封半个多世纪的档案里发现一件珍贵的历史文物,即迄今为止所能看到的第一张瞿秋白名片。父亲"老见异书犹眼明",顿时来兴趣了,见我去了,便叫我去尝试考证一番。我说试试吧,不过难度很大(全文见本书附录)。

《〈邪气好记性〉译者是瞿秋白吗?》一文是试图回答父亲长期以来一直想解决的难题之一,我在该文开头写道:

> 鲁迅编辑的《译文》第1卷第3期(1934年11月)刊登万余字的译文《邪气好记性》(意即"非常好的记忆力",全文见本文附录),署名若水,令人惊奇的是此译文通篇都是使用沪语(上海话),包括注释。这是中国现代翻译史上唯一的例子,在某种程度上具有"开拓性"意义。但是,此译文长期以来一直被人遗忘,也从未有人去探究译者"若水"是何人? 根据有关资料分析和初步推论,认为此译者很可能是瞿秋白,但是,存在几个棘手的疑难问题。

父亲曾托人复印了译文《邪气好记性》,后来找不到了,只好再次托人去复印。他住在华东医院初期,还惦记着这篇译文,见到我时经常说:"滑稽,真滑稽,用上海闲话翻译,从来没有过,我看只有瞿秋白有这种资格。"他说:

> 我初步认为此译者很可能是瞿秋白,主要有四点理由:一是《译文》第1卷前3期都是鲁迅编辑的,许多译稿原来就在鲁迅手边的。1934年初,瞿秋白去中央苏区瑞金之前,留给鲁迅许多著译文稿。二是当时懂得俄文、英文的翻译家行列中,瞿秋白是佼佼者,他的水平很高,这是公认的。三是20世纪30年代左翼文学队伍里,瞿秋白是一个领军人

物,他大力提倡大众文学,并创作了许多大众文学作品,影响很大。四是鲁迅与瞿秋白都喜爱书籍中的美术插图,《邪气好记性》原配有横趣妙生的4幅漫画,与文字相得益彰。加上其他各种因素,我认为瞿秋白是翻译《邪气好记性》的最佳人选。但是需要考证,其中存在一些棘手的疑难问题。

这是我为父亲起草序言中的一段话。其实,《邪气好记性》出现的沪语,来源复杂,其中包含了浙江(宁波等地)、江苏(苏北、苏州等地)和上海本地话等南方吴语系,如"我伲"(上海浦东本地话)、"把你"(给你,苏北话)、"相貌总归是勿灵"(外表还是不如意,宁波话)、假痴假呆(装傻,宁波话)。还有夸张的描写:"一双眼珠子卜落托苞子出来",指一双眼睛一下子掉出来;"我头也喊破头格哉",形容叫喊的时间只长、声音之大,甚至"头也喊破了"。这些与如今随时代变化而变化的上海话有些区别,有的已经不常用了,只有老年人有时还说说,年轻人是根本听不懂。《邪气好记性》里有许多段落译得很生动:

> 伊拉两个头吃勿住一班同伴拉浪旁边哇啦哇啦笑着,挖苦,讥讽,就此互相扭着,拉浪地板上惯起跤来。格张吪末靠背格椅子也翻倒哉,让伊拉踢到子一只角落里去,墨水瓶蹦出子架子,墨水流过桑卡刚刚拉写格信上。疯狂拉浪统治哉,床铺砰嘭砰嘭全碰拉浪墙壁上。旁观人像煞挨磨能格,兜着圈子,喊着,笑着,弄到子比两个战斗员自家还要兴奋。
>
> "阿木林,买买加!好好交把伊吃一记啊!"
> "拉浪太阳神经结上,桑卡!用劲!"
> 一歇桑卡拉浪顶头,一歇是麦买加持浪顶头,过一歇又是桑卡拉浪顶头,过一歇又是麦买加拉浪顶头,拳头搭落雨能格落着。

如果采用浦东说书或苏州评弹艺人的地道方言、声韵、口气,加上特有的道具,以及"手舞足蹈"的形体语言进行表演,那真是民间艺人的一出精彩表演,为观众带来生动的现场"解说"。这正是瞿秋白大力推崇的"下里巴人"喜闻乐见的文艺形式,哪里还有什么"阳春白雪"的高雅气息,一切翻译的藩篱禁区在这里被打得稀巴烂,只有一杆高高飘扬的文艺大众化的旗帜。

这些都是我父亲心里想说而未能说出来的话,遗憾的是此文收入的一书问世后,父亲的眼睛不行了,只能拿着放大镜勉强看几行字。否则他还会很高兴地对我说:"滑稽,真滑稽!"

《瞿秋白父亲瞿世玮及其〈山水入门秘诀问答〉》一文来源是王观泉的命

题作文。

2015年新年伊始,王观泉拿起放大镜,看到某报上一则"转让旧书信息",突然眼前一亮:瞿圆初(瞿世玮,瞿秋白父亲)《山水入门秘诀问答》。"哇,我老王新年交好运啦,喜羊羊(洋洋)!"王观泉慧眼识货,认为此书早已久闻,现在手中的这本是21世纪重新面世的第一本。他立即掏腰包,复印了十五本,并按照原样复制封面,并且依次编成号码,分别寄给文友。王观泉恨不得第一时间召开记者招待会,向全国学术界发布新年第一号特大新闻。

我和葛昆元相约一起去看望王观泉夫妇,我买了速冻饺子,葛昆元到附近小饭店点菜,委托准时送到王观泉夫妇的家中。王观泉得意地拿出《山水入门秘诀问答》复印本,分送给我和葛昆元。在送给我的一本后面版权页上注明:"王观泉敬造十五册,此为第五册",其中册数处故意空格,随时填写。他当场叮嘱我快点撰文(全文见本书附录),交给葛昆元,在《上海滩》上发表。

我特意拍下一张照片:王观泉胡子花白了,戴着蓝色的贝雷帽,一幅深度的眼镜后闪烁着睿智的眼神。他手里拿着《山水入门秘诀问答》复印本,背后是一排"顶天立地"的开架书橱,摆放着他多年来精心收集的大批中外书刊。

我及时向父亲汇报,父亲露出了欣慰的笑容。但是,王观泉相濡以沫的老伴鲁秀珍突然在午睡时安然去世(事前已经多次去医院治疗),使他遭受了巨大的打击,从此一蹶不振。王观泉最后一次到医院来看望我父亲,两人隔着小桌子,对面而坐,面前散放着几张白字,两支圆珠笔,他俩在作笔谈,加之少许的语言交流,配以各自的肢体语言。

午饭前,我接到电话,父亲命我立即赶到华东医院,护送王观泉回家。我立即放下锅铲,骑着自行车飞快地赶去,于是看到了父亲与王观泉最后一次特殊交谈的场景。那天运气不错,我搀扶着王观泉下楼,出了华东医院大门,就有一辆刚停下送客的出租车。王观泉坚持不准我护送,说是自己可以平安到家,叫我回家去。他向我招招手,若无其事地招呼司机开车,谁知这竟是诀别。

王观泉不幸去世的消息,我们都瞒着父亲,生怕他为了失去了最为亲密、得意学生的噩耗,影响到他日常起居的生活。他们之间的关系非同寻常,说起来足以写一本厚厚的纪实专著。

父亲可能早有预料:这"六本半"的瞿秋白研究丛书暂且创下好几个沉重的"第一":全部看过已出版的六本书的读者大概只有个位数,这与父亲当年两本专著拥有的广大读者无法相比;刘平、陈辽、叶楠、侯涤等极为热心的师友撰写过评论文章,但因种种原因无法整体评价"六本半"专著,暂且留下一个非正常的"空白";只有几家刊物先后刊登了这套丛书中几本书的出版信息,再也没见到其他所谓"权威"刊物的任何介绍,哪怕只有几行字;几乎没有人承认这套瞿秋白研究系列丛书的问世,甘愿保持各种形式的"沉默",采用大致相同的"鸵鸟"策略,有些人热衷于侈谈、爆炒、猛吃"冷饭",认为那才是"正宗"的学术成果,见多不怪,等等。

"六本半"平均每年完成一本。我们"草台二人转"的底层身份决定了这套丛书的命运,没有什么雄厚的基金,没有广告商轰炸式的大肆吆喝,更没有什么指鹿为马的权贵撑腰,我们只有两个字:苦干。我们得到许多好心人的热情支持和无私帮助,生动故事经常发生,他(她)还不愿意声张,认为这是"以秋白精神宣传秋白"的义务和责任。

原想"以文养文",但是拿的稿酬根本无法"养活"瞿秋白研究系列丛书。在走投无路时,我的老父亲和不愿声张的好友慷慨解囊,特别是善解人意的瞿虹、侯涤、何瑛等人,在关键时刻慷慨支持——"及时雨",当然还有刘小中的教书月薪、我家人的银子,七凑八凑,加上其他亲朋好友的各种热情支持和无私帮助,才有了如今"好莱坞"的结局。但是我无论如何笑不出声,代价太大了,在这里只能真诚地说一声:谢谢各位!

同时,又酿成了"你方唱罢我登台"的精彩剧情一幕幕,犹如当代《儒林外史》的连台唱本,猜疑、嫉恨、嘲讽、苛责、刁难、冷漠、愚昧、欺诈等等演绎的曲折故事并不为奇。历尽九九八十一之难,热情被践踏,善良被愚弄,仁义被交易,创新被刁难,执着被嘲讽,真诚被扭曲,辛劳被冷漠,近十年期间这一切都习惯成自然——试图突破瞿秋白研究"瓶颈"的艰难努力。

我原来用圆珠笔写的文稿早已化作彩蝶,飘飘然飞了。我写了这么多年,除了那些叽叽喳喳嚼舌根的好事者留下的一大缸唾沫,以及某些要人大发淫威,显示的"九阴白骨掌"的鲜红印痕之外,我还赚得了一身的劳累,以及家人的抱怨、好友的苦笑、同事的劝说,都在我写的各种书籍里得到了真诚的回报——衷心地感谢。

"自说自话"瞿秋白研究系列丛书,其实很累很苦,心里憋得慌,大量的内情不能披露,否则"天下大乱"。同时,有的书中存在一些问题,责任在于我,与其他人统统无关,欢迎"向我开炮"。

我曾断断续续向父亲吐露以上点滴情况,而且拐弯抹角谈起。父亲穿着蓝色竖条纹的病号衣裤,手臂上蒙着一块纱布,其四周泛着红色消毒水,那是便以吊盐水的。他低头喝几口稀饭,手里拿着筷子,颤抖抖地夹几根酱菜,送到嘴里,慢慢地咀嚼。他没有注意我的讲述,仿佛我并不存在,他的思绪飘远了……

在那些艰难日子里,终于有一天贵人降临了,由此我开始了第四个研究系列,研究对象是瞿秋白的同乡、同窗、战友张太雷。

钱听涛是北京大学的高材生,曾担任某首长的秘书,后为中央党史办副研究员,并且是五代十国吴越国王钱镠的后代——一个"超级棒"的钱氏家族,其中有声名显赫的"三钱"(钱学森、钱伟长、钱三强)等。钱听涛曾整理过钱氏家族谱,为人低调,从不张扬。

一日,召开瞿秋白研究学术会议期间,年逾七旬的钱听涛拄着拐杖,缓慢地走进我的住处,严肃地说:"小丁呀,我希望在有生之年能够看到张太雷传记。"此言让我心头一震,几秒钟后才缓过神来。他是看了我写的《鲍罗廷与中国大革命》之后,才决定亲自与我商谈。这哪里是商谈,分明就是下令。

钱听涛退休后全力以赴挖掘和研究张太雷的生平史料,在常州有关部门的大力支持下,编写了《张太雷研究史料选》(中央文献出版社2007年版)等,为我研究张太雷时必不可少的重要参考专著之一,我尊称他是新世纪张太雷研究的开创者、奠基者、指导者。他多次写信指导我,及时提供各种资料,字里行间流露出对同乡先烈张太雷的深厚感情。

"我是冯海龙。"他爽朗的声音、健壮的身躯,令人联想他的外公张太雷的身影。他曾和我谈起当海军的经历,冬天炮舰上手指粗细的船舷栏杆一夜之间变成碗口粗,那是凶猛海浪不断扑打、不断结冰的结果。大风大浪的严峻考验,锻炼了他的果断、勇猛的军人作风。有时他绘声绘色地谈起上海滩市民趣闻,逗得满桌人捧腹大笑,幽默谈吐、观察敏锐不经意中显露出来。他拍摄了大量的资料照片,整理到半夜,慷慨送给我,填补了我的知识结构的空白。

"恽霄为了查这些资料,在网上搜索,还利用三个周末专程乘火车往图书馆跑了三次,蛮辛苦的。他是第四代人,在国外受教育,还这么认真,我十分高兴。"冯海龙将军在电子邮件中欣慰地写道,自豪之情言于溢表。他还托人从国外购回《华北明星报》3盘缩微胶卷(1919年1月—1921年3月),无偿捐赠给常州张太雷纪念馆,完成了让该报"回家"的心愿。张太雷的外孙女张子娟、冯海阳、冯海晴、冯海兰等都以不同方式给予张太雷研究各种帮助,在他们身上仿佛看到了革命前辈的坚定信念、炽热情感和人格魅力。

常州市委党史工委主任虞建安曾来劝说我加入研究张太雷的行列,还有时为办公室主任叶英姿、张太雷纪念馆馆长黄明彦,以及常州中学张浩典、叶孟魁教授等都给予无私的帮助。同时,我还得到张太雷的母校天津大学(原北洋大学)领导和档案馆负责人、广东省委党史办、广州市委党史办和广东革命历史博物馆负责人等的大力支持和各种帮助。

我撰写《张太雷传》,并与黄明彦、张浩典完成《张太雷年谱新编》之后,我很幸运地遇到了华东师范大学李良明教授和该校出版有关领导等人,得到无私帮助。我与李良明教授合作《张太雷研究新论》,继而我俩加之黄明彦协助,一起搞了注释本《张太雷文存》(待审查后出版)。如果没有李良明教授的鼎力相助,那么《张太雷研究新论》《张太雷文存》早就被活活地"掐死"了,就像我撰写的瞿秋白、杨之华等研究专著一样,在某些人眼里这如同捏死一个蚊子——小菜一碟。

李良明教授为人爽快、热情,嫉恶如仇,做学问严谨,一丝不苟,一些专著具有公认的权威性。他在上大学时就看过我父亲的专著《左联五烈士研究资料编目》,很受启发。以后他在华中师范大学执教时,有的同事是左联五烈士李伟森的后代,与我父亲曾有联系。说起来李良明教授与我合作,是有缘分的。华中师范大学出版社有关部门负责人冯老师,在一次张太雷研究学术讨论会上,偶然谈起她写的文章,开头引用了我父亲的一段话——长期出版工作的经验。经李良明教授介绍,她才重新认识坐在对面的我。以后,她热情地提供各种帮助,让我受益匪浅。

冯海龙将军的交际能量很大,不断地挖掘新生力量,把他们推向张太雷研究的第一线。因此,形成了南北呼应、武汉和常州联动的研究张太雷的新型团队——老中青相结合,充满了朝气勃勃的精神,展现了美好的前景。

我"从米糠里掉到了糖罐里",与过去研究瞿秋白的条件相比简直是天壤之别,在钱听涛、冯海龙等人的身上哪里有半点铜臭之气,非但没有私欲恶性膨胀、颐指气使、仅有半瓶醋的"拍门砖",而且他们主动营造了一种宽松、民主、互助的气氛,促使我不停地敲打键盘,电脑屏幕上不断地出现新的课题内容。

我向父亲汇报时,他眯着眼微笑着,要我向钱听涛、冯海龙等人代问好,并且提醒我家里有一套革命烈士小传的书,可以去找找。

我回家去查找一番,果然找到,这一套集子都是中共七大(1945年4月23日至6月11日)召开后出版的。每本书的卷首均为《中共七大代表暨延安人民代表追悼中国革命死难烈士祭文》(1945年6月17日),不过每本书记载的烈士小传有些不同。其中有张太雷的小传,作者是李光(滕代远)。他曾与彭德怀、黄公略等发动和领导了平江起义,成立了中国工农红军第五军,他是湘鄂赣革命根据地的创建人之一。新中国成立后,他担任铁道部部长等职务。对此,另撰文述说。

我写完了张太雷研究系列丛书后,我父亲已经95岁了,我急忙到华东医院与他商量,准备研究左联刊物,作为我撰写的第五个系列研究丛书。父亲当然很高兴,他长期研究左翼文学,迄今依然感兴趣,特别是新资料、新观点。而且,他曾经主持出版了一批现代文学刊物"孤本"的影印本。如今这套影印本也成为稀罕之物。虽然有的学者提到过,也写过文章,但是大多是介绍性的,并没有深入研究。

左联会址纪念馆负责人何瑛来看望我父亲时,谈起我的写作计划,于是双方一拍即合,把我准备撰写的这套丛书纳入"虹口记忆"宏伟工程之中。

父亲也有一个"虹口记忆",曾写下《长忆虹口少年游》(未刊稿),把虹口比作"我的第二故乡"。他11岁从宁波乡下到上海,住在虹口区鸭绿江路周家嘴路三昇里,第二年搬到附近的狄思威路常乐里,直到1937年上海八一三全面抗战爆发,才离开那里,前后住了六年。1937年底,他参加了中国共产党领导的上海学生界救亡协会("学协"),1938年11月参加中国共产党,投身于抗日救亡的洪流中去。

没想到父亲早年的虹口情结,在晚年时竟然由我来"续接",真是无巧不成书。

我在电脑键盘上的思路控制了这次的课题"解读三十年代左翼文学期刊"(后改题为《穿越岁月的文学期刊和作家》,以下简称《穿越》),又是自找苦吃,何必"解读"呢?二呀,傻也,呆矣。记得小时候,老父亲已经是吃鱼的行家,鱼骨头都能嗑得滋滋有味。现在,我的"解读",也是嗑鱼骨头,期刊的边边角角,如编者启事、编后语、广告,甚至有的作者文后寥寥几句话的"附记",都是我细细品味的对象。当然,"解读"时一不小心也会被细小的鱼骨卡住喉咙,岳阳路的五官科医院也无法"妙手回春",只有靠自己的"内功",慢慢地消化,非常难受。

还早呢,酷暑早晨六点多,不想去打扰老父亲,走向马路对面的某单位(退休后继续打工,因自费出版瞿秋白研究丛书,欠下太多的人情债),脱下汗水浸透的背心汗衫,光着膀子,穿着短裤,敲打着电脑键盘,出现了"跳跃"的文字。

但是,刚开始撰写《穿越》第1集时,头疼的事接踵而来。

父亲嗜书如命,家里的旧书刊太多,杂七杂八,四处充塞。长期以来,母亲见怪不怪,只好顺从父亲。我们子女也受到父亲的影响,也喜欢看书。每当吃饭时,每人面前一碗饭、一本书,想起来扒拉几口饭。一天,母亲恼火了,严厉喝道:"以后吃饭,一律都不准看书!"和蔼、慈祥的母亲第一次发火,我们只好乖乖地收起书刊。

"文革"初期,一天晚上,四姐神秘地告诉我,叫我推着自行车,后面书包架上载着一批父亲宝贝书刊中的"精英分子",她在后面扶着,一起到绍兴路×号去(事前已经托人送去一部分),并且再三叮嘱:千万不要引起路人的注意。

那天晚上,父亲在办公室里显得沉着冷静,他预感到史无前例的政治风暴降临了,这是他多年的政治敏感性再三提醒的结果。他与另一个青年人协作,小心地把那些宝贝书刊放进办公室的书橱里,排列整齐,投去最后一瞥,关上书橱门,贴上早已准备好的纸条,意即被查封了——不准动。事后想想父亲这是急中生智,利用当时流行贴封条的办法——"以其盾御其矛",保存了这批宝贝书刊。其中有鲁迅抱病编校瞿秋白译文集《海上述林》上下两卷,而且是皮脊版本、蓝绒面版本,当初分别只印行一百本、四百本。当时鲁迅委托冯雪峰转送给毛泽东、周恩来各一本,如今存世很少,弥足珍贵。

父亲采取特殊措施保存了一小部分的宝贝书刊,但是大部分书刊遭到丢失,痛惜不已。

> 一九八〇年一月中国民间文学研究会上海分会成立时,叶文西同志对我说,不久前,上海人民美术出版社清理一只书桌上的杂物时看到这本有我印章(即"景唐藏书印"——引者)的书,想是文化大革命中被"造反派"的好汉们抄走,竟然弄到"人美",种种内幕之卑鄙不得而知。但在大量抄走的书稿中能找回此书,纪念之外,又一纪念。容当撰则《前哨》的故事,以记其事。
>
> 一九八〇年二月六日记此,以示后之来者。

这是"劫后余生"的影印本《前哨·文学导报》封面右旁,父亲用钢笔写的一大段文字,愤懑之情跃然纸上。

父亲恢复工作后,家里的书刊几乎每天在增长,从书橱里蔓延到外面,向墙边发展,随后钻到桌子底下、椅子旁、床边,甚至蔓延到楼梯口,并且继续往下延伸。

我从安徽回沪后,发现家里杂乱无章,于是开始清理书刊,但是越是清理越是杂乱,有时家里简直成了"第二次抄家"的现场,触目惊心,不堪忍睹。

父亲住在医院里,记忆力特别好,还记得某书刊放在哪个书架上第几排左边第几本,幸好这些都是我清理的禁区,赶忙拿过去,让父亲"解解馋"。但是,父亲一旦说出了其他书架上的书刊,我顿时傻眼了,因为我已经打乱了原来的排列秩序,只好重新翻找。有时父亲见我办事不力,便吩咐我的妻子去找,直至找到为止,其中尤其是史沫特莱的纽约初版本(精装本)、伦敦版的《中国的战歌》,以及史沫特莱的签名本《大地的女儿》。

由于种种原因,家里大量的书刊"理还乱","才下眉头又上心头",我时常搞得心烦意乱,脑子开"无轨电车",到处乱撞,差点出车祸。因此,我撰写《穿越》第1集时,编排的体例显得比较奇怪,并未按照通常的做法,依顺着刊物出版时间的先后有序地出现,而是跳跃性的,任意写作。幸好何瑛等领导给予宽容、理解，顶住了各种压力，亮起绿灯，让我顺利通过。

这时，我帮父亲起草序言时，父亲很乐观，欣喜地看到如下一段文字：

> 言模利用我的丰富藏书，长期收集的大量文史资料，以及各种老版本的珍贵报刊书籍，耐心地挖掘鲜为人知的文史资料，填补中国现代文学史的各种空白，努力走近这些著名文学家、翻译家、学者和革命者，试图还原那时的左翼文学期刊的真实面貌。但是，本书仅仅只是一个开始——冰山一角，亟需刻苦学习，进一步深入研究，大胆地开拓思考空间，竭力提升述评水平，还有大量的艰苦、繁琐的工作摆在面前。这是一个需要长期甘愿寂寞、枯坐冷板凳的勇气和毅力，脚踏实地，日积月累，厚积薄发，才能逐渐接近这个理想的目标，我也希望更多的有志向、有魄力、有意志的年轻人投入这项工作。

不过眼前校对的文字在跳舞，好似要奋力挣脱我的束缚，那是眼花的结果——黑蚊在乱飞。但是，不甘心被讨厌的死板教条所扼杀，只得舔舔裂开的伤口，继续钻进故纸堆里，书中自有黄金屋嘛，比起那些"老莱娱亲"好看多了。

我的写作转了一大圈，形成了"脚踏两只船"的现状，党史与文史都在搞。中国现代文学史中许多大事，都必须用党史眼光来审查，否则此路不通，或者离题万里，说些扫描式的表面的话。同样党史许多事情，也必须用现代文学史研究的眼光去审读，否则有时也会"出洋相"（意即外行话）。因此，系列丛书《穿越》正是我"脚踏两只船"的结果。

《穿越》第一集牵涉到陈独秀、刘少奇、胡乔木、张某等人的言行，我自鸣得意，认为又挖掘了一些新资料，得出新观点，提升了学术价值，为系列丛书《穿越》搞个"开门红"。但是，好事多磨，我被"磨"得焦头烂额。被迫删除这些新资料、新观点，而且在第一时间内改为现在的书名，原为《解读三十年代左翼文学期刊》。不过因祸得福，这为我继续撰写打开了方便之门，再也不用限定哪个年代，也不用顾忌左、中、右的文学刊物，我可以自由闯进各个文学刊物的领地，与形形式式的作家交谈、请教。

对此，父亲不以为然，他长期搞出版工作，知道的内情太多了，"禁区""高压线"的规矩并非是今天的专利。他拿到《穿越》第一集，如同当初看到我的第一本处女作，心情大好，看到来探访的老少文友，依然热情地签名赠书，再次回味当年的滋味。

翻开老父亲当年主持影印的一批20世纪20年代末、30年代初的左翼文学期刊，上面还清晰地留着老父亲的笔迹，"注意保存"，"这个有价值，可以去找……"还有用毛笔蘸着红墨水画的大小圈圈,示以重点;或者蓝色钢笔字迹,竖写的,横写的,甚至拐弯的,字迹有的从容、清晰,他好像在斟酌,反复思考;有的字迹匆匆忙忙,好像后面是省略号,好像有什么重要工作紧接在后面。迅即穿越时空,我也升级为外公了,这些影印本成为我和父亲无声交流的平台。

沿顺着父亲的眉批和其他各种线索,甚至留下的各种疑问——"达芬奇的密码",我去四处寻找,在脑海里重新排列组合,输入电脑时,我的灵感乍现,立即钻到网上搜索。哈哈,破解"密码"了,"惊喜"二字成为我的最大收获。原来父亲早就发现,只是没有成文,而且他的每一个新发现都是天然的"脑白金",都可以成为一本本专著的先导——研究的方向,大为拓展了思考的空间,妙不可言。当然这是我这个书呆子的自娱自乐,旁人还以为我刚到彩票大奖的池子里泡了一回。

父亲珍藏的影印本和其他发黄、变脆的纸张资料上,不断地跳出我熟悉的一个个著名作家的名字,他们都曾是我老父亲长期研究左翼文学的重要对象。我家的邻居住处曾是中共江苏省委旧址,王尧山、赵先夫妇和刘晓曾住在那里,如今还挂着纪念铜牌。弄堂的后面是萧军、萧红刚到上海时的住处之一,一天突然有人敲门,原来是鲁迅、许广平和海婴一家三口来访,随后他们又沿着我家门口的小马路走向淮海中路,在(如今襄阳公园对面)一家"盛福"小饭馆里吃饭。昔日萧军教训张春桥的地点在肇嘉浜路,也在我家后弄堂出去,顺着小马路走过去十几分钟。

父亲总喜欢带着新老文友到后弄堂、中共江苏省委旧址去合影留念。我上中学时,每天沿着萧军、萧红和鲁迅一家三口曾走过的小马路去上学。小马路对面有个名叫敦和里的大弄堂,萧红曾在弄堂门口的大饼摊上发现鲁迅翻译班苔莱夫的中篇小说《表》的手稿,被用来包油条。原来这条弄堂里有《文学》《译文》《太白》三家文学期刊的编辑部,与鲁迅关系密切,鲁迅的手稿从这里流散出去的。

巴金也曾临时住在敦和里 21 号,这里原来是马宗融、罗世弥(罗淑)夫妇的住处。1936 年秋天,他们夫妇去广西桂林教书,便请"小弟"巴金看家,巴金在这里开始大段大段写下了"激流三部曲"之二《春》。

这些故事现在"延伸"到我写的《穿越》系列丛书里,还将继续延伸。

父亲这一代的同人都已经老的老、病的病、走的走,如同《穿越》系列丛书里许多著名的作家、诗人、编辑和翻译家、出版家、教育家等——祝愿他(她)们永远快乐、幸福。当年他们风华正茂,思维敏捷,随时喷发的激情倾泻于笔端,暂且忘记了饥饿、寒冷以及死寂的漫漫长夜。突然,窗外传来抓捕革命志士的刺耳、嘈杂的声音,无情地打断了他们的写作思路。

这些著名文人身边曾出现许多似曾相识的文友及其作品，如今早已湮没在浩瀚的故纸堆里，留下了无数解不开的谜团。我很想竭尽微薄之力，轻轻地吹拂厚厚的历史尘埃，透过缕缕飘腾的一阵阵迷雾，眯着眼，定定神，屏住气，睁大眼睛，试图观看他们模糊的青春面貌，跟随着他们留下的依稀足迹，探寻他们的作品，还有他们与著名文人之间大量的生动故事。

《穿越》系列丛书中有许多人曾是我老父亲后半辈子孜孜研究的对象，或是亲密无间的老朋友，或是以各种方式接触的文友。我到医院里请教老父亲时，他有时还清晰地记得，有时则已淡忘了。唉，我搞这个课题还是迟了，非常惋惜。

逐渐地，岁月无情地催老父亲的颜容，他的生命时钟开始慢慢地指向终点。2016年冬天，父亲的一场发烧，让全家人胆战心惊。父亲坦然地写下遗书，并在病床前召开家庭会议，安排后事。

2017年春夏之际，我抓紧时间帮父亲起草了《穿越》第二集的序言。父亲硬撑着如虚弱的身子，在邢阿姨的搀扶下，勉强回到座位上，拿起放大镜，断断续续看了一周。我有点着急，催问了几次，父亲才从一旁小桌子的小抽屉里拿出序言稿子，抖抖颤颤地签名，落款为"2017年6月，于上海华东医院"。

我的眼皮直跳，预感大事不妙，立即在序言、后记中增加了两张照片，一是父亲借助放大镜看新书，那是陈一鸣的女儿陈庆送过来的《解放战争时期第二条战线中的上海学生运动史料选编》（上、下）。父亲与陈一鸣有"四同"（同龄、同学、同道、同志）亲密关系，他俩共同经历了那段斗争岁月。该书前面的彩页上的照片出现了王尧山、张承宗、刘长胜、刘晓、潘汉年以及乔石、吴学谦、陈一鸣等人不同历史时期的照片，勾起父亲对于许多往事的回忆。他拿起放大镜仔细观看时，我恰好去探望父亲，随即用手机拍摄，成为父亲最后一年中一张很有意义的照片。跨越了风风雨雨的半个多世纪，昔日的战友大多离去，父亲这一瞥也是最后一次向他们告别。

2015年秋天，我与友人一起拜访著名画家唐秉耕（友人是他的唯一弟子），为他的人品、画作所折服。我的脑子一发热，贸然提出请他作画，以祝贺我父亲96岁寿辰，事后才知道唐老师的画作在市场上拍卖是一个天文数字。对于我的唐突请求，唐老师并未责怪，当即欣然允诺。

不久，友人送来了唐老师与夫人肖静怡老师精心构思、亲密合作的一幅《松龄鹤寿图》，果然不同凡响，珠联璧合，画面上顽强生存的老松饱经风霜，依然郁郁葱葱，精神矍铄，其旁一只丹顶白羽的仙鹤引颈高鸣，意喻我父亲的"歌青春"生命旋律永存于世。

我兴冲冲赶到华东医院，请父亲欣赏，并请父亲坐下，让邢阿姨举起画作站在一旁,紧挨着我父亲。我退后几步,用手机拍下这个瞬间印象。

我把以上两张照片放置在《穿越》第二集的前后,象征着"穿越"一根红线连结着父亲今昔的岁月。这个美好的愿望依然掩盖不住我内心的焦虑,有时在梦中会出现乱七八糟的噩梦——不祥之兆。

我立即改变撰写《穿越》第三集的计划,着重突出父亲昔日影印本的文学刊物,希望能赶上父亲的生命列车。但是,太迟了,一切的努力都太迟了。

父亲去世的第五天,我才收到《穿越》第二集新书。《穿越》第三集没有父亲署名的序言,从此再也没有了,留下了无限的遗憾。

呜呼!《穿越》第二集成为我和父亲合作的最后一本书,连结的纽带戛然断裂,无声无息地消失在人类文明历史的无穷尘埃中。

最后一顿年夜饭————一个饺子

路灯静悄悄地散发着黄色亮光,拖曳着我的身影。马路失去了往日的喧闹,显得空荡荡的,一眼能望到另一头。偶尔掠过的车辆,急匆匆赶回去与家人团聚,吃年夜饭。

一个小时前,父亲穿着蓝条纹的病号衣裤,盖着白色被子,无力地躺着。我摇起病床,抬高父亲的上半身。我端来微波炉热过的饺子(医院里的年夜饭),用汤匙舀起一个,送到父亲的嘴边。他微微张开双眼,想说什么,但是我不明白,只好再次提醒他张开嘴。父亲苍白的脸微微抽搐一下,勉强张开嘴,露出稀疏的几颗牙齿。

"再吃一个吧。"我尽量压低声调,靠近父亲的耳边。他微微摇摇头,不再说话了。一旁的医疗监视仪器随时准备跳动着各种颜色,还有静静等候的数字——上下波动,预示着父亲的生命险情随时会发生。父亲的病床旁是一个特制的椅子,里面有便桶,这是父亲最后使用的。

父亲住院八年多了,我第一次与父亲——我俩在病房里一起过除夕,也是在这里第一次最后一次吃年夜饭——象征着团圆。走廊里柔和的灯光孤独地冷冷照射着,没有一个人,大多数病员回家过年了。医生、护士的办公室在走廊的中间,似乎也没有任何动静,与电视屏幕将播出的热闹春晚"不搭界"。一切都是静悄悄的,安祥的气氛中夹杂着几许的不安。

我没有任何食欲,只好呆呆地看着父亲,他有气无力地闭着眼睛,苍白的嘴唇不时地抽动几下,思绪又不知道飘向何方。

终于,走廊上响起了邢阿姨急匆匆的脚步声,"回来啦!"她一年到头只回老家几天,由我们家人轮流值班。我向她如实汇报父亲只吃一个饺子的情况,她马上叫起来:"你呀,不会喂,看我的!"事后,邢阿姨告诉我,父亲又吃了六七个饺子,半夜里还吃了一碗小馄饨。

我踩着马路的灯光,脑子里空空的,回家后,切了几片大白菜,下了一碗面。事前准备好与父亲一起吃年夜饭的美好计划,全部泡汤,真是书呆子赶牛耕田——无用。

时间都去哪儿啦?

慈祥、善良的母亲已经去世十五年了。"文革"中,她为了维持我们七个子女和其他老人的基本生活,不甘心被扣工资(父亲工资被扣一大半),全然不顾小中风后的虚弱身子,扶着墙壁,一步一步艰难地走出弄堂口,随后奋力挤上公交车。下车后,母亲喘着粗气,摇摇晃晃去学校上班。母亲第二次小中风后,苍霜岁月已经无情地爬上了她的脸庞,遮掩了她往日靓丽的风采……现在每每回想起来,心里好一阵酸痛。

普希金纪念塔在我家附近,即岳阳路、汾阳路、桃江路交会的街心,俗称"三角花园"。1937年2月10日,俄国侨民建立一座普希金纪念碑,曾经是上海地标建筑之一。记得小时候,父亲曾多次带领我们或朋友在那里合影留念。我上小学四年级时,和姐姐、弟弟跟着父母、阿爷(丁继昌)一起到上海鲁迅纪念馆去,在大楼的草坪上留影。我站在母亲旁边,身后是第一任常务副馆长谢旦如(曾掩护瞿秋白夫妇),以后我研究瞿秋白时多次谈起这位了不起的谢旦如先生。父亲带着我们子女外出的一幕幕,现在都成为温馨的回忆,尽管有些记忆有些模糊了,只要看到这些老照片,记忆顿时清晰起来,包括每个细节,值得细细品味。

老父亲很乐意带我到著名文人家里去,但是,我时常情愿独守自己的小世界,不想与外界过多接触,因此失去了许多机会。

"文革"刚结束,我从安徽回来探亲,老父亲兴致勃勃地带我去拜访三位名人。先到著名经济学家孙冶方的临时住处,恰巧孙冶方出来,他的个子不高,双眼里透出"洞见一切"的锐利目光,与他的白发很相称——精神矍铄。我上前搀扶,却被他婉言谢绝。

随后,我们结伴去著名剧作家于伶的住处。记得那是长乐路上一幢别墅小楼,拥有一个草木荒芜的大院子。小楼里空荡荡的,二楼的空间有规则地横穿几根长绳,挂满了许多名家书写的条幅,琳琅满目,于伶陪同我们欣赏,感叹不已。最后大家一起去上海音乐学院,探望著名音乐家贺绿汀。

"我,坐了三年多。"他的话音刚落下,另一人泰然地伸出五个指头,示意"五年多"。我刚想惊叹时,最后一人激动地叫起来:"八年多!"他用大拇指和食指,做了一个八字手势,"八年多,能干多少事呀!"

我看看老父亲,他可能早就知道了他们三人坐牢的可怕数字,脸上却很平静,不想再发表什么意见。以后,他们三人都成为我研究课题中的重要角色。

其中孙冶方出现在我撰写的瞿秋白研究系列丛书里。他曾在苏联中山大学学习,被卷入"浙江同乡会"冤案,瞿秋白作为驻共产国际中共代表团团长,亲自处理此事,但是给他带来了灾难性的后果。

于伶(尤兢)的剧作再次出现在我的笔下,至今我还记得他高高的身子,有点驼背,头发花白,戴着一副眼镜,说话和气,笑眯眯的神态,就像一位圣诞老人。以后,他曾送给我一张他的签名照片,还写上我的名字,那时我才30岁出头。

过了立秋,马路上还是热浪滚滚。我穿过某宾馆大院子,这里原来是父亲丁景唐工作的市委机关所在地。光亮大楼的下面原来有一个露天游泳池,我和其他孩子们拍溅起一朵朵透明的水花,开心的笑语传得很远。现在新建起一幢幢的光亮大楼,面貌全非,空气里弥漫着灯红酒绿的商业气息。马路对面曾是热闹非凡的市少年宫,我和姐姐在那里度过了金色的童年、银色的少年。此后则是下乡插队、当"苦力"的灰土色画面。

我走出了宾馆大院,这里距离父亲住的华东医院很近,但是父亲走了半个多世纪,风雨兼程,义无反顾。

父亲苍白的脸上浮现一丝笑意,瞬间消逝了,又闭上眼睛,无力地垂下手,张大嘴,呼哧呼哧地呼吸着,脖子一边埋插着输液针头,周围泛着红色,那是消毒药水涂擦的痕迹。突然,他一阵剧烈咳嗽,整个身子都在晃动,接着使劲地吐痰,试图驱赶残酷的病魔。我想开口说话,但是,父亲的剧烈咳嗽总是无情地打断话题,或者闭眼,微动一下眼皮,竭力要睁开眼睛……

我幻想明天,还有明天的明天……父亲又和以前那样神气活现地出现在病房的走廊里,推着轮椅,蹒跚地走着,低声唱着"大刀向鬼子们的头上砍去……"我搀扶着父亲瘦弱的臂膀,随声唱着,向前,向前,直至走廊的尽头,拐弯,继续向前。老父亲不时地与迎面而来的新老病友打招呼,无需多说话,不尽言语在其中。

但是,父亲以往一直挂在脸上的笑容逐渐消失了,手臂也抬不起来了。他的歌声越来低沉,最后只是喃喃地说着,脚步越来越沉重。他终于走不动了,躺在病床上——结伴8年多的病床,这是他最后的家,最后温暖的栖息处。

我曾为父亲起草一篇序言,其中写道:"查书、借书、买(淘)书、看书、品书、写书、审书、出书、送书、藏书,这是我大半辈子的主要生活乐趣。"我多次曾劝说老父亲回家看看,翻翻那些他珍藏的心爱书刊,这是他最大的幸福,最大的快乐,最大的享受。

老父亲总是笑笑,沉默,无语,他明白自己永远回不去了,岁月无情,他却没有一丝唉声叹气,"乐观"二字还坚守在他的心房。其实,他的心里一直惦记着家里的那些心爱的书刊,其中寄托着他的理想、信仰和未竟事业,更多的是记载着他大半辈子的生活、工作、奋斗的足迹,积淀着说不尽的酸甜苦辣,这一切只有他心里最清楚。

有时,老父亲忍不住叫家人取来几部珍本书籍,饱饱眼福,"解解馋"。他抚掌拍手,开心地笑了,露出掉牙后留下的一个黑窟窿。他就像见到多年未遇的挚友,眼里露出异样的光彩,全身顿时充满了朝气,好像又回到了半个世纪前的"歌青春"。此刻,老父亲沉浸在属于自己的真正世界里,他的灵肉仿佛与书籍融为一体,升华,超脱——纯洁的书魂,晶莹剔透,永世留存。

对此,那些所谓的金奴主义者、文化垃圾主义者、阿D主义者、假面具主义者、半瓶醋主义者、小市民锅灶主义者等根本无法理解,也无须他们理解,否则他们将失去亵渎、卑鄙、无耻、虚伪、自私、贪婪等字眼的"市场股份"。

97岁高龄的老父亲失去了往日灵活、辐射性的思维,说话都很吃力。他有时忍不住友人送来新书刊的诱惑,抖抖颤颤地拿起放大镜,眯着眼看着,吃力地吐出几个并不连贯的含糊单词。他还想用浓厚的宁波话,谈谈自己的看法,力排众议,瞬间闪过睿智、灵活的思考亮点。

2017年12月11日晚上8时40分,97岁的老父亲被可恶的一口浓痰无情地扼杀了最后一口气,抱着无穷的遗憾离去了。老父亲在天国里与老母亲王汉玉重新相聚,又可以用地道的宁波话,互诉衷肠——老父亲生前请人刻有"景玉共赏"的印章。

父亲在华东医院住了八年多,小桌子旁的书刊又不断地"疯长",多次整理,多次依旧。邢阿姨一直任劳任怨地服侍着我父亲。在医护人员的精心治疗下,父亲的身体一度大有好转,体重也增加了,脸色红润了,我们全家人都很高兴。八年多,医护人员轮换了好几批,但是,护士长依旧是她,临床经验非常丰富,善于理解老干部晚年的心理状态,并尊重他(她)们。每天早上,她查房时都会亲切地问:"丁老,今天身体哪里不舒服啊?"终有一天,父亲的病情突然恶化,双脚肿胀,护士长从家里拿来她儿子的一双时尚凉鞋,我父亲穿了正合适。我父亲不幸去世的那一天晚上,已经下班的护士长,闻讯后立即从家里赶来,带领护士和我们全家向我父亲遗体三鞠躬,告别了相处八年多的97岁老人。

谢谢您,护士长,还有全体医护人员,是你们精湛的医术,良好的医德,延长了我父亲的生命,让他继续看到了许多精彩的生活内容,享受良好的医疗待遇。

此后的一天早晨,我特地送去感谢全体医护人员的锦旗,长廊上空荡荡的,但是,总觉得父亲的熟悉身影还在那里晃动,从长廊的另一端缓慢地向我走来,他的身上披着那件深红色棉长衣,戴着帽子,努力举起一只手,向我挥挥,他背后的亮光一圈一圈在闪烁着。护士长还未上班,我急匆匆下楼了,身后好像飘来父亲的宁波话:"言模,继续努力!"

2017年12月15日,原拟举行家庭告别会,许多亲朋好友执意要来送我父亲最后一程。事前,远在北京的六弟丁言伟、苗笑丽和儿子闻讯赶来上海。

整个冬天出奇的冷,老式石库门的楼上寒气逼人。父亲生前的一些好友或以单位名义前来我家吊唁,第一个来的是张静影老师(上海文艺出版社办公室副主任)代表单位送来了大花篮。上海世纪出版(集团)有限公司、上海文联等领导和上海作协有关部门等代表亲自上门吊唁,从各方面给予关心。在此前后,父亲遗像前的花篮和花束不断地增加,三楼亭子间的狭小空间却好像在无限扩大,焚香袅袅,寄寓着他(她)们的哀思,在此表示衷心感谢。

父亲去世后,同时住在华东医院的鲍士用伯伯、蓝瑛伯伯也先后驾鹤仙逝,他们在天国里相聚,畅谈往事。

2018年1月30日晚上,我在老父亲遗像前,敬献最后一次三炷香,鞠躬三次。撤走了三楼亭子间的俭朴灵堂。这里曾是父亲堆放大量书刊的集中地,留下了父亲许多思考的痕迹。

同年4月6日清明节第二天上午,我和妻子前去卫家角临时存放骨灰处,吊唁父亲。在此前后,其他亲人几次前去吊唁。

5月14日上午,二姐丁言仪、二姐夫杨振荃、三姐丁言昭、七弟丁言勇与我们夫妇,一起参加"上海市第372次骨灰撒海仪式"。"大海呀大海,大海是我的故乡……"的乐曲声响起,客船拉响汽笛,前方是茫茫大海,天际一色,哀悼思绪逐浪高。父亲追随母亲的英魂而去,"景玉共赏"的含义在这里得到最后的诠释。

我拿着父亲的骨灰袋,突然发现上面的编号赫然是100号。父亲刚住进华东医院时,身体大有好转,体重增加了几十斤,他很有信心地说:活到一百岁没问题。父亲的百岁诞辰之时,也将迎来建党百年盛典,我原拟赶写五六本书,争取凑成一千万字,特此献礼。

老父亲走了,但是他依然"生活"在书刊里,他的咳嗽声、笑语声和脚步声,依然清晰可辨,他依然在引导着我在中国现代文学史的广阔天地里徜徉。毛笔蘸的红墨水、钢笔尖下的蓝墨水,形成大小不一的字迹,都浸透着老父亲半辈子思考、分析、研究的心血。现在则成了我"子承父业"、孤独探索的"指南针"。

突然,我豁然开朗,原来老父亲早就为我准备了这一切,微笑着耐心地等待着我——终于有一天翻开这些书刊,一页又一页,展现出一个充满了无穷魅力的未知世界。

我改变了原来的写作计划,重新调整思路,延顺着老父亲指点的方向,不断调整《穿越》的写作的重点,构成新的框架。尽管我的脑子有时进水,未能尽兴,不免留下各种遗憾,但是我已经在实践着老父亲的"未竟事业"。

老父亲在《文艺讲座》的两页目录上分别写了批语,寥寥数语,却打开我的思路,延顺着去查找资料,最后恍然大悟,原来如此。老父亲生怕我搞不明白,用毛笔写的红字圈出重点,甚至注明第几页,他大概早就知道我会来查找,去探究一二。顿时,如山的父爱袭来,我还能说什么呢?抬头看看挂在墙上的老父亲、老母亲的遗像,他们正微笑着。"谢谢!"我心底里无数次的真诚地说道,父母能听见吗?

翻开《模糊的视频——李一氓回忆录》(人民出版社1992年版)一书,发现其中夹着老父亲的数页手稿,粗粗一看,发现老父亲竟然与我的主要观点不谋而合,真是"冥冥之中"注定的。

老父亲用红色圆珠笔在手稿首页右上方写有说明:此稿"可改为二文,要找吴泰昌记录的李一氓短文,鲁迅捐款一看。"其中可以产生"滚雪球"的效应,但是我暂且无暇思考,赶紧敲打键盘,把老父亲的文稿记录下来,并且第一次写上"丁景唐遗文",心里一阵颤抖。唉,害怕这一天到来,还是终于来临了。

子承父业——剪辑的画面

2019年1月12日,左联会址纪念馆馆长何瑛主持"多伦文艺沙龙"讲座,我应邀主讲《左联刊物〈文学月报〉——兼谈左联、进步刊物的那些人那些事》,我开头就介绍说:"今天沙龙讲座的关键词是110,有三层意思……今天是我父亲去世一年一个月,他在天之灵也会感到高兴的,因为今天我要讲的内容是父亲原来想做未能来得及做的事情,我出现在这里也是体现了'子承父业'的老话。"

"子承父业"的字眼沉甸甸的,父亲的智商、情商和学识等都远远在我之上,我无法赶上,更无法超越。我曾跟着父亲亦步亦趋,学习写作,学着查找资料、辨识真伪,加以概括、归纳、整理,最终写成数千字的习作。周而复始,乐此不倦。此后,逐渐地出现了"子承父业"各种画面:

父亲和方行(文操)合编《瞿秋白著译系年目录》"是解放后第一部研究瞿秋白的学术专著,长期以来一直是海内外学者研究瞿秋白和搜检有关资料的重要工具书之一。"

父亲撰写的《学习鲁迅和瞿秋白作品的札记》,"是解放后第一部研究鲁迅、瞿秋白及他俩交往的论文集,打破了当时侧重于政治层面和回忆表述的模式,以研究对象的日记、著作等第一手资料为重点的学术思维方式,首次挖掘了大量新资料,变换视角,融会贯通,不断扩展鲁迅、瞿秋白之间关系的课题外延,积极开拓和丰富了其内涵,得出令人耳目一新的重要结论,至今仍有权威性的指导意义。"

父亲与王保林合著《鲁迅和瞿秋白合作的杂文及其它》,陕西人民出版社1986年10月初版,1993年5月第一次印刷(这前后时间跨度竟有七年),这是一本出版"难产"多年的学术专著,深入探讨鲁迅、瞿秋白合作的十四篇杂文等。"其中凝聚了两位作者长期合作研究的大量心血,从而产生的一项重要成果,至今仍有重要指导意义。"

对于这三部专著,曾有人介绍,但是仅限于扫描式的层面。因此,我成为第一个比较全面地介绍、评价这三部专著的"吃螃蟹的人",并认为前两本是建国初期父亲研究瞿秋白所作出的开拓性、奠基性的重要贡献。

第三本合作的专著发挥了承前启后的重要作用,既有父亲、王保林前期的研究结晶,吸取了同仁的某些研究成果,又为后世继续研究拓展了思路,包括如何进行比较、分析原作,寻找出其中隐藏的"密码",展现鲁迅、瞿秋白各自的行文特点,以及他俩互补、相映成辉的合作成果,由此反映了上世纪30年代左翼文坛两位旗手在"内忧外患"的恶劣环境中所结成的患难之交的情谊。

这三文收入瞿秋白研究丛书之一《瞿秋白与书籍——丁景唐藏书研究》。同时,我依照父亲各种专著所提供的大量线索,打开思路,跳出去,先后撰写了"五个系列"丛书。

父亲收藏了建国初期广州方面复制一套昔日油印本,其中有鲍罗廷的演讲等精彩内容。也许父亲早有预感,有朝一日我会对此感兴趣的,因为鲍罗廷与瞿秋白密切相关。因此,我撰写《鲍罗廷与中国大革命》,大概是命运安排的。

"1954年,我在方行(上海市检察署副检察长,后任文化局副局长)家里聚餐时,首次认识了瞿秋白烈士夫人杨之华。当杨之华得知我和方行在编写《瞿秋白著译系年目录》时,非常高兴。她回北京后,寄来了有关材料,并与我和方行经常通信,可惜这些信件在历次运动遭失了。"

我为父亲起草的序言中如此写道,与我和陈福康合作《杨之华评传》竟然有着内在关系。我继续写道:"为了填补史学空白——杨之华在中共党史、中国现代妇女运动史、中国现代工人运动史上的地位、贡献和史实,我们在著名学者丁景唐的悉心指导下,历经八年时间,四处收集史料。上海、北京、武汉、南京和浙江萧山（杨之华的家乡）等地都留下了他的足迹。几经修改，现在终于完成了第一本全方位评说杨之华的专著。"此书的命运酸甜苦辣的滋味如此的相似，一言难尽。

父亲和方行（文操）合编《瞿秋白著译系年目录》、父亲与我合编的《瞿秋白印象》中已经载有瞿秋白的弟弟瞿云白、瞿景白的材料，但是，缺少瞿秋白的小弟弟瞿坚白的史料，此后找庚林主编的《瞿秋白研究》上刊有瞿坚白与战友的来往书信，引起我的关注。2012年春节过后，按照瞿兴华（瞿云白的儿子）预定的计划，他的大女儿瞿虹又无法离开患重病的父亲，便嘱托我前去河北省邯郸市下属的武安市，祭扫瞿坚白之墓，以了却他多年的夙愿（详见本书附录之三）。

返回上海后，我撰写了瞿秋白三个弟弟瞿云白、瞿景白、瞿坚白的生平事迹，收入在《瞿秋白与名人往事》。这个"第一次"的意义不言而喻，但是有多少人知道或者略略翻看过呢？点评的人几乎没有，好像这"第一次"根本不存在，也无需了解瞿秋白三个弟弟的坎坷命运。

父亲生前与常州结下不解之缘，家里还保存着一份有关于讨论瞿秋白问题座谈会的记录稿（复写纸的复份），上面有常州市委宣传部老部长李文瑞等人的发言。那时张太雷纪念馆还比较简陋，陈列的内容也比较简单，父亲曾去看过。他保存着一套建国前后出版的《烈士传》，编写的《瞿秋白著译系年目录》已经记载了瞿秋白纪念张太雷的第一篇文章目录，这些以后都成为我撰写或合作的张太雷系列丛书的参考史料。

父亲早期研究左翼文学运动时，他和瞿光熙合编《左联五烈士研究资料编目》，以及他主编的《中国现代文学史资料丛书》、众多30年代文学刊物影印本等，都成为我撰写第五个研究系列丛书《穿越》的重要资料，并具有权威性的指导思路。由此，我揭开了吗，蒙在中国现代文学史上的一层薄纱，却展现了一个无限广阔的新天地——不同于教科书的条条框框，我很幸运。

　　认识杨之华之前，我已经开始阅读和收集瞿秋白著作和译文，陆续编成《瞿秋白文学著作翻译书目》。1955年4月1日，上海市人民图书馆（后并入上海市图书馆）特地油印了50份，正文前附有我写的"前言"。这是我早年研究瞿秋白时编写的第一本小册子，见证了我那时的研究活动。但是，这珍贵的油印本我没有保存下来，以为再也见不到它的原貌。今年春节期间，"忘年交"金峰突然告知，已在网上花钱购得这油印本，并且特地送到我所在的华东医院。我惊喜不已，小心地翻开这油印本，看到我写的"前言"，记忆闸门猛然打开了……

我为父亲起草《瞿秋白与书籍——丁景唐藏书研究》序言时,特地记载了以上这段话,距今如此的遥远,又近在眼前。我的一旁排列着我撰写各种的书籍,其中蕴含着"子承父业"的责任和义务。

"填补空白",这是我们父子俩共同追求的学术研究目标,也是父亲留给我的座右铭之一,大多体现在"五个系列"之内。如果追溯根源,那么仍然是父亲最初的几本权威性专著。

父亲和我属于不同时期的知识分子(我只能算半个),有着各自不同的历史烙印。父亲曾有耀眼的光坏,亦官亦书生,合二为一,简称为书生官,但是他骨子里还是一个地地道道的书生。他的红色信仰与"文以载道"的传统思想相结合,他自幼失去双亲的悲惨情结在儒家的"仁"学辞典里找到了理想的归宿,他乐呵呵的神情演绎着荣辱不惊的人生哲理,他的撰稿思路在几千年的诗文中可以找到某些踪迹,等等。

我呢,绝不是"官二代",只是涂鸦的"文二代",比父亲多了生活的一技之长:亦工亦农亦厨工。在诸多的各种细节中逐渐感受到"父爱大如山"的内涵,由此影响到我的"三观",即使退休后面临着"九儒十丐"的现实待遇,想想父亲乐呵呵的笑脸、两袖清风——飘然而去,所有的一切都释然放下,况且我们知青家庭的遭遇并非是无数知青命运中的个案。

父亲拉上了属于他们那个时代的斑驳帷幕,带走了一个时代的记忆,但是,知识的中国仍在继续前进,我阅读他的一切仍在继续。在人类文明发展史的长河里,留存着各种父子"隔空对话"的记录,但是我和父亲的"对话"内容则是绝无仅有的,具有鲜明的个性色彩和时代烙印,这种"对话"还将继续。

又是一台热闹的春晚节目,但是我无心打开电视机,看看墙上的父母遗像,整理一下一旁桌上堆着的"五个系列"等书籍,打开电脑,一直持续到年初六,断断续续初步撰写了以上这些文字。

熄灯,晚安!

2019年2月4日—16日春节期间

辑七 丁景唐研究资料

我的自省

丁景唐遗文

朋友,我不知道怎样的来形容我的感动,更不知道怎样的来叙写我与诗的"因缘"。——请原谅,我找不到适当的词汇,用了这模棱的"因缘"二字。

在"诗底王国"里,我仅不过还是一个"学步"的婴儿,远离作为人类心灵的雕匠——诗人,这一人类引为荣光的称号,真不知距有几千万里的路程哩!

但是我那些幼稚浅薄的东西,却居然有人感到了兴趣,从远在数百里外的小城镇送来了好意的询问,也有一位读者在《女声》的信箱上提出了这样的问题:

"常在贵刊写诗的歌青春是否即关露女士?"——(二卷五期)

这使我惊讶,犹如低能的孩子,当他在壁墙间留下一堆拙劣的涂鸦,而被成人称赏一样,我只有惭愧,惶恐。

因此在我翻阅前期的《女声》,看到《编后的余声》时,连脸也羞红起来。以我这个方始"学步"的婴儿,于诗既属"一知半解",对诗歌批评更是外行,要我"用信的方式自己解答",而说:"本刊目前寻不着诗歌批评执笔的人",这是编辑先生的客气,——一种过分的谦虚。放着(在)诗歌前辈跟前,叫我来"班门弄斧",岂只"敬谢不敏",复"倍增汗颜"而已。

在无可奈何之中,我便怀着一颗惶然忐忑的心跑到《女声》社去访关露先生①,我向她陈述了我的窘讶,承蒙她给与我不少的鼓励与珍贵的指点。"对于一个外县陌生者好意的询问,是不应该使她失望的。"她这话深深地感动了我。

"知人莫如己",我领略编辑者的本意,无非要我来将《女声》上发表过的诗趁此次作自我的回顾,或者说得实际些那是"自省"。然而人所缺的也就

---

① 丁景唐首次见到著名女作家关露,在他回忆文章里从未提及。

是"自知之明"。"自省"在我个人观察,似乎远不如"旁观者清"来得透彻,而且以一个不老练的年青人来写这类文章,总不顶合宜。

为了尊重前辈的指点,为了《女声》上已"公言"在先;不使编辑者为难,不使怀着好意的关切者失望;同时反省到一个作者应该有义务向读者解答疑意的义务,不管是否会被人诋为"自捧",或"答非所问",我是决不能迟疑漠然不"顾"的了。

但是,我还得声明,这不是一篇叙述我对诗的见解,或者如编辑者所要求的——"诗歌批评",我得坦白的"自供",到目前为止自己还没有系统的理会。我只能约略地写我对诗的爱好,我写诗的过程,以及我的拙劣。

我开始正式发表诗,远离开我爱好诗歌,接触写作的时候,已相隔有三年多的光景。自幼失掉了父母,展延在童年时代接连的全是死亡。所可庆幸的,我还有善良的长辈寄与热切的关怀,最先是白发年迈的老外祖母,继之是叔姑①的扶植与受教育,有机缘得以挤身在少爷小姐们的行列中,分享最高学府的教育,使我也能吸收到文化的养料,进而可以运用笔杆来抒写我的热爱与我的憎恨,这完全出诸于我可敬爱的长辈底恩泽,我是衷心铭记着不敢或忘的。曾记得第一首的诗的写就还在四年前,那个产生几个在目前流行的消遣刊物上时常露脸而被称为女作家的教会大学②刚进去的时候。西洋流行有一种说法,说是在青年时代每人全是诗人,而第一首诗写成的总是献给第一个恋人,我不知道这是否真实,但是在我却并不如此的,我的最初一首诗是为了那个现在活到八十岁的可敬底老外祖母写的。

写作在我是一种愉快,也是一种重负,有时岂竟是重负,简直是苦刑,但是我熬受着这苦刑,因为我有许多"不甘寂寞"的感受。也是一个偶然的机缘,我替一位友人去《女声》社领过一笔稿费,而我的学校离开当时的《女声》社只不过一条马路。于是我也在旧稿堆中挑择出一首诗寄到《女声》社去碰碰"命运",这就是那首《敏子,你还正年青》的诗③。以后在将近一年的时间

---

① 老外祖母,见本书附录收入的丁景唐写的散文《水》。"叔姑",即鲍姑丁瑞顺,又名丁秀珍;鲍姑的弟弟丁继昌,丁景唐在回忆文章里称他为"昌叔"。

② 1939年至1944年期间,丁景唐先后就读东吴大学、沪江大学、光华大学。其中东吴大学涌现一批才女,被称为"东吴派女作家群",领军人物是才华横溢的传奇女子施济美。
1939年秋天,丁景唐考入东吴大学,担任该校地下党支部书记,开展学生工作,编辑学生刊物《东吴团契》。施济美也是丁景唐编辑《小说月报》时的"座上宾",她是丁景唐就读东吴大学时的同学。

③ 丁景唐首次公开披露《敏子,你还正年青》诗歌是第一次投稿给《女声》杂志的。此诗塑造了一个多愁善感的女青年,原先投身于青年先锋队,后来却落伍了。此诗收入丁景唐自费出版的第一本诗集《星底梦》(1945年3月出版)。

中,依着在《女声》上发表的顺序,有——

《弃婴》《春天的雪花》《当春天踅近我的身旁》《桃色的云絮》《风筝与小草》《江上》《乡恋》《生活》《我爱》《五月的雨》《在南方》《开学》《病中吟》《向日葵》《雁》——一起计十六首。[①]

在这十六首不成熟的作品中,以我自己的偏好说来,比较还像样的只不过是——《弃婴》《风筝与小草》《我爱》《向日葵》等四首而已。

我不希望多来糟蹋《女声》宝贵的篇幅,当一个青年人唠叨地谈着自己,他会有一种多么厌恶的感觉,对个人我也不想再多说一个字。

作品是一个人的写真,我想聪明的读者总已在我那些不高明的诗歌中多少会辨识了我写诗的态度吧!

至于要详细的分析我自己的诗,现在还不是我能力所能及的时候,但是对于我诗的欠缺,我是可以说说的:

首先是内容的空洞[②],虽然我想扩大视野,表现些实(际)生活中的悲剧,但由于自己生活"圈域"(!)的偏狭,我只能弄些"雕虫小技",写些个人中心的抒情诗,这就为什么我私心偏爱《弃婴》的缘故。

次之是技术的缺乏修养。这主要是说我还在摸索一种最便利于表现我情绪的形式。我还在作各种表现方式的尝试,尤其是民间的歌谣给与(予)我很大的刺激[③],在那些民间无名诗歌的杰作前,我低垂了头。极冀望在未来的时期里我能学取它优美的独特风格,趋向通俗化的方向。

我明白那位外县的读者之所以会发生"意在何方"的疑问,恐怕全然因为我写得不够通俗或表现主题不够明确的缘故吧!但是我也保持欣赏一首诗需要多番咏吟体会的意见,正如嚼橄榄之需要细嚼一样。

一首诗不能引起读者的感动而需要作者来注解,这正证明这首诗之失败,(当然也有些自称所谓诗人也者之流,以叫人"莫名其妙"引为自豪的,那是例外)《开学》和《病中吟》也许就是这种的诗。但是"意在何方",这问题也提得太混(笼)统,我不知道我下面的回答是否恰中其"意"?

也许"意在何方"的"意"就是我们通常所谓的"含蓄",我私自忖度,这又证明了我的失败,《开学》和《病中吟》以及其他我所作之诗,所糟的就是这:

"我的诗并无何意,一味也没有有含蓄!"

---

① 这16首诗经丁景唐筛选,大多收入他的第一本诗集《星底梦》。
② "首先是内容的空洞"等自我批评,这是丁景唐首次公开表态。此后,他的第一本诗集《星底梦》收入萧岱(穆逊)、王楚良(祝无量)分别作的跋,他俩也希望丁景唐"设法扩大"视野等问题。
③ "尤其是民间的歌谣给与(予)我很大的刺激",这成为丁景唐曾热衷于搜集、整理、研究民间歌谣的主要原因之一。

我只不过直率陈述我的感触。

写《开学》如此,写《病中吟》如此,写其他的诗也是如此!

《开学》正是题名所标明了的是写"病"。

《开学》的第一段写时光的匆促,用"好似隔宵刚忙着赶考,怎的,今朝热风已残剩尾巴?"来加强时光迅速的印象,第二段写开学时的新气象,多时不见的同学互相询问的热络。而第三段与上段对照烘托被物价高涨的风浪所卷走的旧日友伴,"被金钱推出了校门"正说明旧日"学店"制存在的现象,"给生活打了耳光,在生的漩涡中翻着筋斗"是比较接近臧克家的句法,乃指出失学的同学在社会中的遭遇。最失败的是末段,我用含有说教味的几行来结束,损害了诗的完整。

《病中吟》我不想多说,因为这完全不过是抒写病中的感怀与渴望快些起床的想法而已。我记得穆木天先生说过一句话,"多样的内容要求多样的形式来表现。"(大意如此)我希望在未来的日子中能写出比较成熟的作品。

愿以此篇"自省"谨献于编者及读者之前,敬请指正。

戈庆春

(一九四三年)十月廿五日①

原载 1943 年 12 月《女声》第 2 卷第 8 期

---

① 丁景唐在此文复印件的开头题写注明:"'戈庆春'为丁景唐写诗的笔名'歌青春'的谐音,原载民国三十二年(一九四三年)十二月(上海)《女声》第二卷第八期。同期发表成名作《星底梦》(35 页)。"

从《巴尔底山》谈到鲁迅的笔名和"佚文"

丁景唐遗文

在一九三〇年三月二日召开的"左联"成立大会上,曾通过了筹备委员会拟定的纲领,和讨论了各种提案,"确定各左翼杂志的计划"(《中国左联作家联盟的成立》[①])。而在鲁迅、冯雪峰主编的《萌芽月刊》第一卷第四期(一九三〇年四月一日出版)的《左翼作家联盟底成立》的报道中,也谈到要"创办联盟机关杂志","机关杂志亦不久即可出版,杂志名《世界文化》,代发行所为东泰书局"。这比"左联"刚成立不久的前一则报道有了杂志的具体名目。

其实,前一则报道中的所说"确定各左翼杂志的计划",是将原先已办的左翼文艺刊物改为"左联"刊物,并明确相互之间的关系和分工的计划,如《萌芽月刊》第一卷第三期起改为"左联"刊物,蒋光慈主编的《拓荒者》第三期起改为"左联"刊物,陶晶孙主编的《大众文艺》第二卷第三期起改为"左联"刊物等。这些原来左倾的文艺刊物由于主编和编辑在"左联"成立前为发起人(如鲁迅、冯雪峰、蒋光慈),"左联"成立后他们编的刊物,也就随之改编为"左联"的刊物。而原定计划中决定要办的"左联"的刊物《世界文化》却因故延至一九三〇年九月十日创刊,此处暂且不论。

这里,且先谈谈《巴尔底山》。刊名取名"巴尔底山",正如夏衍编的戏剧、电影、美术、音乐、文学的综合性杂志《沙仑》(1930年6月出版)相同,《沙仑》是Siren的音译,汽笛之意,意在呼唤文艺战士起来与帝国主义、国民党反动派奋战,建立无产阶级的文艺。"巴尔底山"是Partisan的音译,即"袭击队"或"游击队",意在向敌人展开斗争的一支战斗队伍。

《巴尔底山》,旬刊,创刊于一九三〇年四月十一日,出至第五期(五月二十一日)为反动派查禁。

[①] 蒋光慈主编《拓荒者》第1卷第3期,1930年3月10日出版。——丁景唐原注

这份刊物,正如它刊名所显示的,是短兵相接、战斗性极强的综合性刊物,每期十六开一个印张,内容范围包括国内外形势,社会评论,文化思想批判,讽刺诗、画,各地通讯。由于物质条件艰苦,又是半公开发行,不发稿费,在《征稿启事》中写明文章发表后"每篇致送本刊当期五份"。

该刊第一期的《编辑后记》里公布了"基本队员"的名单,有:德谟、N.C.、致平、鲁迅、黄棘、雪峰、志华、溶炉、汉年、瑞先、乃超、学濂、白莽、鬼邻、嘉生、芮生、华汉、镜我、灵菲、蓬子、侍桁、柔石、王泉、子民、H.C.、连柱、洛扬、伯年、黎平、东周。

并称这是一支文化领域内的"巴尔底山队","这阶级的社会战中,为支持一方的战线的一个小小的支队了"。所列的"基本队员"中,有好几个人都将笔名和名字一并平列,如鲁迅、黄棘是一个人,N.C.是冯乃超的笔名,冯雪峰就是洛扬。

有本资料书上说:《巴尔底山》"最初由鲁迅主编,自第四期期改由朱镜我、李一氓、潘汉年、姚蓬子、周全平等五人编辑"。不知何所根据。有些鲁迅年谱也袭用其说,值得探讨。

记得有些人以鲁迅曾用某一笔名,对文章内容缺乏过细的分析研究,遽然下断语。此种轻率的学风亦易导致远离事实的结论。《巴尔底山》第一卷第二、三期合刊(一九三〇年五月一日)有 L.S. 的《米价问题》,有人认为该刊与鲁迅关系密切,L.S. 更是鲁迅通用的笔名,遂以为发现了鲁迅"佚文"而自我陶醉,那就不免贻笑大方了。鲁迅既未"主编"过《巴尔底山》,这篇 L.S. 写的《米价问题》多看几遍,就会排除鲁迅所作的猜测。那么,这位写《米价问题》的作者是谁,笔者并不知道。但是,难道不允许别的突击队员使用 L.S. 的署名吗?

这份刊物受到"左"倾路线影响较为明显。不少文章不符合鲁迅主张:战斗应重实力,要"堑壕战",不要"赤膊战"的策略。殷夫以白莽笔名写的两首诗《奴才的悲泪》(讽刺诗)、《巴尔底山的检阅》也不例外。

《巴尔底山》上刊登了几份有关"左联"的文件,作为一种历史的文件来看,却是很可贵的。许多文章都为我们分析研究在当时历史条件下"左联"战绩的一部分,也是难得的史料。①

---

① 丁景唐遗文为手写稿,夹在《模糊的视频——李一氓回忆录》(人民出版社 1992 年版)书中。手稿首页右上方,丁景唐用红色圆珠笔写有说明:此稿"可改为二文,要找吴泰昌记录的李一氓短文,鲁迅捐款一看。"吴泰昌短文中提及鲁迅准备提供百元,为《巴尔底山》支付印刷费。

《江南第一燕——瞿秋白画传》序言

　　跨入新世纪后,纪念和宣传瞿秋白的活动朝着多元化方面发展,不仅出版了各种图书、召开座谈会、巡回展览图片等,还拍摄了大型纪录片,得到了中央有关部门的首肯。现在常州瞿秋白纪念馆编写了《江南第一燕——瞿秋白画传》,这在半个多世纪以来纪念和宣传瞿秋白的历史长廊上尚属首次。

　　这本画传分为七大部分,收入了大量的珍贵历史照片,其中有不少属于首次发表。该画传中不仅有不同时期瞿秋白本人的照片,还有他的父母和弟妹、前妻王剑虹、"生命的伴侣"杨之华和瞿独伊的照片,以及与瞿秋白曾共同工作的中共领导人、共产国际代表等人的照片。加之瞿秋白生活、读书、工作过的各个历史场所、建筑和他的手迹等图片等等,并配以众多的说明文字,从而勾画出瞿秋白光辉一生的足迹。

　　这本"看图说话"的画传——通俗易通的宣传形式,很容易被广大读者所接受,这正是策划者的初衷之一,即让更多的读者了解瞿秋白烈士以及波澜壮阔的中国革命斗争史、文化史,这对于当今正在学习和实践"三个代表"思想,也有着积极的现实意义。

　　瞿秋白生前留存的照片并不多,公开发表的更为少。他牺牲的第二年,1936年6月20日,中国共产党在法国巴黎出版的《救国时报》特地编发了"瞿秋白先生殉难一周年纪念"专版。这在中共党史上是第一次以专版形式纪念党的领导人。其中不仅有纪念瞿秋白的文章,而且第一次公开刊登了作为中共早期领导人的瞿秋白照片。1937年6月17日,《救国时报》发表了杜宁(杨之华)写的《"热血"重温——纪念秋白同志死难二周年》等文,配发的照片仍然是一年前刊登的那张瞿秋白照片,放在"以争取抗战的胜利来纪念民族诸先烈"图片专栏的首位。

　　这张照片就是大家熟悉的瞿秋白烈士像,现已收入在建国以来的各种版本《瞿秋白文集》里,也同样收入在《江南第一燕——瞿秋白画传》中。

这一期《救国时报》专版还刊登了瞿秋白的遗墨,即他写给瞿独伊的一句题词:"准备着建设中国苏维埃航空队。"这也是由中国共产党主编的报刊上第一次刊登瞿秋白的遗墨。现在《江南第一燕——瞿秋白画传》已收入了不少的瞿秋白遗墨,而且还有杨之华抄写瞿秋白文章的手迹,这就产生了"相得益彰"的效果,从另一个侧面反映了瞿秋白与杨之华的深厚感情。

瞿秋白的照片还曾收入在1939年著名现代文学家李何林编著的《近二十年中国文艺思潮论》里,该书明确称誉鲁迅和宋阳(瞿秋白)为"现代中国两大文艺思想家"。为此,我曾向李何林问起此事。1979年11月第四次全国文代会后,我和一些同志留京参加冯雪峰同志追悼会。会间,我向李何林问起当年书中鲁迅和宋阳(瞿秋白)照片的由来。我说,我原来有一本该书1940年上海生活书店的初版本,那时李先生身处四川白沙镇的内地小镇,收集参考书籍甚为困难,不知李先生何处觅到宋阳(瞿秋白)的这幅照片,而这张照片则是我以前未曾见过的。李先生答道,当时宋阳(瞿秋白)的照片的确很难找,他是通过曹靖华进山城谒见周恩来同志之便,转托邓颖超同志向在延安的杨之华同志说明照片的用意,向她将存有的秋白烈士照片提供一用。杨之华得知后,便把珍藏多年的秋白烈士遗照托带到重庆,再由曹靖华转交给他。以后李先生来信告知,《近二十年中国文艺思潮论》重版时将提及此事。该书上世纪八十年代重版时,果然有之。

旧话重提,只是想说明瞿秋白的遗照、手迹都来之不易,其中杨之华做了大量的工作。她生前曾千方百计地苦苦搜寻,作为她后半生"以秋白精神宣传秋白"的重要工作之一,瞿独伊也提供了珍贵的照片。现在经过多年的征集保存,才有了《江南第一燕——瞿秋白画传》的良好基础。

常州是一座历史文化名城,一方水土养活了一方人,在现代革命史上出现了瞿秋白、张太雷、恽代英"三杰",令人敬佩。1979年夏天,我曾荣幸地追随北京有关同志,到瞿秋白烈士的家乡常州等地调查,并与常州瞿秋白纪念馆工作同志保持联系,直到如今。多年来常州瞿秋白纪念馆编辑的《瞿秋白研究》,已成为全国研究瞿秋白的核心刊物之一,并且许多纪念瞿秋白的大型学术讨论会议也曾在常州召开,常州市有关领导和各个部门为发展和开拓瞿秋白研究新领域做出了应有的贡献。常州瞿秋白故居和瞿秋白纪念馆成为进行革命传统教育的一个基地和瞻仰、宣传、研究中心。

我衷心祝愿这本画册就像"江南第一燕"一样,振翼飞向四方。

2002 年 8 月 18 日[1]

以上此序言,现略有改动。

---

[1] 《江南第一燕——瞿秋白画传》由郑晓芳担任责任编辑。此序言由丁言模起草,经丁景唐审阅、修订,交稿后的一个月即出版此画传。在此前后,常州瞿秋白纪念馆馆长侯涤等人来上海探望丁景唐时谈起此书有关情况。

影印《申报》与编制《申报索引》的回忆

丁景唐遗文

20世纪60年代,影印《申报》与编制《申报索引》是中国出版界的一件大事,我曾参与主管这项工作。

影印《申报》的创意,最初来自1957年12月中央文化部报经中共中央宣传部的一个文件,后批交北京中华书局负责执行。中华书局当时在上海设有上海编辑所,由文化界前辈李俊民主持工作。他接到影印《申报》的任务后,立即组织人员,于1958—1961年期间先后召开几次座谈会,听取专家意见,调查了徐家汇藏书楼、原报刊图书馆、中华书局图书馆、解放日报社(原申报馆)和北京大学、北京师范大学图书馆收藏《申报》情况,发现藏报缺张、坏页、订错版次等问题,提出商借原报、补残配缺的意见,还成立了以阮渊澄为组长的《申报》影印组。当时的文化部部长齐燕铭、中国近代史研究所副所长黎澍、国家出版局副局长王益等人都很关心此项工作,并提出各种建议。但是,因形势等诸多原因,此项工作徘徊不前。

1961年上半年,石西民找白彦和我谈话,说起陆定一向他询问《辞海》(未定稿)和《申报》影印工作的进展情况。石西民经常亲自抓《辞海》编纂工作,情况比较熟悉,对《申报》影印工作则了解较少。他要我们抓一下《申报》的影印工作,把要解决的困难和问题提出来。上海出版局的同志从思想上认识到影印《申报》工作是一项有重大意义的重点工程,也是一项抢救重要文化历史遗产的紧迫工作,要认真贯彻执行文化部、中宣部交代的任务,这是上海出版界对国内外文化学术事业的重大贡献。经过多次讨论,明确提出"一面影印、一面编制索引(采纳我提出的建议)"的方针,计划5年内完成影印任务,以充分发挥它的近代百科知识宝库的作用。影印工作由中华书局上海编辑所负责,编制索引工作由新成立的上海出版文献资料编辑所负责,将来以中华书局上海编辑所名义出版。这两个机构都由李俊民挂帅,请他提出组织实施的计划,并采纳我提出的建议:调派徐铸成、瞿光熙参加编制《申报索引》的工作,由徐铸成负责。

1961年冬天，由于李俊民年事已高，上海出版文献资料编辑所改由方学武接任，并接管原由中华书局上海编辑所负责的《申报》影印组工作。方学武和洪嘉义（在"文革"中被害致死）曾去常熟藏书楼调查早期《申报》藏报。选印1919年五四前后、1921年7月1日前后、1937年7月7日前后的十几份样报，是由我提议，得到石西民肯定的。

　　徐铸成是资深老报人，曾主持《文汇报》笔政，他在日记中多次提到编制《申报索引》的工作。1965年10月9日，徐铸成在日记中写道："闻丁景唐同志已回沪，中央领导对《申报》影印极重视，要亲自抓。"那时我已担任上海出版局副局长。

　　但是，"文革"中止了《申报》影印和编制索引的工作，我因曾主持这项工作，也作为被专场批斗的一项重要"罪名"。"文革"后，1982年，经中共上海市委宣传部和市出版局同意，由毕青、丁之翔主持工作的上海书店重新接手这项工作，1987年胜利完成《申报》影印工作，以后完成编制《申报索引》的工作，得到国内外文化学术界的高度评价。

　　如今，当年参与这项抢救重要文化历史遗产工程的石西民等人都已过世了，我作为当事人之一特意追忆这些往事，向他们深致悼念。2015年元旦之后，上海有关部门召开"未来30年上海城市社会文化发展战略"研讨会，与会专家共同探讨上海走向国际文化大都市的路径。我希望充分发挥上海丰富多彩的文化资源优势，继续深入发掘，承前启后，赋予时代新内涵，展现国际大都市的魅力。[1]

原载2015年《上海滩》第3期

---

[1] 此文是丁言模起草，经丁景唐审阅、修订。事前，《上海滩》主编诸葛昆元约稿，让丁言模转告丁景唐，为该刊新开设的卷首栏目撰文，并配上丁景唐的照片，一起刊发。

丁景唐著文及评论、纪念丁景唐文章目录(部分)

丁言昭

1945 年

祝无量:青春的歌手　　　《星底梦》1945 年 3 月出版
穆逊:《星底梦》读后　　　载同上
石琪:《星底梦》及其他　　1945 年 5 月 15 日《诗歌丛刊》2 辑《抒情》
梦茵:读了《星底梦》　　　1945 年 7 月 15 日《女声》4 卷 2 期
古道:青春之歌　　　　　　1945 年 7 月《译作文丛》1 辑《谷音》

1946 年

丁英近作《妇女与文学》不日出版　1946 年 1 月 1 日《妇女》3 期

1980 年

丁景唐同志致函本报　介绍革命历史博物馆中　有关秋白烈士陈列说明　1980 年 6 月 17 日《常州报》1 版

1981 年

李仑:袁雪芬的艺术道路·(9)与许广平谈《祝福》的改编　1981 年 1 月 8 日《文汇报》4 版
杰华:《左联五烈士研究资料编目》增订本出版　1981 年 4 月 10 日《书讯报》

1982 年

徐英:丁景唐——图书馆的友人　1982 年 4 月 22 日《文学报》4 版

1983 年

海:响震诗坛的强音——介绍《殷夫选集》　1983 年 4 月 3 日《文学书窗》2 版
丁勤:被迫看"球"　1983 年 4 月 17 日《新民晚报》

1984 年

林云忠:进军的号音——新版《殷夫集》小记　1984 年 2 月 12 日《杭州日报》3 版
丁玲:《殷夫集》续序　载同上
亦夫:读《学习鲁迅作品的札记》　1984 年 6 月《文艺新书》9 期 4 版
林路　王培年:丁景唐的诗集《星底梦》　1984 年 6 月《文教资料简报》1984 年 6 期
王翼:诗五首　1984 年 7 月 20 日《厦门日报》3 版

1985 年

周忠麟:东方的微光　冬末的萌芽——写在《殷夫集》出版的时候　1985 年 2 月 5 日《博览群书》1985 年 2 期
周忠麟:"诸夏怀霜"的好文选——写在《瞿秋白研究文选》出版之时　1985 年 3 月 28 日《常州日报》
茅盾悼念瞿秋白的一首遗诗　1985 年 6 月 20 日《羊城晚报》3 版
冯江　潘震:巧遇　1985 年 6 月 21 日《起飞报》
奚青　陶红:关怀　1985 年 6 月 28 日《起飞报》
郑卫华:捷足何人踞上游——访研究瞿秋白的专家丁景唐　1985 年 6 月 28 日《福建日报》4 版
鲁迅瞿秋白合作的杂文及其他　1985 年 8 月 20 日《陕西新书目》
丁言昭:黄宗英的题字　《文化娱乐》1985 年 10 期
陈挥:编辑·学者·战士——上海文艺出版社原总编辑丁景唐印象记

1985年11月25日《编辑之友》1985年4期

1986年

30年研究的结晶——评《学习鲁迅作品的札记》 1986年2月21日《福建日报》

周忠麟:评《学习鲁迅作品的札记》 1986年3月14日《人民日报》(海外版) 1986年8月《鲁迅研究动态》1986年8期

周忠麟:鲜血和艺术的结晶 1986年6月8日《光明日报》4版

葛昆元:最美的事——访中国现代文学研究家丁景唐 1986年7月14日《书讯报》4版

贲炜:鬓如霜又何妨——记丁景唐、王观泉师生走访本报 1986年8月11日《书讯报》4版

赵莹:"我来看望同行"——记黄源、丁景唐走访本报 载同上 《黄源研究》2000年2期

1987年

倪墨炎:从《星底梦》想到怎样评价沦陷区文学 1987年1月17日《文艺报》8版

周思源:新发现的殷夫佚信 1987年9月19日《文艺报》8版

1988年

张卫华:孤岛诗坛的一棵明星——丁景唐的《星底梦》 1988年8月9日《常州日报》

胡道静:《梦溪笔谈校证》泼墨录(2)题丁景唐邺架本 1988年11月12日《文汇报读书周报》

尹敏:战士·编辑·学者——记上海文艺出版社名誉社长丁景唐 中共中央宣传部出版局编:《编辑家列传(二)》1988年11月中国展望出版社出版

1989年

修晓林:双鬓作雪 著述不已——访丁景唐 1989年2月25日《文汇

读书周报》

修晓林:瞿秋白研究两师友——访丁景唐和王观泉　1989年6月19日《书讯报》

1990年

吴百星:丁景唐　1990年8月《宁波文化报》4版

1991年

丁玲:祝《殷夫集》出版——致丁景唐　《左联研究资料集》1991年1期
陈挥:"捷足何人踞上游"——记丁景唐的瞿秋白研究　1991年1月《瞿秋白研究》3期
张沂南:老丁还乡——景唐先生在宁波　1991年3月《文学港》1991年2期
丁言昭:丁景唐和赵丹　1991年5月28日《上海工业经济报》
丁言昭:爸爸和赵丹　1991年7月20日《郑州晚报》
桂国强:三个人——三个难懂的故事　1991年《萌芽》8期

1992年

丁言昭:爸爸的多功能房间　1992年1月9日《社会科学报》　1996年5月15日《小花朵》1996年3期
姚锡佩:诸夏何人不怀霜——读《怀霜诗钞》　1992年2月14日《读书人报》
潘振铎:书情——丁景唐师赠我的书之一《学习鲁迅和瞿秋白作品的札记》　1992你2月28日《读书人报》
潘振铎(报上错印成"赵"姓):书情——丁景唐师赠我的书之二《现代六十家散文札记》　1992年3月13日《读书人报》
潘振铎:书情——丁景唐师赠我的书之三《许杰散文集》　1992年3月27日《读书人报》
陈思和　丁言昭:希望之孕——记丁景唐编辑生涯50年　1992年8月22日《新文学史料》1992年3期
丁玲:祝殷夫烈士诗文总集《殷夫集》出版——致丁景唐　1992年9月25日《广西师范学院学报》(哲学社会科学版)28卷3期

施建伟:让春天和他同行——遥寄丁景唐先生　1992 年 9 月 30 日《泉州晚报》

魏绍昌:七旬三照　《艺术界》1992 年 9 月、10 月号合刊

丁言昭:爸爸的宁波话　1992 年 12 月 13 日《上海家庭报》

1993 年

每周人物:丁景唐　1993 年 4 月 26 日《读者导报》

李良倬:我的"忘年交"——丁景唐　1993 年 5 月 10 日《徐汇报》4 版

丁言模:粥与书　1993 年 10 月 13 日《宁波日报》

1994 年

丁言昭:裂缝　1994 年 1 月 4 日《劳动报》

王观泉:一丝淡淡的回忆——中国福利基金会第三儿童福利站记事　《中国福利会史志资料》1994 年 3 期

纪维周:十年辛苦非寻常　一书波折亦荒唐——《鲁迅和瞿秋白合作的杂文及其他》出版始末　《广东鲁迅研究》1994 年 4 期

吴颖之　邵玉健　林以勤:纪念瞿秋白英勇就义 59 周年"丁氏父子瞿秋白研究学术讨论会"昨举行　1994 年 6 月 19 日《常州日报》

潘颂德:一张照片　1994 年 7 月 24 日《海口晚报》3 版

丁言模:木楼梯　1994 年 8 月 31 日《上海商报》

潘颂德:一张有趣的照片　1994 年 10 月 21 日《太平洋化工厂》4 版

1995 年

张剑杰:兴趣、学习的原动力——访老出版家丁景唐先生　《活动天地》（上海）1995 年 2 期

丁伍:重逢　1995 年 5 月 5 日《新普陀报》

侯涤:丁氏父子瞿秋白研究学术报告会在常州举行　常州瞿秋白纪念馆编《瞿秋白研究》7 辑 1995 年 5 月学林出版社出版（上海）

丁景唐先生来信　1995 年 9 月 21 日《瞿秋白研究信息》总 96 期

丁言昭:爸爸的衣着　1995 年 12 月 5 日《新普陀报》4 版　《吉林民情》1996 年 1 期　1996 年 2 月 4 日《宁波日报》

丁言昭:爸爸的趣闻　1995 年 12 月 5 日《小花朵》1995 年 6 期

1996 年

丁言昭:丁英是谁？　1996 年 2 月 3 日《文汇报》10 版

王文强:鲁迅瞿秋白友谊课题新篇章——读《鲁迅和瞿秋白合作的杂文及其他》　1996 年 2 月 20 日《鲁迅研究月刊》1996 年 2 期

董鼎山:上海的朋友们　1996 年 5 月 14 日《新民晚报》14 版

1997 年

朱亚夫:寻访"一步楼"　1997 年 5 月 30 日《房地产报》

桂国强:甘于清贫的"富翁"——我所知道的丁景唐　1997 年 7 月 29 日《上海经济报》3 版

盛巽昌　朱守芬编撰:《学林散叶》　1997 年 9 月上海人民出版社出版

1998 年

丁言昭:丁景唐与《蜜蜂》　1998 年 1 月 20 日《读者导报》8 版

丁言昭:丁景唐与《联声》　1998 年 3 月 15 日《读者导报》

陆石浩(丁言昭):丁景唐自传　1998 年 4 月 20 日　5 月 20 日　6 月 5 日　6 月 20 日　7 月 5 日　7 月 20 日　8 月 5 日《读者导报》8 版

1999 年

陆其国:"捷足何人踞上游"——访文化老人丁景唐先生　1999 年 1 月 14 日《上海档案》1999 年 1 期

丁言昭:爸爸的毛巾何其多　1999 年 1 月 23 日《上海家庭报》3 版 1999 年 5 月 12 日《新普陀报》4 版

李桃:老丁与小友——我与丁景唐先生的交往点滴(打印稿)　1999 年 7 月

陆其国:耐看的文化风景——丁景唐的风雨人生　1999 年 7 月 10 日《电视·电影·文学》1999 年 4 期

余秋雨:以书为砖　《我与上海出版》1999 年 9 月学林出版社出版

白云(丁言昭):丁景唐《星底梦》　1999 年 11 月 20 日《读者导报》8 版

2000 年

郭娟:认认真真做编辑　郭娟:《写在水上》2000 年 1 月天津百花出版社出版

葛昆元:孤儿·战士·学者　《上海滩》2000 年 4 月号

袁鹰:从青春歌者到白发书生　2000 年《小说界》4 期

朱国顺:为了不能忘却的纪念——左联研究专家、出版家丁景唐纪事　2000 年 6 月 20 日《新民晚报》26 版

王观泉:躬耕半世纪——丁景唐和瞿秋白研究(未刊稿)　2000 年 7 月 19 日写

郭娟:青山依然在,几度夕阳红——访编辑家、学者丁景唐　2000 年 8 月 1 日《夕阳红》2000 年 8 期

王志冲:丁老　老丁　2000 年 8 月 25 日《上海老年报》9 版

夏弘宁:与文化名人忘年交　2000 年 9 月 5 日《读者导报》8 版

顾念林:忘年之交两地书　2000 年 9 月 13 日《新民晚报》21 版

许觉民:为丁景唐《海沫文谈六十春》序　2000 年 11 月 30 日《社会科学报》4 版

张小红:丁景唐先生与左联研究　2000 年 11 月 30 日《虹口文化》3 版

袁鹰:赠丁景唐同志　2000 年

2001 年

程海麟:钻石婚的祝福　2001 年 2 月 9 日《上海老年报》9 版

刘玉龙:学者丁景唐　2001 年 2 月 28 日《滁州师专报》

朱守芬:丁景唐 80 纪年　《文教资料》2001 年 2 期

夏其言:更可贵的钻石婚　2001 年 3 月 9 日《上海老年报》10 版

李云鹏:撑伞的丁景唐先生　2001 年 4 月 17 日《兰州晨报》　2001 年 5 月《风·火·海》1 期　李云鹏:《剪影,或者三叶草》2016 年 8 月敦煌文艺出版社出版

周国伟:丁景唐的鲁迅研究　2001 年 9 月《上海鲁迅研究》12 期

成幼殊:永嘉路上——陪老丁散步(手稿复印件)　2001 年 11 月 19 日

夏秀玫:丁景唐:从孤儿到战士、学者　2001 年 12 月 5 日《世纪风采》2001 年 12 期

2002 年

王殊:一张 56 年前的照片   2002 年 1 月 14 日《新民晚报》22 版
韦泱:老丁的"鲁迅情结" 《鲁迅世界》2002 年 1 期
胥智芬:知识和文化的信念 是最高的幸福气质——春节文化老人走访记   2002 年 3 月 1 日《读者导报》13 版
王观泉:金不依纸墨而留存(代序)(打印稿)   2002 你 4 月 20 日 2011 年 6 月 25 日《出版史料》2011 年 2 期
许觉民:丁景唐文坛六十春   2002 年 6 月《出版史料》2 辑
韦泱:我收藏的作家签名本   2002 年 11 月《上海作家》2002 年 4 期

2003 年

成幼殊:永嘉路上——陪老丁散步(诗)   成幼殊:《幸存的一粟》2003 年 1 月山东画报出版社出版
王一桃:赠丁景唐(诗)   2003 年 3 月 28 日《书友》2 版   2003 年 4 月《香港文艺家》2003 年 8 期 《新文学史料》(季刊)2003 年 1 期   2003 年 4 月 11 日《文汇读者周报》14 版
史力群:丁景唐老人的惊喜 《连博》2003 年 4 月号
韦泱:两个曾经的诗人   2003 年 6 月 16 日《徐汇报》7 版
骆斌:丁景唐品位高雅的文化老人   骆斌:《书友情怀——签名本其书其人》2003 年 8 月中国文联出版社出版
毛东初:丁景唐的"书话式签名本"   2003 年 9 月 1 日《旧书信息报》4 版
张磊:永远不知疲倦的青春歌者——记丁景唐 《上海出版人》2003 年 11 月学林出版社出版
徐葛:老丁半日谈(打印稿)   2003 年 12 月 12 日

2004 年

华振鹤:《丁景唐自用印谱》选介   2004 年 3 月 22 日《新民晚报》25 版
葛建平:弄堂啊,弄堂   2004 年 3 月 25 日《新民晚报》23 版
程海麟:信念是不灭的光绪   2004 年 4 月 20 日《上海老年报》
韦泱:老丁的"鲁迅情结"(打印稿)   2004 年 5 月 8 日
竹子:犹恋风流纸墨香——读丁景唐六十年文集(打印稿)   2004 年 5

月9日写网上下载

　　韦泱:他们曾经是诗人　2004年5月30日《文汇报》

　　王观泉:立雪"丁"门者言　2004年6月2日《今晚报》

　　王雅军:丁景老为我题签的一本书　2004年6月21日《旧书信报》3版　王雅军:《书带芊芊》2015年6月上海文艺出版社出版

　　程海麟:作家"胡元亮"　2004年8月《上海作家》3期(季刊)　2004年12月10日《作家文摘》6版　2005年4月8日《读者导报》6版

　　王湜华:从手铃《丁景唐先生用印》说开去　2004年9月25日《出版史料》3期

　　竹子:相见处晚晴天(未刊稿)　2004年10月6日

　　周国伟:学者型的编辑出版人丁景唐(原名:丁景唐的学术研究生涯)(打印稿)　2004年秋一稿2005年夏二稿

　　刘玉龙:随丁景唐先生走进文学的现代史　2004年11月30日《滁州学院报》9版

　　梅娘致丁景唐函　2004年12月2日《读者导报》2版

　　秦玉兰:暗香浮动月黄昏——记梅娘、幼殊与景玉公交往　载同上

2005年

　　葛芸:老丁半日谈　2005年1月12日《新民晚报》B38版

　　朱金顺:说说丁景唐先生赠我的签名本　2005年1月31日《旧书信报》3版

　　丁惠增:邂逅丁景唐　《上海宁波人》2005年1期

　　李冷路:老丁,真逗!　2005年4月26日上海文艺总社编《青松林》4版　2008年2月29日《新民晚报》B6版　李冷路　陈羽:《江南腔调》2013年8月上海三联书店出版

　　秦玉兰:天平雅集小记(未刊稿)　2005年5月2日

　　李丹:照片·浓情——拜会丁景唐先生　2005年5月27日《读者导报》6版

　　陆峰:丁景唐:纸墨人生的歌者　2005年6月24日《上海新书报》A4版

　　丁景唐先生为觅小　小小讲解员题词　2005年6月28日《瞿秋白研究信息》2005年4期

　　韦泱:题丁家猫咪(打印稿)　2005年6月

　　王鹏飞:抗战时期上海文坛杂忆——丁景唐先生访问记(打印稿)

2005 年 7 月 18 日

学习前辈崇高品质　确立高尚文化追求　《故事会》临时支部邀请丁景唐上课反响热烈　上海文艺出版社总社保持共产党员先进性教育活动2005 年 7 月 25 日《简报》11 期

秦玉兰:为谁盛放花满路　2005 年 9 月 23 日《编辑学刊》2005 年 5 期

张勤龙:景玉公印象　2005 年 10 月 14 日《联合时报》

言鸣:书中自有人生乐——出版家丁景唐先生印象　2005 年 10 月 25 日《上海老年报》

鲁秀珍:韬奋楼前的沉思　鲁秀珍:《国门内外》2005 年 10 月黑龙江人民出版社出版

秦玉兰:秋天里的春天　2005 年 11 月 10 日《社会科学报》8 版

邢悦:一个"85 岁的青年诗人"——丁老印象(未刊稿)　2005 年 11 月 8 日

上林早苗(日)　周蒋锋译:刻在印章里的两情爱　2005 年《上海风》(日文版)12 月号

周蒋锋:"爱"的关键词——拜访出版家丁景唐先生(未刊稿)　2005 年 12 月

葛芸:可爱的丁老头和姑娘们(未刊稿)　2005 年

2006 年

雷娜:一个美好的垃圾桶　2006 年 1 月 24 日网上下载

李云鹏:一位编辑家的大工程、细工程及其他的抒情　2006 年 5 月 1 日《飞天》2006 年 5 期　李云鹏:《剪影,或者三叶草》2016 年 8 月敦煌文艺出版社出版

言模:书海结缘思巴金　2006 年 8 月 10 日《档案春秋》2006 年 8 期

丁惠增:老丁题字　2006 年 10 月 4 日《书法导报》

刘玉龙:与丁景唐夫妇的交往日子　2006 年 11 月 30 日《滁州学院报》B2 版

陈怡:拉都路上忆萧军　2006 年 12 月 8 日《东方早报》C10 版

2007 年

韦泱:播撒现代文学珍稀种子——丁景唐编辑出版生涯片断　2007 年 2 月《芳草地》2007 年 1 期

秦玉兰:冬日的手温　载同上

韦泱:1938·从《蜜蜂》开始——记丁景唐早期文学编辑生涯　2007年3月《上海作家》2007年1期　韦泱《人与书,渐已老》2009年7月上海远东出版社出版

丁惠增:犹恋风流纸墨香——喜读丁景唐先生大作　2007年3月《海上宁波人》2007年3期

梦小竺:爱照相的爹爹　2007年4月30日《虹口文化》4版

才能怡:"慎成里"的诗意闲情(未刊稿)　2007年4月30日

韦泱:"把鲁迅的还给鲁迅"——记鲁迅研究专家、海上出版精英丁景唐　2007年6月11日《藏书报》4版

韦泱:纸墨香伴七十载——记丁景唐编辑出版生涯　2007年6月25日《出版史料》2007年2期

王湜华:《丁景唐常用印存》赏析　载同上

张翔:我与丁景唐先生的一段短暂交往　2007年10月1日《藏书报》4版

韦泱:自然·坦然·怡然——出版家丁景唐的健身三部曲　2007年《行家》11期

程海麟:丁老和老童生　2007年12月5日《海派文化》1版

2008年

张红玉:一位慈祥可爱的老人　2008年4月8日《虹口文化》4版

致丁景唐　《范泉晚年书简》2008年10月大象出版社出版

2009年

虞时中:丁景唐活跃在文艺战线上的"蜜蜂"　《海濡之士　北仑名家》2009年2月人民文学出版社出版

秦玉兰　刘琼:纸墨更寿于金石——出版家丁景唐访谈记　2009年3月《编辑学刊》2009年2期

2010年

朱金顺:介绍《学习鲁迅作品的札记》(增订本)　2010年3月8日《藏书报》

鲁歌:谈丁景唐先生的一封信　2010年3月29日《藏书报》3版

信芳:漫漫百年文学皇皇百卷大书——《中国新文学大系》在接力中诞生　2010年3月《上海采风》2010年3期

王雅军:丁景老为我题签《文艺日记》　2010年4月12日《藏书报》3版

丁言昭:旧札引起父亲回忆　2010年4月26日《藏书报》3版

鲁歌:谈丁景唐先生的书信(之二)　2010年5月17日《藏书报》3版

高信:话说丁景唐先生"札记"的源头　载同上

蔡鹏飞:犹恋风流纸墨香港——丁景唐先生专访　2010年5月《溯源:东吴校友访谈录　苏州大学110周年》

朱金顺:殷夫诗片成励语——记丁景唐先生赠我的第一本书　2010年6月7日《藏书报》4版

朱金顺:略说丁景唐先生的瞿秋白研究　2010年6月21日《藏书报》5版

韦泱:犹恋风流纸墨香——记九旬老人丁景唐　2010年10月22日《文汇读书周报》5版

2011年

龚明德:犹恋风流纸墨香——丁景唐先生与我的"书来往"　2011年1月17日《藏书报》3版　2011年2月《绿土》2版

袁鹰:从青春歌者到白发书生:怀念丁景唐　袁鹰:《申江寻梦——一个老报人的文化情怀》2011年2月上海文艺出版社出版

张翔　吴萍莉:丁景唐先生来信　2011年3月25日《出版史料》2011年1期

朱金顺:丁景唐先生的赠书题词　2011年5月2日《藏书报》5版

马信芳:著名学者丁景唐谈左联　中国革命文学先驱者播种者　2011年6月7日《深圳特区报》A5版

言模:书海结缘惜文字　往事倍亲茶未凉——巴老与丁景唐　2011年8月26日《联合时报》6版

余淼:丁景唐学长采访录　《浦光记忆》2011年10月

一木:老丁追思巴老　书海结缘　追思倍亲　2011年11月9日《新普陀报》4B版

孙言　粟亚雷:丁景唐藏印趣谈(打印稿)　2011年11月12日

孙言:文化老人丁景唐先生藏印趣谈(前月丁景唐题字)　2011年11月《秋石印苑》秋石印社成立25周年特刊

胡子林：在白胡子家做客　2011年12月4日《新民晚报》B2版

丁言昭：记"青中"歌咏队队长丁景唐　2011年12月25日　2013年11月4日《虹口文化》4版

2012年

章洁思：丁景唐先生与我　2012年1月6日《文汇读书周报》5版

韦泱：一言难尽话《女声》　韦泱：《纸墨寿于金石》2012年1月文汇出版社出版

应锦襄：给景玉公　芮鹤九　应锦襄：《并肩行》2012年3月

丁言昭：百岁大哥与九旬小老弟　2012年4月13日《文汇读书周报》5版

张韧：家长代表丁景唐　2012年5月22日《文汇报》11版

袁鹰：郁郁葱葱绍兴路——祝贺上海文艺出版社六十华诞　2012年5月《书香飘过一甲子》上海文艺出版社出版

韦泱：曾有一个"民歌社"　《芳草地》2012年3期　2012年7月《绿土》1版　2012年8月1日《建设银行报》　2012年9月3日《藏书报》5版

张林风：革命阵营的战士　文化领域的大家——探寻丁景唐在虹口的岁月片断　2012年8他27日《虹口报》4版

王志冲：欢欢乐乐年复年　2012年9月4日《长宁时报》B2版

王圣思："90后"桃源人丁景唐　2012年9月15日《新民晚报》B13版

史力群：丁景唐老人的惊喜　2012年10月《史力群文集》《连博》编印出版

史力群：《连博》满十期　文化名人丁景唐高度评价并寄厚望　载同上

蔡耕：赵丹湖州行　2012年11月《上海滩》2012年11期

沈爱良：刀笔传情——《景玉常用印集》弁言　2012年11月《秋石印苑》

丁惠增：老作家丁景唐和他的儿女们　2012年11月《金秋文学》4期

2013年

丁言昭：来自郭老家乡的感谢信　2013年2月7日《文学报》12版

陈钜：景唐汉玉　印意绵长　2013年3月18日《虹口报》4版

韦泱：地下党办《谷音》　2013年4月《开卷》14卷4期　2013年9月16日《藏书报》5版　2014年《上海作家》3期

康锋：我与殷夫母校——民立中学的情缘　2013年5月《新乐》6期

丁言昭:我和父亲访吴天云老妈妈　《上海鲁迅研究》2013年春2013年5月上海社会科学院出版社出版
姜德明:丛刊识小·《谷音》·《青春》2013年5月南京师范大学出版社出版
丁言模:瞿秋白与书籍报刊——丁景唐藏书研究　2013年9月中国社会出版社出版
孙言:有缘尊前临风坐　红雨楼前也清香　2013年11月
丁言昭:丁景唐与刘苇的交往　2013年11月《绿土》1版
丁言昭:又恋风流纸墨香·后记　2013年12月4日《虹口文化》4版

2014年

丁景唐藏书三人谈　2014年1月20日《藏书报》8版
汪里汶先生给丁景唐先生的信　2014年3月25日《上海音讯》1版
王性昌:我把印谱当诗读　2014年3月17日《藏书报》
马信芳:学者、出版家丁景唐　为中国新文学存迹留痕　2014年5月12日《深圳特区报》B1版
丁言昭:父亲的诗:《新生代进行曲》　2014年上半年《碧柯诗词》总75期
丁景唐　郑绩:《浙江现代文坛点将录》2014年8月海豚出版社出版
岳洪治:丁景唐先生与人文社的友情　2014年9月《出版史料》2014年3期(季刊)
俞子林:记老丁　载同上
葛昆元:老丁与他的《星底梦》　2014年10月9日《社会科学报》
张朝杰:我和70年老友丁景唐　2014年10月23日《虹口报》4版
海麟:每一方印都有爱和友情相伴　《上海作家》2014年5期(双月刊)
张林风:山阴路上,丁景唐成了赵家璧家中的常客……　2014年11月5日《党史信息报》3版
朱孝庭:《周报》替我结了缘　2014年12月19日《文汇读书周报》3版
卢润祥:犹恋风流纸墨香　2014年12月30日《新民晚报》A33版
丁言模:景唐藏书　2014年12月《芳草地》2014年4期

2015年

陈钲:鼓棹扬帆行万里——记左翼文学研究专家丁景唐　2015年1月

19 日《联合时报》7 版

　　张朝杰:丁景唐、董乐山和我　2015 年 2 月 10 日《档案春秋》2015 年 2 期

　　丁言昭:书背后的故事——记丁景唐《犹恋风流纸墨香:续集》　2015 年 4 月 13 日《虹口报》3 版　2015 年 6 月 1 日《读书乐之友》3 版

　　丁言昭:父亲新书的幕后故事　2015 年 4 月 20 日《新民晚报·天平家园》7 版

　　韦泱:《时代·文艺》:抗战胜利第一刊　《上海作家》2015 年 2 期(季刊)　2015 年 9 月 2 日《中华读书报》14 版

　　王雪霞:在抗战中走上革命文学之路——专访丁景唐　2015 年 6 月 29 日《藏书报》4、5 版

　　丁言模:丁景唐及子女与《瞿秋白研究》结缘　《瞿秋白研究》18 辑 2015 年 6 月南京大学出版社出版

　　陈思和:作为编辑的美德　2015 年 9 月 14 日《文汇读书周报》6 版

　　薛保平:风流犹念丁景唐　2015 年 11 月 1 日《太原晚报》14 版

　　陈辽:真正的人,真正的学者　《上海作家》2015 年 4 期(季刊)

2016 年

　　马信芳:丁景唐:犹恋风流纸墨香　2016 年 4 月《上海采风》2016 年 4 期

　　丁言昭　马信芳:从小说《祝福》到越剧《祥林嫂》　2016 年 3 月 21 日《徐汇报》8 版(上)　2016 年 3 月 28 日《徐汇报》12 版(下)

　　马信芳:《祥林嫂》与丁景唐　2016 年 5 月 3 日《上海老年报》7 版

　　修晓林:犹恋风流纸墨香——丁景唐印象　修晓林:《文学的生命　我和我的作家朋友》2016 年 7 月上海文化出版社出版

2017 年

　　郝铭鉴:出版好有一比　郝铭鉴:《出版的灯光》2017 年 4 月上海文化出版社　上海咬文嚼字文化传播有限公司出版

　　郝铭鉴:"一本书主义"　载同上

　　张昌华:丁景唐　张昌华:《我为他们照过相》2017 年 9 月商务印书馆讣告　2017 年 12 月 13 日《解放日报》6 版

　　本报讯:文史学者、出版家丁景唐去世　2017 年 12 月 14 日《文学报》5 版

孙颙:老丁垂范　后人受惠　2017年12月18日《文汇读书周报》3版

马信芳:犹恋风流纸墨香——悼念丁景唐先生　2017年12月18日《徐汇报》8版

朱亚夫:纸墨香飘"一步楼"　2017年12月21日《虹口报》

江俊绪:老社长的"零距离"——悼学者、出版家丁景唐　2017年12月22日《新民晚报》19版

赵南荣:怀念丁景唐先生　2017年12月25日《新民晚报》17版

2018年

丁言昭:父亲·导师·偶像——怀念父亲丁景唐　2018年1月8日《文汇读书周报》1版 2版

宫立:丁景唐书简三通释读　载同上 2版

韦泱:多少往事暖心窝　忆与丁景唐相处的日子　2018年1月8日《藏书报》3版

朱亚夫:"一步楼"中书香浓　载同上

陈钲:丁景唐先生的文学研究生活　2018年1月12日《文汇学人》15版

葛昆元:学人原来是诗人　2018年1月13日《新民晚报》12版

修晓林:怀念您,丁景唐先生　2018年1月16日《新民晚报》17版

韦泱:丁景唐说我是"自瓜人"　2018年1月26日《文汇报》11版

赵庚林:研究秋白,一往情深——追思丁景唐先生　2018年1月29日《文汇读书周报》4版

王性昌:原来都是爱印人　我与丁景唐先生的往来　2018年1月29日《藏书报》3版

彭伟:冬忆丁景唐先生　载同上

陈克希:老宁波丁景唐　《点滴》2018年1期

陈钲:丁景唐与《中国新文学大系》　2018年1月《绿土》1版

张林风:他伴着快乐远行——我所见到的丁景唐先生　2018年2月1日《虹口报》3版　2018年2月20日《读书乐之友》4版

郭娟:一书结缘20年　2018年2月7日《光明日报》悦读版

刘锡诚:给丁景唐先生的信　2018年2月11日《解放日报》7版

陈小琴:鼓励年轻人搞研究的丁景唐先生　2018年2月20日《读书乐之友》4版

赵乐乐:咫尺回忆——我的小丸子爷爷　载同上

寒漫思:先生之风后世仰　2018年2月23日《新民晚报》20版

赵家圭:"他在丛中笑"——我为丁老拍照　2018年3月25日《上海音讯》4版

秦建鸿:真正的人,真正的学者——纸墨风流丁老景唐先生　2018年4月10日《上海市地下管线》2018年2期　2018年9月3日《劳动报》4版　2018年10月18日《读书乐之友》4版

丁言昭:听晚年王映霞忆往谈旧　2018年4月16日《文汇读书周报》1版2版　2018年4月20日《报刊文摘》8版转载　2018年5月4日《作家文摘》转载

王锡荣:怀念丁景唐先生　2018年4月《上海鲁迅研究·鲁迅与出版》

丁言昭:父亲丁景唐结识郭沫若茅盾经过　2018年5月10日《世纪》2018年3期　2018年5月29日《作家文摘》

陈学勇:难忘丁景唐老人　2018年5月11日《南方都市报》7版 2018年8月《绿土》2版

陈漱渝:犹恋风流纸墨香——关于丁景唐先生的琐忆　2018年5月22日《新文学史料》2018年2期(季刊)总159期

马国平:丁景唐和徐开垒的一组合影　2018年6月10日《档案春秋》2018年6期

潘颂德:怀念逐日深——重温丁景唐先生给我信　2018年6月15日《海派文化》4版

丁景唐口述　林丽成采访整理:丁景唐谈《中国新文学大系》　2018年6月《上海出版博物馆》2018年1期

沈飞德:"侬要写得严谨些啊"　2018年7月12日《新民晚报》21版

叶奇:深切怀念丁伯伯　2018年7月26日《虹口报》4版

陈思和:纪念丁景唐先生　2018年7月30日《文汇读书周报》3版

卢润祥:花落春色在,人去纸墨香——怀念丁景唐先生　2018年7月《绿土》2版

家伶　慕春:四十如歌,那些老照片背后的人和事　回眸出版走在改革开放路上的一些瞬间　2018年8月12日《新民晚报》20版

马信芳:从小说《祝福》到越剧《祥林嫂》　2018年8月《上海采风》2018年4期(双月刊)

刘平:怀念丁景唐先生　2018年9月14日《中国社会科学报》4版

丁言仪:父亲的歌声永响我的心中　2018年9月25日《上海音讯》4版(上)　2018年12月25日《上海音讯》4版(下)

宓重行:老丁:"犹恋风流"　2018年10月28日《文汇报》8版　2018年11月13日《作家文摘》11版

丁言昭:丁景唐与施蛰存　2018年10月《绿土》1版224期

丁言昭:丁景唐和巴金的交往　2018年10月《点滴》2018年5期(双月刊)

乐融:永不疲倦的人——怀念丁景唐先生　《上海鲁迅研究·赵家璧与出版研究》上海社会科学出版社2018年10月出版

李浩:老丁先生　载同上

丁言昭:丁景唐与王观泉　2018年11月《绿土》1版2版225期

2019年

郝铭鉴:难以磨灭的记忆——怀念丁景唐先生　2019年1月15日《编辑学刊》2019年1期

丁景唐与民歌社

戴建国

丁景唐(1920年4月—2017年12月),浙江镇海(今宁波)人,笔名洛黎扬、歌青春、乐未央、丁英等。他是文史学者、出版大家,同时他还应该是位出色的民间文艺学家。丁景唐对民间文学的贡献,突出表现在三个方面:收集整理、编辑出版、理论研究。

1988年9月,段宝林、祁连休主编的《民间文学词典》中称丁景唐为"文学评论家"。1992年6月,姜彬主编的《中国民间文学大辞典》"民间文艺学家、民间文艺家"中竟然没有收录丁景唐,只在"附录:中国民间文艺家协会会员表"中出现了他的籍贯、民族、出生年月、单位等简单信息。丁景唐被称为民间文艺家,则出现在2004年6月由中国民间文艺家协会所编的《中国民间文艺家大辞典》中。

真正关注到丁景唐作为民间文艺学家成就的,则是刘锡诚。2006年12月,刘锡诚的煌煌著作《20世纪中国民间文学学术史》问世。该著《胜利后的上海民间文学界》一节下设"丁英和上海民歌社";2018年2月,刘锡诚追忆文章《给丁景唐先生的信》中"关于民歌社的史实"再次披露了丁英和民歌社的一些信息。现经过各地诸多友人帮助,查到一些有关史料,介绍如下。

民歌社的名称

刘锡诚在《20世纪中国民间文学学术史》论著中撰写"丁英和上海民歌社"内容时,除该标题称"上海民歌社"外,正文中一直只用"民歌社"的表述,而在《给丁景唐先生的信》中先后有"在上海组创中国民歌社""上海40年代中国民歌社"的表述。

根据目前搜集到的资料,笔者发现民歌社这一名称最早出现在1947年2月10日出版的由中国出版公司编辑部编辑的《青春》2月号上发表了丁英的《谈民间歌谣的收集》,在其前言部分提到民歌社的创设,其文末落款为

"民歌社"。同时,该号"各地民歌特辑"中的"编者附识"也用到民歌社这一名称;2月15日出版的《新诗歌》创刊号通讯栏中出现了"民歌社:征求歌谣"。

丁英编写的《怎样收集民歌》,作为"歌谣小丛书之一"于1947年5月由上海沪江书局初版,该著目次有"三、附录:民歌社征求全国民歌启事"。约同年底,中华全国文艺协会港粤分会文艺函授班编《文艺信箱》第8期上刊登《怎样收集民歌》,文章署名"民歌社"。

丁英论著《怎样收集民歌》"一、怎样收集民歌"的文末,注明其写作时间是"一九四六年十二月初稿,一九四七年三月重写","二、现代民歌书目初稿"中收录最近的书目竟然就是《怎样收集民歌》初版本。丁英论文《谈民间歌谣的收集》,正是丁英论著《怎样收集民歌》"一、怎样收集民歌"的前身,但文末删除写作时间而多了"民歌社"落款;民歌社《怎样收集民歌》采用的是丁英论著《怎样收集民歌》"怎样收集民歌"一文中的"二、怎样收集?"这一部分,它也把原来文末的写作时间删除了。

在"丁英和上海民歌社"之前,提及"民歌社"的有三篇可靠性较强的文章:陈思和、丁言昭在《新文学史料》1992年第3期上发表的《希望之孕——记丁景唐编辑生涯50年》,朱守芬在《文教资料》2001年第2期上发表的《丁景唐八十纪年》,丁景唐在《出版史料》2003年第2期上发表的《怀念范泉》,这些文章均称这个团体为"民歌社"。

民歌社的成立

刘锡诚"丁英和上海民歌社"开篇明确指出:"抗战胜利后不久,1947年5月,在上海成立了一个以诗人为主体的民间文学搜集研究团体——民歌社,提倡搜集民歌(也附带搜集民间故事)。"此处就非常明确地交待了民歌社的创建时间是1947年5月。

从上节所述的发现民歌社这一名称最早出现在1947年2月,而不是5月。

丁景唐在《怀念范泉》中回忆说"1946年,……在上海组建成立了民歌社"。丁景唐1951年3月14日为《浙东民歌》(未刊)所写的自序:"对于民歌的爱好,已是很久的事,但有系统地进行收集和研究工作,是在一九四五年抗日战争胜利后开始。那时我们在上海曾组织过一个民歌社的团体,……"后者所言严谨可靠,这可以从1946年丁景唐公开征集各地民歌的启事中推理出来:一份发表在1946年11月29日《四明周报》第5期第6版上,题目为《征求歌谣小启》;另一份发表在1947年1月10日《活路》第6期封底上,题目为《征求各地歌谣小启》，两份启事的落款都是 1946 年 11 月。

1947 年 2 月发表的丁英论文《谈民间歌谣的收集》前言，在三个月后（五月）出版的丁英论著《怎样收集民歌》里，则被删除了一大段话，原整段文字如下：

> 因此比较详细地来叙述我们对于歌谣的企望和收集整理的具体计划，遂成为非常必需的事。在一个星期日的午后假期魏绍昌兄家中约集十余位友人，那就是吴越、项伊、袁鹰、陆以真、徐淑岑、薛汕、叶平、刘岚山、廖晓帆、魏绍昌诸兄，（马凡陀先生和沙鸥兄因事缺席）作了一次初步的商谈。谈话间，大家都感觉到要使民歌研究工作能经营展开，有成立一个专门收集，整理并出版的学术团体的必要，当经一致同意"民歌社"的组织。不过，同时我们也保留并不一定要有固定的严格的形式底建议，所以也没有章程和负责人那一套的拘束；只想每月来次友谊性的座谈，交换心得和意见。

上述文字，除了第一句话保留外，后面的一大段文字在《怎样收集民歌》中全删了。这段被删的文字还是有一些信息值得重视：第一，民歌社是一个专门收集、整理并出版的学术团体；第二，这十余人是最初的参与者，他们也全部出现在后来的四十一人名单中；第三，民歌社没有章程。四，民歌社每月进行一次"友谊性的座谈，交换心得和意见"。

经过半个多世纪，丁景唐在《怀念范泉》里追忆到民歌社组建的这段史实：

> 1946 年，许杰先生到上海，他写信为我介绍福州青年作家郭风、欧坦生，请他们帮助搜集福建民歌。那一年，我与薛汕、袁鹰、李凌、沙鸥等在上海组建成立了民歌社，其宗旨在推动诗歌创作，大力宣传搜集民歌。社员有王采、吕剑、吴越、劳辛、廖晓帆、刘岚山、魏绍昌、张周、苏金伞、马凡陀、端木蕻良等四十多人。

《青春》1947 年 2 月号出现"各地民歌特辑"，据"编者附识"，称"承民歌社丁英君之协助，每辑特辟民歌一栏"，这里只说"承民歌社丁英君之协助"，将丁景唐视为民歌社普通一员即一名社员而已。当然，从 1946—1947 年丁英登载征求民间歌谣的启事而看，丁景唐确实功不可没。

丁景唐时为中共地下党"学委"系统的宣传调研工作者的特殊身份，注意公开工作和秘密工作相结合的斗争策略，因此他组织民歌社时，不能明确谁是负责人,也不能制定有关章程,以免引起反动当局的注意,带来严重后果。

民歌社的启事

关于征求民间歌谣的启事,丁英论文《谈民间歌谣的收集》和丁英论著《怎样收集民歌》"一、怎样收集民歌"都有如下文字作了交待:

> 为了使一代的民间歌谣能够得到保存与发展,以便作有系统的整理研究,并加以吸收扬弃成为新的歌谣创作,从事于人民文艺的改造工作,我们曾用几位友人共同的署名,分别在上海各报刊登了征求民间歌谣的启事,同时又转托了丁东兄在北平、苏金伞在开封、重庆活路社的老粗兄、青年创作社的雷韧兄、南京的默之兄、四川岳池的庄稼兄、惠安的非蒙兄、宁波的麦野青兄、镇海的臧洛克兄、台湾的罗沉兄、福州的欧坦生、成寂兄……以及各地其他友好的协助发布了消息。很快我们收到了热忱的信和材料,以致连整天回信都来不及,这可证明全国同好的众多,和大家对于民歌的关怀。遂后由于共同的爱好,许多陌生者都变成了熟稔的好朋友。

"我们曾用几位友人共同的署名",分别在上海以及各地登载了征求民间歌谣的启事,因暂难一一找到相应的启事,目前也就无从全面核实,不过笔者还是有幸发现了两份启事,一份发表在1946年11月29日《四明周报》第5期第6版上,题目为《征求歌谣小启》:

爱好民歌的乡友们:
  在这里我至诚地向你们请求协助搜集各地歌谣——
  (一)直接录自口头的;(二)间接自报纸刊物转录或黬(按:当为"剪")贴的;(三)各种有关歌谣的集子或研究论文的著作,倘能割爱出让的最好,不然即借阅也可。本人愿以拙作妇女与文学(价二千元)及星底梦(诗集价八百元)作为酬谢。如需现金或其他条件也可来函书明。
                  丁英一九四六年十一月
  来函请寄上海宁波路四七〇弄四号联华图书公司本人可也。

另一份发表在1947年1月10日《活路》第6期封底上,题目为《征求各地歌谣小启》：

> 兹征求各地歌谣，凡（一）直接录自乡村口头的；（二）间接自报纸刊物转录或剪贴的；（三）各种有关歌谣的集子或研究论文的各类单行本，如能割爱出让最好，不然即借阅也可。本人愿以拙作妇女与文学（定价二千元）及星底梦（价八百元）作为酬谢。如需现金或其他条件，也可来函注明。
>
> 丁英
一九四六年十一月
>
> 来函请寄：
>
> 上海宁渡（按：当为"波"）路四七〇弄四号联华图书公司本人可也

从两份启事看来，1946 年至 1947 年 1 月的一段时间里，丁景唐在联华图书公司。丁景唐利用职业关系，争取联华图书公司经理陆守伦办纯文艺刊物《文坛》月报，特请魏金枝出面担任主编，由丁景唐做实际编辑工作。1946 年 1 月 20 日《文坛》创刊，5 月 10 日第 3 期后停刊。之后仍在联华图书公司编辑《茶话》。6 月 5 日《茶话》创刊，1949 年 4 月 15 日终刊，共 35 期。两份启事表示，丁英愿意以个人诗集《星底梦》(1945 年 4 月由上海诗歌丛刊社出版）及个人论文集《妇女与文学》(1946 年 2 月由沪江书局出版）作为酬谢；这里刊发的第二份启事比上年刊发的更加文从字顺；从两份启事都是以丁英名义登载看来，所谓"我们曾用几位友人共同的署名"的说法未必能落实，而"各地其他友好的协助发布了消息"倒是可信，《四明周报》是通过"宁波的麦野青兄"，《活路》是通过"重庆活路社的老粗兄"发布启事的。

从落款时间为 1946 年 11 月的 2 份启事，进而到 1947 年 2 月《新诗歌》创刊号启事，再到 1947 年 5 月出版的丁英论著《怎样收集民歌》附录，可见，征求民间歌谣的启事的名称和内容不完全相同，但文字表达越来越成熟。

民歌社的地位

2004 年 12 月 12 日，刘锡诚给丁景唐回了一封长信，在对话和讨论到民歌社时，他主张，"一批进步青年文艺家（诗人）在上海成立的'民歌社'，几乎可称得上是国民党统治区里唯一一个民间文学团体"，到了 2006 年结成"丁英和上海民歌社"一文时，刘锡诚评价民歌社是"在这种文化背景下，上海没有出现过民间文学的研究团体。'民歌社'的成立是重要的"。

上海虽然从20世纪20年代起就是中国文化的中心,但由于政治斗争的激烈,进步文化界(主要是左翼文化人)把主要精力放在对付国民党的文化迫害上,而没有精力关心和研究民间文学,当然,他们也受到"左"的教条主义思潮的影响,有的人甚至把民间文学说成充满了封建主义的毒素。在这种文化背景下,上海没有出现过民间文学的研究团体。"民歌社"的成立是重要的。由于国民党对进步文化人的迫害,"民歌社"成员很快就风流云散了。"民歌社"这一民间文学搜集研究团体,前后活动了两年的时间,上海就解放了。

在刘锡诚看来,至少在1946—1947年中,民歌社的地位举足轻重,它是国民党统治区里唯一一个民间文学团体,它在20世纪民间文学学术史方面应有一席之地。刘锡诚看重民歌社的独特地位,这应该说是颇有眼光和见地的,只是,其表述尚有待进一步完善。

唐弢在《四十年代中期的上海文学》中有这样的论述:"40年代初期,当外国入侵者以监禁、追捕的方法威胁民族气节的时候,上海没有文艺;40年代末期,当国内统治者以迫害、暗杀的手段禁锢民主生活的时候","在40年代中期,上海的文艺创作一度呈现繁荣"。在民间文学方面,上海除了民歌社的活动,还有青草社、新诗歌社出现并活动着,青草社出版民间文学名著薛汕所编的《金沙江上情歌》等、新诗歌社出版的《新诗歌》则做到了诗与歌的真正结合,可见,除了民歌社,当时上海关注民间文学的研究团体还是存在的,只是团体的特色不一样。

同时,刘锡诚写的"丁英和上海民歌社"看重的是民歌社的文化背景。2015年5月17日,丁景唐给刘锡诚的信中如此回应:"你注意到的'左联'缺点之一(贬斥民间文艺),是一个可研究的大问题。但后来文学家不重视民间文学也不可归置'左联'的遗风。这方面肯定有诸多复杂的历史、社会、经济、文化诸因素。"这一回复,应该说是很有开放性的启示。

如果说1946年11月提出"请求协助搜集各地歌谣""征求各地歌谣"后,"很快我们收到了热忱的信和材料",那么这些歌谣就在1947年2月10日出版的《青春》得以及时刊发。《青春》中的"各地民歌特辑",有一段编者附识:

> 诗歌至今日也已走向大众,而真能道出人民之疾苦与意志者,厥唯当地之歌谣,本刊承民歌社丁英君之协助,每辑特辟民歌一栏,专事收集各地歌谣,自下辑起,将作有系统之归纳,以匡读者。

"承民歌社丁英君之协助",与"我们曾用几位友人共同的署名"无法对应。《青春》"每辑特辟民歌一栏,专事收集各地歌谣,自下辑起,将作有系统之归纳,以匡读者",只是该刊只出版了第1辑二月号,第2辑原拟在3月15日出版。第1辑分别收录各地民谣如下:庄稼辑《渠河民歌(四川)》6首,臧洛克辑《河南民谣》2首(《送军粮》《县长的荣誉》),朱观成辑《永康民歌(浙江)》1首,申国椿辑《客家民歌(广东)》1首,王伯季辑《陕西民歌》1首,仁辑《渝中大女生谣》1首,单颜辑《菏泽民谣(河南)》1首,陈诺基辑《南京民歌》1首,潘仲卿辑《皖江民歌》1首。

1947年5月,丁英论著《怎样收集民歌》出版时,民歌社收集的民歌数量应该还是可观的,"很快我们收到了热忱的信和材料,以致连整天回信都来不及,这可证明全国同好的众多,和大家对于民歌的关怀",既然只在《青春》上刊发了很少的部分即15首,余下的当还有一大部分。丁景唐"我虔诚地期待有天能将它印出来,不致辜负了朋友们的一番心血。现在《愤怒的谣》既经出版,它释卸了材料散失的心事,但也引起另一些想说的话。这里分成(一)民歌的鉴定,(二)关于创作的歌谣,(三)一个编辑者应有的民主风度等三部分来加以叙述"。

1948年4月,中华全国文艺协会香港分会出版的《愤怒的谣》,丁景唐在香港《华商报》上发表了《谈民歌的鉴定、歌谣体创作——从〈愤怒的谣〉想起》文章,进行了分析,对于某些不足之处进行了严厉的批评。此文是很有学术分量的文章,较好地回答了民歌收集整理后的编辑出版的现实问题。

民歌社存在的时间并不长,但是它延续了北京大学《歌谣》周刊的传统,又关注时下,一批志同道合者团结协助,探讨怎样收集民歌,卓有成效地思考各地歌谣的整理出版,在奋战在"第二条战线"上的上海文化界中,民歌社从民众文艺中吸取营养,团结文艺工作者,打击敌人,这些使得民歌社在20世纪民间文学学术史上留下丰富的一笔遗产。

(此文得到上海图书馆葛蔼丽、广东省立中山图书馆倪俊明、上海图书馆丁建勤、复旦大学图书馆王庆浩、上海师范大学图书馆张雅琴等的帮助,在此表示衷心的感谢)

附:丁景唐的民间文学论著

(1) 乐未央:《她的一生》,连载于《女声》1943年第1期第8—10页,第2期第9—11页,第3期第12—14页。

(2) 辛夕照:《妇女与文学:"从关于女性的文艺讲到妇女"读后》,载《女声》1943年第3期,第28页。

(3) 乐未央:《诗经民歌中反映的妇女生活·恋爱·结婚》,载《女声》1943年第11期,第14—17页。

(4) 丁英.《星底梦》附《诗与民歌》,上海诗歌丛刊社1945年4月出版。

(5) 丁英:《关于孟姜女传说的演变》,载1945年11月26日《文汇报·世纪风》。

(6) 丁英:《六朝的民歌(南方篇)》,载《谷音》1945年第1期,第20—24页。

(7) 丁英:《妇女与文学》,沪江书局1946年2月出版。

(8) 丁英:《妇女与文学》,载《文艺学习》1946年第1期,第2页。

(9) 丁英:"三岁打娘娘会笑,卅岁打娘娘上吊;教你的小弟妹们,唱个颠倒歌吧。"载《妇女》1946年第9期,第9—10页;亦载《马来亚少年》1947年第11期,第7页。

(10) 丁英:《谈民间歌谣的收集》,载《青春》1947年第1期,第66—70页。

(11) 丁英:《歌谣中的官》,载《新诗歌》1947年第2期,第12—13页。

(12) 丁英:《怎样收集民歌》,沪江书局1947年5月出版。

(13) 民歌社:《怎样收集民歌》,载《文艺信箱》1947年第8期,第184—188页。

(14) 于封:《全集·书简·补遗未收录的鲁迅先生的一封信》,载1947年9月19日《时代日报》。

(15) 丁英:《旧历年与歌谣》,在《茶话》1947年第9期,第141—143页。

(16) 丁英:《叫化子的歌》,载《茶话》1947年第11期,第96—100页。

(17) 洛黎扬:《谈民歌的鉴定·歌谣体创作——从〈愤怒的谣〉想起》,连载于1948年5月22日、23日《华商报》。

(18) 丁景唐:《浙东民歌》(手抄本),1948年。

(19) 林冬白、丁英:《南北方民谣选》(第一、二集),新华书店华东总分店1950年11月出版。

(20) 丁景唐:《浙东民歌·自序》,未刊,1951年3月14日。

(21) 丁景唐、修孟千:《怎样开展工人业余文艺活动》,文化生活出版社1954年12月出版。

(22) 丁景唐:《关于〈乱弹及其他〉的出版》及附录《鲁迅的一张"借书单"》,载《学习鲁迅和瞿秋白作品的札记》,新文艺出版社1958年6月出版。

(23) 丁景唐:《瞿秋白同志创作的革命民歌——纪念瞿秋白同志牺牲二十三周年》,载1958年6月18日《文汇报》。

(24) 丁景唐:《民歌——生产大跃进的战鼓和号角》,收入中国民间文艺研究会编:《大规模地收集全国民歌》,作家出版社1958年7月出版。

(25) 丁景唐:《上海民歌选·序》,上海文艺出版社1959年9月出版。

(26) 章力挥、丁景唐、姜彬、沙金、徐景贤:《上海新儿歌选》,少年儿童出版社1959年9月出版。

(27) 丁景唐:《太阳底下花儿红——谈"上海新儿歌选"》,载1959年10月24日《解放日报》。

(28) 丁景唐:《李求实烈士和〈革命歌集〉》,载1963年7月23日《文汇报》。

(29) 丁景唐:《精益求精,为少年儿童编好革命故事——介绍〈讲故事〉丛刊》,载1965年7月23日《文汇报》。

(30) 丁景唐:《中外民间故事选·序言》,上海教育出版社1982年11月出版。

丁景唐、文操合编《瞿秋白著译系年目录》

丁言模

丁景唐和方行(文操)合编《瞿秋白著译系年目录》(上海人民出版社1959年1月初版)是解放后第一部研究瞿秋白的学术专著,长期以来一直是海内外学者研究瞿秋白和搜检有关资料的重要工具书之一。

(一)

解放前,丁景唐和方行出于对烈士的敬仰之情,已经开始收集瞿秋白等人作品。但是在白色恐怖环境里,收集的材料有限。解放后,随着革命文物大批发现,他们才见到了许多过去日夜渴望而见不到的革命报刊书籍和图片,可以舒畅地学习、讨论和研究,逐渐积累了一部分资料。

1950年底,冯雪峰时任上海文联副主席,在上海四川北路武进路309弄12号上海文协二楼工作,并受国家出版总署委托负责编辑和出版鲁迅著作。一天夜里,杨之华、方行穿着厚厚的呢大衣,带来了两大包瞿秋白的手稿、书信等。冯雪峰转交给协助工作的王士菁(后任北京鲁迅博物馆长等职务),叮嘱把瞿秋白手稿和鲁迅、方志敏手稿放在一起,妥善保管。王士菁得到方行的帮助,租用外滩银行的地下保险柜,把这些手稿珍藏起来。

1953年10月至1954年2月,冯雪峰主编的第一套两百多万文字四册八卷《瞿秋白文集》由人民文学出版社出版了,其中主要是瞿秋白在文学方面的创作评论和译文(包括原先《海上述林》的内容),并收录了他的《新中国文草案》。但没有收录他的政治论述,"将另行处理"。

1954年丁景唐在方行(上海市检察署副检察长,后任文化局副局长)家里聚餐时,首次认识了瞿秋白烈士夫人杨之华。当杨之华得知丁景唐和方行在编写《瞿秋白著译系年目录》时,非常高兴。她回北京后,寄来了有关材料,并与丁景唐、方行经常通信,可惜这些信件在历次运动遭失了。

认识杨之华之前,丁景唐已经开始研究瞿秋白著作和译文,陆续编成

《瞿秋白文学著作翻译书目》(简称《书目》)。1955年4月1日,由上海市人民图书馆(后并入上海市图书馆)油印为小册子,文前有丁景唐写的"前言":

> 这个书目,以文学的著作和翻译单行本为主,是我一九五四年五月以来,在阅读和研究瞿秋白同志文学著作和译文过程中陆续编集起来的。现在由上海市人民图书馆油印五十份,供有关同志参考,并希望大家补充、校正。
>
> 丁景唐
一九五五年四月一日

《书目》是丁景唐编写的第一本专题研究瞿秋白的小册子,见证了他那时的研究活动。《书目》是丁景唐"忘年交"金峰在网上购得的珍贵油印本,当时仅印50本,如今存世绝少。

《书目》22页,6000多字,16开,竖排刻字,繁体行书,流畅美观,堪称典范,字体至今依然清晰。封面上刻有书名、编者、油印单位及时间,均为横排。"前言"右下方有长方形蓝色印章,即"上海革命历史纪念馆图书室",登记号5639。

第2页右上为书名,紧接着是正文内容,主要是介绍瞿秋白文学著译单行本。开头介绍《托尔斯泰短篇小说集》、《新俄国游记》(《饿乡纪程》)、《赤都心史》、郑振铎《俄国文学史略》(瞿秋白为该书补写最后一章)、《俄罗斯文学》(蒋光慈、瞿秋白合著)等。后面书目有解放初刚出版的第一套4册8卷《瞿秋白文集》,以及人民文学出版社出版的《茨冈》《高尔基创作选集》、《爱森的袭击》。最后部分是"瞿秋白编选作序、译序书目者"的条目,如《俄罗斯名家短篇小说集》《萧伯纳在上海》《鲁迅杂感选集》《引玉集》等。

以上这些书目,丁景唐都作了详细介绍,包括书的版式、目录、出版时间和机构,并且摘录序言、跋的部分内容,介绍某些版本的变化,进行了必要的简略考证和分析。以后,他又继续扩大搜集范围,着手编写《瞿秋白著译系年目录》。同时,他在《书目》等有关资料基础上,进一步拓展视野,不断地深入研究,撰写了有关论文,编入《学习鲁迅和瞿秋白作品的札记》(新文艺出版社1958年8月初版)。因此,《书目》标志着丁景唐研究瞿秋白的一个新起点,也是《瞿秋白著译系年目录》的一个"前奏",或者说已显露后者编写的某些思路和框架。

《书目》油印面世的两个月后,1955年6月18日是瞿秋白殉难20周年忌辰,中共中央在北京八宝山革命烈士公墓为他的遗骨安葬举行隆重仪式。

1955年至1957年,丁景唐有系统地整理、研究瞿秋白笔名、别名,最初编写的《瞿秋白笔名、别名集录》,分为两次发表于《学术月刊》1957年第8期、第9期。经丁景唐修改、补充之后,把这个首创的研究成果编入《瞿秋白著译系年目录》。

1957年12月11日,广州起义30周年纪念日之际,丁景唐首次写下《瞿秋白著译系年目录·编后(记)》,谈了编辑此书的体例等问题:

> 辑录在本书中的著译系年,是依写作的年月日先后为次序的,发表的年月日先后为辅,因此,有些著译的发表日期在后,而写作、翻译日期在先的,就列入著译发表在先而写作、翻译日期在后的前面,有些著译因年月日不详或大致可以推测的,则另编入系年目录的补遗内。书目的编次是以每一种书的初版本出版先后为序排列的,而每种书的重版本则列在初版本之后。

1958年12月5日,丁景唐撰写《补记》,补充说明了修改此书的有关问题:

> 《瞿秋白著译系年目录》编就后,很快地将一年。上海人民出版社把排成的校样送来,也已半年多了。……在这半年多的时间内,我们由于紧张的工作,不得不把校样暂时搁下来。前些日子,我们欣幸地得到杨之华寄来的《瞿秋白同志著译年表》(后改为《瞿秋白同志年谱》未刊稿——引者),我们即与《瞿秋白著译系年目录》的校样作了一次校读,增补了好些著译目录。有些篇目,我们原先从刊载瞿秋白同志文章和译文的刊物上录下来的,凡有写作时间的,我们也都录下,有些没有署明写作时间的,只好暂缺,现在从杨之华同志所编的《瞿秋白同志著译年表》上,有好多篇又找到了著译的日期。因此,就将有关篇目的次序,按照著译日期,重新加以排列,并注明这些著译日期是根据《年表》而来的。在《瞿秋白同志著译年表》上,有些未经公开发表过的作品,这里没有列入。此外,在近一年来,我们又发现了一些原先所没有见到过的材料,现在也把目录辑在这本集子里。

1959年1月,瞿秋白诞辰60周年之际,终经华东局宣传部部长石西民批准,几经波折的《瞿秋白著译系年目录》由上海人民出版社出版,引起学术界广泛关注。著名翻译家戈宝权遍觅此书不得,来函向丁景唐要了一本。

不久香港某出版社未经同意翻印一版,改为平装,封面另行设计。

丁景唐珍藏一本初版本的精装本,他在扉页上感慨题写:"初版本存世已很少了。"落款"景玉公(指丁景唐和夫人王汉玉的合称——引者),二〇〇一年八月九日汉玉大病后记",盖有"景玉共赏"印章。他的夫人王汉玉这一天凌晨不幸脑梗住院,直至次年春病逝。

1959年10月,《瞿秋白著译系年目录》再版,仍为精装本,32开,正文162页(初版本正文149页),比初版本增加了不少内容。封面、封底硬壳,略大于里面正文纸张,这是当时精装本的一种简易模式。封面设计极为简朴,无图案,浅黄色底,只有书脊及两侧为深色,反映了当时设计者的审美观念。丁景唐又写了《再版后记》:

> 《瞿秋白著译系年目录》出版以后,又陆续发现一些新的材料。这次再版时,在《瞿秋白著译系年目录》中增加了十几篇文章。如现在所能见到的瞿秋白同志最早发表在报刊上的文章:《不签字后之办法》(1919年7月17日的北京《晨报》),《中国共产党三中全会的意义》(1930年10月30日的《实话》)等。瞿秋白同志1921年到1922年间为上海《时事新报》所写的旅俄通讯,也是最近期间的一个重要发见。原先认为《自赤塔至莫斯科的见闻记》未曾在报刊上刊登过。这次承(王)保林同志来信告知,才知道当时曾在上海《时事新报》和北京《晨报》上发表过。在《瞿秋白自编未刊书目》中也补充了两个书目——《落韅集》和《笑峰乱弹》。《笑峰乱弹》是瞿秋白同志自己编就交鲁迅保存的。现在的《笑峰乱弹》目录即由鲁迅收藏的原稿录下,和1938年霞社校印的《乱弹及其他》有所不同。在《瞿秋白笔名、别名集录》中也增加了两个笔名:"华靖"和"卓乐欧"。这是从整理旧日阅读瞿秋白同志《海上述林》原稿的笔记本摘录下来的。……

丁景唐、方行做了大量的收集、整理、筛选工作,并得到王保林(后为内蒙古民族师范学院副院长,曾与丁景唐合著《鲁迅与瞿秋白合作的杂文及其他》,陕西人民出版社1993年版)等人的热情帮助,进行反复修改、核实,辑录了当时能够搜求到的瞿秋白政治理论和文学方面在内的篇目和书目。为了慎重起见,对于未获得确证的瞿秋白遗作,"概未录入"。编者认为"我们的事业是集体的事业。这本书目的编就,曾承许多同志长时间辛勤的帮助,我们只是做了一些整理和辑录的工作。我们向给予协助的同志们谨致谢意,特别是杨之华同志。"

"文革"后,温济泽主持出版十四卷《瞿秋白文集》,包括"政治理论编"和

"文学编",弥补了原来冯雪峰主编的第一套《瞿秋白文集》的缺憾。据参与收集、整理、编辑十四卷《瞿秋白文集》的瞿兴华生前介绍,最初收集资料时,正是按照三十年前的《瞿秋白著译系年目录》——"按图索骥",提供了很大的指导作用。

周永祥编写的《瞿秋白年谱新编》(学林出版社1992年版)正文第1页脚注,列出《瞿秋白著译系年目录》以及丁景唐写的《瞿秋白笔名、别名集录》一文(详见下文),作为瞿秋白笔名、别名的两个重要依据。丁言模与陈福康合写的《杨之华评传》(上海社会科学院出版社2005年版),以及丁言模与刘小中编写的《瞿秋白年谱详编》(中央文献出版社2008年版),继而合作编写或撰写的瞿秋白研究系列丛书等,都把《瞿秋白著译系年目录》列为第一本重要的参考书籍,从中受益匪浅。

(二)

《瞿秋白著译系年目录》再版本扉页上印着一行字:"谨以此册纪念瞿秋白同志60诞辰!"

此后有10页铜版纸多幅图片,配有说明文字,首页为瞿秋白木刻像(第2页空白),作者戎戈。第3页至第10页,刊登《瞿秋白自编论文集》目录和自序的手迹;《新中国》第2卷第5期(1920年5月)刊登的瞿秋白《社会与罪恶》一文,其右上角刊有瞿秋白学生时代的半身照片;瞿秋白主编的《新青年》季刊创刊号封面,以及他主编的《前锋》第2期(1923年12月1日出版),左下角写有"秋白"手迹;瞿秋白主编《热血日报》第12期(1925年6月15日出版);1933年瞿秋白翻译《爱森的袭击》手稿和写的后记;1933年3月5日,瞿秋白撰写的《王道诗话》手迹;1932年5月,瞿秋白翻译列宁《卡尔·马克思》的手稿;1933年瞿秋白与鲁迅编选苏联版画《引玉集》时,瞿秋白写的说明文字;鲁迅编校《海上述林》的样本。这些珍贵资料的原件,如今世人难以看到,即使费尽周折,也只能看到复印件。

《瞿秋白著译系年目录》正文目录分为3个部分:一、瞿秋白著译系年目录;二、瞿秋白著译书目;三、瞿秋白笔名、别名集录。

第1部分内容主要辑入了1919年至1935年瞿秋白撰写的文章和译文目录,以年份为单元,开头都注明哪年,居中为标题,依此排列。每个单元里,先列出文章标题(黑体字),再列出写作时间,以及发表的刊物。如果是发表于两种刊物,也都列出,加以说明("按"),便于读者查找。例如"一九一九年"编目:

不签字后之办法
　　刊载 7 月 17 日北京《晨报》
闲谈（托尔斯泰作）
　　刊载 9 月 15 日《新中国》杂志第 1 卷第 5 期
　　　　按：本文在 1920 年收录于《新中国》杂志社出版的《俄罗斯名家短篇小说集》第 1 集内，

瞿秋白早年写的《不签字后之办法》，是他最早发表的一篇文章，如今仍然是一个重要定论，还未能找到比这更早的文章，足见当时丁景唐、方行坚持的严谨学风。用"按"加以说明的体例在《瞿秋白著译系年目录》里经常出现，其言简意赅，具有引导性和启发性。这以后加以发挥和延伸，体现在丁言模与刘小中编写的《瞿秋白年谱详编》、丁言模、黄明彦、张浩典编写的《张太雷年谱新编》（上海辞书出版社 2011 年版）等专著里，这是世人从未注意的事例。

编写第一部分后，丁景唐又发现许多瞿秋白诗文，便添写《补遗（杂文、书简、诗歌、旧体诗词）》，并写了一个说明："收集在这里的著作、译作是年月不详的作品和译文，或属于早年的诗词等。有的虽能推测其年份，但又难于肯定。"

其中大部分以后确定为瞿秋白译著，而且有些并未收录十四卷《瞿秋白文集》，如民谣、说唱作品《工人格福气》《十月革命调》《苏维埃歌》《可恶的日本》《五月调》《工人要求新唱春》《国民会议新唱春》《苏维埃新山歌》《五月调》等。抗战胜利后，丁景唐已对民间文学产生兴趣，编写《怎样收集民歌》（上海沪江书屋 1947 年 5 月初版）写有《编后小记》。解放初，丁景唐（丁英）与林冬白编选《南北方民谣选》（第一集、第二集，新华书店华东总分店 1950 年 11 月出版发行）。丁景唐曾担任中国民间文艺协会理事、上海民间文艺家协会副会长，因此，他致力于搜寻瞿秋白创作的民谣、说唱作品也在情理之中，这些作品都有瞿秋白手稿的复印件所证实。笔者"顺藤摸瓜"（与刘小中合作），并收集了其他有关材料，编写了一本关于瞿秋白佚文辨析之类的书，作为我们策划、整理、撰（编）写的瞿秋白研究丛书之一。

丁景唐暂未确证的诗歌中有"已末（1919）清明题画赠李子宽（画系秋白同志所绘），刊载 1957 年 6 月 21 日上海《文汇报》"。其实，此画原为清朝时期江苏武进（常州）画家汤贻芬所绘，瞿秋白背临此画赠给李子宽。画上题诗原有，瞿秋白凭记忆录下。此澄清之事已写入《瞿秋白年谱详编》，并另有专文述说。

第二部分内容比较繁杂，因此编者又列出具体目录：一、瞿秋白著译专集书目;二、瞿秋白著译选集、合集书目;三、瞿秋白编选、校阅、作序、译序书目;四、中华人民共和国成立后出版的瞿秋白著译书目;五、中华人民共和国成立后出版的瞿秋白合集、编选、校作序、译序书目;六、瞿秋白自编未刊书目。仅仅看这些清晰的目录,便可反映了编者考证严谨、研究细致、行文周密的学术作风。

以上每本著作都有详细目录,并介绍了基本内容和重要观点以及各种版本,以便不同层次的读者从中获得所需要的信息,为进一步查寻、阅读和研究打下基础,这是目前各种书籍编写者所忽视的——"心中有读者"的宗旨。例如:

> 东洋人出兵(时事新唱本)
> 64开本
> 本书是一印发到工人群众中去的小册子,无出版年月,也未署作者姓名。出版的时间约在1931年9月18日日本帝国主义发动对中国东北的侵略战争后的不久。
> 本书封面作《时事新唱本:东洋人出兵》,左右两旁分书——"上海话乱来腔"和"欢迎翻印,功德无量。自己不看,送别人看"。
> 这篇通俗唱本最初曾在1931年9月28日出版的左翼作家联盟机关刊物《文学导报》第1卷第5期上发表,署名史铁儿。

此唱本已收录《瞿秋白文集》(文学编)第二卷(人民文学出版社1986年版),不过难以看到此唱本的原件。

编者列出瞿秋白著译书的各种版本时,还抄录有关前言和后记,其中有晋察冀新华书店翻印的谢旦如以霞社名义自费出版的瞿秋白遗著《乱弹及其他》,编者认为其《后记》(1946年6月18日)"是一篇有纪念意义的文章,今照录如下":

> ……现在,我们来翻印这本书,去秋白同志就义的时候,已经十年了。秋白同志被害的时候,还在壮年,正当他的革命事业的绚烂时代,倘使他至今还活在人间,在文化运动上,以他的卓越的思想,以他的丰富的革命经验,以他的深渊的社会科学和文学理论的造诣,以他的独特的文章风格,他将要写出多少有价值的著作呢!……

经张闻天研究专家程中原考证,初步认为此《后记》系张闻天撰写,但仍然引申出一些疑问(详见本书《瞿秋白遗著〈乱弹及其他〉》)。如果编者当初未能抄录这篇《后记》，那么很有可能无人再去关注，况且也很难找到当年晋察冀新华书店的翻印本。

第三部分内容翔实，见证了丁景唐是解放后有系统地整理、研究瞿秋白笔名、别名的第一人。这项首创研究工作，丁景唐最初是从《鲁迅日记》影印本着手开始的，也包括杨之华、冯雪峰、谢旦如等人回忆中有关瞿秋白的笔名、别名等事情，都需要花费大量时间和精力，从浩繁的资料中查找、筛选，然后加以反复研究，进一步考证、辨别，最后才能确定。这是一项长期枯坐冷板凳的艰辛工作，可以从中发现大量重要的线索，有助于深入研究、分析和不断补充瞿秋白著译活动和探寻他的生平事迹，同时不断地修正原有的观点，从而得出新的重要结论。

丁景唐在此部分前面特地写了约七百字的简要说明，其中谈到此单元的体例："笔名、别名的排列次序，大致以时间先后为序，但间或也有笔名、别名相关而连贯先后的，如史铁儿、CTP、STR。每一个笔名、别名之下，都尽可能地列出一些例证。"落款时间为"1957年5月12日第三次修正后记，同年12月9日第四次修正"。最后还写了有关补充说明，列出考证这些笔名、别名的重要依据和参考书目。

再版本共列出六十多个瞿秋白的笔名或别名（包括未发表文章的笔名）：巨缘、秋藻、屈维它、维它、史维它、双莫、陶畏巨、双林、宋阳、维摩、斯特拉霍夫、林复、史铁儿（或史铁尔）、狄康、维嘉、林祺祥等。每一个笔名或别名，都分别列出使用的情况，包括发表署名文章的标题、刊物、时间，以及旁证。有时使用同一个笔名发表的文章多达几十篇，引申出其他的问题，编者又作了脚注，"希有关同志告知"。

（三）

《瞿秋白著译系年目录》再版后，丁景唐在百忙之中继续执着地搜寻资料，进一步考证、研究，不断地修改该书中不足之处，并得到上海师范学院（后改为上海师范大学）年轻教师王关兴（后为该校学报主编、教授、著名瞿秋白研究专家）的热情帮助，补充了大量珍贵的资料。在学术界和编辑部的要求下，1962年丁景唐又作了一次比较完整的补充修订，1965年三校后打印了清样，准备印行《瞿秋白著译系年目录》第3版修订本。但是"文革"开始后，众所周知的政治原因，第3版修订本的清样和纸型都被毁弃。成为丁景唐未能实现的一个夙愿，一直延续到今天。

丁景唐珍藏一本《瞿秋白著译系年目录》再版本，留下当年用钢笔或毛笔（红墨水或蓝墨水）修改的众多之处，或增或删或改或点评。还有王关兴细心地粘贴的许多纸条,或者半页、整页纸,整齐地折叠,上面真实地记载了他四处认真查找的各种新资料(笔者曾去请教他,证实了此事),使得原来百余页的再版本变得很厚实,鲜明反映了当时不同年龄学者的严谨学风和执着精神。

王关兴纸条上记载:

《坟场》,高尔基著,署名瞿秋白译。1941年10月文学出版社三版,32开本,正文320页,目次1页。另刊1896年、1932年的高尔基照片2幅。本书内容以及封面装帧均与1936年8月《坟场》相同,为香港有利商务公司承印,光夏书店经售。实际上是香港的生活书店出版。

该纸条旁又粘贴一张丁景唐写的纸条:

1941年茅盾在香港编的《笔谈》第七期广告上有《坟场》瞿秋白译三版新书,光夏总经售。六期上有《俄国短篇小说集》,托尔斯泰等著,高滔等译。

前一纸条是王关兴查找资料后的一个补充旁证,后一纸条则是备用资料。瞿秋白、郑振铎早年曾分别为《俄罗斯名家短篇小说集》第一集(北京《新中国》杂志社1920年版)写了序言,其中收录沈颖等人翻译的普希金短篇小说《驿站监察吏》(《驿站长》),以及果戈理《射击》《风雪》《棺材匠》《村姑》等作品。该小说集是中国最早的、直接从俄文版翻译的俄国优秀小说选集,成为中国较早论述俄国文学的重要文献。因此,丁景唐"旁通触类",便顺手写下"六期……"的一个资料,以"滚雪球"的方式不断积累资料,扩大视野,便于以后进一步考证之用。

对于瞿秋白的笔名、别名,丁景唐也作了许多修正,如"瞿森"原误为瞿秋白的笔名,经过考证分析,便用将此删除,一旁写上"错了"两字,并打上一个惊叹号。书前插页照片的说明,也写明"瞿森"(印章)是指"弟弟景白",印章原来盖在瞿秋白主编《新青年》季刊创刊号的下方。

"文革"后,丁景唐特地重新整理了有关资料,撰写了《瞿秋白笔名、别名集录》一文(收入于丁景唐、陈铁健、王关兴、王铁仙合著《瞿秋白研究文选》,天津人民出版社1984年版),增补和删改了许多条目,列出瞿秋白笔名、别名为69个。丁景唐还专门写了"附记",对当时学术界出现的瞿秋白笔名、别名一些问题作了辨别考证,最后写道:"《瞿秋白笔名、别名集录》曾收入我与文操同志合编的《瞿秋白著译系年目录》一书中,当时出版本有抛砖引玉之意。近年来,不少同志在深入研究的基础上,编写专文,又有新的进展。……这次重新修改时,吸收了他们的研究成果,还有茅盾同志关于瞿秋白同志使用'犬耕'笔名的重要说明。又承王关兴同志帮助整理,在此表示感谢。"

如今许多学者很愿意引用这些成果,但是不大愿意提及丁景唐等人早年开拓性的研究成果,还把瞿秋白的笔名、别名混为一谈,令人遗憾。

丁景唐《学习鲁迅和瞿秋白作品的札记》

丁言模

丁景唐撰写的《学习鲁迅和瞿秋白作品的札记》(以下简称《札记》),是解放后第一部研究鲁迅、瞿秋白及他俩交往的论文集,打破了当时侧重于政治层面和回忆表述的模式,以研究对象的日记、著作等第一手资料为重点的学术思维方式,首次挖掘了大量新资料,变换视角,融会贯通,不断扩展鲁迅、瞿秋白之间关系的课题外延,积极开拓和丰富了其内涵,得出令人耳目一新的重要结论,至今仍有权威性的指导意义。

《札记》由新文艺出版社(后改为上海文艺出版社)1958 年 6 月初版,次年 7 月再版("新一版"),作者已作了一些修改。1961 年 9 月又印行第 3 版("新二版"),这次修改、增删比较多,内容质量明显提高。这三种版本印书量,除了再版本("新一版")是 6500 本,其余两次均为 12000 本(以该书的版权页印数为准),在学术界产生较大影响,特别是在解放初期瞿秋白研究史上占有开拓性的重要地位。

(一)

《札记》初版本,平装本,小 32 开,全书 149 页,近 7 万字。封面纸稍厚些,设计简朴,白底色,偏左上方有红黑两色的图案——喷发的火山,四周留出大块的空间,其下为作者姓名、书名、出版社,仅占据封面的三分之一,符合美学的黄金分割比例,此封面设计和火山图案均为戎戈精心构思和创作。

正文前有 10 页铜版纸印制的多幅图片,配有说明文字,前两幅为鲁迅、瞿秋白木刻像(背面均为空白,各占两张纸),作者戎戈。丁景唐称他为了创作瞿秋白这幅木刻作品,花了半年时间学习瞿秋白的作品,多次与丁景唐交换意见,不断修改,"他那种认真工作的态度是令人感动"。

其后图片有:一、鲁迅书赠给瞿秋白一副对联的手迹:疑仌道兄属 人生得一知己足矣 斯世当以同怀视之 洛文录何瓦琴句。二、瞿秋白书赠给鲁迅的两幅旧体诗手迹,即"不向刀丛向舞楼……""雪意凄其心惘然……"三、鲁迅《选本》一文的手迹,此文是鲁迅应《文学季刊》主编郑振铎之约投稿的,同时寄去的还有瞿秋白《读房龙的地理》一文(原题为《房龙的"地理"和自己——读书杂记之一》)。四、瞿秋白《乱弹》原稿手迹。五、鲁迅日记中关于瞿秋白夫妇来访记载的手迹。六、瞿秋白文学译著各种版本。这些珍贵资料的图片,在解放初首次出现在公开出版的研究鲁迅、瞿秋白论文集里,让广大读者有幸目睹。同时反映了丁景唐整理、修改、编选此论文集的思路,他在后记中写道:

> 解放前后的几年中,因为忙于工作,对鲁迅和瞿秋白作品虽然也读了一些,但是很少写文章。1953年—1954年《瞿秋白文集》(指冯雪峰主编的4册8卷《瞿秋白文集》,由人民文学出版社出版——引者)陆续出版,自己也参加了开展工人群众文艺活动的工作,结合文艺工作的需要,比较有系统地学习了毛主席的文艺思想和文艺工作方针,也比较有系统地阅读了瞿秋白同志的文艺论文和鲁迅的杂文。同时,也常到鲁迅故居和鲁迅纪念馆去看有关鲁迅和瞿秋白交往的材料。1955年,为了纪念瞿秋白同志殉难20周年,先后写了《瞿秋白住在上海紫霞路的时候》和《从〈鲁迅日记〉看鲁迅与瞿秋白的友谊》。在瑞园(即上海市委宣传部驻地——引者)的一年间,因为有几位同志撰写上海革命报刊简史,有一个极好的机会,使我看到了许多珍贵的革命报刊。近二、三年来,在学习鲁迅和瞿秋白作品过程中,就陆续写下了一些文章,现在大部分都编选在这个集子里了。

《札记》初版本收录作者近几年在报刊上发表过的十六篇文章,以及未发表的四篇,共二十篇。其内容可分为四个部分:一、关于鲁迅与瞿秋白的友谊。二、关于鲁迅作品的拾遗等。三、瞿秋白的版本、内容等问题。四、批评右派分子的有关言论(《札记》再版时删除了这组文章的大部分内容)。此外,还有一个"附录",即1931年至1958年1月书刊上《有关瞿秋白同志生平及其著译的参考资料目录》。

第一部分是全书最有分量的内容,共有五篇:《瞿秋白在上海紫霞路的时候》、《从〈鲁迅日记〉看鲁迅与瞿秋白的友谊》、《关于〈第十三篇关于列尔孟托夫的小说〉——鲁迅与瞿秋白友谊的一例》、《关于〈引玉集〉——鲁迅与瞿秋白友谊的一例》。

首篇《瞿秋白在上海紫霞路的时候》,第一次比较具体地介绍这件事情的来龙去脉。如果以此作为研究的新角度,那么可以揭示更多鲜为人知的事情和重要结论,半个世纪后瞿秋白研究的大量成果充分证明了这一点。

1931年初召开六届四中会议之后,瞿秋白、杨之华夫妇被撤销党内职务,生活陷入困境。1931年6月至1933年2月期间,瞿秋白夫妇隐居上海南市紫霞路68号谢旦如家里,度过了最后较稳定的岁月,暂且避免了敌人的疯狂追捕。这期间,重返文学园地的瞿秋白撰写和翻译大量文章,较有系统地介绍马克思列宁主义文艺理论与苏俄文学作品,并孜孜不倦地研究汉字拉丁化等,留下一笔宝贵的精神财富,从而成为中国现代无产阶级文学奠基者之一。杨之华也开始学习翻译,并"破例"创作小说《豆腐阿姐》等。更重要的是瞿秋白与鲁迅交往也是从这时开始,促成他俩一起领导左翼文化运动,在中国现代文学史上留下光辉一页。

最初披露瞿秋白夫妇避难于上海紫霞路一事,来自杨之华《瞿秋白同志年谱》(未刊稿)、冯雪峰、谢旦如等人回忆。为此,1954年10月和1955年5月初,丁景唐等人由谢旦如(鲁迅纪念馆副馆长)陪同,两次前往南市紫霞路68号谢家遗址(原屋已在1937年被日军炮火炸毁),以及法租界毕勋路(今汾阳路)毕兴坊10号(1932年"一二八"战争爆发后,瞿秋白夫妇随谢家迁移到此处)。随后丁景唐撰写《瞿秋白同志住在上海紫霞路的时候》,发表于1955年6月16日于戈阳编辑的《新观察》,同期还刊登郑振铎《记瞿秋白同志早年二三事》,以此纪念瞿秋白牺牲20周年。丁景唐在文后写道:"本文写作过程中,曾承鲁迅纪念馆谢旦如先生提供有关当年瞿秋白住在紫霞路和毕勋路时候的事实,特此表示谢意。"丁景唐具体描述了这两处的环境地理位置:

> 谢家的楼房坐落在紫霞路的中段,大门向北,东边是里弄市房和小商铺,两边是旧式住宅,后门在施家弄支弄生义码头街内。施家弄是条狭长的小弄堂,可以西通王家嘴角街,东到花衣街。这是一处很合宜于革命者秘密隐蔽的地方。……他们住在谢家的东边前厢房楼上。房间陈设简单朴素,家具都由谢家借用。东南面放着一张宁式双人床,北面靠阳台那边是一张旧沙发,西面后半端一排四扇窗户,窗前放着一张普通杉木方桌和三、两只凳子。对面的西厢房是谢家藏书的地方,保藏着大批文艺书籍和期刊。天井里有几盆花草,一缸金鱼。

> 毕兴坊在旧法租界毕勋路(即现在的汾阳路)上。左边转角就是辣斐德路(现在改名复兴中路)。都是当时法帝国主义租界住宅区内的光滑而宽阔的柏油马路,人行道旁栽植着一行行的整齐的梧桐树。和具有内地小城镇风味的紫霞路形成强烈的对照。毕兴坊的弄口对面是法商电力公司办事处,弄口左边拐弯以前是美商美孚汽油站,现在已经拆

毁了,仅留下一座六角形的亭子。周围的环境空畅而且清静,附近都是些花园洋房,间夹着一方方长着野草的荒地。行人稀少,除了间或有汽车飞驰而过的鸣声划破静寂的空气外,也很少其他车辆经过。……

毕兴坊总共只有十幢房屋,受地形的限制,使10号那座楼房象菱形似地斜出在里弄中间。正门安装着一扇小小的铁栅门,狭长的天井里靠外墙的泥土里种植着一丛花木。原先的后门在北墙上。现在后门旁边增建了一座平房,直对弄口,与正门同一个方向。1932年"一二八"时,瞿秋白同志夫妇住在三楼,谢家住了二楼和底层。从三楼的窗口向外伫望恰巧斜对着弄堂口,可以清楚地瞧见行人的进出。二楼的后端向西有一个洋台,墙外一大片荒地,蔓生着野草。

这些经谢旦如指点和实地调查的第一手资料至今仍具有权威性,有识者都很愿意依此转述。丁景唐还介绍了瞿秋白这时期所进行的译著活动,及其瞿秋白所处的艰难环境和译著的政治背景,首次为读者提供了一个"鲜活"的第一印象。

1932年夏秋之际,瞿秋白到鲁迅家里首次见面之后,鲁迅夫妇到紫霞路68号回访,为紫霞路68号添上浓墨一笔。为此,丁景唐在鲁迅日记里找到可靠记载。1954年底,丁景唐首次撰写《从〈鲁迅日记〉看鲁迅与瞿秋白的友谊》,这是当时他编写《瞿秋白著译年表》时的最初成果之一。1956年夏天,应魏金枝约稿,丁景唐把此文交给他,他加了一个注解:"泉"是"钱"的古体字。不久刊登于同年10月出版的《萌芽》半月刊"鲁迅逝世二十周年纪念特辑"。此文收入《札记》时,丁景唐作了一番修改。

以鲁迅日记作为考证、研究鲁迅与瞿秋白之间关系的有力依据,这是一个明智的研究角度,不仅可以避免武断的猜测,也有利于得出令人信服的结论。但是,在研究过程中,必须具备丰富的文史知识,查阅大量的报刊书籍,以严谨的学风,勇于大胆探索的精神,才能从只字片言中发现有价值的线索,顺理成章。《从〈鲁迅日记〉看鲁迅与瞿秋白的友谊》一文便是一个很好的例证,给后人造成比较大的影响,至今有识者继续沿用此类的思维方式。

首先,《鲁迅日记》中的瞿秋白夫妇一概不用真实姓名,而改用别名。丁景唐经过反复分析和认真研究,辨认出瞿秋白夫妇的一些别名:何家夫妇、何君、文尹夫妇、维宁(或作"惟宁")、文它(文,即文尹;它,即屈委它)、何凝、疑冰(或作"疑仌",仌是冰的古体字)、宜宾、萧参等。

其次,以此顺藤摸瓜,进一步挖掘资料,触类旁通,依此展现一个个研究新天地,大有作为。丁景唐写道:

在1932年到1933年的《鲁迅日记》中,记得最多的,是鲁迅为瞿秋白同志介绍稿子,编印校对有关的书籍(如《一天的工作》、《萧伯纳在上海》、《鲁迅杂感选集》、《被解放了的董吉诃德》等)和代为致送稿费等事。如1932年9月鲁迅替良友图书公司编苏联作家小说集《一天的工作》,瞿秋白夫妇用文尹的笔名译了绥拉菲摩维支作品二篇——《一天的工作》和《岔道夫》。……

再次,鲁迅与瞿秋白的交往事例可以在鲁迅日记中得到佐证,如鲁迅与瞿秋白互为赠送墨宝;或者把《鲁迅日记》与鲁迅书简等互相印证,也可以得出重要结论。瞿秋白牺牲后,鲁迅整理、编辑、出版瞿秋白译文集《海上述林》的活动,在鲁迅日记中也有比较多的记载。为此,丁景唐文章里添加了一些脚注,以鲁迅书简中述说作为旁证,给读者有一个完整的交代。

《关于〈第十三篇关于列尔孟托夫的小说〉》、《关于〈引玉集〉》两文,则是弥补冯雪峰主编《瞿秋白文集》的缺遗——没有版画插页及具体说明,而这又是反映鲁迅与瞿秋白合作之谊的生动例子。因此,丁景唐花费了很大精力和时间,查阅了许多材料,终于搞清楚事情原委。

《札记》初版本面世后,香港即有翻印本,封面改用铜版纸,喷发火山的红黑两色图案改为一抹套红,其余都一样,至于开本、版式、内芯、页码、版权页等完全和新文艺初版本一样,几可乱真。不过前面翻印的多幅图片比较黯色,不如原来初版本那样清晰。

丁景唐在香港翻印本的扉页上题写:"这本一九五八年版初版本和《左联五烈士研究资料编目》一九六一年初版本,在香港都有翻印本。本人保存的初版本在史无前例的'文革'中被抄失。一九八〇年,经香港新华社李大达同志之助,从香港购得翻印本两种。景唐 一九八三年二月十二日壬戌除夕追记。"

2008年3月17日,丁景唐意外地收到北京小友金欣欣寄来的《札记》初版本(在旧书店淘到的),发现扉页上写有原读者刘某于1959年"五一"劳动节购买此书的时间,封面上"瞿秋白的"四字被粗黑笔重重横划了四五道黑杠,显然历尽"文革"磨难。丁景唐欣喜地提笔写下收到此书的令人难忘的日子,并感慨万分地说:"时距此书诞生刚满五十载矣!"

(二)

《札记》于1959年7月再版("新一版"),与初版本基本相同,只是封面上的图案——喷发火山的细节略有不同,因当年经济困难,此书印刷时也使用未漂白的灰黑纸张。丁景唐对再版本"稍有增补和修正",并在"再版后记"中写道:"附录的《有关瞿秋白同志生平及其著译的参考资料目录》,这次增补较多。除补入1949年6月28日发表的叶圣陶和柳亚子先生的纪念文章和旧体诗等几篇目录外,还补入了1958年2月到1959年6月间报刊书籍中有关的参考资料目录。"

再版本的目录也与初版本相同,其中第三部分关于瞿秋白的版本、内容等内容基本上没有改动,共有4篇文章:《关于〈乱弹及其他〉的出版》、《瞿秋白同志两篇〈文集〉未刊的旅俄通讯——关于晨报〈游记第二集〉》、《〈三死〉〈伊拉司〉〈阿撒哈顿〉三文非瞿秋白同志所译》、《记两本悼念瞿秋白同志的书——〈民族解放先驱瞿秋白〉和〈纪念我们的民族英雄和人民战士〉》,内容很精彩,许多重要观点至今仍然具有权威性的指导意义。

1931年—1933年间,瞿秋白同志寄居在上海南市紫霞路68号谢旦如家中;《乱弹及其他》和《海上述林》中的大部分著译就是在这一期间辛勤劳动的成果。谢旦如先生在1938年以霞社名义出版了瞿秋白同志的《乱弹及其他》,即以纪念瞿秋白同志住在紫霞路时期投身文化工作的战斗业绩,而"霞"字又含有东方黎明、朝霞初升之意,因此,便选用了霞社的名义。《乱弹及其他》是霞社校印出版的瞿秋白同志遗著遗译中的第一种著作。……霞社选择了五月五日这个伟大共产主义导师马克思诞生纪念日,作为中国优秀的共产党人瞿秋白同志遗著《乱弹及其他》的第一版发行日子,有着深刻的意义。

当时流传着一种说法,误为鲁迅编印、出版瞿秋白遗著《乱弹及其他》,并与《海上述林》混为一谈,特别是冯雪峰主编的《瞿秋白文集》由人民文学出版社出版后,报刊上仍然有人撰文持有此说。因此,深知内情的丁景唐认为有必要撰文澄清事实,他查找了大量历史资料,找出此误说的根源,列举许多有分量的事实根据,理清《乱弹及其他》国统区和解放区的好几种版本,还原历史真面貌,凸显谢旦如应有的历史功劳。如今丁景唐还珍藏好几种版的《乱弹及其他》,都是当时陆续购买或友人赠送的,以便研究之用。

冯雪峰主编的《瞿秋白文集》主要辑入文学作品和译作,并未收录瞿秋白第一次赴苏俄采写的许多新闻通讯。为了弥补此缺憾,丁景唐特地列举1924年9月北京《晨报》编辑出版的《游记第二集》,认为这是一本"难以觅得的稀见书"。(详见本书《俞颂华〈游记第二集〉收录瞿秋白两篇通讯等》)

(冯雪峰主编的)《瞿秋白文集》中有不少未曾收录的著作和译作。

> 几年来,在学习《瞿秋白文集》的过程中,曾留意辑录佚文,日积月累,犹之乎在勘探宝藏的长途旅程中,也时或发现一些瑰丽的宝石,也见到书林深处的异草奇葩;由于觅到了"五四"前后出版的《新中国》杂志,证实了《瞿秋白文集》中所收的《三死》、《伊拉司》、《阿撒哈顿》三文非瞿秋白同志所译,而另外又发现了瞿秋白同志四篇早期作品和译文,这是最近书林中所涉猎的一个小小的收获。

这是丁景唐撰写《〈三死〉〈伊拉司〉〈阿撒哈顿〉三文非瞿秋白同志所译》一文的开头,喜悦心情跃然纸上。

1954年春天,丁景唐在上海鲁迅纪念馆见到一本1920年7月北京"新中国杂志社"出版的《俄罗斯名家短篇小说集》,由瞿秋白作序,收录沈颖、耿匡(耿济之)等译文。封面里页刊登北京新中国杂志社出版"短篇小说第一集"广告,其中有耿济之《〈阿撒哈顿的梦〉、《真幸福》等译文,立刻引起丁景唐的注意,产生了疑问,即冯雪峰主编的《瞿秋白文集》已收录四篇译文《三死》《伊拉司》《人依何为生》《阿撒哈顿》,很可能不是瞿秋白翻译的。但未找到好几种版"短篇小说第一集",便在有关文章中作了若干说明,暂且留下一个尚待解决的问题。

三年后,丁景唐在好友瞿光熙家中意外地发现《新中国》杂志,其中刊登一些耿济之(耿匡)的译文,证实了《瞿秋白文集》收录《三死》等四篇译文中有三篇不是瞿秋白翻译,而是耿济之译文,除了《三死》标题相同,《伊拉司》原译题为《真幸福》,《阿撒哈顿》原译题为《阿撒哈顿的梦》。其实《人依何为生》也是耿济之所译,连载于《曙光》第2卷第1号、第2号(1920年、1921年3月),瞿秋白也有文章发表于《曙光》。其中还牵涉到其他问题(详见本书《瞿秋白、耿济之合译〈托尔斯泰短篇小说集〉》一文)。

丁景唐在《新中国》刊物上还查到瞿秋白三篇译文和一篇文章,即《闲谈》、《祈祷》、《论教育书》(原文作者均为托尔斯泰)以及《社会与罪恶》,都未收录冯雪峰主编的《瞿秋白文集》。以上这些新发现,丁景唐只是谦称为"一个小小的收获",并希望《瞿秋白文集》再版时"适当选取一些重要的佚文",删除《三死》等译文。直到三十年后温济泽主持出版十四卷《瞿秋白文集》,才实现了丁景唐多年的夙愿。

1935年6月18日瞿秋白牺牲后,出现大量的国内外追悼文章和纪念文集,其中《民族解放先驱瞿秋白》、《纪念我们的民族英雄和人民战士》两本书,丁景唐认为是"保留下来的极其珍贵的悼念瞿秋白同志的书"。(详见本书《第一本纪念册〈殉国烈士瞿秋白〉》、《〈救国时报〉纪念瞿秋白烈士专版等》)。半个世纪前,丁景唐首次披露,介绍了具体的情况。这两本书的详细目录,丁景唐已辑录于《札记》附录《有关瞿秋白同志生平及其著译的参考资料目录》。如今许多瞿秋白研究者经常引用这些资料,但是不知道最初辛勤开垦者是丁景唐,也无法注明他的早年论文集《札记》。

丁景唐原珍藏《札记》再版本也在"文革"中遭失,现存另有一本,他在扉页上写道:"(上海社科院)潘颂德文友为我从七宝书肆淘得,二〇〇四年三月十一日"。一旁还有原读者华东师范大学王某于1961年8月29日购买此书时写的时间。

（三）

1959年冬天,上海文艺出版社通知丁景唐将印行《札记》第三版("新二版")。丁景唐因忙于工作,抽不时间增订、修改。直到1961年炎夏来临,才断断续续挤出时间,加以修改、整理、补充。

《札记》第3版("新二版")改为大32开,页数也增加为238页(包括"后记"),比较厚实。封面设计极为简朴,删除原来的喷发火山的图案,整体底色仅为淡黄色,上端只有书名和作者名字。前面插图略有改动,删除原来的最后两幅,改用鲁迅介绍《海上述林》上卷出版的手迹和纪念柔石牺牲的七律墨迹,以及瞿秋白翻译《马克思》(列宁原作)的手迹。

除了修改原来文章之外,还增加不少新文章,其中第三部分增添四篇文章,即《"五四"初期的瞿秋白同志》《瞿秋白同志在介绍马克思列宁生平及其理论上的贡献——纪念瞿秋白同志六十诞辰》《读瞿秋白同志的〈美国的真正悲剧〉》《书评写作的一个范例——读瞿秋白对邹韬奋编译〈革命文豪高尔基〉的评介》。还有附录《鲁迅的一张"借书单"》,署名"上海鲁迅纪念馆",实为丁景唐所写。

由于冯雪峰主编的《瞿秋白文集》没有收录政文类的文章,难以展现瞿秋白的光辉业绩,因此,丁景唐新写的这些文章在某种程度上弥补了这个缺憾。

"五四"运动促使瞿秋白思想发生重大变化。丁景唐列举大量史实和郑振铎等当事人的回忆,具体地述说瞿秋白代表俄文专修馆的学生团体积极参加北京"五四"运动。瞿秋白还积极参与创办《新社会》《人道》,发表许多论述社会改造和社会问题的文章,提出了改造旧制度、建立美好新社会的要求。丁景唐还评述了瞿秋白当时发表的许多文章和译文,指出当时马克思主义理论著作的中文版很少,瞿秋白直接从俄文翻译了德国著名社会主义活动家倍倍尔写的长达六万多字的《社会之社会化》,并写下《伯伯尔之泛劳动主义观》一文,将托尔斯泰和倍倍尔(伯伯尔)对于泛劳动主义和无抵抗主义的看法进行比较和分析研究。同时,瞿秋白是五四运动时期"从俄文将托尔斯泰、果戈理的作品翻译到中国来的优秀俄文翻译者之一"。这篇《"五四"初期的瞿秋白同志》长达万余字,首次从不同的角度评述五四运动前后的瞿秋白人生经历、思想变化、著译活动,特别是其中披露了大量史料,在当时类似题材文章中当属"第一文"。

丁景唐写的《纪念瞿秋白同志六十诞辰》一文,论述瞿秋白在不同时期译介马克思、列宁生平及其理论上的杰出历史贡献。指出瞿秋白《赤都心史》两次描述了列宁形象,让中国读者首先读到充满激情的描写文字;瞿秋白主编的《新青年》季刊首次推出"共产国际专号",并首次发表他配乐翻译的《国际歌》;列宁逝世后,瞿秋白不仅撰写追悼文章,还在上海大学追悼列宁逝世大会上作了关于列宁生平报告;20世纪30年代初,瞿秋白比较有系统地译介许多马克思列宁主义文艺理论,"对中国革命文学运动起了很大的推动作用"。并且密切结合文艺斗争的现实,撰写了指导革命文艺运动的文艺论文和杂文。这些反映瞿秋白一生不同时期的著译活动和闪光点,丁景唐首次将其串联起来,并以专题形式比较完整地展现出来,产生了较大的影响。

对于瞿秋白的两篇书评,丁景唐也作了有关背景的介绍,包括邹韬奋听取了瞿秋白的意见,作了较大的修订,删改明显的错误。

《鲁迅的一张"借书单"》首先披露一个史料,瞿秋白撰写文稿时,每写一页,都衬有复写纸,一式三份。完稿后一份寄出刊登,两份留下,以防遗失或遭意外,因此《乱弹》的稿本也遗留了两份,一份留存于谢旦如,一份保存在鲁迅那里。瞿秋白牺牲后,鲁迅整理、出版了瞿秋白译文集《海上述林》上卷,还想进一步核对查阅,便写了一张借书条,委托周建人向谢旦如借阅《乱弹》复写本和其他曾经发表瞿秋白的书刊,如《北斗》《文学月报》《星海》《俄罗斯文学》等八种,借用后即送还。不久,鲁迅病情日益加重,与世长辞,未能完成《乱弹》的出版工作。丁景唐在上海鲁迅纪念馆看到这张借书条,便联想起许多事情,最后写道:"这是对鲁迅先生与瞿秋白同志一个珍贵的纪念。"

《札记》第3版有一些重要修改,丁景唐在后记中写道:"即改正了原来以为鲁迅与瞿秋白第一次见面是在紫霞路68号的说法。现在根据杨之华和许广平两位同志的回忆,鲁迅和瞿秋白第一次会见应是在北四川路底川北公寓三楼鲁迅住处。"1961年春,丁景唐曾在上海当面请教杨之华、许广平此问题,才有此说。

但是,首次会面的时间仍然不能确定,"大概在1932年夏秋之间",并以许广平写的一文(景宋《留存于鲁迅先生处的几位友人的旧诗集录》,载《上海周报》1941年第2卷第8期)作为一个旁证,特地说明"这篇文章没有说明月份或季节",明确指出"这是记瞿秋白同志到鲁迅家去两人第一次会见的记载"。因此,在时间问题上,丁景唐仍然慎重地加上"大概"二字,表示将来出现新的资料,可以加以确认具体时间。迄今为止,这个重要观点仍然被公认。

丁景唐很看重《札记》中的一些重要文章,"文革"后又重新归纳整理,添加多年积累的资料,撰写了题为《鲁迅与瞿秋白的革命友谊》长文(详见本书《丁景唐、王保林合著〈鲁迅和瞿秋白合作的杂文及其它〉》)。此文与《瞿秋白在上海紫霞路的时候》、《瞿秋白在介绍马克思列宁生平和理论上的贡献》等文经过一番修订,以后收录于丁景唐、陈铁健、王关兴、王铁仙合著《瞿秋白研究文选》(天津人民出版社1984年版)。其中一些主要文章又与《关于〈乱弹及其他〉的出版》等文收录《六十年文集——犹恋风流纸墨香》(上海文艺出版社2004年版)。

《札记》第二部分关于鲁迅作品的拾遗等,丁景唐则与后来另写的有关专题文章编成论文集《学习鲁迅作品的札记》(上海文艺出版社1980年5月初版),印数高达三万册,1983年12月再版,这些已是题外话了。

丁景唐、王保林合著《鲁迅和瞿秋白合作的杂文及其他》

丁言模

丁景唐、王保林合著《鲁迅和瞿秋白合作的杂文及其他》(简称《合作》),陕西人民出版社1986年10月初版,1993年5月第一次印刷(这前后时间竟有七年),这是一本出版"难产"多年的学术专著,深入探讨鲁迅、瞿秋白合作的十四篇杂文等。其中凝聚了两位作者长期合作研究的大量心血,从而产生的一项重要成果,至今仍有重要指导意义。

(一)

20世纪50年代,丁景唐、王保林在搜寻瞿秋白遗文的过程中相识,不断地交换意见和信息。丁景唐和方行(文操)合编《瞿秋白著译系年目录》再版之际(上海人民出版社1959年10月),丁景唐特地在后记中提到王保林提供的帮助。

王保林(1933—2001),江苏省宾海县人,15岁(1948年4月)参加革命。解放初,他作为南下干部,在上海的华东税务局任职,后被推荐到南开大学中文系就读。1961年毕业,分配在内蒙古通辽师范学院(后为内蒙古民族师范学院),执教多年,后为副院长。他与他人合著《现代散文名篇欣赏》《现代杂文名篇欣赏》,并主编《中国少数民族现代文学》等。

丁景唐、王保林的共同志向和兴趣爱好,不约而同对鲁迅、瞿秋白合作杂文的课题发生了浓厚兴趣,见面商定进行研究,由于种种原因,被迫中断。"文革"后,王保林来沪进行注释鲁迅著作的工作,旧地重游,与丁景唐相见,开怀畅谈,欣慰无已,他俩决心重拾未完之课题,继续共同研究。

1980年秋天,丁景唐到北京西郊中央党校学习,邀约王保林从内蒙古民族师范学院驻地通辽市专程来京相叙,多次商谈写作提纲和需要查阅的参考书目。此后数年间,或见面商谈,或飞鸿往返,修改补充,数易其稿。其中

《关于〈中国文与中国人〉》一文的写作,还得到郝铭鉴(后为《咬文嚼字》主编)的协助;《出卖灵魂的秘诀》等三文说明,吸取了朱正有关研究成果。1983年4月,丁景唐、王保林编写成书。一个月后,他俩分头均到北京一起参加郭沫若研究学术座谈会,又对全书作了一些技术性处理,最后定稿。但是好事多磨,出版一事因故拖延,最后才得到正式付印的消息,终于实现了长达三十多年的夙愿。

《合作》封面底色呈深青兰色,没有图案,书名横排,分为上下不规则的三行,放置于中间且往下,书名偏左交叉一条浅色竖线,贯穿整个封面,上下分别印着"鲁迅研究丛书"和丁景唐、王保林(以下简称丁、王),体现了封面设计的简洁风格。

《合作》前后有《写在前面》、丁景唐写的《鲁迅和瞿秋白的革命友谊(代序)》和《后记》。正文分为两(辑)部分,第一部分是研究鲁迅、瞿秋白合作的十四篇杂文,第二部分有关鲁迅、瞿秋白之间关系的论文。

鲁、瞿合作的十四篇杂文即《王道诗话》《伸冤》《曲的解放》《〈子夜〉和国货年》《迎头经》《出卖灵魂的秘诀》《最艺术的国家》《内外》《透底》《关于女人》《真假堂吉诃德》《大观园的人才》《"儿时"》《中国文与中国人》。除了《关于女人》《真假堂吉诃德》刊登在当时的《申报月刊》之外,其余均发表在《申报·自由谈》。

丁、王对此研究的大部分论文曾发表于兰州大学、黑龙江大学、内蒙古民族师范学院、上海师范学院等学报以及《艺谭》《奔马》《绿野》等文艺刊物,丁、王将其编入《合作》论文集时,则又作了一番修订,并且煞费苦心地添加瞿秋白原文与鲁迅修改文,分别分段列出(一左一右排列),每段后面列出若干条目说明,以便读者结合瞿、鲁两文参考之用,进一步品味瞿、鲁运用或修改文字的意图和微妙心态,从中可以悟出许多言外之意。

这些充分体现了丁、王严谨学风、深厚功底、周详布局,也展现他俩"一心为读者"的宗旨,甘愿自讨苦吃,不厌其烦仔细校对瞿、鲁两文,反复研究和推敲其中的"经营甘苦";一旦有新发现,喜不自禁,这是局外人难以理解。

同时丁、王坦陈书中列出瞿、鲁两文对照并作说明的思路,最初得到朱正专著《鲁迅手稿管窥》(湖南人民出版社1981年版)的启发,即把鲁迅手稿与改定稿加以对照并略作说明,叶圣陶对此加以肯定,"至有意味"。丁、王毫不掩盖自己构思的来源,坦诚相见,这是当今浮夸之风浸淫的某些人士根本无法企及的学术境界和思想情怀。

(二)

1933年3月初,瞿秋白夫妇搬至施高塔路(今山阴路)东照里12号二楼,这是鲁迅委托内山夫人出面寻找租房的。4月11日,鲁迅全家正式迁居到施高塔路大陆新村9号(今山阴路156弄9号),这是鲁迅晚年的最后居所,斜对面正是东照里,瞿、鲁交往方便、频繁。瞿秋白夫妇住在东照里的三个月里,暂时有一个稳定的住处,瞿、鲁有机会畅谈,开始合作杂文。其中有些杂文主旨都是在双方交谈中产生的,瞿秋白思维敏捷,有时一口气写上几篇,经鲁迅修改后,用自己的笔名投给报刊。

鲁迅看过瞿秋白写的杂文,评价为"尖锐,明白,很有才华",同时,他也指出其中缺点,"深刻性不够,少含蓄",第二遍读起来就有"一览无余"的感觉。对此,瞿秋白也承认。其实,鲁迅说的"缺点",也是瞿秋白杂文的特点,便于鼓动和宣传,让通俗易懂的道理传播于人民大众之中。[①] 他俩经过编辑《萧伯纳在上海》等的密切合作,在杂文构思和运用手法等方面都达成一种基本共识,以及互相配合上的默契感,这些成为他俩合作杂文的良好基础。

瞿秋白夫妇刚住进东照里,3月6日《申报·自由谈》发表了《王道诗话》,署名"干"(鲁迅的笔名)。这是瞿、鲁合作的第一篇杂文,文后还有四首讽刺诗,与文章相得益彰。此文仅有七百多字,但思想深刻,语言犀利,主要针对胡适的一些言论进行批判,其中牵涉到胡适的《人权论集》和《字林西报》登载他的言论等。鲁迅修改后,由许广平誊写,再寄出,瞿、鲁合作的其他杂文也有如此经历。

丁、王认为,鲁迅修改文有三个特点,一是语气更加肯定,文字更精练;二是使韵脚符合诗歌要求;三是保持行文风格统一。尽管瞿秋白已经模仿鲁迅的笔调,使人们不易区别,但有时还是透露出行文风格并不完全一致,因此鲁迅甚至细心修改语气词。这并不引人注意的细节之处,丁、王却注意到了,因为他俩很熟悉鲁迅的笔调和用词习惯。为了补充说明其中有关问题,他俩又增添一个附录《谈〈王道诗话〉中的一句引诗——关于"杀人如草不闻声"》,以便读者进一步理解作品。[②]

《伸冤》是瞿、鲁合作的第二篇杂文。瞿秋白把一些社会新闻材料巧妙

[①] 《雪峰文集》第4卷,人民文学出版社1985年版,第220页。
[②] 学术界曾对于《王道诗话》有不同看法,可以参见王锡荣《宋庆龄冤枉胡适?》(2004年2月11日《中华读书报》)、陈鸿祥《"胡鲁之争",还是"批瞿攻鲁"?》(《瞿秋白研究论丛》2005年第1期)、朱正《重读〈王道诗话〉》(北京《鲁迅研究月刊》2005年第8期)等文。

地编排和评点,抨击列强企图瓜分中国的同时,也着重勾画出中国当局反共卖国的嘴脸。原题为《苦闷的答复》,直接点明文章的来由,即以此答复来华调查日军侵华的国联调查团长李顿的报告。鲁迅则改题为《伸冤》,更具有杂文的韵味,鲜明地突出文章的主旨。

丁、王认为,《伸冤》此后瞿、鲁合作的《曲的解放》《迎头经》《出卖灵魂的秘诀》《内外》等杂文都是《伸冤》的续文——补充和发展,都是取材于时事新闻,深刻地揭露反动政府的反动性质。丁、王由此梳理了瞿、鲁合作杂文的基本思路,让读者回过头来再看看丁、王对《伸冤》一文的解读——条理分明,旁征博引,深入浅出,饶有趣味。

1933年2月,《新时代月刊》第4卷第1期刊登"词的解放运动专号",其中有该刊主编曾今可作的《画堂春》,什么"打打麻将……喝干杯中酒,国家大事管他娘"等,这引起瞿秋白的深刻反思。3月12日《申报·自由谈》刊登一则形式独特的杂文《曲的解放》,署名"何家干"。其文开头就说,"'词的解放'已经有专号,词里可以骂娘,还可以'打打麻将'。"接着却是《平津会》杂剧的一折戏形式,出场的角色有生、旦、丑,设计了不同的曲牌唱词,使用辛辣和诙谐的语言(巧用双关语、谐音语和歇后语),例如"'曲'一解放,自然要'直'——后台戏搬到前台";"热汤(热河省政府主席汤玉麟——引者)混帐——逃亡! 装腔抵抗——何妨"等等,以此抨击和讽刺反动政府"攘外期间安内忙"的反动本质。

这短小精悍的杂文充分显示了瞿秋白大胆丰富的想象力,以及鲜明的创作个性,也是对杂文形式的大胆创新。显然,他以大众喜闻乐见的有说有唱的戏曲形式进行宣传,扩大影响,有利于传播。这是瞿、鲁合作的杂文中唯一采用杂剧形式。此文刊登后,有些朋友还以为是鲁迅写的,鲁迅笑答:"我不会作曲,此乃一高手,暂不宣布。"① 以后,鲁迅在《中国人的生命圈》、《文章与题目》等文中也揭露和解剖反动当局"安内始能攘外"的本质,与瞿秋白《曲的解放》等杂文相呼应。

3月18日,胡适对北平记者谈话时认为,日本"只有一个方法可以征服中国,即彻底停止侵略,反过来征服中国民族的心。"(2月24日胡适在《独立评论》上也发表类似的言论)对此,3月22日《申报》作了披露。

当天,瞿秋白和鲁迅见报后,立即商讨,瞿秋白便动笔写下千字文《出卖灵魂的秘诀》,以精炼的语言揭示了问题的实质。

丁、王仔细核对瞿、鲁两文,认为鲁文更加突出杂文热嘲冷讽的特点。瞿文第1段最后一句,原文是"胡适博士对症发药——预备向日本帝国主义

---

① 丁景唐、王保林《鲁迅和瞿秋白合作的杂文及其他》,陕西人民出版社1986年版,第49页。

上条陈。"鲁文则把"日本帝国主义"该为"日本朋友"。并在瞿文的第二段引文中增加了"九世之仇,百年之友,均在觉悟不觉悟之关系上"一句,用胡适自己的话来说明他与"日本朋友"结成"百年之友"的关系。这里不用点评一个字,杂文的讽刺辣味跃然纸上。

1933年4月11日,晴天,鲁迅全家搬到大陆新村。这一天,瞿秋白很兴奋,一口气写了四篇杂文,即《内外》《真假董吉诃德》《透底》《关于女人》。这让鲁迅夫妇既惊讶又佩服,"如果没有丰富的生活知识,深厚的文学修养和高度的理论水平,哪能在短短的时期以内,有如是丰富而精美的文字见之于世?特别是《关于女人》等几篇文章,能在同一天里写作出来,真使人感到秋白同志的革命才华"。[①]

鲁迅把瞿文标题中的"董吉诃德"改为"堂吉诃德",还修改了瞿文中其他一些文字。

丁、王认为:瞿、鲁都很善于借用著名文学作品中的典型人物来表达自己的见解,讽刺现实生活中某一类型人物。瞿、鲁杂文中大约有三种类型的堂吉诃德,即真的,新的,假的。"假吉诃德"成为瞿、鲁着重鞭挞和讽刺的对象,并且经过瞿、鲁艺术加工,注入新的涵义。

"假吉诃德"故作傻相的目的,就是欺骗民众,愚弄民众,使民众上当受骗,瞿、鲁要剥去"假吉诃德"的各种伪装。明明是不抵抗,偏要说是"诱敌深入";明明是为了"搜括一些杀猪经费",却要说是"飞机捐"(发行航空奖券,强行募捐);明知"中国固有文化"(报上曾刊登戴季陶等要人发起"佛法救国"活动)咒不死侵略者,偏要高喊恢复"民族精神"等等,尖锐地抨击反动政府欺骗和愚弄老百姓的言行。

鲁迅把瞿文最后一段中"你要认真和他辩驳"的文字,改为"你要是把假痴假呆当做真痴真呆"。这不仅与前文中的"假吉诃德是故意做些傻相给别人看"相呼应,并且进一步勾画了"假吉诃德"的本质特点。

1933年4月19日,《申报·自由谈》发表《透底》,署名为"何家干"。曾是左联成员的祝秀侠看到此文后,发表《论"新八股"》,并写信给鲁迅,试图自我辩解。

原来《文学月报》第1卷第3期(1932年10月)刊登瞿秋白翻译的苏联诗人别德纳依的讽刺诗《没功夫唾骂》。11月该刊登载《汉奸的供状》,署名"芸生"(即邱九如),这是模仿瞿秋白的译诗写的,嘲讽胡秋源、苏汶等人,诗中充满了辱骂和恐吓等之词。"文委"书记冯雪峰认为不妥,要《文学月报》纠正,但被拒绝。冯雪峰与瞿秋白谈起此事,瞿秋白正在鲁迅家里初次避

[①] 许广平《瞿秋白和鲁迅》,载《忆秋白》,人民文学出版社1981年版。

难,鲁迅知道后,认为此事应自己公开纠正为好。于是鲁迅出面写信给《文学月报》编辑周扬,该信发表在《文学月报》第1卷第4、5期的合刊上,题为《辱骂和恐吓决不是战斗》,批评了《汉奸的供状》的恶劣文风。此信发表时,编者加了按语,肯定了鲁迅的意见,并受到左联许多成员和读者的支持。但是,受到"左"倾思想影响的祝秀侠化名为"首甲",与方萌、邱九如等联名发表《对鲁迅先生的〈辱骂和恐吓决不是战斗〉有言》,刊登在1933年2月《现代文化》第1卷第2期上,错误地指责鲁迅"带上了极右倾机会主义色彩"。

这时,第二次在鲁迅家里避难的瞿秋白看到此文后,撰写《鬼脸的辩护——对于首甲等的批评》,他指出"芸生和首甲等的错误,决不在于他们攻击胡秋原'过火了',而在于他们只用辱骂来代替真正的攻击和批判"。"'恐吓决不是战斗'的鲁迅决没有什么右倾机会主义的色彩,而自己愿意戴上鬼脸的首甲等却的确是'左'倾机会主义的观点。"瞿秋白认为,鲁迅的主张是"完全正确的","的确是提高文化革命斗争的任务的,值得我们的研究;我们希望首甲等不单在口头上反对'左'倾关门主义和右倾机会主义,而能够正确的了解和纠正自己的机会主义的错误。"这与张闻天《文艺战线上的关门主义》(署名"歌特")等文反对"左"倾关门主义的精神相一致的。

由于种种原因,当时此文并没有发表,但是可以作为《透底》杂文的重要注解,或者说《透底》是将批判左翼文艺内部"左"倾问题进一步说开去,挖掘动荡不安社会中积淀的畸形"透底"心灵。这种"以小见大"的手法,也是作为"匕首"杂文的魅力之一。

对于祝秀侠的来信,鲁迅写了回信,进行驳斥的同时,重复了《透底》的言论主张,"八股无论新旧,都在扫荡之列"。以后鲁迅将《透底》编进《伪自由书》的同时,也把来信和回信作为《透底》的附录一起编入。

《透底》主要是针对一种"左"倾思潮,即要求绝对自由,貌似公正,却是大搞极端,最终走向虚无主义,这是文章要批判的"透底论"。

由于《透底》的含义丰富,可以从不同的角度去解释。毛泽东在《反对党八股》一文中指出:"有些党八股……空话连篇,言之无物,还可以说是幼稚;装腔作势,借以吓人,则不但是幼稚,简直是无赖了。鲁迅曾经批评过这种人,他说:'辱骂和恐吓决不是战斗。'"他还说:"党八股也就是一种洋八股。这洋八股,鲁迅早就反对过的。"为此,《毛泽东全集》编者加了一条注解,并摘引鲁迅《伪自由书·透底》中的一段文字。① 由于当时毛泽东并不知道《透底》是瞿秋白和鲁迅合作的杂文,只提到鲁迅的名字。其实反对新旧八股

---

① 《毛泽东选集》(合订本),人民出版社1967年版,第787—803页。

文,是瞿、鲁的共同主张。

以上的具体情况比较复杂,丁、王起草后作了反复修改,该文落款的时间就有三次,分为"初稿""二稿""三稿",时间跨度为1981年4月11日至次年9月20日。

《关于女人》是瞿、鲁合作杂文中唯一专题论述妇女问题的,并且与1932年冬天瞿秋白翻译的高尔基《关于妇女》一文密切相关。瞿秋白不仅转引高尔基一文中关于阿拉伯诗人和美国百万富翁的话,而且将高尔基的一大段话进行改写,吸取精华,成为精辟点评。对此,鲁迅又作了一些修改,在第二个"修饰"后加上"到";"一天天"改为"一天一天";把最后一个"代价"删去,免得和前面的"代价"重复,等等。

瞿秋白和鲁迅都很关注中国妇女问题,曾分别提出关于妇女解放的精辟观点。这篇《关于女人》为那些遭受各种指责的妇女"伸冤",揭露反动势力把妇女当作替罪羊的卑鄙行径。

鲁、瞿合作的十四篇杂文中有两篇未收录鲁迅自己的杂文集,即《〈子夜〉和国货年》《"儿时"》。

茅盾创作《子夜》时,瞿秋白曾提出不少重要意见。《子夜》问世后,瞿秋白、鲁迅都作了高度评价,同时从不同角度观审,也认为《子夜》有不足之处,这是瞿、鲁合作杂文《〈子夜〉和国货年》的基本共同点。该文是瞿、鲁合作杂文中最长一篇,比其他千字杂文字数多出一倍。而且此文还是一篇书评,兼有杂文和书评的特点。

丁、王仔细分析后,发现一个重要问题,即瞿、鲁合作的杂文,大多是鲁迅修改后很快就向报刊投稿,但是《〈子夜〉和国货年》从写作到发表时间相隔近一个月,这是什么原因呢?丁、王并没有武断下结论,而是认为"可能是瞿秋白写出后交给鲁迅,鲁迅将它放了若干时日",这是该文的特点所决定的,鲁迅需要再思考一下;修改之处比较多,这可以看看瞿、鲁两文并列的比较结果,便可发现许多问题。

1933年秋天,瞿秋白早已离开东照里,再次遭到党内"左"倾无情斗争,被迫写了长达三千多字的书面检查。第二天(9月28日),瞿秋白难以抑制心中的复杂感情,提笔写了四百多字的短文《"儿时"》,曲折地表达了真实思想感情,即置身于渴望与担忧、积极与消极、前进与后退等交织的思想感情旋涡里。

对此,鲁迅还能说什么呢?他仅仅改了一个标点,署上自己的笔名"子明",投给《申报·自由谈》,三天后见报(12月15日)。鲁迅写给该报副刊编辑黎烈文的信中默认此文是自己写的,把瞿秋白"安全"地隐藏在身后,免得该文发表后引起某种后果。

解放初整理出版瞿秋白文集时,人们才发现瞿秋白《"儿时"》的手稿,真相大白。丁、王还列举了许广平等人曾怀疑《"儿时"》不是鲁迅撰写等资料,认为此"疑"亦属有理。丁、王根据一些旁证,作出一个大胆的推理:瞿秋白写完《"儿时"》后,并没有马上寄给鲁迅。直到几个月后(1933 年 12 月),瞿秋白接到中央通知,要他去中央苏区工作,他才决定把《"儿时"》寄给鲁迅。

丁、王对于鲁迅、瞿秋白合作十四篇杂文的研究分析,内容翔实,考证严谨,文风朴实,结论可信。丁、王则谦称:"我们只是作了初步研究,可以说,仅仅是开始,我们期待相识和不相识的友人给予匡正。"

(三)

《合作》第二部分有六篇文章,即《略论瞿秋白在中国现代文学史上的贡献》(简称《贡献》)、《鲁迅与瞿秋白友谊的丰碑——鲁迅帮助出版瞿秋白著译的经过》、《关于〈乱弹及其他〉的出版》(附录《鲁迅的一张"借书单"》,署名"上海鲁迅纪念馆",实为丁景唐所写)、《关于〈第十三篇关于列尔孟托夫的小说〉——鲁迅与瞿秋白友谊的一例》、《书评写作的一个范例——读瞿秋白对邹韬奋编译〈革命文豪高尔基〉的评介》,这些大多是丁景唐撰写的,并经过丁、王多次修改定稿。

"文革"后,丁景唐根据多年积累的资料和成果,撰写了《贡献》。1979 年 4 月,在西安召开的八省(区)十七所高等院校现代文学教材定稿暨学术讨论会上,丁景唐宣读了此文初稿。他听取与会同志的意见后作了修改,文后落款"一九七九年六月十八日,秋白同志牺牲四十四周年纪念日于上海浦西岸"。经《文史哲》编辑部之约,此文发表于该刊 1980 年第 1 期,

丁景唐认为,20 世纪 20 年代初瞿秋白是才华初露的散文家,以明快清新的文笔,最早报道了十月革命胜利后的苏俄情况,丰富了我国现代文学的宝库。30 年代前期,他是多才多艺的文艺理论家、杂文作家、翻译家,在成长中的中国现代文学史上留下了许多杰出的著译作品,并获得了世界的声誉。如今这个评价仍然具有重要意义,已被大量史实所证实。当时因牵涉到许多复杂因素和敏感"禁区",此文未能提及瞿秋白在五四时期和临刑前的诗文,这在情理之中。

《合作》代序是丁景唐撰写的《鲁迅与瞿秋白的革命友谊》的长文。此文可以追溯到 1979 年夏天,丁景唐参加中央纪委瞿秋白复查组(组长孙克悠和常凡、陈铁健等人)举办的一次座谈会,并陪同复查组几位同志前去瞿秋白家乡常州和南京等地。随后丁景唐"带着激情奋笔几天写下"此文,这是他在"文革"后重新执笔所写的第一篇关于瞿秋白的文章,发表于《社会科

学》1979年第3期,成为当时比较完整论说鲁迅、瞿秋白之间关系的权威一文。

该文后有六个重要注解,几乎占据了两页。第一个注解是关于鲁迅题赠瞿秋白的一幅联句的问题,即"疑仌道兄属　人生得一知己足矣　斯世当以同怀视之　洛文录何瓦琴句"。"疑仌"(仌是冰的古体字)和"洛文"分别是瞿秋白和鲁迅的笔名,鲁迅书录的出自清朝钱塘人何瓦琴(即何溱)的自集禊帖联句,原为清四明徐时栋书写。查看《鲁迅日记》便可得知,1933年2月2日和本年书账中均有购买《烟屿楼笔记》、《烟屿楼读书志》两种共八种书籍的记载,鲁迅选用《烟屿楼笔记》中的记载,书写了这幅联句。

解放初期,丁景唐曾误为"何瓦琴"是瞿秋白本人,后来有位老同志与他"不谋而合","遂致以讹传讹"。对此,丁景唐回想起不免"汗颜无已"。他又指出,有些人却把这联句说成是鲁迅自作的,这也是错误的。因此,丁景唐摘录方行(文操)写的《谈何瓦琴》(载1962年8月3日《文汇报》)中的一段(此文的有关材料最初还是博学多才的上海图书馆馆长顾廷龙告知的),以示匡正。

第六个注解是纠正瞿秋白离沪赴中央苏区的时间。其原为1933年,出处为《毛泽东选集》第3卷附录的《关于若干历史问题的决议》的注解(五),以致《辞海》(1979年版)和一些报刊也都循此注明。丁景唐根据鲁迅日记和书信等材料,认为瞿秋白离沪时间应该是1934年1月上旬(现在确认为1月11日晚上离沪)。这在当时是一个很重要的纠正,丁景唐还专门写了《对〈辞海〉(一九七九年版)"瞿秋白"词条的意见》一文(还指出"苏俄"与"苏联"之区别),发表于上海辞书出版社《辞海通讯》(内刊)1981年11月30日第10期,以后收录《六十年文集——犹恋风流纸墨香》(上海文艺出版社2004年版)。

《合作》一书出版一事费尽周折,此书定稿校样因故在出版社"睡"了七年之久,经丁、王等人奋力论争,才得以印行五百册,权作丁、王的稿酬。这五百册书运抵僻冷的上海货站后,因故未有人前去认领,差点被"打道回府"。最后,年逾七旬的丁景唐和编辑张安庆、司机匆匆赶去,才将这"难产"多年的《合作》运回家,终于了却丁、王的夙愿。但是,《合作》未有资格进入各家书店,只有常州瞿秋白纪念馆曾销售了若干册,现世人收藏的一些《合作》书籍,还是丁、王当时陆续分别赠送的。

丁景唐专门留下一本《合作》,扉页上用毛笔饱蘸红墨水书写"校订之用"。多年来他想到什么问题,便在此书空白处陆续写了各种批阅文字和重要修改,这是他大半辈子读书、写书、出书、买书、藏书过程中养成的良好习惯。

书海结缘惜文字,往事倍亲茶未凉
——丁景唐与巴金

丁言模

  2005年10月16日,晚饭前,我的父亲丁景唐(以下简称"老丁")翻检出一套《巴金译文选集》,让来访的两位老友的女儿欣赏。这套书中的《草原故事及其他》扉页上,有巴老用钢笔题写的几行字,"赠丁景唐同志　巴金　九〇年九月七日"。老丁与巴老是多年的老朋友,"文革"后巴老出版的各种文集,几乎都会送给老丁。北京媒体记者曾为了撰写有关巴老的专题报道,在上海采访老丁,得出一个结论:巴老对老丁是"有求必应"。

  第二天晚饭后,老丁看电视时,电视的屏幕下方打出了百岁巴老不幸病逝的消息,老丁愣住了。昨天翻检出《巴金译文选集》,便成了一种巧合,更是一种思念,丝丝缕缕,穿越时空,绵延不绝。

  10月21日早上,老丁赶到上海文艺出版总社,几代出版人聚集在一起,追思巴老,一旁的墙上贴着鲜红的大字"把心交给读者——"(巴老的名言)。老丁坐在巴老的弟弟李济生的旁边,他拿出当年巴老为《文艺日记》的题词,深情地说:巴金先生一生都在用自己的作品和言行为广大出版人树立榜样和楷模,他在中国现代出版史上所取得的突出成就,特别是"把心交给读者"的文学创作和出版编辑思想,影响了几代出版人,留下了宝贵的精神财富,值得我们认真加以总结,并在今后的出版实践中发扬光大。

(一)

  景唐同志:

    来信收到。邢铁华同志(提)的问题我一时无法解答,过些时候找出旧作查看才能解决。请把这个情况转告他。将来我直接给他写信。

匆覆。祝

　　好！

巴金

卅日

　　此信写于1978年7月30日（以信封上的邮戳为证），巴老使用当时市上出售的横式标准信封，右下角署名为"文联金缄"。他用的信笺上有"上海文艺编辑部"的字样。

　　自粉碎"四人帮"后，1977年5月25日《文汇报》副刊发表了巴老的第一篇文章《一封信》，激起了广大读者的心波，老朋友也以不同方式进行慰问巴老。巴老家里原来被封的房间也已启封，他又回到楼上居住，开始思考和准备写作。第二年春天来了，家里开始热闹起来，来访的新老朋友增多，儿子李小棠考进复旦中文系。7月初，他的女儿、女婿也调回上海，一家人终于团聚了。但是，随着各种杂事纷至沓来，巴老感到力不从心。他写给友人信中说："我上星期六检查身体……没有什么大问题。需要休息，至今仍感到疲劳。许多事情找上门来，很难应付。"

　　这时，复出工作的老丁也很忙，担任了上海文艺出版社社长兼总编、党组书记，除了要思考和处理出版社的各种纷杂事务之外，他作为中国现代文学史专家还要解答慕名前来请教的难点、疑点和热点问题。1978年6月，在厦门大学召开北京大学、南京大学、厦门大学、华东师大等校编写《中国现代文学史》教材讨论会，老丁也应邀参加。安徽师范大学阜阳分校（后该为阜阳师专）年轻教师邢铁华慕名请教老丁的同时，请老丁转信给巴金，提出关于巴金作品的一些问题。

　　老丁回沪后，委托上海文艺出版社的同事李济生（巴老的弟弟）把信转交给巴老。巴老看到转来的信后，于7月30日写信给老丁。不久，办事认真的巴老在百忙之中抽出时间查看了自己的旧作后，9月2日、9月25日分别两次写信给邢铁华，答复了有关问题，并在邢铁华编的"巴金创作顺序表"上写了补充意见。邢铁华也把巴老的两次复信抄了一份给老丁，不过他未把巴老写的补充意见抄给老丁。

　　20世纪80年代，四川文友龚明德写信给老丁，说是要编辑巴老的书信集，请老丁回想一下是否有巴老的信件。老丁一时想不起，写给龚明德的回信中作了说明，自己虽与巴老有交往，请巴老为上海文艺出版社出书、题词等，但都是面谈，或是委托李济生兄转办，所以未留下巴老写给的书信。不过老丁提供了一个线索，邢铁华与巴老有书信来往，并写了介绍信，让龚明德直接与邢铁华联系。但是，龚明德和邢铁华都没有回音，1987年9月四川文艺出版社出版的《巴金书简》中也未见到巴老写给邢铁华的两封信。其实,巴老主编的《巴金书信集》和其他出版社出版的有关巴老书信集中都未收录巴老写给老丁的回信。

1990年10月中旬,老丁整理一大堆书信、草稿、笔记时,竟翻找出1978年7月30日巴老写的回信,上面还有老丁当时写的"备忘录",说明了这封信的来龙去脉,于是就有了以上这些文字。

(二)

不久前一位在上海文艺出版社主持工作的朋友来看我。他知道我有病,坐下来就说明来意:希望我为出版社成立三十年讲几句话。我道歉说,我行动不便,少出门,不能到会祝贺。他便说你写三五百字鼓励鼓励吧。

这是79岁的巴老撰写《上海文艺出版社三十年——随感录八十八》里的一段话,落款为"1982年5月27日写完"。文中开头提及的"朋友",即老丁。

早在1938年11月初,老丁加入共产党,任青年会中学支部书记。1942年9月,转学沪江大学中文系三年级,开始了他的治学之路,看了巴老的一些小说,很有感触,撰写了《论巴金作品的文法研究》等论文。上海解放后,老丁曾任上海市委宣传部文艺处处长、宣传处处长、新闻出版处处长和上海出版局副局长等,因此,他对于上海新闻出版今昔情况很熟悉。

上海文艺出版社前身为上海新文艺出版社,由郭沫若题写社名,最初由多家出版单位组成,其中有巴老主持过工作的文化生活出版社、平明出版社。当老丁向巴老介绍情况时,敲开了巴老的记忆大门,"交谈起来我才想起……有一个时期我还是这两家出版社的总编辑(我为平明出版社工作的时间短,还不到两年),虽然没有拿过工资,印过'名片',但实际上我却做了十几年编辑和校对的工作,所以朋友一提到这件事,我就明白他的意思:这里面也有十几年的甘苦和心血,你总得讲两句。"

老丁拜访巴老之前,巴老刚到医院动过手术,排除了右背囊肿处脓毒,加上"文革"中遭受折磨的后遗症,连续三个晚上,处于烦躁、恐惧之中,甚至"忽然怀疑自己会不会发狂"。巴老的心情稍稍平静下来时,丁老出现了,因此,巴老抱歉地解释一番,想推辞。但是,老丁一番真挚劝说,巴老顿时觉得老丁的话"像榔头一样打中了我的要害,我本来决定不写什么,但是想到了自己过去的工作就有点坐立不安,不能沉默下去了。那么想到什么就写点什么吧。"

老丁告辞后,巴老思考了一下,花费了几天工夫,激情喷发难以遏制,竟然写了三千多字,远远超出了老丁当初说的三五百字。巴老语重心长地说:

> 没有过去的文化积累,没有新的文化积累,没有出色的学术著作,没有优秀的文艺作品,所谓精神文明只是一句空话。要提供和"社会主义精神文明"相适应的充实的内容,出版工作者也有一部分的责任。我相信他们今后会满足人民群众更大的希望和更高的要求。……对编辑同志,对那些默默无闻、辛勤工作的人,除了表示极大的敬意外,我没有别的话可说了。

这席话至今仍然具有强烈的"穿越感",令人深思。

上海文艺出版社建社30周年纪念大会上,老丁讲话时特地作了一段说明:"巴金同志在背上的囊肿动了手术以后,不顾病后身体虚弱,为我社三十周年纪念,写了热情洋溢的文章。他回忆了自己在我社初创时的组成单位——上海文化生活出版社的十四年总编辑和平明出版社两年负责人的经历,感情真挚地谈到编辑工作的甘苦及所耗费的心血,深深地懂得做一个编辑的责任,总结了如何做好编辑工作的宝贵经验。"

老丁主持上海文艺出版社工作后,着手恢复了深受国内外文化学术界关注的中国现代文学期刊的影印工作,恢复了《中国现代文艺资料丛刊》,恢复了"中国现代文学研究丛书",并创办了"中国现代作家论创作丛书",组成了一整套规模较大的中国现代文学的书系。随着改革开放,思想解放,恢复了瞿秋白、张闻天、潘汉年以及冯雪峰、王任叔、丁玲等人名誉,特别是纪念上海文艺出版社建社30周年,老丁觉得出版社应当下大功夫,组织力量,克服困难,在业已影印出版第一个十年(1917年—1927年)《新文学大系》十卷本的基础上,续编第二个十年(1927年—1937年)《大系》。老丁在京沪两地访问了叶圣陶、夏衍、周扬等,征求意见。

1983年春,上海文艺出版社的重点工程第二个十年《大系》二十卷本开始编撰,由老丁主编、赵家壁任顾问。

同年10月上旬,在黄源等陪同下,巴老前去绍兴参观鲁迅故居,又拖着病腿坚持游览禹陵,"挣扎着爬到树有大禹陵的碑亭前面。这是几年来难得的一段平静舒心的日子。"

中旬,巴老返沪,老丁闻讯前来访见,说明来意,想请巴老为《新文学大系·小说卷》作序,巴老起初婉言推辞,以后他在序言里也不隐瞒,实话实说：

　　我没有精力，也没有时间，重读当时的许多作品，对入选的作家作出符合实际的评价；也写不出那样精彩的导言；何况我又是一个病人。我一再推辞都得不到谅解，编者说："并不要求你写完整的序文，写一点感想也可以，长短都行。"好，我就写点感想吧。我被说服了，便答应下来。

　　80岁的巴老答应下来的事情，即使身体不适（已患有帕金森氏症），也要坚持做完。大约花费了近一周时间，巴老终于写完序言，落款时写道："一九八三年十月二十二日住院前一天"。第二天，身体虚弱的巴老果真住进华东医院北楼717室。巴老在序言中写道：

　　　　我和无数的青年一样，如饥似渴地从新文学作品中汲取养料，一篇接一篇，一本接一本，它们像一盏长明灯照亮了我的心，让我不断地看到理想的光辉。……我亲眼看见大批青年在抗战初期，不顾危险，不怕困难，奔赴革命圣地。一批人在血泊中倒了下去，另一批人接过旗帜站了出来，革命思想传播得那样快，新文学也有不小的功劳。……以上是我的一点感想，作为序文也许不适当，但感想毕竟是感想，而且它还是我几十年阅读和写作的经验的总结。

（三）

　　1982年7月23日上午，天气炎热，武康路梧桐树绿荫浓密，拂去都市喧嚣和浮华，静声之处传来几声蝉鸣。巴老家里一下子来了四个"老宁波"，年龄相仿，说着宁波式沪语，有时夹着南腔北调，与巴老的川音交融在一起，不时发出会心的笑声，

　　原来老丁带来董氏兄弟：董鼎山、董乐山，一个是著名的美籍华裔作家，一个是著名的美国问题专家和杰出的翻译家。还有一位先到巴金家里——《新民晚报》副刊资深创办人之一沈毓刚，与董氏兄弟相熟，很有水平，交际甚广。他们早在四十年前上海沦为"孤岛"时期，分别就读光华大学、圣约翰大学和之江大学，作为朝气蓬勃的文艺青年崭露才华，走上不同的人生道路。

　　那时，老丁负责地下党学委系统的宣传调研工作，注意公开工作与秘密工作相结合，他的任务之一组织董氏兄弟（董乐山曾加入地下党组织）等进步文艺青年向其他有关刊物投稿，写一些既不暴露又有内容的作品，结识了许多进步青年学生，其间有许多鲜为人知的故事。

中国改革开放后,1979年久别故土的董鼎山首次返回祖国,见到分散多年的亲人。1982年夏天,他获得纽约市立大学资助回国考察文艺界情况,见到许多老朋友。老丁见到老友董氏兄弟,自然有一番交谈,得知他俩要来拜访巴老,老丁早早安排车子,陪同他俩一起前来。

> 见到巴金,寒暄之后,我的第一句话就是:"在十三岁初读您的《电》后,我就成了您忠实的读者。那是四十多年的事了。现在能与您当面交谈,我感情的激动难以形容。"巴金以谦虚作答。老先生何必谦虚?可是他的下一句话就使我受宠若惊:"我刚在(香港)《大公报》看到你的《与金山告别》。"……在我一生所敬佩的大作家面前,我一时想不出应该说些什么话。但他一提到我纪念金山的那篇短文,就立刻使我自在许多,再也没有局促之感。

这是董鼎山写的《拜访巴金——实现了四十年的愿望》片段,实现了多年夙愿,激动心情跃然纸上。

那天,巴老的精神很好,问起董乐山(时任中国社会科学院研究生院美国系主任等职务)两年前写信一事,那是为了提倡组织一个翻译家协会。董乐山很惊讶巴老的记忆力,这时该协会已成立,他还担任理事。董乐山在家排行老三,年轻时自比巴老笔下《家》中的觉慧。他才华横溢、耿直、孤傲,一生经历坎坷,具有强烈的爱国热情。老丁到北京开会时曾去看望他,聊聊各自近况。

董鼎山问起巴老最近有什么创作计划,巴老介绍说,在撰写反映"文革"时期的小说。认为自己多年没有创作,觉得动笔有点生疏。董鼎山欣喜地说,很想在期刊中先睹为快。巴老摇摇头,说是过去写小说,边写边载,这次要全部完成后,好好整理一下,随后一起发表。

关于建立现代文学馆一事,最初由巴老于1981年倡议。现在面对老丁等四个"老宁波",巴老再次谈起此话题,说是他的一件心事,认为这个文学馆建立后,可以保留大量现代文学资料,作为一份珍贵文学遗产留给后代。1985年,文学馆宣告建立。1993年初,巴老作为名誉馆长提笔写信给中央领导人,提议建立新馆,几个月后获悉重要批示"同意建立"。巴老还为文学馆捐出巨款和大量藏书等,让文学馆同仁们钦佩不已。

老丁等四个"老宁波"与巴老告辞,祝愿他健康长寿。

次日早晨,董鼎山一口气写完《拜访巴金》一文(发表于1982年8月4日香港《大公报·大公园》),随后,应老丁邀请到上海文艺出版社,向文艺翻译界朋友作报告,谈谈有关美国出版界与文学界的情况。老丁与董氏兄弟还驱车一起去参观香山路孙中山故居、淮海中路宋庆龄故居等。

7月底,董鼎山离沪之前,著名作家柯灵在西藏中路一家宁波饭店作东,老丁、董氏兄弟、沈毓刚、沈寂应邀出席,几乎都是"老宁波"。大家吃着宁波菜,说宁波话,谈文学,话旧友。当年上海"孤岛"时期,柯灵编辑综合性文学月刊《万象》等,吸引了董鼎山、何为、徐开垒等许多文艺青年。这次董鼎山到上海,也是先拜访柯灵,原并不想打扰患病的巴老。不料隔了几天,巴老同意会见董氏兄弟,便有了以上拜访巴老的场景。

1984年晚春,老丁把《中国新文学大系(1927—1937)》说明手册寄给大洋彼岸的董鼎山,令他感慨不已,回想起"1982年夏间我访上海时曾蒙他殷勤招待",以及四十多年前上海"孤岛"时期的许多往事,欣然提笔写下《新文学大系第二个十年》短文。

(四)

人为什么需要文学?需要它来扫除我们心灵中的垃圾,需要它给我们带来希望,带来勇气,带来力量,让我们看见更多的光明。我五十几年的文学生活可以说明:我不曾玩弄人生,不曾装饰人生,也不曾美化人生,我是在作品中生活,在作品中奋斗。

巴金
一九八五年二月十七日

巴老的题词精辟、隽永,涵义丰富,完全可以作为世人的座右铭。同时,也表达了他的肺腑之言,"把心交给读者"。巴老仙逝的第二年,上海文艺出版社出版的《巴金纪念集》封底正是印影了这个题词,蓝底银字,庄重素雅,犹如铸刻在现代文学史碑上。

《文艺日记》的形式和内容可以追溯到20世纪30年代生活书店的策划,其中摘有鲁迅、茅盾、郁达夫、叶圣陶等著名文学家的日记和言论片段。现代策划者则推陈出新,新型的《文艺日记》集收藏、实用、查阅功能为一体,既有十三位现代著名文学家的题词、照片和古今中外文学家名言、名画等,又可以满足广大读者写日记的需求,并且附有古今中外著名文学家等十一种目录,可供查阅。

1985年初,老丁受委托,分别请巴老、艾青、曹禺、王蒙、谌容、茹志鹃等为《文艺日记》题词。老丁与巴老有多年书缘交情,因此提出请求后,巴老一口答应题词。巴老题词的落款正是春节除夕前,即农历12月28日,窗外刺骨的寒风呼呼吹着,街上已有一些春节的热闹气氛了。

1986年4月,《文艺日记》由上海书店出版,其后注明文字编辑:丁景唐、郝铭鉴;美术编辑:陶雪华。巴老、朱光潜的题词分别为第一页、第二页,并附有两人的照片。老丁拿到散发书墨香的《文艺日记》后,爱不释手。当晚,写下了第一篇日记,时间:1986年8月28日;内容:前往巴老家送《文艺日记》。

那天下午4时30分,酷暑的威力还未完全消去,老丁和女儿丁言昭、周忠麟如约先去武康路113号巴老家,随后上海书店的俞子林、林国华、刘华庭和钱厚祥(阿英之子)等也赶到。在客厅里,巴老穿着浅色短袖衣,精神很好,热情地迎接大家的到来。他看见后赶来的上海书店同志在擦汗,就让他们打开电扇,吹吹凉,但他自己也不避电扇之风,完全和大家融合在一起。

巴老坐在沙发上,翻看装帧精美的《文艺日记》,当他看到自己的题词和其他作家的题词时,面露笑容,感叹地说:"长远没有看到这样精美的日记本了。"书店的同志说:"你一年写一本,可以写十本。"巴老哈哈大笑,说:"写不了这么多。"老丁说:"最近有新开的书店,你想去看看吗?"巴老答道:"到书店看书是高兴的事,但自己的身体不好,身体好的话,我一定去。""那是否叫你女儿去代买?""不行。"巴老摇摇头说:"书一定要自己去买,自己买书有味道。"

老丁拿出几本《文艺日记》,请巴老分别签名。又请巴老在《新文学大系·小说卷》(详请见本文第二小节)上签名。

巴老告诉大家,这几年他正在做一件事,就是整理各种版本的藏书,包括各种版本的自己旧作,分门别类整理后,捐献给中国现代文学馆。老丁连忙说:"我家里还有你的一些版本书,其中有萧珊翻译的屠格涅夫《初恋》,都送给你作纪念,好吗?"萧珊是巴老的夫人,已在"文革"中不幸病逝。现在巴老听到夫人的译书名,不由得动了感情说:"我收下来看看,将来还是要捐献出去。"

老丁回家取版本书时,外孙女听说去巴老家,立即表示要跟着去拜访仰慕已久的巴老。匆匆赶到巴老家后,老丁双手将捆扎整齐的版本书赠送给巴老,其中还有巴老的《寒夜》《雾·雨·电》《第四病室》等八种。这时钱厚祥手中照相机的闪光灯一亮,此场景成为永恒的记忆(见本文开头照片)。老丁还介绍外孙女给巴老,巴老笑眯眯地点点头,并拿起笔签名题词。坐在一旁的外孙女歪着头观看时,眼明手快的摄影师立即按下照相机的快门,这张照片和一篇绘声绘色的通讯报道刊登在当时的《新民晚报》上。

晚上,老丁翻开《文艺日记》扉页,上面有巴老的亲笔签名:"景唐同志

巴金　八六年八月廿八日"。随后，老丁取出一方钱君匋的刻章"景唐藏书"，蘸蘸红泥，小心翼翼地盖在巴老签名的下方。

（五）

老丁的铁盒子里存放着不少的巴老照片，其中有一张是老丁、徐开垒和88岁的巴老合影，那是1992年12月28日在巴老家里拍摄的。

那天上午，按照事先预定，已离休的老丁作为韬奋基金会理事，由韬奋基金会的邹嘉骊（邹韬奋的女儿）、陈理达邀请，同去巴老家，巴老是韬奋基金会的倡议人和名誉理事。由于寒潮刚过去，路上有较浓的冬雾，在一家花店买花时，一位工作人员得知鲜花是送给巴老的，便精心挑选了玫瑰、菖蒲、康乃馨、文竹，搭配成一束色彩和谐的鲜花。

10时30分左右，老丁一行进入巴老的客厅，巴老正在和徐开垒谈话。巴老坐在靠窗的小书桌前，桌上堆着书和文具。他的手中抱着一只小小的暖手盒，屋里没有生火。邹嘉骊代表韬奋基金会和母亲沈粹缜向巴老致以问候，她和陈理达献上鲜花和一盒蛋糕，祝巴老健康长寿。巴老接过鲜花，对邹嘉骊说："问你母亲好，问候大家好。过去我住在华东医院时，恰好你母亲也住在那里，常常见面。"邹嘉骊说："谢谢巴老，好久没有来看你了。"并向巴老汇报了韬奋基金会的工作情况。陈理达向巴老递上韬奋基金会新建楼房的照片，也把照片分送给老丁和徐开垒。巴老拿着照片，端详一会说："这楼房造得好，是座优雅的小洋房。"邹嘉骊和陈理达介绍说：这楼房还在装修，需要花许多钱，现正设法筹集。将来装修好了，可以让新闻单位召开讨论会和聚会，也可以接待外宾。巴老边听边点头，满意地笑了。

老丁与徐开垒（曾任文汇报"笔会"主编）是老朋友，知道他在写《巴金传》，就说："你们在谈《巴金传》吧，打断了你们的谈话，很抱歉。"徐开垒笑笑说："《巴金传》上卷已经出版了，续卷在《小说界》连载后，又作了不少的修改，准备让你们文艺出版社出版。现在修改稿正请巴老审阅，主要是核对事实。"他还介绍说："巴老的身体还健，思路清楚，听觉也不差，只是体质弱，多说话有困难。"

老丁说："今天在巴老家中相聚真巧。巴老是上海文艺出版社的前身——文化出版社、平明出版社的老前辈。他帮我们文艺出版社出了不少的好书，如《第四病室》《寒夜》《还魂草》《雾·雨·电》等，还有《巴金六十年文选》《巴金论创作》。去年巴老搁笔后，还专为我社的《文化老人话人生》写了一篇《向托尔斯泰学习》的散文。我还记得1982年文艺社成立三十周年时，我特地请巴老写了一篇纪念文章，由黄宗英在纪念会上朗诵，后来收录

《随想录》和《巴金六十年文选》。"

老丁停顿一下,转个话题说:"开垒兄是上海文艺出版社的老作者,我们是结交近半个世纪的老朋友了。"徐开垒开玩笑地说:"老丁很早就是中共地下党员,四十年代我们就相识时,他对我一直保密,现在想起来,你真不够朋友啊!"大家不由得都笑了。

这时,老丁看了看大家,接着说:"巴老的令妹李瑞珏同志也在座,她和弟弟李济生也都是文艺出版社的同仁,嘉骊是'老文艺',理达是文艺社的'媳妇'(她的先生在文艺社工作),我们都是在一个大家庭里啊!"巴老点头说:"是呀,是呀。"这时屋里充满了欢声笑语,巴老也笑了,额上的皱纹舒展开了。

巴老对老丁说:"你还常常去旧书店吧。可惜我行动不便,不能和你在旧书店碰面了。"老丁说:"上海的交通太挤,我也难得出门,书店里也很难淘到好书。""文革"前,老丁逛书店时,经常遇到巴老也在挑选书籍,他上巴老家作客时,话题也常常围绕着"淘书乐"。

巴老手中捧着鲜花,大家轮流与巴老合影留念。告别时,巴老坚持要站起来送客,大家异口同声劝说,邹嘉骊和陈理达急忙上前搀扶。老丁说:"1982年,我去华东医院北楼看望巴老,巴老站起来要送我,一个转身,倒在床上,幸好没有出事,现在想想真有点后怕。"徐开垒笑道:"巴老如果再一次摔跤,我们可不放过你了!"巴老也笑着说:"没事,没事。"

大家出门后,不约而同地说道:"巴老,请留步,祝你健康长寿!"

如今,老丁年逾九旬,住在华东医院,颐养天年的同时,仍然笔耕不已,关注报刊上研究巴金等人的新动向,他还记得那年金秋是巴老逝世六周年。

辑八

附录

瞿秋白父亲瞿世玮及其《山水入门秘诀问答》

丁言模

  王观泉,年逾八旬,白发、白眉、白胡,戴着法兰西呢帽,一副老花镜挂在胸前,一盏茶,二两酒,半斤红烧肉,还有上万册的书刊,都是他的最爱。他当过兵,后到东北工作半辈子,铸就东北汉子的豪放性格,自学成才,晋升黑龙江省社科院研究员,跻身于中国作协、中国美协。他退休后,告老还乡,重做阿拉上海人。半个多世纪以来,他笔耕不止,著文等身,见解独到,自成一家,笔下的陈独秀、李大钊、瞿秋白、郁达夫、萧红等人,个性鲜明,栩栩如生,影响很大。王观泉涉猎广泛,横跨历史人物研究、美术理论评论两个领域,他揭示了鲁迅、瞿秋白等人与中西美术史之间的关联,展现了中国知识分子视野开阔、多才多艺的素养。王观泉曾没完没了地撰写《一个人和一个时代——瞿秋白传》(天津人民出版社1989年4月初版,后两次再版,并出版精装本),激情飞扬,刹不住敏捷思维之车,一不小心双目差点失明,幸好一只眼还能模糊看到人影,他曾被某报记者戏称为"独眼看世界"。

  2015年新年伊始,王观泉拿起放大镜,看到某报上一则"转让旧书信息",突然眼前一亮:瞿圆初《山水入门秘诀问答》。"哇,我老王新年交好运啦,喜羊羊(洋洋)!"第二天,经老伴鲁秀珍(曾主编《北方文学》,被评为全国十佳编辑之一)含笑默许,王观泉凭借模糊光影,熟门熟路摸到附近小邮局,寄出千余元。几天后,《山水入门秘诀问答》小册子安然飞到王观泉的手中,他的眼睛几乎贴着小册子,左看右看,浮现出一个画面:衰老体弱的瞿圆初,一个孤独背影,披着夕阳余光,缓慢地走向济南东城一个僻静的院落。

  瞿圆初是何方人士?《山水入门秘诀问答》隐藏着一个什么凄凉的故事?王观泉慧眼识货,认为此书早已久闻,现在手中的这本是21世纪重新面世的第一本,详情细细道来。

道名圆初，载入画史辞典

人类文明史即将进入 20 世纪的前夜，幼嫩的小生命——瞿秋白出世了，深深地烙上了瞿氏家族"士的阶级"的历史印记。

"士"是古代贵族的最低一级，春秋末年后逐渐成为统治阶级中知识分子的通称，或泛指封建时代的一般官吏，即封建统治阶级中一个较低阶层，因此瞿秋白称之为封建社会中的"半治者阶级"。随着西方列强的大炮轰开中国闭锁的大门，中国逐渐走上半殖民地半封建的道路，破产的"士的阶级"处于畸形的社会地位。虽然亦官亦儒的"外架子"逐渐倒塌，"穷"字逐渐威逼着，但是谈吐言行之间依然透露出瞿氏家族昔日"簪缨望族，书香绵延"的世袭骄傲。

瞿氏先祖迁移到常州后，其后代分支散布，生生不已。"亲谊虽殊厚薄，而一本之情，尚未至不相联属，历三百年而不失为簪缨望族"。甚至出现"明季巨富，号瞿半城"。同时"族之盛者，青衿必多，书香之所藉以绵延者也"。这些曾深深地留在瞿秋白的记忆中，"世代读书，也世代做官。"他在就义前写的《多余的话》中没提早逝的祖父，却还清楚地记得叔祖的名字，"靠着叔祖伯父的官俸过了好几年十足的少爷生活"。[①] 在这个典型的封建知识分子官僚家族里，不仅代代研习四书五经、经史子集，而且许多人深谙琴棋书画，多才多艺。

瞿世玮（1875—1932），字稚彬，号一禅，道号圆初，以字行。行四又行七，家里人称他为"七少爷"，外人尊称他为"瞿七爷"。瞿世玮生于湖北，在瞿赓甫（瞿廷韶）武昌官署中读书、成长。瞿赓甫，瞿秋白叔祖，曾任湖北按察使、布政使等职务，辅佐两湖总督张之洞推行新政，常州瞿氏家族中最后一位大官僚。

1897 年，瞿世玮"奉兄辈命"，回到常州家乡，侍奉母亲庄太夫人（瞿秋白的祖母，出身于常州望族），捐有"国学生、浙江候补盐大使"等虚衔，从未外出谋事，一直没有职业，与世无争。他从小受到叔父官署和瞿氏家族文化氛围的濡染，年轻时是个颇有才华、文质彬彬的儒者。他不但研习经史子集，还爱读老庄，信奉道教，学过剑术，懂得医道。他也善于绘画，工于山水，技法圆熟，有《岁寒图》《田家乐》《山居图》《秋山落叶图》《洞庭春色》《小山长河图》《寻隐者不遇》《风雨归舟》等存世。

王观泉首次发现：瞿世玮的丹青作品进入上海画坛重要人物郑午昌（郑

[①] 《瞿秋白文集》（政治理论编）第 7 卷，人民出版社 1991 年版，第 701 页。

昶)的法眼。郑午昌时为上海中华书局美术部主任,他主编的《中国画学全史》(中华书局1929年5月出版)是中国人自行编著的第一部中国绘画通史,从宏观上确定中国画史的地位,得到蔡元培等人赞誉。此书收入瞿世玮的条目:"瞿园初,武进,山水。"寥寥几笔,确定了瞿世玮在中国近现代美术史上的地位。

瞿世玮的画作属于常州画派,亦称"毘陵画派"、"武进画派",中国画派之一。几千年的古城常州,历来文人辈出,明清之际出现"五大学派":常州学派、常州词派、阳湖文派、孟河医派和常州画派,对中国政治、经济、文化产生了深远的影响。以恽南田为代表的常州画派与苏南区域文化融为一体,并互为借鉴和影响,形成了清代"四王吴恽"六大家,即王时敏、王鉴、王石谷(王翚)、王原祁和吴历(吴渔山)、恽寿平(恽南田),他们都被瞿世玮写入《山水入门秘诀问答》,把他们的杰作视为中国美术史上的近期典范。常州画派的影响深远,名家辈出,名扬海内外,近代画坛大师刘海粟、谢稚柳等将常州的绘画艺术推上一个新的高度。

瞿世玮的画学"四王",尤其喜爱王石谷。王石谷很有绘画的天分,师从王时敏、王鉴,所画山水不拘于一家,集唐宋以来诸家之大成,熔南北画派为一炉,他所画的江南小景生趣盎然,清幽灵动。

现存有瞿秋白幼年时与父亲瞿世玮的合影,两人戴着西瓜皮帽,穿着长袍,外罩对襟玄色马褂。清秀的瞿世玮坐着,幼稚气未脱的瞿秋白紧挨着父亲站立,右手随意搁在父亲的左膝盖上,双眼露出天真无邪的神情。

瞿秋白自幼看父亲瞿世玮作画,心领神会,后来也爱作山水画,亦受"四王"影响。他第一次赴苏俄采访,车经西伯利亚一片无际雪景,铁路边疏疏落落几株树杈上挂着白雪,联想起王石谷《江干七树图》,画面与现实交融,顿生诗意,融入笔底。

现存瞿秋白早年画作只有两幅,第一幅画于1916年秋绘赠给表妹金君怡的山水画《江声云树图》,画面上江水滔滔,一叶小舟颠簸;江岸上山岭险峻,山林苍翠,秋雾遮盖,飞鸟远去。画上题词中"鹿林居士",即清朝画家戴熙,官至兵部右侍郎,擅词画,笔意师法王石谷,与武进(常州)汤贻汾齐名,都属于常州画派。

1919年春,瞿秋白送给常州同乡同学李子宽一幅山水画《松风琴韵图》,这是现存的第二幅画。过去人们一直以为此画是瞿秋白早年创作的,并在画上题诗。其实是"背临"清代书画家汤贻汾山水画,画上题诗也基本相同,只是比原作多了"则"字。两者画作相比较,构图基本相似,均为高山临水,溪水潺潺,老松成林,山下水阁一座,内有一人横琴抚弦。仔细品味,两者描绘的山、水、林、石等细节有不同之处,有的细节差别较大。(详见本书收入

的《〈大公报〉沪馆经理李子宽》）

瞿世玮信奉道家,彷学成仙的龚子彬(与常州玄妙观红梅阁的掌故有关),故字稚彬。这对于瞿秋白的影响较大,他曾仿效父亲闭目静坐,还斥责弟弟不安心,以后道家思想融合在他的传统文化思想里。瞿秋白少年时代常去常州天宁寺、红梅阁等处。红梅阁原属于玄妙观内的建筑(现位于红梅公园内),玄妙观建于西晋永嘉年间,殿宇恢宏,为常州道观之最。瞿秋白有时游赏之后,便进入玄妙观乌屋,看望老道人。老道人与瞿秋白的父亲瞿世玮是好友,两人常在一起论道释意,屋正中悬挂着大幅《玄妙观全图》,正是瞿世玮的亲笔之画。老道人见瞿秋白到来,便客气地奉茶,说上一则紫阳道人插红梅的故事。随后,瞿秋白去石池观看老道人养的白衣丹顶鹤,暮霭苍茫之时,他才恋恋不舍离开。后来他写有一诗,追忆旧事:出其东门外,相将访红梅。春意枝头闹,雪花满树开。道人煨榾柮,烟湿午(舞)徘徊。此中有至境,一一入寒怀。坐久不觉晚,瘦鹤竹边回。①

1935年瞿秋白刚被俘时,自称医生以掩护真实身份,他曾从父亲瞿世玮那里学点医道,加之久(肺)病成医,心里有点底。瞿秋白临刑前,在《未成稿目录》里存有《父亲的画》,原拟追忆父亲瞿世玮的绘画及给予自己的影响,也许会谈及父亲瞿世玮的山水画与道家思想之间的联姻关系,可惜未能留下文字。

俞剑华主编的《中国美术家人名辞典》(上海人民出版社1981年版)载有瞿赓甫(瞿廷韶)、瞿廷昭(应是瞿廷诏)、瞿世玮(瞿稚彬)、瞿世璜(瞿秋白曾随这位伯父学习篆刻治印)、瞿秋白五人的条目,瞿赓甫条目为"工书,古茂奇恣。雅擅刻印,边款署'舜不治石'。偶工花卉果实,雅韵欲流,墨趣高致。"显然,瞿世玮从小生活在武昌瞿赓甫的官署里,受到瞿赓甫的书法、绘画、篆刻的影响,耳濡目染,以后渐入佳境。瞿廷昭(瞿廷诏)条目很简单:"廷韶族弟。善画梅。"此与瞿廷韶的条目都录自《毘陵画徵录》。

瞿世玮、瞿世璜则记名在瞿秋白的条目里:"父稚彬工画山水,母金衡玉长于诗词,伯父世璜擅金石篆刻。秋白多才艺传家学,工诗、画、篆刻。一九一九年清明节为其至友李子宽作山水立轴,笔墨秀逸,具有四王遗风。亦能昆剧,善吹洞箫。"瞿秋白也认真学过书法,在一位亲戚名书家庄蕴宽指导下临摹魏碑,他后来的字体一直保留着魏碑之意,舒畅而流丽。诗书琴画密不可分,瞿秋白传承了瞿氏家族的文化基因。值得注意的是《中国美术家人名辞典》中的瞿世玮还有一个条目"瞿园初",即录自郑午昌(郑昶)主编的《中

---

① 羊牧之《我所知道的瞿秋白》,载《忆秋白》,人民文学出版社1981年版。原拟收入丁言模、刘小中《瞿秋白佚文考辨》(中国文联出版社2013年版),但被"腰斩"。

国画学全史》的条目,显然是俞剑华疏忽了,或者不清楚瞿世玮和瞿园初是同一人。

俞剑华,山东济南人,是我国著名的中国绘画史论家、中国画家、美术教育家,对我国现代美术事业作出了重大的贡献。他曾执教山东省立第一中学、山东省立第一师范等学校、山东美术学校等。后去上海,出任上海新华艺术专科学校教授兼教务长,同黄宾虹、熊松泉、蔡逸民、张大千等人组织烂漫画社,与众多画家多有来往。俞剑华主编《中国美术家人名辞典》,耗费了多年心血,多次增补,第一次把瞿氏五人同时编入美术家的辞典。

流寓济南,失意授画糊口

瞿世玮的妻子金璇(1875—1916),字衡玉,原住江苏江阴县西乡大岸村,后随家迁至江阴贤庄。其父金城,字心芗,曾任清候补广东盐大使,视女儿为掌上珠。因此结婚时,瞿世玮就乡成礼,满月后,才迁往常州八桂堂天香楼,即瞿秋白出生之地。

金璇生有六子二女:瞿秋白、瞿轶群(女)、瞿云白、瞿景白、瞿垚白、瞿坚白,另有懋鑫(1912—1917),小名阿鑫,幼年夭丧;红红(女),3岁夭丧。

金璇才貌出众,熟读诗书,对诗文有相当高的鉴赏能力,还能填词,写信作文,落笔成章,并能书写一手娟秀工整的小楷。她为人温良贤淑,娴静自如,同情穷苦人,且又"傲骨珊珊"(其兄对她的挽语),忧闷不形于色。她一人主持家政,平日常教授子女易诵易记的短诗、小令,讲《聊斋志异》中富于人情味的故事,让他们度过不少美好时光。在子女的心目中,母亲的形象和力量远在父亲之上。瞿秋白幼时对文学的热爱,大半是因为受到母亲的影响。

瞿家和金家应当说是门当户对的。但后来金心芗对这门亲事很不满意,因为瞿家开始败落,女婿瞿世玮又"无能",不但没有带来光宗耀祖的显赫名声和地位,相反陷于贫困。其实,瞿、金两家结亲,继而先后衰败,都并非偶然,两家都是随着封建社会"士的阶级"一起衰败下来。

1916年春节前夕,瞿世玮从湖北黄陂(在周世鼎家里做账房先生)回来,金璇原指望他能带一些钱来,稍稍缓解家里的困境。但是瞿世玮两手空空,只是叹息,钻进书房里,沉湎在书画里。金璇失望至极,却没有责备他,长长地叹了一口气。年初五是接财神爷的日子,凌晨,金璇服毒自尽。瞿世玮的挽联中有句"受尽讥谗全大局"之言,后因怕得罪亲友,改为"受尽饥寒全大局"。其实原句颇能说明妻子生前陷入重重压力的困境,透露了破落封建家族里人与人之间的冷漠关系。

对于慈母之死,瞿秋白并没有一味怪罪父亲。当母亲孤立无援、苦苦支撑全家时,父亲还在书房里迷恋着黄老佛道、儒学经籍、书画医术等,却始终不闻不管家里柴米油盐,还留存着传统士大夫名门家族遗风。他偶尔还要发作一次"七爷"的脾气,大声说:"拿我的片子,送他到衙门里去!"显示出"破产士大夫"子弟仅存的威风,这些当然使瞿秋白不满。但是父亲在贫困中有尊严,不与污浊合流,清介自守,终止潦倒终身,瞿秋白还是一直怀念自己的父亲,父亲的个性或多或少地影响了瞿秋白。母亲给予瞿秋白的善良、克己和柔情,则始终贯穿了他的一生。

瞿秋白动情地说:"我母亲已经为'穷'所驱逐出宇宙之外,我父亲也只是这'穷'的遗物。"父亲"在中国这样社会之中既没有阔亲戚,又没有钻营的本领,况且中国畸形的社会生活使人失去一切的可能,年纪已近半百,忧煎病迫,社会还要责备他尽什么他所能尽的责任呢?"[①]瞿秋白不愿刻意追究瞿氏家族间琐事的具体原因,而是挖掘"穷"的社会根源,以政治家的角度来反思自己家庭的悲剧。

一家星散后,瞿秋白先是到武汉求学,寒假时到湖北黄陂姑父周世鼎(福孙)家去过年。不久,瞿世玮带着瞿垚白(精神不甚健全)前来,一起寄人篱下。1917年春,瞿秋白随堂兄瞿纯白(应聘赴京到外交部条约司通译科任职)去北京上学。同年9月上旬,瞿秋白考入北京政府外交部立俄文专修馆。

这时,瞿世玮带着瞿垚白离开湖北,远奔山东省平原县知事瞿世玖(堂兄)管账。不料瞿世玖"官亏",弃官远遁,瞿世玮被扣留,协助善后。此事后来不了了之,但是瞿世玮心灰意冷,再也没有返回常州。1920年初,瞿世玮赴济南,投靠常州同乡王璞生。王璞生曾任山东乐陵知县,他念同乡之情,收留瞿世玮,当家庭教师。瞿秋白在北京安顿之后,到济南接走弟弟瞿垚白,瞿世玮孤身一人留在王宅,"风尘憔悴的容貌,越显得蔼然可亲"。这是瞿秋白在《饿乡纪程》中描写的父亲形象。

济南是山东省的政治、经济、文化、教育中心,而且道教传入济南已有千余年历史,流传颇广的一句俗话:"先有长春观,后有济南府。"1911年济南设有道教总会,庙观百余处,道众甚多,对于信奉道教的瞿世玮来说这里有着更多的同道知音,这也成为他流寓济南的重要原因之一。

王宅位于济南大明湖南岸的娘娘庙街15号(后改为岱宗街23号),西邻大明湖南岸的百花洲,距离鹊华桥码头不足百步。1920年10月上旬,瞿秋白赴苏俄采访之前,从北京赶到济南。晚上,大明湖畔的一家草棚式的简

---

① 《瞿秋白文集》(文学编)第1卷,人民文学出版社1985年版,第14、8页。

易小酒店里,瞿秋白父子俩和一位道友围坐着,吃着喝着谈着。暗淡的灯光下,桌上只剩下残肴剩酒,父亲为儿子的饯行酒席已接近尾声。拖着病体的父亲才45岁,却显得苍老。他打起精神,深情地对瞿秋白说:"你这一去……随处自去小心,现在世界交通便利,几万里的远路,也不算什么生离死别……只要你自己不要忘记自身的职务。你仔肩很重呵!"

此时新月初上,倒浮在银光粼粼的湖面上,水云融为一体。秋风萧萧,掠拂湖边的芦苇和杨柳,连同草棚边的乱藤蔓葛也在作响。他们三人踏着月光,沿着湖边,随意散步,秋凉夜深,未免有些寒意。父子俩回到王宅住处,一同在床上畅谈了半夜。第二天,瞿秋白挥泪告别父亲,不知道何时才能重逢。再看看败落的家境,他不由得想起常州诗人黄仲则的诗句:惨惨柴门风雪夜,此时有子不如无。

1922年秋天,瞿世玮应山东私立美术学校校长周爱周之邀,前去教授山水画。

周爱周(1891—1955),原名周莲塘,山东济宁人,擅长中国画、书法,擅长画梅,盛名一时,被称为"民国第一梅","用笔精到,无懈可击"。他与李苦禅、汪亚尘、王献堂、范之杰等人关系密切。周爱周先后任教于济南正谊中学、育英中学、济南女子师范学校。1922年,周爱周发起唯美画会,在济南贡院墙根(连接明湖路和省府东街的小街)教育会举办美展,当年约同省教育会孙伯堂、许俊甫等人在原贡院遗址上创办私立山东美术学校,秋季即招生入学,瞿世玮成为首批也是第一次前去美校授画的老师,平时一直压抑的心情暂且开朗。

1923年,该校得到教育部批准立案,经山东议会通过预算,每年补助学校4800元。1927年,周爱周举办个人画展,募集8000元用于建设新校园,并开辟爱美路,安置爱美坊。1930年,奉教育部令,将私立山东美术学校改名为私立爱美中学,另附设艺术师范科。据当时统计,在校学生88人,其中女生3人。同年,周爱周等人创办《爱周画刊》,出版期数不详,创刊号前几页刊登的都是社会各界名流题词,其中有美术界名人李苦禅、巢章甫、王济远、汪亚尘等人。1931年10月,该校出版部印行瞿世玮(瞿园初)《山水入门秘诀问答》,这是对于瞿世玮绘画水平、执教能力和认真负责任教的充分肯定,第二年春夏之际,瞿世玮病逝。该校以后被勒令停办,在其校址上建立济南市立中学(前身为美国教会办的齐鲁中学),解放后改为济南特别市市立第一中学。周爱周离校后,曾执教曲阜二师、菏泽师范学校等校,1955年去世,生前未留下关于瞿世玮及其《山水入门秘诀问答》的只字片言。

在兵荒马乱的时期,瞿世玮执教的美校不易招到学生,教师月薪时有时无。但是,瞿世玮坚持授画,有时学生到他住处习画,他平时的经济来源,仅靠朋友接济,或者卖画换钱,勉强糊口度日。

据吴之光《瞿秋白家世》(中央文献出版社2003年版)记载,瞿世玮的学生中造诣较高的有李半残,名思健,泰安一中美术老师,继承了瞿世玮的笔法和画风,1962年出版的《山东国画选》收入他的画作《岱麓晓雾》。

韩少婴,1930年师从瞿世玮习画,深得绘画理趣,后入北平美术学院中国画学习。毕业后在南京任教。

胡岱臣与瞿世玮是常州同乡,况且曾是平原县知事瞿世玖的部下,与瞿世玮为挚友,从瞿世玮习画。胡岱臣在平原县时,其子胡绳浦上高小,刚认识瞿世玮时,被他随笔勾画的小狗、小猫、小鸡所吸引,从此立志要学画,拜瞿世玮为师,一直作为画童,为瞿世玮准备笔、墨、砚、色盘,并且铺纸,拉纸,整理画桌等等。他跟随瞿世玮的时间最长,对瞿世玮的山水画深有感触。他的家里珍藏瞿世玮的山水真迹,其中《山水图》,四尺中堂,上题"霜气满空山,风动木叶晚","秋山直殊北苑,以长劲瘦直树法,郁密行之,恍然有爽气,所谓意外法也。己未春仿之以奉岱臣仁兄方家指正",落款"稚彬弟瞿世玮"。显然,此画题词中有讲授习画之言,"以长劲瘦直树法……"诸语,在瞿世玮《山水入门秘诀问答》有具体讲解。

王凤年,耳聋半哑,曾在山东私立美术学跟随瞿世玮学画,后中断。1930年,由该校女教师徐见远介绍,王凤年的父亲聘请瞿世玮为家庭教师,其家在升官街6号(今黑虎泉西路95号)。瞿世玮每天授课4小时,专门教授山水画。每月10元大洋,逢年过节,另有10元礼金。每逢周日,王凤年的父亲回家,观看瞿世玮作画,并促膝之谈。不到两年,瞿世玮患病终止,王凤年成为关门弟子。

王凤年家藏瞿世玮三幅山水精品。一幅为《寻隐者不遇》,一幅为《风雨归舟》。还有一幅最精美的山水画题款已忘,这是赠送给王凤年父亲的,后被人盗去,十分可惜。王凤年还藏有一个扇面和28幅当年教课用的小张山水范本(约一尺见方),每幅都有标题和署名。除了《风雨归舟》捐赠给山东省文物管理处,其余的画作于1963年捐献给常州博物馆。

吴炯,是瞿世玮的最后一批学生之一,瞿世玮病逝时,只有他和瞿垚白在床榻前送终,并为瞿世玮入殓安葬。

"补白大王"郑逸梅曾写道:"瞿秋白之父世玮,擅画山水,潘伯棠藏之,捐献上海市文物保管会。伯棠为镒芬子,镒芬治理黄河三十年,尤以花园口之施救工程,厥功尤伟。镒芬与世玮,交谊甚厚。"(郑逸梅《艺林散叶荟编》,中华书局1995年版)

潘镒芬(1893—1953),字万玉,苏州人(现存苏州潘氏祖宅),治理黄河专家,曾任花园口堵口工程处处长、黄河堵口复堤工程局副局长等职务。他出身于书香门第,学识渊博,自刻"守身如玉"、"无愧于心"两方印章,以此自勉自律。瞿世玮在他乡遇见潘镕芬这位江苏同乡,并有许多相似爱好和共同话题,相见如故,瞿世玮以画传言,惺惺相惜。

当时瞿世玮体弱多病,背驼,憔悴,收入微薄,生活艰难,有时贫病交加,甚至到了无以为生的地步。瞿世玮把瞿垚白从北京接来,一直陪伴在身边,让他打水、做饭、洗衣、缝补等,直至去世。他们父子俩先后借住在悟善社、正宗坛,这是一些没落的官僚政客学道修行的道教团体的公房,瞿世玮名义上是看房,却没有一分钱工资,还要陪来人闲聊,瞿垚白陪伴身边,不知情的人还以为瞿垚白是个小道士。

大革命时期,瞿秋白还不断接济父亲瞿世玮,后来失去联系。瞿世玮身边的一些知己朋友都知道他的儿子是著名共产党人瞿秋白,但是都不敢谈起,生怕受牵累坐牢。瞿世玮也很警觉,从来不去麻烦别人。

济南的南门外东燕窝街的正宗坛旧址,又名正宗救济会,这里原来是一家做陈酒的酒厂,几间平房,瞿世玮是在这里病故的,时间为1932年6月19日,这与三年后瞿秋白牺牲的祭日仅相隔一天(6月18日),冥冥之命运如此巧合。

瞿世玮病故后,经同乡、朋友和学生的救济,才得以安葬,墓址在济南南郊千佛山西麓和马鞍山东麓之间,即江苏同乡会所属江苏第二公墓,墓碑上刻着"民国壬申仲夏五月十六日申时寿终　先考稚彬公之墓　武进不孝男瞿垚瞿铨敬立"。墓碑上只写瞿垚(瞿垚白)、瞿铨(瞿景白),唯恐写上瞿秋白等人名字受到牵连。瞿父病逝后,瞿垚白流落道观,靠人施舍度日。1935年由瞿云白接到南京,后被带到武汉,次年病逝。

1962年冬天,如火如荼的政治运动接踵而来,瞿世玮的学生胡绳浦、王凤年却执意寻找瞿世玮之墓,经过山东医学院(原齐鲁大学旧址)西墙和南郊宾馆,找到了公墓旧址,其坐南朝北,碑碣纵横,荒草蔓径,人迹罕至,最后发现瞿世玮墓碑。"文革"浩劫,公墓被铲平,建成苹果园,如今扩建为美丽的植物园,生机盎然,郁郁葱葱。

瞿世玮病逝时,瞿秋白在上海遭到"内忧"(党内"左"倾无情斗争)"外患"(国民党通缉),隐居在南市紫霞路68号谢旦如(解放后担任上海鲁迅纪念馆副馆长等职务)家里。新发现的瞿秋白唯一一篇微型小说《小妹妹》(1933年8月30日《中华日报·小贡献》),以妻子写信的形式,向"流浪"在外的丈夫谈起回家探望婆婆(婆母)引出的动人故事,由此寄托了瞿秋白思念亲人的浓烈之情。

唯一遗著，多重研究价值

瞿世玮《山水入门秘诀问答》（以下简称《秘诀》）成为他留存于世的唯一遗著——山水画教科书。据《秘诀》中透露，原拟还有续集，提及"后集再略略演试"。第一集讲授了山水画基本知识，如勾勒山水大致形状后，开始使用皴法，下一步如何操作，未能讲授，还有如何立意、布局等都未有具体展开。这些都需要在续集中循序渐进，逐步展现山水画教材的深度、广度，希冀学生掌握山水画的较好技艺。

同时，这套教材配有瞿世玮的山水画册，供学生参考鉴赏，其中特地添加7种图样符号，以此分别说明山水画中的具体部位：书禅、虚点、水平、直线、光线、中线、曲线，这在《秘诀》开头就已注明："以上七图详见图例。"文中有时还提醒："兹已备用画册"。文后点明："吾所绘画册首卷有书禅一卷"。"看我画之第三集大中小三等篇幅，真旨列列可见，上课时用为范本之助。"此画册可能与周爱周等人创办的《爱周画刊》有着某种内在联系。

这套山水教科书和画册，理应汇总了瞿世玮多年授画的丰富经验，并且比较全面地反映了瞿世玮一生逐渐形成的山水画理念，长期积累的文化知识，以及山水画的构图、笔锋、意境等各种技艺，其中融合了他的道家思想、美学追求、教育观念和鉴赏趣味，折射出他的人生观、价值观。同时，对于研究瞿秋白思想文化的演绎轨迹——接受父亲瞿世玮的各种影响，也具有重要的参考价值。尽管现存只有第一集《秘诀》，但也可以窥见一斑，弥足珍贵，由此打开一扇探究之窗，开启一个研究新天地。《秘诀》也是常州画派仅存的唯一美术教科书，为中国近现代山水画发展史填补了一个空白，提供了一则新的研究资料。

《秘诀》小32开，绵白纸，竖排，蓝印，楷书繁体字，无断句，共有36页，正文以65个问答形式出现，配有16幅（组）示范性图例，问答文字中还夹着小图案符号，这些都是瞿世玮的手迹。不过问答文字中插添或修改几个字，有些回答的首字为"曰"，与上面"答"重复，显然是衍字。问答中有时出现不统一的字，如丘与邱、介与芥等，这些都是校对时忽视了，可能是陷入生活困境、年老体衰的瞿世玮力不从心的结果。

《秘诀》封面灰色，左上方为竖排的黑色楷体书名，外有黑线围框，一旁为瞿世玮的一幅山水画。封底版权页，楷体竖排，写道："中华民国二十年十月初版，山水入门秘诀问答，每册定价大洋五角，编绘者：武进瞿园初；发行者：爱美中学出版部；印刷者：成章印刷公司；代售处：济南东关爱美路口珊垣新书店。"武进，即常州原称；济南东关爱美路，即私立爱美中学所在地。

《秘诀》内容主要是关于山水画的基本知识，65个问答仿佛是师生对话，抓住初学者的各种疑问，有针对性地答复，简明扼要。并配有示范性图例，都出自瞿世玮的手迹，有很强的直观性，易于讲解，深受学生们的欢迎，这在王凤年的回忆中得到了证实。

山水画是中国画中很有特色的一个分支，以写意为鲜明特色，与西洋风景画的再现真实性截然不同。《秘诀》认为："山水与普通学画不同，专取大势。若专取形似，则一时不能得要领矣。""中国国画布全仗形似，妙处纯在一写字（见下文——引者）上求神，理法上求韵。"强调的是要达到以形写神，形神兼备，而不是追求西洋风景画的真实准则。

《秘诀》崇尚中国山水画的同时，并未完全排斥外来新词语和理念。其开头讲授山水画中的方位——横平竖直的基本概念时，融合使用了"三平线"即天平、地平、水平线概念，这既有古代天平、地平（被视为一种玄机）之说，加进地平线后，又类似现代山水画者强调的"平远"、"高远"、"深远"，运用的散点透视法。《秘诀》认为山水画中并不出现地平线，而是以"泥里拔钉之苔点"、"山巅之树根"，加之醒目的"焦黑"（墨分五色的最黑一种）巧妙展现。画中的直线，则是"用植物立标杆"，由此平直互见，因此，凭空在白纸上落墨，"为中国画山水之至精"。这与当时中学格致（物理）、地理教科书的理念有所区别，又有相连，并未脱离教学大纲的要求。

《秘诀》高度概括了山水画丰富多彩的技艺，为初学入门者总结为"丘""芥（介）"象形字，加上"之""彡"象形字并用，共为四字描绘"秘诀"，易于产生一个通俗易懂的概念。简单地说，"丘"是描绘岩石之状，"芥"则是描绘植物的艺术概括，经过灵活多变的处理，或向左，或向右，或颠倒，或叠加，或遮挡，加之笔锋变化、墨色浓淡的各种运用，前者演变为形形式式的山川，这是构图的基础。后者根据作者的立意，融入画境，增加生气，其运用时，"相因连带递增递减，……疏密松紧得宜，不落板滞为要。"《秘诀》坦言："以上将丘、介（芥）二字文立写意自然画之诀法，工笔写意，大幅小件莫不用此二字。只须习熟此两字，随手拈来，自然入彀。"

这是瞿世玮多年绘画的总结，其他绘画者不一定能够马上理解，但是条条大道通罗马，只要绘画自然天成，线条、色块富有韵味和美感，自行走去，无须左右顾盼，必有硕果。

初学者对于如何运笔绘画的细节不甚清楚，《秘诀》不厌其烦地一一列出分解图样，注明顺地笔、倒提笔、下劈（画坛北派创始人唐代画家李思训发明大斧劈皴法）、顿、挫、合、收，并对图样解释说："左面当从下上提，右面从上下捺。树先画树头，石先注意劈开处。再于石上之顶，用一丘收住可也。"

绘画运笔牵涉到书法，《秘诀》答曰："字之笔法抑扬顿挫，具有笔势可寻,画则混合迨至痕迹寻不出时,手笔已克至有混合能力,初刻成才矣。"学生问:如果画大幅作品,这不是很难吗?答曰:"纸不必大,笔势不必太小,故必从勾勒法习练,有一定字法可写,再注意拖、提、顿、挫、倒、顺,自能一日千里。有法方可循法,大胆落笔,细心收拾去。"

关于笔法中的皴法比较难,初学者不易掌握,《秘诀》作了解释:"从丘、彡两字之勾勒定形状,从彡字上逢一见二,即是由勒及皴也。"一般来说勾勒山水的大致形状后,开始使用皴法。随后"皴而至擦",即用干笔轻轻地在需要处理之处蹭上几蹭,干笔如何把握,几句话难以说清。《秘诀》明确指出:"惟因勒及皴之诀,从前种种画谱都未直捷(接)揭谛。"后人逐渐总结皴法至少有十几种,如散笔皴法、乱柴皴法、披麻皴法、米点皴法、钉头皴法、解索皴法,等等。

学生又问:如何运用简练笔法勾勒肥瘦?答曰:有"方""圆"二字入细之法,即形似肥圆方瘦。"圆当用篆,方宜隶楷,衣冠之风格,鸟兽之头角,无不以一笔成之兹先。"一旁有一组画例,简练之笔勾勒人物、家禽,并认为:"以此一图颠倒活泼,用以草书笔法,其妙无穷。"瞿世玮将书法与绘画联姻关系付诸笔端,其笔锋功底之深厚,令人叹为观止。《秘诀》感叹:"山水之妙即在笔法,此为中国画之特长,笔法即是显形似之法也。"绘画如果要"神化","则在各人书法之手腕,非必大佳而后可也。"

《秘诀》解释画理时常常融入道家思想"道法自然",如虚实、黑白、阴阳、疏密、远近、分合、干湿、转换等,都强调"自然合则"。这里融入老庄的自然思想,"万物之父母也,合则成体,散则成始。""合则成体"即佛教的因缘合而成,"散则成始"的"散"为死亡。《秘诀》还认为:"笔力自然因笔法中,而于无意获绝妙之天然神运(韵),品学已流露于笔外。"由此进一步融化物我,气韵生动,创造意境。

对于画笔下的草木如何才能"树立"(直)起来,《秘诀》直接引用老子《道德经》"重为轻根"之语,由此解释重和轻的相对物理现象,"气轻质重上升,又必下垂,循环之真理也,旋转无往而万物森然也。"并引申为植物"叶则下垂,干则上升,一颠一倒,循环相应",以此说明"生理本直",告诉学生绘画时必须遵循这个基本的自然法则。这个解释对于如今人们来说,似乎有点勉强,但是作为瞿世玮这样一个清末民初的旧文人,能够灵活运用老子之言实属不易,因为其原文本意并非如此简单,这已是题外话了。

山水画是中国画的一个有特色的分支,历史悠久,在魏、晋、六朝逐渐发展,但大多作为人物画的背景。隋、唐已有不少独立的山水画作,五代、北宋益趋成熟。常州画派的瞿世玮推崇清代"四王吴恽"六大家,认为习画者要学习他们的大幅画作,学习小幅画作则首推戴文节、张子清。戴文节即戴熙，浙江钱塘人，诗、书、画并臻绝诣，山水画师从王石谷，与汤贻汾齐名。张子清，应为张子青，即张之万，直隶南皮（今属河北）人，道光二十七年（1847年）进士第一人及第，官至大学士。书精小楷，唐法晋韵，兼擅其胜，与戴文节齐名，时称"南戴北张"。

学画者还必须勤练书法，《秘诀》认为，要仔细察看"四王吴恽"六大家的落款，"无不佳者"。还有戴文节的落款和画中的笔法均为正楷，以及沈石田（沈周）、金冬心的"字画皆篆隶"，都值得细细揣摩。沈周，苏州相城人，在元明以来文人画领域里有承前启后的作用，他的书法师黄庭坚，绘画造诣尤深，以山水和花鸟成就突出。金冬心，清代著名书画家，扬州"八怪"之首。

《秘诀》还推荐《芥子园画谱》《点石斋丛画》，这是历来被世人所推崇，习画者必修之书。特别是《芥子园画谱》既是启蒙之良师，也是进修的范本，近现代画坛名家黄宾虹、齐白石、潘天寿、傅抱石、陆俨少等人从中受益匪浅。瞿世玮在《秘诀》里说道：如果习画者不易搞到这些画谱，那么他"勉力强作一二幅印行"。

初学者学习前人画作，《秘诀》认为：应该着重"取其笔法、理路平正通达者，时时观摩，不必定苦守旧俗入手即呆学一家。以为有本之学，则不致自缚性灵矣。"揣摩前人名画，初学者留意看似简单之处的"深旨"，"如古文之结笔。故极须瞩目。"

《秘诀》告诫初学者，贪多求速是通病，"任性一抹，误认为写意之写笔"。并解释"意存笔先，画尽意在"，认为"必胸中先具有一种把握，然后再能动笔。""必先宁定心意，徐徐为之，断断非草草可从事的。"应该踏踏实实，认真对待绘画的每一笔，"由简而逐渐进行，理路清楚，笔法于纯熟后生巧妙，自能自成一家。""抒写心胸之所蕴而有画此世界，所以视美术为人生观也。"

而且，习画者必须端正人品，《秘诀》引用孟子格言，认为"仁义礼智根于心，有诸内必形于外，方可有取信于人之物"。这是国画强调的"外师造化，中得心源"。《秘诀》进一步指出："人不过不与万物同其价值。若云躯壳仅是一种倮（裸）虫所不同者灵耳，所克保持此灵，不与草木同朽者惟心根耳。"此"躯壳……"之言，在瞿秋白临刑前，写下类似一句名言："如果人有灵魂的话，何必要这个躯壳！但是，如果没有的话，这个躯壳又有什么用处？这并不是格言，也不是哲理，而是另外有些意思的话。"①前后两者之意相似，这是一种巧合，还是心灵相通？遗憾的是目前没有任何史料可以确认瞿秋白曾经看过《秘诀》。如果说瞿世玮生前曾与瞿秋白谈起这种人生哲理，让瞿秋白铭记在心，直至生命即将结束之前，那么也并不令人感到意外。

---

① 《瞿秋白文集》（文学编）第 2 卷，人民文学出版社 1986 年版，第 409 页。

有的学者认为从明代后期到清朝时,山水画陷入了形式主义的格式套路,画家不再观察自然,而是片面临摹古画技巧,随意摆布画中的构图。由于未能看到瞿世玮这一套山水教科书和画册,不敢妄下结论,但是仅仅从《秘诀》表述来看,其反复强调"道法自然",张扬性灵,反对"呆呆的守旧派",尽管没有提倡外出写生,深入观察自然,仍以临摹前人特别是常州画派的作品为主,但是不能以此抹杀他清介卓立的鲜明个性:思想开放,反对墨守成章,敢于探索(道家哲学与山水画理付诸实践),力图创新,是一个颇有造诣的山水画家和美术教育者。

　　《秘诀》最后阐明了瞿世玮的人生哲理和美学追求,认为"画不过一种最足表现人格上之学,养性灵之艺术"。并从道家哲学说开去:"虽地球亦是从虚空幻化而来,画山水(如)画地球上之邱壑耳。天既与我以性灵,我又何必崇拜中外古人,呆呆的守旧时之派别而不自维新乎?""须知(中)华虽旧邦其命,令发现于今日之潮流者莫不以维新为新民之主旨也。"真没想到风烛残年的瞿世玮气魄犹存,内心世界如此广阔,依然涌动着澎湃激情。令人叹曰:满腹经纶冷三更,一二灯芯暖知音,《秘诀》精血遗后世,夕阳深处求性灵。

新发现的首张瞿秋白名片

丁言模

日前,上海有关部门从尘封半个多世纪的档案里发现一件珍贵的历史文物,即迄今为止所能看到的第一张瞿秋白名片,正面为"瞿秋白"三个字,铅印,竖排,居中,没有头衔,也没有其他文字。背面光版,用毛笔竖写几行小楷行书:

> 稚晖先生:
>   鲍罗庭君专请先生七时在黄浦路一号俄国领事馆晚餐,
>   务请驾临,勿却为幸。

这几行小楷行书有些是繁体字,流畅,娟秀,历经近90年岁月,依然清晰,没有标点符号(以上为笔者添加),没有名字落款,也没有时间。经专家辨认,并与现存的瞿秋白撰文手迹对比,确认这几行字是瞿秋白书写,使得这张名片更显得不同寻常。同时也产生了许多疑问:瞿秋白为何临时在名片背后写下这几行字?瞿秋白、鲍罗廷与吴稚晖三者之间存在怎样的关系?其中隐藏着怎样的故事,发生在什么时候?为何迄今为止无人知晓,也不见任何史料披露?

笔者查找许多资料,终于有了一些初步答案,同时出现了更多新的疑问。

瞿秋白与吴稚晖、鲍罗廷

瞿秋白的名片牵涉到瞿秋白与吴稚晖、鲍罗廷及其三人之间的关系。

吴稚晖(1865—1953),原名脁,后改名敬恒,学名吴纪灵(又称寄龄),字稚晖。他的老家在江苏省常州府阳湖县(1912年并入武进县,今为常州市武进区)雪堰桥镇的一个耕读之家,家境贫寒,时常举债度日。吴稚晖5岁丧母,由外祖母带大,住在无锡城郊的江尖(距离雪堰桥镇20余里),直至考取清朝举人之后。1898年6月,吴稚晖到上海南洋公学(今上海交通大学、西安交通大学)任教,1901年留学日本。后因"苏报案",再次流亡海外。

吴稚晖34岁执教时,瞿秋白出生(1899年1月29日)于常州府阳湖县青果巷86号八桂堂天香楼(现为常州市区内),说起来他俩是同乡,只不过有城内和乡镇之分,并有远亲关系,参见本书收入的《瞿秋白的表亲薛氏父子》。

吴稚晖是中国近现代史上一位颇有争议的人物。他早年鼓吹反清革命,被迫流亡海外,出版《新世纪》报,宣扬无政府主义。他接受三民主义后,加入同盟会。1919年,吴稚晖和李石曾等人呼吁中国青年到海外以半工半读方式留学,创办里昂中法大学(吴稚晖任校长),并发起留法勤工俭学运动,其中成行的有周恩来、李立三、聂荣臻、陈毅等人。尽管激进学生尖锐抨击吴稚晖,但是留法勤工俭学一事影响依然深远。

1924年起,吴稚晖担任国民党中央监察委员、国民政府委员等职。1927年四一二反革命政变前后,吴稚晖支持蒋介石反共清党活动,大骂共产党和陈独秀父子,并将陈独秀的儿子陈延年关押的消息告诉淞沪警备司令杨虎。不久,陈延年被杀害。抗战时期,吴稚晖痛斥卖国求荣的汪精卫夫妇、褚民谊等汉奸。1945年9月3日,毛泽东到重庆谈判时,不计前嫌,不抱旧怨,先后往访于右任、戴季陶、白崇禧等人,其中也有吴稚晖。一说毛泽东未见到吴稚晖,一说吴稚晖"不允接见"。

吴稚晖学贯中西,生活淡泊,致力教育,得到蒋梦麟、胡适等人高度评价。但是,他的言行"率性而为,外方内方",成为"放荡不羁"的一个脚注;甚至有人说他是个"傻蛋",或曰:"一个坏透了的好人"。

1923年8月《太平洋》第4卷第1号、第3号,连载吴稚晖《一个新信仰的宇宙观及人生观》一文,长达3万多字。吴稚晖自由发挥阐述自己的宇宙观和人生观,似是而非地评析一通。此文背景是吴稚晖与丁文江、胡适为论战一方,对方是张君劢、梁启超为主角,展开"科学与玄学"的论战。这场论战的话题是科学能否解决人生观的问题,实际是东西文化论战的继续。

这时瞿秋白已经从莫斯科回国,随同迁移的中共中央机关到上海,参加中央宣传委员会工作,主编中共中央机关刊物《新青年》季刊。同时,他参与建设新型的上海大学,后任该校社会学系主任。瞿秋白主编的《新青年》季刊第2期上,发表了自己写的《自由世界与必然世界》,以及陈独秀的《〈科学与人生观〉序》,表明了共产党人——中国马克思主义者对这场论战的评判式总结。换个角度来看,瞿秋白也是想为丁文江、胡适论战提供新式的"批判武器"——马克思主义社会科学论,这与吴稚晖自由发挥的宇宙观和人生观相差甚远。

瞿秋白撰文批判梁启超、梁漱溟、辜鸿铭等"东方文化派"时,构思了一则奇特的《猪八戒——东西文化与梁漱溟及吴稚晖》杂文,甚至渗入"荒诞小说"的意味。

文中出现孙行者、猪八戒、唐僧师徒三人,猪八戒在高老庄招亲后正在酣睡,恍惚中听到师傅唐僧的教训,其"教训"即是"西化派"吴稚晖的言论:"真美善是没有的,是幻执的。变起来只有苦趣……"猪八戒听一句,点点头,似乎很有味,谁知他是在打盹,睡熟了。唐僧没法,捧着破钵,来回踱步,无可奈何。忽然,孙行者十万八千里外一个觔斗云,从天翻落,他大声说了一通,却是吴稚晖鼓吹的另一套:"真美善是有的,是无穷的,变起来终能较真又真……"这显然与唐僧说的互相矛盾。孙行者见猪八戒没反应,举起金箍棒打下来。猪八戒被惊醒,吓得出了一身冷汗,念着梁漱溟的"中西调和论"——《新中庸》。最后,猪八戒"不能向前,也不能向后",想想还是中国古代圣贤的"中庸之道"——"东方文化派"的核心观念最好。①

此文把《西游记》"高老庄招亲"的故事,改编为形象化的"中西文化纷争",让神话中的人物改说现实生活中的学术语言,其境其言其事的"怪异",产生强烈的喜剧讽刺效果。全文未见一句直接的批判言论,都是通过形象的反差、言论的矛盾,互相衬托,生动地揭示出"西化派"和"东方文化派"各自的荒谬、消极的观念,指出他们"殊途同归",都是阻碍中国民族解放运动。最后还说明,此文中"凡是' '记号里的话都是抄袭吴稚晖先生之《一个新信仰的宇宙观及人生观》的",并写出该文的出处。瞿秋白的引文"抄录"吴稚晖原文时,仅改动个别文字和标点。

这是瞿秋白与吴稚晖首次文字上的"交往",但是未见吴稚晖的回音,他俩第二次"交往"则是1924年夏天的事情。那时上海大学等高校联合举办夏令讲学会,邀请社会名流前来讲学,社会学系主任瞿秋白是讲学的主角之一。讲学的第一个星期,瞿秋白(新经济政策)、何世桢(全民政治)、董亦湘(人生哲学)、施存统(社会进化史)、陈望道(美学概要)轮流讲学(括弧里是讲学内容)。

瞿秋白的讲稿发表于7月14日上海《民国日报·觉悟》,署瞿秋白,后收入作者自编论文集时,改题为《新经济政策之意义》。该文阐述资本主义和社会主义的特征、资本主义与社会主义之间过渡时期的基本制度、俄国内战时期状况,以及新经济政策内容及其重要意义。该讲稿与《社会哲学概论》《现代社会学》《社会科学概论》等构成瞿秋白在上海大学"现代社会学"

---

① 《瞿秋白文集》(文学编)第1卷,人民出版社1985年版,第331—334页。

系列讲座。

吴稚晖也被邀请在上海大学里举办的夏令讲学会,安排在第三个星期。1924年7月22日,上海《民国日报》刊登《上海夏令讲学会消息》披露:邵力子讲述中国宪法史,叶楚伧讲中国外交史,李春蕃讲帝国主义,何世桢讲诉讼常识,吴稚晖讲注音字母,胡愈之讲世界语,刘一清讲五权宪法。"天气虽热,但听讲者仍甚踊跃。"

吴稚晖早年学习世界语,并在国内外刊物上竭力宣传推广,曾与蔡元培共同创建北京世界语专门学校,并积极倡导注音识字运动。吴稚晖的初衷是为了文盲的妻子,发明便于书信交流的"豆芽菜"文字,今称"注音符号"。他认为研究注音文字就是研究救国良策,并编了一本《国音字典》,制定汉语拼音表等。

瞿秋白早年第一次赴苏俄采访时,已经开始注意研究汉字怎样用拉丁字母拼写。此后,他拟出《中国拉丁式字母草案》,又进行修改,改名为《中国拉丁化的字母》,这是他设计较好的拼写汉字的方案,已接近于解放后全国推行的《汉语拼音方案》。但是,瞿秋白一直没有机会与吴稚晖交流文字改革的看法,吴稚晖到上海大学里举办的夏令讲学会讲述注音字母时,瞿秋白已经赴广州开会去了。

再来简单介绍一下瞿秋白与鲍罗廷的关系。

米哈伊尔·马尔科维奇·鲍罗廷(1884—1951)是一位著名的国际革命运动活动家,他早年支持列宁,成为布尔什维克,曾赴瑞士会见列宁,熟悉列宁办《火星报》等活动情况。1906年4月,他参加俄国社会民主工党第四次代表大会,不仅与斯大林并排就座,还多次投票支持斯大林的意见。会议结束后,鲍罗廷回国,遭到逮捕,在选择流放西伯利亚或放逐国外时,他选择了后者,在美国度过了就读大学、创业和建立家庭的移民生活。后经列宁召唤,鲍罗廷放弃优裕生活,返回俄国,在苏联政府外交部门工作,他秘密出访欧美许多国家,留下不少传奇故事。1922年8月,他在英国被捕,次年2月获释。

1923年7月31日,根据斯大林建议,向俄共(布)中央政治局委员征询意见:任命鲍罗廷(1884—1951)为孙中山的政治顾问。1923年8月至1927年8月,鲍罗廷在中国广州、汉口等地度过了难忘的四年,把自己的名字与震惊世界的中国大革命一起铸刻在20世纪的人类文明发展史上。他的历史功绩和错误所产生的种种影响都远远超出任何一位驻华外国顾问,也给现代历史学家留下许多争论不休的课题和疑问。

鲍罗廷来华使命,除了按照俄共(布)组织模式帮助国民党改组,正式建立第一次国共合作关系之外,还要指导国民党的具体工作(武汉时期作为共产国际代表团主要成员之一,也指导中共中央的工作),参与制定中国革命的重大决策,提出建立一个新型国民政府的设计方案。在列强激烈争夺半殖民地中国土地上,努力筑起一个红色反帝堡垒,掀起一场前所未有的民族解放运动新高潮,促使东南亚、中亚和远东联成一个强大的反帝阵地。这不仅要让苏联尽快摆脱由于西欧革命一系列失败而被列强包围所形成的被动局面,而且在东方找到强大的支持力量,建立起反帝的外围屏障,从而赢得苏联社会主义建设和发展的宝贵时间,对于世界革命具有重要的战略意义。

鲍罗廷刚来华时,瞿秋白担任他的翻译兼助手。1925年初召开中共四大后,瞿秋白的入党介绍人张太雷接替担任鲍罗廷的翻译兼助手,直至大革命后期(武汉时期),大革命失败后,瞿秋白随鲍罗廷上庐山,商谈此后中国革命的新方针政策等问题。八七会议后,瞿秋白成为继陈独秀之后的中共中央主要领导人,这与事前鲍罗廷的大力推荐分不开的。因此,瞿秋白与鲍罗廷的关系非同寻常,即使鲍罗廷返回莫斯科受到严厉审查,也未中断与第二次赴莫斯科工作的瞿秋白之间的私人关系。

两个时间节点

新发现的瞿秋白名片后面的几行字打破了世人的思维惯例,瞿秋白与鲍罗廷、吴稚晖"破例"同时出现在各自行踪轨迹的交叉点上,这里有两个时间节点,一是1924年6月中旬,二是1925年5月上旬。

1924年1月,在广州召开国民党"一大",通过大会宣言等重要文件,标志着第一次国共合作的正式形成。年轻的瞿秋白密切配合鲍罗廷的工作,展示了出众的才华,进一步得到鲍罗廷的信任。

吴稚晖对于共产党的言行有很深的成见。不过在国民党"一大"上,由于各种复杂因素,吴稚晖对于孙中山的"容共"政策表示认可,并不像那些代表海外华侨势力的冯自由、邓泽如等人那样激烈反对。在这次大会上,吴稚晖等人被选为中央监察委员。接着举行国民党中央执委会一届一次全会上,吴稚晖为驻沪监察委员,其任务是监察当地党部及党人行动,开列报告给国民党中央执委会或上海执行部。

国民党"一大"结束后,吴稚晖忙于赶回上海,因事前通过商务印书馆,与黄炎培、黎锦熙、张世鎏、庄喻等人筹备上海国语师范学校,设在闸北天通路粤商医院对面。该校以专修国语,培养师资力量为宗旨,分为普通科、高等研究科,将开办短期讲习科、补习科、平民学校等,吴稚晖担任校长,寒假后开学(1924年2月20日正式开课)。同时,吴稚晖公开发表《二百兆平民大问题最轻便的解决法》一文,呼吁重视平民教育,把推广拼音字母和国语作为平民教育的主要手段,认为普及平民教育就能轻易而举地解决广大贫苦民众的问题。当时开展国语运动的实践中,吴稚晖起了重要作用,希望设立的国语师范学校能够解决迫切需要的国语师资问题,他还亲自授课。该校培养了一批批毕业生,成为国语统一运动的生力军。

在国民党"一大"上,瞿秋白由孙中山点名为国民党中央执委会候补委员,并奉鲍罗廷之命返回上海,参与国民党上海执行部工作,改组上海《民国日报》,使之成为国共合作的一份新型大报。因此,瞿秋白与驻沪监察委员吴稚晖成为国民党上海执行部的同事,在有关会议上双方见面。虽然他俩之间没有什么来往,但是双方知道对方的背景,心照不宣。

返回上海的瞿秋白是中共中央与鲍罗廷之间的特殊联络员,经常写信给鲍罗廷,汇报上海国共两党的有关事情,其中有些信保存下来了,均为俄文写的。

1924年春天,鲍罗廷应苏联全权代表加拉罕之约,3月8日自广州启程去北京,协助处理与北京政府谈判的棘手问题,5月30日双方签订《中俄解决悬案大纲协定》《暂行管理中东铁路协定》。6月10日左右,鲍罗廷南下抵沪,与早已等候的夫人汇合,15日乘船返回广州。在沪期间,时为上海大学学生、共青团员杨之华前往鲍罗廷夫妇住处汇报工作,瞿秋白在一旁翻译,此事给杨之华留下深刻印象,以后她成为瞿秋白的妻子,并写入《回忆秋白》的专著里。

鲍罗廷在沪期间有许多事情要处理,其中包括接收苏联驻沪领事馆的问题。苏联驻沪领事馆原为俄罗斯帝国领事馆,最初设在英租界福州路附近,1914年6月选中新址建造新馆,即瞿秋白在名片上写的"黄浦路一号",今为虹口区黄浦路20号,靠近黄浦江与苏州河合流处,对岸是黄浦公园。

新馆由德国建筑师汉斯·埃米尔·里勃设计,华商周瑞记营造厂承建,1916年12月建成。这是一座四层带阁楼的假五层建筑,砖石结构,底层为办公室和会议室,二层为领事和副领事住房,三层为总领事和副总领事住房,半地下室和假四层为厨房、餐厅、储藏室和工作人员住房。屋面有弧形尖顶老虎窗,设有一座两层瞭望塔楼,上面树有旗杆。

1924年6月11日(星期三),上海《民国日报》刊登了一则《俄领署移交问题 俄侨管理局书记之谈话》消息:

> 大晚报云,据苏俄方面人士声称,本埠价值百万元之俄领事馆及地产(在外白渡桥转角黄浦路),定于本星期五日移交本埠苏俄代表接收。唯管理俄侨事务局书记茂慈勒氏,今日午时对本报代表否认该局已接到迁让之通知,茂氏谓此项政府产业移交问题,今日北京外交团正在讨

论,可知中国当局未必能先行决定日期将俄领署移交苏联代表。即使日内接到通知后,局中清理各务,至少须经数日,亦不能令局中人员三四日即行迁出。……

"本星期五"即6月15日移交苏联领事馆,这是转载《大晚报》的消息。但是,"管理俄侨事务局书记茂慈勒氏"说是没有接到通知,而且北京外交使团从中作梗(报载拒绝交出在北京的原俄国大使馆),即使接到通知,也至少有一段时间。结果移交苏联领事馆一事拖延下来,经过几番周折,同年10月1日正式成立苏联领事馆,10月5日正午12时举行升旗仪式。

因此,第一个时间节点——1924年6月10日至15日鲍罗廷在沪期间,不可能委托瞿秋白邀请吴稚晖,到"黄浦路一号"苏联领事馆去作客。

第二个时间节点——1925年5月上旬之前,中国政治舞台发生了一系列大事。1924年10月北京政变,冯玉祥等人邀请孙中山北上,鲍罗廷等人先后赴京。1925年1月28日上午,孙中山住进医院之前有一种预感,下令国民党中央政治委员会移至北京,吴稚晖、汪精卫、于右任、陈友仁、李大钊、邵元冲等为委员,鲍罗廷为顾问,此机构成为孙中山入院后处理一切政治事宜的临时最高政治机构,每星期开会两次,此外还有临时会议,鲍罗廷、吴稚晖等人多次开会讨论各种问题。

孙中山不幸病逝后,1925年3月19日,鲍罗廷、吴稚晖等人一起参加了孙中山移灵出殡仪式,张继、于右任、林森、汪精卫、李大钊等人轮流抬灵柩,随后是左右两列执绋队,左执绋由吴稚晖带头,鲍罗廷在右执绋队列里。

4月,鲍罗廷、陈友仁等人坐上前往张家口的火车,鲍罗廷与冯玉祥进行了"颇著成效的长谈",随后(5月初)就有一个苏联顾问团出现在张家口。5月上旬,鲍罗廷辗转到上海,随后继续南下赴粤。在上海期间,鲍罗廷与陈独秀、瞿秋白等人见面商谈,同时,鲍罗廷很有可能委托瞿秋白邀请吴稚晖。不过有几点说明:

其一,瞿秋白与鲍罗廷、吴稚晖同时出现在上海的时间节点很少,根据笔者掌握的有关史料记载,仅限于本文介绍的两个时间节点。如有其他时间节点,请知情者明示。

其二,5月13日,苏联领事馆工作人员维尔德写信给共产国际代表维经斯基:"上周,鲍罗廷同志前往广州途中在这里停留几天。他同中央委员会开了几次会议。"[①]由此推算,"上周"是5月4日至9日(周一至周六)期间,包括瞿秋白名片后面写几行字的未落款时间。

---

① 《联共(布)、共产国际与中国国民革命运动》第1卷,北京图书馆出版社1997年版,第612页。

其三,在孙中山病逝前后,鲍罗廷与吴稚晖同为国民党中央政治委员会成员,多次直接商谈各种事宜,彼此增加了解,即使1924年国民党"一大"期间他俩也未曾有这样直接商谈的契机。因此,鲍罗廷委托瞿秋白邀请吴稚晖,并不令人感到意外。

吴稚晖创办"海外预备学校"

如果说1925年5月上旬鲍罗廷邀约吴稚晖一事成立,那么鲍罗廷准备商谈的内容除了与孙中山病逝后国民党面临诸多急需解决的问题有关之外,可能与吴稚晖创办"海外预备学校"有关。

处理孙中山逝世的善后事宜后,60岁的吴稚晖返沪,在沪的朋友想为他祝寿,他却躲到杭州去了,这是他的"低调"性格使然。随后吴稚晖想起要办"海外预备学校",先在上海,后赴粤,挑选学生。取得学生家长的同意,吴稚晖带领部分学生北上,有些学生由他人带领赴京。在北京东城区南小街干面胡同92号,吴稚晖租了一栋二层小洋房,办起"海外预备学校",亦称"海外私塾"、"少年党校"。

瞿秋白也比较熟悉那里,他早年在北京求学时,在住处附近米市大街(今东单北大街)金鱼胡同口有一幢北京基督教青年会大楼(距离南小街干面胡同并不远),他经常去那里看书,相识郑振铎、耿济之(耿匡)、瞿世英等人。

"海外预备学校"老师是吴家老少三人,吴稚晖的儿子吴蔷、女儿吴芙留英归来,吴蔷教数理化,吴芙教乙班(小班)化学,也帮着照顾女生,吴稚晖教国学、经史。学生称三位"吴老师"往往会混淆,于是称吴稚晖为"吴先生",称吴蔷为"密斯特吴",称吴芙小姐为"密司吴"。吴稚晖还去请法文教师来教法文,请俄文教师为蒋经国补习俄文。另有一位保姆兼佣人的林太太,照料孩子们的生活起居。

男女学生二十多人,都是国民党要人的孩子,其中有孙科之子孙治平、孙治强,汪精卫之子汪婴、女儿汪洵,林直勉之子林希孟、林汉阳,邹鲁之子邹越,朱执信之女朱始、朱薇,李济深的女儿李筱梅等。因年龄大小不等,文化程度也不一样,吴稚晖把他们分为甲、乙两班,以中文为主,西文为辅。其中15岁蒋经国年龄最大,他在上海浦东中学上学时,因参加五卅运动被学校开除,南下广州看望父亲蒋介石时,才被送到北京读书,得到吴稚晖的偏爱,单独授课。

学生平时吃住都在二层楼房里,吴稚晖还在地下室布置为化学实验室,前面有大院子,供学生们游戏玩耍。学生的生活待遇优厚,膳食丰富,仅每天早餐,轮流为牛肉粥,或两个荷包蛋,或大肉包子。吴稚晖依然比较节俭,终日布衣布鞋。每逢节假日,吴稚晖还带领学生游玩北京各处名胜古迹。

蒋经国经邵力子介绍,认识李大钊(住在东交民巷的苏联大使馆里),经李大钊引介,蒋经国认识很多俄国人。许多人建议蒋经国到苏联去留学,正合他的心意,不久他第一个离开"海外预备学校",南下上海,赴莫斯科,就读中山大学。

1926年1月,在广州召开国民党"二大",鲍罗廷因故提出"休假",北上赴京,向联共(布)使团(即布勃诺夫使团)汇报工作。事前,吴稚晖表示与国民党右派西山会议派划清界限,在这次大会上再次当选国民党中央监察委员。

同年3月18日,北京民众举行国民大会,抗议帝国主义罪行,会后游行示威,遭到北京政府开枪镇压,造成"三一八"惨案,李大钊、李石曾、易培基、顾孟余等人被通缉,其中易培基匿居东交民巷使馆区,后赴上海,担任劳动大学校长等职务。

为了避免带来严重后果,吴稚晖原想带领学生离京辗转去广东,事前与鲍罗廷商量,搭乘他的专车同行。但是,吴稚晖带着学生在西直门车站等了两天,鲍罗廷仍然没有动身,有些学生已经被接走,无奈之下,吴稚晖只好带着学生到东交民巷苏联大使馆避难。①

这段史料说明几个问题:一是吴稚晖在北京与鲍罗廷有联系,关系还不错,否则不会提出"同车"离京的要求。二是吴稚晖和学生能够到苏联大使馆避难,至少说明吴稚晖与鲍罗廷事前有直接或间接联系,进行磋商。三是鲍罗廷失约。因为当时直接南下的路途已被阻,3月下旬鲍罗廷只好绕道赴张家口,然后去库伦(乌兰巴托),转到西伯利亚铁路乘车,转了一大圈,抵达海参崴,再乘船南下赴粤。鲍罗廷奉命急于赶回广州处理"中山舰事件",如果带着一大群学生辗转回粤,实在不方便,况且有许多不确定因素,可能带来不可预料的后果。

根据以上介绍,至少有以下一些看法:

其一,迄今为止,吴稚晖创办"海外预备学校"起因仍然是个难解之谜,没有任何资料披露内情。由于各种历史复杂原因,有关史学者不愿意也不想把此事与鲍罗廷联系起来,给国民党元老吴稚晖的评价"添乱"。

其二,按照吴稚晖热心搞教育的"好事"心态,不大可能在一夜之间想起创办"海外预备学校"。他当时已是60岁,甘愿去当"孩子王",这其中肯定有重要内情,如孙中山病逝后,应考虑为国民党中央领导人"育种培根"——

---

① 赵淑敏《永远与自然同在——吴稚晖传》,台湾近代中国出版社1980年版,第100页。

精英分子,传承大业,勇挑重担,大展宏图。这成为鲍罗廷准备与吴稚晖商谈的内容之一,也并非不可能。

其三,北京南小街干面胡同的"海外预备学校"距离东交民巷苏联大使馆并不远,同在北京东城区,前后两者之间存在某种关系。鲍罗廷或他人可能曾以某种方式帮助吴稚晖选择校址,或在其他方面给予支持。

当然这些推论需要挖掘资料佐证,不能轻易下结论。

瞿秋白名片产生的其他问题

其一,瞿秋白以何种方式把名片交给吴稚晖。瞿秋白在名片上写的字一气呵成,也没有落款时间,因此可能是瞿秋白当场写好,把名片装在信封里,委托极为可靠的人立即转交,因为鲍罗廷在沪行踪是秘密的。或者瞿秋白亲自前往某个场合,借谈某事的机会,当面交给吴稚晖。

其二,吴稚晖收到此明片的反应。一是并未应邀前往,这符合他的"我行我素"的性格。一是吴稚晖"破例"应邀前往,与鲍罗廷交谈一番,两人达成某种共识,拉近彼此距离,这仅从吴稚晖以后向鲍罗廷提出"同车"离京的要求来看,可以窥见一斑。

其三,无论吴稚晖是否应邀前往苏联领事馆,即使经历了多年动荡岁月,他一直保存着瞿秋白的名片,并未销毁;或者他遗忘了,不知放在哪里。

抗战胜利后,吴稚晖从重庆返回上海,住在重庆南路(旧称吕班路)40号三楼。上海解放之前,吴稚晖原来不想走,又不放心保存了60年的各种函件文书资料,结果烧了一部分。老友李石曾听说后,表示愿意承担一切费用,将重要的文书资料,整装100箱运往他处保存。吴稚晖未同意,不过还是挑拣了关于他和蒋介石、孙中山的重要函件,装了两箱托陈凌海(随国民政府迁移广州,后编写《吴稚晖先生年谱简编》)带走,结果陈凌海又自作主张装了5箱。① 1949年2月24日,吴稚晖去环龙路(南昌路)同夫人、女儿匆匆告别,前去机场,登上蒋介石专机"美龄"号去台湾。他遗留在上海的大量文书资料中,就有瞿秋白的名片。

瞿秋白的名片牵引出许多往事,并为瞿秋白研究增添了新的注解和启示,也留下许多不解之谜,希望有识者明示。

---

① 路小可《吴稚晖》,兰州大学出版社1997年版,第300页;罗平汉《布衣大佬吴稚晖》,团结出版社年2010版,第291、298页。

瞿秋白的侄子瞿兴华(瞿勃)

丁言模

浩大、深邃、神秘的夜空在头顶上肆意笼罩着,一颗流星瞬间掠过,悠地闪烁,拖长美丽的身影,无声无息地消失,淹没在璀璨的亿万群星里。

瞿兴华(瞿勃),瞿秋白的唯一亲侄子,拥有瞿氏家族的血缘之脉,无奈脆弱的生命无法继续延续。2012年2月29日凌晨,夜幕,沉睡,火车奔驰在中原大地上,无法追回瞿兴华的身影。他的七十五个年头,充满了酸甜苦辣,我试图追寻,尽管是只字片言。

历史轮回劫难

瞿秋白从小受到瞿氏家族的各种影响,注重道德修养,有内省倾向,注重乡情、人情和实际事务。同时,破产的"士的阶级"的家庭所处的畸形地位和"痛,苦,愁,惨"的生活逼迫,又使他从小面对残酷的现实,逐渐生成反叛意识。另一方面,瞿秋白也浸染了中国"士的阶级"的传统文化影响,受到良好的艺术教养,包括父亲文人习性的潜移默化和母亲的谆谆教导。这些"现实主义"和"浪漫主义"的双重影响一直伴随着瞿秋白成长。

瞿秋白与父辈属于完全不同的新旧两代中国知识分子。他走进新型的现代知识分子行列后,他的价值观念、生活态度、道德准则和政治理想逐渐发生变化,形成强烈的民族危机意识,以及远大的社会变革抱负,从一个文学爱好者走上革命道路。

瞿秋白牺牲的第三年,1937年10月26日瞿兴华在湖南桃林出生了。他的父亲瞿云白是瞿秋白的大弟弟,兄弟俩很相似,眉清目秀,儒雅文人气质。

瞿云白前半生一直是大哥瞿秋白的得力助手,见证了大哥早期艰辛的中央理论工作和恋爱生活。瞿云白与大哥也有语言天赋,擅长俄语,与大哥、大嫂在莫斯科度过难忘的几年。回国后,瞿秋白遭受党内"左"倾无情打击,在六届四中召开之前最苦闷、最煎熬的时候,瞿云白陪同大哥前去看望胡也频、丁玲夫妇,后者感到很突然,又很兴奋,大有恍如隔世之感。瞿云白能看出大哥此时此刻的复杂心情,特意出来散散心,让寒风带走一切烦恼,到老朋友丁玲家里换个轻松话题。

1933年上半年,瞿云白被叛徒出卖,被抓进监狱。次年被保释,改名瞿云,脱离党组织,辗转各地谋生,生儿育女,走上了另一条人生道路。他从堂兄瞿纯白住处接来三弟瞿垚白,供养他直至病死,尽一份做哥哥的义务。瞿云白还送别小弟瞿坚白,经八路军办事处前往延安学习,参加革命。抗战初期,有人劝说瞿云白去延安,他答道:"家有老小,有些不便。"对于自己后半生的经历,瞿云白羞愧难言,深深自责。多年后,他还记得自己被捕的几个月前,与大哥瞿秋白最后一次见面,大哥对他说:"中国的前途只有两条,一条是苏联式,就是革命的;一条是美国式,就是反革命的,决无中间道路。"① 北京解放初,瞿云白受到三年管制(1953年7月解除),在人民大学研究部编译室任俄文译员,1958年1月27日病故。

瞿兴华曾想去参加解放军,年龄小,被部队送回来,成为他的终身遗憾。激情、刚直和儒雅、淡泊的"二重性格"交织体现在瞿兴华的一生中,他一方面像大伯瞿秋白那样追求真理和理想,并传承瞿氏家族的文人习性,著文、书法、作画。一方面受到父亲历史问题的牵连,瞿兴华15岁到北京,不可避免地生活在某种阴影里,"现实主义"和"浪漫主义"的双重影响也同样一直伴随着他的成长。

瞿兴华有着倔强的个性,试图掌握自己的命运。他就读北京五中,很喜欢鲁迅无情挖掘国民性劣根的犀利文风,对《阿Q正传》有着自己的见解。中学毕业后,他积极响应党的号召,到远离北京的房山去支援农村建设,当一名语文教师,昔日大伯瞿秋白因生活所迫去无锡农村当小学教员,瞿兴华则是在新中国受人尊重的教师岗位上,他一边研究鲁迅著作,一边教书育人。

1966年"文革"刚掀起,瞿兴华被打成"反革命",开除公职。这一天恰恰是6月18日,瞿秋白牺牲31周年,但是非但无人纪念,而且瞿秋白也被打成"大叛徒",随之而来的是大有"掘墓鞭尸"之声势。

事前,瞿兴华当时参加"四清"工作组,为三名新来的大学教师打抱不平,不同意把他们打成"反革命",认为必须拿出证据,不能随意陷害人。当年瞿秋白在莫斯科中山大学秉公处理"江浙同乡会"冤案,与各种政治因素纠缠在一起,使他的政治生涯开始发生恶性变化,连遭厄运。历史惊人的轮

---

① 详见《中国到哪里去?》,载《瞿秋白文集》(政治理论编)第5卷,人民出版社1995年版。

回,极左思潮再度掀起"千层浪"。瞿兴华仗义执言,被开除出"四清"工作组,解除他的语文教研组长的职务,也同样遭遇厄运。被批斗一年以后,他被送到翻砂厂劳动改造,甚至挑水时要干三个壮劳动力的活,却没有一分钱的报酬。

　　人生的十字街头,瞿兴华的青春梦想破灭了。他拖着一身的疲劳和心灵的创伤,回到熟悉的家里,面对贤惠的妻子、天真的孩子,他无语,低头,心里像刀割一般,也无法挑起家里生活的重担,全靠妻子的微薄收入。昔日瞿秋白和兄妹曾面临巨大的"穷"字,逼迫一家星散,如今"穷"字再次张牙舞爪袭来。危难时期,瞿兴华的学生董建文等人设法为他要来了每月15元的生活费,这真是救命的钱,凝聚着患难之情,带来欣慰的安抚。

　　瞿兴华并未自暴自弃,在家当起了三个孩子的校外教师,他讲述安徒生的美丽童话、契诃夫深沉思考的小说、马克·吐温黑色幽默的故事,还有雪莱、拜伦追求幸福、自由、博爱的美丽诗句,以启迪孩子们热爱祖国和人类的命运,丰富了孩子们童年的单一生活,留下了美好的记忆。

　　但是,厄运再次降临,瞿兴华夫妇成了房山的阶级斗争新动向的"头号"批判对象,上了报纸头版显要位置。说什么瞿兴华写了吹捧瞿秋白的反动日记(如果真有日记,那是珍贵的中共党史资料)和反动文章,他的妻子在课堂上给二年级小学生讲述瞿秋白的故事(其实都是捏造的),也是"罪加一等"。从此,瞿兴华一家五口"痛、苦、愁、惨",被迫再度品尝昔日瞿秋白和弟妹艰难生活的滋味,始终处于震天动地的批判口号声中。"穷"字也无情地再次逼迫一家星散,瞿兴华的三个孩子时常到亲戚家去寄居,如蔡庄的奶奶家、营口的姑姑家,瞿兴华的大女儿瞿虹至今还记得到舅舅家去借钱的难忘一幕。多亏了亲朋好友的各种接济,真所谓"雪中送炭",才使得瞿兴华的三个孩子幸运地活下来。

　　"文革"浩劫终于结束了,中共中央为瞿秋白的历史问题平反了。瞿兴华被调回北京,参加《瞿秋白文集》编辑组工作,随后他也被正式平反,拿到了补发的两千多元工资。但是,他最美好的青春年华无法追回,他一面治疗心灵上的创伤、肉体被折磨留下的病根,一面还想抓住时间的尾巴,努力干点实事,在有生之年弥补过去想干而未能干成的缺憾。他一头扎进资料堆,忘我工作,鉴别整理、抄录校对、注释,天天忙到很晚。

　　在这期间,在瞿兴华心目中的大伯瞿秋白全方位形象逐渐形成,越来越高大、清晰,他每次发现一个新资料,就好像又走近一步。瞿兴华多次翻看大伯瞿秋白临刑前写的《多余的话》,不断陷入沉思,融进了自己坎坷人生的感悟,非常理解瞿秋白遭受党内"左"倾打击、迫害和被国民党关押的复杂心境,以及在特殊的环境中表述《多余的话》的方式、思想情感和心绪万千。瞿兴华先后撰写了《并非"多余"的话》《阳春白雪——再谈〈多余的话〉》《关于〈多余的话〉的评论之评论》《从〈多余的话〉看瞿秋白烈士的最后斗争》等文，分别发表于《人民日报》《炎黄春秋》《瞿秋白研究》等报刊上。这些文章切入的角度和阐述的观点、思想情感，既是探寻大伯瞿秋白的最后心境历程，也晃动着作为侄子瞿兴华的身影，或者说是他与大伯瞿秋白"穿越时空"交谈的结果，这是旁人无法理解，也无法达到的对话境界——瞿氏家族两代人在不同历史时期的反思、顿悟、批判，彰显独立人格的魅力。

"文革"后，我父亲丁景唐到北京开会，住在某部招待所，斜对面恰巧是瞿兴华的家，其条件之差远远超出父亲的想象。"真滑稽，真滑稽。"我父亲到瞿兴华家里做客，刚坐下，椅子腿却折断了……我父亲曾带着聪颖的瞿虹去周扬、丁玲等人家里。多年后，瞿虹还记得其中一些细节，瞿兴华却从未对我谈起。

1985年6月18日，瞿秋白就义50周年纪念日，中共中央在中南海怀仁堂举行纪念会。同一天早晨，长汀下起了蒙蒙细雨，1500多名各界群众穿着素白衣服，胸佩素洁的白花，来到罗汉岭前，隆重举行重建瞿秋白烈士纪念碑揭碑仪式。我的父母和瞿兴华、王铁仙等也参加了这次纪念活动，并在瞿秋白烈士事迹陈列室前合影留念。这张黑白照片被我父亲辑入他的《六十年文集——犹恋风流纸墨香》(上海文艺出版社2004年版)，照片上的瞿兴华留着浪漫长头发，戴着眼镜，穿着短袖T恤衫，下穿浅色长裤，他的双手交叉在胸前，与其他人中规中矩的姿势相比，他显得很醒目。

寻根访亲友之旅

家里的笑声越来越多，两个女儿成家立业，随后儿子结婚，媳妇怀孕，瞿兴华夫妇大喜。一日，瞿兴华看到济南教育学院副教授史挥戈(现为江苏大学教授)撰写的《游荡在大明湖畔的孤魂——瞿世玮先生与济南》一文，猛然撞开了记忆闸门，许多往事呼啸而来，他辗转难以入睡，不由得暗自流泪。瞿兴华决定带领孩子南下寻根访亲友，告慰爷爷瞿世玮、大伯瞿秋白和几位叔叔在天之灵。这是瞿家后代跨入新世纪后很有意义的活动，让新一代年轻人接受一次再教育。

2003年9月3日，瞿兴华打电话给原常州瞿秋白纪念馆馆长赵庚林，说是要到济南、常州去探望，请协助联系住宿、参观等事宜。赵庚林、侯涤等人先后主持常州瞿秋白纪念馆，在各方面的支持下成为全国瞿秋白研究中心、宣传中心、信息中心和育才中心，有力地促进改革开放后瞿秋白研究达到鼎盛时期，在现代瞿秋白研究史上留下崭新一页。赵庚林、侯涤等人出色的组织能力和诚信、真挚、虚心、热情,很快建立起全国各地不同年龄层次的瞿秋白研究学者的大网络,并保持热线联系。赵庚林原来曾担任戏剧导演,这次瞿兴华一行的寻根访亲友之旅,他再次扮演"总导演"、组织者的角色。

赵庚林立即打电话给山东省委党史研究室李宗元,请他帮助解决有关住行问题,并希望史挥戈负责陪同考察。史挥戈也打电话给李宗元,商谈有关事宜。

济南,瞿世玮、瞿秋白、瞿垚白曾在这里留下人生的足迹,并成为瞿世玮人生的最后归宿。(详见本书收入的《瞿秋白父亲瞿世玮及其〈山水入门秘诀问答〉》)

时隔八十多年,2003年10月6日,瞿兴华带领三个孩子和儿媳妇踏上当年大伯瞿秋白离京南下的路程,首次抵达济南。安徽滁州的资深学者吴腾凰(史挥戈的大哥)闻讯后特地北上赶到济南,与瞿兴华一行会合,双方一见如故。吴腾凰专门研究安徽籍著名左翼作家蒋光慈[①],写有《蒋光慈传》《蒋光慈评传》等专著。他曾担任滁州地区文联主席、文化局长等职务,"文革"后各家报纸曾刊登一则醒目标题《文化局长抓小偷》,说的就是这位"拍案而起"的局长吴腾凰。我当时也在滁州工作,家里曾被可恶的小偷光临,吴腾凰闻讯后愤愤不平,这次在菜市场里见到小偷,当场抓获,也算为我报了"一箭之仇"。

吴腾凰、史挥戈曾调查瞿世玮在济南的最后十几年的生活踪迹,史挥戈还撰写了专题文章《游荡在大明湖畔的孤魂》,绘声绘色,如临其境,颇有史学价值。这次吴腾凰、史挥戈和等人当起向导,李宗元特地派车,并亲自陪同瞿兴华一行。

瞿兴华一行找到济南大明湖南岸的娘娘庙街15号(后改为岱宗街23号)旧址,这里曾是瞿世玮投靠常州同乡王璞生的家居。如今的王宅今非昔比,早已失去往日的威严,成为一个大杂院,杂乱搭建的房舍住着十几户人家,难以寻觅昔日瞿秋白父子俩交谈之处。外墙斑驳陈旧,蒙上岁月沧桑的尘埃,二道门摇摇欲坠,瞿兴华手扶门框,十分感慨。瞿兴华认真读过大伯瞿秋白著名散文集《饿乡纪程》,其中生动地记载了瞿秋白父子俩在大明湖畔交谈的情景,如今现场察看,触景生情。

---

① 蒋光慈(1901—1931),安徽六安地区金寨县南乡白塔畈(过去属于霍邱县)人,曾就读莫斯科东方大学中国班,与执教的瞿秋白有师生之谊,两人有唱和的诗歌。主要著作《少年漂泊者》《鸭绿江上》《冲出云围的月亮》《丽莎的哀怨》等小说和报告文学《短裤党》,产生了很大影响,在中国现代文学史上占有重要一页。笔者撰写的瞿秋白系列研究丛书之一《瞿秋白与报刊书籍——丁景唐藏书研究》特地写了一章内容《瞿秋白、蒋光慈合著〈俄罗斯文学〉》,述说了他俩之间的交往。

瞿兴华一行去拜访了著名画家王凤年老先生,他是瞿世玮的授画学生,写有回忆文章《瞿稚彬先生二三事》,载《山东文史资料选辑》第21辑。瞿兴华一行拐弯抹角找到王凤年家,那是在济南解放桥一带的一处老宿舍。走进王凤年不大的画室,墙上挂着他的工笔仕女画,还有观音画像,桌上堆放着许多画册和书,处处散发着浓厚的丹青气息。

瞿兴华见到耄耋老人王凤年时很激动,犹如见到爷爷瞿世玮和四伯瞿垚白,不由得热泪盈眶。王凤年老先生耳聋半哑,双方无法言语交流,便用笔在纸上"交谈",瞿兴华问起关于爷爷瞿世玮的有关情况,可惜看不到王凤年珍藏的瞿世玮画作,因大多早就捐献给常州瞿秋白纪念馆,另一幅画《风雨归舟》捐献给山东省文物管理处。双方告别时,相约以后当作亲戚互相来往。

济南南门外东燕窝街的正宗坛旧址,瞿世玮是在这里病故的(1932年6月19日),瞿兴华一行去看了一下,随后去凭吊瞿世玮墓地旧址。那里已经成为风景优美、规模很大的植物园。瞿世玮墓地在高坡上,四周翠绿树木环绕,悄然无声,逝者孤魂安息。瞿兴华率领全家,排列整齐,心情沉重,默默垂泪。瞿兴华长叹一声,说:"老祖宗,不孝子孙来看您老人家啦。"全家三鞠躬,低头默哀,虔诚祈祷。

大家谈起瞿世玮先生墓地没有标志,后世无法祭拜,颇为遗憾,请李宗元向山东省有关部门提出建议,设立标志,加以保护。一路上,瞿兴华不断地向女儿、儿子和媳妇讲述瞿家历史,要他们牢记祖先遗言,传承精神,发扬光大。

史挥戈问瞿兴华:"早年瞿家相当显赫、富裕,后来各自星散,瞿世玮先生晚景如此凄凉,您自己也历经磨难,如今瞿家子孙后代都成为平民百姓,您对此有何感想?"瞿兴华答道:"为天下人开辟一条光明之路,是瞿秋白大伯的最大心愿,只要天下人幸福、富足,就是牺牲了一个瞿家也是值得的。"

两天的济南之行,瞿兴华一行如愿以偿,10月8日下午带着留恋、惆怅心情继续南下,次日(10月9日)凌晨近3时许抵达常州。赵庚林事前接到瞿兴华的电话,提前去车站迎接,把他们送到常州瞿秋白纪念馆对面的长乐饭店。

稍许休息之后,赵庚林陪同瞿兴华到瞿秋白纪念馆,这里原来是常州瞿氏宗祠五处之一,当时瞿秋白全家最后的栖身之处。

宗祠是由瞿秋白叔祖父瞿赓甫等筹建,供族人祭祖。其门前蹲踞着两尊石狮,门额上为"城西瞿氏宗祠"木匾,整个建筑坐南朝北,分为东西两院,各为四进,瞿秋白全家搬进东院。东院首进设有宗祠侧门,为出入通道,另有小门通厨房和女佣住处。第二进作饭厅,第三进只有两间,外间为客堂,亦为每逢祭祠供祖之处,屏门后为瞿秋白父母的卧室东院首进设有宗祠侧门,为出入通道,另有小门通厨房和女佣住处。

在第二进和第三进之间有个小天井,四周有小廊回合,中间种植些菊花,夏天之夜,一家人在此吃饭和纳凉。近西侧有一口井,瞿秋白和弟妹就从井里提水浇花,他们也从这里抬着井水到厨房去。

连接第三进、第四进的穿堂,从早到晚光线充足,里面放着画桌和书架,瞿秋白父亲经常在这里挥毫作画。

第四进以屏门隔开,大房间为瞿秋白弟妹的卧室,小间系"翻轩",作为瞿秋白的卧室和书房。房内靠东墙放着一张旧式小床,正中窗下置有一张方形书桌,一张旧式靠背椅。床边的墙上挂着一副地图,一支玉屏箫、一只月琴。煤油灯旁,常放着诗词、玉石、碑帖、画纸和种种书籍,屋内幽静雅致。瞿秋白、瞿云白小时候在这里的庭院里玩耍,围看父亲描绘山水,聆听慈母吟诵古诗词。在"穷"字的无情逼迫下,慈母自杀,一家星散,悲剧气氛一直笼罩着这里的一砖一木,渗透着痛楚、怨恨、无奈、焦虑。

如今这里是瞿秋白故居,其旁是新建的瞿秋白纪念馆,两者合为一。瞿兴华对赵庚林说:"这次出来就是寻根访亲。"并买了十本吴之光编写的新专著《瞿秋白家世》(中央文献出版社2003年版),说是要赠送给亲戚。

吴之光年龄比瞿兴华大,曾任武进县党史办公室副主任,他编写《瞿秋白家世》时,四处查找,耗费了大量时间和精力。为了搞清楚瞿兴华父亲瞿云白的历史问题,与常州同乡钱听涛(中共中央党史研究室副编审)去查档案,厚厚两大摞档案资料,只准摘录,不准复印。钱听涛夫人卧病在床,还要回家照顾,只能陪一天。但是按照规定查档必须两个人,通过协商,终于得到"特许"。吴之光整整查了两天,啃面包,喝白开水,终于解开历史真相。《瞿秋白家世》首次比较真实、客观地介绍了瞿云白的一生和他的家庭,并未轻易地为瞿云白扣上"叛徒"的历史罪名。这让瞿兴华一家都很感动,如释重负,长长地松了一口气。

瞿兴华一行抵达常州的当天下午,由赵庚林、吴之光陪同去西郊察看瞿母(瞿世玮之妻金璇)之墓旧址。瞿母自杀后,经表姐夫和亲邻凑钱买了棺材,草草入殓,但无钱安葬,灵柩就存放在他们住的祠堂里。1938年瞿秋白大妹瞿轶群会同亲属,将瞿母安葬在常州市东郊公墓。东郊公墓地处常州现红梅乡卫星行政村,由晚清进士钱名山等筹办,墓地面积5333平方米,遍植松柏。解放初,一批在解放战争和抗美援朝战争中牺牲的一批烈士安葬在此,因此又称东郊烈士墓。1985年后该公墓遂废。

1958年春,瞿母之墓迁移常州西郊公墓(武进公墓),建基立碑,当时有两个碑:一是较小的木碑,大约是随迁移墓时带过来的,另一个是新立的石碑，墓前植有两棵红梅。西郊公墓于1924年由辛亥革命时期江苏都督庄蕴宽及武进县建设局长庄启发起集股筹建，公墓地址在西郊距城4公里的海子口，初建时面积有5万多平方米，后扩建面积达8万平方米。墓地北首建有礼堂，供丧户停棺、开棺及休息之用。

"文革"初期，瞿母之墓被捣毁，1970年11月3日至5日，常州市革委会生产指挥组在《红常州报》（即《常州日报》）上连续3天刊登"通告"："兹因国家建设需要，拨用本市西郊公墓土地。凡公墓地区的坟墓，均须迁移。希坟主自登报之日起，在二十天内携带有关证明前往西郊公墓办理手续。逾期作无主坟处理。"那里准备建造汽车修造厂。瞿家自然无人前往，于是瞿母之坟就被作为无主处理了。20世纪80年代，我的父亲丁景唐和曾任常州市委宣传部副部长李文瑞等人还曾前往那里，寻找瞿母之墓的旧址，并在那里合影留念。2002年春，我与赵庚林前往察看时，那里已是长江客车集团有限公司的所在地，瞿母之墓原址已难以辨认。

随后，瞿兴华等人探望表兄薛大元（恰巧自上海来常州养病）。薛大元父亲薛迪功，是清末重臣盛宣怀的外孙，其表弟便是瞿秋白、瞿云白等人，薛大元与瞿兴华同辈的。薛大元的表舅公是国民党元老吴稚晖，与瞿秋白有某种联系，详见本书收入的《瞿秋白的表亲薛氏父子》《新发现的首张瞿秋白名片》。

瞿兴华与薛大元见面，双方紧紧握手，感慨良久，几代人处于历史风云的漩涡，类似的坎坷经历难以诉说。瞿兴华在《瞿秋白家世》扉页上慎重签上自己的名字，赠送给薛大元，不尽言语寓意其中。

第二天（10月10日）上午，瞿兴华等人去西门的花园南村看望瞿秋白大姑妈家金氏亲戚，其中有江阴县贤庄（瞿秋白曾随母亲去贤庄金宅探望，详见瞿秋白《饿乡纪程》）、金坛县体委、常州信息学院，她们事先已接到通知，从各地赶来聚会。瞿兴华见到她们非常高兴，分别赠送一本《瞿秋白家世》，扉页上都有瞿兴华（瞿勃）的签名，他还逐一介绍了自己的三个子女和儿媳妇。随着孩子们尊敬长辈的称呼，亲戚们笑颜逐开，很高兴地表示：大家从来没有见过面，现在欢聚在一起，也算是认亲了。

午饭后，瞿兴华等人拜访了瞿秋白少年伙伴羊牧之先生的儿子羊淇、羊汉两家。羊牧之写的《我所知道的瞿秋白》等文，披露了大量瞿秋白早期生平史料，至今仍然是研究瞿秋白的重要参考资料。其中瞿秋白曾赠羊牧之4首五言古体诗，原拟收入我和刘小中策划、编写的瞿秋白研究系列丛书之一《瞿秋白佚文考辨》（中国文联出版社2013年版），但被"腰斩"。

10月11日上午，赵庚林陪同瞿兴华一行特地驱车前往吴之光家里，受到热情接待。瞿兴华却发现吴之光家里没有冰箱、空调，心里很不安，悄悄地问赵庚林:"老吴是不是很困难,要不要我们帮助他一下?"赵庚林解释说:"老吴是离休干部,他老爱人在县总工会退休,他们老夫妻习惯了清贫生活,知足常乐,如果哪里受灾,他们立刻慷慨解囊,热情相助。"

返回常州后,赵庚林相约常州的瞿秋白研究学者潘茂(原常州市文管会办公室副主任)、王文强(常州工学院教授)、范立祥(早年曾在新华社工作)、贺忠发(资深学者)等人,与瞿兴华一行见面,大家畅谈一番。10月12日,瞿兴华一行离开常州,结束了为期一周的南下寻根访亲友之旅。

六年之后(2009年),瞿兴华大病初愈,又想起一件事,拿起电话,再次与赵庚林联系,说是自己和大女儿瞿虹先到徐州参加江苏省瞿秋白研究青年学术讨论会,然后南下去安徽滁州,邀请赵庚林、薛大元于8月18日前来相聚。滁州,位于南京过长江的火车第一大站,皖东区域中心城市,文化历史悠久。

双方如约在滁州会合,受到吴腾凰(已退居二线,时为滁州市政协文史委员会主任)热情招待。第二天(8月19日)上午,滁州市政协副主席徐茵、吴腾凰陪同瞿兴华等人前往陆立之家里。

陆立之,又名陆梦衣(与陆久之是兄弟俩,陆久之的妻子是蒋介石的前妻陈洁如的养女蒋瑶光),1909年生于湖南省长沙,曾参加1925年五卅运动,1927年四一二反革命政变时,他也在上海参加示威游行。后被中共中央军委选拔为士兵代表,赴莫斯科中山大学学习,相识瞿秋白、瞿云白、瞿景白三兄弟。陆立之的同班同学彭慧、彭玲姐妹俩才华出众,彭慧后为著名作家,创作《不尽长江滚滚来》等。彭玲以后在上海协助隐居的瞿秋白搞文字改革,写有《难忘的星期二——回忆秋白、之华》)。在莫斯科中山大学时,因反对王明宗派小集团,陆立之和彭氏姐妹被迫先后回国。上海解放后,陆立之在上海文联译协资料室协助姜椿芳、田玉华工作,也参加了上海新华书店翻译小组,他惊喜地见到了穆木天、彭玲等人,原来他们都是翻译小组的成员。翻译小组由海风领导,成员是李俊民、陈梦家、任溶溶、邱陵、彭玲、陆立之。每月轮流出书一本,专译苏联儿童文学作品。

陆立之一生坎坷,解放后曾与薛大元同为"难友",平反后定居滁州,经吴腾凰等人热情相助,陆立之补为滁州市政协委员。他曾慷慨提供彭慧、彭玲等人资料,我与陈福康将其写入专著《杨之华评传》(上海社会科学出版社2005年版),由此填补了一段历史空白。陆立之老夫妇晚年生活拮据,家里几乎徒有四壁,一日三餐极为简单,依然衣着整洁,乐观、豁达。陆立之坚持笔耕不已,撰写《缅怀先烈·导师·知己瞿秋白》等很多回忆文章,并完成三十多万字的回忆录,经过一番周折,2006年由北京中国文史出版社出版,终于了却一件心事。陆立之的老伴戴着老花镜,学着敲打电脑键盘,帮助整理文稿,他们夫妇相濡以沫,携手走过后半生的艰难岁月。

陆立之老人见到瞿兴华等人来访,兴奋不已,谈起自己的经历,度过了愉快的一天。瞿兴华父女俩见到陆立之老夫妇家里的简陋情况,心里很难过,不由想起自己过去类似的困境,决定立即购买录音笔,以便陆立之老人口述自己的历史。正值酷暑,瞿兴华父女俩又买了空调,为陆立之老夫妇送去温馨和凉爽;又听说陆立之老夫妇住房可能要动迁,立即表示愿意资助。陆立之老夫妇深受感动,千言万语并作一句话——感谢。

第二天,吴腾凰、田灼陪同瞿兴华父女俩、薛大元、赵庚林游览近郊著名风景区琅琊山,其山下的醉翁亭是安徽省著名古迹之一,宋代大散文家欧阳修写的传世之作《醉翁亭记》,曾收入教科书。我曾写过《蒋介石等人兴游琅琊山》,现收入本书。

8月21日下午,瞿兴华等人离开滁州,陆立之老夫妇执意要到车站相送,真所谓"曾是天涯沦落人,相知相识难再见"。此后,瞿兴华再也没有机会见到陆立之老夫妇等人。

事后,我才知道瞿兴华南下寻根访亲友之旅,很遗憾地对瞿兴华说:"我在滁州生活了几十年,应该赶到那里去恭候你们的光临。"

浓郁京腔犹存

"言模,希望你到图书馆找找一本书。"十几年前,瞿兴华操着一口浓郁的京腔,响起在电话另一端。当时我手头正在赶写几本书稿,心不在焉地答应了。"那本书,在你父亲的专著上有条目。"瞿兴华大概听出我的语气,再三叮嘱几句。我翻了一下父亲丁景唐和方行(文操)合编《瞿秋白著译系年目录》(上海人民出版社1959年1月初版)——解放后第一部研究瞿秋白的学术专著,长期以来一直是海内外学者研究瞿秋白和搜检有关资料的重要工具书之一,其中果然有瞿秋白翻译的《无产阶级斗争之战术与策略》。瞿兴华和我父亲的"双重压力",迫使我不得不认真对待此事。

遗憾的是图书馆一个个抽屉里的卡片里(当时没有电脑查询),却没有这本书,我有点泄气了。走出图书馆大门,想想不死心,返身回去,恰巧一位朋友当班,请他帮忙查找,哈哈,终于有结果了。我赶紧请人复印了一份,寄给瞿兴华。过了一段时间,瞿兴华希望我对该书中某些问题作了一些注解,我多次跑图书馆,费了九牛二虎之力,才解决了其中一些注解,但是远远没有达到瞿兴华的要求,有些疑难问题只好搁置起来。

按照瞿兴华的吩咐,我和妻子一手拿着剪刀,一手沾着糨糊,整理和粘贴一些纸条——瞿秋白的原注,以及他人的注解。恰逢酷暑,头顶上的吊扇有气无力地旋转,身上汗粘粘的,猖獗的蚊子也趁热打劫,悄无声息地咬上几口,我不免抱怨几句,反正瞿兴华远在北京也听不到。

郑惠、瞿兴华编辑的《瞿秋白译文集》(译林出版社1999年版)上、下卷问世,并在后记里提及我查找一事,并给我一笔劳务费。这让我感到很意外,总觉得欠了他俩一笔沉重的人情债——郑惠曾大力推荐我去中央某研究室工作(郑惠《程门立雪忆胡绳》,中央民族大学出版社年2003年版),我却因故未能前往。

在一次学术研讨会上,我与瞿兴华重逢,再三表示歉意。"小事一桩,莫谈,莫谈。"他的大度反而让我这"小人"更加不安,只好厚着脸皮,东扯西拉。他谈起当年参加编辑14卷《瞿秋白文集》前期工作——负责寻找资料。"你父亲那本书帮了我们大忙,按图索骥嘛。"他对于我父亲和方行合编的《瞿秋白著译系年目录》大加赞赏,这是如今许多研究者无法理解也不愿意提及,因为没有看过且没听说过。

"那时还找了其他许多材料,我认为是瞿秋白写的文章,可惜最后没有被收录……"瞿兴华喝了一口茶。我一听立即来了精神,急忙追问,他毫无保留地说了一通。我不由得大喜,这可是重要的线索,脑际顿时一亮,立即跳出一个大胆的计划,撰写瞿秋白研究系列丛书(拟写10本,现已完成7本)。根据瞿兴华提供的线索,我找到瞿秋白唯一千字微型小说《小妹妹》(1933年8月30日),现收入瞿秋白研究系列丛书之一《瞿秋白佚文考辨》。

瞿兴华提供线索后,我屡次厚着脸皮写信请教,瞿兴华总是热情解答,有时兴致上来了,用毛笔写回信,让我的蟹爬字无地自容。

> 言模兄:你所要的资料遵嘱奉上。
> 关于我父亲也写了几句一并附上。由于他去世早,我又年轻无知没有稍留意,故说不出什么有价值的东西来。
> 秋白《赤化……》一文的说明亦属八十年代之旧稿,取舍定夺,悉听遵便。天热大暑,我就不誊抄一遍了。顺致
> 暑安!
>
> 瞿勃
> 七月廿三日

"大暑热天",瞿兴华放下手头的事情,大汗淋淋,翻箱倒柜,找出许多珍贵资料,并到附近小店去复印,再去邮局寄给我。他那时身体零部件已经出现问题,完全可以拒绝我"得寸进尺"的无理要求,也完全有理由像我当初那

样抱怨几句。但是,他有自己的为人处世的准则:热情待友,愤世嫉俗,淡泊名利。现在回想起来,真让我无地自容。

此后,我意外地查到《无产阶级斗争之战术与策略》的其他版本,比我十几年前寄给瞿兴华的版本(复印件)还要早,其中有瞿秋白翻译原作者写的短序和瞿秋白写的原注。顿时,回想起瞿兴华的一口浓郁的京腔,我羞愧难言,如果当初再下点功夫和时间,完全可以查到。我特意写了一文《瞿秋白译作〈无产阶级斗争的战术与策略〉》(不同版本的书名不同),收入我和刘小中策划、编写的瞿秋白研究系列丛书之一《瞿秋白与书籍报刊——丁景唐藏书研究》(中国社会出版社年2013版)。

"生活是'动',求静的'动',然而永不及静的。正负两号在代数中是相消的,在生活中是相集的。"(瞿秋白《饿乡纪程》)瞿兴华作为瞿秋白的亲侄子,在坎坷的人生倦旅中,逐渐悟出"动"与"静"的辩证关系,体现在他的一言一行之中。

瞿兴华晚年,曾隐居在北京郊外的一个世外小园。桌上一把大肚茶壶,黄釉,发亮,弯弯的把柄高高竖着,被细心的主人裹上一层透明的塑料纸。一旁闲着一只敞口矮茶杯,也是黄釉,也在发亮,洁静的白色内壁,好像在等待智慧的酝酿、精华的集聚。瞿兴华坐在背后,拿着另一只黄釉矮茶杯,悠闲地看着我的照相机镜头。他的头发比较长,梳着典型的二分头,眉毛浓黑,双眸透出微笑的神色,他的五官很像他的父亲瞿云白。

"哈哈,这里就是我的世外小园。"瞿兴华得意地指着一排黑瓦红墙的平房,他穿着蓝色牛仔裤,上穿黑色上衣,外套灰色马夹,上下有四个大口袋,随时准备装进文史海滩上的彩色贝壳,还有一抹夕阳。

我珍藏的多幅照片上显示那是2009年4月18日拍摄的,瞿兴华的女儿瞿虹首次带我造访这世外小园。两扇雕花书房门移到室外,充当园中园的门户,回廊上的葡萄藤还未苏醒,小径旁的树木已生发翠绿,装点回廊上的花窗。园旁留着一片菜地,顽强地钻出点点绿意。走过石桥,踱进飞檐小亭,亭内悬吊的竹制座篮足以承载一个大人的分量,来回摇荡,悠哉快哉。如果中秋之夜小圆桌上摆放着瓜果、月饼和石榴,那么正是瞿兴华一家赏月的好时辰,欢声笑语,一不小心惊动了水池中的金鱼,猛地摆尾,泼剌一声钻入暗处池底。"如果夏天来这里,那真是花花绿绿,好不热闹,一片生机,煞是好看。"事后,瞿兴华的二女儿瞿平看到照片上的庄园,惊呼起来。

瞿兴华的心情不错,执意要带我到四周转转。一条土路静静地通向赴京的横贯公路,一辆手扶拖拉机喷着轻烟,吐吐地开过来,披着一身的夕阳余光。笔直的河渠傍依着公路,平整砌筑的斜护坡,日夜忠实地守护着河渠两旁。沿着弯弯曲曲的小路,攀上小山坡。一路上,瞿兴华说了许多往事,我已记不清了,总觉得我和他应该戴着破草帽,扛着锄头,腰系粗草绳,卷起的裤腿上沾着的新鲜泥土,横衔着一根滋润的清香野草,春天的滋味充塞着整个口腔。后面还应有一群牛羊,半空中响起清脆的鞭子声,那是包含着放牛娃的欢笑声。

瞿虹发来短消息,催促我们回家吃饭,远处村里不曾见到袅袅炊烟,却早已摆脱世间嚣张的尘灰,安静似水,阿弥陀佛,庄严自在。瞿兴华晚年有时隐居此小村的小园里,悠哉游哉优哉,平房里几个书橱和文房四宝,一幅瞿秋白肖像木刻作品和一尊鲁迅雕像,日夜陪伴着他——心中自有《多余的话》新旋律,足矣。

一桌的饭菜,香气袭人。"这熟食是从附近的镇上买来的,挺好吃的。"瞿兴华的妻子李述文原是教师,充满活力,热情地招呼着。我问她身体好吗?她说浑身病不少,但是,没事!瞿兴华也曾动过大手术,我夸张地形容他的胸腔被"割"成两半,然后用白色纱布结结实实地捆起来,他以顽强的意志和旺盛的心血又将其凝固成一个整体,"凤凰涅槃",了不起!

"小小的院落,疏疏的闲花闲草,清早带些微霜,好象一任晓风飐拂摇移,感慨有些别意,仿佛知道,这窗中人快要离他们远去万里了。……'自然'向不吝啬他自己的'美',也未必更须对我卖弄,——我只须能尽量享用,印取他的'美'意,自慰偏枯悲涩的心怀,离别便离别,一切都不过'如是而已'。"(瞿秋白《饿乡纪程》)当年瞿秋白首次离京赴神秘的苏俄,不由得发出几声叹惜。

如今,世外小园的主人瞿兴华夫妇已驾鹤西去,春天如约降临,大肚茶壶黄釉还在发亮吗?

履行沉重嘱托

"我父亲没有出卖党组织和同志!"瞿兴华在我面前多次谈起这个敏感的历史话题,他很激动。阳光斜射进屋,投射在大橱的玻璃镜上泛起耀眼的亮光,罩住他的身影,随着他的一举一动都会变换着闪烁的亮光,逼得我眯起眼睛,很想看清他的脸庞和一翕一合的嘴唇。起初,我碍着面子,总是笑笑,不作任何评价。

随着各种史料逐渐浮出水面,我看到了一些内部档案资料,心中的疑问冰块"咔嚓、咔嚓"开始崩裂、融化,反思能力在逐渐加速提升。一天下午,瞿兴华的大女儿瞿虹谈得很多,我很吃惊,"真的吗?"回上海后,瞿虹果真发过来许多资料,我本能地意识到应该为瞿兴华做点什么,逐渐浮现了一个设想,要为瞿秋白的三个弟弟瞿云白、瞿景白、瞿坚白各写一个小传,并要增添新史料,杜绝各种传闻,澄清事实,填补空白。

几次到北京,我都去探望瞿兴华,设法问起他父亲的事情。他一打开这个话匣子,就收不住了。有一次,我问起祭扫瞿坚白之墓的事情,瞿兴华说是早先联系过,因故未能前往,其实是他原来寻根访亲友之旅的一部分。我立即提议是否能再次联系,我陪同他去。他满口答应:"好的,好的。"

2011年冬天,我草拟了《瞿秋白与名人往事》书稿(中国社会出版社2012年版),打电话给瞿虹,她说母亲已经去世,又说起父亲身患重病,卧床不起。我大吃一惊,不知道该说些什么安慰话。我急忙发出关于瞿兴华父亲小传的电子文稿,请瞿虹打印出来,让瞿兴华审阅。孝顺的瞿虹在病榻前,为父亲读了文稿的部分内容,瞿兴华提出一些重要的修改意见。他还转告我:如果要去祭扫瞿坚白之墓,瞿虹应该一起去,他自己病重无法前往了。

"真正的作家,你自己会感觉到每天生活的价值,你能够创造或是修补一点什么,只要你愿意。"(瞿秋白《多余的话》)瞿兴华曾经深入地研究《多余的话》,颇有心得,并撰文与他人争论,但是,他从未撰文公开评价自己的父亲。为此,我贸然地做了,浮浅地写了,并把自己大部分观点隐藏在字里行间,"只要你愿意"。

2012年春节过后,按照瞿兴华预定的计划,瞿虹无法离开,嘱托我前去河北省邯郸市下属的武安市,祭扫瞿坚白之墓,以了却他多年的夙愿。

子夜后,火车停靠河北某小站,上来一批夜客,说着当地方言,叽叽喳喳。卧铺车厢里亮着昏暗的灯光,我揉揉酸涩的眼睛,火车喘着粗气重新钻入黑幕里。我不敢再睡了,干脆起来呆坐,突然手机铃声响了,小小的手机屏幕上跳出一行字:"我父亲于2月29日凌晨3时30分去世。瞿虹。"我愣住了,不相信,再看看,冰冷的字眼,无情地击碎了我的最后一丝幻想。

我原想带着陵园的照片赴京给他看看,向他讲述陵园的一切,等他身体康复了,再陪同他去陵园看看;原想当面向他请教许多问题,包括对他父亲的评价,希望能够再修改一下文稿;原想和他再作一次愉快的合作,纳入我和刘小中拟就的瞿秋白研究系列丛书计划,也许是第八本,或者第九本,甚至是第十本,共同画上一个圆满的句号。呜呼! 永远留下了一个沉重的遗憾,我还有什么可说的。

一小时后,我到达邯郸市车站,脑子里一片混乱,在车站对面的小店里,往嘴里胡乱塞点东西,不知道是什么滋味。天亮了,我登上了赴武安市的火车,车票两块钱,这恐怕是国内铁路票价最便宜的。后才知道去那里每隔半小时就有一班公交专车,很方便。

武安市比较小,也有小型的公交车,上车人比较多,拥挤。在好心人的指点下,找到了南关街588号烈士陵园,迎面是个仿古飞檐琉瓦的高大门牌楼坊建筑,两旁高大的红柱,中间两扇黑漆铁栅大门紧闭着。我推开虚掩的边门,进入烈士陵园,中间是陵园的标志性建筑"抗日烈士纪念塔",外建六角亭保护,刻有646名烈士英名,以及刘伯承题词"英名不朽"、杨秀峰题词"永垂史册"等。

陵园右边是陵园办公室等,中间后面是新建的150平方米烈士纪念馆,展板上载有瞿坚白烈士的简介。左边有一个烈士群墓,第一排左起第二个为瞿坚白烈士之墓,我三鞠躬,默哀——来迟了,尊敬的先烈,你的大侄子刚刚去世,你们在天国相聚,一定有许多话要说。

1943年5月初,日军两万多人分三路"扫荡"太行区。六专署机关的文职人员疏散到附近各个山坳,瞿坚白和武安县抗日政府的王泉醴等人隐蔽在柏草坪(亦为百草坪)天井峧山坳里。5月14日,潜伏在武安柏草坪村的敌特获悉后,密告武安柏林村的日本特务温玉安,引来大批敌人包围了天井峧。突围的枪声打响了,瞿坚白、王泉醴、顾英俊、陈守仁、凌尔寿(著名作家二月河的大伯父)等壮烈牺牲。

陵园里静悄悄,一旁的松柏肃立,草坪上沾着晶莹的露珠。瞿坚白、凌尔寿等烈士墓前竖立着早年移过来的一尊石碑,原来是1944年4月9日武安抗日县政府竖立瞿坚白等烈士纪念碑,其后竖刻碑文(原无标点符号),刻写着与瞿坚白一起牺牲的五位烈士简介(原无标点符号):

民国三十二年五月反扫荡殉国烈士纪念碑文:

去岁五月敌进犯太行山,我县干部或掩藏军粮、保护民食,或为组织群众开展游击战争,不避艰险,英勇坚持工作。不意国民党特务丧心病狂勾结日寇,企图摧毁抗日根据地,以达其反共投降卖国的阴谋,在我抗日军民胜利的威震之下,未尝稍敛其迹,于反扫荡行将胜利之日,十八(四)日犹引敌包围柏草坪后山,惨杀抗日干部,当时我忠勇的王泉醴等同志遂壮丽殉国。为诸烈士之光荣牺牲,更加(激起)全县干部民众对日寇及国民党特务无限之愤气。兹值抗战曙光在望,将近敌我决战之际,特竖碑錾文,以申我县政府干部及全体民众向日寇及国民党特务斗争到底之决心,以慰诸英魂。

烈士履历列后:

王泉醴同志,山西浮山县人,二十三岁,为中国共产党优秀党员,先后在决死队、边府财政厅工作,现任我县二科科长,工作积极,艰苦卓绝,为我县干部之楷模。

瞿坚白同志,江苏省人,三十岁,为革命先烈瞿秋白之弟,先后在边区政府教育厅、太行一中、六专署工作。

凌尔寿同志，山西省昔阳县人，三十九岁，（抗）战后献身民族解放大业，现任边府教育厅督学。
　　顾英俊同志，河北省人，三十六岁，（抗）战后一贯在冀南领导工作，为中国共产党优秀党员。
　　陈守仁同志，甘肃省人，三十岁，为中国共产党优秀党员，十七岁加入红军，多次英勇负伤，残废退伍，后任本县荣誉军人管理委员，领导民兵与敌作战，壮丽牺牲。

武安抗日县政府立
中华民国三十三年四月九日

　　陵园负责人热情地为我提供了花圈和花篮，执意不愿收下我的钱款。五六个工作人员仔细地打扫瞿坚白之墓，还送给我一些介绍陵园的宣传品等。"谢谢！"我一个劲地道谢，后来才知道这个陵园是"全国烈士纪念建筑物管理工作先进单位"。
　　"这世界对于我仍然是非常美丽。一切新的，斗争的，勇敢的都在前进。那么好的花朵，果子，那么清秀的山和水，那么雄伟的工厂和烟囱，月亮的光似乎也比从前更光明了。但是，永别了，美丽的世界！"（瞿秋白《多余的话》）瞿兴华曾读过这段文字……

　　（此文得到瞿虹、赵庚林、吴腾凰、史辉戈提供的珍贵资料，赵庚林、史辉戈还特地写了瞿兴华一行南下寻根访亲友的具体情况，在此表示衷心感谢。）

后　记

丁言模

"应该为你父亲出版一本纪念集。"上海鲁迅纪念馆原馆长王锡荣匆匆赶到我家里,双手接过我点着的三炷香,捧在手里,对我父亲的遗像三鞠躬。下楼后,他很认真地说:"我已经在朋友圈子里发消息,希望大家都来写纪念文章。"

此后,我的手机里不断地跳出有关纪念我父亲各种文章的信息,字里行间浮现出一个个熟悉的脸庞,穿越时光,再现在绍兴路上,或者谈笑风生,出现在我家石库门的三楼里——那是父亲多功能的卧室,兼书房、客厅,还有一张饭桌兼写作的老式书桌,这里四周塞满了他的宝贝——新旧书刊。新老朋友的文章充溢着浓浓的怀念情感,也似乎感染了遗像上的父母。"谢谢大家!"父亲浓厚的宁波口音,飘散在家里的空气里,飘出窗外,穿过细雨帘子,穿过阴冷的寒冬。

一

2017年12月15日上午,孙颙(上海市新闻出版局原局长)参加了我父亲告别会,当天晚上就写下了纪念文章,并且是第一个发到我的邮箱里,我真没有想到。他写道:"我一直记得,那瘦瘦的身影从旋转楼梯飘飘而下的情景。这天以后,他很少再出现在绍兴路七十四号。……我曾经埋怨过老丁,觉得他撒手让我折腾吃苦,是不近人情。很久以后,我工作经历得多了,才慢慢体会出他用心良苦。"

一个"飘"字鲜活地勾勒出我父亲最后潇洒离去的身影,离开了曾为之奋斗、辛勤工作的岗位,他曾在这里焕发了第二个青春。如果拉开历史距离,那么这个"飘"字,标志着他自18岁投入革命以来,宣告正式离休,告别了四十多年风风雨雨的非常时代。

事过多年,大家都还清楚地记得当初见到我父亲的第一印象。"老丁为人谦和,温文尔雅,常常谈及现代文学作家与作品,一身文气。在我的印象中,他有别于一般的党政官员,更像一个学者文人。"江曾培写下了纪念文章的标题《文艺社来了内行里手的领导》。

"文革"后,郝铭鉴站在人生十字街头时,我父亲毫不犹豫地连说:"出版!出版!当然是出版!"他吃尽了苦头,备受凌辱,依然初心不改。在我父亲去世周年之际,郝铭鉴因重病接受大手术,拖着虚弱的身子,叩开了曾经非常熟悉的我家门,拿出多本刚出版的2019年第1期《编辑学刊》,载有他写的纪念我父亲的文章。

资深的老编辑江俊绪深情地回忆说:"大家都习惯称呼他老丁,没见一个人叫他丁社长、丁总编的。这是一种无形的零距离,亲切。平时见人,他总是笑嘻嘻的,一口醇厚宁波话,听起来柔柔的,风度永远和蔼儒雅。工作中谈意见建议,剀切背后会感受到实事求是和火辣辣热情,态度真挚。"

上海外国语大学教授陈福康还清楚地记得第一次见到我父亲的情景,他回忆说:"记得我是在走道楼梯口碰到老丁的,那时他看上去也不老,穿一身蓝卡其中山装,别一支钢笔,斯斯文文的,手里拿着一叠什么文书,正在向一位戴着红袖章的'工宣队'老师傅请示着什么。看来他当时大概刚获'半解放',在做一些杂务性工作。他带我去了他与好几个人一起办公的乱哄哄的办公室,静静地听了我想学习鲁迅著作的一番话,满脸严肃,似乎没有多少热情。正当我颇感失望时,他拿起笔给我写了他家的地址。大概就是当天晚上吧,我便去了他那堆着很多书的房间,去聆听他的一口宁波腔了。我记得很清楚的是,他一开始就特地关照我,上海有几个人'侬勿要去搭讪了',并说他们那里有的鲁迅研究资料,我这里都有的。从此,我就频繁地拜访老丁家,有一段时间几乎每周两三次。老丁对我非常好,他家的书刊,几乎全向我开放。凡有复本的,还常常签名送我。我真有一种久旱逢甘霖的感受。"

资深编辑赵南荣在上海文艺社理论室工作多年,曾负责编辑"文革"后复刊的《中国现代文艺资料丛刊》,他回忆说:"领教了老丁独特的工作方法。老丁虽不善言辞却擅长写信。他组稿是写信,指导编辑刊物也写信,一天收到他三五封信是常事。有时他在家里办公,写了信就叫女儿丁言昭或儿子丁言模送来,仿若今天的快递。最有趣的是,他在二楼社长室写好信,亲自到三楼编辑室交给我。我劝他打个电话就行何必写信,老丁说,年纪大了忘性大,还是写信牢靠。老丁喜欢用炭黑墨水,写得一手好字,竖排信笺,行云流水。"

俞子林、宫玺、林丽成、鲍放、修晓林、孔海珠、岳洪治、郭娟、秦建鸿、秦玉兰(竹子)、刘琼、陈贵红等出版新老同人从不同的角度、不同的层次、不同的阶段,再次走近我父亲——一个鲜活的形象跃然纸上,奉献给如今的广大读者。

二

本书收入的众多照片中,我父亲乐呵呵的形象再次与大家"团聚"。

"我是小马。"远在北京养老院的马懋如每次打电话给我父亲时,甜甜地自称是"小马",其实她年逾八旬了。上海刚解放时,华东局宣传部和上海市委宣传部合署办公,我父亲在宣传科,她在秘书科。马懋如珍藏的一些老照片,见证了那个翻天覆地的新时代。我父亲去世周年之际,她还特地打电话来,感叹一番,她是目前与我父亲曾在建国初期一起工作的为数不多的健在老人之一。

"刘老师,您好!"我冒昧地打电话给资深学者刘锡诚老师。1957年夏天,他从北京大学毕业,分配到中国文联所属的中国民间文艺研究会工作,如今学术成果累累,成为研究中国民间文艺的权威。1981年12月,刘老师和我父亲作为中国作家代表团成员赴香港,参加由香港中文大学主办的"40年代中国现代文学研讨会"。此后,他和我父亲鸿雁来往,他在煌煌专著《20世纪中国民间文学学术史》里首次比较完整地介绍我父亲(笔名丁英)和民歌社的关系。

85岁的刘老师接电话时听不清楚,让他的老伴接听,然后转告他。没想到仅过了几分钟,我的电脑里出现了他的未刊稿《破冰之旅》(介绍中国作家团的香港之行),以及我从未见过的一张集体合影。我急忙再次拨打电话,重复刚才的程序,才搞明白那张照片——他与我父亲等人香港之行的人物排列次序。

资深的鲁迅研究专家陈漱渝看了我发过去的照片,才想起来自己曾参加了1996年秋天在广州举行的"文物资料捐赠仪式",其中有蔡元培之女蔡睟盎、中山大学教授李伟江和广州鲁迅博物馆等人。

复旦大学的陈思和教授惊呼从未看到这张照片,其中有我父亲、束纫秋、何为等人,但是他记不清这是哪一年的事了。他和我三姐丁言昭曾合作撰写了《希望之孕——记丁景唐编辑生涯五十年(一九三八—一九八八)》,首次梳理、归纳了我父亲半个世纪的编辑经历和成果,该长文收入我父亲最喜爱的专著《犹恋风流纸墨香——六十文集》。

王锡荣参与创办上海鲁迅纪念馆"朝华文库"时,告知我父亲,希望其中建有"丁景唐专库"。王锡荣、秦海琦等人到我家来,搬走许多书籍时,我也一起帮忙。他们的车子开走了,载着我父亲多年搜集的部分宝贝书刊和他说不尽的心绪。"捐献书刊"的字眼充满了"舍与不舍"的复杂感情,既高兴又有些惆怅,直到我父亲去世后,我捐献父亲留下的部分新旧书刊时才逐渐明白。

我父亲与上海鲁迅纪念馆之间的交往,可以追溯到该馆建立前后,与新老馆长都有各种来往。我父亲去世后,我家狭窄的楼梯上响起了新任馆长和副馆长乐融的脚步声,他们亲临寒舍吊唁。

我在编辑本书时,缺乏一张老照片,该馆负责征集工作的何昊佩立即向领导汇报,次日便发过来老照片,非常清晰。其中有我父亲和第一任副馆长谢旦如等工作人员,还有阿爷丁继昌(父亲称他为昌叔)、母亲、姐姐、弟弟。我父亲研究鲁迅、瞿秋白和左翼文学运动史时,谢旦如慷慨地提供了许多珍贵的资料。现在我"子承父业",继续使用这些资料,如同享受阳光般的温暖。我父亲晚年专门写了《忆念矢志保存革命文物的谢旦如先生》,深情地说:"谢旦如先生永远和我们在一起。"这句话作为那张老照片的主旨。同时,这张老照片与本书收入的新时期鲁迅纪念馆领导班子的照片"相聚",两者相映生辉,成为一个珍贵的纪念。

陈福康"出道"比我早得多,他与我家里人都很熟悉。他精通日语,我曾请他翻译一些日文资料,为我当时撰写米开朗琪罗传记提供有关资料。他后来与我合作撰写《杨之华评传》,却传来了某人的"叽叽喳喳"聒噪声,继而登场的生旦净末丑的系列闹剧,我很荣幸地"躺着中枪"。事后,想想人心隔肚皮,不知红与白,况且每个人遗传的基因本来就不同,也就不足为奇了。

陈福康提供的一些老照片,我从未见过,这才知道我父亲曾与郑尔康(郑振铎之子)、朱明磊夫妇"同框"。父亲珍藏一些郑振铎的初版本书,与瞿秋白、鲁迅等人有关。对此,我曾写过专题文章,收入我写的《瞿秋白与书籍报刊——丁景唐藏书研究》一书里。

三

我父亲曾与昔日战友、文友的子女保持着不同形式的联系方式,这些子女的身份兼有双重或三种身份。

陈庆写的《同龄·同学·同道·同志——追忆父亲的挚友丁景唐伯伯》,这标题足以说明她的父亲和我的父亲之间"四同"的密切关系。陈庆回忆说:"可亲的丁伯伯见到我总拍手欢迎,他的睿智、他爽朗的欢声笑语尤为感染人。我听他们说史道今,被他们召唤着分享发现和快乐,还因此被他们抢着'差遣',在两个病床间跑来跑去领受派发的'任务'。"有时陈庆的父亲重新住进华东医院,"老友相见自然欣喜,却为争取不到同一病房而遗憾,可爱的性情中人丁伯伯一度竟如孩童与病区负责医生闹起情绪。"

杨之英的女儿吴幼英、女婿钱世锦与我父亲又多了几层关系,杨之英是瞿秋白夫人杨之华的妹妹,她本身就是一部说不完的长篇故事;钱世锦与三姐丁言昭的丈夫曾是上海芭蕾舞团的同事。

我曾采访年逾九旬的杨之英,她的思路清晰,讲述了许多关于杨之华等人的往事,非常精彩。我曾请教她长寿的秘诀,她说:"随意。"这颇有禅意之语,足以让哲学家琢磨一辈子。她的丈夫吴元坎是一位著名翻译家,他早年留学日本,先后翻译了《鲁迅书简补遗(致日本人部分)》《金色夜叉》《国木田独步》等。吴元坎老师、钱世锦曾一起来我家,与我父亲交谈甚欢。我恰巧从安徽返沪,在一旁插嘴说了一部译作书名,吴元坎老师惊奇地问:"你怎么知道的?"其实,我刚刚看了他翻译的这本书。说来惭愧,我在他面前只是一个小学生,幼稚得很呢。

著名作家孔令境的大女儿孔海珠曾帮助姑父茅盾整理回忆录,保存了大量的珍贵资料和照片,出版了多种学术专著,她与我父亲、三姐丁言昭的关系都很好。一日,孔海珠欣然接受我的建议,不顾多病的身子,冒着酷暑,坚持撰写了一篇纪念文章,并找不少老照片,记载着她活跃的青春身影。

我曾看过他(她)们的汇报演出,三姐丁言昭和大学同学吴海燕也上台表演节目。孔海珠胸前挂着一个红皮鼓,她和其他三个女青年表演"三句半",她只说最后"半句"两个字,很是俏皮,然后随着其他人转圈,集体亮相。她回忆说:"老丁带领我们下乡的这件事,五十多年过去了,现在想起来还是温暖的。除了第一次领略送书下乡和文艺小节目相结合的优长,在以后的日子里,老丁见到我也会说起那次下乡的经历,他有一种骄傲,毕竟送书和文艺相结合的尝试,他是首创。"

著名出版家、翻译家范泉的儿子徐海安写道:"我父亲范泉和景唐伯伯是光华大学的校友。而我和景唐伯伯的两个女儿:丁言仪、丁言昭也都是校友。"他提供的他父亲与我父亲来往书信,可以发掘出许多鲜为人知的故事。

修晓林的父亲修孟千与我父亲曾一起在上海市委宣传部工作,一起合编《怎样开展工人业余文艺活动》等宣传册子。此后,修晓林进入上海文艺出版社,我父亲与修晓林成为上下级关系。因此,我父亲特地赠送一张老照片给修晓林,即我父亲与谢旦如、修孟千一张合影,父亲在此照片背后的题词蕴含了丰富的内容。

著名作家徐开垒撰写了两卷《巴金传》等,受到广泛好评,他与我父亲早年相识,其中有许多生动故事。徐开垒先生的女婿马国平老师从档案里找出珍贵的照片资料,令人三思,而且首次谈到丁景唐推崇的瞿光熙先生,"建国后有关人士曾有钱杏邨、郑振铎、唐弢及瞿光熙四大藏书家的说法"。我记得小时候曾随父亲到瞿光熙家里去玩,吃中饭时,大家围着一个长桌子,施行分餐制,每人前面放着一小盆菜、一碗汤、一碗饭。父亲与瞿光熙一边聊天,一边吃着简单的饭菜,话题与饭菜都是那么津津有味。

资深老编辑王仰晨与著名作家多有来往,先后编辑了《鲁迅全集》《茅盾全集》《巴金全集》等,影响很大。他的儿子王小平"翻检丁伯伯写给父亲的信,发现多有编辑交流的内容,他们是志同道合的朋友,他们在工作方面的相互支持和协作,称得是对君子之交的诠释"。

著名作家、出版家章靳以早年与郑振铎、巴金、赵家璧等人交往甚密。他的女儿章洁思老师在译文出版社工作,一次偶然的机会,我父亲主动与她打招呼,此后逐渐熟悉。章洁思老师回忆说:老丁有时"会过来看望母亲。母亲喜欢听他的宁波口音,因为她自小也是在宁波长大的。母亲也喜欢看书,总是书不离手,所以他们之间话题是很多的,有些老话,还会聊得津津有味"。

我写的《巴金领衔的"三驾车"〈文季月刊〉》(收入《穿越岁月的文学刊物和作家》第二集)花了很长的篇幅谈了巴金、靳以、赵家璧三人之间的深情厚谊。我委托出版社寄送书给章洁思老师,由此延续了我父亲的一个传统——书香传友情。

著名诗人王辛笛与我父亲曾一起作为中国作家团成员赴香港,参加"40年代中国现代文学研讨会"。我在整理父亲大量书籍时,发现一本俄文书籍,硬壳精装本,我哪里认得天书一般的俄文。幸好得到王辛笛先生的女儿王圣思教授、南开大学俄国文学研究专家王志耕教授的热情无私帮助,才知道原来这是苏联著名的鲁迅研究专家波兹德涅耶娃的第一本专著《鲁迅》(直译为《鲁迅·生平与创作概述》)。

睿智、机敏的郑超麟曾是瞿秋白的"秘书",记忆力特别好,大量的史实竟然记得清清楚楚,他哪里有被关押几十年牢狱的后遗症,令人佩服至极。我撰写瞿秋白等人专著时,多次引用他的回忆材料,也曾奉父亲的指令,买了两瓶黄酒送到他的家里。他戴着一副厚厚镜片的眼镜,怀里抱着那两瓶黄酒,笑眯眯地盯着我,嘴里喃喃地说着我听不懂的福建话,活脱脱一个可爱的邻居大爷。

郑超麟的侄孙女郑晓芳是一位资深编辑,办事大大咧咧的,待人诚恳、热心。她曾多次接待我和父亲等人,也留下了很多的照片。去年夏天,她的编辑杂务缠身,说是纪念文章写了一半。到了年底,她突然说写好了,竟然成为本书的最后一篇稿件。我请她找一下有关照片,她说找不到了。收入本书的三张照片,还是我设法翻检出来的。

中山大学教授李伟江早在1961年还是大学四年级学生,对于我父亲和瞿光熙编的《左联五烈士研究资料编目》有关问题大胆地提出自己的看法。

此后,他俩成为亦师亦友的亲密关系。李伟江的女儿李桃、女婿张教授曾来探望我父亲,谈起许多往事。

我撰写第一本专著《鲍罗廷与中国大革命》时,到广州查寻有关资料,住在李伟江老师家里,受到热情款待。吃早饭时,他的妻子特地去买来云吞面,让我第一次品尝到广东的著名美食。临走时,我连连道谢,李老师用夹着广东口音的普通话说:"不用谢啦,当初你父亲也是这样接待我的!"

翻看父亲第一本诗歌集《星底梦》初版时,我惊喜地发现扉页上父亲的题签文字,是赠送给"席明"的,这是鲍放的父亲鲍士用昔日从事地下党工作时的化名。我立即打电话给鲍放求证,她说是记得好像有此事,此初版书还是她亲自送到我家里,那时我父亲在撰写介绍《星底梦》的文章。此后,这本题签本因故一直没有归还。

鲍放在纪念文章里写道:"(老丁)之所以突然走过来问我,是因为我长得像极了我的父亲,他从我的脸相一下看到了我父亲的影子——40年代,我父亲曾为关露主编的《女声》杂志写过稿,由于《女声》关露的关系,有幸结识了丁景唐先生。"

早在"文革"前,张韧曾是全国知青的一个典范,此后才有全国知青大规模上山下乡的大潮。她与我二姐丁言仪是小学同学,与三姐丁言昭差点成为同窗。当时她考取了上海戏剧学院,却依然去安徽农村当一名普通农民,这在当时是一件特大新闻,让我父亲也为之一震。张韧曾作为安徽省团委负责人来滁城看我,当时我是一名裤角上沾着泥水浆的建筑工人。她穿着一件连衣裙,坐在长椅上,鼓励我一番。

张韧的父亲刘燕如,电影《51号兵站》中"小老大"原型之一,他撰写《一条输送革命书刊的秘密运输线》一文,收入我父亲写序言、俞子林主编的《百年书业》一书里(上海书店出版社2008年版)。刘燕如与鲍放的父亲鲍士用是亲密的老战友,我请张韧查找他父亲与鲍士用的合影,以填补本书的一个空白。张韧撑着虚弱的身子,终于找到了一张合影。丁景唐、鲍士用、刘燕如原来都曾从事地下党工作,现在他们重新相聚在本书里,牵线搭桥的正是他们的子女,为本书画上了一个圆满的句号。

我父亲曾写信给范泉的儿子徐海安:"我最记挂的,是父辈的弥久友谊是否会因时间的推移,而使第二代的友谊持久绵延。"本书便是一个见证,而且以不同方式"使第二代的友谊持久绵延",敬请父亲和长辈们放心。

四

2019年1月12日,左联会址纪念馆馆长何瑛主持"多伦文艺沙龙"讲座,我应邀主讲《左联刊物〈文学月报〉——兼谈左联、进步刊物的那些人那些事》。最后,我说:"我只不过做了父亲和老一辈研究者没干完的事,把我父亲辛辛苦苦搜集的各种材料整理出来,向各位汇报。"

四十多年前,我刚开始学习写作时,父亲是我的第一位启蒙老师。他很忙,便委托其他熟人以各种方式辅导我,其中有张冰隅(炳隅)老师。他重新改写了我的幼稚习作,而且坚持把自己的名字放在第二位,让我"全额"拿到了第一笔稿费,至今让我记忆犹新。

那时年轻的王锡荣已经是老资格的研究者,成为我第一本专著《鲍罗廷与中国大革命》的特邀编辑,甘愿尽义务,不拿一分钱,他的点评意见成为我今后努力的方向。

陈福康、潘颂德、乐融等老师与我父亲的关系都很好,他们以不同方式热心地帮助我,特别是当我处在艰难困境之中,他们都及时伸出援手,详情另撰文述说。

中国社科院研究员刘平老师是一位很有造诣的学者,他撰写的五十多万字《田汉传》等专著,都成为我研究现代文学的重要参考资料。一日,他寄来两份报纸,很抱歉地说拖延了几年才发表此书评文章,即点评我的研究瞿秋白系列丛书中的三本书(我父亲赠送的),他是仅有几位热心介绍这套丛书的学者之一。

郭娟主编的《新文学史料》上刊登了有关我的专著《穿越岁月的文学刊物和作家》前两集的简讯,她与我父亲因"一本书结缘二十年",那是缘于《陶晶孙选集》,她回忆说:"那时丁先生在上海,我在北京,为了文稿增删以及一字一句一个注释,书信交驰不下十余封。"我父亲在《犹恋风流纸墨香——六十年文集》扉页的许多彩照里,特地放置一张"纪念陶晶孙诞辰一百周年"照片,其中有《陶晶孙选集》责任编辑郭娟。

我有五本瞿秋白研究系列丛书专著和三本《穿越岁月的文学刊物和作家》,都是中国社会出版社编辑室主任陈贵红担任责任编辑(大多由我父亲指导并作序),这在全国出版界同行中绝无仅有的。因此,我父亲在这些专著的后记中,大多要写上一句话:"此书稿承蒙中国社会出版社陈贵红等同人的认真校改,在此表示由衷的感谢。"

葛昆元曾作为《上海滩》的主编,多次邀请我父亲撰稿,而且很有魄力地刊登我的专题文章,第一篇便是其他刊物"吓破胆"而拒登的文章,他却毅然不删改"敏感"内容,将其编排在卷首。该文提及一位名人的儿子,特地联系《上海滩》编辑部,表示感谢。

周忠麟退休前为上海文新报业集团办公室主任,他曾与张冰隅(炳隅)、陈福康、陈子善等人一起参加巴人(王任叔)学术讨论会,我和父亲也参加了。不过我并没有参加集体合影,因为那时我还没有发表过一篇学术文章,不好意思参加合影。周忠麟回忆说:"每次上门,老丁家里总是宾朋满座,俨然是一个'现代文学沙龙',充满了'得好友来如对月,有奇书读胜看花'的氛围,其中参与较多的还是我们这些年轻人。"

"侬要写得严谨些啊!"《世纪》主编沈飞德至今还记得我父亲说的这句警言,这也是鞭策我努力学习的座右铭。陈学勇、沈文冲、王性昌、卢润祥、丁惠增、陈克希与葛原、俞仪方、叶奇、陈小琴等人名字,我父亲曾多次提及,他们写的纪念文章很有特色,抓住各自熟悉的"细节",勾画出我父亲一笑一颦的形象。

我父亲曾对王观泉(资深学者,我父亲的学生,与我家关系特好)说:"今朝要讲桩滑稽事体拨侬听。""什么滑稽事情?""瞿秋白纪念馆的馆长,是一个滑稽剧团的党支部书记来当的,侬讲滑稽勿滑稽?……真滑稽!?"这是常州瞿秋白纪念馆原馆长赵庚林回忆的一则趣闻,当初他刚上任,我父亲便做出这样第一反应。事情的发展大大出乎意料,赵庚林、侯涤(后为馆长)等人越干越火红,使得常州瞿秋白纪念馆名声大振,吸引了海内外学者。我父亲不得不对他们刮目相看,更加积极支持,引申出许多趣闻。

宓重行、韦泱、陈钜、赵家圭、朱亚夫、彭伟、张林凤、孙言、马信芳等人与我父亲先后成为"忘年交"。

按照宁波人的习惯,我们子女叫父亲为"爹爹",韦泱也跟着叫喊,因为他不是外人。他不知为我父亲干了多少粗活、细活、累活,俨然是我父亲离休后的"编外秘书"。韦泱在各家报刊上发表文章都使用韦泱的笔名,众多读者都不知道他的真名叫王伟强。他出版的每本书都送给我父亲,得到好评。礼尚往来,我写的许多书也赠送给他,并由我父亲题签,便具有收藏价值。

中学语文高级教师宓重行年轻时颜值很高,他是唯一参加我父亲八十大寿饭局的"忘年交"。他属于"冷面滑稽",文如其人。我父亲曾慷慨赠送他一本著名民主人士黄炎培的《延安归来》旧版本一书,令我眼红,故请他拍照给我留念。结果他与夫人忙了几天才折腾完毕,这是我苛刻要求造成的,当时我疏忽了他是一个有腿疾的男子汉,真对不起!

五

我父亲去世后,《解放日报》年轻的女记者施晨露在"第一时间"前来采访我,说是领导很重视,希望我能提供父亲有关资料。施晨露很聪明,只简单地提问了几个问题,我送她到弄堂口,又交谈了十几分钟。她回报社后立即敲打键盘,充分发挥跳跃性思维的特长,赶写了一大篇文章,次日便发过来。我补充了一些资料,提供了一些老照片,她立即修改,发表在《解放日报》的网页上,传播很快,文友纷纷转发给我。

出版博物馆主要筹备人之一林丽成等人也先后发表文章,以示怀念。现存有一张照片,见证了2005年9月23日,丁景唐主持《新文学大系》口述史工作会议,其中有林丽成与郝铭鉴、高国平、周天、赵修义、宫玺、聂文辉等。

出版博物馆(筹)刊物的编辑部主任张霞、武科展(摄影)、方乐(摄像)冒着蒙蒙细雨赶来参加我父亲告别会,留下了珍贵的资料,并且刻好光盘,快递寄出,让我们全家感激不尽。2018年12月11日,是我父亲去世周年忌日,张霞等人发表纪念文章。事前,张霞等人特地在寒风凛冽的弄堂口等候,我急匆匆赶去,在隔壁的中药店里,把有关资料交给她们,真是怠慢了!

出版博物馆副馆长上官消波、韦泱带着笨重的摄影器材,到我家拍摄我父亲的多功能书房。三楼基本上保持原样,我还集中了父亲多年来搜集的宝贝书刊中的"精英分子",这正中他俩下怀。上官消波是一位摄影高手,韦泱协助打灯光,第一次拍摄了我父亲的墨迹——贴在玻璃橱门上,很难拍摄。上官消波还第一次拍摄了我捧着父亲的骨灰制成的纪念小球和纪念牌座,第一次拍摄了我坐在父母遗像下、电脑桌前的场景等。

我父亲生前青睐的"忘年交"之一秦玉兰(竹子)整理了昔日的博客文章,其中记载了与我父亲交往的诸事,文字多达两万多字。我父亲去世周年之际,她又饱含深情地写了《景玉公,你们在那边还好吗?》"去年的双十二,是阳光格外耀眼的一天。我走在路上,忽然得到消息,景玉公仙去了。那一刻,站在一棵树下,阳光虽然明媚地照耀着我,我却泪流满面。今年的双十二,一扫前几日的风雪冷雨,竟然难得地出了太阳,已是近期的奇迹天象。我很想去慎成里,但又不知道该去做什么。"此景此言,令人感慨万千。

我父亲去世后,许多亲朋好友纷纷发来哀悼文字,在此表示衷心的感谢!

丁言模同志:
　　今晨惊悉令尊大人已逝世,不胜悲痛!
　　我近大半年来心脏病愈来愈严重,下肢行走困难,连走到电话机旁去打电话都难。今上午接潘颂德老师电话才知道令尊已仙逝,我居然没有注意到,到今天才写这邮件表示悼念,十分抱歉!望节哀。
　　致

礼

王铁仙

2018年元旦第二天，瞿秋白外甥王铁仙（原华东师范大学副校长）发来邮件。他说患心脏病，其实早在七年前已经经常去医院治疗，甚至没有赶上他的儿子婚礼。一年后的春节年初六，我前去探望王老师，他的夫人杨若冰老师前来开门。听她一番述说，才得知一年前王老师发邮件，是在脑子暂时清醒时，跄踉着脚步，好不容易挪到电脑桌前，手指有些颤抖，敲打着键盘，发出邮件的，唉！

我第一次随父亲前去华东师大二村，到王、杨老师家里去，父亲很高兴，说起以前来过华东师大，王老师那时住在闷热、狭小的集体宿舍里，父亲和我在该校的操场上第一次观看了刚上映的电影《红色娘子军》。在这次临时放映露天电影的拥挤操场上，一位老师让出中间的位置，请父亲去坐，父亲却让我去享受，他自己站在黑压压的人群旁边，破例地戴上一副眼镜观看。

"文革"刚结束，中央纪委瞿秋白复查小组孙克悠、常凡、陈铁健等人南下来沪，我父亲和王铁仙等人一起参加座谈会。1985年6月18日，父母与王老师等人前往福建长汀参加纪念瞿秋白就义50周年活动，我曾特地写了一篇长文，详细述说了那次的纪念活动。

王老师等人曾到安徽滁城搞函授教育，到我家做客，我的妻子端上热气腾腾的砂锅时，王老师惊呼："过年啦！"并向其他人热情地介绍，这砂锅菜肴是在上海过春节时才会出现的美食。以后，父亲与王老师、陈铁健、王关兴一起合作，出版了《瞿秋白研究文选》（天津人民出版社1984年版）。此后，王老师给予我各种帮助，至今仍然历历在目。

眼前的王老师躺在病床上，脸有些浮肿，下肢无知觉，已经无法起身。杨老师叫他一声，他睁开眼睛看我一下，说出了我和我父亲的名字，随后又闭上眼睛，睡了（嗜睡）。瘦弱的杨老师述说王老师的近况，深陷无奈、焦虑之中，缩在一旁的沙发里。她曾为了搀扶重病的王老师，她自己也不幸随之摔倒了，住进医院，如今刚刚有些恢复，能够走动。他们夫妇的孝顺女儿多次从美国飞回上海探亲，照顾患病的父母。这次春节，她再次飞回家，"全方位"服侍卧床不起的父亲。

王老师书房的墙上挂着我父亲的题词："书海求珠，铁仙兄雅正，景玉公一九九六年十月。"杨老师说搬家好几次，这幅题词一直保存着。我呆呆地看看这幅字，惆怅地离开了王老师的家，我又能帮助解决什么问题呢？

我父亲住院期间，荆位祜（市委宣传部原副秘书长、离休干部）、著名作家袁鹰、著名诗人周良沛、资深学者施建伟等人以不同方式给予关心。

周良沛先生在中国现代诗文坛上很有名气，做了许多鲜为人知的好事。"文革"后，他拂去历史的尘埃，首次让我父亲的第一本诗集《星底梦》重见天日，将其编入他主持的一套新诗歌集丛书里。我父亲非常高兴，没想到时隔多年，还能遇到诗坛的知音。

此后，周良沛先生与我父亲书信来往，各有新书相赠，父亲也命我把新著寄赠给周良沛先生。我父亲住院期间（2010年1月），周良沛先生与资深编辑宫玺老师一起去探望，留下了最后一次合影。

我父亲仙逝之前，施建伟老师几次到华东医院探望。多年不见，施建伟老师的头发有些稀疏，还是那样瘦瘦的，口音未变，精神不错。他现在是研究林语堂的权威，出版了多种专著，在海内外引起各种反响。

"我父亲，请你过来一下。"三姐丁言昭打电话给陈徵（上海文艺出版社社长）"好的。"大年三十下午三四点钟，马路上车子、行人已经大幅度减少，陈徵叫不到出租车，急忙走到地铁站，赶到华东医院。每年春节前，陈徵和老编辑赵南荣几乎都要去华东医院探望我父亲，这一天他有事没去，我父亲就"责令"丁言昭打电话。是啊，一年到头了，我父亲就想看看原来单位的领导和老同事，心里才有一种亲近感、温暖感、满足感，他始终把单位看做是"娘家"，那里留下了他曾经辉煌的成果和难忘的岁月。

赵南荣自从踏进上海文艺出版社理论编辑室，奉献了他的青春，度过了中年，一直干到退休，工作了四十多年。他与我父亲的工作或者私下的交往时间特别长，他结婚时，我父亲送给他一对瓷杯，凝聚着一个重大事件。赵南荣撰写一文谈及瓷杯的故事，但被晚报的编辑删除了，他一直耿耿于怀。

一天，瞿秋白的女儿瞿独伊、瞿秋白的外甥王铁仙来看望我父亲，我父亲便打电话给赵南荣，请他一起到乔家栅吃便饭。可惜那时照相机还是奢侈品，他们没有留下合影留念，否则这张"同框"照片还是很有纪念意义的，特别是在我父亲仙逝之后。

"我一定写！"郑宗培（原上海文艺出版社总编辑）在电话里不停地咳嗽，三姐丁言昭觉得很奇怪，便询问赵南荣，才得知郑宗培已经身患重病。即便如此，他还应诺撰写纪念文章，回忆我父亲的往事，略表寸心。

我曾随父亲到上海文艺出版社，便介绍年轻的郑宗培，称他年轻有为，已经担任编辑室主任。郑宗培摆摆手，打个招呼，便进编辑室去忙了。中学的老同学告诉我，郑宗培也是五十一中学（今位育中学）66届初中生，比我高一届，并说了一些关于他的事情，点赞一番。郑宗培在四十多年的编辑生涯中，曾组织、责编余华《活着》、易中天《品三国》、张贤亮《一亿六》、史铁生《务虚笔记》等诸多畅销书和有影响力的作品，他还主编了"小说界文库""中国新文学大系"等大型丛书、期刊。

2018年2月28日,手机上突然跳出一个噩耗,前总编辑、资深出版人郑宗培因病于昨日早晨去世,享年68岁。万万没有想到,他随我父亲而去,在天国里与我父亲重相逢。

我父亲生前有几个外地的"忘年交",关系甚为密切。其中有北师大的朱金顺教授。我父亲病逝后,他也患有重病,撰写了纪念文章的提纲,但全身无力,只好搁笔。他委托自己的博士生荣挺进前来我家吊唁,荣挺进曾来我家,与我父亲畅谈。他刚走出我家门,便吟诗道:"教诲谆谆犹在耳,音容笑貌尚寓目;书生黑发寿白眉,史料文章金石足;天上重圆景玉公,橱前抚读纸墨图;永嘉路窄弄堂深,何处丁门更叩屋?"

丁言模老师:

今天收到王锡荣先生的信。

没想到丁景唐先生逝世,我很难过的,也有点后悔。这十年左右,跟丁老见面的机会少,应该拜访丁老多点。去年11月份,在华东医院能够见面,跟丁老,言昭女士和王锡荣先生一起吃晚饭是很美好的回忆了。

由衷感谢丁老关心我们日中研究会的活动。

丁言模老师、言昭女士和大家,请保重身体。

三山陵
2017年12月17日　东京

日本友人三山陵是一位研究中国美术(木刻)的专家,担任日中艺术研究会事务局长,为日中文化艺术交流做出了贡献。1994年8月,我父亲陪同三山陵到我家附近永嘉路371弄去访看,那里是田汉创办的南国艺术学院的旧址。

言模:惊悉令尊仙逝,不胜悲痛!你父早年追求真理,投身革命,此后长期从事文学史和出版史的研究,成果丰硕,著作等身。他的严谨认真和锲而不舍的治学精神值得我们学习和赞扬!今虽离我们而去,但他不虚此生,可以无憾地安息了!

望节哀,保重!

朱烈、兆梅

朱烈、兆梅夫妇远在北京,是我父亲的老朋友,我父亲多次指令我把出版的专著送给他们夫妇。上海图书馆的退休诗人浦保清年逾八旬,还写了一首诗《悼念丁景唐先生》:"六十年代随先生,农村文化作调查。应邀丁府去拜访,鼓励后生勤写作。八十年代上图见,纪念夏衍话不断。邮卡之上签大名,寻旧尚可忆当时。言模言昭能力强,征承父业作品多。先生西去已无憾,留下文丛念景唐。"

大姐丁言文、大姐夫沈祖钧、二姐丁言仪、三姐丁言昭等都以不同方式发来他们及其亲朋好友圈里的哀悼文字和有关照片,情真意切,令人动容。其中大姐丁言文的亲家夫妇还发来短文《怀念老前辈丁景唐先生》:

> 丁老先生是一位离休干部,原上海市出版局副局长、上海文艺出版社社长。2017年12月11日晚上,他在华东医院不幸逝世,享年97岁。噩耗传来,让我们非常痛心。
>
> 丁老先生用毕生的精力投身于编辑出版事业。他主持编纂的20卷《中国新文学大系(一九二七——一九三七)》为我国现代文学史填补了空白,同时,为世人留下了宝贵的财富。
>
> 丁老先生也是一位和蔼慈祥的老人。今年中秋节那天,我们夫妇和他的长女丁言文一同前去华东医院看望丁老先生。他慈祥的面容,令人久久难忘。那天丁老精神还不错,他还特意为我们唱了一首他最爱的歌"洪湖水呀浪打浪……"他那乐观的神态,始终在我们脑海翻滚。"书"是丁老的最爱,无论在他的房间里,还是在病床边,都堆满了书,他一生视书为宝,以书相伴。那天他还赠送一本丁言模的著作《穿越岁月的文学刊物和作家》(一),并且在书的首页,认真地留下了他的宝贵墨迹和印章,这是他留给在人间的爱。
>
> 但是,万万没有想到,这竟是最后一次的见面。丁老先生的一生是我们学习的榜样,他永远活在我们的心中。
>
> 陈云程、陶剑青
> 2017年冬至

三姐丁言昭除了撰写我父亲传记之外,还要反复打开电脑,及时为我提供有关照片,并且耐心地解答我提出的辨识照片等诸多疑难问题。她的外孙女赵乐乐曾是《少年日报》社的小记者,如今是学理工科的大学生,写了悼念太外公(丁景唐)的短文(有删节):

> 太外公去世的那天,我正在学校上课。由于大学住校比较远,没能见到太外公的最后一面。周末回家的时候,爸爸、妈妈带我到永嘉路,

灵堂设在三楼的亭子间。当我踏上又高又斜的楼梯时，不由得想起许多往事。

　　　　小时候，妈妈说带我去见她的外公，说他是一个很了不起的人。推开三楼的陈旧木门，一位老人坐在椅子上，一头的白发，有些稀疏。他看到我，慈祥地笑了，眼睛眯成一条缝，很像小丸子爷爷（我最喜欢看动画片"樱桃小丸子"）。太外公跟我讲故事，谈起他以前从事地下党的故事，还有写文章的故事。有一次，我和太外公、外婆一起出门，太外公牵着我的小手，我留着童花头，站在马路边上。这幅温馨的画面被瞬间定格在相片中，题目叫做"小丸子和爷爷"。

　　　　我上小学时当了《少年日报》的小记者，第一次发表文章时，我把报纸拿给太外公看，他慈祥地看着我，摸摸我的头，以示鼓励。

　　　　太外公笑眯眯的面容，永远烙印在我的心中。

　　由于各种原因，还有许多文章和照片未能收入本书，让我很内疚——对不起。本书大致分为八个部分，并且做了必要的技术处理，删改了一些文字，尚有不妥之处，敬请诸位谅解。

　　本书的附录部分收入三姐丁言昭多年搜集、整理的《丁景唐著文和评论、纪念丁景唐文章目录（初稿）》，截止 2018 年底，这是第一次公开发表，不免有遗漏之处，请知情者明示，谨表谢意。

　　附录部分还特地收入上海师范大学戴建国老师的一文，他提供了许多很有价值的资料，填补了不少空白。他还帮助我解决了不少的难题，开拓了我的眼界。为此，他付出了许多心血和时间，非常感谢他和上海图书馆的葛蔼丽"伯乐"之功——及时介绍了戴建国老师。

　　父亲去世后的一年里，我一直忙得"四脚朝天"，加上脑子不分昼夜连轴转，身心疲惫。有时眼前瞬间一片模糊，周围的景象在摇摇晃晃，灵魂好像出窍，飘飘然上升，这大概是老道士推崇的"修道成仙"——高血压发出强烈的警报。但是，为了父亲的遗愿，所有的辛勤付出，值得！

　　终于，完成了"321"工程——七八个人的工作量。

　　其一，撰写了三本书，共百万多字，初步完成了父亲遗留给我的第一个阶段的"功课"。其二，编辑了百万字的两本书，其中一本便是本书。其三，我还在打工，编辑一本刊物，原来编辑部一套人马的工作量都压在我一人的肩上，而且随时要应付袭来的繁杂事务。旁人开玩笑地对我"拍砖"一番，其实我是被生计所逼迫的。因为皖沪的地区差价，我们夫妇回沪的退休金加起来，只是一个同龄上海老职工的金额。我们这样插兄插妹退休后的无奈遭遇，同样发生在不计其数的老知青身上。

父亲曾说要活到百岁,那时恰好是左联成立 90 周年(2020 年 3 月 2 日),又将迎来建党百年的盛大节日,可惜他没能等到这一天……

大年三十,我拉扯写完了以上这些文字,看看墙上的父母遗像,想想两年前与父亲在华东医院里过的最后一个除夕:我只喂了他一个饺子,然后我空着肚子回家,这就是我和父亲共吃一顿年夜饭的场景,令人嗟叹不已。每每想起这个场景,眼前仿佛出现一个黑色的无底洞,我的身心在下坠,越来越快,几乎窒息……

父亲去世后,上海世纪出版(集团)有限公司、上海文联等领导以及上海作协有关部门等代表亲自上门吊唁,从各方面给予关心。再次叩谢诸位,祝愿天下好人一生平安!

此书稿承蒙上海世纪出版(集团)有限公司领导的关心,上海文艺出版社社长陈徵、理论编辑室主任胡远行、资深编辑赵南荣等人的认真审稿、校改,在此表示由衷的感谢。

丁言模
2019 年 2 月 4 日除夕
2 月 16 日修改

图书在版编目（CIP）数据

丁景唐纪念文集/丁言模编.-上海：上海文艺出版社.2020
ISBN 978-7-5321-7764-6
Ⅰ.①丁… Ⅱ.①丁… Ⅲ.①丁景唐－纪念文集 Ⅳ.①K825.42-53
中国版本图书馆CIP数据核字(2020)第177307号

本书获得上海文化发展基金图书出版专项基金资助

发 行 人：毕　胜
责任编辑：余雪霁
装帧设计：周志武

书　　名：	丁景唐纪念文集
编　　者：	丁言模
出　　版：	上海世纪出版集团　　上海文艺出版社
地　　址：	上海市绍兴路7号　200020
发　　行：	上海文艺出版社发行中心
	上海市绍兴路50号　200020　www.ewen.co
印　　刷：	杭州锦鸿数码印刷有限公司
开　　本：	710×1000　1/16
印　　张：	32.75
插　　页：	11
字　　数：	587,000
印　　次：	2020年11月第1版　2020年11月第1次印刷
ＩＳＢＮ：	978-7-5321-7764-6/Ⅰ·6166
定　　价：	128.00元
告 读 者：	如发现本书有质量问题请与印刷厂质量科联系　T:0571-88855633